ANDREAS STREICHERS SCHILLER-BIOGRAPHIE

FORSCHUNGEN ZUR GESCHICHTE MANNHEIMS UND DER PFALZ

Neue Folge

Herausgegeben von der
Gesellschaft der Freunde Mannheims und der ehemaligen Kurpfalz
Mannheimer Altertumsverein von 1859

Band 5

Bibliographisches Institut Mannheim/Wien/Zürich
B.I.-Wissenschaftsverlag

Andreas Streichers
Schiller-Biographie

Herausgegeben von

Herbert Kraft

Bibliographisches Institut Mannheim/Wien/Zürich
B.I.-Wissenschaftsverlag

Gedruckt mit Unterstützung des Kultusministeriums
Baden-Württemberg, der Stadt Stuttgart, der Stadt
Mannheim und der Gesellschaft der Freunde Mann-
heims und der ehemaligen Kurpfalz.

Satz und Druck: Zechnersche Buchdruckerei, Speyer
Einband: Klambt-Druck GmbH, Speyer
Printed in Germany
ISBN 3-411-01440-7

Andreas Streichers Schiller-Biographie

EINLEITUNG

Der Herzog von Wirtemberg K a r l E u g e n, geboren 1728 und am
Hofe F r i e d r i c h s d e s z w e y t e n erzogen, hatte eine ausserordentliche Neigung für die Wissenschaften und schönen Künste. Leztere liebte
er so sehr, daß er, ausser vorzüglichen Mahlern und Bildhauern, nicht nur
ein F r a n z ö s i s c h e s T h e a t e r, sondern auch eine I t a l i e n i -
s c h e O p e r, nebst einem zahlreichen Ballette unterhielt. Die Schauspieler, Musiker, Tänzer, Sänger und Sängerinnen waren die berühmtesten
so damals lebten. J o m e l l i war KapellMeister, L o l l i ViolinSpieler,
V e s t r i s BalletMeister, und in demselben Verhältniß das Ganze zusammen gesezt.

Hatte der Antheil, welchen der Herzog an dem Siebenjährigen Kriege
g e g e n Preußen genommen, die Kräfte des kleinen Landes schon sehr
geschwächt; so mußten die ausserordentlichen Ausgaben, für Theater,
Festins pp dieselben vollends erschöpfen; und es ward von der Nothwendigkeit geboten, den größten Theil des Französischen und Italienischen
Theaters, so wie des Ballets und Orchesters zu entlassen (1769—70) und
nur so viel davon beyzubehalten was am wenigsten kostete, oder einen
Stamm für die Zukunft abgeben konnte.

Dem lebhaften, mit den mannichfachsten Kenntnissen ausgestatteten
Geiste des Herzogs, mußte aber die Entbehrung so vieler Genüsse, unerträglich fallen, und zwar um so mehr, je weniger die Regierung seines
Landes, der rastlosen Thätigkeit, die ein HauptZug seines Characters
war, genügen konnte. Daher war es ein Bedürfnis für ihn, zu erfinden,
zu erschaffen und etwas Neues, ungewöhnliches herzustellen. Er erbaute,
zwischen Ludwigsburg und Stuttgardt das, auf einer Anhöhe liegende, eine
weite, herrliche Gegend überschauende LustSchlos d i e S o l i t ü d e genannt, und faßte im Jahr 1770, (weil wahrscheinlich die Anzahl der
Zeichner, Mahler, die er damals hatte und zu den vielen Gebäuden und
Anlagen brauchte, zu klein war,) den Entschluß; aus den Kindern seines
Militairs solche auszuwählen, welche Talent zeigten, um sie in den verschiedenen dahin einschlagenden KunstFächern unterrichten zu lassen. Der
Anfang wurde mit 15 Knaben gemacht, deren Väter gemeine Soldaten,
Korporale oder UnterOffiziere waren, und da die jungen Leute sehr
schnelle Fortschritte machten, wurden bald darauf noch mehrere neue
Zöglinge aufgenommen, die nun durch geschikte Lehrer in allem was zu
einer ordentlichen Erziehung gehört, so wie im Zeichnen, Modelliren,
Mahlen, Musik, je nachdem sie Lust und Fähigkeit zeigten, unterrichtet
wurden.

Anfangs hieß diese Erziehungs Anstalt, M i l i t a i r i s c h e P f l a n z
S c h u l e. Später, als noch mehrere Zöglinge angenommen und für alle

Wissenschaften und Künste Lehrer angestellt wurden, M i l i t a i r - A k a -
d e m i e , und zulezt, nachdem sie zur wirklichen Universität erhoben
worden, H o h e K a r l ' s S c h u l e .

In den ersten Jahren wurden nur Kunst Gegenstände gelehrt, in welchen die Zöglinge, unter Anleitung einiger Italienischen, doch aber meistens   5
deutscher Meister um so mehr grosse Fortschritte machten, als sich der
Herzog mit seinem gewöhnlichen Eifer des Institutes annahm, sich täglich
mit Lehrenden und Lernenden beschäftigte, und es bey lezteren an Aufmunterung, so wie an Tadel — der aber meistens scherzhaft ausgesprochen
wurde — nicht fehlen ließ.   10

Da die Zöglinge in der Zunahme an Kenntnissen die Erwartungen des
H e r z o g s nicht nur erfüllten, sondern übertrafen, so wurden immer
mehrere aufgenommen, und schon 1772 nicht mehr allein die Künste,
sondern auch Wissenschaften gelehrt. Aber mit strengerer Auswahl als
früher, wurden jezt nur solche jungen Leute zugelassen, welche vorzüg-   15
liche Anlagen verriethen, und nun größtentheils aus den Söhnen der Beamten, Offizieren und Adelichen gewählt, unter welch' lezteren, schon
früher auf der Solitüde, die Grafen von Mandelslohe und Normann,
sich befanden.

Der Ruf den sich die Zöglinge durch ihre Sittlichkeit, Fleiß, Geschik-   20
lichkeit und Kenntnisse erwarben, veranlaßte auch Ausländische Familien,
ihre Söhne dahin zu schiken, welche gegen Bezahlung von 500 f Reichswährung und Ausstattung an Kleidung und Wäsche, aufgenommen wurden.

Im Jahr 1775 wurde diese P f l a n z S c h u l e nach Stuttgardt übersezt,   25
und erhielt den Nahmen M i l i t a i r - A k a d e m i e . Eine ehmalige
Husaren Kaserne, hinter dem neuen Schlosse gelegen, war zur Aufnahme
der Zöglinge, unter denen sich schon damals S i e b z i g von Adel befanden eingerichtet, so wie auch alles hergestellt, was zu einer so ausserordentlichen Anstalt erforderlich ist. Das ganze, weitläufige Gebäude, in   30
welchem auch eine Kirche sich befand, war mit schönen, großen Säälen für
a l l e Unterrichts Gegenstände, so wie mit Künstler Werkstätten: kurz
mit allem ausgestattet, was eine wirkliche Universität erfordert; nur mit
dem Unterschiede daß hier auch Mahlerey, Bildhauerey, Kupferstecherey,
Tanz, Gesang, jedes Musikalische Instrument u. s. w. gelehrt und ausgeübt   35
wurden.

Der Schlaf Sääle waren a c h t e , jeder der Länge nach durch zwey
Reihen Säulen getheilt, und e i n e r für fünfzig Zöglinge eingerichtet;
von denen jeder sein eigenes, bequemes Bett, neben diesem einen Tisch
mit Schubladen für Bücher, SchreibSachen, Wäsche, Kleidung, nebst einem   40
Stuhle hatte. Die Schauspieler, Musiker, Tänzer, deren Zahl auf A c h t z i g

stieg, hatten einen besonderen Saal zum Aufenthalt ausser den Lehrstunden, und zum schlafen.

Jeder Saal hatte einen Hauptmann nebst einem Lieutenant zu V o r -
s t e h e r n , und zwey UnterOffiziere zu A u f s e h e r n . Die Bedienten
5 waren gleichfalls aus dem Militair gewählt.

Abtheilungen der Zöglinge nach der Gattung ihrer Studien fanden
nicht statt; sondern sie wurden, wie ihre Stunden trafen, aus den Schlaf-
Sääelen, in die HörSääle, und von diesen wieder zurük geführt.

In allen Gegenständen als Wohnung, Kleidung, Kost, Belohnung,
10 Strafe, so wie in allem übrigen o h n e A u s n a h m e , wurden die
Zöglinge einander durchaus gleich gehalten, und zwischen dem A d e -
l i c h e n oder B ü r g e r l i c h e n , dem Bezahlenden oder umsonst auf-
genommenen, i n N i c h t s der geringste Unterschied gemacht. Alle trugen
eine Uniform, von grau-blauem Tuch, mit Aufschlägen und Kragen von
15 schwarzem Sammt; die Haare in einen Zopf gebunden, mit Seiten-Loken
u n d g e p u d e r t . Lezteres konnte um so weniger als eine Auszeichnung
gelten, indem damals sogar alle gemeine Soldaten, die Haare frisirt und
gepudert haben mußten.

Einem wie dem andern, dem zehen Jahre alten Knaben, so wie dem
20 Zwanzigjährigen Jüngling wurde mit Achtung und Höflichkeit begegnet.
Der Offizier mußte ihn mit S i e anreden; das E r war nur dem
H e r z o g vorbehalten.

Die OberAufsicht über diese ausserordentliche Anstalt führte immer der
Herzog; in dessen Abwesenheit aber, der damalige Obriste von S e e g e r ,
25 sein StellVertreter, und durch Bildung und Character ganz für seinen
Platz geschaffen, war.

Alle vier Wochen wurden dem Herzog die Listen über die Sittlichkeit
und den Fleis der Zöglinge eingereicht, welche er dann in dem gemeinschaftlichen SpeisSaale, mit Bemerkungen begleitet, öffentlich ablas.

30 Mußte eine Strafe zuerkannt werden, so bestand sie, für leichte Vergehen m e i s t e n s darinne, daß der, so gefehlt hatte, ein Zettelchen
in ein Knopfloch gestekt bekam, und bey Tische hinter seinem Stuhle
stehen mußte, ohne in Gesellschaft der übrigen essen zu dürfen. Der Zögling so die Strafe erleiden sollte, und noch n i e oder s e l t e n in dem-
35 selben Falle war, wurde von dem H e r z o g selbst ausgefragt oder er-
mahnt, und durfte sich mit aller Freymüthigkeit vertheidigen. Sehr oft
wurde die Strafe erlassen; besonders dann, wenn von dem Aufseher oder
Lehrer, zu große Strenge oder Aengstlichkeit vermuthet werden konnte.

Die Belohnungen wurden am Schlusse der jährlichen, öffentlichen
40 Prüfungen, in Gegenwart eines zahlreichen Publikums ertheilt. Die Prüfungen fiengen mit Ende October an, und dauerten bis zum 22ten
November, als dem StiftungsTage der Akademie. D e r H e r z o g war

bey jeder Prüfung gegenwärtig, so wie die Eltern oder Verwandte der
Zöglinge.

Die Zuerkennung des Preises, geschah durch die Lehrer und Professoren,
welche darüber stimmten. Alle Jahre wurden über 80 Preise ausgetheilt.

Derjenige, gleichviel ob v o n A d e l oder B ü r g e r l i c h , welcher
sich in den Wissenschaften v i e r Preise erworben, erhielt den k l e i n e n
Akademischen Orden.

Aber der, welcher in den verschiedenen Wissenschaften a c h t Preise
errungen, bekam den großen Orden, der an einem Bande um den Hals
getragen wurde, und auch in die Uniform gestikt war.

Alle die Orden trugen wurden nun Chevaliers genannt, saßen zu oberst
im SpeiseSaal an einer runden, abgesonderten Tafel, und wurden von
eigenen Bedienten bey Tische besorgt.

Jeder Preis bestand in einer 8 Loth schweren Medaille von Silber, mit
einer Allegorie auf die Wissenschaft oder Kunst, wegen welcher er ertheilt
worden. Auf der Revers Seite war das Brustbild des Stifters.

Die Preise aber welche die Chevaliers erhielten, so wie der Preis der
Sittlichkeit, w a r e n v e r g o l d e t .

Nach der lezten Prüfung wurden bey der AbendTafel, in Gegenwart des
H e r z o g s , der Professoren, der Zöglinge und vieler Anwesenden die
Nahmen derer öffentlich verlesen, welchen Preise zuerkannt worden.

D i e A u s t h e i l u n g der Preise geschah in dem großen, weißen
Marmor Saale des neuen Schlosses, in Gegenwart des g e s a m t e n Hofes,
a l l e r Zöglinge, a l l e r Professoren und Lehrer, so wie der Eltern oder
Verwandten derer, welche den Sieg errungen.

Im Nahmen des H e r z o g s s e l b s t , geschah die Einladung an die
Angehörigen der ausgezeichneten Schüler, und es wurde h i e r i n n e so
wenig an einen Unterschied des Standes gedacht, daß selbst B a u e r s -
L e u t e , deren Söhnen ein Preis zuerkannt war, zur Persönlichen Erscheinung aufgefordert wurden.

Zu Anfang der Feyerlichkeit wurde von einem der ersten Professoren,
eine Rede gehalten, nach welcher die Zöglinge, in der vorgeschriebenen
Ordnung, zum Empfang des Preises aufgerufen wurden. Jedem wurde
dieser vom H e r z o g mit eigenen Händen ertheilt, und so wie ihn der
Zögling empfieng, erschallten Pauken und Trompeten von der Tribune
herab. Das Ganze wurde durch eine, von lauter Zöglingen aufgeführte,
vollstimmige Musik, beschlossen.

Nach dieser Zeit traten diejenigen aus, welche ihre Studien vollendet
hatten; so wie auch die, welche auf Herzogliche Kosten erzogen und
unterrichtet worden, und nun eine Anstellung erhielten.

Derjenige welcher k e i n e n O r d e n erhalten, wurde ganz einfach zu
seinem ihm bestimmten Dienste — der mit dem k l e i n e n O r d e n um

e i n e Stufe, und der mit dem g r o ß e n O r d e n um z w e y Stufen
h ö h e r befördert. So traten die Grafen von M a n d e l s l o h und von
N o r m a n n , als wirkliche Regierungs-Räthe, und der Zögling B r e -
g e n t z e r als O b e r A u d i t o r aus der Akademie. Graf von N o r -
5 m a n n hatte sich dermaaßen in den Wissenschaften ausgezeichnet, daß er
einst in einem e i n z i g e n J a h r e , z w ö l f Preise erhielt.

In den Jahren 1779—1780 hatte die Anzahl der Zöglinge so zugenommen, daß ihrer nahe an 500 waren, indem nicht nur aus Deutschland,
sondern auch aus Rußland mehrere ankamen, um diese Anstalt zu be-
10 nützen.

Der Stifter selbst machte sich die Sache so sehr zur Angelegenheit, daß
er nicht ruhte, als bis seine Schöpfung den Nahmen und die Rechte
einer Universität erhielt, der er nun die Benennung H o h e K a r l ' s
S c h u l e ertheilte.

15 Unter den Zöglingen hatten sich bis zum Jahr 1781 besonders ausgezeichnet:

In den Wissenschaften überhaupt: G r a f v o n M a n d e l s l o h , Graf
von N o r m a n n , B r e g e n t z e r .

In der Rechtswissenschaft: S c h m i d e l , W ä c h t e r .

20 In der Arzeneykunde: J a k o b i , H o v e n , P l i e n i n g e r ,
S c h i l l e r .

In der Mahlerey: H e t s c h , H e i d e l o f .

In der Bildhauerey: D a n n e k e r , S c h e f f a u e r .

Im Kupferstechen: K ä t e r l e n i u s , L e y b o l d , dermaliger Profes-
25 sor dieser Kunst an der K.K. Akademie der bildenden Künste in Wien,
S c h l o t t e r b e k , ein nachmals berühmter in Wien verstorbener Künstler.

In der Baukunst: A t z e l .

In der Musik: D i e t e r , M a l t e r r e , S c h w ä g l e r , W e b e r -
30 l i n g , Z u m m s t e e g .

In der Schauspielkunst: H a l l e r .

Von dieser Akademie abgesondert, war in dem alten Schlosse noch eine
Erziehungs Anstalt für Mädchen errichtet, welche, ausser den gewöhnlichen
UnterrichtsGegenständen, noch in der Musik, Gesang und Tantz, so wie in
35 alle dem gebildet wurden, was zur Mimischen Kunst erforderlich ist. Im
Jahre 1778 waren die, für das Theater bestimmte Männliche und weibliche Zöglinge schon so weit gebracht, daß sie bey einigen HofFesten,
wenigstens einen S c h a t t e n G e n u ß von dem früher bestandenen
verschaffen, und die große Italienische Oper von Jomelli so wie franzö-
40 sische Singspiele von Gretry darstellen konnten.

Endlich kamen auch deutsche Operetten von H i l l e r an die Reihe,
welche, gegen sehr mäßige Bezahlung, wöchentlich einigemale in dem gro-

ßen Opernhause so lange gegeben wurden, bis ein eigenes, kleineres Theater, das der H e r z o g in der Nähe der Akademie erbauen ließ, fertig war, und in welchem nun lauter deutsche Operetten, Lust- und Trauerspiele aufgeführt wurden.

So wie diese Theater Zöglinge die Jahre erreichten, wo man sie ihrer 5 eigenen Führung überlassen zu können glaubte, wurden sie aus der Aufsicht entlassen, und bezogen nun eine nothdürftige Besoldung.

So lange der H e r z o g lebte, waltete er mit unausgesezter Sorgfalt und Liebe über diese ausserordentliche Anstalt. Allein er war kaum der Welt entrissen und durch seinen nächsten Bruder L u d w i g in der 10 Regierung ersezt, so hob dieser das herrliche, mit so vielem Talent, Mühe, Fleiß, Gedult und Beharrlichkeit, fast 20 Jahre erhaltene Institut plözlich auf; verabschiedete Lehrer und Zöglinge, und ließ nichts übrig als die Stätte, damit die Nachwelt doch wissen könne: H i e r w a r e i n s t d i e s e g e p r i e s e n e A k a d e m i e !
15

Diese zwar sehr kurze Schilderung dieser so sehr verrufenen Militair Akademie ist hauptsächlich darum zum Eingange gewählt worden, um die Anstalt in welcher Schiller einen großen Theil seiner wissenschaftlichen Bildung erhielt einigermaasen kennen zu lernen, und besonders um die irrigen Urtheile zu zerstreuen, welche in verschiedenen LebensBeschreibun- 20 gen des Dichters den Lesern als unbezweifelnde Warheiten dargestellt werden. Der Verfasser war zwar kein Zögling dieser Akademie, verlebte aber 6 Jahre in ihrer Nähe, kam in den Jahren 1779 bis 1781 fast alle 14 Tage zum Besuch einiger junger Musiker in dieselbe, und konnte von alle dem schreklichen Zwang, den besonders Herr J.K.S. in seiner Biographie 25 Schillers Wien und Leipzig 1810, mehr als militairisch schildert, nichts wahrnehmen. Um jedoch seiner Sache gewis zu seyn, befragte er einen der berühmtesten Männer, die ihre Bildung dieser Anstalt verdanken, den noch in Wien lebenden K. K. Professor der Kupferstecherey Herrn Leybold, der auch die Gefälligkeit hatte, die wichtigsten Sachen von 30 obigem, bestimmt anzugeben. Nichts war militairisch in dieser Akademie, als die Kleidung, und das ein und abmarschieren, zum Tisch und in die SchlafSääle. Wer aber wagt es wohl einen Fürsten zu tadeln, wenn sein scharfes, von Jugend auf an Militairische Genauigkeit gewöhntes Auge es vorzog, an 500 seiner Zöglinge lieber bey sich vorbey defiliren zu 35 lassen, als eine Unordnung zu dulden, die der jugendliche Muthwille, wohl jedesmal herbey geführt hätte? Das Monatliche öffentliche ablesen der Liste über das Verhalten der Zöglinge, so wie die jährliche Vertheilung der Preise und Versorgung der erwachsenen Zöglinge, beweißt wohl zureichend, daß ganz andere Mittel zur Aufreitzung der Thätigkeit 40 angewendet wurden, als S t o k , D e g e n k l i n g e u n d T r o m m e l ,

mit welcher sich nicht einmal eine Kaserne, noch weniger eine Anstalt regieren läßt, in welcher so viele erwachsene Zöglinge, und unter diesen viele von den ersten adelichen Familien, ja sogar Fürsten sich befanden. Daß Unterwürfigkeit gegen die gegebenen Gesetze, gehorsames Befolgen
5 derselben strenge gehandhabt wurde, war eine unerläßliche Folge der großen Anzahl, und muß in jeder ErziehungsAnstalt das gleiche beobachtet werden, wenn die Geschäfte in ihrer Ordnung gehen, und das Ganze sich nicht bald auflösen solle. Ohne Ausnahme waren, vom Obristen angefangen, alle Offiziere als Vorsteher, alle UnterOffiziere als Aufseher, immer sehr
10 höflich und artig mit den Zöglingen. Wie hätten sie es auch wagen können, anders zu seyn, indem der Herzog selbst, das erste und schönste Beyspiel gab. Er benahm sich, besonders wo er Talente und Verstand entdekte, mit wahrer Väterlicher Freundlichkeit gegen sie — gieng bey dem essen, von einer Tafel zur anderen, erlaubte nicht daß der Zögling aufstand
15 so lange er mit ihm sprach, — konnte über die unbefangenen, naiven Antworten und Aeusserungen der jüngern herzlich lachen — gieng in alles das ein, was ihre Eltern, Studien, Aufführung, Geschiklichkeit pp betraf, — kurz er war so sehr herablassend, daß jeder mit ihm lieber und freyer sprach, als mit manchem Offizier.

SCHILLERS FLUCHT VON STUTTGARDT.
ERSTE ABTHEILUNG.

Johann Kaspar Schiller, gebohren 1723, war der Vater unseres Dichters, und ein Mann von sehr vielen Fähigkeiten, die er auf die beste, würdigste Weise anwendete; und die sowohl von seiner Umgebung, als auch von seinem Fürsten, auf das vollständigste anerkannt wurden. In seiner Jugend wählte er zum Beruf, die WundArzneikunde, und gieng, nachdem er sich hierinne ausgebildet, in seinem Zwei und Zwanzigsten Jahre, mit einem bairischen HusarenRegiment nach den Niederlanden, von da er, nach geschlossenem Frieden, in sein Vaterland Wirtemberg zurük kehrte, und sich 1749 zu M a r b a c h , dem GeburtsOrte seiner Gattin, verheirathete.

Dem höher strebenden, und mehr, als zu seinem Fache damals nöthig war, ausgebildeten Geiste dieses Mannes, konnte aber der kleine, enge Kreis in dem er sich jezt bewegen mußte, um so weniger zusagen, da er durchaus nichts erfreuliches für die Zukunft erwarten ließ, und er auch bey früheren Gelegenheiten, wo er gegen den Feind als Anführer in den Vorposten Gefechten diente, Kräfte in sich hatte kennen lernen, deren Gebrauch ihm edler, so wie für sich und seine Familie nützlicher schien, als dasjenige, was er bisher zu seinem Geschäfte gemacht hatte. Er verließ daher, bey dem Ausbruch des Siebenjährigen Krieges, an welchem der Herzog g e g e n Preußen Theil nahm, die Wundarzneikunde gänzlich; suchte eine Militairische Anstellung, und erhielt solche 1757, als Fähnrich und Adjutant bey dem Regiment P r i n z L o u i s um so leichter, da er schon früher den Ruhm eines tapferen Soldaten und umsichtigen Anführers sich erworben hatte.

So lange als das Würtembergische Korps im Felde stand, machte er diesen Krieg mit, benützte aber die Zeit der Winterquartiere um mit Urlaub nach Hause zu kehren, und zwar im November 1759 bei der Geburt seines ersten Sohnes, d e r a u c h d e r e i n z i g e b l i e b , gegenwärtig. Nach geschlossenem Frieden wurde er in dem Schwäbischen Gränzstädtchen L o r c h , als Werboffizier mit Hauptmanns Rang angestellt, bekam aber, so wie die zwei Unteroffiziere die ihm beigegeben waren, während d r e i g a n z e r J a h r e , nicht den mindesten Sold, sondern mußte, diese ganze Zeit über sein Vermögen im Dienste seines Fürsten zusetzen. Erst als er dem Herzog eine nachdrükliche Vorstellung einreichte, daß er auf diese Art unmöglich länger als ehrlicher Mann bestehen, oder auf seinem Posten bleiben könne, wurde er abgerufen und in der Garnison von Ludwigsburg angestellt, wo er dann später seinen rükständigen Sold, in Terminen, nach und nach erhielt.

So wohl während der langen Dauer des Kriegs, als auch in seinem ruhigen Aufenthalte zu Lorch, war sein lebhafter, beobachtender Geist immer beschäftigt neue Kenntnisse zu erwerben, und diejenigen welche ihn besonders anzogen, zu erweitern. Den Blik unausgesezt auf das Nützliche, Zwekmäsige gerichtet, war ihm schon darum Botanik am liebsten, weil ihre richtige Anwendung den Einzelnen, so wie ganzen Staaten Vortheile verschaft, die nicht hoch genug gewürdiget werden können. Da zu damaliger Zeit die Baumzucht kaum die ersten Grade ihrer jetzigen, hohen Kultur erreicht hatte, so verwendete er auf diese seine besondere Aufmerksamkeit, und legte in Ludwigsburg eine Baumschule an, welche so guten Erfolg hatte, daß der Herzog — gerade damals mit dem Bau eines LustSchlosses beschäftigt — ihm 1775 die Oberaufsicht über alle herzustellende Garten Anlagen und Baumpflanzungen übertrug.

Hier hatte er nun Gelegenheit nicht nur alles was er wußte und versuchen wollte im Großen anzuwenden, sondern auch seine Ordnungsliebe und Menschenfreundlichkeit, auf das wirksamste zu beweisen. Um seine Erfahrungen in der Baumzucht, welche nach der Absicht seines Fürsten für ganz Wirtemberg als Regel dienen sollten, auch dem Auslande Nutzbringend zu machen, sammlete er solche in einem kleinen Werk: D i e B a u m z u c h t i m G r o ß e n , wovon die erste Auflage zu N e u s t r e l i t z 1795, und die zweite 1806 zu Gießen erschien.

Auch ausser seinem Berufe, war die Thätigkeit dieses seltenen Mannes ganz ausserordentlich. Sein Geist rastete nie, stand nie stille, sondern suchte immer vorwärts zu schreiten. Er schrieb Aufsätze über ganz verschiedene Gegenstände, und b e s c h ä f t i g t e s i c h s e h r g e r n e m i t d e r D i c h t k u n s t , z u w e l c h e r e r e i n e n a t ü r l i c h e A n l a g e h a t t e . Es ist nicht wenig zu bedauern, daß von seinen vielen Schriften und Gedichten weiter nichts, als obiges Werkchen unter die Augen der Welt kam; wäre es auch nur, um einigermaasen beurtheilen zu können, wie viel der Sohn, im Talent zum Dichter und Schriftsteller, vom Vater als Erbtheil erhalten habe.

Der Herzog, der ihm endlich den Rang als Major ertheilte, schäzte ihn sehr hoch; seine Untergebene, die, in großer Anzahl, aus den verschiedensten Menschen bestanden, liebten ihn eben so wegen seiner Unpartheilichkeit, als sie seine strenge Handhabung der Ordnung fürchteten; Gattin und Kinder bewiesen durch Hochachtung und herzlichste Zuneigung, wie sehr sie ihn verehrten.

Von Person war er nicht groß. Der Körper war untersezt, aber sehr gut geformt. Besonders schön war seine hohe, gewölbte Stirne, die durch sehr lebhafte Augen beseelt, den klugen, gewandten, umsichtigen Mann errathen ließ. Nachdem er seine heisesten Wünsche für das Glük und den Ruhm seines einzigen Sohnes erfüllt gesehen, und den ersten Enkel seines Nahmens auf

den Armen gewiegt hatte, starb er 1796 im Alter von 73 Jahren, an den
Folgen eines vernachläßigten Katharrs, nach AchtMonatlichen Leiden, in
den Armen seiner Gattin und ältesten Tochter, die von Meiningen herbei
geeilt war, um mit der Mutter die Pflege des Vaters zu theilen, zugleich
auch die schwere Zeit des damaligen Krieges und anstekender Krankheiten,   5
ihnen übertragen zu helfen.

Die Mutter des Dichters, Elisabetha, Dorothea K o d w e i ß , war aus
einem Alt-adelichen Geschlechte entsprossen das sich v o n K a t t w i t z
nannte, und durch unglükliche ZeitUmstände, Ansehen und Reichthum verlohren hatte. Ihr Vater, der schon den Namen Kodweiß angenommen,   10
war Holz-Inspector zu M a r b a c h , mußte aber, als eine fürchterliche
Ueberschwemmung ihn seines ganzen Vermögens beraubte, aus Noth, um
seine Familie nicht darben zu lassen, das Bäker Handwerk ergreifen, bei
welchem er jedoch nichts vernachläßigte was die Bildung des Herzens und
Geistes seiner Kinder, befördern konnte.   15

Diese edle Frau war groß, schlank und wohlgebaut; ihre Haare waren
sehr blond, beynahe roth; die Augen etwas kränklich. Ihr Gesicht war von
Wohlwollen, Sanftmuth und tiefer Empfindung belebt; die breite Stirne
kündigte eine kluge, denkende Frau an. Sie war eine vortrefliche Gattin
und Mutter, die ihre Kinder auf das zärtlichste liebte; sie in allem mit größ-   20
ter Sorgfalt erzog; besonders aber auf ihre religiöse Bildung, so frühe als
es räthlich war, durch Vorlesen und erklären des Neuen Testaments, einzuwirken suchte.

Gute Bücher liebte sie leidenschaftlich, zog aber — was jede Mutter thun
sollte — Naturgeschichte, Lebensbeschreibungen berühmter Männer, pas-   25
sende Gedichte, so wie geistliche Lieder, allen andern vor. Auf den Spatzier-
gängen leitete sie die Aufmerksamkeit der zarten Gemüther auf die Wunder
der Schöpfung; die Größe, Güte und Allmacht ihres Urhebers. Dabei wußte
sie ihren Reden so viel überzeugendes, so viel Gehalt und Würde einzu-
flechten, daß es ihnen, in späten Jahren noch, unvergeßlich blieb. Ihre häus-   30
liche Lage war bei dem geringen Einkommen ihres Gatten sehr beschränkt,
und es erforderte die aufmerksamste Sparsamkeit, Sechs Kinder Standesge-
mäs zu erhalten, und sie in allem nothwendigen unterrichten zu lassen.

Die allgemeine Lebensart und Sitte welche d a m a l s in Wirtemberg
herrschte, erleichterte jedoch eine gute Erziehung um so mehr, indem eine   35
Abweichung von Sparsamkeit, Ordnungsliebe, Rechtschaffenheit, so wie der
aufrichtigsten Verehrung Gottes, als ein großer Fehler angesehen und scharf
getadelt worden wäre. Die Begriffe von Redlichkeit, Aufopferung, Uneigen-
nützigkeit, wurden d a m a l s jedem Kinde in das Herz zu prägen gesucht.
In der Schule wie zu Hause, wurde auf die Ausübung dieser Tugenden, ein   40
wachsames Auge gehalten. Die Vorbereitungen zur Ablegung des Glaubens-
Bekenntnisses, waren größten Theils Prüfungen des vergangenen Lebens, so

wie eindringende Ermahnungen, daß alles Thun und Lassen, Gott und den Menschen gefällig, einzurichten seye.

Ein nicht unbedeutender Theil der Bewohner Wirtembergs, zu welchem sich aus allen Ständen Mitglieder gesellten, konnte sich aber an der-
5 jenigen ReligionsUebung welche in der Kirche gehalten wurde, nicht begnügen, sondern schloß noch besondere Vereinigungen, um die inner- liche, geistige Ausbildung zu befördern; und den äußeren Menschen der Stimme des Gewissens, ganz unterthänig zu machen, damit dadurch h i e r s c h o n , die höchste Ruhe des Gemüths und ein Vorgeschmak dessen
10 erlangt werde, was das Neue Testament seinen muthigen Bekennern, im künftigen Leben verspricht. Aber es war keine müßige, innere Anschauung, welcher diese Frommen sich hingaben; sondern sie suchten auch ihre Reden und Handlungen eben so tadellos zu zeigen, als es ihre Gedanken und Empfindungen waren.
15 Konnten auch die Weltlicher gesinnten einer so strengen Uebung der Religion und Selbstbeherrschung sich nicht unterwerfen, so hatten sie doch nachahmungswürdige Vorbilder unter Augen, vor welchen sie sich scheuen mußten, die rohe Natur vorwalten zu lassen, oder etwas zu thun, was einen zu scharfen Abstand gegen das S e y n und H a n d e l n ,
20 der Frömmeren gemacht hätte. Für das Allgemeine hatten diese abge- schlossene, stille Gesellschaften die gute Folge, daß der Wirtembergische VolksCharacter als ein Muster von Treue, Redlichkeit, Fleiß und deutscher Offenheit gepriesen wurde, und Ausnahmen davon, unter die Seltenheiten gezählt werden durften.
25 In diesem Lande, unter solchen Menschen, lebten die Eltern unseres Dichters, und nach solchen, frommen Grundsätzen, erzogen sie auch ihre Kinder. Die Eindrüke dieser tief wirkenden Leitung, konnten Nie erlöschen; sie begleiteten die Kinder durch das ganze Leben; ermuthigten in den schwersten Prüfungen die Töchter, und sprechen sich mit der
30 höchsten Wärme in den meisten Werken des Sohnes aus.

Auch diese gute, geliebte Mutter erlebte noch den ersehnten Augenblik, ihren einzigen Sohn und Liebling, als glüklichen Gatten und Vater, mit errungenem Ruhme gekrönt, i m V a t e r l a n d e s e l b s t , umarmen zu können.
35 Ein sanfter Tod entriß sie den ihrigen, im Jahr 1802. Ihre Ehe, die ersten Acht Jahre unfruchtbar, ward endlich durch Sechs Kinder beglükt, von denen gegenwärtig nur noch, D o r o t h e a L o u i s e S c h i l l e r , gebohren 1766 an den StadtPfarrer F r a n k h zu Mekmühl im Wirtem- bergischen, verheirathet, und E l i s a b e t h a , C h r i s t o p h i n a ,
40 F r i e d e r i k a S c h i l l e r , gebohren 1757, Wittwe des verstorbenen Bibliothekar und Hofrath R e i n w a l d zu M e i n i n g e n , am Leben sind. Die jüngste Schwester N a n n e t t e , gebohren 1777 verschied,

2 Streicher

in Folge eines anstekenden NervenFiebers, das durch ein auf der Solitüde anwesendes FeldLazareth verbreitet wurde, in ihrer schönsten Blüthe schon im Achtzehenten Jahre. Zwei andere Kinder starben bald nach der Geburt.

Dem Bruder an Gestalt, Geist und Gemüth am ähnlichsten, ist die edle R e i n w a l d , zu welchen Eigenschaften sich noch eine Hand- 5 schrift gesellt, welche der des Dichters so ähnlich ist, daß man sie davon kaum unterscheiden kann.

Den frommen Gefühlen der Jugend getreu konnte sie, auch als Kinderlose Wittwe, am 16ten September 1826 dem Verfasser schreiben:

«Aber ich stehe doch nicht allein; überall umgibt mein Alter der 10 Freundschaft und Liebe sanftes Band, und Gott schenkt mir in meinem N e u n u n d S e c h s z i g s t e n Lebensjahre noch den völligen Gebrauch meiner Sinne und eine Heiterkeit der Seele, die gewöhnlich nur die Jugend beglükt. So sehe ich mit Zufriedenheit meinem Ziele entgegen, das mich in einer besseren Welt mit den Geliebten die vorangiengen, wieder ver- 15 einigt.»

Unser Dichter, J o h a n n C h r i s t o p h F r i e d r i c h S c h i l l e r , wurde am 10ten November 1759 zu M a r b a c h , einem Wirtembergischen Städtchen am Nekar, gebohren. Obwohl M a r b a c h damals nicht der Wohnort seiner Eltern war, so hatte sich dennoch seine Mutter 20 dahin begeben, um in ihrem Geburtsorte, in der Mitte von Verwandten und Freunden, das Wochenbette zu halten.

Ueber die ersten KinderJahre Schiller's, läßt sich mit Zuverläßigkeit nichts weiter angeben, als daß seine Erziehung mit größter Liebe und Aufmerksamkeit besorgt wurde, indem er sehr zart und schwächlich 25 schien.

Erst von dem Jahr 1765 an, werden die Nachrichten bestimmter, und verbürgen daß der Knabe seinen ersten Unterricht im Lesen, Schreiben, Lateinischen und Griechischen von dem Pastor Moser, mit dessen Söhnen zugleich in L o r c h , einem schwäbischen Grenzstädtchen erhielt, wohin 30 sein Vater, wie oben erwähnt, als WerbOffizier versezt war.

Damals schon, im Alter von Sechs bis Sieben Jahren, hatte er ein sehr tiefes, religiöses Gefühl, so wie eine, sich täglich aussprechende Neigung zum geistlichen Stande. So wie ihn eine ernste Vorstellung, ein frommer Gedanke ergriff, versammelte er seine Geschwister und Gespielen um sich 35 her; legte eine schwarze Schürze als Chor-Rok um; stieg auf einen Stuhl und hielt eine Predigt, deren Innhalt eine Begebenheit die sich zugetragen, ein geistliches Lied oder ein Spruch war, worüber er eine Auslegung machte. Alle mußten mit größter Ruhe und Stille zuhören: denn wie er den geringsten Mangel an Aufmerksamkeit oder Andacht bey der kleinen 40 Gemeinde wahrnahm, wurde er sehr heftig und verwandelte sein anfängliches Thema, in eine StrafPredigt.

So voll Begeisterung, Kraft und Muth diese Reden auch waren, so
zeigte in den häuslichen Verhältnissen, sein Character dennoch nichts
von jener Heftigkeit, Eigensinn oder Begehrlichkeit, welche die meisten
Talentvollen Knaben so lästig machen, sondern war lauter Freundlichkeit,
5 Sanftmuth und Güte.

Gegen seine Mutter bewies er die reinste, innigste Anhänglichkeit, so
wie gegen die Schwestern, die wohlwollendste Verträglichkeit und Liebe,
welche von allen auf das herzlichste, besonders thätig aber von der
ältesten (der noch lebenden Fr. Hofr. Reinwald) erwiedert wurde, die
10 öfters, obwol sie unschuldig war, die harte Strafen des Vaters, mit dem
Bruder theilte.

Obwohl ihn der Vater sehr liebte, so war er doch wegen eines Fehlers,
durch den die sparsame Eltern oft nicht wenig in Verlegenheit gesezt
wurden, hart und strenge gegen ihn. Der Sohn hatte nemlich denselben,
15 unwiederstehlichen Hang zur Gutmüthigkeit, welchen er später in W i l -
h e l m T e l l , mit den wenigen Worten: «I c h h a b ' g e t h a n , w a s
i c h n i c h t l a s s e n k o n n t e .» so treffend schildert.

Nicht nur verschenkte er an seine Kameraden dasjenige, über was er
frei verfügen konnte, sondern er gab auch den ärmeren, Bücher, Klei-
20 dungsstüke ja sogar von seinem Bette. Hierinne war die älteste Schwester,
die gleichen Hang hatte, seine Vertraute, und über diese, da sie, um den
jüngern Bruder zu schützen, sich als Mitschuldige bekannte; ergiengen
nun gleichfalls Strafworte und sehr fühlbare Züchtigungen. Da die Mutter
sehr sanft war, so ersannen die beyden Geschwister ein Mittel um der
25 Strenge des Vaters zu entgehen. Hatten sie so gefehlt, daß sie Schläge
befürchten mußten, so giengen sie zur Mutter; bekannten ihr Vergehen
und baten, daß s i e die Strafe an ihnen vollziehe, damit der Vater im
Zorne nicht zu hart mit ihnen verfahren möchte.

So scharf aber auch öfters die zu große Freigebigkeit des Sohnes von
30 dem Vater geahndet wurde, so wenig verkannte dieser dennoch, die
übrigen seltenen Eigenschaften des Knaben. Er liebte ihn nicht nur wegen
seiner Begierde etwas zu lernen, und wegen der Fähigkeit das erlernte zu
behalten, sondern besonders auch wegen seines biegsamen, zartfühlenden
Gemüthes.

35 Da sich bey dem Sohne die Neigung zum geistlichen Stande so auffallend und anhaltend aussprach, so war ihm der Vater um so weniger
hierinn entgegen, indem dieser Stand in Wirtemberg sehr hoch geschäzt
wurde, auch viele seiner Stellen eben so Ehrenvoll als einträglich waren.

Als die Familie 1766 nach L u d w i g s b u r g ziehen mußte, so wurde
40 der junge Schiller sogleich in die VorbereitungsSchulen geschikt, wo er
neben dem Lateinischen und Griechischen, auch Hebräisch — als zu dem
gewählten Berufe unerläßlich — erlernen mußte.

2*

In den Jahren 1769 bis 1772 war er viermal in Stuttgardt, um sich in den vorläufigen Kenntnissen zur Theologie, prüfen zu lassen, und bestand jederzeit sehr gut. Sein Fleiß konnte nur wenige Zeit durch Körperliche Schwäche, welche durch das schnelle wachsen veranlaßt wurde, unterbrochen werden; denn wie seine Gesundheit kräftiger wurde, 5 brachte er das Versäumte mit solchem Eifer ein, und lag so anhaltend über seinen Büchern, daß ihm der Lehrer befehlen mußte, hierinne Maas zu halten, indem er sonst an Geist und Körper Schaden leiden würde. Theilnehmend, wohlwollend und gefällig für die Wünsche seiner Mitschüler, konnte er sich den jugendlichen Spielen leicht hingeben und in 10 Gesellschaft das mitmachen, was er allein wohl unterlassen hätte. Bey einer solchen Gelegenheit, kurz vor dem Zeitpuncte, wo er in der Kirche sein GlaubensBekenntnis öffentlich ablegen sollte, sah ihn einst die fromme Mutter, und ihre Vorwürfe über seinen Muthwillen machten so vielen Eindruk auf ihn, daß er noch v o r der Konfirmation, seine Empfin- 15 dungen z u m   e r s t e n m a l e in Gedichten aussprach, die religiösen Innhalts waren.

Je näher die Zeit heran rükte, in welcher er, in eines der Vorbereitungs-Institute aufgenommen werden sollte, welche Jünglingen, noch ehe sie die Universität beziehen konnten, gewidmet waren; mit um so größerem Eifer 20 ergab er sich nun seinen Studien.

Ohne Zweifel würde die Welt an Schiller'n einen Theologen erhalten haben, der durch Bilderreiche Beredsamkeit, eingreifende Sprache, Tiefe der Philosophie und deren richtige Anwendung auf die Religion, Epoche gemacht, und alles bisherige übertroffen haben würde; wenn nicht seine 25 Laufbahn g e w a l t s a m unterbrochen, und er zum Erlernen von Wissenschaften genöthiget worden wäre, für die er entweder gar keinen Sinn hatte, oder denen er nur durch die höchste Selbstüberwindung einigen Geschmak abgewinnen konnte.

Der Herzog von Wirtemberg hatte nemlich schon im Jahr 1770 auf 30 seinem LustSchlosse Solitüde, eine Militairische Pflanzschule errichtet, die so guten Fortgang hatte (S. die Einleitung) daß die Lehrgegenstände, welche anfänglich nur auf die schönen Künste beschränkt waren, bey anwachsender Zahl der Zöglinge, auch auf die Wissenschaften ausgedehnt wurden. 35

Um die fähigsten jungen Leute kennen zu lernen, wurde von Zeit zu Zeit bey den Lehrern Nachfrage gehalten, und diese empfahlen 1772, unter andern guten Schülern, auch den Sohn des Hauptmann Schiller, als den vorzüglichsten von allen. Sogleich machte der Herzog dem Vater den Antrag, seinen Sohn in die Pflanzschule aufnehmen, auf Fürstliche Kosten 40 unterrichten, und in allem frei halten lassen zu wollen.

Dieses grosmüthige Anerbieten, das manchen so willkommen war, verursachte aber in der ganzen Schiller'schen Familie, die größte Bestürzung, indem es nicht nur den so oft besprochenen Plan a l l e r vereitelte, sondern auch dem Sohn jede Hoffnung raubte sich als Redner, als Schriftsteller
5 und geistlicher Dichter einst auszeichnen zu können.

Weil jedoch damals für die Theologie in dieser Anstalt noch kein Lehrstuhl war; auch der junge Schiller schon alle VorbereitungsStudien für diesen Stand gemacht hatte; so versuchte der Vater diese Gnade durch eine freimüthige Vorstellung abzuwenden, die auch so guten Erfolg hatte, daß
10 der Herzog selbst erklärte, a u f d i e s e A r t k ö n n e e r i n d e r A k a d e m i e i h n n i c h t v e r s o r g e n. Einige Zeit lang schien der Fürst auf den jungen Schiller vergessen zu haben. Aber ganz unvermuthet stellte er n o c h z w e i m a l an den Vater das Begehren, seinen Sohn in die Akademie zu geben, w o i h m d i e W a h l d e s S t u d i u m s
15 f r e i g e l a s s e n w ü r d e u n d e r i h n, b e i s e i n e m A u s - t r i t t e b e s s e r v e r s o r g e n w o l l e, a l s e s i m g e i s t l i c h e n S t a n d e m ö g l i c h w ä r e.

Die Freunde der Familie so wie diese selbst, sahen nur zu gut, was zu befürchten wäre, wenn dem d r e i m a l i g e n Verlangen des Herzogs,
20 das man nun als einen Befehl annehmen mußte, nicht Folge geleistet würde, und nur mit zerrissenem Gemüthe, fügte sich endlich auch der Sohn, um seine Eltern, die kein anderes Einkommen hatten als was die Stelle des Vaters abwarf, keiner Gefahr auszusetzen.

Man mußte also den Ausspruch des Gebieters erfüllen, und konnte sich
25 für das Aufgeben so lange genährter Wünsche, nur dadurch e i n i g e r - m a a s e n für entschädigt halten, daß die weitere Erziehung des Jünglings keine großen Unkosten verursachen, und eine b e s o n d e r s g u t e A n s t e l l u n g i n H e r z o g l i c h e n D i e n s t e n, i h m e i n s t g e w i s s e y n w ü r d e. Was noch weiter zur Beruhigung der Mutter
30 und Schwestern beitrug, war die Nähe des Institutes; die Gewisheit, den Sohn und Bruder jeden Sonntag sprechen zu können; dann die große Sorgfalt welche man für die Gesundheit der Zöglinge anwendete, und die vertrauliche, sehr oft Väterliche Herablassung des Herzogs gegen dieselben, durch welche die strenge Disciplin um vieles gemildert wurde.

35 Mismuthigen Herzens verließ der Vierzehenjährige Schiller 1773 das Väterliche Haus, um in die Pflanzschule aufgenommen zu werden, und wählte zu seinem Hauptstudium, die Rechtswissenschaft, weil von dieser allein, eine, den Wünschen seiner Eltern entsprechende Versorgung einst zu hoffen war. Aber sein feuriger, schwärmerischer Geist, fand in diesem
40 Fache so wenig Befriedigung, daß er es sich nicht verwehren konnte, dem Bekenntnisse, was jeder Zögling über seinen Character, seine Tugenden und Fehler Jährlich aufsetzen mußte, s c h o n d a s e r s t e m a l die

Erklärung beizufügen: «E r w ü r d e s i c h a b e r w e i t g l ü k l i -
c h e r s c h ä t z e n , w e n n e r s e i n e m V a t e r l a n d e a l s G o t -
t e s g e l e h r t e r d i e n e n k ö n n t e .»

Auf diesen, eben so schön als bescheiden ausgesprochenen Wunsch,
wurde jedoch keine Rüksicht genommen. Das Studium der Rechtswissen- 5
schaft mußte fortgesetzt werden, und wurde auch mit allem Fleiß und
Eifer von ihm betrieben. Aber nach Verlauf eines Jahres beschied der
Herzog den Vater Schiller's wieder zu sich um ihm zu sagen: «daß, weil
gar zu viele junge Leute in der Akademie Jura studierten, seinem Sohne
eine so gute Anstellung bei seinem Austritt nicht werden könne, wie er 10
selbst gewünscht hätte. Der junge Mensch müsse Medizin studieren,
wo er ihn dann mit der Zeit sehr vortheilhaft versorgen wolle.» Ein
neuer Kampf für den Jüngling! Neue Unruhe für seine Eltern und
Geschwister! Schon einmal hatte der zartfühlende Sohn aus Rüksicht
für seine Angehörigen, die Neigung zu einem Stande aufgeopfert, den 15
ihm die Vorsehung ganz eigentlich bestimmt zu haben schien. Jezt
sollte er ein zweites Opfer bringen. Er sollte, nachdem er ein volles
Jahr der Rechtswissenschaft gewidmet, ein anderes Fach ergreifen, gegen das er die gleiche Abneigung, wie gegen das zuerst erwählte,
an den Tag legte. Jedoch der beugsame, kindliche Sinn, der ihn auch 20
später in allen Vorfällen seines Lebens Nie verließ, machte ihm diesen
schweren Schritt möglich, und er unterwarf sich dem, was man über
ihn bestimmt hatte.

Für den Vater war es zugleich nicht wenig lästig, daß er die zahlreichen
zum Rechtsstudium erforderlichen Werke, ganz unnützer Weise angeschafft 25
hatte, und nun für das neue Fach, noch viel größere Ausgaben machen
mußte, indem nur den gänzlich Unvermögenden, die nöthigen Bücher von
der Akademie verabfolgt wurden.

Als der junge Schiller in die Klasse der Mediziner übertreten mußte, war
er in seinem Sechszehenten Jahre, und so ungern er auch die neue Wis- 30
senschaft ergriff, indem er nicht hoffen konnte sich jemals recht innig mit
ihr zu befreunden, so fand er sie doch nach kurzer Zeit um vieles anziehender, als er sich vorgestellt hatte; denn die verschiedene Theile derselben, so troken auch ihre Einleitung seyn mochte, behandelten doch
alle, ohne Ausnahme, die lebendige Natur, und versprachen ihm einst 35
bei dem Menschen, neue Aufschlüsse über die Wechselwirkung des Körperlichen auf das Geistige, oder die umgekehrten Fälle. Sein, schon von
Jugend auf sehr starker Hang zum forschen, zum tiefen Nachdenken,
wurde durch die Hoffnung angefeuert, hier einst Entdekungen machen zu
können, die seinen Vorgängern entschlüpft wären, oder daß es ihm viel- 40
leicht gelingen würde, die in so großer Menge zerstreuten Einzelheiten,
auf wenige, allgemeine Resultate zurük zu führen. Aber bei allen diesen

reitzenden Vorahnungen, und ungeachtet der vorgeschriebenen Ordnung, die auch sehr streng gehalten werden mußte; benutzte er doch jede freie Minute, um sich mit der Geschichte, der Dichtkunst, oder denen Schriften zu beschäftigen, welche den Geist, das Gemüth oder den Witz anregen, 5 und vermied solche, bei denen der kalte, überlegende Verstand, ganz allein in Anspruch genommen wird. Unter den Dichtern war es Klopstok, der sein Gefühl, das noch immer am liebsten, bei den ernsten, erhabenen Gegenständen der Religion verweilte, am meisten befriedigte. Seinen eigenen Genuß an diesen Werken, suchte er auch seiner ältesten Schwester 10 wenigstens in dem Maaße zu verschaffen, als es durch Briefliche Mittheilung in Erklärung der schönsten und schwersten Stellen möglich war. In seiner jugendlichen Unschuld, den hohen Beruf noch gar nicht ahnend, zu dem ihn die Vorsehung erwählt und mit allen ihren Göttlichen Gaben überschwenglich reich betheilt hatte; konnte er wohl öfters die entschie- 15 dene Neigung für dichterische oder andere Geisteswerke, als eine bloße Belustigung für seine Fantasie halten, und sich Vorwürfe darüber machen, wenn dadurch so manche Stunde seinem Brodstudium entzogen wurde. Aber eine innere, beruhigende Stimme rief ihm dann zu: ist der große Arzt, der große Naturforscher H a l l e r, nicht auch zugleich ein großer 20 Dichter? Wer besang die Wunder der Schöpfung schöner und herrlicher als H a l l e r ?

«Du hast den Elephant aus Erde aufgethürmt
Und seinen Knochenberg beseelt.»

war ein Ausdruk den Schiller, nebst so vielen andern dieses Dichters nicht 25 nur d a m a l s, sondern auch d a n n   n o c h mit Bewunderung anführte, als seine erste Jugendzeit längst verflogen war.

Nicht nur das Beispiel H a l l e r ' s erleichterte ihm die Selbstentschuldigung wegen seinem Hang für die Dichtkunst, sondern es waren in der Abtheilung, in welche er jezt versetzt war, noch mehrere Zöglinge, die 30 eine gleiche Leidenschaft für Genüsse des Geistes und Gemüthes hatten, unter denen sich P e t e r s e n, H o v e n, M a s s e n b a c h und andere, als Dichter oder Schriftsteller, später bekannt gemacht haben. Je erkünstelter der Fleiß war, mit dem diese junge Leute ihr Hauptstudium trieben, je gieriger suchten sie Erholung in dichterischen Werken, von denen 35 endlich die von G o e t h e und W i e l a n d ihnen die liebsten waren. Ihre natürliche Anlagen verleiteten sie, bei dem bloßen Lesen und Genießen nicht stehen zu bleiben, sondern ihre Kräfte auch an eigenen Aufsätzen oder Poetischen Darstellungen zu versuchen. Und daß Keiner seine Arbeit den andern verheimlichte; daß jeder mit größter Offenheit getadelt oder 40 gelobt wurde; daß diese Jünglinge sich in ungewöhnlichen oder verwegenen Dichtungen zu überbieten suchten; war eine natürliche Folge ihrer Jahre

und des Zwanges dem sie unterworfen waren. Die gleiche Lieblingsneigung
die sie nur verstohlner weise befriedigen durften; die gleiche Subordination,
unter die sie ihren Willen beugen mußten; ketteten sie so fest aneinander,
daß sie in der Folge sich nie trafen, ohne ihre Freude durch die frölichste
Laune, oft durch wahren Jubel zu bezeugen.   5

Unter allen diesen Schriften aber, machten jedoch diejenigen die für das
Theater geschrieben waren, den meisten Eindruk auf den jungen Schiller.
Jede Handlung im Ganzen; jede Scene im Einzelnen, wekte in ihm
eine der schlummernden Kräfte, deren die Natur für d i e s e Dichtungsart
so viele in ihn gelegt hatte, und die so reitzbar waren, daß er mit einem   10
dramatischen Gedanken nur angehaucht zu werden brauchte, um sogleich
in Flammen der Begeisterung aufzulodern. In seinem Zehenten Jahre
hatte er zwar schon in Ludwigsburg Opern gesehen, die der Herzog mit
allem Pomp, mit aller Kunst damaliger Zeit aufführen ließ. So neu und
Wundervoll dem empfänglichen Knaben der schnelle Wechsel Prachtvoller   15
Dekorationen; das Anschauen künstlicher Elephanten, Löwen pp; die Auf-
züge mit Pferden; das Anhören großer Sänger, von einem trefflichen
Orchester begleitet; der Anblik von Balleten die von Noverre eingerichtet, von Vestris getanzt wurden; so sehr dieses alles vereinigt, ihn auch
ausser sich versetzen mußte, so hatte es doch nur die äusseren Sinne des   20
Auges, des Ohres berührt, aber Gefühl und Gemüth weder angesprochen
noch befriedigt. Dagegen waren J u l i u s v o n T a r e n t ; U g o l i n o ;
G ö t z v o n B e r l i c h i n g e n , und einige Jahre vor seinem Austritt,
a l l e S t ü k e v o n S h a k s p e a r e , diejenige Werke, welche mit
allen seinen Gedanken und Empfindungen so übereinstimmten, seines Geistes 25
sich dergestalt bemeisterten, daß er schon in seinem Siebenzehenten Jahre
sich an Dramatische Versuche wagte, und das später so berühmte Trauerspiel
d i e R ä u b e r , zu entwerfen anfing. Gaben die genannten Schriften
seiner Vorliebe für dramatische Poesie schon überflüssige Nahrung, so
wurde seine Neigung, so wie für schöne Künste überhaupt, schon dadurch   30
unterhalten und bestärkt, daß er mit denen Zöglingen die sich für die
Bühne, die Tonkunst oder Mahlerei bestimmt hatten, in genauem Umgange stand. Denn so streng auch in dieser Akademie darauf gehalten
wurde daß jeder die Gegenstände seines künftigen Berufes auf das gründ-
lichste erlerne, so war, wenn diesen Forderungen Genüge geleistet wurde, 35
der Umgang von den Zöglingen untereinander, gar nicht so beschränkt,
daß sie ihre freien Stunden nicht hätten nach ihrem Willen benutzen
dürfen, wenn dieser die allgemeine Ordnung nicht störte. Auch war es
denjenigen unter ihnen, die Gefallen daran fanden, alle Jahre einigemale
erlaubt, Theaterstüke in einem Akademischen Saale aufzuführen, bei   40
denen aber die weibliche Rollen, gleichfalls von Jünglingen besetzt werden
mußten. Schiller konnte dem Drange nicht widerstehen, sich auch als

Schauspieler zu versuchen, und übernahm im C l a v i g o eine Rolle, die er aber so darstellte, daß sein Spiel noch lange nachher, sowohl ihm als seinen Freunden, reichen Stoff zum Lachen und zur Satire verschaffte. Es konnte jedoch nicht anders kommen, als daß diese dichterische Zerstreuungen nur zum Nachtheil seiner Medizinischen Studien genossen wurden, und daß er manchen Verdruß mit seinem Hauptmann, so wie öfters Vorwürfe von seinen Professoren sich zuzog, wenn er das aufgegebene Pensum nicht gehörig ausgearbeitet hatte.

Und dennoch, sowohl aus Liebe zu seinen Eltern, denen er Freude zu machen wünschte, als aus Ehrgeiz und edlem Stolze, war sein Fleiß aufrichtiger und größer, als der seiner Mitschüler. Aber, geschah es denn mit s e i n e m W i l l e n , daß ihn, mitten im eifrigsten Lernen, Bilder überraschten, die mit denen die das Buch darbot, nicht die mindeste Aehnlichkeit hatten? — War es s e i n e Schuld, daß er Anatomische Zeichnungen, Präparate, fast unmöglich in ihrer eingeschränkten Beziehung betrachten konnte, sondern seine Fantasie sogleich in dem Großen, Allgemeinen der ganzen Natur umher schweifte? Oder, konnte er es seiner, ihm so treu anhänglichen Muse verwehren, daß sie, s e l b s t i n d e n K o l l e g i e n , wenn er mit tiefsinnigem Blik auf den Professor horchte, ihm etwas zuflüsterte, was seine Ideen von dem Vortrage wegriß, und seinen Geist, a u c h d e n e r n s t l i c h s t e n V o r s ä t z e n e n t - g e g e n , in dichterische Gefilde leitete? — Nichts von alle diesem. Ganz unfreiwillig mußte er sich diesen Störungen unterwerfen. Wie durch eine zauberische Gewalt herbei geführt, gährten in seinem Innern Bilder und Entwürfe, die immer stärker andrängten, jemehr der Mann sich in ihm entwikelte, und seine Vorstellungen sich bereicherten.

Er selbst sah sehr gut ein, daß er bei diesem getheiltem treiben seiner Berufswissenschaft, sehr spät das Ziel erreichen würde, was er sich vorgesezt hatte, und ob auch alle seine Lehrer, die treffenden Bemerkungen und Antworten von ihm, weit höher, als den Mechanischen Fleiß der andern, achteten; so stellte er doch zu große Forderungen an sich selbst als daß ihm seine bisherige Fortschritte hätten genügen können. E r b e - s c h l o ß d a h e r , i n s e i n e m A c h t z e h e n t e n J a h r e , s o l a n g e n i c h t s a n d e r e s a l s w a s d i e M e d i z i n b e t r e f f e z u l e s e n , z u s c h r e i b e n , o d e r a u c h n u r z u d e n k e n , b i s e r s i c h d a s w i s s e n s c h a f t l i c h e d a v o n g a n z z u e i g e n g e m a c h t h ä t t e . Der ungeheuern Ueberwindung die es ihn anfangs kostete unerachtet, verfolgte er diesen Vorsatz mit solcher Festigkeit, und studierte die Aerztlichen Werke von H a l l e r , mit so viel unausgeseztem Eifer, daß er schon nach Verlauf von kaum drei Monaten eine Prüfung darüber bestehen konnte, von welcher er die größten Lobsprüche einerntete. Diese ausserordentliche Anstrengung, bei welcher er sich

auch den kleinsten Genuß, selbst ein aufmunterndes Gespräch versagte,
hatte zwar etwas nachtheilig auf seinen Körper gewirkt, dagegen aber
ihn mit der Wissenschaft dergestalt vertraut gemacht, daß er nun mit größter
Leichtigkeit auf die Anwendung derselben, sowohl in ihren verschiedenen
Fächern als in der Heilkunde selbst, übergehen konnte.   5

Das höchste Opfer was er seinem künftigen Berufe bringen mußte, war
eine so lang dauernde Entsagung der Dichtkunst, die bei ihm schon zur
Leidenschaft geworden war. Aber er hatte sich von der Geliebten ja nur
entfernt! Untreu konnte er ihr Niemalen werden; denn so wie er den
Grad des Wissens der ihn zum Meister der Arzeneikunde machen sollte,   10
einmal erobert hatte, kehrte er mit allem Feuer ungestillter Sehnsucht
in die Arme der Göttin zurük, und benutzte jeden freien Augenblik
zur Ausarbeitung seines angefangenen Trauerspiels. Auch dichtete er, ausser
vielen andern Sachen, in diesem Zeitpuncte eine Oper S e m e l e, die so
großartig gedacht war, daß, wenn sie hätte aufgeführt werden sollen,   15
alle Mechanische Kunst des Theaters damaliger Zeit, und man darf sagen,
auch der jetzigen, nicht ausgereicht haben würde, um sie gehörig darzustellen.

Das Practische der Medizin kostete ihm nun weit weniger Mühe, als
ihm das Theoretische verursacht hatte. Die Anwendung der vorgeschrie-   20
benen Regeln erhöhten sein Interesse schon darum, weil er ihre Wirkung
beobachten und Bemerkungen darüber äussern konnte, die von seinen
Professoren oft bewundert wurden. Die günstigen Zeugnisse die sie ihm
ertheilten, hatten für ihn die angenehme Folge, daß er mit dem Antritt
seines Zwei und zwanzigsten Jahres, über eine, von ihm selbst geschrie-   25
bene Abhandlung öffentlich disputiren durfte, und für fähig gehalten
ward, nicht nur aus der Akademie treten, sondern auch eine Aerztliche
Anstellung in Herzoglichen Diensten, bekleiden zu können. Er erhielt zu
Ende des Jahres 1780, bei dem in Stuttgart liegenden Grenadier Regiment
Augé, die Stelle eines Arztes, mit Monatlicher Besoldung von A c h t-   30
z e h e n Gulden Reichswährung, oder F ü n f z e h e n G u l d e n, im
zwanzig Gulden Fuß. Obwohl die Berufsfähigkeiten Schillers eine würdigere Auszeichnung verdient hätten, und auch die Stelle nebst ihrem kleinen
Sold sehr tief unter der Erwartung der Eltern war, die dem gegebenen
Versprechen des Herzogs gemäs, auf eine weit bessere Versorgung gezählt   35
hatten; so durfte doch von keiner Seite ein Widerspruch erhoben, oder
eine Einwendung dagegen gemacht werden.

Und derjenige, der die größte Ursache zu klagen gehabt hätte, war
am besten mit dieser Entscheidung zufrieden, weil nun seine Thätigkeit
freien Raum hatte, und weil ihm der ungehinderte Gebrauch seiner   40
Dichtergabe gestattet schien, die sich von Tag zu Tag stärker entwikelte.
Denn je mehr ihm der Zwang und die unabänderliche Regelmäsigkeit

misfiel, in welcher er Sieben Jahre seiner schönsten Jugendzeit zubringen mußte, um so öfter und leidenschaftlicher beschäftigte er sich mit Entwürfen, w i e   e r   e i n s t   seine Freiheit genießen wolle; und als endlich die Hoffnung zur Selbständigkeit, sowohl ihm als seinen jungen Freunden
5 in Gewisheit überzugehen anfieng, war es ihre einzige, angenehmste Unterhaltung, sich ihre Wünsche und Vorsätze hierüber mitzuteilen. Die leztere betrafen jedoch hauptsächlich Literarische Gegenstände, die so thätig ins Werk gesezt wurden, daß Schiller, sogleich nach dem Antritt seines Amtes, das Schauspiel die Räuber, das er in den vier lezten Jahren seines
10 Akademischen Aufenthaltes schrieb, gänzlich in Ordnung brachte, und solches zu Anfang des Sommers 1781, im Druk heraus gab.

Es wäre vergeblich den Eindruk schildern zu wollen, den diese Erstgeburt eines Zöglings der   h o h e n   K a r l s S c h u l e ,   und wie man wußte, eines Lieblings des Herzogs, in dem ruhigen, harmlosen Stuttgardt
15 hervor brachte, wo man nur mit den frommen, sanften Schriften eines G e l l e r t ,   H a g e d o r n ,   R a m l e r ,   R a b e n e r ,   U t z ,   K r a m e r , S c h l e g e l ,   C r o n e g k ,   H a l l e r ,   K l o p s t o k ,   S t o l l b e r g   und ähnlicher den Geist nährte: wo man die Gedichte von   B ü r g e r ,   die Erzählungen von   W i e l a n d ,   als das äusserste anerkannte, was die
20 Poesie in sittlichen Schilderungen sich erlauben darf — wo man   U g o l i n o für das schauderhafteste und   G ö t z   v o n   B e r l i c h i n g e n   für das ausschweifendste Product erklärte; — wo   S h a k s p e a r e   kaum einigen Personen bekannt war, und wo gerade die   L e i d e n   S i e g w a r t s , K a r l   v o n   B u r g h e i m   und   S o p h i e n s   R e i s e   v o n   M e m e l
25 n a c h   S a c h s e n ,   das höchste Interesse der Lese-Liebhaber erregt hatten. Nur derjenige der die genannten Schriften kennt, sich den ruhigen, stillen Eindruk den sie einst auf ihn machten, zurük ruft, und dann einige Auftritte aus den Räubern liest; nur der allein kann sich die Wirkung lebhaft genug vorstellen, welche diese — in Rüksicht ihrer Fehler sowohl als
30 ihrer Schönheiten — ausserordentliche Dichtung hervor brachte. Die jüngere Welt besonders, wurde durch die blendende Darstellung, durch die natürliche, ergreifende Schilderung der Leidenschaften in die höchste Begeisterung versetzt, welche sich unverholen, auf das lebhafteste äusserte.

Der Ruhm des Dichters blieb aber nicht auf sein Vaterland beschränkt.
35 Ganz Deutschland ertönte von Bewunderung und Erstaunen, daß ein Jüngling seine Laufbahn mit einem Werke   e r ö f n e ,   wo andere sich glüklich preisen würden, die ihrige damit   b e s c h l i e ß e n   zu können.

Diese Lobeserhebungen, so schmeichelhaft sie auch seinem Ehrgeitze waren, konnten ihn jedoch nicht in dem Grade berauschen, daß er ge-
40 glaubt hätte, schon Vieles, oder gar alles erreicht zu haben; sondern waren eher ein Sporn für ihn, noch größeres zu leisten. Er veranstaltete im nemlichen Jahre noch die Herausgabe einer Sammlung Gedichte, die

theils von ihm selbst, theils von seinen Freunden schon in der Akademie bearbeitet waren, und ließ solche unter dem Titel A n t h o l o g i e 1782 erscheinen. Da auch das, von dem Professor B a l t h a s a r H a u g seit einigen Jahren herausgegebene S c h w ä b i s c h e M a g a z i n sich seinem Ende nahte, so beschloß er, in Gemeinschaft mit seinen Freunden die   5 erlöschende Monatschrift, als ein R e p e r t o r i u m f ü r L i t e r a t u r fortzusetzen, was um so leichter zu Stande kam, je größer der Vorrath war, den sie schon früher gesammelt hatten. Mit warhaft jugendlichem Uebermuth verfaßte er für diese Schrift, in der Folge eine Rezension seiner Räuber, welche so hart und beißend war, daß man nicht begreifen   10 konnte, wie jemand es wagen mochte, eine Arbeit so strenge zu tadeln, deren Glantz die meisten Leser verblendet und auch den größten Kennern Achtung abgenöthiget hatte. Der über diese Beurtheilung häufig geäusserte Tadel, gewährte aber ihm desto mehr Belustigung, je weniger jemand — ausser einigen Freunden die darum wußten — vermuthete, daß der   15 Verfasser selbst, diese scharfe Geißel über sich geschwungen.

Diese Literarischen Beschäftigungen, welche eine lang gehegte Sehnsucht befriedigten, und bey welchen sich Schiller ganz in seinem Elemente befand, hätten ihm wenig zu wünschen übrig gelassen, wenn dadurch seine körperlichen Bedürfnisse eben so, wie seine geistigen gehoben gewesen wären.   20 Allein diß konnte um so weniger der Fall seyn, je kleiner in Stuttgardt die Anzahl der Buchhändler, oder derjenigen Leute war, die nicht nur lesen, sondern auch k a u f e n wollten. Es ließ sich schon für d i e R ä u b e r kein Verleger finden, der die Ausgabe auf seine Kosten wagen, noch minder aber etwas dafür honoriren wollte, daher der Dichter genöthigt war, sie   25 auf eigene Kosten druken zu lassen und da seine GeldKräfte bei weitem nicht hinreichten, d e n B e t r a g z u b o r g e n .

Um zu versuchen ob er nicht zu einigem Ersatz seiner Auslagen gelangen könne, und um sein Werk auch im Ausland bekannt zu machen, schrieb er, noch ehe der Druk ganz beendigt war an Herrn Hofkammer-   30 rath und Buchhändler S c h w a n zu Mannheim, der durch den vortheilhaftesten Ruf bekannt war, und schikte ihm die fertigen Bogen zu, welche er, mit Bemerkungen begleitet, wieder zurük erhielt.

Ob allein die Ansichten des Herrn S c h w a n den Verfasser aufmerksam machten, oder ob er selbst darüber erschrak, wie grell und widerlich   35 sich manches dem Auge darstelle, nachdem es nun gedrukt vor ihm lag? — genug, in den lezten Bogen wurde einiges geändert, die, von der Presse schon ganz fertig gelieferte Vorrede unterdrükt, und eine neue, mit gemilderten Ausdrüken, an deren Stelle gesetzt.

Wer es weiß, wie einseitig ein Dichter oder Künstler wird, wenn er   40 nicht mit andern seines Faches, die höher als er, oder doch mit ihm auf gleicher Stufe stehen, Umgang haben und seine Ideen austauschen kann:

wer zugibt, daß bey einem reichen, feurigen Talente, in den ersten JünglingsJahren nur Begeisterung und EinbildungsKraft herrschen, Verstand und
Geschmak aber von diesen übertäubt werden; der wird die stärksten Aus-
wüchse in den Räubern um so eher entschuldigen, da der Dichter nicht
5 in der Lage war, einen, in der Literatur bedeutenden Mann zum Vertrauten
zu haben, und auch schon sein zweites Werk hinlänglich bezeugte, mit
welcher Umsicht er die Fehler des ersten zu vermeiden gesucht.

So sehr Herr Schwan als Buchhändler Schiller'n nützlich zu werden
suchte, so eifrig verwendete er sich bei dem damaligen Intendanten des
10 Mannheimer Theaters, Baron von Dalberg, damit dieses Stük für die
Bühne brauchbar gemacht und aufgeführt werden könne. Demzufolge
forderte Baron von Dalberg den Dichter auf, nicht nur d i e s e s Trauerspiel abzuändern, sondern auch s e i n e k ü n f t i g e n A r b e i t e n, für
die Schauspieler Gesellschaft in Mannheim einzurichten. Schiller willigte
15 um so lieber in diesen Vorschlag, je entfernter der Zeitpunct war, in
welchem eine seiner Dichtungen auf dem Theater in Stuttgart hätte aufgeführt werden können, indem die Leistungen desselben blos als Versuche
von Anfängern gelten konnten.

Vor dem Jahre 1780 war nie ein stehendes, deutsches Theater in der
20 Hauptstadt Würtembergs. Was man daselbst vom Schauspiel kannte, waren
die Opern und Ballette, welche früher, ganz auf Herzogliche Kosten, von
Italienern und Franzosen, und nachdem diese verabschiedet waren, von den
Männlichen und weiblichen Zöglingen der Akademie, gleichfalls in Italieni-
scher und Französischer Sprache gegeben wurden. In Mitte der Siebziger
25 Jahre, kam S c h i k a n e d e r nach Stuttgardt; durfte aber keine Vorstellungen im Opernhause geben, sondern mußte seine Operetten, Lust und
Trauerspiele, im B a l l h a u s e aufführen. Erst als die Zöglinge der
Akademie mehr herangewachsen, und man sie — da sie doch einmal für
das Schauspiel bestimmt waren — mehr in Uebung erhalten wollte; gaben
30 sie so lange, bis ein neues Theater gebaut wurde, die Woche einige deutsche
Operetten in dem Opernhause, für deren Genuß das Publikum ein sehr
mäßiges Eintrittsgeld bezahlte. Auch als das kleinere Theater fertig stand,
wurden anfänglich nichts als kleine, deutsche Opern aufgeführt; was um
so natürlicher war, da sich unter allen welche sich dem Theater gewidmet
35 hatten nur eine einzige Person fand, welche warhaft großes Talent, sowohl
für komische als ernsthafte Darstellungen zeigte.

Diese war H e r r H a l l e r, ein wahrer Sohn der Natur. Wäre ihm
damals das Glük geworden in einer andern Umgebung zu seyn: gute
Vorbilder und Beispiele zu sehen, so hätte er einer der besten Schauspieler
40 Deutschlands werden können, und sein Nahme wäre mit den Vorzüglichsten
dieser Kunst zugleich genannt worden.

Je tiefer nun diese Vaterländische Schaubühne unter dem Ideale stand,
das Schiller'n von einem guten, besonders aber tragischen Schauspiele vor-
schwebte, um so lebhafter ergriff er den Vorschlag sein Stük für eine Bühne
zu bearbeiten, die nicht nur einen sehr großen Ruf hatte, sondern sich
auch um so mehr als die erste in Deutschland achten durfte, da fast alle   5
ihre Mitglieder in der Schule von E k h o f gebildet waren. Mit alle
dem Eifer, den Jugend und Begeisterung zu Erreichung eines Zwekes, der
für ihn das höchste seiner Wünsche war, nur immer hervorbringen können,
gieng Schiller an die Umarbeitung seines Trauerspiels, die er sich weniger
schwer dachte, als er in der Folge fand. Denn, wäre es ihm auch leicht   10
geworden, seinen hohen, dichterischen Flug, den Schranken der Bühne
und den Forderungen des Publikums gemäs einzurichten; oder hätte er auch
ohne Bedauern manche Scenen und Stellen aufgeopfert, die er und seine
Freunde, sehr hoch geschäzt hatten; so raubten ihm seine BerufsGeschäfte
den ungehinderten Gebrauch der Zeit, so wie die nöthige Stimmung, die   15
eine solche Arbeit erfordert. Seinem ganzen Wesen, d a s   n i c h t   d e n
m i n d e s t e n   Z w a n g   e r t r a g e n   k o n n t e,   war das immerwährend Einerlei der Lazareth Besuche, und eben so das tägliche und
genaue erscheinen auf der WachtParade, um seinem General den Rapport
über die Kranken abzustatten, im höchsten Grade zuwider. Die unpoetische   20
Uniform, aus einem blauen Rok mit schwarzem SammtKragen, weißen
Beinkleidern, steifen Hut, einem Degen o h n e   Q u a s t e, bestehend,
sah' er als ein Abzeichen an, das ihn unabläßig an die Subordination
erinnern solle. Am härtesten fiel ihm jedoch, daß er, ohne ausdrükliche
Erlaubnis seines Generals, sich nicht aus der Stadt entfernen und seine,   25
nur eine Stunde von Stuttgardt wohnende Eltern und Geschwister besuchen
durfte. In seiner schönsten Jugendzeit mußte er diesen Umgang meistens
nur auf schriftliche Unterhaltung beschränken, und jezt, da er sich frei
glauben durfte, war es ihm um so schmerzlicher, den Besuch seiner
nächsten Angehörigen, von der Laune seines Chefs erbitten zu müssen.   30
    Die ganze Familie fand sich durch seine Anstellung als Regiments Arzt
getäuscht, indem sie, als der Sohn seiner Neigung zur Theologie entsagen
mußte, auf das von dem Herzog gegebene Versprechen fest baute, daß er
ihn für die gemachte Aufopferung, auf die vortheilhafteste Art, schadlos
halten würde.   35
    Jedoch mußten alle sich fügen, und dem Sohne blieb nur der Trost, den
er in seinen Dichterischen Beschäftigungen fand, und nebenbei die Aussicht,
sich dadurch im Auslande bekannt und seinen Wirkungs Kreis, bedeutender
zu machen. Er schrieb daher auch an Wieland den er nicht allein wegen
seiner Vielseitigkeit, sondern vorzüglich wegen der hohen Vollendung seiner   40
Dichtungen, ausserordentlich hoch schäze und war überglüklich als er von
diesem großen Manne eine Antwort erhielt, die nicht nur das ungewöhnliche

und seltene der frühzeitigen Leistungen Schiller's in vollem Maaße anerkannte, sondern auch überhaupt sehr geistreich und schmeichelhaft war.
Für die Freunde von Schiller, die an allem was ihn betraf, mit dem
wärmsten Eifer Antheil nahmen, war es eine Art von Fest, diesen Brief
5 zu lesen; sowohl die schöne, reine Schrift als die fließende Schreibart zu
bewundern, und sich über dessen Innhalt zu besprechen. Mit Stolz hoben
sie es heraus, daß der Sänger des Musarion auch ein S c h w a b e seye,
und von diesem S c h w a b e n die Sprache der Gratzien, der feinsten,
gebildetsten Welt vorgetragen werde.

10   Aehnliche Ermunterungen vom Auslande, nebst dem Drange, die Geschöpfe seiner Einbildungs Kraft verwirklicht zu sehen, stärkten den
Muth des jungen Dichters und erhoben ihn über die Widerwärtigkeiten,
welche ihm seine Lage täglich verursachte. Ausser den vielen Unterbrechungen aber die ihm sein Stand zur Pflicht machte, waren auch die
15 Einwürfe des Baron Dalberg nichts weniger als dazu geeignet, ihn bei
guter Laune für seine Arbeit zu erhalten, und man darf sich daher auch
nicht wundern, daß er zur Umschmelzung seines Schauspiels so viele
M o n a t e brauchte, als es bei minderer Störung, W o c h e n bedurft
hätte.

20   Er besiegte jedoch alle Schwierigkeiten, so sehr sich auch sein ganzes
Wesen anfangs dagegen sträubte, und fühlte sich, wie von der schwersten
Last erleichtert, als er sein Manuscript für fertig halten und nach Mannheim absenden konnte. Um aber dem Leser das gesagte anschaulicher zu
machen, sey es erlaubt, einen Theil des Schreibens welches die Um-
25 arbeitung begleitete, aus den, bey D. R. M a r x i n K a r l s r u h e
erschienenen Briefen Schiller's an Baron Dalberg hier einzurüken, indem
es zur Bestätigung des obigen dient und zugleich den Beweis liefert, wie
streng und mit wie wenig Schonung er bey der Abänderung verfuhr.
Selten wird wohl ein Dichter, bey seinem ersten Werke schon, alles für so
30 wichtig angesehen oder so scharf beurtheilt haben, als es hier von einem
Zwei und Zwanzigjährigen Jünglinge geschehen ist.

Stuttgardt, den 6ten Oct. 1781.

«Hier erscheint endlich der v e r l o r e n e Sohn, oder die umgeschmol-
zenen Räuber. Freilich habe ich nicht auf den Termin, den ich selbst
35 festsezte, Worte gehalten, aber es bedarf nur eines flüchtigen Blicks über die
Menge und Wichtigkeit der getroffenen Veränderungen, mich gänzlich zu
entschuldigen. Dazu kommt noch, daß eine Ruhrepidemie in meinem
Regiments-Lazareth mich von meinen otiis poëticis sehr oft abrief. Nach
vollendeter Arbeit darf ich Sie versichern, daß ich mit weniger Anstrengung
40 des Geistes und gewiß mit noch weit mehr Vergnügen ein neues Stück,
ja selbst ein Meisterstück schaffen wollte, als mich der nun gethanen

Arbeit nochmals unterziehen. — Hier mußte ich Fehlern abhelfen, die in
der Grundlage des Stücks schon nothwendig wurzeln, hier mußte ich an sich
gute Züge den Gränzen der Bühne, dem Eigensinn des P a r t e r r e, dem
Unverstand der Gallerie, oder sonst leidigen Convenzionen aufopfern,
und einem so durchdringenden Kenner, wie ich in Ihnen zu verehren weiß,   5
wird es nicht unbekannt seyn können, daß es, wie in der Natur, so auf
der Bühne, für Eine Idee, Eine Empfindung, auch nur Einen Ausdruck,
Ein Kolorit gibt. Eine Veränderung, die ich in e i n e m Characterzug
vornehme, gibt oft dem ganzen Character, und folglich auch seinen Handlungen und der auf diesen Handlungen ruhenden Mechanik des Stücks eine   10
andere Wendung. Also Herrmann. Wiederum stehen die Räuber im Original
unter sich in lebhaftem Contrast, und gewiß wird ein jeder Mühe haben,
vier oder fünf Räuber contrastiren zu lassen, ohne in einem von ihnen gegen
die Delikatesse des Schauplatzes anzurennen. Als ich es anfangs dachte, und
den Plan bei mir entwarf, dacht ich mir die theatralische Darstellung hin-   15
weg. Daher kams, daß Franz als ein raisonnirender Bösewicht angelegt
worden; eine Anlage, die, so gewiß sie den denkenden Leser befriedigen
wird, so gewiß den Zuschauer, der vor sich nicht philosophirt, sondern
gehandelt haben will, ermüden und verdrießen muß. In der veränderten
Auflage konnte ich diesen Grundriß nicht übern Haufen werfen, ohne da-   20
durch der ganzen Oekonomie des Stücks einen Stoß zu geben; ich sehe also
mit ziemlicher Wahrscheinlichkeit voraus, daß Franz, wenn er nun auf der
B ü h n e erscheinen wird, die Rolle nicht spielen werde, die er beim Lesen
gespielt hat. Dazu kommt noch, daß der hinreißende Strom der Handlung
den Zuschauer an den feinen Nuancen vorüberreißt, und ihn also wenigstens   25
um den dritten Theil ꞏdes ganzen Charakters bringt. Der Räuber Moor, wenn
er, wie ich zum voraus versicherte, seinen Mann unter den H. H. Schauspielern findet, dürfte auf dem Schauplatz Epoche machen; einige wenige Speculationen, die aber auch als unentbehrliche Farben in dem ganzen Gemälde
spielen, weggerechnet, ist er ganz Handlung, ganz anschauliches Leben. Spie-   30
gelberg, Schweizer, Herrmann pp sind im eigentlichsten Verstande Menschen
für den Schauplatz, weniger A m a l i a und der Vater.
     Ich habe schriftliche, mündliche und gedruckte Recensionen zu benutzen
gesucht. Man hat mehr von mir gefordert, als ich leisten konnte, denn nur
dem Verfasser eines Stücks, zumal wenn er selbst noch Verbesserer wird,   35
zeigt sich das non plus ultra vollkommen. Die Verbesserungen sind wichtig,
verschiedene Scenen ganz neu, und, meiner Meinung nach, das ganze
Stück werth. — — — — — — — — — — — — — — — —
     Franz ist der Menschheit etwas näher gebracht, aber der Weg dazu ist
etwas seltsam. Eine Scene, wie seine Verurtheilung im fünften Akt, ist   40
meines Wissens auf keinem Schauplatz erlebt, eben so wenig als Amaliens
Aufopferung durch ihren Geliebten. Die Katastrophe des Stücks däucht

mich nun die Krone desselben zu seyn. Moor spielt seine Rolle ganz aus, und ich wette, daß man ihn nicht in dem Augenblick vergessen wird, als der Vorhang der Bühne gefallen ist. Wenn das Stück zu g r o ß seyn sollte, so steht es in der Willkühr des T h e a t e r s, Räsonnements ab-
5 zukürzen oder hie und da etwas unbeschadet des ganzen Eindrucks hinweg zu thun. Aber d a w i d e r protestire ich höflich, daß beim Drucken etwas hinweggelassen wird; denn ich hatte meine guten Gründe zu allem, was ich stehen ließ, und so weit geht meine Nachgiebigkeit gegen die Bühne nicht, daß ich Lücken lasse und Charaktere der Menschheit für die Bequemlichkeit
10 der Spieler verstümmle. pp. — — — — — — — — — — — —

Dr. Schiller, R. Medicus.»

Es würde die vorgestekten Gräntzen dieser Schrift überschreiten, wenn auch die folgende Briefe, welche die Einwürfe des Freiherrn von Dalberg widerlegen sollten, hier angeführt würden. Nur so viel sey noch hierüber
15 gesagt, daß, so sehr auch Schiller den Zug in dem Character Karl Moor's, die Geliebte mit s e i n e r Hand zu tödten, als wesentlich zur ganzen Rolle, ja als eine positive Schönheit derselben betrachtete; sein Gegner davon nicht abzubringen war, d a ß A m a l i a s i c h s e l b s t m i t d e m D o l c h e e r s t e c h e n m ü s s e. Der andere Punct, die Räuber
20 in die Zeiten Maximilians des Ersten zu versetzen und in Altdeutscher Kleidung spielen zu lassen, machte der Theatralischen Wirkung gar keinen Eintrag, indem die Handlung zu sehr hinriß, um Vergleichungen zwischen der Sprache und dem Kostüm anstellen zu können, und d a m a l s nur äußerst wenige der Kritik, sondern nur des Eindruks wegen, den das ge-
25 sehene bey ihnen zurük lassen sollte, das Schauspiel besuchten.

Mit welcher Unruhe Schiller den Nachrichten aus Mannheim entgegen sah, und in welcher Spannung er die Zeit zubrachte, welche zu den Vorbereitungen, den Proben erforderlich war, mag wohl nur der am richtigsten beurtheilen, der als Dichter oder Tonkünstler, sich z u m e r s t e n -
30 m a l in gleichem Falle befindet. Er selbst sagt hierüber in einem der folgenden Briefe. (pag. 42) «Auf meinen Räuber Moor bin ich im höchsten Grade begierig, und von Herrn B ö k, der ihn ja vorstellen soll, höre ich nichts, als Gutes. Ich freue mich wirklich darauf wie ein Kind.» Ferner: «Ich glaube meine ganze dramatische Welt wird dabei aufwachen,
35 und im Ganzen einen größeren Schwung geben, denn es ist das erstemal in meinem Leben, daß ich etwas mehr als Mittelmäßiges hören werde.»

Endlich kam auch der so heftig gewünschte und ersehnte Tag heran, wo er seinen V e r l o h r n e n S o h n, wie er anfangs die Räuber benennen wollte, in der Mitte Januar 1782, auf dem Theater in Mannheim
40 darstellen sah. Aus der ganzen Umgegend, von Heidelberg, Darmstadt, Frankfurt, Mainz, Worms, Speyer pp waren die Leute zu Roß und zu

Wagen herbei geströmt, um dieses berüchtigte Stük, das eine ausserordentliche Publizität erlangt hatte, von Künstlern aufführen zu sehen, die
auch unbedeutende Rollen mit täuschender Warheit gaben, und nun hier um
so stärker wirken konnten, je gedrängter die Sprache, je neuer die Ausdrüke, je ungeheurer und schreklicher die Gegenstände waren, welche dem   5
Zuschauer vorgeführt werden sollten. Der kleine Raum des Hauses nöthigte
diejenigen welchen nicht das Glük zu Theil wurde eine Loge zu erhalten,
ihre Sitze schon Mittags um Ein Uhr zu suchen, und gedultig zu warten,
bis um fünf Uhr endlich der Vorhang aufrollte. Um die Veränderung der
Koulissen leichter zu bewerkstelligen, machte man aus fünf Akten deren   10
Sechse, welche von fünf Uhr bis nach zehn Uhr dauerten. Die ersten drey
Akte machten die Wirkung nicht, die man im Lesen davon erwartete; aber
die lezten drey erfüllten alles, um auch die gespanntesten Forderungen
zu befriedigen.

Vier der besten Schauspieler welche Deutschland damals hatte, wendeten   15
alles an was Kunst und Begeisterung darbieten; um die Dichtung auf das
vollkommenste und lebendigste darzustellen. B ö k als Karl Moor war
vortreflich, was Deklamation, Wärme des Gefühls und den Ausdruk
überhaupt betraf. Nur seine kleine, untersezte Figur störte anfangs, bis
der Zuschauer, von dem Feuer des Spiels fortgerissen, auch diese vergaß.   20
B e i l als Schweizer ließ nichts zu wünschen übrig, so wie auch Kosinsky
durch die passende Persönlichkeit des Herrn B e k sehr gewann. Durch
die Art aber wie I f f l a n d die Rolle des Franz Moor nicht nur durchge-
dacht, sondern dergestalt in sich aufgenommen hatte, daß sie mit seiner
Person eins und dasselbe schien; ragte er über alle hinaus, und brachte   25
eine, nicht zu beschreibende Wirkung hervor, indem keine seiner Rollen
welche er früher und dann auch später gab, ihm die Gelegenheit verschaffen konnte das Gemüth bis in seine innersten Tiefen so zu erschüttern,
wie es bey der Darstellung des Franz Moor möglich war. Zermalmend für
den Zuschauer war besonders die Scene in welcher er seinen Traum von   30
dem jüngsten Gericht erzählte; mit aller Seelenangst die Worte ausrief:
« r i c h t e t e i n e r ü b e r d e n S t e r n e n ? N e i n ! N e i n ! » und
bey dem, zitternd und nur halb laut gesprochenen, in sich gepreßten
Worte, J a ! J a ! — die Lampe in der Hand welche sein Geisterbleiches
Gesicht erleuchtete — zusammen sank. Damals war I f f l a n d 22—23   35
Jahre alt, von Körper sehr schmächtig, im Gesicht etwas blaß und mager.
Dieser Jugend ungeachtet war sein Spiel auch in den kleinsten Schattierungen
so durchgeführt, daß es ein, nicht zu vertilgendes Bild in jedem Auge das
ihn sah, zurük ließ.

Welche Wirkung die Vorstellung der Räuber auf den Dichter derselben   40
hervor brachte, davon haben wir noch ein Zeugniß in dem Briefe an
Baron Dalberg vom 17ten Jenner 1782, wo er schreibt: « B e o b a c h t e t

h a b e   i c h   s e h r   v i e l e s ,   s e h r   v i e l e s   g e l e r n t ,   u n d   i c h
g l a u b e ,   w e n n   D e u t s c h l a n d   e i n s t   e i n e n   D r a m a t i -
s c h e n   D i c h t e r   i n   m i r   f i n d e t ,   s o   m u ß   i c h   d i e   E p o c h e
v o n   d e r   v o r i g e n   W o c h e   z ä h l e n .   pp»

5 Daß auch ihn selbst das Spiel von Iffland überraschte, bezeugt er in
demselben Briefe mit folgendem. «Dieses einzige gestehe ich daß die Rolle
F r a n z e n s die ich als die schwerste erkenne, als s o l c h e über meine
Erwartung (welche nicht gering war) vortreflich gelang.» Schiller hatte
sich ohne Urlaub von seinem Regiments-Chef zu nehmen, aus Stuttgardt
10 entfernt, um sein Schauspiel zu sehen; es wußten daher auch nur einige
seiner vertrautesten Freunde um seine Abwesenheit, und sie blieb für dieses-
mal verborgen. Aber die Heiterkeit welche vor der Abreise sein ganzes
Wesen beseelt hatte, war nach seiner Rükkehr fast ganz verschwunden;
denn so heftig er die Stunden des Schöpferischen Genusses herbei ge-
15 wünscht hatte, so misvergnügt war er nun, daß er seine Medizinischen
AmtsGeschäfte wieder vornehmen und sich der Militairischen Ordnung
fügen mußte, da ihm jezt nicht nur der Ausspruch der Kenner, der
stürmische Beifall des Publikums, sondern hauptsächlich sein eigenes
Urtheil die Ueberzeugung verschafft hatten, daß er zum Dichter, besonders
20 aber zum S c h a u s p i e l   D i c h t e r   g e b o h r e n   s e y e , und daß er
hierinne eine Stufe erreichen könne, die noch keiner seiner Nation vor
ihm erstiegen. Jede Beschäftigung die er nun unternehmen mußte, machte
ihn misvergnügt, und er achtete die Zeit die er darauf verwenden mußte,
als verschwendet. Es bedurfte wirklich auch einiger Wochen, bis sein auf-
25 geregtes Gemüth sich wieder in die vorigen Verhältnisse finden konnte,
und als er etwas ruhiger geworden war, brütete seine Einbildungskraft
sogleich wieder über neuen Süjets die als Schauspiele bearbeitet werden
könnten.
    Unter mehreren die aufgenommen und wieder verworfen wurden,
30 blieben C o n r a d i n   v o n   S c h w a b e n   und d i e   V e r s c h w ö -
r u n g   d e s   F i e s k o   z u   G e n u a diejenigen, welche ihm am meisten
zusagten. Endlich wählte er lezteres, und zwar nicht allein wegen dem
Ausspruch von J. J. Rousseau, d a ß   d e r   C h a r a c t e r   d e s   F i e s k o
e i n e r   d e r   m e r k w ü r d i g s t e n   s e y e ,   w e l c h e   d i e   G e -
35 s c h i c h t e   a u f z u w e i s e n   h a b e ; sondern auch weil er bey dem
durchdenken des Planes fand, daß diese Handlung der meisten und wirk-
samsten Verwiklungen fähig seye. Sobald sein Entschluß hierüber fest stand,
machte er sich mit allem was auf Italien, die damalige Zeit, so wie auf den
Ort, wo sein Held handeln sollte, Beziehung hatte, mit größter Emsigkeit
40 bekannt; besuchte fleißig die Bibliothek, las und notirte alles was dahin
einschlug; und als er endlich den Plan im Gedächtniß gänzlich entworfen
hatte, schrieb er den Innhalt der Acte und Auftritte in derselben Ordnung

wie sie folgen sollten, aber so kurz und troken nieder, als ob es eine
Anleitung für den KoulissenDirector werden sollte. Nach Lust und Laune
arbeitete er dann die einzelnen Auftritte und Monologen aus, zu deren
Mittheilung und Besprechung ihm aber ein Freund von dessen Empfänglichkeit und warmer Theilnahme er die Ueberzeugung hatte, um so 5
mehr unentbehrlich war, da er auch bey seinen kleineren Gedichten es sehr
liebte solche vorzulesen, um das dichterische Vergnügen doppelt zu genießen, wenn er seine Gedanken und Empfindungen im Zuhörer sich ab-
spiegeln sah.

Diese angenehme Beschäftigungen, welche den edlen Jüngling für alles 10
schadlos hielten, was er an Freiheit oder sonstigem Lebensgenuße entbehren mußte, wurden aber auf eine sehr niederschlagende Art durch etwas
gestört, was wohl als die e r s t e Veranlassung zu dem unregelmäßigen
Austritte Schiller's aus des Herzogs Diensten, angesehen werden kann.

Die Sache war folgende. 15

In den beiden ersten Ausgaben d e r R ä u b e r , in der dritten Scene
des zweiten Actes, befindet sich eine Rede des Spiegelberg, welche einen
Bezug auf G r a u b ü n d e n hat, und die einen B ü n d n e r so sehr
aufreizte, daß er eine Vertheidigung seines Vaterlandes in den H a m b u r -
g e r K o r r e s p o n d e n t e n einrüken ließ. Wahrscheinlich wäre diese 20
Protestation ohne alle Folgen geblieben, wenn nicht die Zeitung, als eine
Anklage gegen Schiller, dem Herzog vor Augen gelegt worden wäre.
Dieser war um so mehr über diese öffentliche Rüge aufgebracht, indem
derjenige gegen den sie gerichtet worden, nicht nur in seinen Diensten
stand, sondern auch einer der ausgezeichnetsten Zöglinge seiner, mit so vieler 25
Mühe und Aufmerksamkeit gepflegten Akademie war.

Er erließ daher an Schiller sogleich die Weisung s i c h z u v e r t h e i -
d i g e n , s o w i e d e n B e f e h l , alles w e i t e r e i n D r u k g e b e n
s e i n e r S c h r i f t e n , w e n n e s n i c h t M e d i z i n i s c h e w ä -
r e n , z u u n t e r l a s s e n , u n d s i c h a l l e r V e r b i n d u n g m i t 30
d e m A u s l a n d e z u e n t h a l t e n .

Schiller beantwortete die Anklage damit, daß er die misfällige Rede
nicht als eine Behauptung aufgestellt, sondern als einen unbedeutenden
Ausdruk einem R ä u b e r und zwar dem schlechtesten von allen, in
den Mund gelegt. Auch habe er hier nur eine VolksSage nachgeschrieben, 35
die er von früher Jugend an gehört.

War der strenge Verweis und das Misfallen seines Fürsten, das er auf
eine so zufällige und ganz unschuldige Art sich zugezogen, schon im höchsten Grade unangenehm für Schiller, so mußte der harte Befehl — s i c h
b l o s a u f s e i n e n B e r u f a l s A r z t u n d a u f d i e S t a d t 40
w o r i n n e r l e b t e , e i n s c h r ä n k e n z u s o l l e n — noch
schmerzlicher für ihn seyn, indem es ihm unmöglich fiel, den Hang welchen

er für Dichtung hatte, zu unterdrüken und sich in einer Wissenschaft auszuzeichnen, die er nur aus Furcht vor der Ungnade des Herzogs ergriffen,
und dem er seine Lieblings Neigung, den ersten Vorsatz seiner Kinderjahre,
aufgeopfert hatte. Durch das Verbot, sich in irgend eine Verbindung mit
5 dem Auslande einzulassen, war ihm jede Möglichkeit zur Verbesserung
seiner Umstände abgeschnitten, und selbst die kleinlichsten Sorgen, die
härtesten Entsagungen hätten es nicht bewirken können mit einer so geringen Besoldung auszureichen. Das Versprechen welches der Herzog bey der
Aufnahme Schiller's in die Akademie, seinen Eltern gegeben hatte, war so
10 wenig erfüllt worden, daß sein Gehalt als RegimentsArzt kaum demjenigen eines Pfarr-Vikars gleich kam, und durch den Aufwand für
Equipirung, für Standesmäßiges erscheinen, beinahe auf Nichts herab
gebracht wurde.

Was aber gewöhnliche Menschen niederbeugt, was ihnen Geist und Glie-
15 der erschlafft, hebt den Muth der Starken, der Kraftvollen, nur um so höher.
Noch in den JünglingsJahren, bewährte sich jezt Schiller als einen M a n n ,
der sich durch keine Wiederwärtigkeiten aus seiner Bahn bringen läßt,
sondern rastlos, das vorgestekte Ziel verfolgt. Anstatt sich in nutzlosen
Klagen auszulassen, arbeitete er nur um desto eifriger an seinem Fiesko,
20 den er als einen neuen Hebel zu Sprengung seines Gefängnisses betrachtete, und in dessen Ausarbeitung er alle das wilde, rohe, was ihm
bey den Räubern zum Vorwurf gemacht wurde, zu vermeiden suchte.

Eine widerliche Unterbrechung seiner dramatischen Arbeiten, wurde
durch die Dissertation veranlaßt, welche er in diesem Frühjahr einreichen
25 mußte, um, auf der H o h e n K a r l s s c h u l e , (welchen Titel nun die
ehmalige MilitairAkademie erhalten hatte) den Gradum eines Doktors der
Medizin zu erhalten. Dieser Förmlichkeit konnte er sich schon darum nicht
entziehen, weil der Herzog seine neue Universität mit eifersüchtiger Liebe
pflegte, und darauf besonders sah, daß diejenigen, welche er erziehen
30 lassen, vor den Augen der Welt sich als der Anstalt vollkommen würdig
zeigen sollten. Auch war Schiller, was seine Studien betraf, einer der
hervorstechendsten Zöglinge in der Akademie, weswegen er nicht nur
von seinem Fürsten, sondern auch von seinen Lehrern, wie schon oben
erwähnt, vorzüglich geliebt und geachtet wurde.

35 Ueberdieß würde es dem Herzog weit mehr, als seinem Zögling unangenehm gewesen seyn, wenn der junge Arzt, blos darum, weil er den
Doktor Hut nicht genommen, von den Kollegen seiner Kunst, Schwierigkeiten oder weniger Achtung erfahren hätte.

Daß Schiller selbst gegen diese Ehre, im höchsten Grade gleichgültig
40 war, äusserte er oft und stark genug, gegen seine Freunde, und wer daran
noch zweifeln könnte, findet seine unverholene Aeusserung hierüber, in
dem Briefe an Baron Dalberg, vom 1ten Apr. 1782. pag. 52, wo er sagt:

«Meine gegenwärtige Lage nöthiget mich den Gradum eines Doktors
der Medizin in der hiesigen KarlsSchule anzunehmen, und zu diesem Ende
muß ich eine medizinische Dissertation schreiben, und in das Gebiet meiner
HandwerksWissenschaft noch einmal zurük streifen. Freilich werde ich
von dem milden Himmelsstrich des Pindus einen verdrießlichen Sprung 5
in den Norden einer trokenen, terminologischen Kunst machen müssen;
allein was seyn m u ß zieht nicht erst die Laune und die LieblingsNeigung
zu Rath. Vielleicht umarme ich dann meine Muse um so feuriger, je länger
ich von ihr geschieden war, vielleicht finde ich dann im Schooß der schönen
Kunst, eine süße Indemnität für den fakultistischen Schweiß.» 10
(Sollte ein Arzt diese Aeusserungen verdammen wollen, so möge er
sich erinnern, daß es, in Schillers Gedicht, «die Theilung der Erde» n u r
d e r D i c h t e r a u s s c h l i e ß e n d i s t, zu welchem Jupiter sagt:

W i l l s t d u i n m e i n e m H i m m e l m i t m i r l e b e n,
S o o f t d u k o m m s t, e r s o l l d i r o f f e n s e y n.) 15

Mittlerweile wurden in Mannheim die Räuber sehr oft, mit demselben
Zulauf, mit dem gleichen Beifall wie das erstemal gegeben und es war
nichts natürlicher als daß der Ruf von der ungeheuren Wirkung dieses
Stüks, so wie von der Meisterhaften Darstellung desselben auch nach
Stuttgart gelangte und dort in den meisten Gesellschaften, besonders 20
aber in den Umgebungen des Dichters, vielen Stoff zum sprechen gab. Man
darf sich daher auch nicht wundern, daß Schiller den öfteren Wünschen und
dringenden bitten, einiger Freundinnen und Freunde nachgab, eine kurze
Reise des Herzogs zu benützen, und während dessen Abwesenheit, o h n e
U r l a u b z u n e h m e n, mit ihnen nach Mannheim zu gehen, um 25
daselbst, im Wiedersehen seines Schauspiels seinen eigenen Genuß durch
das Mitgefühl seiner Reisegefährten zu erhöhen. Schiller willigte n u r z u
g e r n e e i n, schrieb nach Mannheim um die Aufführung der Räuber
auf einen bestimmten Tag zu erbitten, was ihm auch von der Intendanz
sehr leicht gewährt wurde. Aber bey der Anschauung dessen, was er mit 30
seinen ersten, jugendlichen Kräften schon geleistet, war auch der Gedanke
unzertrennlich, w i e V i e l e s, w i e G r o ß e s, er noch würde leisten
können, wenn diese Kräfte nicht eingeengt, oder gefesselt wären, sondern
freien, ungemessenen Spielraum erhalten könnten. Eine Idee, die durch
seine enthusiastischen Begleiter um so mehr angefeuert und unterhalten 35
wurde, je tiefer die Eindrüke waren, welche die erschütternde Scenen, bei
ihnen zurük gelassen hatten.
Bei seiner ersten h e i m l i c h e n Reise, hatte er nur die einzige Sorge,
daß sie verschwiegen bleiben möchte. Auf die zweite nahm er schon, ausser
dieser Sorge, das beschränkende Verbot mit, seine dichterischen Arbeiten 40
bekannt zu machen, nebst dem strengen Befehl sich das Ausland, als f ü r

i h n   g a r   n i c h t   v o r h a n d e n , denken zu müssen. Er kam daher
auch äusserst mismuthig und niedergeschlagen wieder nach Stuttgart zurük,
eben so verstimmt durch die Betrachtungen über sein Verhältniß, als leidend
durch die Krankheit, welche er mitbrachte. (Diese Krankheit, welche durch
5 g a n z   E u r o p a   wanderte, bestand in einem ausserordentlich heftigen
Schnupfen und Katharr, den man « R u s s i s c h e   G r i p p   o d e r   I n -
f l u e n z a » nannte, und so schnell anstekend war, daß der Verfasser
dieses, als er Schiller'n einige Stunden nach dessen Ankunft umarmt hatte,
schon nach wenigen Minuten von Fieberschauern befallen wurde, die so
10 stark waren, daß er sogleich nach Hause eilen mußte.)

Schiller äußerte sich gegen einen seiner jüngeren Freunde, dem er völlig
vertrauen durfte, ganz unverholen, mit welchem Wiederwillen er sich
Stuttgart genähert habe — wie ihm hier nun alles doppelt lästig und
peinlich seyn müsse, indem er in Mannheim eine so glänzende Aufnahme
15 erfahren, wo hingegen er   h i e r   kaum beachtet werde und nur unter
Druk und Verboten leben könne — daß ihm nicht nur von seinen Be-
wunderern, sondern von Baron Dalberg selbst die Hoffnung gemacht
worden, ihn ganz nach Mannheim ziehen zu wollen, und er nicht zweifle
es werde alles Mögliche angewendet werden, um ihn von seinen Fesseln
20 zu befreien. Sollte dieses nicht gelingen, so werde er nothgedrungen, wolle er
anders hier nicht zu Grunde gehen, einen   v e r z w e i f e l t e n   S c h r i t t
t h u n   m ü s s e n . Er nahm sich vor,   s o   w i e   e r   n u r   d e n   K o p f
w i e d e r   b e i s a m m e n   h a b e , sogleich nach Mannheim zu schreiben,
damit unverweilt alles geschehe, was seine Erlösung bewirken könne.

25 Es ist ein Glük für den Verfasser, daß Baron Dalberg alle Briefe von
Schiller an ihn, so sorgfältig aufgehoben und daß sie durch den Druk bekannt worden sind, indem sonst manches was jezt und in der Folge vorkommt, als Anschuldigung oder bloße Meinung erklärt und unser Dichter
weit weniger gerechtfertiget werden könnte, als es nun durch diese Beweise
30 möglich ist. Der folgende Brief, pag. 59, ist der erste Beleg hierzu.

Stuttgardt, den 4. Junii 1782.

«Ich habe das Vergnügen das ich zu Mannheim in vollen Zügen genoß seit
meiner Hieherkunft durch die epidemische Krankheit gebüßt, welche mich
zu meinem unaussprechlichen Verdruß, bis heute gänzlich unfähig gemacht
35 hat E. E. für so viele Achtung und Höflichkeit meine wärmste Dank-
sagung zu bezeigen. Und noch bereue ich beinahe die glüklichste Reise
meines Lebens, die mich, durch einen höchstwidrigen Contrast meines Vater-
lands mit Mannheim; schon so weit verleidet hat, daß mir Stuttgardt und
alle schwäbische Scenen unerträglich und ekelhaft werden. Unglücklicher
40 kann bald niemand seyn, als ich. Ich habe Gefühl genug für meine

traurige Situation, vielleicht auch selbst Gefühl genug für das Verdienst eines bessern Schiksals, und für beides nur — e i n e Aussicht.

Darf ich mich Ihnen in die Arme werfen, vortreflicher Mann? Ich weiß wie schnell sich Ihr edelmüthiges Herz entzündet, wenn Mitleid und Menschenliebe es auffordern; ich weiß wie stark Ihr Muth ist eine schöne That 5 zu unternehmen, und wie warm Ihr Eifer, sie zu vollenden. Meine neuen Freunde in Mannheim, von denen sie angebetet werden, haben es mir mit Enthusiasmus vorher gesagt, aber es war dieser Versicherung nicht nöthig; ich habe selbst da ich das Glück hatte, eine Ihrer Stunden für mich zu nutzen, in Ihrem offenen Anblick weit mehr gelesen. Dieses macht 10 mich nun auch so dreist mich Ihnen g a n z z u g e b e n, mein ganzes Schicksal in Ihre Hände zu liefern, und von ihnen das Glück meines Lebens zu erwarten. Noch bin ich wenig oder nichts. In diesem Norden des Geschmacks werde ich ewig niemals gedeihen, wenn mich sonst glücklichere Sterne und ein g r i e c h i s c h e s K l i m a zum wahren Dichter 15 erwärmen würden.

Brauch ich mehr zu sagen als dieses, um von Dalberg alle Unterstützung zu erwarten? —

E. E x z. h a b e n m i r a l l e H o f f n u n g d a z u g e m a c h t, u n d i c h w e r d e d e n H ä n d e d r u c k d e r I h r e n V e r - 20 s p r u c h v e r s i e g e l t e, e w i g f ü h l e n; wenn Euer Excellenz diese drei Ideen goutiren und in einem Schreiben an den Herzog Gebrauch davon machen so stehe ich ziemlich für den Erfolg.

Und nun wiederhole ich mit brennendem Herzen die Bitte, die Seele dieses ganzen Briefs. Könnten E. E. in das Innere meines Gemüths sehen, 25 welche Empfindungen es durchwühlen, könnte ich Ihnen mit Farben schildern wie sehr mein Geist unter dem Verdrießlichen meiner Lage sich sträubt — Sie würden — ja ich weiß gewiß — Sie würden eine Hülfe nicht verzögern, die durch einen oder zwei Briefe an den Herzog geschehen kann. 30

Nochmals werfe ich mich in Ihre Arme, und wünsche nichts anders, als bald, sehr bald, Ihnen mit einem anhaltenden Eifer und mit einer persönlichen Dienstleistung die Verehrung bekräftigen zu können, mit welcher ich mich und alles was ich bin für Sie aufzuopfern wünsche.

E. E.   35

u n t e r t h ä n i g e r S c h i l l e r.

(Beilage.)

Sie schienen weniger Schwierigkeit in der Art mich zu employren, als in dem Mittel mich von hier weg zu bekommen zu finden. J e n e s steht ohnehin ganz bei I h n e n allein — zu d i e s e m könnten Ihnen vielleicht 40 folgende Ideen dienen.

1) Da im Ganzen genommen das Fach der Mediciner bei uns so sehr
übersezt ist, daß man froh ist, wenn durch Erledigung einer Stelle Platz
für einen andern gemacht wird, so kommt es mehr darauf an, wie man dem
Herzog, der sich nicht trotzen lassen will, mit g u t e r A r t den Schein
5 gibt, als geschehe es ganz durch seine willkührliche Gewalt, als wär es
sein eigenes Werk, und gereiche ihm zur Ehre. Daher würden E. E. ihn
von d e r Seite ungemein kitzeln, wenn Sie in den Brief, den Sie ihm
wegen mir schreiben, einfließen ließen, daß — Sie mich für eine Geburt
von ihm, für einen durch ihn Gebildeten und in seiner Akademie Erzogenen
10 halten, und daß also durch diese Vocation seiner Erziehungsanstalt quasi
das Hauptcompliment gemacht würde, als würden ihre Produkte von
entschiedenen Kennern geschätzt und gesucht. Dieses ist der Passe par tout
beim Herzog.

2) Wünsche ich (und auch meinetwegen) sehr, daß Sie meinen Auf-
15 enthalt beim National Theater zu Mannheim auf einen gewissen beliebigen Termin festsetzen (der dann nach Ihrem Befehl verlängert werden
kann) nach dessen Verfluß ich wieder meinem Herzog gehörte. So sieht
es mehr einer Reise, als einer völligen E n t s c h w ä b u n g (wenn ich
das Wort brauchen darf) gleich, und fällt auch so hart nicht auf. Wenn
20 ich nur einmal hinweg bin, man wird froh seyn, wenn ich selbst nicht
mehr anmahne.

3) Würde es höchst nothwendig seyn zu berühren, daß mir Mittel
gemacht werden sollten, zu Mannheim zu practiciren und meine medicinische Uebungen da fortzusetzen. Dieser Artikel ist vorzüglich nöthig,
25 damit man mich nicht, unter dem Vorwand für mein Wohl zu sorgen
cujonire, und weniger fortlasse.»

Alles, was auch ein Augen oder Ohrenzeuge erzählen könnte, wäre
nicht im Stande die traurige Empfindungen des armen Jünglings über
seine beklemmende Lage stärker und wahrer zu schildern, als er es selbst
30 in diesem Briefe gethan.

Daß er die Bitte nicht auf Geradewohl, sondern durch Aufmunterung
von Leuten gethan, die ihre Gewährung für sehr leicht und unfehlbar
hielten, erhellt aus der Stelle — «ich weiß wie stark ihr Muth ist eine
schöne That zu unternehmen, und wie warm ihr Eifer, sie zu vollenden.
35 Meine neuen Freunde in Mannheim, haben es mir mit Enthusiasmus vorher
gesagt pp» und das folgende: «E. Exz. haben mir alle Hoffnung dazu
gemacht, und ich werde den Händedruk d e r I h r e n V e r s p r u c h
b e s i e g e l t e , e w i g f ü h l e n » pp beweißt auf das deutlichste, daß
Baron Dalberg selbst ihm das Wort gab, sich für ihn, bei seinem Fürsten
40 zu verwenden.

Die drei Vorschläge welche in der Beilage enthalten sind, waren ganz auf die genaue Kenntniß des Characters von dem Herzog berechnet, indem er einen sehr verzeihlichen Stolz darein sezte, daß durch seine Fürsorge und Leitung, schon so viele Talentvolle Jünglinge aus seiner Akademie hervorgegangen, und er auch ein sehr großer Liebhaber des Theaters, so 5 wie einer der feinsten Kenner seiner Zeit war, der es schon darum nicht ungern sehen konnte, wenn sich unter seinen Zöglingen gute Dichter fanden, weil alle Jahre, am Geburtsfeste der Gräfin von Hohenheim (später Gemahlin des Herzogs) Gelegenheits Stüke mit großer Feierlichkeit und dem größten Aufwande gegeben wurden, bei welchen sowohl das Gedicht als 10 auch die Musik von Eleven verfaßt war.

Der dritte Punct beweißt weit mehr für die warhaft Väterliche Sorge, welche der Herzog für das Wohl derer hatte, die er erziehen ließ, als alles was man dafür anführen könnte, und es läßt sich nicht im geringsten zweifeln, daß, wenn Baron Dalberg, unter den, ihm angezeigten Bedin- 15 gungen versucht hätte, den jungen Dichter von Stuttgart nach Mannheim zu ziehen, sein Fürst ohne Anstand — gewis aber mit der Anempfehlung für Schiller'n alle Sorge zu tragen — das Gesuch bewilligt haben würde.

Schiller nährte anfangs die besten Hoffnungen daß er nun bald aus seiner verdrieslichen Lage befreit seyn würde. Als aber nach Verlauf meh- 20 rerer Wochen nichts geschah, so war es ihm um so schmerzlicher seine dringende, flehende Bitte, umsonst gethan zu haben, und sich ohne alle äussere Hülfe zu sehen. Allein er ließ demungeachtet den Muth nicht sinken, sondern arbeitete nur um so eifriger an seinem Fiesko, was allein im Stande war, ihn, wenigstens Zeitweise, seinen Zustand vergessen zu 25 machen.

Aber die Freundinnen des Dichters hatten nicht vergessen, daß sie, i n s e i n e r G e s e l l s c h a f t , zu Mannheim die Räuber hatten aufführen sehen, und konnten dem Drange nicht wiederstehen die Wirkung dieses Trauerspiels, so wie das Verdienst der dortigen Schauspieler, a u c h a n - 30 d e r n , nach Würden zu schildern. Unter dem Siegel des Geheimnisses, erfuhr es die halbe Stadt, erfuhr es auch der General Augé und endlich — d e r H e r z o g s e l b s t .

Dieser wurde im höchsten Grade über die Vermessenheit seines ehmaligen Lieblings aufgebracht, daß er sich, ohne Urlaub zu nehmen, m e h r e r e 35 T a g e entfernt, und seinen Lazareth Dienst vernachläßiget habe. Er ließ ihn vor sich kommen; gab ihm die strengsten Verweise darüber, daß er sich, dem ausdrüklichen Verbote zuwieder, a u f s N e u e m i t d e m A u s l a n d e e i n g e l a s s e n ; u n d b e f a h l i h m , a u g e n b l i k - l i c h a u f d i e H a u p t w a c h e z u g e h e n , s e i n e n D e g e n 40 a b z u g e b e n , u n d d o r t V i e r z e h e n T a g e i m A r r e s t z u b l e i b e n .

Obwohl die verhängte Strafe für die Uebertretung des Herzogl. Befehls, ganz der Militairischen Ordnung gemäs und nichts weniger als zu streng war, so wurde Schiller davon dennoch in seinem Innersten verwundet und zwar nicht sowohl darum, weil ihm solche z u h a r t schien, sondern
5 weil er jezt überzeugt seyn mußte, daß jede Aussicht in eine bessere Zukunft für ihn verlohren, und er nun eigentlich nichts anders als ein Gefangener seye, der seine vorgeschriebene Arbeit verrichten müsse.

In der That konnte sein Verhältniß von seinen Freunden nicht anders, als im höchsten Grade traurig und verzweifelt beurtheilt werden, weil an
10 eine Milderung oder Zuräknahme der Befehle des Herzogs, um so weniger zu denken war, je mehr man ihn als S e l b s t h e r r s c h e r kannte, je seltener die Fälle waren, wo er von seinem ausgesprochenen Willen, hätte abgelenkt werden können. Was man auch rathen oder erfinden mochte, war unbrauchbar, unthunlich, weil der Fürstliche Machtspruch, allem ein
15 unübersteigliches Hinderniß entgegen setzte.

Wäre es aber Schiller'n auch möglich gewesen, seinen ausserordentlichen Hang zur Dichtung zu bekämpfen und sich ganz der Arzeneikunde zu widmen; so hätte es mehrerer Jahre bedurft, um sich einen Ruf zu erwerben, der ihn von dem Gemeinen, Alltäglichen unterschieden hätte. Auch
20 fühlte er es so sehr, wie unnütz die ernstlichste Vorsätze, sein angebohrnes Talent zu unterdrüken, seyn würden; daß er lieber alle Entbehrungen, alle Strafen sich hätte gefallen lassen, wenn ihm nur die Erlaubnis geblieben wäre, den Reichthum seines Geistes in der Welt auszubreiten, und sich denjenigen anzureihen, deren Nahmen von Mit- und Nachwelt nur in Be
25 wunderung und Verehrung genannt wird.

So wenig Vortheil Gold, Perlen und Diamanten in einer Menschenleeren Wüste bringen; so wenig konnte ihm die köstlichste Gabe des Himmels nützen, wenn er sie nicht gebrauchen durfte, wenn er bei ihrer Anwendung Strafe befürchten mußte. Ja diese Göttergabe, konnte ihm nur
30 zur Quaal, zur wirklichen Marter werden, weil alles was er dachte, was er empfand nur darauf Bezug hatte, und es ihm die schmerzlichste Ueberwindung gekostet haben würde, Ideen dieser Art abzuwehren.

Der Weihrauch den man in öffentlichen Blättern ihm über sein erstes Schauspiel, über seine ersten Gedichte gestreut — die schmeichelhaften Zu
35 schriften eines Wielands und anderer — die Lobeserhebungen derjenigen von deren gesundem Urtheil er überzeugt war — besonders aber sein e i g e n e s B e w u ß t s e y n hatten ihn seinen Werth schätzen gelernt, und er hätte lieber sein Leben verlohren, als dasjenige, was sein Eigentliches, Ganzes Wesen ausmachte, brach liegen zu lassen, oder den LorbeerKrantz
40 des Dichters, den Beschäftigungen des Arztes aufzuopfern.

Am empfindlichsten hielt er sich aber dadurch gekränkt, daß ihm, durch dieses Machtgebot, das Recht des allergeringstens Unterthans, — von seinen

Naturgaben freien Gebrauch machen zu können, wenn er sie nicht zum Nachtheil des Staates, oder dessen Gesetze anwende — jezt gänzlich benommen war, ohne daß ihm bewiesen worden wäre, dieses Recht aus Misbrauch, verwirkt zu haben.

Die Uebertretung der Militair-Disciplin, hatte er durch strengen Verhaft 5 gebüßt; was über diesen noch gegen ihn verhängt worden, hielt er für eine zu harte Strafe.

Auf der Stelle würde er seinen Abschied gefordert haben, wenn nicht sein Vater in Herzogl. Diensten gestanden, Er selbst auf Kosten des Fürsten in der Akademie nicht nur erzogen, sondern auch mit vorzüglicher Güte 10 und Auszeichnung behandelt worden wäre; so daß voraus zu schließen war, es würde, statt einer Entlassung nur der Vorwurf über die größte Undankbarkeit und eine noch zwangvollere Aufsicht erfolgen. Um jedoch nichts unversucht zu lassen, was seine Entfernung von Stuttgart auf dem, d e r O r d n u n g g e m ä ß e n W e g e bewirken könnte, schrieb er noch ein- 15 mal an Baron Dalberg und bat ihn aufs neue um seine Verwendung bei dem Herzog. Er sagt in seinem Briefe: «Dieses einzige kann ich Ihnen für ganz gewiß sagen, daß in etlichen Monaten, wenn ich in dieser Zeit nicht das Glück habe, zu Ihnen zu kommen, keine Aussicht mehr da ist, daß ich jemals bei Ihnen leben kann. Ich werde alsdann gezwungen seyn, einen 20 Schritt zu thun, der mir unmöglich machen würde z u M a n n h e i m zu bleiben.»

Schiller glaubte nicht mit Unrecht, daß Baron Dalberg um so leichter für ihn einschreiten könnte, indem der Pfälzische und Würtembergische Hof in bestem Vernehmen standen, auch der Herzog schon einigemale, den 25 Italienischen Hofpoeten von Mannheim hatte kommen lassen, um bei Aufführung der, für das Stuttgarter Hoftheater von ihm gedichteten Opern, gegenwärtig zu seyn. Eben so konnte man auch vermuthen, daß das Verbot welches Schiller'n wegen Verbindung mit dem Auslande betraf, großen Theils daher kam, weil bei Aufführung der Räuber, das deutsche 30 Theater in Stuttgart übergangen, und dieses Stük ohne Vorwissen, ohne Anfrage bei dem Fürsten, auf der Mannheimer Bühne z u e r s t gegeben worden war.

Aus diesen, so wie aus den angegebenen Gründen konnte der bedrängte Dichter um so zuverläßiger einen günstigen Erfolg seiner Bitten erwarten, 35 indem der Rang, den Baron Dalberg als G e h e i m e r R a t h , O b e r - S i l b e r k a m m e r l i n g , V i c e K a m m e r P r ä s i d e n t , u n d T h e a t e r I n t e n d a n t S r . K u r f ü r s t l i c h e n D u r c h l a u c h t z u P f a l z b a i e r n , bekleidete, dem Herzog Rüksichten auferlegt hätte, die bei jedem andern, der sich in Stuttgart für diese Sache hätte verwenden 40 wollen, nicht statt finden konnten.

Noch einige Zeit gab sich Schiller den besten Hoffnungen hin, indem er glaubte, daß Baron Dalberg um so gewißer das gegebene Versprechen erfüllen würde, je deutlicher ihm zu verstehen gegeben worden, daß das A e u s s e r s t e w e r d e g e s c h e h e n m ü s s e n , wenn keine Ver-
5 mittlung eintrete. Als aber nach Verfluß von Vierzehen Tagen nichts für ihn geschah, und er nun überzeugt war, daß von daher, wo die Hülfe am leichtesten, der gute Erfolg am gewissesten schien, kein Beistand zu er-warten sei, verwandelte sich sein, sonst so heiterer Sinn, in finstere, trübe Laune; was ihn sonst auf das lebhafteste aufregte, ließ ihn kalt und gleich-
10 gültig; selbst seine Jugendfreunde, die sonst immer auf den herzlichsten Willkomm rechnen durften, wurden ihm, mit Ausnahme sehr weniger, beinahe zuwider.

Sein Fiesko konnte bei dieser Stimmung nur sehr langsam weiter rüken. Auch war es leicht vorauszusehen, daß, wenn dieser Zustand noch lange,
15 oder gar für immer hätte dauern sollen, er nicht nur für jede Geistesbe-schäftigung verlohren seyn, sondern auch seine Gesundheit, die ohnedies nicht sehr fest war, ganz zu Grunde gehen würde. Er selbst hielt sich für den unglüklichsten aller Menschen, und glaubte seiner Selbsterhaltung schuldig zu seyn, etwas zu wagen, was seinen Zustand in Stuttgart auf eine vortheil-
20 hafte Art verändern, oder aber sein Schiksal ganz durchreissen und ihm eine andere, bessere Gestalt geben müsse. Da er es nicht wagen durfte seinem Landesherrn, Vorstellungen gegen den erlassenen Befehl zu machen, ohne neue Verweise oder gar Strafen befürchten zu müssen, so hielt er für das beste, noch einmal heimlich nach Mannheim zu reisen, von dort
25 aus an den Herzog zu schreiben, ihm darzulegen, daß durch das ergangene Verbot, seine ganze Existenz zernichtet seie, und ihn um die Bewilligung einiger Puncte unterthänigst zu bitten, die er für sein besseres Fortkom-men, unerläßlich hielt. Würden ihm die Bitten nicht gewährt, so konnte er auch nicht mehr nach Stuttgart zurük kehren, und er hegte die Hoffnung,
30 daß er dann um so leichter in Mannheim als Theaterdichter angestellt werden könnte, je zuversichtlicher ihm dort von Vielen versichert worden, daß ein solcher Dichter w i e e r , ihre Bühne auf die höchste Stufe des Ruhmes heben würde.

Um diesen Plan nicht lächerlich oder ganz widersinnig zu finden, ist es
35 nöthig auf das ganz besondere Verhältniß aufmerksam zu machen, in wel-chem Schiller zu seinem Fürsten stand.

Der Vater von Schiller, dem als Gouverneur der Solitüde alles, was die vielfachen Bauten, GartenAnlagen und Baumzucht betraf, untergeben war, führte alles so sehr zur Zufriedenheit des Herzogs aus, und wußte
40 dessen Willen, noch ehe er ausgesprochen war, so Genüge zu leisten, daß er seine ganze Zufriedenheit, so wie wegen der Rechtlichkeit und Strenge mit welchen er seinen Dienst ausübte, auch seine Hochachtung erwarb. Es

war zum Theil eine Folge dieser Achtung, daß der Sohn in der Akademie mit besonderer Sorgfalt und Güte behandelt wurde; zum Theil waren es aber auch die überraschende Antworten und Bemerkungen welche der junge Zögling im Gespräche mit seinem erhabenen Erzieher aussprach, die ihm eine besondere Auszeichnung und Zuneigung erwarben. Es war diesem 5 geistvollen Fürsten, der Scharfsinn und Talent, was er in hohem Grade selbst besaß, auch an andern vorzüglich schäzte, weit weniger darum zu thun, an seiner Akademie eine Militairische Prunkanstalt zu haben, als bei den jungen Leuten alles das heraus zu bilden, was ihre Anlagen zu entwikeln vermochten. Er ließ sich daher mit ihnen in Einzelheiten ein, die einem 10 gewöhnlichen Erzieher zu kleinlich oder überflüssig scheinen würden, und erwarb sich dadurch weit mehr, als durch sein, Ehrfurcht gebietendes Ansehen, ein solches Zutrauen, daß die Zöglinge weit lieber mit ihm sprachen, oder ihm — dem H e r z o g — ihre Fehler bekannten, als den vorgesezten Offizieren. 15

Als die Anstalt noch auf der Solitüde sich befand, vergieng Nie ein Tag, an welchem er nicht die Lehrstunden besuchte, um sich von dem Fleiße der Lehrer und den Fortschritten der Schüler zu überzeugen. Und als die Akademie nach Stuttgart verlegt wurde, waren es nur die alljährliche Reisen, die ihn auf Wochen oder Tage von derselben entfernt halten konnten. 20 Auch das freundliche Benehmen der Gräfin von Hohenheim, welche sich an der Unbefangenheit der jüngsten Zöglinge ergözte und sie mit kleinen Geschenken betheilte, trug nicht wenig dazu bei, das streng scheinende Verhältniß zu mildern. Wie oft wurden Strafen blos darum in ihrer Gegenwart ausgesprochen, um durch bittende Blike oder Worte, dieser wohl- 25 wollenden, nichts als Güte und Theilnahme athmenden Frau, entweder ganz erlassen, oder doch gemindert werden zu können.

Unter den Augen des Fürsten von Kindern zu Knaben, von Knaben zu Jünglingen herangewachsen, von seinen durchdringenden Augen oft getadelt oder mit Beifall belohnt; konnten sich die jungen Leute, nachdem sie 30 der Akademischen Aufsicht entlassen waren, ihr DienstVerhältniß unmöglich s o s c h a r f d e n k e n, als andere, die mit der Person des Herzogs gar nicht, oder nur als ihrem Souverain, bekannt waren. Diese Verhältnisse allein können es begreiflich machen, wie Schiller auf die so oft bezeugte Gnade und Zufriedenheit seines Fürsten, so fest sich verlassen 35 konnte, daß er zu dem Glauben verleitet ward, der Herzog werde ihm seine Bitten bewilligen, wenn er ihn an seine frühere Huld erinnere und unwiderleglich darthue, daß er durch die gegen ihn erlassenen Verbote, zur Verzweiflung gebracht seye.

Nachdem diese Meinung ihn so beherrschte, daß sie sich in einen un- 40 widerruflichen Entschluß umwandelte, entstand nur noch die Frage, a u f w e l c h e A r t u n d i n w e l c h e r Z e i t, die heimliche Reise am

besten auszuführen seyn würde? Denn die harten Verweise des Herzogs,
der darauf folgende strenge Arrest, hatten ihn so eingeschüchtert, daß
er sich in allen seinen Handlungen beobachtet halten konnte, und die
schärfeste Ahndung befürchten mußte, wenn er irgend einen Verdacht
5 gegen sich erregte. So wenig er seinen Vorsatz allein ausführen konnte,
so wenig konnte er sich seinen SchulFreunden anvertrauen, weil es eben so
unnütz als gefährlich gewesen wäre, sie um Beistand anzusprechen, indem
keiner von ihnen — was die Hauptsache, die Anstalten zur heimlichen
Reise betraf — die geringste Hülfe leisten, oder auf sonst eine Art, seine
10 Plane befördern konnte.

In diesem Zustande, konnte er sein Herz mit voller Sicherheit, nur
einem einzigen Freunde eröffnen, der zwar nicht mit ihm in der Akademie
erzogen worden und auch zwei Jahre weniger als e r zählte; durch dessen
Bekanntschaft er aber seit Achtzehen Monaten die Ueberzeugung erlangt
15 hatte, daß er hier auf eine Hingebung und Aufopferung bauen könne, die an
Schwärmerei gränzten, und die nur von den wenigen Edlen erzeugt
wird, deren Gemüth und Geist, eben so viele Liebe und Freundschaft, als
Verehrung und Hochachtung verdienen.

Der Leser möge erlauben, daß von diesem jungen Freunde, den wir mit
20 S. bezeichnen wollen, so wie von der Art, wie er zu dem genauen Umgange mit dem herrlichen Jüngling gelangte, so viel erwähnt werde, als des
folgenden wegen unumgänglich nöthig ist. Es war im Jahr 1780 in einer
der öffentlichen Prüfungen, die — wie Eingangs erwähnt worden —
alljährig in der Akademie, in Gegenwart des Herzogs daselbst gehalten
25 wurden, und welche S. als ein angehender Tonkünstler um so eifriger
besuchte, da, meistens über den andern Tag, eine vollstimmige, von den
Zöglingen aufgeführte Musik die Prüfung beschloß, a l s e r S c h i l l e r ' n
d a s e r s t e m a l s a h. Dieser war bei einer Medizinischen in Latei-
nischer Sprache gehaltenen Disputation, gegen einen Professor Opponent,
30 und obwol S. dessen Nahmen so wenig als seine übrigen Eigenschaften
kannte, so machten doch die röthlichten Haare — die gegeneinander sich
neigende Knie — das schnelle blinzeln der Augen, wenn er lebhaft opponirte
— das öftere Lächeln während dem sprechen, besonders aber die schön ge-
formte Nase, und der tiefe, kühne Adlerblik, der unter einer sehr vollen,
35 breitgewölbten Stirne hervor leuchtete, einen unauslöschlichen Eindruk auf
ihn. S. hatte den Jüngling unverwandt ins Auge gefaßt. Das ganze Seyn und
Wesen desselben zogen ihn dergestalt an und prägten den ganzen Auftritt
ihm so tief ein, daß, wenn er Zeichner wäre, er noch heute — nach
Acht und Vierzig Jahren — diese ganze Scene auf das lebendigste dar-
40 stellen könnte.

Als S. nach der Prüfung den Zöglingen in den Speise Saal folgte, um
Zuschauer ihrer AbendTafel zu seyn, war es wider derselbe Jüngling,

mit welchem der Herzog auf das gnädigste sich unterhielt; den Arm auf dessen Stuhl lehnte, und in dieser Stellung sehr lange mit ihm sprach. Schiller behielt gegen seinen Fürsten dasselbe Lächeln, dasselbe Augenblinzen, wie gegen den Professor, dem er vor einer Stunde opponirte.

Als im Frühjahr 1781 die Räuber im Druk erschienen waren, und 5 besonders auf die junge Welt, einen ungewöhnlichen Eindruk machten, ersuchte S. einen Musikalischen, in der Akademie erzogenen Freund, ihn mit dem Verfasser bekannt zu machen. Sein Wunsch wurde gewährt, und S. hatte die Ueberraschung in dem Dichter dieses Schauspiels denselben Jüngling zu erkennen, dessen erstes erscheinen einen so tiefen Eindruk 10 bei ihm zurük gelassen hatte.

Wie jeder Leser eines Buches sich von dem Autor desselben ein Bild seiner Person, Haltung, Stimme, seiner Sprache vormahlt, so konnte es wohl nicht anders seyn, als daß man sich in dem Verfasser der Räuber, einen heftigen, jungen Mann dachte, dessen äußeres zwar schon den tief 15 empfindenden Dichter ankündige, bei welchem aber die Fülle der Gedanken, das Feuer seiner Ausdrüke, so wie seine Ansichten der Welt-Verhältnisse, alle Augenblike in Ungebundenheit ausschweifen müsse.

Aber wie angenehm wurde diese vorgefaßte Meinung zerstreut! —

Das Seelenvollste, Anspruchloseste Gesicht lächelte dem Kommenden 20 freundlich entgegen. Die schmeichelhafte Anrede wurde nur ablehnend, mit der einnehmendsten Bescheidenheit erwiedert.

Im Gespräche nicht ein Wort, welches das zarteste Gefühl hätte beleidigen können.

Die Ansichten über alles, besonders aber Musik und Dichtkunst betref- 25 fend, ganz neu, ungewöhnlich, überzeugend und doch im höchsten Grade natürlich.

Die Aeusserungen über die Werke anderer sehr treffend, aber dennoch voll Schonung und nie ohne Beweise.

Den Jahren nach Jüngling, dem Geiste nach reifer Mann, mußte man 30 dem Maasstabe beistimmen den er an alles legte, und vor dem vieles was bisher so groß schien, ins kleine zusammenschrumpfte, und manches was als gewöhnlich beurtheilt war, nun bedeutend wurde.

Das anfänglich blasse Aussehen was im Verfolg des Gespräches in hohe Röthe übergieng — die kranke Augen — die kunstlos zurükgelegten 35 Haare, der blendend weiße, entblößte Hals, gaben dem Dichter eine Bedeutung, die eben so vortheilhaft gegen die Zierlichkeit der Gesellschaft abstach, als seine Aussprüche über ihre Reden erhaben waren.

Eine besondere Kunst lag jedoch in der Art, wie er die verschiedene Materien an einander zu knüpfen, sie so zu reihen wußte, daß eine aus 40 der andern sich zu entwikeln schien, und trug wohl am meisten dazu bei,

daß man den Zeiger der Uhr der Eile beschuldigte, und die Möglichkeit
des schnellen Verlaufes der Zeit nicht begreifen konnte.

Diese so äusserst reizende und anziehende Persönlichkeit, die nirgends
etwas scharfes oder abstoßendes bliken ließ — Gespräche, welche den
Zuhörer zu dem Dichter empor hoben; die jede Empfindung veredelten,
jeden Gedanken verschönerten — Gesinnungen, die nichts als die reinste
Güte ohne alle Schwäche verriethen; — mußten von einem jungen Künstler,
der mit einer lebhaften Empfänglichkeit begabt war, die ganze Seele gewinnen, und der Bewunderung, die er schon früher für den Dichter hatte,
noch die wärmste Anhänglichkeit für den Menschen beigesellen.

Auch Schiller schien mit seinem neuen Bekannten nicht unzufrieden; denn
freiwillig lud er ihn ein, so oft zu ihm zu kommen, als er nur immer
wolle. Diese Einladung wurde von S. so emsig benützt, daß, während einem
Jahre, selten ein Tag verging, an dem er Schiller'n nicht gesehen oder
auf kurze Zeit gesprochen hätte. Ein Vertrauen sezte sich zwischen beiden
fest, das keinen Rükhalt kannte, und von dem die natürliche Folge war,
daß die Verhältnisse Schiller's, so wie seine warhaft unglükliche Lage, der
unerschöpfliche Gegenstand ihrer Gespräche wurden. Auch schien beyden
der Plan, dem Herzog auf neutralem Boden zu schreiben, um so weniger
des Tadels würdig, als Schiller durchaus Nichts begangen, was ihm den
Vorwurf eines schlechten Dieners seines Fürsten hätte zuziehen können, und
er die zwei unerlaubten Ausflüge, durch den ausgestandenen Arrest, schon
genug gebüßt zu haben glaubte.

Außer S. machte Schiller auch seine Mutter und älteste Schwester mit
seinem Vorsatze bekannt, und anstatt, wie er befürchtete, von ihnen
Abmahnungen zu hören, glaubten beide, daß, weil ihm das gegebene Versprechen nicht erfüllt worden, jeder Schritt entschuldigt werden könne,
den er, um sich von gänzlichem Verderben zu retten, unternehmen
werde.

Ein Gefährte, mit dem die heimliche Reise zu unternehmen wäre, und der
die nöthigen Anstalten dazu, erleichtern könne, war schon in seinem
Freunde S. vorhanden, der im Frühjahr 1783 eine Reise nach Hamburg
antreten wollte, um daselbst bei dem berühmten B a c h die Musik zu
studieren, wozu ihm dort wohnende Anverwandte die beste Unterstützung
versprochen hatten, und der es nun bei seiner Mutter dahin zu bringen
wußte, diese Reise jezt schon machen zu dürfen.

Dem Vater von Schiller mußte die ganze Sache ein tiefes Geheimniß
bleiben, damit er, im schlimmsten Falle, als Offizier sein Ehrenwort geben
könne, von dem Vorhaben des Sohnes Nichts gewußt zu haben. Was
aber am meisten zur Beruhigung der Theilnehmenden beitrug, war der
schöne Grundsatz des Herzogs, d i e K i n d e r N i e w e g e n d e n
F e h l e r n d e r E l t e r n , o d e r d i e E l t e r n w e g e n V e r g e -

4 Streicher

h e n   d e r   K i n d e r, etwas entgelten zu lassen. Man hatte schon zu viele
Beweise von dieser   w a r h a f t   F ü r s t l i c h e n   G r o s m u t h,   als
daß man in dem gegenwärtigen Falle, nicht auch darauf hätte rechnen
können. Nachdem alles zur Sache gehörige zwischen den beiden Freunden,
m i t   d e r   S e l b s t t ä u s c h u n g   d i e   d e m   J ü n g l i n g s   A l t e r
s o   g a n z   n a t ü r l i c h   i s t,   überlegt war; als für mögliche, künftige
Hinderniße, ihre Einbildungskraft sogleich Mittel wußte, um sie zu überwinden oder zu beseitigen; blieb der Entschluß Schiller's   u n w i e d e r -
r u f l i c h   f e s t,   indem er nur durch die Ausführung desselben hoffen
konnte, seine Umstände, in allen Theilen zu verbessern, und eine Selbständigkeit zu erlangen, die er bis jezt nur dem Nahmen nach kannte.

Nun aber mußte er sich mit Anspannung aller Kräfte, der Dichtung
seines Fiesko widmen, indem die Reise nicht eher ausgeführt werden
konnte, als bis dieser vollendet war, und er bisher — da er in seinem
Innern zu keiner Ruhe gelangen konnte — außer dem Plan, kaum die
Hälfte von dem Stüke niedergeschrieben hatte. Die Gewisheit, was er
t h u n   w o l l e,   und, damit er dem Labirinthe entkomme,   t h u n
m ü s s e;   belebten seinen Muth wieder; seine gewöhnliche Heiterkeit
kehrte zurük, und er gewann es über sich, alle Sorgen, alle Gedanken, die
nicht seiner neuen Arbeit gewidmet waren, zu unterdrüken, indem er blos
für die Zukunft lebte, die Gegenwart aber nur insofern beachtete, als er ihr
nicht ausweichen durfte.

Welch ein Vergnügen war es während dieser Beschäftigung, für ihn,
seinem jungen Freunde einen Monolog oder einige Scenen, die er in der
vorigen Nacht ausgearbeitet, vorlesen, und sich über Abänderungen, oder
die weitere Ausführung, besprechen zu können! Wie erheiterten sich seine,
von Schlaflosigkeit erhizte Augen, wenn er herzählte um wie viel er
schon weiter gerükt seye, und wie er hoffen dürfe, sein Trauerspiel weit
früher als er anfangs dachte, beendiget zu haben. Je geräuschvoller die
Außenwelt war, um so mehr zog er sich in sein Inneres zurük, indem er
an alle dem, was damals, der Seltenheit wegen, jedermann beschäftigte,
nicht den geringsten Antheil nahm. Denn schon zu Anfang des Monats
August, wurden nicht nur in   S t u t t g a r t,   H o h e n h e i m,   L u d -
w i g s b u r g,   auf der   S o l i t ü d e;   sondern auch in der ganzen Umgegend, die größten Vorbereitungen zu dem feierlichen Empfang des
Grosfürsten von Rußland (nachmaligen Kaiser Paul) und seiner Gemahlin,
gemacht. Die Einwohner Würtembergs waren stolz darauf, in der künftigen
Kaiserin aller Reußen, eine   N i c h t e   ihres Herzogs bewillkommnen zu
können, die sie um so mehr liebten, als ihre Erscheinung Erinnerungen
an ihre erhabenen Eltern hervor rief, die jedem Würtembergischen Herzen
um so tiefer eingegraben blieben, als sie solche, aus Scheu vor ihrem
Regenten, nicht zu zeigen wagen durften; und auch bey der verehrten

Tochter, die Gerüchte es zweifelhaft ließen, ob ihre Güte des Herzens, die Eigenschaften ihres Geistes, oder ihre einnehmende Schönheit, den Vorzug verdiene.

In der ersten Hälfte des September trafen die hohe Reisende zu Stutt-
5 gart ein, denen schon einige Tage früher, die meisten benachbarten Fürsten und eine ausserordentliche Menge Fremder vorausgeeilt waren, um den Festlichkeiten welche für die allerhöchsten Gäste bereitet wurden, bei-wohnen, und die Prachtliebe des Herzogs, wie nicht minder den Geschmak mit dem er alles anzuordnen wußte, bewundern zu können. Die mit den
10 schönsten, seltensten Pferden angefüllte Marställe so wie die dazu gehörige Equipagen, boten Gelegenheit zu Auffahrten, die man d a m a l s wohl schwerlich irgendwo anders, mit so großem Aufwand und so vielem Glantz sehen konnte. Aber wirklich ungeheuer groß waren die Anstalten, vermög welchen man, aus den vielen JagdRevieren des Landes, eine Anzahl von
15 beinahe S e c h s T a u s e n d H i r s c h e n, in einen, nahe bei der Soli-tüde liegenden Wald, zusammengetrieben hatte, die von einer Menge Bauern am durchbrechen verhindert wurden, und zu welchem Zweke auch in der Nacht, der ganze Umkreis des Waldes, durch eine enge Kette von Wachtfeuern, erleuchtet war. Nicht leicht konnte dem Grosfürsten in
20 einem andern Staate, eine solche Anzahl von Wild beisammen gezeigt wer-den, und um das Vergnügen der Jagd zu erhöhen, waren die edlen Thiere bestimmt, eine steile Anhöhe hinauf gejagt und gezwungen zu werden, sich in einen See zu stürzen, in welchem sie, aus einem eigends dazu erbauten Lusthause, nach Bequemlichkeit erlegt werden konnten. —
25 In dem Gewirre und der Unruhe, welche solche Vorkehrungen bei den Städtern immer hervorbringen, blieb unser Dichter ganz a u f s i c h ein-geschränkt, und hatte zu Anfang des September sein Trauerspiel so weit gebracht, daß er es beinahe als vollendet halten durfte, indem er die Auslassungen, die Abänderungen, welche etwa die Aufführung erheischen
30 sollte, auf eine ruhigere Zeit aufsparte, und um so eher in wenigen Tagen, damit zu Ende zu kommen hoffte, als er schon während der Arbeit an das nöthige hierüber gedacht.

Unter den angekommenen Fremden befand sich auch Freiherr von Dal-berg, der einige Tage früher als die Festlichkeiten ihren Anfang nahmen,
35 eintraf, so wie die Gattin des Regisseurs M e i e r vom Mannheimer Theater, die aus Stuttgart gebürtig war. Schiller machte dem Baron Dalberg seinen Besuch, ohne von seinem Vorhaben das geringste zu erwähnen. Eben so verschlossen blieb er gegen Madame M e i e r die er öfter sah. Die Ursachen dieses Schweigens waren keine andere, als weil der Vorsatz
40 etwas zu wagen, viel zu stark, und die Hoffnung auf einen glüklichen Erfolg, — wenn er seine Bitten in diesem Tumult von Festivitäten und Vergnügen an seinen Fürsten gelangen lasse — viel zu groß bei ihm gewor-

4*

den war, als daß er sich der widerlichen Empfindung hätte aussetzen
mögen, durch Zweifel belästiget, oder durch Beweise eines ungewissen
Erfolgs, wiederlegt zu werden.

Was den Freiherrn von Dalberg insbesondere betraf, so vermuthete
Schiller, daß, seiner dringenden Vorstellungen unerachtet, nur darum keine
Verwendung für ihn geschehen, weil er noch in Herzoglichen Diensten
stehe. Käme aber das Schlimmste, daß er diese Dienste ganz verlassen
müßte, so wäre es ganz unmöglich, daß Baron Dalberg, nach den vielen
Versicherungen der aufrichtigsten Theilnahme, und der größten Bereitwilligkeit seine Wünsche zu gewähren, ihn ohne Hülfe und Unterstützung lassen
würde. Im Gegentheile hegte er die gewisse Hoffnung, daß er dann als
Theaterdichter in Mannheim angestellt, und somit ein Ziel erreichen werde,
was er als das glüklichste und für ihn passendste anerkannte.

Madame M e i e r , als aufrichtige, warheitsliebende Landsmännin,
hätte zwar die Aeusserungen der Schmeichelei, der Güte, des Wohlwollens,
womit Schiller bei seiner lezten Anwesenheit in Mannheim überschüttet
worden, sehr leicht in den Dunst und Nebel aus dem sie bestanden, auflösen können, aber sie hätte dann die schönsten Träume, die sehnlichsten
Wünsche des jungen Mannes zerstört und ihn wieder an die Klippe zurük
geworfen die ihn zu zerschellen drohte. Das beharren in dem jetzigen
Zustande ließ allerdings den R e g i m e n t s D o k t o r , wie er vorher
war; zernichtete aber den D i c h t e r . Das Wagniß des Losreißens eröffnete Aussichten, die, auch nur zum Theil erfüllt, gegen den früheren
Zwang gehalten, die Wonne eines Paradieses erwarten ließen.

Aber die Zeit verfloß. Nur wenige Tage waren noch übrig, welche so
geräuschvoll und unruhig seyn konnten, daß man unbemerkt, eine Reise
hätte antreten können. Schiller gieng also mit seinem Freunde und Mad.
M e i e r , auf die Solitüde, um seine Eltern und Schwestern noch einmal zu
sehen, besonders aber von seiner Mutter, die jezt von allem auf das genaueste unterrichtet war, Abschied zu nehmen und sie zu beruhigen. Der,
in der lachendsten Gegend fortlaufende Weg dahin, wurde zu Fuß gemacht,
welches die Gelegenheit bieten sollte, um von Mad. M e i e r unvermerkt
alles erfahren zu können, was die innere Beschaffenheit des Theaters, oder
die Hoffnungen des Dichters betraf. Da aber alles dahin einschlagende nur
oberflächlich berührt wurde; auch ernsthaftere Fragen, aus Furcht errathen
zu werden, nicht wohl gestellt werden konnten, so blieb die Zukunft in
derselben Dämmerung wie bisher, und es blieb nichts übrig, als sich auf
das Glük zu verlassen.

Bei dem Eintritte in die Wohnung von Schiller's Eltern, befand sich
nur die Mutter und die älteste Schwester gegenwärtig. So freundlich auch
die Hausfrau die Fremden empfieng, so war es ihr doch nicht möglich sich
so zu bemeistern, daß S. die Unruhe nicht aufgefallen wäre, mit der sie

ihn anblikte, und oft zu reden versuchte, ohne ein Wort hervor bringen
zu können. Glüklicherweise trat bald der Vater von Schiller ein, der durch
Aufzählung der Festlichkeiten welche auf der Solitüde gehalten werden
sollten, die Aufmerksamkeit so ganz auf sich zog, daß sich der Sohn un-
5 vermerkt mit der Mutter entfernen, und seine Freunde der Unterhaltung mit
dem Vater überlassen konnte.

Es war auffallend, bei diesem kleinen, untersetzten Manne, außer einer
sehr schönen, großen Stirne, keine Spur von Aehnlichkeit mit seinem
Sohne wahrnehmen zu können, und auch in der klaren, bestimmten,
10 durchaus scharf-verständigen Sprache, alles abgestreift zu finden, womit
sein Sohn, als Dichter und Philosoph, jeden Gegenstand des Gespräches zu
beleben und zu erheben wußte.

Nach einer Stunde kehrte Schiller zur Gesellschaft zurück, aber — ohne
seine Mutter.

15 Wie hätte diese sich zeigen können! Konnte und durfte sie auch den
vorhabenden Schritt als eine Nothwehr ansehen, durch die er sein Dichter-
Talent, sein künftiges Glück sichern, und vielleicht einer unverschuldeten
Einkerkerung vorbeugen wollte, so mußte es ihr doch das Herz zer-
malmen, i h r e n E i n z i g e n S o h n auf immer verlieren zu müssen, und
20 zwar aus Ursachen die so unbedeutend waren, daß sie in jedem andern
Staate, ohne besondere Folgen geblieben wären. Und d i e s e r Sohn, in
welchem sie beinahe ihr g a n z e s S e l b s t erblikte; der schon an der
Mütterlichen Brust, die sanfte Gemüthsart, die milde Denkweise eingesogen
zu haben schien; er hatte ihr von jeher nichts als Freude gewährt; sie sah
25 ihn mit alle denen Eigenschaften begabt, die sie so oft, so inbrünstig von
der Gottheit für ihn erfleht hatte! Und Nun! — — — — — — — — —
Wie schmerzhaft das L e b e w o h l ! von beiden ausgesprochen worden
seyn mußte, ersah' man an den GesichtsZügen des Sohnes, so wie an seinen
feuchten, gerötheten Augen. Er suchte diese einem gewöhnlichen, ihn oft
30 befallenden Uebel zuzuschreiben, und konnte erst auf dem Wege nach
Stuttgart, durch die zerstreuenden Gespräche der Gesellschaft, wieder zu
einiger Munterkeit gelangen.

Auf der Solitüde erfuhr man, daß daselbst am 17ten September, die
große Hirschjagd, Schauspiel und eine allgemeine, prächtige Beleuchtung
35 statt finden sollte. Zu Hause angelangt wurde zwischen Schiller und S.
alles was ihre Reise betraf, noch um so eifriger besprochen, indem keine
Zeit mehr zu verlieren war, da die Festlichkeiten bald zu Ende seyn
würden. Als man auch erfahren, welchen Tag Schiller's Regiment die
Wachen n i c h t zu besetzen habe, er folglich unter den Stadt-Thoren
40 Soldaten treffen werde, denen er nicht so genau, wie seinen alten Grena-
dieren bekannt seye, so wurde die Abreise auf den 17ten September Abends
um 9 Uhr, festgesezt.

Die bürgerliche Kleidung welche sich Schiller hatte machen lassen, seine
Wäsche, die Werke von Haller, Shakspeare, noch einige andere Dichter,
wurden nach und nach von S. weggebracht, so daß für die spätere Stunden,
nur wenig mehr zu thun übrig blieb. Am lezten Vormittag sollte, nach der
Abrede, um zehn Uhr alles bereitet seyn, was von Schiller noch wegzu-   5
bringen war, und S. fand sich mit der Minute ein. Allein er fand nicht
das mindeste hergerichtet. Denn nachdem Schiller um 8 Uhr in der Frühe,
von seinem lezten Besuch in dem Lazareth zu Hause gekehrt war, fielen
ihm, bei dem zusammen suchen seiner Bücher, die Oden von Klopstok in
die Hände, unter denen Eine ihn schon oft besonders angezogen, und aufs   10
Neue so aufregte, daß er alsogleich — j e z t , i n e i n e m s o e n t -
s c h e i d e n d e n A u g e n b l i k — ein Gegenstük dichtete. Ungeachtet
alles drängens, alles antreibens zur Eile, mußte S. dennoch zuerst die
Ode, und dann das Gegenstük anhören, welchem lezteren — gewiß weniger aus Vorliebe für seinen begeisterten Freund — der Schönheit der   15
Sprache und Bestimmtheit der Bilder wegen, S. einen entschiedenen Vorzug
gab. Eine geraume Zeit vergieng, ehe der Dichter von seinem Gegenstande abgelenkt, wieder auf unsere Welt, auf den heutigen Tag, zu der
fliehenden Minute zurük gebracht werden konnte. Ja es erforderte öfteres
fragen, ob nichts vergessen seye, so wie mehrmaliges erinnern, daß nichts   20
zurük gelassen werde. Erst am Nachmittag aber konnte alles in Ordnung
gebracht werden und Abends 9 Uhr kam Schiller in die Wohnung von S.
mit einem Paar alter Pistolen unter seinem Kleide.

Diejenige welche noch einen ganzen Hahn, aber keinen Feuerstein hatte,
wurde in den Koffer gelegt; die andere mit zerbrochenem Schloß, in den   25
Wagen gethan. Daß aber beide, nur mit frommen Wünschen für Sicherheit
und glükliches Fortkommen geladen waren — versteht sich von selbst.
Der Vorrath an Geld, war bei den Reisenden nichts weniger als bedeutend, denn nach Anschaffung der nöthigen Kleidungsstüke, und anderer
Sachen die für unentbehrlich gehalten wurden, blieben Schiller noch   30
d r e i u n d z w a n z i g und S. noch a c h t u n d z w a n z i g G u l -
d e n übrig, welche aber von der Hoffnung und dem jugendlichen Muthe,
auf das zehenfache gesteigert wurden.

Hätte Schiller nur noch einige Wochen warten, und nicht durchaus sich
s c h o n j e z t entfernen wollen, so würde S. die nöthige Summe bis   35
Hamburg, in Händen gehabt haben. Aber die Ungedult des unterdrükten
Jünglings, um eine Entscheidung herbei zu führen, ließ sich schon darum
nicht bezähmen, weil er fürchtete, eine so gute Gelegenheit zum unbemerkten
Entkommen, ungenüzt vorbei gehen zu lassen, und dann weit mehr Schwierigkeit bei dem Herzog in Gewährung seiner Bitten zu finden. Bis Mann-   40
heim, wie auch für einige Tage Aufenthalt daselbst, konnte das kleine

Vermögen ausreichen und was zum weiterkommen fehlte, sollte S. nachgeschikt werden.

Nachdem der Wagen mit zwei Koffern und einem kleinen Klavier bepakt war, kam der schwere Kampf den Schiller vor einigen Tagen
5 bestanden, nun auch an S. um von seiner guten, frommen Mutter, Abschied zu nehmen. Auch Er war der einzige Sohn, und die Mütterliche Sorgen ließen sich nur dadurch beschwichtigen, daß Schiller nicht nur die unveränderlichste Treue gegen seinen Freund angelobte, sondern auch die zuverläßige Hoffnung aussprach, in Vierzehn Tagen wieder zurük ein-
10 treffen, und von der glüklich vollbrachten Reise, Bericht geben zu wollen. Von Seegenswünschen und Thränen begleitet, konnten die Freunde endlich um Zehn Uhr Nachts in den Wagen steigen und abfahren.

Der Weg wurde zum E ß l i n g e r T h o r hinaus genommen, weil dieses das dunkelste war, und einer der bewährtesten Freunde Schiller's —
15 (Möchte ihm das Vergnügen noch gegönnt seyn, diese Zeilen zu lesen!) als Lieutenant die Wache hatte, damit, wenn sich ja eine Schwierigkeit ergäbe, diese durch Vermittlung des Offiziers, sogleich gehoben werden könne.

Es war ein Glück daß d a m a l s von keinem zu Wagen reisenden, ein Paß abgefordert wurde. Nur S. hatte sich einen nach Hamburg geben
20 lassen, welches aber nur der, überflüssig scheinenden, Vorsicht wegen geschah.

So gefaßt die jungen Leute auch auf alles waren, und so wenig sie eigentlich zu fürchten hatten, so machte dennoch der Anruf von der Schildwache — Halt! — Wer da? — Unteroffizier heraus — einen un-
25 heimlichen Eindruk auf sie. Nach den Fragen: wer sind die Herren? wo wollen sie hin? wurde von S. des Dichters Nahme in D o k t o r R i t t e r , und der seinige in D o k t o r W o l f verwandelt; beide nach Eßlingen reisend angegeben, und so aufgeschrieben. Das Thor wurde nun geöffnet, die Reisende fuhren vorwärts, mit forschenden Bliken in die Wachtstube
30 des Offiziers, in der sie zwar kein Licht, aber beide Fenster, weit offen sahen. Als sie ausser dem Thore waren, glaubten sie einer großen Gefahr entronnen zu seyn, und, gleichsam als ob diese wiederkehren könnte, wurden, so lange als sie die Stadt umfahren mußten, um die Straße nach Ludwigsburg zu gewinnen, nur wenige Worte unter ihnen gewechselt. Wie
35 aber einmal die erste Anhöhe hinter ihnen lag, kehrten Ruhe und Unbefangenheit zurük; das Gespräch wurde lebhafter, und bezog sich nicht allein auf die jüngste Vergangenheit, sondern auch auf die bevorstehenden Ergebnisse. Gegen Mitternacht sah man links von Ludwigsburg eine ausserordentliche Röthe am Himmel, und als der Wagen in die Linie
40 der Solitüde kam, zeigte das, daselbst auf einer bedeutenden Erhöhung liegende Schloß, mit allen seinen weitläufigen Nebengebäuden, sich in einem Feuerglantze, der sich in der Entfernung von anderthalb Stunden, auf das

überraschendste ausnahm. Die reine, heitere Luft ließ alles so deutlich wahrnehmen, daß Schiller seinem Gefährten den Punct zeigen konnte, wo seine Eltern wohnten, aber alsbald, wie von einem simpathetischen Strahl berührt, mit einem unterdrükten Seufzer ausrief: «M e i n e .M u t - t e r !» —

Es war ganz natürlich daß die Erinnerung an die Verhältnisse, welche vor einigen Stunden, a u f d a s U n g e w i s s e h i n, abgerissen wurden, nicht anders als wehmüthig seyn konnte. Anderer Seits war es aber wieder beruhigend, als gewiß voraus setzen zu können, daß in diesem Wirbel von Festen, ausser den Müttern und Schwestern, Niemand an die Reisenden denke, folglich Mannheim ohne Hinderniß erreicht werden könne.

Morgens zwischen 1 und 2 Uhr, war die Station E n t z w e i h i n g e n erreicht, wo gerastet werden mußte. Als der Auftrag für etwas Kaffee ertheilt war, zog Schiller sogleich ein Heft ungedrukter Gedichte von Schubart, hervor, von denen er die bedeutendsten, seinem Gefährten vorlas. Das merkwürdigste darunter war d i e F ü r s t e n g r u f t, welches Schubart in den ersten Monaten seiner engen Gefangenschaft, mit der Eke einer BeinkleiderSchnalle, in die nassen Wände seines Kerkers eingegraben hatte. Damals, 1782, war Schubart noch auf der Festung, wo er aber jezt sehr leidlich gehalten wurde. In manchen dieser Gedichte fanden sich Anspielungen, die nicht schwer zu deuten waren, und die keine nahe Befreiung ihres Verfassers erwarten ließen.

Schiller hatte für die d i c h t e r i s c h e n T a l e n t e des Gefangenen, sehr viele Hochachtung. Auch hatte er ihn einigemale auf dem A s p e r g besucht.

Nach 3 Uhr wurde von E n t z w e i h i n g e n aufgebrochen, und nach 8 Uhr Morgens, war die Churpfälzische, durch eine kleine Pyramide angedeutete, Grenze erreicht, die mit einer Freude betreten wurde, als ob rükwärts alles lästige geblieben wäre, und das ersehnte E l d o r a d o bald erlangt seyn würde. Das Gefühl, eines harten Zwanges entlediget zu seyn, verbunden mit dem heiligen Vorsatz, demselben sich Nie mehr zu unterwerfen, belebten das, bisher etwas düstere Gemüth Schiller's zur gefälligsten Heiterkeit, wozu die angenehme Gegend, das muntere Wesen und Treiben der rüstigen Einwohner, wohl auch das ihrige beitrugen. «Sehen sie,» rief er seinem Begleiter zu, «sehen sie, wie freundlich die Pfähle und Schranken, mit blau und weiß, angestrichen sind! Eben so freundlich ist auch der Geist der Regierung.»

Ein lebhaftes Gespräch das durch diese Bemerkung herbei geführt wurde, verkürzte die Zeit dergestalt daß es kaum möglich schien, um 10 Uhr schon in B r e t t e n angekommen zu seyn. Dort wurde bei dem Postmeister P a l l a v i c i n i abgestiegen, etwas gegessen; der von Stuttgart

nnenhof der Herzoglichen Militärakademie in Stuttgart. Kolorierter Kupferstich nach einer Zeichnung von Karl Philipp Conz (Schiller-Nationalmuseum Marbach am Neckar).

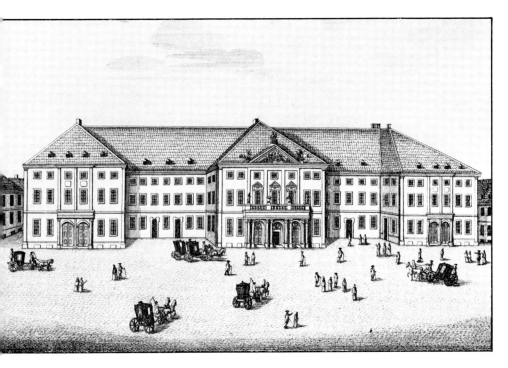

Das Mannheimer Nationaltheater, 1782. Stich der Gebr. Klauber nach einer Zeichnung von Johann Franz van der Schlichten (Reiß-Museum Mannheim).

Andreas Streicher. Büste von Franz Klein, undatiert (Schiller-National-museum Marbach am Neckar).

Schiller. Büste von Johann Heinrich Dannecker. Erste Fassung in Gips mit Punktierungen für die Übertragung in Marmor, 1794 (Schiller-Nationalmuseum Marbach am Neckar). Vgl. 147 f.

Streichers Handschrift. 1. Fassung des 83,23 ff. abgedruckten Textes [Streicher-Archiv Krumpendorf AI,1c(1), S 80].

mitgenommene Wagen und Kutscher zurük geschikt; Nachmittags die Post
genommen, und über W a g h ä u s e l nach S c h w e t z i n g e n gefahren,
allwo die Ankunft nach 9 Uhr Abends erfolgte. Da in Mannheim, als einer
HauptFestung, die Thore mit Eintritt der Dunkelheit geschlossen wurden,
5 so mußte in S c h w e t z i n g e n übernachtet werden, welches auf zwei
unruhige Tage und eine schlaflose Nacht, um so erwünschter war.

Am 19ten September waren die Reisende des Morgens sehr frühe
geschäftig, um sich zu dem Eintritt in Mannheim vorzubereiten. Das Beste
was die Koffer faßten, wurde hervor gesucht, um durch scheinbaren Wohl-
10 stand sich eine Achtung zu sichern, die dem dürftig oder leidend Aus-
sehenden, fast immer versagt wird. Die Hoffnung Schiller's, seine kranke
Börse, in der nächsten Zeit, durch einige Erfrischungen beleben zu können,
war keine Selbsttäuschung. Denn wer hätte daran zweifeln mögen, daß eine
Theater-Direction, die schon im ersten Jahre, so vielen Vortheil aus den
15 Räubern gezogen, sich nicht beeilen würde, das zweite Stük des Dichters,
— was nicht nur für das Große Publikum, sondern auch für den gebilde-
teren Theil desselben, berechnet war — gleichfalls aufzunehmen? Es ließ
sich für gewiß erwarten, — die Entscheidung des Herzogs möge nun
gewährend oder verneinend ausfallen — daß noch in diesem Jahre
20 F i e s k o aufgeführt würde, und dann war der Verfasser durch eine
freie Einnahme, oder ein beträchtliches Honorar, auf so lange geborgen,
daß er sich wieder neue Hülfsmittel schaffen konnte. Mit der Zuversicht,
daß die nächsten Vierzehen Tage schon, diese Vermuthungen in volle
Gewisheit umwandeln müßten, wurde die PostChaise zum lezten-
25 male bestiegen und nach Mannheim eingelenkt, das in zwei Stunden, ohne irgend eine Frage oder Aufenthalt an den Thoren der Festung erreicht war.

Der Theater Regisseur Herr Meier, bei welchem abgestiegen wurde,
war sehr überrascht, Schiller'n zu einer Zeit bei sich zu sehen, wo er ihn
30 in lauter Feste und Zerstreuungen versunken glaubte; aber seine Ueberraschung gieng in Erstaunen über, als er vernahm, daß der junge Mann,
den er so hoch verehrte, jezt als Flüchtling vor ihm stehe. Obwohl Herr
Meier, bei der zweimaligen Anwesenheit Schiller's in Mannheim, von
diesem selbst, über sein misbehagliches Leben und Treiben in Stuttgart
35 unterrichtet war; so hatte er doch nicht geglaubt, daß diese Verhältnisse
auf eine so gewagte und plötzliche Art abgerissen werden sollten. Als
gebildeter Weltmann enthielt er sich, bei den weiteren Erklärungen
Schiller's hierüber, jedes Widerspruchs, und bestärkte ihn nur in d i e s e m
Vorhaben, noch heute eine Vorstellung an den Herzog einzusenden, und
40 durch seine Bitten eine Aussöhnung bewirken zu wollen. Die Reisende
wurden von ihm zum Mittagessen eingeladen, und er hatte auch die Gefälligkeit, in der Nähe seines Hauses, eine Wohnung, die in dem Men-

schenleeren Mannheim augenbliklich zu haben war, aufnehmen zu lassen, wohin sogleich das Reisegeräthe geschafft wurde.

Nach Tische begab sich Schiller in das Nebenzimmer um daselbst an seinen Fürsten zu schreiben. Als er in einigen Stunden fertig war, las er den, vorher nicht aufgesezten, aber vortreflich geschriebenen Brief, den wartenden Freunden vor, dessen wesentlicher Innhalt folgender war. Im Eingange erwähnte er, daß er in der Akademie das Studium, zu dem er eine entschiedene Neigung gehabt, niemalen habe treiben dürfen oder können, und er sich nur aus Gehorsam gegen den Fürstlichen Willen, zuerst der Rechtswissenschaft und dann der Arzneikunde gewidmet habe. Er erinnerte den Herzog an die vielen und großen Gnaden, welcher er, während der Sieben Jahre seines Aufenthaltes, von ihm gewürdiget worden, und die so bedeutend waren, d a ß e r e w i g s t o l z d a r a u f s e y n w e r d e , s a g e n z u d ü r f e n , s e i n F ü r s t h a b e i h n i n s e i n e m H e r z e n g e t r a g e n . Dann setzte er

1) die Unmöglichkeit auseinander, mit seiner geringen Besoldung leben oder durch seinen Beruf als Arzt, sich ein besseres Auskommen verschaffen zu können, indem die Anzahl der Mediziner zu groß in Stuttgart seye und ein Anfänger zu lange Zeit brauche um sich bekannt zu machen, er auch von Haus nichts zuzusetzen habe.

2) Bat er um die Aufhebung des Befehls, k e i n e a n d e r e a l s M e - d i z i n i s c h e S c h r i f t e n d r u k e n z u l a s s e n , indem die Be- kanntmachung seiner dichterischen Arbeiten allein im Stande seye, seine Einnahme zu verbessern.

3) möge es ihm erlaubt werden, alle Jahre, auf kurze Zeit, eine Reise in das Ausland zu machen.

4) Daß er sehr gerne wider zurük kehren wolle, wenn ihm das F ü r s t - l i c h e W o r t gegeben würde, daß seine eigenmächtige Entfernung ver- ziehen seye und er keine Strafe dafür zu befürchten habe.

Dieses Schreiben wurde einem Briefe an seinen RegimentsChef den General Augé beigeschlossen, und dieser ersucht, die vorgelegten Bitten, nach seinen besten Kräften, so wie durch seinen ganzen Einfluß bei dem Herzog, unterstützen zu wollen. Schiller glaubte für seine Sicherheit so wenig befürchten zu dürfen, daß er den General bat, ihm seine Antwort durch die Adresse des Herrn Meier zukommen zu lassen. Obwohl lezterer über das wahrscheinliche Verfahren des Herzogs nicht so ruhig seyn konnte, als derjenige den es zunächst betraf, so mußte er doch die Mög- lichkeit zugestehen, daß der Fürst, durch die rührende und bescheidene Vorstellungen seines ehmaligen Günstlings, wie auch aus Rüksicht gegen dessen Eltern, vielleicht bewogen werden könne, von den gewöhnlichen Verfügungen für dießmal abzugehen, und wenigstens einen Theil der Bitten zu bewilligen.

Den andern Tag Abends traf Madame Meier von Stuttgart wieder zu Hause ein. Sie erzählte daß sie schon am 18ten Vormittags Schiller's Verschwinden erfahren, daß jedermann davon spreche, und allgemein vermuthet werde, man werde ihm nachsetzen lassen, oder seine Auslieferung verlangen. Schiller beruhigte jedoch seine Freunde durch die Versicherung, daß er den grosmüthigen Character seines Herzogs durch zu viele Proben habe kennen lernen, als daß er nur die geringste Gefahr befürchte, so lange er den Willen zeige, wieder zurük zu kommen. Dieß sey geschehen, eines Vergehens könne man ihn nicht anklagen, eigentlicher Soldat sey er nicht, folglich könne man ihn auch nicht unter die Klasse derjenigen zählen, denen bei freiwilligem Abschiednehmen, nachgesetzt werde.

Indessen wurde es doch für rathsam gehalten daß er sich Nirgends öffentlich zeigen solle, wodurch er nun auf seine Wohnung und das Meierische Haus allein eingeschränkt blieb. Für die Reisenden war es sehr angenehm in der Hausfrau eine Theilnehmende Landsmännin und sehr gebildete Freundin zu finden, die in alles eingieng was ihr jetziges oder künftiges Schiksal betraf, und dasjenige mit leichter Zunge behandelte über was sich Männer nur sehr ungerne offen erklären. Nicht nur für diese bedenkliche Zeit, sondern auch in der Folge, blieben diese würdige Leute, Schiller's aufrichtigste, wahresten Freunde, und Madam Meier bewies sich, besonders bei dieser Gelegenheit so sorgsam und thätig, wie eine Mutter, die sich um ihren Sohn anzunehmen hat.

Mittlerweile hatte S. schon am ersten Abend mit H. Meier über das Neue, beinahe ganz fertige Trauerspiel Fiesko gesprochen, und desselben als einer Arbeit erwähnt, die den Räubern aus vielen Rüksichten vorzuziehen seye. Es ergab sich nun von selbst, daß der Dichter darum angegangen wurde die erregte Neugierde, durch Mittheilung des Manuscriptes zu befriedigen, wozu sich aber dieser nur unter der Bedingung verstand, wenn eine größere Anzahl von Zuhörern gegenwärtig seye. Man fand dieß um so natürlicher, indem wohl unter allen Schauspielern sich keiner befand, der nicht im höchsten Grade auf die z w e i t e Arbeit eines Jünglings begierig gewesen wäre, welcher sich schon durch seine E r s t e , auf eine so ausserordentliche Art angekündiget hatte. Es wurde daher sogleich ein Tag festgesetzt, auf welchen die bedeutendsten Künstler des Theaters eingeladen werden sollten, um der Vorlesung des Neuen Stükes beizuwohnen.

Nach Zwei erwartungsvollen Tagen, traf die Antwort von General Augé an Schiller ein, welche folgendes enthielt:

«Der General habe den Wünschen Schiller's entsprochen und sein Schreiben dem Herzog nicht nur vorgelegt, sondern auch durch sein Vorwort, die gethanenen Bitten unterstützt. Er habe daher den Auftrag erhalten ihn wissen zu lassen, d a S e . H e r z o g l . D u r c h l a u c h t

b e i   A n w e s e n h e i t   d e r   h o h e n   V e r w a n d t e n   j e z t   s e h r
g n ä d i g   w ä r e n ,   e r   n u r   z u r ü k   k o m m e n   s o l l e .» Da dieses Schreiben von alle dem nicht das geringste erwähnte, um was Schiller zur Erleichterung seines Schiksals so dringend gebeten hatte, so schrieb er dem General augenbliklich zurük, daß er diese Aeusserung Sr. Durchl. unmöglich als eine Gewährung seines Gesuches betrachten könne, folglich genöthiget seye, bei dem Innhalt seiner Bittschrift zu beharren, und seinen Chef ersuche, alles anzuwenden um den Herzog zu Erfüllung seiner Wünsche zu vermögen.

Durch diese Antwort seines Generals in Zweifel versetzt, was er zu hoffen oder zu fürchten habe, schrieb Schiller — was er schon am zweiten Tage seiner Ankunft an seine Eltern gethan — sogleich an einige Freunde, damit, wenn sie etwas erführen was ihm schaden könnte, sie ihm doch alsobald Nachricht geben möchten, und sah den Antworten mit eben so viel Unruhe als Neugierde entgegen.

Der Nachmittag war zur Vorlesung des neuen Trauerspiels bestimmt, wozu sich, gegen Vier Uhr, ausser Iffland, Beil, Bek, noch mehrere Schauspieler einfanden, die nicht Worte genug finden konnten, um ihre tiefe Verehrung gegen den Dichter so wie über die hohe Erwartung auszudrüken, die sie von dem neuesten Produkte, eines so erhabenen Geistes hätten. Nachdem sich alle um einen großen, runden Tisch gesetzt hatten, schikte der Verfasser erst eine kurze Erzählung der wirklichen Geschichte und eine Erklärung der vorkommenden Personen, voraus, worauf er dann zu lesen anfing.

Für S. war das beisammensehen so berühmter Künstler wie I f f l a n d , M e i e r ,   B e i l , von denen das Gerücht ausserordentliches sagte, um so mehr Neu und willkommen, als er noch Nie mit einem Schauspieler einigen Umgang gehabt hatte. Im stillen feierte er schon den Triumph, wie überrascht diese Leute, die den Dichter mit unverwandten Augen ansahen, über die vielen schönen Stellen seyn würden, die schon in den ersten Scenen, so wie in den folgenden noch häufiger vorkommen, und sah nicht den Vorleser, sondern nur die Zuhörer an, um die Eindrüke zu bemerken, welche die vorzüglichste Ausdrüke bei ihnen hervor bringen würden.

Aber der erste Akt wurde, zwar bei größter Stille, jedoch ohne das geringste Zeichen des Beifalls abgelesen und er war kaum zu Ende, als Herr Beil sich entfernte, und die übrigen sich von der Geschichte Fiesko's oder andern TagsNeuigkeiten unterhielten.

Der zweite Akt wurde von Schiller weiter gelesen, eben so aufmerksam wie der erste, aber ohne das geringste Zeichen von Lob oder Beifall angehört. Alles stand jezt auf, weil Erfrischungen von Obst, Trauben pp herum gegeben wurden. Einer der Schauspieler Nahmens F r a n k , schlug ein B o l z s c h i e ß e n vor, zu dem man auch Anstalt zu machen schien.

Allein nach einer Viertelstunde hatte sich alles verlaufen, und ausser den zum Hause gehörigen war nur Iffland geblieben, der sich erst um Acht Uhr Nachts, entfernte.

Als ein vollkommener Neuling in der Welt, konnte sich S. diese Gleich-
5 gültigkeit, ja diese Abneigung gegen eine so vortrefliche Dichtung, von denen am allerwenigsten erklären, die kaum vor einer Stunde, die größte Bewunderung und Verehrung für Schiller'n, ihm selbst bezeugt hatten, und es empörte ihn um so heftiger, alle die Sagen von Neid und Kabale der Schauspieler j e z t s c h o n bestätiget zu sehen, da die Antwort des
10 General Augé wenig Hoffnung ließ, daß sein Freund jemals zurükkehren dürfe; wo alsdann dessen Schiksal, bei solchen Leuten sehr beklagens werth seyn müßte.

Aber der Unerfahrene sollte noch mehr in Verlegenheit gesezt werden, denn als er eben im Begriff war, sich über die ungewöhnliche und beinahe
15 verächtliche Behandlung Schiller's bei Herrn Meier zu beklagen, zog ihn dieser in das Nebenzimmer und fragte:

«Sagen sie mir jetzt ganz aufrichtig, wissen sie gewiß daß es Schiller ist, der die Räuber geschrieben?»

Zuverlässig! wie können sie daran zweifeln?

20 «Wissen sie gewiß, daß nicht ein anderer dieses Stük geschrieben, und er es nur unter seinem Nahmen herausgegeben? Oder hat ihm jemand anderer daran geholfen?»

Ich kenne Schiller'n schon im zweiten Jahre, und will mit meinem Leben dafür bürgen, daß er die Räuber ganz allein geschrieben und eben so
25 auch für das Theater abgeändert hat. Aber warum fragen sie mich dieses alles?

«Weil der Fiesko das allerschlechteste ist, was ich je in meinem Leben gehört; und weil es unmöglich ist, daß derselbe Schiller der die Räuber geschrieben, etwas so gemeines, elendes sollte gemacht haben.»

30 S. suchte H. Meier zu widerlegen und ihm zu beweisen, daß Fiesko weit regelmäßiger für die Bühne, und darinn alles vermieden seye, was an den Räubern mit Recht so scharf getadelt worden. Er müsse das neue Stük nur öfter hören, oder es selbst durchlesen, dann werde er es gewiß ganz anders beurtheilen und ihm Geschmak abgewinnen. Allein alle diese Reden
35 waren vergebens. Herr Meier beharrte um so mehr auf seiner Meinung, weil es ihm, als einem erfahrnen Schauspieler zukommen müsse, aus einigen Scenen, den Gehalt des Gantzen, sogleich beurtheilen zu können und sein Schluß war: «Wenn Schiller wirklich die Räuber und Fiesco geschrieben, so hat er alle seine Kraft an dem ersten Stük erschöpft, und kann nun
40 nichts mehr, als lauter erbärmliches, schwülstiges, unsinniges Zeug hervorbringen.»

Dieses Urtheil von einem Manne ausgesprochen den man nicht nur als einen vollgültigen Richter, sondern auch als einen solchen Freund Schiller's ansehen durfte, dem an der guten Aufnahme des Stükes beinahe eben so viel als dem Verfasser selbst, gelegen seye, machte auf S. einen so betäubenden Eindruk, daß ihm die Sprache für den Augenblick den Dienst versagte. War 5 dieß Herr Meier, der so zu ihm sprach? Hatte er auch recht gehört? Sollte er die Erwartungen Meier's zu hoch gespannt haben? Wäre es möglich daß er sich getäuscht und dasjenige vortreflich gefunden, was andere, die man als Kenner gelten lassen mußte, nun als schlecht, als unsinnig beurtheilen? Oder hat sich Meier mit den andern verschworen, zum Untergang des Stüks 10 und seines Verfassers mitzuwirken? Diese Fragen, durch das unbegreifliche des Vorganges und der Aeusserungen Meiers hervorgerufen, machte S. an sich selbst, und fand sie um so quälender, da ihre Auflösung nicht sogleich erfolgen konnte.

Die Abendstunden wurden von den Anwesenden mit größter Ver- 15 legenheit zugebracht. Von Fiesko erwähnte Niemand mehr eine Silbe. Schiller selbst war äusserst verstimmt und nahm mit seinem Gefährten zeitlich Abschied. Bei dem Weggehen ersuchte ihn Meier, ihm für die Nacht das Manuscript da zu lassen, indem er nur die zwei ersten Akte gehört, und doch gerne wissen möchte, welchen Ausgang das Stük nehme. Schiller 20 bewilligte diese Bitte sehr gerne.

Ueber den kalten Empfang Fiesko's, von dem man die willkommenste Aufnahme erwartet hatte, wurde zu Hause Nichts, und überhaupt sehr lange wenig gesprochen, bis sich Schiller endlich Luft machte, und über den Neid, die Kabale, den Unverstand der Schauspieler Klagen führte. Jezt, 25 zum erstenmale, sprach er den ernstlichen Vorsatz aus, daß, wenn er hier nicht als S c h a u s p i e l D i c h t e r angestellt, oder sein Trauerspiel nicht angenommen werde, er selbst als S c h a u s p i e l e r auftreten wolle, in- dem eigentlich doch Niemand so declamiren könne wie er. S. wollte dem mißlaunigten Freunde nicht geradezu widersprechen, gab ihm aber doch zu 30 bedenken in welche Verlegenheit er seine Mutter und Schwester, besonders aber seinen Vater setzen würde, wenn sie erfahren müßten, daß er nun weiter nichts als ein Schauspieler geworden seye, da er selbst sich doch einen so glänzenden Erfolg von seiner Reise versprochen. Er erinnerte ihn an das Vorurtheil das man in Stuttgart gegen diesen Stand hege, wo man 35 zwar dem Einzelnen Gerechtigkeit widerfahren lasse, sich aber doch jedes näheren Umgangs mit ihm enthalte. Er möge doch mit Geduld warten, bis Baron von Dalberg in Mannheim eintreffe, von dem allein die günstige Wendung seines Schiksals zu hoffen seye. pp.

Mit bangen Erwartungen wegen des Endurtheils was über Fiesko und 40 seinen Verfasser gefällt werden sollte, begab sich S. den andern Morgen ziemlich frühe zu Herrn Meier, der ihn kaum ansichtig wurde, als er ausrief: «Sie haben Recht! Sie haben Recht! Fiesko ist ein Meisterstük und weit besser bearbeitet als die Räuber. Aber wissen sie auch was Schuld daran ist, daß ich und alle Zuhörer es für das elendeste Machwerk hielten? Schiller's schwäbische Aussprache, und die verwünschte Art, w i e er alles

5 deklamirt. Er sagt alles in dem nemlichen, hochtrabenden Tone her, ob es heißt: Er macht die Thüre zu, oder ob es eine Hauptstelle seines Helden ist. Aber jetzt muß das Stük in den Ausschuß kommen, da wollen w i r es uns vorlesen, und alles in Bewegung setzen, um es bald auf das Theater zu bringen.»

10 Der Schluß von Herrn Meier's Rede, verwandelte die Niedergeschlagenheit von S. in eine solche Freude, daß er, ohne Schiller'n entschuldigen, oder die herabsetzende Meinung von dessen Aussprache und Deklamationsgabe, widerlegen zu wollen, augenbliklich nach Hause eilte, um dem Dichter, der eben aufgestanden war, die angenehme Nachricht zu hinterbringen, s e i n

15 T r a u e r s p i e l w e r d e b a l d i n l e b e n d i g e n G e s t a l t e n v o r i h m e r s c h e i n e n. Daß seine Mundart, seine heftige Aussprache, den schlechten Erfolg von gestern hervorgebracht, wurde ihm sorgfältig verschwiegen, um sein, ohnehin krankes Gemüth, nicht zu reitzen.

Am andern Tage traf die Antwort des General Augé auf das zweite

20 Schreiben Schiller's ein, welche aber von ganz gleichem Innhalte wie die erste war, nemlich: «Da Se. Herzogl. Durchl. jezt sehr gnädig wären, er nur zurück kommen solle.» Allein Schiller konnte in keinem Falle wagen wider heimzukehren, da ihm weder Straflosigkeit zugesichert, noch eine seiner Bitten bewilliget worden war. Der entscheidende Schritt war einmal ge-

25 schehen, und so wenig glänzendes sich jezt auch zeigte, so ließ sich doch dieses von der Zukunft hoffen; ja er fand es gerathener, weit eher einem ungewissen Schiksal entgegen zu gehen, als sich das frühere Joch wieder auflegen zu lassen, das ohnehin schon ihm den Naken wund gerieben, und in der Folge zuverläßig auf das Mark des Lebens eingedrungen seyn würde.

30 Er hielt nun das, was er zu thun habe, für so gewiß entschieden, daß er nicht mehr an seinen General schrieb, sondern dem Rath seiner Freunde folgte, sich auf einige Wochen zu entfernen, indem es doch möglich wäre, daß seine Auslieferung von der Pfälzischen Regierung verlangt würde, weil er auf Kosten des Herzogs in der Akademie erzogen worden, und auch, da

35 er Uniform getragen, e i n i g e r m a a ß e n zum Militairstande gerechnet werden könne. Geschähe in einigen Wochen nichts gegen ihn, so wäre man beinahe versichert, seine Entweichung seye vergessen, oder der Herzog werde, seiner gewöhnlichen Grosmuth gemäs, nicht weiter nach ihm fragen.

Da auch Baron Dalberg noch immer in Stuttgart verweilte und seine

40 Rükkehr ungewiß blieb, folglich für die Bestimmung Schiller's nichts gethan werden konnte, so wurde, nach einem Aufenthalte von Sechs oder Sieben Tagen, die Reise über Darmstadt, nach Frankfurt am Mayn beschlossen, wo

auch die weitere Nachrichten von Haus oder von Mannheim, abgewartet
werden konnten. Aber diese Reise mußte zu Fuß gemacht werden, denn
das kleine Kapital, was jeder von Stuttgart mit sich nehmen konnte, war
durch die Herreise, durch das Verweilen in Mannheim, so herab geschwunden, daß es, bei der größten Sparsamkeit, nur noch Zehen oder Zwölf Tage,   5
ausreichen konnte. Für Schiller war es nicht wohl thunlich, sich bei seinen
Eltern um Hülfe zu bewerben, denn seinem Vater durfte er nicht schreiben,
um ihn keinem Verdachte blos zu stellen, und seiner Mutter wollte er den
Kummer nicht machen, sie wissen zu lassen, daß er jezt schon Mangel leide,
da sie gewiß geglaubt, er würde einem sehr behaglichen Zustande entgegen   10
gehen. Es schrieb daher S. an seine Mutter, ihm vorläufig, aber so bald
als möglich dreißig Gulden, auf dem Postwagen nach Frankfurt zu schiken,
weil Schiller in Mannheim nichts bezogen habe, beide nur noch auf einige
Tage mit Geld versehen seyen, und er den Freund in diesen Umständen
unmöglich verlassen könne.   15

Nach dem herzlichsten Abschiede von Herrn und Madame Meier, und
nur mit dem unentbehrlichsten in den Taschen, giengen die Reisende nach
Tische über die NekarBrüke von Mannheim ab; schlugen den Weg nach
Sandhofen ein; blieben in einem Dorfe über Nacht und giengen den andern
Tag, durch die herrliche, rechts mit Burg Ruinen prangende Bergstraße,   20
nach Darmstadt, wo sie Abends gegen Sechs Uhr eintrafen. Sehr ermüdet
von dem ungewohnten, zwölfstündigen Marsch, begaben sie sich in einen
Gasthof, und waren sehr froh, nach einem guten Abendessen, in reinlichen
Betten ausruhen und sich durch Schlaf erholen zu können. Letzteres konnte
ihnen aber nicht zu Theil werden, denn aus dem tiefsten Schlafe, wurden sie 25
durch ein so lärmendes, fürchterliches Trommeln aufgeschrekt, daß man
glauben mußte, es sey ein sehr heftiges Feuer ausgebrochen. Sie horchten als
das schrekliche Getöse sich entfernt hatte, ob man nicht reuten, fahren oder
schreien höre; sie öffneten die Fenster, ob sich keine Helle von Flammen
zeige; aber alles blieb ruhig, und wenn es nur Einer allein gehört hätte,   30
würde er sich endlich selbst überredet haben, es sey ein Traum gewesen. Am
Morgen erkundigten sie sich bei dem Wirthe was das ausserordentlich
starke Trommeln in der Nacht zu bedeuten gehabt, und erfuhren mit Erstaunen, daß dieses jede Nacht mit dem Schlag zwölf Uhr so wäre. E s s e y
d i e R e v e i l l e !   35

Des Morgens fühlte sich Schiller etwas unpäßlich, bestand aber doch
darauf, den, Sechs Stunden langen Weg nach Frankfurt noch heute zu gehen,
damit er alsogleich nach Mannheim schreiben, und sich die, indessen an ihn
eingelaufenen Briefe, schiken lassen könne. Es war ein sehr schöner, heiterer
Morgen, als die Reisende ihre ermüdeten Füße wider in Gang zu bringen   40
versuchten, und den Weg antraten. Langsam schritten sie vorwärts, rasteten
aber schon nach einer Stunde, um sich in einem Dorfe, mit etwas Kirschen-

geist in Wasser geschüttet, abzukühlen und zu stärken. Zu Mittag kehrten
sie wieder ein, weniger wegen dem Essen, als daß Schiller, der sehr müde
war, sich etwas ausruhen könne. Allein es war in dem Wirthshause zu lär-
mend, die Leute zu roh, als daß es über eine halbe Stunde auszuhalten
5 gewesen wäre. Man machte sich also noch einmal auf, um Frankfurt in
einigen Stunden zu erreichen, welches aber die Mattigkeit Schiller's kaum
zuzulassen schien, denn er gieng immer langsamer, mit jeder Minute vermehrte sich seine Blässe, und als man in ein Wäldchen gelangte, in welchem
seitwärts eine Stelle ausgehauen war, erklärte er, ausser Stande zu seyn
10 noch weiter zu gehen, sondern versuchen zu wollen, ob er sich nach einigen
Stunden Ruhe wenigstens so weit erhole, um heute noch die Stadt erreichen
zu können. Er legte sich unter ein schattigtes Gebüsch ins Gras nieder, um zu
schlafen, und S. setzte sich auf den abgehauenen Stamm eines Baumes,
ängstlich und bange nach dem armen Freund hinschauend, der nun doppelt
15 unglüklich war.

In welcher Sorge und Unruhe der Wachende die Zeit zugebracht, während
der Kranke schlief, kann nur derjenige allein fühlen, der die Freundschaft
nicht blos durch den Austausch gegenseitiger Gefälligkeiten, sondern auch
durch das wirkliche mit L e i d e n und mit T r a g e n , aller Widerwärtig-
20 keiten kennt. Und hier mußte die innigste Theilnahme um so größer seyn,
da sie einem Jüngling galt, der in Allem das reinste Gemüth, den höchsten
Adel der Seele kund gab, und alle das Erhabene und Schöne, schon im voraus
ahnden ließ, was er später so Groß und herrlich entfaltete. Auch in seinen
gehärmten, düsteren Zügen, ließ sich noch der stolze Muth wahrnehmen,
25 mit dem er gegen ein hartes, unverdientes Schiksal anzukämpfen suchte,
und die wechselnde Gesichtsfarbe verrieth, was ihn, auch seiner unbewußt,
beschäftige. Das Ruheplätzchen lag für den Schlafenden so günstig, daß
nur links ein Fußsteig vorbei führte, der aber während zwei Stunden, von
Niemand betreten wurde. Erst nach Verlauf dieser Zeit, zeigte sich plötzlich
30 ein Offizier in blaßblauer Uniform mit gelben Aufschlägen, dessen über-
höflicher Ausruf: « A h ! h i e r r u h t m a n s i c h a u s , » einen der
in Frankfurt liegenden W e r b e r vermuthen ließ. Er näherte sich mit der
Frage: w e r s i n d d i e H e r r e n ? worauf S. etwas barsch und laut
antwortete: R e i s e n d e .

35 Schiller erwachte, richtete sich schnell auf, und maß den Fremden mit
scharfem, verwundertem Blik, der sich nun auch, da er wohl merken
mochte, daß hier für ihn nichts zu Angeln seye, ohne weiter ein Wort zu
sprechen, entfernte.

Auf die schnelle Frage von S., wie gehts, wie ist ihnen? erfolgte zu seiner
40 großen Beruhigung die Antwort: Mir ist etwas besser, ich glaube, daß wir
unsern Marsch wider antreten können. Er stand auf, durch den Schlaf so
weit gestärkt, daß er, anfangs zwar langsam, aber doch ohne Beschwerde

5 Streicher

fortgehen konnte. Ausserhalb des Wäldchens traf man auf einige Leute, welche die Entfernung der Stadt, noch auf eine kleine Stunde angaben. Diese Nachricht belebte den Muth, es wurde etwas schneller gegangen, und ganz unvermuthet, zeigte sich das Alterthümlich gebaute, merkwürdige Frankfurt, in welches man auch, noch vor der Dämmerung eintrat.

Theils aus nöthiger Sparsamkeit, theils auch, wenn Nachforschungen geschehen sollten, um so leichter verborgen zu seyn, wurde die Wohnung in der Vorstadt S a c h s e n h a u s e n , bei einem Wirthe, der MainBrüke gegenüber gewählt, mit demselben sogleich der Betrag für Zimmer und Verköstigung auf den Tag bedungen, damit man genau wisse, wie lange der geringe Geld Vorrath noch ausreichen würde.

Die Gewisheit hier genugsam verborgen zu seyn, die vergönnte Ruhe und ein erquikender Schlaf, gaben Schiller'n die nöthigen Kräfte, daß er des andern Tages, einige Briefe nach Mannheim schreiben konnte. Unter diesen befand sich auch derjenige an Baron Dalberg, der sich in obengenannter Sammlung Seite 71, befindet. Gerne würde der Verfasser durch Weglassung dieses Briefes, dem Leser einen kleinen Schmerz ersparen, aber er m u ß es wissen, und bei diesem a u s s e r o r d e n t l i c h e n , jezt beinahe v e r - g ö t t e r t e n Dichter, wiederholt bestätiget sehen, daß in Deutschland keinem großen Manne in seiner Jugend a u f R o s e n g e b e t t e t w i r d ; daß — ist er nicht schon durch die Eltern mit Glüksgütern ge- seegnet — daß er die rauhesten, mit verwundenden Dornen belegten Wege, betreten muß, und selten, L e i d e r ! ä u s s e r s t s e l t e n , eine freund- liche Hand sich findet, um ihm die Bahn gangbarer, um seiner Brust das Athmen leichter zu machen. Man überschlage den Brief nicht, denn er wurde mit gepreßtem Gemüth, und n i c h t mit trokenen Augen geschrie- ben.

«Euer Excellenz werden von meinen Freunden zu Mannheim meine Lage bis zu ihrer Ankunft, die ich leider nicht mehr abwarten konnte, erfahren haben. Sobald ich Ihnen sage, i c h b i n a u f d e r F l u c h t , sobald hab ich mein ganzes Schiksal geschildert. Aber noch kommt das Schlimmste hinzu. Ich habe die nöthigen Hülfsmittel nicht, die mich in den Stand setzten, meinem Mißgeschik Trotz zu bieten. Ich habe mich von Stuttgardt, meiner Sicherheit wegen, schnell, und zur Zeit des Großfürsten losreißen müssen. Dadurch habe ich meine bisherigen ökonomischen Verhältnisse plötzlich durchrissen, und nicht alle Schulden berichtigen können. Meine Hoffnung war auf meinen Aufenthalt zu Mannheim gesetzt; dort hoffte ich von E. E. unterstützt, durch mein Schauspiel, mich nicht nur schuldenfrei, sondern auch überhaupt in bessere Umstände zu setzen. Dieß ward durch meinen noth- wendigen plötzlichen Aufbruch hintertrieben. Ich gieng leer hinweg, leer in Börse und Hoffnung. Es könnte mich schaamroth machen, daß ich Ihnen

solche Geständnisse thun muß, aber ich weiß, es erniedrigt mich nicht. Traurig genug, daß ich auch an mir die gehässige Warheit bestätigt sehen muß, die jedem freien Schwaben Wachsthum und Vollendung abspricht. Wenn meine bisherige Handlungsart, wenn alles das woraus E. E. meinen
5 Charakter erkennen, Ihnen ein Zutrauen gegen meine Ehrliebe einflößen kann, so erlauben Sie mir, Sie freimüthig um Unterstützung zu bitten. So höchst nothwendig ich izt des Ertrags bedarf, den ich von meinem Fiesko erwartete, so wenig kann ich ihn vor 3 Wochen theaterfertig liefern, weil mein Herz so lange beklemmt war, weil das Gefühl meines Zustandes mich
10 gänzlich von dichterischen Träumen zurükriß. Wenn ich ihn aber bis auf besagte Zeit nicht nur f e r t i g , sondern, wie ich auch hoffen kann, w ü r - d i g verspreche, so nehme ich mir d a r a u s den Muth, Euer Exzellenz um gütigsten Vorschuß des mir dadurch zufallenden Preises gehorsamst zu bitten, weil ich izt vielleicht mehr als sonst durch mein ganzes Leben, dessen
15 benöthiget bin. Ich hätte ungefähr noch 200 f nach Stuttgardt zu bezahlen. Ich darf es Ihnen gestehen, daß mir das mehr Sorge macht, als wie ich mich selbst durch die Welt schleppen soll. Ich habe so lange keine Ruhe, bis ich mich von d e r Seite gereinigt habe.

Dann wird mein Reisemagazin in 8 Tagen erschöpft seyn. Noch ist es
20 mir gänzlich unmöglich mit dem Geiste zu arbeiten. Ich habe also gegen- wärtig auch in meinem Kopf keine Ressourcen. Wenn E. E. (da ich doch einmal alles gesagt habe) mir auch hiezu 100 f vorstreken würden, so wäre mir gänzlich geholfen. Entweder würden Sie dann die Gnade haben, mir den Gewinnst der ersten Vorstellung meines Fieskos mit aufgehobenem Abbone-
25 ment zu versprechen, oder mit mir über einen Preiß übereinkommen, den der Werth meines Schauspiels bestimmen würde.

In beiden Fällen würde es mir ein leichtes seyn (wenn meine izige Bitte die alsdann erwachsende Summe überstiege) beim nächsten Stük das ich schreibe, die ganze Rechnung zu ablanieren. Ich lege diese Meinung, die
30 nichts als inständige Bitte seyn darf, dem Gutbefinden E. E. also vor, wie ich es meinen Kräften zutrauen kann, sie zu erfüllen.

Da mein gegenwärtiger Zustand aus dem bisherigen hell genug wird, so finde ich es überflüssig E. E. mit einer d r ä n g e n d e n V o r m a h l u n g meiner Noth zu quälen.
35 Schnelle Hülfe ist alles, was ich izt noch denken und wünschen kann. Herr Meyer ist von mir gebeten mir den Entschluß E. E. unter allen Umständen mitzutheilen, und sie selbst des Geschäftes mir zu schreiben zu überheben.

Mit e n t s c h i e d e n e r A c h t u n g nenne ich mich
Euer Exzellenz

40   wahrsten Verehrer
Frid. Schiller.»

Vorstehender, am 29ten oder 30ten September geschriebene Brief, wurde an Herrn Meier überschickt, und dieser in einer Beilage, nachdem ihm der Innhalt desselben bekannt gemacht worden, ersucht, sowol die Antwort des Baron Dalberg entgegen zu nehmen, als auch selbe nach Frankfurt zu senden, wo man sie von der Post abholen wolle.

Diese Darstellung seiner Umstände, kosteten Schiller'n eine ausserordentliche Ueberwindung. Denn nichts kann den edlen, stolzen Mann tiefer beugen, als wenn er um s o l c h e Hülfe ansprechen muß, die das tägliche Bedürfniß betrift, die ihn dem gemeinen, niedrigen gleich stellt, und für die der Reiche selten seine Hand öffnet. Aber die Bezahlung der 200 f nach Stuttgart war so dringend, daß der Ausdruk in seinem Briefe, «Ich darf es Ihnen gestehen, daß mir das mehr Sorge macht, als wie ich mich selbst durch die Welt schleppen soll. I c h h a b e s o l a n g e k e i n e R u h e , b i s i c h m i c h v o n **d e r** S e i t e g e r e i n i g t h a b e.» die ernstlichste Warheit ausdrückte. Um die Pein, welche diese — wohl manchem sehr unbedeutend scheinende — Summe von 200 f dem edelmüthigen Jüngling verursachte zu erklären, so wie zur Warnung für angehende Dichter oder Schriftsteller, sey eine kurze Auseinandersetzung erlaubt.

Schon oben ist erwähnt worden, daß Schiller die Räuber auf seine Kosten drucken lassen und das Geld dazu, b o r g e n mußte. Dieses B o r g e n konnte aber nicht bei dem Darleiher selbst geschehen, sondern es verwendete sich, wie es gewöhnlich geschieht, eine dritte Person dabei, welche die Bezahlung verbürgte. Auch bei dem Druck der Anthologie mußte nachbezahlt werden, wodurch denn, nebst anderthalb jährigen Zinsen, eine Summe die ursprünglich kaum 150 f betrug, sich auf 200 anhäufte. So lange Schiller in Stuttgart war, konnte er leicht den Rükzahlungs Termin verlängern, da man an seinen Eltern, obwohl sie nicht reich waren, doch im schlimmsten Falle, einige Sicherheit vermuthete. Da jedoch durch den Befehl des Herzogs, das herausgeben dichterischer Werke Schiller'n auf das strengste verboten war, und er sich nur durch s o l c h e A r b e i t e n , seine ärmliche Besoldung von Jährlichen 180 f zu vergrößern wußte, so mußte wohl eine solche Verlegenheit zu dem Entschluße Stuttgart zu verlassen, viel beitragen, und er hatte auch in diesem Sinne vollkommen Recht, wo er anführt: «Die Räuber kosteten mich Familie und Vaterland.» Nach der Abreise Schiller's, konnte sich der Darleiher nur an die Zwischenperson halten, und diese, da sie zur Zahlung unvermögend war, konnte in den Fall gerathen, verhaftet zu werden, was dann demjenigen der die Ursache davon war, das Herz zernagen mußte. Seine ganze Hoffnung war nun auf den Baron Dalberg gerichtet, und daß dieser, der ihm früher so viele Versicherungen seiner Theilnahme gegeben, ihn schon darum aus dieser Verlegenheit befreien würde, weil er den Werth der erbetenen Hülfe, in dem Manuscripte von Fiesko schon in Händen hatte, konnte nicht im mindesten bezweifelt werden.

Ueberdiß war Baron Dalberg nicht nur sehr reich, sondern hatte auch, wegen dem häufigen Verkehr mit Dichtern und Schriftstellern, durch die Artigkeit seines Benehmens gegen sie (was bei d i e s e n Herren für eine s e h r   s c h w e r e   M ü n z e gilt) den Ruf eines wahren Gönners und
5 Beschützers der schönen Wissenschaften und Künste, sich erworben.

Da Schiller durch obiges Schreiben, die schwerste Last von seinem Herzen abgewälzt hatte, so gewann er, zum Theil, auch seine frühere Heiterkeit wieder. Sein Auge wurde feuriger, seine Gespräche belebter; seine Gedanken, bisher immer mit seinem Zustande beschäftiget, wendeten sich jezt auch auf
10 andere Gegenstände. Ein Spaziergang der des Nachmittags über die Mainbrüke durch Frankfurt nach der Post gemacht wurde, um die Briefe nach Mannheim abzugeben; zerstreute ihn, da er das Kaufmännische Gewühl, die ineinander greifende Thätigkeit so Vieler, hier zum erstenmal sah. Auf dem Heimwege übersah man von der Mainbrücke das thätige Treiben, der
15 abgehenden und ankommenden, der ein- und auszuladenden Schiffe, nebst einem Theil von Frankfurt, Sachsenhausen; so wie den gelblichen Mainstrom, in dessen Oberfläche sich der heiterste Abendhimmel spiegelte. Lauter Gegenstände die das Gemüth wider hoben, und Bemerkungen hervor riefen, die um so anziehender waren, als seine überströmende EinbildungsKraft,
20 dem geringsten Gegenstand Bedeutung gab, und die kleinste Nähe an die weiteste Entfernung zu knüpfen wußte. Diese Zerstreuung hatte auf die Gesundheit Schiller's so wolthätig eingewirkt, daß er wieder einige Eßlust bekam, die ihm seit zwei Tagen, gänzlich fehlte, und sich mit Lebhaftigkeit über dichterische Plane unterhalten konnte. Sein ganzes Wesen war so
25 angelegt; sein Körperliches dem Geistigen so untergeordnet, daß ihn solche Gedanken Nie verließen und er ohne Unterlaß von allen Musen umschwebt schien. Auch hatte er kaum das leichte Nachtessen geendet, als sich aus seinem Schweigen, aus seinen aufwärts gerichteten Blicken wahrnehmen ließ, daß er über etwas Ungewöhnlichem brüte. Schon auf dem Wege von
30 Mannheim bis Sandhofen und von da nach Darmstadt, ließ sich bemerken, daß sein Inneres weniger mit seiner gegenwärtigen Lage, als mit einem neuen Entwurfe beschäftiget seye; denn er war so sehr in sich verlohren, daß ihn, selbst in der mit Recht so berühmten B e r g s t r a ß e , sein Reisegefährte auf jede reitzende Ansicht aufmerksam machen mußte. Nun zwi
35 schen vier Wänden, überließ er sich um so behaglicher seiner Einbildungskraft, als diese jezt durch nichts abgelenkt wurde und er ungestört sich bewegen oder ruhen konnte. In solchen Stunden war er, wie durch einen Krampf, ganz in sich zurükgezogen, und für die Außenwelt, gar nicht vorhanden; daher auch sein Freund ihn durch nichts beunruhigte, sondern,
40 mit einer Art heiliger Scheu, sich so stille als möglich verhielt.

Der nächste Vormittag wurde dazu verwendet, um die, in der Geschichte Deutschlands so merkwürdige Stadt, etwas sorgfältiger als gestern geschehen

konnte, zu besehen, und auch einige Buchladen zu besuchen. In dem ersten
derselben erkundigte sich Schiller, ob das berüchtigte Schauspiel d i e
R ä u b e r guten Absatz finde, und was das Publikum darüber urtheile?
Die Nachricht über das Erste, fiel so günstig aus, und die Meinung der
großen Welt, wurde so ausserordentlich schmeichelhaft geschildert, daß der   5
Autor sich überraschen ließ, und ungeachtet er als Doktor Ritter vorgestellt
worden, dem Buchhändler nicht verbergen konnte, daß E r , der gegenwärtig das Vergnügen habe mit ihm zu sprechen, der Verfasser davon seye.
Aus den erstaunten, den Dichter messenden Blicken des Mannes ließ sich
leicht abnehmen, wie unglaublich es ihm vorkommen müsse, daß der so sanft   10
und freundlich aussehende Jüngling, so etwas geschrieben haben könne?
Indessen verbarg er seine Zweifel, indem er, durch mancherlei Wendungen,
das vorhin ausgesprochene Urtheil, welches man so ziemlich als das Allgemeine annehmen konnte, wiederholte. Für Schiller'n war jedoch dieser
Auftritt sehr erheiternd; denn in einem solchen Zustande wie er damals   15
war, konnte auf sein bekümmertes Gemüth nichts so angenehmen Einfluß
haben, als die Anerkennung seines Talentes, und die Gewisheit der Wirkung,
von der alle seine Leser ergriffen worden.

Zu Hause angelangt, überließ sich Schiller auf's neue, seinen dichterischen
Eingebungen, und brachte den Nachmittag und Abend, im auf und nieder   20
gehen, oder im schreiben einiger Zeilen hin. Zum sprechen gelangte er erst
nach dem Abendessen, wo er dann auch seinem Gefährten erklärte, w a s
f ü r e i n e A r b e i t ihn jezt beschäftige.

Da man allgemein glaubt, daß bei dem Empfangen und an das Licht
bringen der G e i s t e s k i n d e r , gute oder schlimme Umstände eben so   25
vielen Einfluß, wie bei den L e i b l i c h e n äussern, so sey dem Leser schon
jetzo vertraut, daß Schiller, seit der Abreise von Mannheim mit der Idee
umgieng, ein Bürgerliches Trauerspiel zu dichten, und er schon so weit im
Plan desselben vorgerükt war, daß die Hauptmomente hell und bestimmt
vor seinem Geiste standen. Dieses Trauerspiel, was wir jetzt unter dem   30
Nahmen K a b a l e u n d L i e b e kennen, welches aber ursprünglich
L o u i s e M i l l e r i n hätte benannt werden sollen; wollte er mehr als
einen Versuch unternehmen, ob er sich auch in die bürgerliche Sphäre herab
lassen könne, als daß er sich öfters, oder gar für immer dieser Gattung hätte
widmen wollen. Er dachte so eifrig darüber nach, daß in den nächsten   35
Vierzehn Tagen, schon ein bedeutender Theil der Auftritte niedergeschrieben war.

Am nächsten Morgen fragten die Reisenden auf der Post nach, ob keine
Briefe für sie angelangt wären? Aber der Gang war fruchtlos, und da die
Witterung trübe und regnerisch war, so mußte die Zuflucht wieder zur   40
Stube genommen werden. Am Nachmittag wurde auf der Post noch einmal
angefragt, aber eben so vergeblich, wie in der Frühe.

Diese Verspätung deutete S. um so mehr als ein gutes Zeichen, indem der angesuchte Betrag, entweder durch Wechsel oder durch den Postwagen übermacht werden müsse, was dann nothwendig einige Tage mehr erfordern könne, als ein bloßer Brief. Er war seiner Sache so gewiß, daß er Schiller'n
5 ersuchte, ihm seine, in Mannheim zurükgelassenen Sachen, nach Frankfurt zu schiken, weil er dann, so wie die Hülfe von Baron Dalberg eintreffe, seine Mutter ersuchen wolle, ihm, ausser dem was er jezt schon erwarte, noch mehr zu senden, damit er von hier aus, die Reise nach Hamburg fortsetzen könne. Schiller sagte dieses sehr gerne zu, und versprach noch weiter, ihm
10 auch von M e i e r so wie von seinen andern Freunden, Empfehlungs Briefe zu verschaffen, indem ein junger Tonkünstler nie zu viele Bekanntschaften haben könne. Diese Hoffnungen, die von beiden Seiten noch durch viele Zuthaten verschönert wurden, erheiterten den, durch eine bessere Witterung begünstigten Spatziergang, und störten auch Abends, die Phantasie des
15 Dichters so wenig, daß er sich derselben, im Zimmer auf und abgehend, mehrere Stunden ganz ruhig überließ.

Den nächsten Morgen giengen die Reisenden schon um Neun Uhr aus, um die, vielleicht in der Nacht an sie eingelaufenen Briefe abzuholen, die auch, zu ihrer großen Freude wirklich eingetroffen waren. Sie eilten so schnell als
20 möglich nach Hause, um den Innhalt derselben ungestört besprechen zu können, und waren kaum an der Thüre ihrer Wohnung als Schiller schon das, an Dr. Ritter überschriebene Paquet, erbrochen hatte. Er fand mehrere Briefe von seinen Freunden in Stuttgart, die sehr vieles über das ausserordentliche Aufsehen meldeten, was sein Verschwinden veranlaßt habe;
25 ihm die größte Vorsicht wegen seinem Aufenthalt anratheten, aber doch nicht das mindeste aussprachen, woraus sich auf feindselige Absichten des Herzogs hätte schließen lassen. Alle diese Briefe wurden gemeinschaftlich gelesen, weil ihr Innhalt beide betraf, und allerdings geeignet war, sie einzuschüchtern. Allein da sie in Sachsenhausen geborgen waren, so beruhigten sie
30 sich um so leichter, da sie in dem Schreiben des Herrn Meier, der angenehmsten Nachricht entgegen sahen. Schiller las dieses vor sich allein, und blikte dann gedankenvoll durch das Fenster, welches die Aussicht auf die Mainbrücke hatte. Er sprach lange kein Wort, und es ließ sich nur aus seinen verdüsterten Augen, aus der veränderten Gesichtsfarbe schließen, daß Herr
35 Meier nichts erfreuliches gemeldet habe. Nur nach und nach kam es zur Sprache, «d a ß B a r o n D a l b e r g k e i n e n V o r s c h u ß l e i s t e, weil Fiesko in dieser Gestalt, für das Theater nicht brauchbar seye: daß die Umarbeitung erst geschehen seyn müsse, bevor er sich w e i t e r e r - k l ä r e n k ö n n e.»
40 Diese niederschlagende Nachricht mußte dem edlen Jüngling um so unerwarteter seyn, je mehr er, durch die, ihm von Baron Dalberg früher bezeugte Theilnahme, zu seiner Bitte und zur Hoffnung, daß sie erfüllt

würde, berechtiget war. Am meisten aber mußte sein Ehrgeitz dadurch
beleidiget seyn, daß er seine traurige Lage, ganz unnützer Weise enthüllt,
und sich durch deren Darstellung der Willkühr desjenigen Preis gegeben,
von dem er mit Recht Unterstützung erwartete.

Wenige junge Männer würden sich, in gleichen Umständen mit Mäßigkeit 5
und Anstand über eine solche Versagung ausgesprochen haben. Schiller aber
bewies auch hierinne, s e i n   r e i n e s ,   h o h e s   G e m ü t h ; denn er
ließ nicht die geringste Klage hören: kein hartes oder heftiges Wort, kam
über seine Lippen; ja nicht einmal nur eines Tadels würdigte er die erhaltene Antwort, so wenig er sich auch vor seinem jüngeren Freunde hätte 10
scheuen dürfen, seinen Unmuth auszulassen. Er sann alsobald nur darauf,
wie er dennoch zu seinem Zwek gelangen könne, oder was zunächst gethan
werden müsse. Da die Hoffnung geblieben war, daß, wenn Fiesko für das
Theater brauchbar eingerichtet seye, derselbe angenommen und bezahlt
würde, oder: wenn dieses auch nicht der Fall wäre, doch das Stük in Druck 15
gegeben und dafür etwas eingenommen werden könne; so beschloß er in
die Gegend von Mannheim zu gehen, weil es dort wolfeiler als in Frankfurt zu leben seye, und auch, um den Herren Schwan und Meier nahe zu
seyn, damit, wenn es ja auf die tiefste Stufe des Mangels kommen sollte,
von diesen einige Hülfe erwartet werden könne. Er wäre sogleich dahin 20
aufgebrochen, allein man war noch an Frankfurt gebannt, denn bei jedem
Griff in den Beutel, war schon sein Boden erreicht, und die durch S. von
seiner Mutter erbetene Beihülfe, war noch nicht angelangt. Bis diese eintreffe mußte man hier aushalten, und um gegen die Möglichkeit daß sie spät
ankäme, oder vielleicht gar ausbliebe, doch einigermaaßen gedekt zu seyn, 25
entschloß sich Schiller, ein ziemlich langes Gedicht, T e u f e l   A m o r ,
betitelt, an einen Buchhändler zu verkaufen. Dieses Gedicht, von dem sich
der Verfasser dieses nur noch folgender zwei Verse:

«Süßer Amor verweile
im Melodischen Flug.» 30

mit Zuverläßigkeit erinnert; war eines der vollkommensten die Schiller bisher gemacht, und in schönen Bildern, dem Ausdruck, der Harmonie der
Sprache, so hinreißend, daß e r   s e l b s t — was bei seinen andern Arbeiten nicht oft eintrat — ganz damit zufrieden schien, und seinen jungen
Freund, mehrmals durch dessen Vorlesung erfreute. Leider! gieng es in den 35
nächsten Vier Wochen, (wie der Leser später erfahren wird,) mit noch
anderen Sachen wahrscheinlich durch die Zerstreuung des Dichters selbst,
in Verlust; indem sich in der, von ihm selbst herausgegebenen Sammlung seiner Gedichte keine Spur davon findet, und das meiste davon der
Bekanntmachung fast würdiger gewesen wäre, als einige Stücke aus seiner 40
früheren Zeit.

Von dem Buchhändler kam Schiller aber ganz mismuthig wieder zurük, indem er Fünf und Zwanzig Gulden dafür verlangte, jener jedoch nur Achtzehn, geben wollte. So benöthiget er aber auch dieser kleinen Summe war, konnte er es doch nicht über sich gewinnen, diese Arbeit
5 u n t e r dem, einmal ausgesprochenen Preise wegzugeben, und zwar sowohl aus herzlicher Verachtung gegen jede Knickerei, als auch weil er den Werth des Gedichtes selbst nicht gering achtete. Endlich, nachdem der Reichthum der geängstigten Freunde, schon in kleine Scheidemüntze sich umgewandelt hatte, kamen den nächsten Tag, auf dem Postwagen die
10 b e s c h e i d e n e n dreißig Gulden für S. an, der auch, ohne das geringste Bedenken, für jezt seinen Plan nach Hamburg aufgab, und bei Schiller'n blieb, um ihn nach seinem neuen AufenthaltsOrte zu begleiten. Dieser schrieb noch am nemlichen Abend an Herrn Meier, daß er den nächsten Vormittag nach Mainz abgehen, am folgenden Abend in Worms eintreffen
15 werde, wo er auf der Post Nachricht erwarte, wohin er sich zu begeben habe um ihn zu sprechen, und den Ort zu bestimmen in welchem er sein Trauerspiel ruhig umarbeiten könne. Gleich den andern Morgen begaben sich die Reisenden auf das, von Frankfurt nach Mainz, täglich abgehende Marktschiff, mit welchem sie des Nachmittags bei guter Zeit, in leztbe-
20 nannter Stadt anlangten; dort sogleich in einem Gasthofe, das wenige was sie bei sich hatten, ablegten, und noch ausgiengen, um den Dom und die Stadt zu besichtigen.

Am nächsten Tage verließen sie Mainz sehr frühe, wo sie, die Favorite vorbei, den herrlichen Anblik des Zusammentreffens vom Rhein und
25 Mainstrome, bei der schönsten Morgenbeleuchtung, genoßen, und den, äct deutschen, Eigensinn bewunderten, mit welchem beide Gewässer ihre Abneigung zur Vereinigung, durch den scharfen Abschnitt ihrer bläulichten und gelben Farben, bezeichneten.

Da man auf den Abend in Worms eintreffen wollte, so mußten die
30 Wanderer, als ungeübte Fußgänger sich ziemlich anstrengen, um den, N e u n S t u n d e n langen Weg zurük zu legen. Als noch am Vormittag N i e - r e n s t e i n erreicht wurde, konnten beide der Versuchung nicht wieder- stehen, sich an dem, in der Gegend wachsenden Wein, den sie nur aus den Lobeserhebungen der Dichter kannten, zu stärken; welches besonders
35 Schiller, der von Mainz bis hieher, nur wenige Worte gesprochen, sehr zu bedürfen schien. Sie traten in das, zunächst am Rhein gelegene Wirths- haus, und erhielten dort, durch Bitten und Vorstellungen, e i n e n S c h o p - p e n , oder ein Viertel Maas, von dem besten, ältesten Weine der sich im Keller fand, und der mit einem kleinen Thaler bezahlt werden mußte.
40 Als Nichtkennern edler Weine, schien es ihnen, als ob bei diesem Getränk, wie bei vielen berühmten Gegenständen, der Ruf größer seye, als die Sache verdiene. Aber als sie ins Freie gelangten, als die Füße sich leichter

hoben, der Sinn munterer wurde; die Zukunft ihre düstere Hülle etwas
lüftete, und man ihr mit mehr Muth als bisher entgegen zu treten wagte;
glaubten sie einen wahren H e r z e n s - T r ö s t e r in ihm entdekt zu
haben, und liessen dem edlen Weine volle Gerechtigkeit angedeihen.
Dieser angenehme Zustand erstrekte sich aber kaum über drei Stunden;   5
denn so fest auch der Wille war, so sehr die Nothwendigkeit zur Eile
antrieb, so konnte Schiller doch das anstrengende Gehen, kaum bis in die
Mitte des Nachmittags aushalten, was aber wohl vorzüglich daher kommen mochte, weil er immer in Gedanken verlohren war und nichts so sehr
ermüdet als tiefes Nachdenken, wenn der Körper in Bewegung ist. Man   10
entschloß sich daher, eine Station weit zu fahren, wodurch es allein möglich
war, daß Worms um Neun Uhr Nachts, erreicht wurde. Am andern Morgen,
fand Schiller auf der Post einen Brief des Herrn Meier, worinnen er die Nachricht gab, daß er diesen Nachmittag mit seiner Frau in O g g e r s h e i m ,
in dem Gasthause z u m V i e h h o f genannt, eintreffen wolle, wo er ihn   15
zu sehen hoffe, um weitere Abrede mit ihm nehmen zu können. Die
Reisenden begaben sich um so ruhiger auf den Weg, als sie hoffen durften,
daß endlich aller Ungewisheit ein Ende seyn würde, und trafen zur ge-
setzten Zeit in Oggersheim ein, wo sie auch schon Herrn und Madame
Meier, nebst zwei Verehrern des Dichters, vorfanden.   20
     Für Herrn Meier war es eine unangenehme, lästige Aufgabe, dem jungen
Manne, den er als Dichter und Menschen gleich hoch achtete, die Ansichten
des Baron Dalberg über Fiesko, und warum er sich in keinen Vorschuß
einlassen könne, auseinander zu setzen. Er wußte jedoch seinen Ausdrüken
eine solche Wendung zu geben, daß sie keinen der beiden Gegenstände hart   25
berührten, sondern alles so gelinde als natürlich darstellten. Auch gab er
die Versicherung, daß Fiesko unbezweifelt angenommen werde, so bald er
um mehrere Scenen abgekürzt und der fünfte Act ganz beendiget seye.
Schiller benahm sich auch bei dieser Gelegenheit warhaft edel und weit
über das gewöhnliche erhaben; denn so sehr ihm, aus oben berührten   30
Rüksichten daran gelegen seyn mußte, den Preis seines Stükes s c h o n j e z t
zu haben; so sehr er auch sein, in den Baron Dalberg gesetztes Vertrauen,
nur durch Ausflüchte erwiedert fand; so sprach er doch kein Wort, was
irgend eine Art von Empfindlichkeit über die vereitelte Hoffnung hätte
errathen lassen, oder als Wiederlegung der, über Fiesko gemachten Be-   35
merkungen, hätte ausgelegt werden können. Mit der freundlichen, männlichen Art, die im Umgang ihm ganz gewöhnlich war, leitete er das Gespräch
darauf hin, um den Ort zu bestimmen, wo er sich einige Wochen, als so
lange die Umarbeitung wohl dauern werde, ruhig und ohne Gefahr aufhalten könne? Aus vielen Ursachen wurde es am besten befunden, wenn er   40
hier, in Oggersheim bleibe. Dieses seye nur eine kleine Stunde von Mannheim entfernt; er könne so oft er es nöthig finde, des Abends in die

Stadt kommen, und wäre, in der Nähe seiner Bekannten und Freunde wenigstens nicht ganz ohne Hülfe, wenn sich etwas wiedriges ereignen sollte.

Da die, von Madame Meier den Reisenden eingehändigte Briefe aus
5 Stuttgart, noch immer von Gefahr der Auslieferung sprachen und die möglichste Verborgenheit empfahlen, so wurde der Name R i t t e r den Schiller bisher geführt, in D o k t o r S c h m i d t umgewandelt und er von den Anwesenden, in Gegenwart des herbei gerufenen Wirthes, alsogleich mit diesem Titel angeredet. Auch hier wurde der Betrag für Kost
10 und Wohnung auf den Tag bedungen, und Madame Meier ersucht, die in Mannheim gebliebenen Koffer und das Klavier, den Reisenden übermachen zu wollen. Der eintretende Abend schied die Gesellschaft. Die Freunde, nun wieder ganz auf sich eingeschränkt, begaben sich auf das, ihnen angewiesene Zimmer, wo sie aber nur ein einziges Bette vorfanden, mit dem sie sich
15 begnügen mußten.

Da man die täglichen Kosten des Aufenthaltes wußte, so ließ sich leicht berechnen, daß die Baarschaft auf, Höchstens drei Wochen, ausreichen könne, in welcher Zeit Schiller seine Arbeit zu beendigen hoffte. Allein es ließ sich leicht voraussehen, daß dieses nicht der Fall seyn würde,
20 indem er viel zu sehr mit seinem n e u e n Trauerspiel beschäftiget war, und schon am ersten Abend in Oggersheim den Plan desselben, aufzuzeichnen anfieng. Gleich bei dem Entwurf desselben hatte er sich vorgenommen, die vorkommenden Charaktere, den eigensten Persönlichkeiten der Mitglieder von der Mannheimer Bühne so anzupassen, daß jedes nicht nur in seinem
25 gewöhnlichen Rollen-fache sich bewegen, sondern auch ganz so, wie im wirklichen Leben zeigen könne. Im voraus schon ergötzte er sich oft daran, wie Herr B e i l den Musikus Miller so recht n a i v - d r o l l i g t darstellen würde, und welche Wirkung solche komische Auftritte, gegen die darauf folgenden tragischen, auf die Zuschauer machen müßten. Da er
30 die Werke Shakespear's nur g e l e s e n , aber keines seiner Stüke hatte a u f f ü h r e n sehen, so konnte er auch noch nicht aus der Erfahrung wissen, wie viele Kunst von Seiten des Darstellers dazu gehöre, um solchen Kontrasten das s c h a r f e , das g r e l l e zu benehmen: und wie klein die Anzahl derer im Publikum ist, welche die große Einsicht des Dichters,
35 oder die Selbstverläugnung des Schauspielers zu würdigen verstehen.

Er war so eifrig beschäftiget alles das niederzuschreiben was er bis jezt darüber in Gedanken entworfen hatte, daß er während ganzer Acht Tage nur auf Minuten das Zimmer verließ. Die langen Herbstabende, wußte er für sein Nachdenken auf eine Art zu benützen, die demselben eben so
40 förderlich, als für ihn angenehm war. Denn schon in Stuttgart ließ sich immer wahrnehmen, daß er durch anhören trauriger oder lebhafter Musik, ausser sich selbst versetzt wurde, und daß es nichts weniger als viele Kunst

erforderte, durch passendes Spiel auf dem Klavier, alle Affecte in ihm aufzureitzen. Nun mit einer Arbeit beschäftiget, welche das Gefühl auf die schmerzhafteste Art erschüttern sollte, konnte ihm nichts erwünschter seyn, als in seiner Wohnung das Mittel zu besitzen, was seine Begeisterung unterhalten, oder das Zuströmen von Gedanken erleichtern könne. Er 5 machte daher, meistens schon bei dem Mittagtische, mit der bescheidensten Zutraulichkeit die Frage an S.: Werden Sie nicht heute Abend wieder Klavier spielen? — Wenn nun die Dämmerung eintrat, wurde sein Wunsch erfüllt, während dem er im Zimmer, das oft blos durch das Mondlicht beleuchtet war, mehrere Stunden auf und ab gieng, und nicht selten in unvernehmliche, 10 begeisterte Laute ausbrach.

Auf diese Art verfloßen einige Wochen, bis er dazu gelangte, über die, bei Fiesko zu treffenden Veränderungen, mit einigem Ernste nachzudenken; denn so lange er sich von den Hauptsachen seiner neuen Arbeit nicht loswinden konnte; so lange diese nicht entschieden vor ihm lagen; so lange 15 er die Anzahl der vorkommenden Personen und wie sie verwendet werden sollten, nicht bestimmt hatte, war auch keine innere Ruhe möglich. Erst nachdem er hierüber in Gewisheit war, konnte er die Aenderung in dem früheren Trauerspiele beginnen, wobei er aber dennoch den Ausgang desselben, vorläufig unentschieden lassen mußte. Daß dieser Ausgang n i c h t 20 so seyn dürfe, wie er durch die Geschichte angegeben wird, wo ihn ein unglüklicher Zufall herbei führt, blieb für immer ausgemacht. Daß er tragisch, daß er der Würde des Ganzen angemessen seyn müsse, war eben so unzweifelhaft. Nur blieb die schwierige Frage zu lösen, w i e , d u r c h w e n , oder a u f w e l c h e A r t das Ende herbei zu führen seye? 25 Schiller konnte hierüber so wenig mit sich einig werden, daß er sich vornahm, alles frühere vorher auszuarbeiten, die Katastrophe durch nichts errathen zu lassen, und obige Zweifel, erst wenn das übrige fertig wäre, zulezt zu entscheiden. Der Monat October neigte sich fast zu Ende, ohne daß Fiesko vollendet gewesen wäre; ja, wäre der Dichter nicht gezwungen 30 gewesen, alles zu versuchen, um sich aus seiner Verlegenheit zu retten, so wäre dieses Stük sicher erst dann umgearbeitet worden, wenn er das bürgerliche Trauerspiel ganz fertig vor sich gesehen hätte.

Nur diejenigen welche nicht selbst Fähigkeit zu Arbeiten haben, bei denen Begeisterung und Einbildungskraft beinahe ausschließend thätig 35 seyn müssen, können diese Unentschlossenheit, diese Zögerungen Schiller's, eines Tadels würdig finden. Zu Werken des ruhigen Verstandes, der kalten Ueberlegung, läßt sich der Geist leichter beherrschen, sogar öfters nöthigen; wo im Gegentheile Dichter oder Künstler auf den Augenblik warten müssen wo ihnen die Muse erscheint, und diese, so freigebig sie auch gegen 40 ihre Lieblinge ist, sich doch alsobald mit Sprödigkeit wegwendet, wenn die dargebotenen Gaben nicht augenbliklich erhascht werden. Aus diesen

Gründen lassen sich bei einem Jüngling, dessen Trieb zur Dichtung so vorherrschend ist, daß alle übrigen Eigenschaften blos d i e s e m z u d i e n e n bestimmt sind, Ideen, die sein inneres aufgeregt haben, so wenig abwehren, daß, wenn er es auch versuchen wollte, sie doch immerdar den Hinter-
5 grund seiner Gedanken bilden würden, und er nicht früher zur Ruhe gelangen könnte, bis er nicht wenigstens die Zeichnung entworfen hätte.

Daß Schiller unter diesen Hochbegünstigten Apoll's einer der vorzüglichsten war, dafür spricht jede Zeile, die er niederschrieb.

Aber auch ungerechnet die Verhinderungen, welche ihm sein eigenes
10 Talent in den Weg brachte, konnte die Ursache, wegen welcher er den Fiesko gerade jezt beendigen m u ß t e , für ihn nichts weniger als erfreulich seyn. Denn so hoch er die Gaben des Himmels achtete, so gleichgültig war er gegen diejenigen, welche die Erde bietet, und es war gewis nicht ermunternd zu Erwerbung der lezteren sich g e z w u n g e n z u w i s s e n . Der Auf-
15 enthalt in Oggersheim, war in dem feuchten, trüben Oktober Monat gleichfalls nicht erheiternd. Mochten auch die, nach Mannheim und Frankenthal führenden Pappel-Alleen anfangs recht hübsch aussehen, so fand man doch bald, daß sie nur darum angepflanzt seyen, um die f l a c h e , k a h l e , s a n d i g e Gegend zu verbergen; daher waren die Reisenden um so früher
20 an der mageren Aussicht gesättigt, als sie, von zarter Jugend an, die üppigen Umgebungen von Ludwigsburg und Stuttgart gewohnt waren, wo, besonders bei lezterer Stadt, überall Gebirge das Auge erfreuen, oder schon die ersten Schritte aus den Stadtthoren, in Gärten, oder gut gepflegte Weinberge führen. Im Hause selbst, war der Wirth von rauher, harter Gemüthsart, welche seine
25 Frau und Tochter, die sehr sanft und freundlich waren, öfters auf die heftigste Art empfinden mußten. Nur der Kauffmann des Ortes war ein Mann, mit dem sich über mancherlei Gegenstände sprechen ließ, da er ein sehr großer Freund von Büchern und, zu seinem nicht geringen Nachtheil, ein warhaft ausübender Philosoph war. Wollte Schiller mit Meier oder Herrn
30 Schwan sich unterreden, so konnte er nur um die Zeit der Dämmerung in die Stadt gehen, wo er dann über Nacht bleiben mußte, und erst bei Anbruch des Tages zurück kehren konnte. S. war, was diesen Umstand betraf, viel freier, weil er für sich keine Gefahr befürchten zu dürfen glaubte. Er war manchen halben Tag daselbst, um Bekanntschaften anzuknüpfen, die ihm in
35 der Folge sehr nützlich wurden.

Der October nahte sich seinem Ende, und mit diesem auch die Baarschaft, welche beide mit hieher gebracht hatten. Es blieb kein anderes Mittel, als daß S. noch einmal nach Hause schrieb und seine Mutter bat, ihm den Rest des, ihm nach Hamburg bestimmten Reisegeldes hieher zu schiken, indem
40 er wahrscheinlich genöthiget seyn werde in Mannheim zu bleiben, wenn sich das Schiksal Schiller's nicht so vollständig verbessere, als beide erwarteten.

Endlich war in den ersten Tagen des Novembers das Trauerspiel Fiesko
für das Theater umgearbeitet, und ihm der Schluß gegeben worden, welcher
der Geschichte, der Wahrscheinlichkeit am angemessensten schien. Man darf
glauben, daß die lezten Scenen dem Dichter weit mehr Nachdenken
kosteten, als das ganze übrige Stük, und daß er den begangenen Fehler, die 5
Art des Schlußes nicht genau vorher bestimmt zu haben, mit großer Mühe
gut zu machen, suchen mußte. Aber in welchen unruhigen Umständen befand
sich der unglükliche Jüngling, als er dieses Trauerspiel entwarf! Und wie war
die jetzige Zeit beschaffen, in welcher er ein Werk ausführen sollte, zu dem
die ruhigste, heiterste Stimmung erfordert wird, die durch keine Bedrükung 10
des täglichen Lebens, keine Beängstigung wegen der Zukunft gestört werden
darf, wenn die Arbeit zur Vollkommenheit gebracht werden solle! Seine
lebhafte, kühne Fantasie, sonst immer gewöhnt, sich mit den Schwingen
des Adlers in den höchsten Regionen zu wiegen; wie stark ward diese von
der traurigen Gegenwart niedergehalten! Mit welchen schweren, bleiernen 15
Gewichten, zu dem Gemeinen, Niedrigen des Lebens herab gezogen! In
den verflossenen Neun Jahren durfte er seinem leidenschaftlichen Hang
zur Dichtkunst, nur verstohlener Weise einige Minuten, höchstens Stunden
opfern; denn er mußte Studien treiben und Geschäfte verrichten, die mit
seinen Neigungen, seinem, mit Poetischen Bildern ü b e r f ü l l t e n Geiste, 20
in dem härtesten Wiederspruch standen; und es gehörten so reiche Anlagen
wie er besaß, dazu, um über die vielen, stets sich erneuernden Kämpfe, nicht
in Wahnsinn zu verfallen, so wie sein weiches, zartes Gemüth, um sich allen
Anforderungen zu fügen. Ohne eigene Erfahrung hätte er in späterer Zeit,
seinen Poetischen Lebenslauf in der herrlichen Dichtung «Pegasus im Joche» 25
unmöglich so getreu darstellen, so natürlich zeichnen können, daß derjenige
der mit seinen Verhältnissen vertraut war, recht wohl die Vorfälle deuten
kann, auf die es sich bezieht. Laßt uns den Dichter wegen den Mängeln die
sich in Fiesko, in Kabale und Liebe finden, nicht tadeln; vielmehr verdient
es die höchste Bewunderung, daß er bei den ungünstigsten, äußeren Um- 30
ständen, die Kräfte seines Talentes noch so weit bemeistern konnte, um zwei
Werke zu liefern, denen um ihrer vielen und großen Schönheiten willen, die
späte Nachwelt noch, ihre Achtung nicht versagen wird.

Mit weit mehr Ruhe und Zufriedenheit als früher, begab sich Schiller nach
der Stadt, um Herrn Meier das fertige und ins Reine geschriebene Ma- 35
nuscript einzuhändigen. Da er alles geleistet was der Gegenstand zuließ,
oder von dem er hoffen konnte, daß es den Wünschen des Baron Dalberg,
so wie zugleich den Forderungen der Bühne, angemessen seye, so glaubte er
auch, daß seine Bedrängnisse bald beendigt seyn würden, und er das Leben
auf einige Zeit, mit frohem Muthe werde genießen können. Es vergieng 40
jedoch eine ganze Woche, ohne daß der Dichter eine Antwort erhielt, die
ihm doch auf die nächsten Tage zugesagt worden. Um der Ungewisheit ein

Ende zu machen, entschloß er sich an Baron Dalberg zu schreiben, und sich
noch einmal zu Herrn Meier zu begeben, um eine Auskunft über das, was er
erwarten könne, zu erhalten.

Es war gegen die Mitte November als Schiller und S. des Abends bei
Herrn Meier eintraten, und diesen, nebst seiner Gattin in größter Bestürzung fanden, weil kaum vor einer Stunde, ein Würtembergischer Offizier
bei ihnen gewesen seye, der sich angelegentlich nach Schiller'n erkundiget
habe. Herr Meier hatte nichts gewisser vermuthet, als daß dieser Offizier
den Auftrag habe, Schiller'n zu verhaften, und demzufolge betheuert, daß
er nicht wisse, wo dieser sich gegenwärtig befinde. Während dieser Erklärung klingelte die Hausthüre und man wußte in der Eile nichts besseres
zu thun, als Schiller'n mit S. in einem Kabinet, das eine Tapeten-Thüre
hatte, zu verbergen. Der eintretende war ein Bekannter vom Hause, der
gleichfalls voll Bestürzung aussagte: «er habe den Offizier so eben auf dem
Kaffeehause gesprochen, der nicht nur bei ihm, sondern auch bei mehreren
Anwesenden sehr sorgfältig nach Schiller'n gefragt habe: allein er seinerseits
hätte versichert, daß der Aufenthalt desselben jezt ganz unbekannt wäre,
indem er schon vor zwei Monaten nach Sachsen abgereist seye.» Die Ge-
flüchteten kamen aus ihrem Verstek hervor, um die Uniforms-Aufschläge,
und das Persönliche des Offiziers zu erforschen, weil es vielleicht auch einer
von den Bekannten Schiller's seyn konnte; allein die Angaben über alles
waren so abweichend, daß man unmöglich auf eine bestimmte Person rathen
konnte. Noch einigemale wiederholte sich dieselbe Scene durch neu ankommende, die mit den andern voller Aengstlichkeit um die beiden Freunde
waren, weil diese mit Sicherheit weder in der Stadt übernachten, noch
auch nach Oggersheim zurük gehen konnten. Wie aber der feine, gewandte
Sinn des zarteren Geschlechtes allezeit noch Auswege findet, um Verlegen-
heiten zu entwirren, wenn die Männer — immer gewohnt nur starke Mittel
anzuwenden — nicht mehr Rath zu schaffen wissen; so wurde auch jezt
von einem schönen Munde ganz unerwartet das Mittel zur Rettung ausgesprochen. Madame Curioni (mit Dank sey heute noch ihr Nahme genannt)
erbot sich, Schiller'n und S. in dem Palais des Prinzen von Baden, über
welches sie Aufsicht und Vollmacht hatte, nicht nur für heute sondern so
lange zu verbergen, als noch eine Verfolgung zu befürchten wäre. Dieses,
mit der anmuthigsten Güte gemachte Anerbieten, wurde mit um so lebhafte-
rer Erkenntlichkeit aufgenommen, indem man daselbst am leichtesten unbekannt seyn konnte, und sich auch Niemand, in der Absicht um jemand zu
verhaften, in dieses Palais hätte wagen dürfen. Auf der Stelle wurden die
nöthigen Anstalten zur Aufnahme der verfolgt geglaubten, getroffen, und
sie dann sogleich dahin geleitet. Herr Meier hatte versprochen, am nächsten
Morgen zum ersten Sekretair des Ministers Grafen von Oberndorf zu gehen,

um ihn, da er ihn sehr gut kenne, zu fragen, ob der Offizier in Aufträgen an das Gouvernement hier gewesen seye?

Das Zimmer welches den beiden Freunden als Zuflucht angewiesen worden, war sehr schön und geschmakvoll, mit Nothwendigem so wie überflüssigem ausgestattet. Unter den zahlreichen Kupferstichen mit denen die 5 Wände behangen waren, befanden sich auch die zwölf Schlachten Alexanders von Lebrun, welche den Betrachtenden, bis spät in die Nacht, die angenehmste Unterhaltung gewährten. Gegen zehn Uhr des andern Morgens wagte sich S. aus dem Palais um sich zu H. Meier zu begeben, und zu vernehmen, ob etwas zu besorgen seye. Diesen aber hatten seine eigene 10 Sorgen schon in aller Frühe zu dem Sekretair des Ministers getrieben, von dem er die Versicherung erhielt, daß der Offizier keine Aufträge an Graf Oberndorf gehabt, und sich auch aus dem Meldzettel des Gastwirthes ergebe, daß er schon gestern Abend um Sieben Uhr abgereiset seye. Nach einigen kurzen Besuchen, begab sich S. sogleich zu Schiller'n um ihm 15 diese beruhigende Kunde zu überbringen, und ihn aus seinem schönen Gefängnisse zu befreien, welches er auch sogleich verließ, um sich zu H. Meier zu begeben.

Hier wurde nun die unsichere Lage des Dichters umständlich besprochen, welche, der unnützen Angst von gestern unerachtet, eben so gefährlich für 20 ihn selbst, als für jeden, der Antheil an ihm nahm, beunruhigend schien. Schiller mußte zugeben daß er für jezt nicht in Mannheim verweilen könne, so willkommen es ihm auch gewesen wäre, für das Theater wirksam zu seyn, und zugleich durch Anschauung der aufgeführten Stüke, seine Einsicht in das mechanische der Bühne zu erweitern. Daher wurde, mit 25 allgemeiner Zustimmung seiner Freunde, von ihm beschlossen, daß, sobald die Annahme seines Fiesko entschieden seye, er sich sogleich nach Sachsen begeben wolle.

Daß er, allen etwa anzustellenden Nachforschungen unerachtet, daselbst einen sicheren, von allen Sorgen befreiten Aufenthalt finden könne, dafür 30 hatte er glüklicher weise, schon in Stuttgart Anstalten getroffen. Frau von Wolzogen, die ihn sehr hoch achtete, und deren Söhne mit ihm zugleich in der Akademie erzogen worden, hatte ihm, als er ihr nach seinem Arrest, den Vorsatz von Stuttgart entfliehen zu wollen, vertraute; feierlich zugesagt, ihn auf ihrem, in der Nähe von M e i n i n g e n liegenden Gute 35 B a u e r b a c h so lange wohnen und mit allem Nöthigen versehen zu lassen, als er von dem Herzog eine Verfolgung zu befürchten habe. Dieses, in einer guten Stunde erhaltene Versprechen wollte jezt Schiller benützen, und schrieb sogleich an diese Dame nach Stuttgart, wo sie sich aufhielt, um die nöthigen Vollmachten, damit er in B a u e r b a c h aufgenommen 40 werde.

Gegen Ende November, erfolgte endlich die Entscheidung des Baron Dalberg über Fiesko welche ganz kurz besagte: « d a ß d i e s e s T r a u e r - s p i e l a u c h i n d e r v o r l i e g e n d e n U m a r b e i t u n g n i c h t b r a u c h b a r s e y e ; f o l g l i c h d a s s e l b e a u c h n i c h t a n g e -
5 n o m m e n , o d e r e t w a s d a f ü r v e r g ü t e t w e r d e n k ö n n e .» So zerschmetternd für Schiller'n ein Ausspruch seyn mußte, der die Hoff- nung, das quälende, seine schönsten Augenblike verpestende Gespenst einer kaum des Nennenswerthen Schuld von sich zu entfernen, auf lange Zeit zer- riß — so sehr er es auch bereute, daß er sich durch täuschende Versprechun-
10 gen, durch schmeichelnde, leere, glatte, hohle Worte hatte aufreitzen lassen, von Stuttgart zu entfliehen — So ungewöhnlich es ihm auch scheinen mochte, daß man ihn zu Umarbeitung seines Stükes verleitet, die ihm nahe an Zwei Monate Zeit gekostet, alle sein Geld aufzehrte und ihn noch in neue Schulden versetzte, ohne ihn auf eine entsprechende Art dafür zu ent-
15 schädigen, oder auch nur anzugeben, w o r i n n e d e n n d i e U n - b r a u c h b a r k e i t d i e s e s T r a u e r s p i e l s b e s t e h e — So sehr dieses alles auch sein grosmüthiges Herz zernagte; so war er dennoch viel zu edel, viel zu stolz, als daß er sein Gefühl für eine solche Behandlung hätte errathen lassen. Er begnügte sich, gegen Herrn Meier, der ihm diese ab-
20 weisende Entscheidung einhändigen mußte, zu äußern: « e r h a b e e s s e h r z u b e d a u e r n , d a ß e r n i c h t s c h o n v o n F r a n k f u r t a u s , n a c h S a c h s e n g e r e i s t s e y e .» Um jedoch den Leser zu versichern, daß die Mitglieder des Theater Aus- schusses, denen Fiesko zur Prüfung vorgelegt worden, die Meinung ihres
25 Chefs nicht völlig theilten, werde schon j e z t das Votum eines derselben, was Schiller ein Jahr später in dem Protokolle des Theaters fand, angeführt.

«Obwohl dieses Stük für das Theater noch einiges zu wünschen lasse, auch der Schluß desselben nicht die gehörige Wirkung zu versprechen scheine; so sey dennoch die Schönheit und Warheit der Dichtung von so ausgezeich-
30 neter Größe, daß die Intendanz hiemit ersucht werde, dem Verfasser, als Beweis der Anerkennung seiner ausserordentlichen Verdienste, eine Grati- fikation von Acht Louisdor verabfolgen zu lassen.» Unterzeichnet war:

Iffland.

35 Allein Se. Exzellenz Freiherr von Dalberg, konnten diesem Gutachten, das noch heute I f f l a n d die größte Ehre bringt, ihren Beifall nicht schen- ken, sondern entließen den Dichter eben so l e e r i n B ö r s e u n d H o f f n u n g aus Mannheim, wie er vor zwei Monaten daselbst ange- kommen war.

40 Das nächste, das einzige und lezte was nun zu thun war, unternahm Schiller sogleich, indem er zu Herrn Schwan gieng, und ihm Fiesko für den

6 Streicher

Druck anbot. Herr Schwan, der als Gelehrter und Buchhändler den Ruf
eines vortreflichen Mannes mit vollem Rechte genoß, übernahm dieses Stük
mit großer Bereitwilligkeit, und bedauerte nur, als er es durchgelesen, daß er
die vortrefliche Dichtung nicht höher, als den gedrukten Bogen mit einem
Louisd'or honoriren könne, da ihm durch die, überall laurenden N a c h -   5
d r u k e r , kein anderer Gewinn übrig bleibe, als den er von dem ersten
Verkauf ziehe.

Was Schiller aber unter allen diesen Wiederwärtigkeiten am schmerzlich-
sten fiel, war der Gedanke, daß er seinen Freund S., in sein böses Schiksal
mit verflochten, indem dieser alle das Geld, was er zu der vorgehabten   10
Reise nach Hamburg hätte verwenden sollen, in der Hoffnung daß der
Dichter in Mannheim reichliche Unterstützung finden müsse, aufgeopfert
hatte, und nun an keinen Ersatz zu denken war. Schon im August hätte
S. nach Wien reisen sollen, wo ihn eine Aufnahme erwartete, die ihn zwar
jeder Sorge für seine Bedürfnisse überhoben, aber in seiner Kunst nicht   15
weiter gefördert hätte. Er zog es also vor, seine jungen Jahre nicht müßig
zu vergeuden, sondern lieber nach Hamburg zu gehen, um, wenn es auch
mit den größten Entbehrungen geschehen müßte, sich in der Musik so viel
als möglich auszubilden; worinn ihm auch Schiller, dem er diese Sache schon
früher vertraut hatte, vollkommen beistimmte. Nun konnte S. weder in den   20
einen noch in den andern Ort gelangen, indem seine Mutter nicht wohlhabend genug war, um ihm sogleich wieder neue Hülfe zukommen zu
lassen. Nach allen Meinungen schien es das beste zu seyn, daß er vor der
Hand in Mannheim bleibe, weil noch mehrere Mitglieder der Kurfürstlichen
Kapelle daselbst wohnten, deren Unterricht oder Beispiel er benützen   25
konnte, wozu die Herren Schwan, Meier und seine Freunde alles beizutragen
versprachen. S. ergab sich in das was vorläufig nicht zu ändern war viel williger, als daß er jezt schon in die Stadt ziehen, und Schiller'n noch acht bis
zehen Tage in Oggersheim allein lassen solle. Allein es mußte seyn. Beide
hatten sich aufgezehrt: im Gasthause war es zu theuer, und ihre Noth war   30
schon so groß geworden, daß der Dichter seine Uhr verkaufen mußte, um
nicht zu vieles schuldig zu bleiben. Die lezten Vierzehen Tage mußte man
aber dennoch auf Borg leben, wo man dann auf der schwarzen WirthsTafel
recht säuberlich mit Kreide geschrieben, sehen konnte, was die Herren
Schmidt und Wolf, täglich verbraucht hatten. Der arme Dichter erhielt für   35
Fiesko gerade so viel, um besagte Kreidenstriche auslöschen zu lassen; um
einige unentbehrliche Sachen für den Winter anzuschaffen, und um seine
Reise bis Bauerbach, ohne Furcht vor neuem Mangel, bestreiten zu können.

Der Antritt dieser Reise war auf den lezten November bestimmt. Da
Schiller mit dem Postwagen über Frankfurt, Gellnhausen pp nach Meiningen   40
gehen, sich aber auf der Post in Mannheim nicht zeigen wollte, so kam
H. Meier mit ihm überein, ihn mit S. und einigen Freunden in Oggers-

heim abzuholen, und von da nach Worms zu bringen, wo er dann den nächsten Tag mit dem Postwagen abfahren könne.

An dem bestimmten Tage fuhren die Freunde nach Oggersheim, wo sie Schiller'n gerade beschäftiget fanden, seine wenige Wäsche, seine Kleidungs-
5 stücke, einige Bücher und Schriften, in einen großen Mantelsack zu paken. Bei einer Flasche Wein die er reichen ließ, wurde alles besprochen, was ihn über die Zukunft beruhigen, oder seine Munterkeit befördern konnte. Allein bei ihm war diß gar nicht so nöthig, als wohl bei den meisten Menschen, denen ihre Hoffnungen fehlgeschlagen, der Fall ist. Nur die Erwartung, die
10 Ungewisheit einer Sache, hatte für sein Gemüth etwas unangenehmes, beunruhigendes. So wie aber einmal die Entscheidung eingetreten war, zeigte er alle den Muth den ein wakerer Mann braucht, um Herr über sich zu bleiben. Er übte — was wenige Dichter thun — seine ausgesprochene Grundsätze redlich aus, und befolgte den Vorsatz des Karl Moor « d i e Q u a a l e r -
15 l a h m e a n m e i n e m S t o l z e » bei Umständen, in welchen jeden andern die Kraft verlassen hätte.

Von Oggersheim brach die Gesellschaft bei einer starken Kälte und tiefliegendem Schnee nach Worms auf, wo sie gerade noch zur rechten Zeit ankam, um in dem Posthause wo sie abgestiegen waren, von einer wan-
20 dernden Truppe, A r i a d n e a u f N a x o s , spielen zu sehen. Daß die Aufführung eben so ärmlich als lächerlich seyn mußte, ergibt sich schon daraus, daß an dem Schiffe, welches den Theseus abzuholen erschien, zwei Kanonen gemahlt waren, und daß der Donner, durch welchen Ariadne vom Felsen geschleudert wird, mittelst eines Sakes voll Kartoffeln, die man in
25 einen großen Zuber ausschüttete, hervorgebracht wurde. Meier und seine Freunde fanden hier eine reiche Ernte für ihre Lust alles zu belachen und zu verspotten. Schiller aber, sah mit ernstem, tiefem Blick und so ganz in sich verlohren auf das Theater, als ob er nie etwas ähnliches gesehen hätte, oder es zum leztenmale sehen sollte. Auch nach beendigtem Melodram,
30 konnten die Bemerkungen der andern ihm kaum ein Lächeln entloken, denn man sah es ihm an, daß er nicht gerne aus der Stimmung trete, die sich seiner bemächtiget hatte.

Das Nachtessen, bei dem auch Liebfrauenmilch nicht fehlte, machten ihn jedoch etwas heiterer, so daß man endlich ganz wohlgemuth aufbrechen
35 konnte, um nach Mannheim zurük zu kehren, und dem, allen werth gewordenen Dichter, das Lebewohl zu sagen. Meier und die andern, schieden sehr unbefangen und redselig.

Aber was konnten Schiller und sein Freund sich sagen?! — Kein Wort kam über ihre Lippen; — keine Umarmung wurde gewechselt; aber ein
40 starker, langdauernder Händedruck, war bedeutender als alles was sie hätten aussprechen können. Die zahlreich verflossenen Jahre, konnten jedoch bei dem Freunde, die wehmüthige Erinnerung an diesen Abschied nicht ver-

löschen, und noch heute erfüllt es ihn mit Trauer, wenn er an den Augenblik zurük denkt, in welchem er ein, w a r h a f t K ö n i g l i c h e s H e r z , Deutschlands e d e l s t e n Dichter, a l l e i n und i m U n g l ü k hatte zurük lassen müssen.

SCHILLER'S FLUCHT VON STUTTGART.
ZWEITE ABTHEILUNG

Die ausserordentlich strenge Kälte welche in den ersten Tagen des Dezembers herrschte, ließ um so weniger für den Dichter eine angenehme Reise
5 erwarten, da er, ohne schützende Kleidung, nur mit einem leichten Überroke versehen, einige Tage und Nächte auf dem Postwagen zubringen mußte, dessen (damaliger) Schnekengang, selbst in einer besseren Jahreszeit, die Stunden zu Tagen ausdehnte.

Seine Freunde beklagten ihn sehr, und ihre, zu spät erwachte Gutmüthig-
10 keit, erinnerte sich jezt an manches entbehrliche, womit ihm die rauhe Witterung weniger empfindlich hätte gemacht werden können; und jemehr die Mittel hierzu sich fanden, um so ernstlicher wurde bedauert, daß man nicht früher daran gedacht, oder deshalb gemahnt worden.

Eben so natürlich war es auch, daß dieselben Menschen, welchen die
15 Versprechungen die Schiller'n gemacht worden, bekannt waren, und die ihm die Hoffnung daß sie erfüllt würden, ganz unbezweifelt darstellten, jezt auch ihren scharfen Tadel über seine Flucht äußerten, und solche eben so leichtsinnig als unbegreiflich erklärten. Daß er, um dem bisher erlittenen, unerträglichen Zwang zu entgehen, das Äußerste gewagt — daß er durchaus
20 nicht Arzt, sondern Dichter seyn wollte — daß er, um sich dem so reizend scheinenden Stande mit ganzer Kraft widmen zu können, eine, sehr kümmerliche Besoldung aufgeben konnte, schien eben so unüberlegt, als es wenige Kenntniß der Welt und ihrer Verhältnisse anzeige. Man berechnete sorgfältig den Reichthum berühmter Aerzte und verglich damit die Einkünfte deutscher
25 Dichter, die, wenn sie auch den größten Ruhm sich erworben, dennoch in einer Lage waren, welche man warhaft ärmlich nennen konnte.

Auch fürchtete man, daß die Erwartungen, die Schiller durch sein erstes Schauspiel erregt, viel zu groß wären, als daß er dieselben durch nachfolgende Werke befriedigen, oder seine Kräfte in gleicher Höhe erhalten
30 könnte.

Der einzige, aber auch sehr warme Vertheidiger unseres Dichters war Iffland, der, den Beruf zum Schauspieler in sich fühlend, in noch jungen Jahren, blos mit etlichen Thalern in der Tasche, und nur mit den, am Leibe tragenden Kleidungsstüken versehen, seinem wohlhabenden Vater ent-
35 floh, um sich zu E k h o f f zu begeben und in dessen Schule zu bilden. Iffland allein wußte die Lage Schiller's gehörig zu würdigen, indem er aus eigener Erfahrung beurtheilen konnte wie marternd, wie unerträglich es ist, ein hervorstechendes, angebornes Talent unterdrüken, die herrlichsten Gaben vermodern lassen zu müssen, und nur das Gemeine, Alltägliche thun
40 zu sollen, oder gar durch Zwang zu dessen Ausübung angehalten zu werden. Nicht nur gab er dem muthigen Entschluße Schiller's seinen völligen Bei-

fall, sondern machte auch mit dem, ihm reichlich zu Gebot stehenden Witze,
den Kleinmuth derer lächerlich, die es für ein Unglük halten einige Meilen
zu Fuße reisen zu müssen, oder zur gewohnten Stunde, keinen wohlbesezten
Tisch zu finden. Seine treffenden Bemerkungen ließen die Verhältnisse des
Dichters in einem mehr heiteren Lichte erscheinen. Vorläufig konnte man 5
sich in so ferne beruhigen, als er doch, auf einige Zeit wenigstens, gegen
Mangel oder Verfolgungen gesichert war. Nur wurde nicht mit Unrecht
bezweifelt, ob seine dramatischen Arbeiten in gänzlicher Abgeschiedenheit
gefördert werden könnten, oder ob sein Geist, von allem erheiternden Umgang abgeschnitten und bei Entbehrung der nöthigen Bücher, nicht in kurzer 10
Zeit abgestumpft würde? Sein tiefes Gefühl, seine frische, jugendliche
Kraft ließen lezteres zwar nicht so bald befürchten; indessen vereinigten
sich doch alle Wünsche dahin, daß ein glüklicher Zufall eintreten, und für
ihn die günstigsten Umstände herbei führen möchte.

Seine Freunde waren auf die Nachrichten von seiner Ankunft sehr ge- 15
spannt, und wurden durch nachstehenden Brief an S., vollkommen beruhigt.

Bauerbach den 8. Dec. 1782.

Liebster Freund!

Endlich bin ich hier, glüklich und vergnügt, daß ich einmal am Ufer bin.
Ich traf alles noch über meine Wünsche. Keine Bedürfnisse ängstigen mich 20
mehr, kein Queerstrich von außen soll meine dichterischen Träume, meine
idealischen Täuschungen stören.

Das Haus meiner W o h l z o g e n ist ein recht hübsches und artiges
Gebäude, wo ich die Stadt gar nicht vermisse. Ich habe alle Bequemlichkeit,
Kost, Bedienung, Wäsche, Feurung, und alle diese Sachen werden von den 25
Leuten des Dorfes auf das vollkommenste und willigste besorgt. Ich kam
Abends hieher — Sie müssen wissen, daß es von Frankfurt aus, 45 Stund
hieher war — zeigte meine Briefe auf, und wurde feierlich in die Wohnung
der Herrschaft abgehohlt, wo man alles aufgepuzt, eingeheizt, und schon
Betten hergeschaft hatte. Gegenwärtig kann und will ich keine Bekannt- 30
schaften machen, weil ich entsezlich viel zu arbeiten habe. Die Ostermesse
mag sich Angst darauf seyn lassen.

Schreiben Sie mir doch wo Sie gesonnen sind zu bleiben. Halten Sie sich,
wenn Sie zu Mannheim bleiben nur immer fleißig an Schwan, Meier und
meine Freunde. Besser, Sie bleiben aber nicht dort, und verfolgen Ihren 35
ersten Anschlag, der mir immer der vernünftigste schien. Was Sie thun
lieber Freund, behalten Sie diese praktische Warheit vor Augen, die Ihren
unerfahrnen Freund nur zu viel gekostet hat: Wenn man die Menschen
braucht, so muß man ein H......t werden, oder sich ihnen unentbehrlich
machen. Eins von beiden, oder man sinkt unter. 40

Wenn Sie Ursache hätten nicht nach W i e n zu gehen, so könnte ich Ihnen allenfalls einen andern Ausweg anrathen, der mir von mehreren Seiten besehen, nicht gar verwerflich scheint. Sie sind jung, weit genug in Ihrer Kunst um brauchbar zu seyn, halten Sie sich an einen Meister in einer großen Stadt, von dem Sie wissen daß er viele Geschäfte hat, lassen Sie sich auch zu dem Handwerksmäßigen ihrer Kunst herab, machen Sie sich ihm nützlich, so finden Sie erstlich Gelegenheit den Mann zu studieren, finden Brod, und wenn Sie weggehen Empfehlung. Der große Titian war Raphael's Farbenreiber. Weit gefehlt, daß ihm das schimpflich wäre, macht es seinem Nahmen nur desto größere Ehre.

Empfehlen Sie mich bei Schwan, Meier, Cranz, Gern, Derain, dem Steinischen Hause, auch auf dem Viehhof. Schreiben Sie mir, was sich von dem Offizier, der mich aufsuchte, bestätigt hat.

Noch etwas; bei dem neulichen schnellen Aufbruch von Oggersheim, haben wir beide vergessen die Zeche im Viehhof zu bezahlen. Ich will nicht haben, daß Sie in Schaden dabei kommen. Sie werden also, weil das Geld zu wenig beträgt um 65 Stund geschikt zu werden, eine Anweisung dafür, und für andere ausgelegte Kleinigkeiten an Schwan bekommen, der mir, weil mein Fiesko g e w i e ß mehr als 10 Bogen stark wird, noch Geld herauszahlen wird.

Izt muß ich eilen, das ist bereits der 5te Brief, und wenigstens noch so viel hab ich zu schreiben.

Leben Sie recht wohl lieber Freund, vergessen Sie mich nicht, und seien Sie v o l l k o m m e n versichert, daß ich thätig an Sie denken werde, so bald sich meine Aussichten verschönern, welches wie ich hoffe nicht lang mehr anstehen soll. Noch einmal leben Sie recht wohl. Wenn Sie mir schreiben, legen Sie den Brief bei Schwan oder Meier nieder.

Ohne Veränderung Ihr aufrichtigster

Schiller.

Da wir jezt unsern, so lange in ängstlichen Sorgen und Ungewisheit lebenden Dichter geborgen wissen, und, nach seinen eigenen Aeußerungen mit seinen Lieblings-Arbeiten und in einer Idyllen Welt lebend, vermuthen dürfen; so sey es erlaubt, die Personen denen er empfohlen zu seyn wünscht, dem Leser etwas näher bekannt zu machen, und mit einer kurzen Erklärung, vorzustellen.

Die Herren Schwan und Meier sind schon früher erwähnt worden. Herr C r a n t z, — damals auf Kosten des Herzogs von Weimar in Mannheim, um sich bei F r ä n t z e l auf der Violine und bei H o l z b a u e r in der Komposition auszubilden — war bei Herrn Meier Kostgänger; sah' also Schiller'n sehr oft daselbst, der ihn auch wegen seinem biederen, obwohl sehr trokenen Charakter, wohl leiden mochte. Herr G e r n der ältere, war ein braver, überall brauchbarer Schauspieler, so wie ein ausgezeichnet guter Baß-Sänger. Er betrat in Mannheim zuerst die Bühne, war täglich im Meierischen Hause, und wurde dann später auf das Theater nach Berlin berufen.

In dem kleinen Oggersheim war Herr Derain, der einzige Kauffmann, welcher sich aber weit mehr mit Politik, Literatur, besonders aber mit Aufklärung des Landvolkes, als mit dem Vertrieb seiner Waaren beschäftigte.

Seinen Eifer für das Wohl der Bauersleute, die bei ihm Zuker, Kaffee, Gewürz, oder andere entbehrliche Sachen, kaufen wollten, trieb er so weit, daß er ihnen oft recht dringend vorstellte, wie schädlich diese Dinge sowohl ihnen, als ihren Kindern seyen, und daß sie weit klüger handeln würden sich an diejenigen Mittel zu halten, welche ihnen ihr Feld, Garten, oder Viehstand liefern könne. Daß solche Ermahnungen die Käufer eher abschrekten als herbeizogen, war ganz natürlich. Aber Herr Derain als lediger Mann, zwischen 40 und 50 Jahren, der ein kleines Vermögen besaß, kümmerte sich um so weniger hierüber, je seltener er, durch das Geklingel seiner Ladenthüre, im Lesen, oder in seinen Betrachtungen gestört wurde. Das Gemüth des Mannes war aber von der edelsten Art, und eine große Bescheidenheit machte seinen Umgang äußerst angenehm. Er brachte auf eine sonderbare Art in Erfahrung, wer denn eigentlich die Herren Schmid und Wolf seyen, die in seiner Nähe wohnten und deren Bekanntschaft er schon lange gewünscht hatte.

Es wurden nemlich bei der gänzlichen Abänderung des Fiesko, die früher geschriebenen Scenen, gar nicht mehr beachtet, sondern wie jedes unnütze Papier behandelt. Mit diesen, so wie mit vielen Blättern, worauf die Entwürfe zu Louise Müllerin verzeichnet waren, wurde nun nichts weniger als schonend verfahren, was dann die Gelegenheit gab, daß die Frau Wirthin — die mit einer sehr großen Neigung zum lesen, eben so viele Neugier für alles geschriebene verband — diese Blätter deren Sprache ihr ganz neu und ungewöhnlich schien, sammelte und solche zu Herrn Derain brachte, welchen sie öfters sprach, um ihm ihre häuslichen Leiden zu klagen, oder durch ein geliehenes Buch, sich Trost und Vergessenheit zu verschaffen. Dieser zeigte den Fund seinem Verwandten, Herrn Kauffmann S t e i n in Mannheim, der eine sehr reitzende, und in allen neueren Werken der Dichtkunst, ganz einheimische, Tochter hatte. S. war von Stuttgardt aus Herrn S t e i n empfohlen. Die Blätter seines Reisegefährten wurden ihm vorgezeigt, und dasjenige, was mit der größten Standhaftigkeit jedem Manne verläugnet worden wäre, wußte das schmeichelnde Mädchen allmählig heraus zu loken; daß nemlich Herr Schmid mit dem Verfasser der Räuber ein und dieselbe Person seye. Herr Derain, dem, unter Gelobung der tiefsten Verschwiegenheit, dieses Geheimniß auch anvertraut wurde; unterließ bei dieser Gelegenheit nicht, seine hohe Achtung für ausgezeichnete Dichter oder Schrift-

steller, auf das herzlichste kund zu geben. Mit wahrem Eifer bat er um
Erlaubnis, die Bekanntschaft eines noch so jungen und schon so berühmten
Mannes machen zu dürfen, und erhielt solche um so williger, als für Schiller'n und seinen Freund, eine zerstreuende Unterhaltung, in den trüben,
5 neblichten November Abenden, eine wahre Erquikung war. Die Freundschaft
und Achtung für Herrn Derain erhielt sich auch noch in den nächstfolgenden
Jahren.

Der Offizier, dessen Erscheinung Schiller'n und seine Freunde in den
größten Schreken versezte, war, nach einem Schreiben von Schiller's Vater
10 an Herrn Schwan, kein Verfolger, sondern ein Akademischer Freund, der,
bei einer Reise, ausdrüklich den Umweg über Mannheim machte um den
Dichter zu sprechen, welches aber, wie oben erwähnt, auf die sorgsamste
Weise verhindert wurde.

Und hier ist auch der Ort, um den Leser zu versichern, daß der Herzog
15 von Wirtemberg, auf keinerlei Weise, jemalen die geringste Vorkehrung
treffen ließ, um seinen entflohenen Zögling wieder in seine Gewalt zu bekommen und zu bestrafen. Er mochte sich wohl erinnern, daß er Schiller'n
wieder dessen Willen, und fast Zwangsweise, in die Akademie aufgenommen
— daß der Knabe so wie der Jüngling, durch treffende, überraschende Ant-
20 worten, durch untadelhafte Sitten, seine warhaft Väterliche Zuneigung sich
erworben — daß ein, schon im ersten Versuche sich so kühn aussprechendes
Talent, unmöglich durch einen Militairischen Befehl unterdrükt werden
könne. Oder war es Rüksicht gegen den, ihm fast unentbehrlich gewordenen
Vater; war es Antheil an dem Kummer der achtungs-werthen Familie? —
25 wollte er das misbilligende Gefühl, was sich wegen der Gefangenhaltung
Schubarts in ganz Deutschland allgemein und laut äußerte, nicht noch weiter
aufreitzen? — War es natürliche Grosmuth? — — — — — — — — —

Genug, der Herzog gab dieser Sache nicht die geringste Folge und bewies
dadurch ganz offenkundig, daß er die Flucht Schiller's nur als einen Fehler,
30 aber nicht als ein Verbrechen beurtheilte.

Nicht nur diese Gewisheit ergab sich aus dem Briefe des Vaters, sondern
auch die Hoffnung, daß er dem Sohne noch mit warmer Liebe zugethan seye,
und ihm, wenn der äußerste Fall einträte, die nöthige Unterstützung nicht
versagen würde. Verglich man diesen Brief mit denen, welche Herr Schwan
35 und S. aus Bauerbach erhalten, so konnten die Freunde des Dichters um so
mehr unbesorgt seyn, als dieser mit seinem Zustande im höchsten Grade
zufrieden schien, und sich nun, nach einem Jahre voller Sorgen und Unruhe,
solchen Beschäftigungen widmen konnte, die, außer dem Vergnügen was sie
ihm selbst machten, auch noch mit Ehre und Vortheil verbunden waren.

40 Ohne Zweifel theilt jeder Leser diese Meinungen und glaubt vielleicht,
das Schiksal, nachdem es seine, alles beugende Gewalt, habe empfinden
lassen, werde dem Ermüdeten, nach so manchen Stürmen, endlich Ruhe

vergönnen? Der Verfasser bedauert innigst, daß er diese Hoffnungen nicht bestätigen kann, sondern genöthiget ist, neue Schwierigkeiten zu melden, die sich in dem, so friedlich scheinenden ZufluchtsOrte, ganz unerwartet, erhuben. Denn kaum Vier Wochen nach dem ersten, erhielt er nachstehenden, zweiten Brief. 5

H. den 14. Jenn. 1783.

So bin ich doch der Narr des Schiksals! Alle meine Entwürfe sollen scheitern! Irgend ein kindsköpfischer Teufel wirft mich wie seinen Ball in dieser sublunarischen Welt herum.

Hören Sie nur! 10

Ich bin, wenn Sie den Brief haben, nicht mehr in Bauerbach: Erschreken Sie aber nicht. Ich bin vielleicht besser aufgehoben.

Frau v Wolzogen ist wieder hier, und hat ihren Bruder, den Oberforstmeister von Marschalk, der bei Bamberg eine Erbschaft von beynahe 200,000 Gulden gethan, begleitet. Sie können sich vorstellen, mit welcher 15 Ungeduld ich ihr entgegen flog — — — — — — — — — — — — — Aber nun! — lieber Freund, trauen Sie niemand mehr. Die Freundschaft der Menschen ist das Ding, das sich des Suchens nicht verlohnt. Wehe dem, den seine Umstände nöthigen auf fremde Hilfe zu bauen. Gottlob! das leztere war diesmal mein Fall nicht. 20

Die gnädige Frau versicherte mich zwar, wie sehr sie gewünscht hätte, ein Werkzeug in dem Plan meines künftigen Glükes zu seyn — aber — ich werde selbst soviel Einsicht haben, daß ihre Pflichten gegen ihre Kinder v o r g i e n g e n, und d i e s e müßten es ohnstreitig entgelten, wenn der Herzog von W. Wind bekäme. Das war mir genug. So schrecklich es mir 25 auch ist mich wiederum in einem Menschen geirrt zu haben, so angenehm ist mir wieder dieser Zuwachs an Kenntniß des menschlichen Herzens. Ein Freund — und ein glükliches Ohngefehr rißen mich erwünscht aus dem Handel.

Durch die Bemühung des Bibliothecair Reinwalds, meines sehr erprobten 30 Freundes, bin ich einem jungen HE von W r m b bekannt geworden, der meine Räuber auswendig kann, und vielleicht eine Fortsetzung liefern wird. Er war beim ersten Anblick mein Busenfreund. Seine Seele schmolz in die Meinige. Endlich hat er eine Schwester! — Hören Sie Freund, wenn ich nicht dieses Jahr als ein Dichter vom ersten Rang figuriere, so erscheine ich 35 wenigstens als Narr, und nunmehr ist das für mich Eins. Ich soll mit meinem W r m b diesen Winter auf sein Gut ein Dorf im Thüringerwald, dort ganz mir selbst und — der Freundschaft leben, und was das Beste ist, schießen lernen, denn mein Freund hat dort hohe Jagd. Ich hoffe, daß das eine glükliche Revolution in meinem Kopf und Herzen machen soll. 40

Schreiben Sie mir nicht, bis Sie neue Adressen haben. Den Verdruß mit der Wolzogen unterdrücken Sie. Ich sei nicht mehr in Bauerbach, das ist alles was Sie sagen können. — — — — — — — — — — — — — — Tausend Empfehlungen an meinen lieben guten Maier. Nächstens schreib ich ihm wieder. Auch an Cranz, Gern u. s. f. viele Komplimente. Mein neues Trauerspiel L o u i s e M i l l e r i n genannt ist fertig. Beiliegendes übergeben Sie an Schwan, dem Sie mich vielmals empfehlen.

Ohne Veränderung Ihr

Schiller.

So schien nun auch dieser Plan gescheitert, auf den nicht nur der Dichter selbst seine größte, lezte Hoffnung gesezt hatte, sondern welcher auch, als der sicherste, von allen Freunden zur Befolgung angerathen war. Aufs Neue war sein Schiff den veränderlichen Winden preis gegeben, indem die Freundschaft mit Herrn von W r m b viel zu schwärmerisch, mit viel zu großen Erwartungen geschlossen schien, als daß man auf einige Dauer hätte zählen können.

Größeres Vertrauen flößte die Bekanntschaft mit Herrn Reinwald ein, der Herrn Schwan, als rechtlicher Mann, als Dichter und Schriftsteller bekannt war, und sich gewiß um so inniger an Schiller'n anschloß; je genügsamer dieser in seinen Forderungen und anmuthiger im Umgange sich gegen jeden zeigte.

Was die Aeußerungen der Frau von Wolzogen betrifft, so waren diese eben so verzeihlich als begreiflich; denn ihre Söhne, deren Bekanntschaft Schiller den Schutz zu danken hatte der ihm jezt gewährt wurde, waren noch in der Akademie, und erfuhr der Herzog von wem sein flüchtiger Zögling verborgen gehalten werde, so konnte er leicht — vorausgesezt daß er sich zu einer Rache hätte herablassen mögen — seine Ungnade den Söhnen der Frau von Wolzogen auf eine Art empfinden lassen, die ihr Glük nicht nur für jezt, sondern auch in der Zukunft bedeutend gestört haben würde.

Der Verfolg zeigte jedoch, daß die Besorgnisse der Beschützerin entweder nicht sehr ernsthafter Art gewesen, oder daß Schiller seine Empfindlichkeit darüber zu besiegen wußte; denn er blieb nicht nur den ganzen Winter in Bauerbach, sondern brachte auch die Hälfte des folgenden Sommers daselbst zu. Durch ähnliche Nachrichten wie die, welche er seinem Freunde nach Mannheim schrieb, versezte er auch seine älteste Schwester in die größte Unruhe, und ein Brief den sie deshalb an den Bruder schrieb, gab zufällig die Veranlassung zu ihrer Bekanntschaft mit Herrn R e i n w a l d , die sich einige Jahre später, in eine lebenslängliche Verbindung umwandelte. Aus dem Briefe des Herrn Reinwald an die Schwester von Schiller, möge das wichtigste was sich hierauf bezieht, (mit der, damals gebräuchlichen Rechtschreibung) einen Platz finden.

Meiningen 24ten Mai 1783.

Mademoisell.

Ein besonderer Zufall macht mich so frey, an die Schwester meines Freundes diese Zeilen zu schreiben. Unter etlichen Papieren die HE. D. S** nach einem Besuch bei mir liegen lassen, fand ich einen Brief von Ihnen. Es war wol nicht Sorglosigkeit allein dran Schuld, sondern auch Vertrauen, denn ich glaube gänzlich, daß er mich liebt.

Ich fand in diesem Briefe, den ich gelesen, und nochmal gelesen und abgeschrieben habe, so viel r e i f e s D e n k e n und so viel herzliche, besorgte Wolmeinung gegen Ihren Herrn Bruder, daß ich mich gefreut habe, und scheue mich nicht, jeden Gedanken, der mir zu seiner Ausbildung oder Glükseligkeit einfällt, mit Ihnen zu theilen. Vielleicht kann ich Ihnen oder Ihren lieben Eltern auch manche Unruhe benehmen, die ihnen über die Situazion Ihres Herrn Bruders aufsteigt und ich werde gerade seyn unα nicht schmeicheln. pp — — — — — — — — — — — — — — —

Mir ist es selbst Räthsel, warum sie (Fr. v. W.) so ser Verrathung fürchtet und daß sie auf die Veränderung von unseres Freundes Aufenthalt dringen soll; viele Umstände scheinen dem lezteren zu widersprechen; es müßte denn seyn, daß sie aus Beweggründen der Sparsamkeit handelte. ppp Alle Gefaren des Bekanntseyns wären gleich Anfangs vermieden gewesen, wenn man entweder niemanden auswerts geschrieben hätte, daß Ihr Herr Bruder da wäre, wo er ist, sondern nur Meiningen angegeben, oder wenn er wirklich in dem traurigsten Theile des Jares h i e h e r gezogen wäre. Hier residirt ein Herzog, den der Ihrige nicht im geringsten deshalb züchtigen kann, wenn er jemand da wohnen läßt, dem der Würtembergische Hof ungünstig ist. Welche Verantwortung kann da der Fr. v. W. auf den Hals fallen.

Ihr Herr Bruder muß menschliche Charaktere viel kennen, weil er sie auf der Bühne schildern soll, item, er muß sich durch Gespräche über Natur und Kunst, durch freundschaftliche, innige Unterhaltung aufheitern, wenn durch Denken und Niederschreiben das Mark seines Geistes vertroknet ist. Die Gegend, wo er sich izt aufhält, und die nur im Sommer ein wenig von der Seite lächelt, gleicht mer der Gegend, wo Ixions Rad sich immer auf einem Orte herum dreht, als einer Dichter Insel, und einen zweyten Winter da zugebracht, wird HE. D. S. völlig hypochondrisch machen.

Ich wünschte daher sehnlich, daß er künftigen Herbst in einer großen Stadt, wo ein gutes teutsches Theater ist, z. Ex in Berlin verweilte, doch unter dem Schutze gelerter und rechtschaffener Männer, die ihn vor der Ausgelassenheit bewarten, die an diesem Orte herrscht. W i e n (wo ich ehedem selbst eine Zeitlang war) hat zwar weniger verderbte Sitten und mehr Teutschheit, aber der Fehler ist da, daß man mit dem Gelde gut umzugehen v e r l e r n t, denn man nimmt meist viel ein, und giebt noch mehr aus.

Noch scheint es aber nicht, daß Ihr Herr Bruder zum Weggehen inclinirt, er scheint ganz an seine Wolthäterin gefesselt, die ihn von der Seite seines guten und dankbaren Herzens eingenommen hat.

Ich hatte die Idee, ihn nach Pfingsten mit nach Gotha und Weimar zu
5 nemen, wo ich Freunde und Verwandte habe, zu denen ich eine Gesundheits Reise thun werde, ich wollte ihn den dasigen zum Theil wichtigen Gelehrten präsentiren, ich wollte ihn wieder an die offne Welt, und an die Gesellschaft der Menschen gewöhnen, die er beinah scheut, und sich allerhand unangenehmes von ihnen vorstellt. Aber so geneigt er im Anfang
10 zu meinem Vorschlag war, so sehr scheint jezt sein Geschmak davon entfernt. Ich werde also das Vergnügen dieser Reise nicht mit ihm theilen können.

Ob ich gleich unendlich dabei verliere, wenn Ihr Herr Bruder einst diese Gegend verlassen sollte, und keiner meiner bisherigen Freunde mir diesen Verlust ersezen würde, so wollt' ich doch lieber all' mein Vergnügen der
15 Ausbildung und Glükseligkeit eines so guten und künftig großen Mannes aufopfern. ppp.

Leben Sie, mit Ihren lieben Eltern wol.

Ihr gehorsamster Diener und Verehrer

W. H. Reinwald.

20 Dieser Brief macht es wahrscheinlich daß Schiller nicht, wie er im Januar Willens war, mit Herrn von W r m b nach Thüringen reiste, sondern fortwährend in Bauerbach blieb. War dieß der Rath seines Freundes Reinwald? Oder bedachte er es selbst, daß sein Aufenthalt bei Herrn von W r m b, von so zarter Beschaffenheit seyn würde, daß ein Wörtchen, ja nur eine
25 Geberde ihn wieder entfernen und in die größte Verlegenheit setzen müßte?

Gewisheit kann der Verfasser hierüber nicht geben, indem er sich nicht erinnert, in der Folge mit Schiller'n darüber gesprochen zu haben, und er auch einige Briefe von diesem, aus, (jezt freilich sehr bedauerten) Nachläßigkeit verloren. Uebrigens müßte es auffallend scheinen, daß der ge-
30 rechte, edle Stolz und Ehrgeitz des Dichters, auch nur einen Augenblick es ertragen konnte, Frau von W. einer Verlegenheit auszusetzen, wenn wir, nach obigem Briefe nicht annehmen dürften, daß es ihr, mit dem Dringen auf seine Entfernung nicht sehr Ernst gewesen wäre. Außer diesem mochte auch Schiller'n der Umstand nachgiebiger machen, daß er hier, frei von allen
35 Sorgen für die kleinlichen Bedürfnisse des Lebens, ohne die mindeste Störung gänzlich seiner Laune, seinen Träumen, Idealen und dichterischen Entwürfen leben konnte; wo ihm kein Befehl vorschrieb, wie er gekleidet seyn müsse, oder die Minute bezeichnete, zu welcher er im Spital, oder auf der Wachtparade erscheinen solle, und wo er nur seinen großartigen Gefühlen
40 und der Freundschaft leben durfte.

Man muß den edlen Jüngling genau gekannt und in den Jahren 1781 und 82 mit ihm, in (dem d a m a l s so zwangvollen) Stuttgardt gelebt haben, um gewiß zu seyn, daß ein, nur einigermaaßen leidliches Gefängniß, in welchem sein Thun und Lassen nicht vorgeschrieben worden wäre, ihm, gegen seinen damaligen Zustand gehalten, als eine wirkliche Wolthat erschienen seyn würde. Weiter unten werden wir aus einem Briefe von ihm selbst erfahren, daß nur die zulezt angeführten Gründe, die einzigen seyn konnten, welche ihm den Aufenthalt in Bauerbach so werth und unvergeßlich machten.

Die Lobsprüche welche ihm Herr Reinwald in seinem Briefe ertheilt, beweisen, wie einnehmend seine Persönlichkeit gewesen, und wie duldsam er jede Eigenheit an andern zu ertragen wußte, indem Hypochondrie und immerwährende Kränklichkeit Herrn Reinwald sehr reitzbar und empfindlich machten, und er auch von der höchsten Bedächtlichkeit war. Aber der Kern dieses Mannes, seine Kenntnisse, so wie sein Herz, waren vortreflich, und wir werden später sehen wie hoch Schiller diesen Freund achtete.

Hätte Herr Reinwald den jungen Dichter dazu vermocht, mit ihm nach W e i m a r und G o t h a zu reisen, so würde er in ersterem Orte G o e t h e und Wieland kennen gelernt haben, die ihm, aller Wahrscheinlichkeit nach, einen neuen Lebensplan vorgezeichnet; ihn mit Rath und Empfehlungen unterstüzt, und in die nützlichsten Verbindungen gebracht hätten. Auch wären ihm dadurch zwei Jahre erspart worden, die er meistens in Verdrus zubrachte und von den nachtheiligsten Folgen für seine Gesundheit waren. Was Schiller'n aber von dieser Reise abhielt, war die S i r e n e n s t i m m e , die sich von dem Theater zu Mannheim wieder vernehmen ließ, und die seine Nerven so sehr in Schwingung versezte, daß er ihren Lokungen nicht wiederstehen konnte, und alles andere von sich abwehrte. Denn schon im Merz 1783, also kaum 3 Monate später, nachdem der Dichter, Sieben Wochen vergeblich in Oggersheim aufgehalten und auf eine äusserst harte Weise entlassen worden war, schrieb ihm Baron Dalberg wieder um sich nach seinen Theatralischen Arbeiten zu erkundigen, und zwar in solchen Ausdrüken, daß Schiller an Herrn Meier in Mannheim schrieb: «es müsse ein dramatisches Unglük in Mannheim vorgegangen seyn, weil er von Baron Dalberg einen Brief erhalten, dessen annähernde Ausdrüke ihn auf diese Vermuthung bringen.» Dieser Schluß war jedoch nur insoferne richtig, als Baron Dalberg, der sich sehr gerne mit Umänderungen von Theaterstüken beschäftigte, und damals gerade Lanassa und Julius Cäsar von Shakspeare, unter der Scheere hatte, wohl fühlen mochte, daß Schiller zu solchen Arbeiten nicht ganz ungeeignet seyn dürfte. Auch geschah es oft, daß die Mitglieder des Theater-Ausschusses von F i e s k o , so wie von dem bürgerlichen Trauerspiele L o u i s e M i l l e r i n sprachen, dessen ganzer

Plan S. bekannt war, und den dieser, da ihn kein Versprechen zur Geheimhaltung verpflichtete, so umständlich als lebhaft, auseinander setzte.

Am wahrscheinlichsten bleibt jedoch daß sich Baron Dalberg, der früheren Versprechungen und gegebenen Hoffnungen erinnerte, die er Schiller'n ge-
5 macht, und welche diesen zu seinem verzweifelten Schritte verleitet. Jezt, nachdem der Herzog von Wirtemberg nicht die mindeste Vorkehrung zur Habhaftwerdung des Flüchtlings getroffen, konnte, m i t   v o l l e r   S i -
c h e r h e i t und ohne sich im mindesten blos zu stellen, demselben Genugthuung gegeben, die, öfters mahnenden Wünsche der Schauspieler erfüllt, so
10 wie, durch Anstellung eines solchen Dichters, der Bühne ein Glantz ertheilt werden der sie über alle andern von Deutschland erhob, und von welcher der größte Theil ihres Ruhmes auf deren Intendanten zurük strahlen mußte.

Möge nun dieser oder jener Beweggrund den Brief des Baron Dalberg an Schiller veranlaßt haben, so ist es, zur Rechtfertigung des leztern, von der
15 größten Wichtigkeit, zu zeigen, daß er auch jezt wieder, wie im Jahr 1781, angelokt, ja gewißermaasen zur Veränderung seines Aufenthaltes aufgefordert worden, ohne daß er es gesucht oder sich deshalb beworben hätte. Der antheilnehmende Leser möge diesen Umstand um so weniger übersehen, weil es zur unpartheiischen Beurtheilung des Schiksals und Benehmens des Dich-
20 ters, unumgänglich nothwendig ist zu wissen, durch wen, und durch was, er zu nachtheiligen Schritten verleitet worden. Nachfolgendes ist die Antwort (S. Schillers Briefe an Freiherrn von Dalberg, pag. 80) welche auf die Anfrage ertheilt wurde.

S. Meinungen den 3ten April 1783.
25 Euer Exzellenz verzeihen, daß Sie meine Antwort auf Ihre gnädige Zuschrift erst so spät erhalten. — — — — — — — — — — — — — —
— —

Daß Euer Exzellenz mich auch in der Entfernung noch in gnädigem Andenken tragen, kann mir nicht anders als schmeichelhaft seyn. Sie wünschten
30 zu hören wie ich lebe? —

Wenn Verbannung der Sorgen, Befriedigung der Lieblings Neigung, und einige Freunde von Geschmack einen Menschen glüklich machen können, so kann ich mich rühmen, es zu seyn.

E. E. scheinen, ungeachtet meines kürzlich mißlungenen Versuchs, noch
35 einiges Zutrauen zu meiner dramatischen Feder zu haben. Ich wünschte nichts, als solches zu verdienen, weil ich mich aber der Gefahr, Ihre Erwartung zu hintergehen, nicht neuerdings aussetzen möchte, so nehme ich mir die Freiheit, Ihnen Einiges von dem Stüke vorauszusagen. — — — — — —
— —

40 Wenn diese Fehler, die ich E. E. mit Absicht vorher sage, für die Bühne nichts Anstößiges haben, so glaube ich, daß Sie mit dem Uebrigen zufrieden

seyn werden. Fallen sie aber bei der Vorstellung zu sehr auf, so wird alles Uebrige, wenn es auch noch so vortreflich wäre, für Ihren Endzweck unbrauchbar seyn, und ich werde es besser zurükbehalten. — — — — — — —

Dr. Schiller.

Wer diesen Brief gegen die früheren vergleicht, dem muß die kalte, ge- 5
schraubte Sprache desselben auffallen, indem darinn durchaus nichts ist, woraus zu schließen wäre, Schiller bewerbe sich wieder um den Schutz des Baron Dalberg. Eher noch sind Vorwürfe gegen diesen, nicht undeutlich ausgesprochen, denn die Schilderung der Unabhängigkeit und des Glükes, welches der Dichter jezt genieße, scheint absichtlich als Gegensatz, angeführt 10
zu seyn.

Ungeachtet alles dessen wurde der Briefwechsel fortgesezt, und Schiller konnte der süß tönenden Stimme um so weniger wiederstehen, als, nach seinen Begriffen, die Schaubühne, so wie die Arbeiten für dieselbe, einen Einfluß und eine Wichtigkeit hätten, die durch keine andere Kunst oder 15
Wissenschaft bewirkt werden könne. Und bei der ersten Bühne Deutschlands, sollte er nun Dichter, Lenker, eines reinen, veredelnden Geschmakes werden! Jezt wäre der Zeitpunct eingetreten, wo er seine Ideale, die Geschöpfe seiner Einbildungskraft, lebend, handelnd, der gespannten Aufmerksamkeit, einer Menge von Zuschauern vorführen könnte! Und diese, so lange ersehnte Ge- 20
legenheit sollte er zurük weisen? Zuviel wäre dieses gefordert! Er mußte dem Anerbieten entsprechen, und traf auch in den ersten Tagen des September 1783, nur von Herrn Meier und dessen Frau erwartet, in Mannheim ein.

Seinem zurükgelassenen Freunde S. wurde absichtlich von der ganzen Unterhandlung nichts gesagt, weil er sich, (da sein eigenes Glük durch den 25
unnützen Aufenthalt in Oggersheim gestört worden) schon zu oft gegen das Versprechen und Verloken, geäußert, und das Verfahren gegen den unglüklich gemachten Dichter, bei seinem wahren Nahmen benannt hatte.

Auch wurde ihm, durch dieses Verheimlichen eine Ueberraschung bereitet, die vollkommen gelang. Denn als er zur gewöhnlichen Stunde bei Herrn 30
M e i e r eintrat, konnte er kaum seinen Augen glauben, daß es, der in weiter Entfernung vermeinte, Schiller seye, welcher mit der heitersten Miene und dem blühendsten Aussehen, ihm entgegen trat.

Nach den herzlichsten Umarmungen und nachdem die eiligsten Fragen beantwortet waren, kündigte Schiller seinem Freunde an, daß er von Baron 35
Dalberg als Theater-Dichter nach Mannheim berufen worden, und als solcher, mit einer Besoldung von 300: Sage: Dreihundert Gulden Reichs-
währung, nächstens sein Amt antreten werde. Seine Zufriedenheit über diese Anstellung, sprach aus jedem Worte, aus jedem Blike, und er mochte sich wohl denselben Himmel in der Wirklichkeit dabei denken, der auf dem 40
Theater oft so täuschend dargestellt wird.

Unter dem ruhigen Genuß seiner Freunde und der Schaubühne — unter
einer Menge von Plänen und Besprechungen über seine künftigen Arbeiten,
vergiengen mehrere Wochen, und ehe er noch an den Abänderungen des
Fiesko oder Louise Millerin etwas angefangen hatte, überfiel ihn das kalte
5 Fieber, welches ihn anfänglich zu allem untüchtig machte.

Der Sommer dieses Jahres 1783 zeichnete sich durch eine ungewöhnliche
Hitze aus, durch welche aus den mit Morast und stehendem Wasser ange-
füllten Festungsgräben, eine so faule, verdorbene Luft entwikelt wurde, daß
kaum die Hälfte der Einwohner von diesem Uebel verschont blieb. Auch
10 verursachte die dumpfe Luft in dieser Festung, deren hohe Wälle jeden Zug,
jede Strömung eines Windes verhinderten, bei allen Krankheiten gefähr-
lichere Folgen als sonst, und der Tod, beraubte in der Mitte des October
Schiller'n eines Freundes, der ihm um so werther geworden, jemehr er Gelegenheit gehabt hatte, dessen edles, offenes Gemüth kennen zu lernen. Der
15 Theater Regisseur Herr Meier, dessen schon so oft erwähnt worden, starb
an einer, anfangs unbedeutend scheinenden Krankheit, wodurch nicht nur
seiner Frau und seinen Freunden, sondern auch seinen Kunstgenossen so wie
der Schaubühne selbst, ein sehr lange gefühlter Verlust verursacht wurde.
Denn nicht allein war er als Mensch höchst achtungswerth; er war auch ein,
20 in E k h o f f s Schule gebildeter, sehr bedeutender Künstler, der in den
meisten, vorzüglich aber in sanften Rollen, nichts zu wünschen übrig ließ.
Zur Rechtfertigung der Aerztlichen Kenntnisse S c h i l l e r ' s darf hier
versichert werden, daß er die schlimmen Folgen der Mittel, welche der
Theater Arzt verordnet hatte, voraussagte.

25 Wenn schon das kalte Wechselfieber, den thätigen, kühnen Geist des Dich-
ters lähmte, so waren die Einwendungen welche man gegen sein zweites
Trauerspiel machte, und die er beseitigen sollte, noch weniger geeignet seine
Einbildungskraft aufzuregen.

Die Bahn die er sich in seinen Arbeiten für die Bühne vorgezeichnet hatte,
30 war ganz neu und ungewöhnlich, daher es den Schauspielern, die meistens
nur bürgerliche oder sogenannte Konversations Stüke aufzuführen gewohnt
waren, sehr schwer und mühesam wurde, die Ausdrüke des Dichters so zu
geben, wie er sie schrieb, und in welchen sich, ohne deren Sinn zu stören oder
ins gemeine herab zu ziehen, durchaus nichts aus der Umgangs-sprache ein-
35 fliken ließ. Daß bei den Räubern derlei Einwendungen weniger gemacht
wurden, davon war der überwältigende Stoff, so wie die ergreifende Wirkung welche die meisten Scenen hervorbrachten die Ursache. Besonders
eiferte lezteres jeden Mitwirkenden an, alle Kräfte beisammen zu halten, um
auch in den unbedeutend scheinenden Theilen, keine Störung zu verursachen,
40 damit das Werk so, wie es aus der dichterischen Kraft entsprungen, ein er-
staunenswürdiges Ganzes bliebe.

7 Streicher

Bei Fiesko, war der Innhalt schon an sich selbst kälter. Die schlauen Verwiklungen erwärmten nicht; die langen Monologen, so meisterhaft sie auch
waren, konnten nicht mit Begeisterung aufgefaßt und gesprochen werden,
indem sich größtentheils nur der Ehrgeitz darinn malte, und zu fürchten war,
daß die Zuschauer ohne Theilnahme bleiben würden. Man gestand nicht 5
gerne, daß die Anstrengung des Darstellers mit dem zu erwartenden Beifall
nicht im Verhältniß stehen möchte, weil erstere zu groß und lezterer zu gering seyn würde.

Am meisten wurde gegen den Schluß eingewendet weil er weder den ersten
Schauspielern noch dem Publikum Genüge leisten könne, und eine Empfin- 10
dung zurük lassen müsse, welche den Antheil den man an dem Vorhergehen-
den des Stükes genommen, bedeutend schwächen würde.

Wenn man bedenkt daß der tiefe, umfassende Geist Schiller's sich auch in
späterer Zeit Nie bequemen konnte, ein Stük so zu entwerfen und zu schreiben, daß es den Forderungen, oder eigentlicher zu reden — da vorzüglich 15
die unterhaltenden Künste den geringen Kräften der Menge angepaßt werden müssen — dem Handwerksmäsigen des Theaters, in allen seinen Theilen,
angemessen hätte seyn können; so kann man sich vorstellen, mit welchem
Widerwillen er sich an Abänderungen (worunter nicht Abkürtzungen verstanden sind) überhaupt, besonders aber, wie bei Fiesko der Fall war, an 20
solche sich machte, wo dem Verstand und der Warheit zugleich der stärkste
Schlag versezt werden mußte. War auch sein Kopf gewandt genug, um jede
Begebenheit als möglich darzustellen, so mußte doch an die Stelle des zer-
störten etwas Neues geschaffen werden, das — wie jeder dem Geistes oder
Kunstarbeiten bekannt sind, gestehen muß — entweder nicht so gut geräth, 25
oder doch viel schwieriger als Ersteres ist.

Indessen mußte er diese Einwürfe berüksichtigen und, ungeachtet der
Unterbrechungen seiner Krankheit und der dadurch gestörten guten Laune,
wurde er dennoch in der zweiten Hälfte des Novembers mit Umarbeitung
des Fiesko fertig. 30

Nun mußte aber das ganze Stük ins Reine und in der genauen Folge geschrieben werden, wozu, da man diese beschwerliche Arbeit nicht von ihm
verlangen konnte, ein Regiments-Fourier vorgeschlagen wurde, der eine sehr
deutliche und hübsche Handschrift hatte. Da so vieles aus der ersten Bearbeitung gestrichen, zwischen hinein abgeändert oder ganz neu eingelegt war, 35
so durfte die Anordnung dem Abschreiber nicht überlassen bleiben, sondern
mußte ihm in die Feder gesagt werden.

In den ersten Stunden fühlte sich der Verfasser sehr behaglich, indem er,
nach Bequemlichkeit bald sitzend, bald auf und nieder gehend vorsagen
konnte. Als aber der Mann weggegangen war, wie entsetzte sich Schiller, als 40
er seinen, ihm so werth gewordenen Helden Fiesko, in V i e s g o ; die lieb-
liche Leonore, in L e o h n o h r e ; Kalkagna, in K a l l k a h n i a , ver-

wandelt; und in den übrigen Eigennahmen falsche Buchstaben, so wie die meisten Worte der gewohnten Rechtschreibung entgegen fand!

Seine Klagen hierüber waren eben so bitter als auf eine Art ausgesprochen die zum lachen reizte; indem er gar nicht begreifen konnte, daß jemand der
5 so schöne Buchstaben mache, nicht auch jedes Wort richtig sollte schreiben können.

Noch einmal, nachdem er den Mann vorher alle Nahmen ordentlich hatte aufzeichnen lassen versuchte er es, wieder vorzusagen. Als er aber dennoch fand daß Fiesko, jezt mit einem F, später mit einem V anfieng, da verlohr
10 er die Gedult so gänzlich, daß er, um diese AugenMarter nicht länger aushalten zu müssen, sich entschloß, selbst das ganze Stük ins Reine zu schreiben. Er war so fleißig dabei, daß solches in der Mitte December dem Baron D a l b e r g überreicht werden konnte. Zufrieden mit seiner, in den verflossenen zwei Monaten bewiesenen Thätigkeit, konnte der kranke Dichter
15 allerdings seyn, obwohl diese, da er nur die vom Fieber freien Tage und die Nächte benützen konnte, seine Kräfte sehr abspannte, und sein, sonst immer heiteres Gemüth, sich öfters verdüsterte. Aber nicht allein eine solche Anstrengung war geeignet, jede muntere Laune zu verscheuchen. Auch sein übriges Verhältniß, das, in Beziehung des Einkommens im grellsten Wider-
20 spruche mit seinen früheren Erwartungen stand, mußte ihn schon darum zum Misvergnügen reitzen, weil ihm dieses in den Briefen von seiner Familie, sehr bemerklich gemacht wurde. Besonders war der Vater sehr unzufrieden, seinen Sohn in einem so ungewissen, nichts dauernd zeigenden Zustande zu wissen, und er glaubte ihn nur dann für die Zukunft geborgen, wenn er
25 wieder Arzt und unter dem Schutze des Herzogs wäre. Das Herz der Mutter, konnte es ruhig schlagen, wenn sie ihren Liebling in seiner Gesundheit, in seinem häuslichen Wesen, in seinen Sitten — die sie bei dem Theater sich zügellos denken mochte — im höchsten Grade gefährdet glaubte? Auch die älteste Schwester vereinigte ihre Wünsche mit denen der Aeltern, und ver-
30 anlaßte folgende Erwiederung des Bruders.

Mannheim am Neujahr 84.

Meine Theuerste Schwester,

Ich bekomme gestern Deinen Brief, und da ich über meine Nachläßigkeit Dir zu antworten etwas ernsthaft nachdenke, so mache ich mir die bitterste Vor-
35 würfe von der Welt. — Glaube mir meine Beste, es ist keine Verschlimmerung meines Herzens, denn so sehr auch Schiksale den Karakter verändern können, so bin doch ich mir immerdar gleich geblieben — es ist eben so wenig Mangel an Aufmerksamkeit und Wärme für Dich; denn Dein k ü n f t i g e s L o o s hat schon oft meine einsame Stunden beschäftigt, und wie oft warst
40 Du nicht die Heldin in meinen dichterischen Träumen! — Es ist die entsetzliche Zerstreuung, in der ich von Stunde zu Stunde herumgeworfen werde,

7*

es ist zugleich auch eine gewiße B e s c h ä m u n g , daß ich meine Entwürfe über das Glük der Meinigen, und über D e i n s insbesondere, bis
jetzt so wenig habe zur Ausführung bringen können. Wie viel bleiben doch
unsere Thaten unsern Hoffnungen schuldig! und wie oft spottet ein u n e r -
k l ä r b a r e s Verhängnis unseres besten Willens —   5
    Also unsere gute Mutter kränkelt noch immer? Sehr gerne glaube ich es,
daß ein schleichender Gram ihrer Gesundheit entgegen arbeitet und daß
Medikamente vielleicht gar nichts thun — aber Du irrst Dich meine gute
Schwester, wenn Du ihre Besserung von meiner Gegenwart hoffest. Unsere
liebe Mutter nährt sich gleichsam von beständiger Sorge. Wenn sie auf einer 10
Seite keine mehr findet, so sucht sie sie mühsam auf einer andern auf. Wie
oft haben wir alle uns das ins Ohr gesagt! Ich bitte dich auch, ihr es in
meinem Nahmen zu wiederholen. Ich sprech ganz allein als Arzt — denn
daß eine solche Gemüthsart das Schiksal selbst nicht verbessern, daß sie mit
einer Resignation auf die Vorsicht durchaus nicht bestehen könne, wird unser 15
guter Vater ihr öfter und besser gesagt haben. D e i n Zufall ficht mich
wirklich nicht wenig an. Ich erinnere mich, daß Du ihn mehrmal gehabt
hast, und bin der Meinung daß eine Lebensart mit starker Leibesbewegung,
neben einer verdünnenden Diät ihn am besten hemmen werde. Nimm zuweilen eine Porzion Salpeter mit Weinstein, und trink auf das Frühjahr 20
die Molken.
    Du äusserst in deinem Briefe den Wunsch mich auf der Solitude im Schoos
der Meinigen zu sehen, und widerholst den ehmaligen Vorschlag des lieben
Papas, beim Herzog um meine f r e i e Wiederkehr in mein Vaterland ein-
zukommen. Ich kann Dir nichts darauf antworten, liebste, als daß meine 25
E h r e entsetzlich leidet, wenn ich ohne Connexion mit einem andern Fürsten, ohne Karakter und dauernde Versorgung, nach meiner einmal gesche-
henen gewaltsamen Entfernung aus Wirtemberg, mich wieder da bliken
lasse. Daß der Papa den N a m e n zu dieser Bitte hergiebt, nüzt mir wenig,
denn jedermann würde doch m i c h als die T r i e b f e d e r anklagen, und 30
jedermann wird, so lange ich nicht beweisen kann, daß ich den Herzog v.
Wirtemberg nicht mehr brauche, in dieser (mittelbar oder unmittelbar, das
ist eins) e r b e t t e l t e n Wiederkehr, ein Verlangen in Wirtemberg unter-
zukommen, vermuten.
    Schwester überdenke die Umstände aufmerksam, denn das Glük deines 35
Bruders kann durch eine Uebereilung in dieser Sache einen ewigen Stoß
leiden. Ein großer Theil von Deutschland weiß von meinen Verhältnissen
gegen euren Herzog und von der Art meiner Entfernung. Man hat sich für
mich auf Unkosten des Herzogs intereßirt — wie entsetzlich würde die Achtung des Publikums (und diese entscheidet doch mein ganzes zukünftiges 40
Glük) wie sehr würde meine Ehre durch den Verdacht sinken, daß i c h
diese Zurükkunft gesucht — daß meine Umstände mich, meinen ehmaligen

Schritt zu b e r e u e n , gezwungen, daß ich diese Versorgung, die mir in
der großen Welt f e h l g e s c h l a g e n , aufs neue in meinem Vaterland
s u c h e . Die offene, edle Kühnheit, die ich bei meiner gewaltsamen Entfernung gezeigt habe, würde den Namen einer kindischen Uebereilung, einer
5 dummen Brutalität bekommen, wenn ich sie nicht behaupte. Liebe zu den
Meinigen, Sehnsucht nach dem Vaterland entschuldiget vielleicht im Herzen
eines oder des andern redlichen Mannes, aber die Welt nimmt auf das keine
Rüksicht. Uibrigens kann ich nicht verhindern, wenn der Papa es dennoch
thut — nur dieses sage ich D i r Schwester, daß ich, im Fall es der Herzog
10 erlauben würde, dennoch mich nicht bälder im Wirtembergischen bliken lasse,
als bis ich wenigstens einen C a r a k t e r habe, woran ich eifrig arbeiten
will; Im Fall er es aber nicht zugibt, mich nicht werde enthalten können, den
mir dadurch zugefügten A f f r o n t durch offenbare Sottisen gegen ihn zu
rächen. Nunmehr weißt Du genug, um vernünftig in dieser Sache zu rathen.
15   Schließlich wünsch ich Dir und Euch allen von ganzem Herzen ein glükliches Schiksal im 1784sten Jahr, und gebe der Himmel, daß wir alle Fehler
der vorigen in d i e s e m wieder gut machen, geb es Gott daß das Glük sein
Versäumniß in den vergangenen Jahren in dem jezigen hereinbringe.

Ewig Dein treuer Bruder

Friedrich S.

20

Warlich ein Beweis, wie er als Sohn, Bruder und Mann dachte, läßt sich
durch nichts so offen, kräftig und schön, als durch diesen Brief darstellen,
dessen Innhalt um so schäzbarer ist, da er in größtem Vertrauen geschrieben
wurde, und sich keine Ursache finden konnte, einen Gedanken anders aus-
25 zudrüken, als ganz so, wie er entstand. Denn diese Anhänglichkeit, diese
kindliche und brüderliche Liebe, war, nebst dem stolzen Gefühl für Ehre und
Erwerbung eines berühmten Nahmens, der mächtigste Sporn für ihn, um
durch sein Talent das Glük der seinigen, eben so gewiß als sein eigenes zu
befördern. Schon in Stuttgardt, noch ehe er den Vorsatz zu entfliehen gefaßt
30 hatte, war dieses sehr oft der Innhalt seiner vertrauten Gespräche; so wie es
auch, da er die Unmöglichkeit einsah, diesen Wunsch in seinen drükenden
Verhältnissen verwirklichen zu können, ein Grund mehr wurde, sich eigenmächtig zu entfernen. Auf das treueste schildert er zehen Jahre später, seine
damaligen Erwartungen, in dem Gedicht, die Ideale.

35   «Wie sprang, von kühnem Muth beflügelt,
Beglükt in seines Traumes Wahn,
Von keiner Sorge noch gezügelt
Der Jüngling in des Lebensbahn.
Bis an des Aethers bleichste Sterne
40 Erhob ihn der Entwürfe Flug,

Nichts war so hoch und nichts so ferne,
Wohin ihr Flügel ihn nicht trug.

Wie leicht ward er dahin getragen,
Was war dem Glüklichen zu schwer!
Wie tanzte vor des Lebens Wagen,   5
Die luftige Begleitung her!
Die Liebe mit dem süßen Lohne,
Das Glük mit seinem goldnen Krantz,
Der Ruhm mit seiner Sternenkrone,
Die Warheit in der Sonne Glantz!»   10

So waren seine Hoffnungen als er das kleinlichte, eigensüchtige der Menschen, noch nicht aus der Erfahrung kannte; als quälende Sorgen, mit ihren
zakigten Krallen, sich noch nicht an ihn geklammert hatten; als er noch glauben durfte, die Deutschen zu sich erheben, und ihnen etwas höheres als bloße
Unterhaltung darbieten zu können.   15
Nur zu bald mußte er ausrufen:

«Doch ach! schon auf des Weges Mitte,
Verlohren die Begleiter sich,
Sie wandten treulos ihre Schritte
Und einer nach dem andern wich.»   20

Aber sein Muth blieb dennoch unbeugsam! denn was tausend andere in
ähnlichen Verwiklungen niedergedrükt oder zur Verzweiflung gebracht
hätte, wurde von seinem mächtigen Geiste — der immer nur das höchste Ziel
im Auge behielt — entweder gar nicht beachtet, oder, wenn es auch
schmerzte, nur belächelt.   25
Im Verfolg der Erzählung wird das gesagte noch weiter bestätiget werden.
Noch während der Umarbeitung des Fiesko, wurde es eingeleitet, daß
Schiller in die deutsche Gesellschaft zu Mannheim, von welcher Baron Dalberg Präsident war, aufgenommen werden solle. Außer der, in Deutschland
so sehr gesuchten Ehre eines Titels, hatte der Eintritt in diese Gesellschaft 30
wenigstens den Vortheil, daß sie sich des unmittelbaren Churfürstlichen
Schutzes erfreute, wodurch denn der Dichter, im Falle er noch von dem
Herzog von Wirtemberg angefochten worden wäre, wenigstens einigen
Schutz hätte erwarten dürfen. Zu seinem Eintritte schrieb er die kleine Abhandlung, «Was kann eine gute, stehende Schaubühne wirken?» welche noch 35
immer die Mühe verlohnt, sie aufs Neue durchzulesen, um den Zwek des
Theaters überhaupt, und auch die Ansichten des Verfassers über die Wirkung
desselben, kennen zu lernen.
Einige Monate nach dieser Aufnahme faßte er den Plan, eine Dramaturgie
herauszugeben, durch diese die Mannheimer Bühne als Muster für ganz   40

Deutschland bilden, auch sich zugleich einen größern Wirkungskreis erwerben zu können. Anfangs glaubte man, daß es am besten seyn würde, die Aufsätze den Jahrbüchern der deutschen Gesellschaft einzuverleiben. Jedoch der ganze, so eifrig gefaßte und so viel versprechende Vorsatz scheiterte, indem diese Jahrbücher, die nur ernste, trokene Forschungen enthielten, durch Berichte über ein so flüchtiges Ding, wie das Theater zu seyn scheint, profaniert geworden wären; und weil die Theaterkasse die, von dem Dichter verlangte, jährliche Schadloshaltung von Fünfzig Dukaten, nicht zu leisten vermochte. (Das nähere hierüber findet sich in den Briefen an Baron Dalberg, S. 104—124.) Endlich, in der Mitten Januars 1784, wurde das Republikanische Schauspiel, Fiesko, aufgeführt, dessen, durch Unlenksamkeit der Statisten veranlaßten, häufige Proben, dem Verfasser manchen Aerger, viele Zerstreuung, und öfters auch Aufheiterung, verschafften. Es war alles, was die schwachen Kräfte des Theaters vermochten, angewendet worden, um das Aeußerliche des Stükes mit Pracht auszustatten; eben so wurden auch die Hauptrollen, Fiesko durch Bök; Verrina durch Iffland; der Mohr durch Beil; vortreflich dargestellt, und manche Scenen erregten, sowohl für den Dichter als für die Schauspieler, bei den Zuschauern, die lauteste Bewunderung. Aber für das Ganze, konnte sich die Mehrheit nicht erwärmen, denn eine Verschwörung in den, damals so ruhigen Zeiten, war zu fremdartig; der Gang von der Handlung viel zu regelmäßig, und, was vorzüglich erkältete, war, daß man in Fiesko ähnliche Erschütterungen wie bei den Räubern, erwartet hatte.

Dichter, Künstler, deren erstes Werk schon etwas großes, ausserordentliches darstellt, und dessen Bearbeitung in gleicher Höhe mit dem Innhalt sich findet, können selten die Erwartungen in demjenigen, was sie in der nächsten Folge liefern, ganz befriedigen, indem die Anzahl derer ganz unglaublich gering ist, die ein Kunstwerk ganz allein für sich, ohne in Beziehung oder Vergleichung mit anderem, zu würdigen verstehen. Mit seltenen Ausnahmen hat jeder Zuhörer oder Zuschauer, seinen eigenen Maasstab, mit dem er alles mißt, und, wenn auch nur eine Linie über oder unter der, als richtig erkannten Länge ist, es auch sogleich als untüchtig verwirft. Besonders werden die Werke der Einbildungskraft, weit mehr nach dem Gefühl, das sie zu erregen fähig sind, als mit dem Verstande beurtheilt, und alle Leistungen welche das erste in hohem Grade ansprechen — mögen sie übrigens noch so fehlerhaft seyn — werden der Menge weit mehr zusagen, als solche, bei denen der Verstand, die schöne, weise Vertheilung, die freie Beherrschung des Stoffes, den großen Meister andeutet. Daher hatte Wieland vollkommen Recht, als er in seinem ersten Briefe an Schiller'n schrieb «er hätte mit den Räubern nicht a n f a n g e n , sondern e n d i g e n sollen.»

Wir werden weiter unten erfahren, welcher Ursache es der Dichter beigemessen, daß Fiesko in Mannheim die gehoffte Wirkung nicht hatte.

Nach einigen Wochen Erholung begann er die Umarbeitung von L o u i s e
M i l l e r i n , bei welcher er wenig hinzuzufügen brauchte, wohl aber Vieles
ganz weglassen mußte. Schien ihm nun auch dieses ganze bürgerliche Trauerspiel ziemlich mangelhaft angelegt, so ließ sich doch an den Scenen, die den
meisten Antheil zu erregen versprachen, nichts mehr ändern; sondern er   5
mußte sich begnügen die hohe Sprache herab zu stimmen, hier einige Züge
zu mildern, und wieder andere ganz zu verwischen. Manche Auftritte, und
zwar nicht die unbedeutendsten, gründen sich auf Sagen die damals verbreitet waren, deren Anführung viele Seiten ausfüllen würden. Der Dichter
glaubte, solche hier an den schiklichen Platz stellen zu sollen, und gab sich   10
nur Mühe, alles so einzukleiden, daß weder Ort noch Person leicht zu errathen waren, damit nicht üble Folgen für ihn daraus entstünden.

Während dieser Umarbeitung brachte Iffland sein V e r b r e c h e n a u s
E h r s u c h t , auf die Bühne. Er war so artig es Schiller'n vor der Aufführung einzuhändigen und ihm zu überlassen, welche Benennung dieses   15
Familienstük führen solle, und dem der bezeichnende Nahme den es noch
heute führt, ertheilt wurde. Der ausserordentliche Beifall den dieses Stük
erhielt, machten die Freunde Schiller's nicht wenig besorgt, daß dadurch
seine L o u i s e M i l l e r i n in den Schatten gestellt werde, denn Niemand
erinnerte sich, daß ein bürgerliches Schauspiel jemalen so vielen Eindruk her-   20
vorgebracht hätte. Lezteres durfte jedoch meistens der Darstellung beigemessen werden, die so lebendig, der ganzen Handlung so angemessen war, und
in allen Theilen so rund von statten gieng, daß man den inneren Gehalt ganz
vergaß, und von der Begeisterung des Publikums mit fortgerissen, sich willig
täuschen ließ.   25

Nicht lange nachher kam die Vorstellung des neuen Trauerspiels unseres
Dichters an die Reihe, welchem Iffland, dem es vorher übergeben wurde, die
Aufschrift » K a b a l e u n d L i e b e « ertheilte. Um der Aufführung recht
ungestört beiwohnen zu können, hatte Schiller eine Loge bestanden, und
seinen Freund S. zu sich dahin eingeladen.   30

Ruhig, heiter, aber in sich gekehrt und nur wenige Worte wechselnd, erwartete er das Aufrauschen des Vorhanges. Aber als nun die Handlung begann — wer vermöchte den tiefen, erwartenden Blik — das Spiel der untern
gegen die Oberlippe — das zusammenziehen der Augenbrauen, wenn etwas
nicht nach Wunsch gesprochen wurde ⊢ den Blitz der Augen, wenn auf Wir-   35
kung berechnete Stellen, diese auch hervorbrachten — wer könnte diß beschreiben! — Während dem ganzen ersten Aufzuge entschlüpfte ihm kein
Wort, und nur bei dem Schlusse desselben wurde ein « e s g e h t g u t » gehört.

Der zweite Act wurde sehr lebhaft, und vorzüglich der Schluß desselben,   40
mit so vielem Feuer und ergreifender Warheit dargestellt, daß, nachdem der
Vorhang schon niedergelassen war, alle Zuschauer, auf eine damals ganz un-

gewöhnliche Weise, sich erhoben und in stürmisches, einmüthiges Beifallrufen und Klatschen ausbrachen. Der Dichter wurde so sehr davon überrascht, daß er aufstand und sich gegen das Publikum verbeugte. In seinen Mienen, in der edlen, stolzen Haltung, zeigte sich das Bewußtseyn sich selbst genug gethan zu haben, so wie die Zufriedenheit darüber daß seine Verdienste anerkannt und mit Auszeichnung beehrt würden.

Solche Augenblicke, in welchen das aufgeregte Gefühl eines bedeutenden Menschen, sich plözlich ganz unverholen und natürlich äußert, sollte man durch eine treue Zeichnung fest halten können; diß würde einen Character leichter und bestimmter durchschauen lassen, als in Worten zu beschreiben möglich ist.

Die ungewöhnlich günstige Aufnahme dieses Trauerspiels war den Freunden Schiller's beinahe eben so erfreulich als ihm selbst, indem sie, da seiner Arbeit nicht nur von Kennern sondern auch von dem Publikum ein entschiedener Vorzug vor andern ähnlicher Art gegeben wurde, hoffen durften, daß er durch neue Werke, nicht wie bisher, nur Ehre und Beifall, sondern auch solche Vortheile gewinnen werde, die seine Verhältnisse des Lebens befriedigender gestalten könnten. Der Theater Direction konnte es gleichfalls nur willkommen seyn, daß in den verflossenen zwei Jahren, auch zwei solche Stüke von ihm geliefert worden, deren Werth sich für eine lange Zukunft verbürgen ließ; und konnte er, wie es auch den Anschein hatte so fortfahren, so war seine geringe Besoldung sehr gut angelegt.

In der Berauschung, die ein öffentlicher, mit Begeisterung geäußerter Beifall immer zur Folge hat, konnte er jedoch die Nachricht der Schwester (S. vorstehenden Brief) daß die Mutter aus Sehnsucht nach ihm kränklich seye, nicht vergessen, und erlaubte es früher — nachdem keine seiner Erwartungen erfüllt war — sein Stolz nicht, seiner Mutter sich zu zeigen, so war dieser durch den Titel eines Mitgliedes der Churpfälzischen deutschen Gesellschaft, wie durch den überraschenden Erfolg seiner zwei lezten Stüke, in so weit wenigstens befriediget, daß er mit gerechtem Selbstgefühl seinen Angehörigen vor Augen treten durfte. Er entschloß sich daher, in B r e t t e n , einem, außerhalb der Wirtembergischen Gränze liegenden Städtchen, mit seiner Mutter und ältesten Schwester, zusammen zu kommen, und, wenige Tage nach der ersten Aufführung von K a b a l e u n d L i e b e , begab er sich zu Pferde, dahin.

Wäre es möglich, das tiefempfindende, Sorgenvolle Gemüth der Mutter, und die Wehmuth mit der sie ihren, nun aus seinem Vaterlande wie von seinen Eltern verbannten Liebling an die Brust drükte — die Lebhaftigkeit, den männlichen Verstand der Schwester — das zarte, weiche, sich immer edel und schön aussprechende Herz des Sohnes gehörig zu schildern; so wäre dieses wohl eines der anziehendsten Gemälde, die sich in dem Leben eines s o l c h e n D i c h t e r s , und einer so seltenen Familie, darbieten können.

Es muß der Einbildungskraft des Lesers überlassen bleiben diese Scene, nebst dem, nach kurzem Aufenthalte gewaltsamen Losreißen dreier, vortreflicher Menschen, die das von zitternden Lippen gepreßte Lebe wohl! für lange, lange Zeit ausgesprochen glauben mußten, sich theilnehmend ausmalen zu können.   5

Es war ganz natürlich daß der Wunsch des Vaters, wie der Mutter dem Sohne auf das angelegentlichste empfohlen wurde, sich doch um eine sichere, dauernde Anstellung zu bewerben, damit seine eigenmächtige Entfernung gerechtfertigt, und sein Glük dauerhaft begründet seyn möge. Allein mit allem guten Willen hierzu, konnte er eine solche Veränderung nicht sogleich 10 herbei führen, und es blieb vorläufig nichts zu thun, als mit dem festen Vorsatze nach Mannheim zurükzukehren, durch neue, sich auszeichnende Arbeiten, seinem Schiksale eine bessere Wendung zu geben. Er glaubte daß dieses ein Schritt dazu wäre, wenn er in Gesellschaft von Iffland und Beil, die zu Ende April von Grosmann in Frankfurt auf Gastvorstellungen einge- 15 laden waren, die Reise dahin machte, und dadurch den Kreis seiner Verehrer und Freunde, erweitern würde.

Bei seinem Aufenthalte daselbst wurde Verbrechen aus Ehrsucht, wie auch Kabale und Liebe gegeben. Seine Aeußerungen über die Verschiedenheit der Frankfurter gegen die Mannheimer Bühne, so wie über die Mitglieder von 20 beiden, finden sich in seinen Briefen an Baron Dalberg.

Daß sich in Frankfurt diejenigen welche Sinn für höhere Poesie hatten, an den Dichter drängten, der in so jungen Jahren schon so viele Beweise der Ueberlegenheit seines Geistes an den Tag gelegt, läßt sich sehr leicht denken. Denn die Zeit war damals so ruhig, so harmlos; die Gedichte und Schauspiele 25 Schillers trugen so sehr den Stempel der Größe und Neuheit, daß sich die jüngere Lesewelt nur mit diesen beschäftigte, und ihr alles, was zu gleicher Zeit die Presse in diesem Fache förderte, klein oder nichts-bedeutend schien.

Unter andern neuen Bekanntschaften, machte er auch die des Doktor A l b r e c h t s und dessen Gattin, welche leztere (S. Schröders Leben) später 30 das Theater betrat. Beide waren auch Freunde des Bibliothekar Reinwald in Meiningen, und erinnerten Schiller an die — allen, deren Wirken nicht blos durch die Einbildungskraft geschieht, ganz unbegreifliche — Nachläßigkeit, diesem, dem er so viele Verbindlichkeit hatte, seit der Abreise aus B a u e r b a c h , noch nicht geschrieben zu haben.   35

Kaum nach Mannheim zurük gekehrt, beeilte er sich, seinen Fehler durch ein offenes Geständniß wenn auch nicht zu rechtfertigen, doch wenigstens zu mildern, und schrieb Herrn Reinwald folgenden Brief, dessen Innhalt für jeden seiner Verehrer nicht anders als höchst anziehend seyn kann.

Mannheim den 5. Mai 84.

Bester Freund!

Mit peinigender Beschämung ergreif ich die Feder, nicht um mein langes Stillschweigen zu entschuldigen — kann wol ein Vorwand in der Welt Ihre gerechten Ansprüche auf mein Andenken überwiegen? — Nein mein Theuerster, um Ihnen diese Undankbarkeit von Herzen abzubitten, und Ihnen wenigstens mit der Aufrichtigkeit, die Sie einst an mir schäzten, zu gestehen, daß ich mich durch nichts als meine Nachläßigkeit rechtfertigen kann. Was hilft es Sie, wenn ich auch zu meiner Verantwortung anführe, daß ich Aussichten hatte, Sie diesen Frühling selbst wieder zu sehen, daß ich die Tausend Dinge, die ich für Sie auf dem Herzen habe, mündlich zu überbringen hoffte —

Dieser Traum ist verflogen, wir sehen uns nunmehr so bald nicht, und nichts als Ihre Freundschaft und Liebe wird mein großes Versehen entschuldigen. Glauben Sie wenigstens, daß Ihr Freund noch der Vorige ist; daß noch kein Andrer Ihren Platz in meinem Herzen besezt hat, und daß Sie mir oft, sehr oft gegenwärtig waren, wenn ich von den Zerstreuungen meines hiesigen Lebens in stilles Nachdenken übergieng — Und jezt will ich auch auf immer einen Artikel abbrechen, wobei ich von Herzen erröthen muß.

Wie haben Sie gelebt mein Theurer? — Wie steht es mit Ihrem Gemüth, Ihrer Gesundheit, Ihren Zirkeln, Ihren Aussichten in bessere Zukunft? — Ist noch kein Schritt zu einer solidern Versorgung geschehen? Müssen Sie Sich noch immer mit den Verdrüßlichkeiten eines armseligen Dienstes herum streiten? — Hat auch Ihr Herz noch keinen G e g e n s t a n d a u f g e f u n - d e n , d e r I h n e n G l ü k s e l i g k e i t g e w ä h r t e ? — Wie sehr verdienen Sie alle Seligkeiten des Lebens, und wie viele kennen Sie noch nicht! Auch um einen Freund mußte ich Sie betrügen! Doch nein! Sie haben ihn niemals v e r l o r e n , und werden ihn auch niemals verlieren.

Vielleicht wünschen Sie mit m e i n e r Lage bekannt zu seyn. Was sich in einem Briefe sagen läßt, sollen Sie erfahren. —

Noch bin ich hier, und nur auf mich kommt es an, ob ich nach Verfluß meines Jahres, nemlich am 1 7ber meinen Kontrakt verlängern will oder nicht. Man rechnet aber indeß schon ganz darauf, daß ich hier bleiben werde und meine gegenwärtigen Umstände zwingen mich beynahe auf längere Zeit zu contrahieren als ich vielleicht sonst würde gethan haben. Das Theater hat mir für dieses Jahr in Allem 500 f Fixum gegeben, wobei ich aber auf die jedesmalige Einnahme einer Vorstellung meiner Stüke Verzicht thun mußte. Meine Stüke bleiben mir frey zu verkaufen. Aber Sie glauben nicht mein Bester wie wenig Geld 600—800 f in Mannheim, und vorzüglich in theatralischen Zirkel, ist — wie wenig Seegen möchte ich sagen in diesem Gelde ist — welche Summen nur auf Kleidung, Wohnung und gewiße Ehrenausgaben gehen, welche ich in m e i n e r Lage nicht ganz vermeiden kann. Gott weiß, ich habe mein Leben hier nicht genossen, und noch einmal soviel als an jedem andern Orte verschwendet. Allein und getrennt! — Ohngeachtet meiner vielen Bekanntschaften dennoch einsam und ohne Führung muß ich mich durch meine Oekonomie hindurch kämpfen, zum Unglük mit allem versehen, was zu unnöthigen Verschwendungen reizen kann. Tausend kleine Beküm- 5 mernisse, — Sorgen, Entwürfe, die mir ohne Aufhören vorschweben, zerstreuen meinen Geist, zerstreuen alle dichterischen Träume, und legen Bley an jeden Flug der Begeisterung. Hätte ich Jemand, der mir diesen Theil der Unruhe abnähme, und mit warmer herzlicher Theilnehmung sich um mich beschäftigte, ganz könnt ich wiederum Mensch und Dichter seyn, ganz der 10 Freundschaft und den Musen leben. Jezt bin ich auch auf dem Wege dazu.

Den ganzen Winter über verließ mich das kalte Fieber nicht ganz. Durch Diæt und China zwang ich zwar jeden neuen Anfall, aber die schlimme hiesige Luft, worinn ich noch Neuling war, und meine von Gram gedrükte Seele machten ihn bald wieder kommen. Bester Freund! ich bin hier noch 15 nicht glüklich gewesen, und fast verzweifle ich, ob ich je in der Welt wieder darauf Anspruch machen kann. Halten Sie es für kein leeres Geschwätz, wenn ich gestehe, daß mein Aufenthalt in Bauerbach bis jezt mein seligster gewesen, der vielleicht nie wieder kommen wird.

Vorige Woche war ich zu Frankfurt, Grosmann zu besuchen, und einige 20 Stüke da spielen zu sehen, worinn 2 Mannheimer Schauspieler, Beil und Iffland Gastrollen spielten. Grosmann bewirthete mich unter andern auch mit K a b a l e und L i e b e. (Nicht wahr, jezt zürnen Sie wieder, daß ich noch den Muth habe, dieses Stük vor Ihnen zu nennen, da ich Ihnen auch nicht einmal ein Exemplar davon geschikt. Werden Sie mir vergeben, wenn 25 ich Ihnen sage, daß nicht nur dieses Stük, sondern auch beide andern für Sie schon zurükgelegt waren, daß ich fest entschlossen war, sie Ihnen selbst nach der hiesigen Vorstellung zu bringen, wovon mich eine traurige Nothwendigkeit abhielt, und daß ich das aufgegeben habe, als ich bei Schwan erfuhr, Sie hätten das Stük schon kommen lassen.) Hier zu Mannheim wurde es mit 30 aller Vollkommenheit, deren die Schauspieler fähig waren, unter lautem Beifall, und den heftigsten Bewegungen der Zuschauer gegeben. S i e hätte ich dabei gewünscht. — Den Fiesko verstand das Publikum nicht. Republikanische Freiheit ist hier zu Lande ein Schall ohne Bedeutung, ein leerer Nahme — in den Adern der Pfälzer fließt kein römisches Blut. Aber zu Berlin 35 wurde er 14mal innerhalb 3 Wochen gefodert und gespielt. Auch zu Frankfurt fand man Geschmak daran. Die Mannheimer sagen, das Stük wäre viel zu gelehrt für sie.

Eine fürtrefliche Frau habe ich zu Frankfurt kennen lernen — sie ist Ihre Freundin — die Madame Albrecht. Gleich in den ersten Stunden ket- 40 teten wir uns fest und innig aneinander; unsre Seelen verstanden sich. Ich freue mich und bin stolz, daß Sie mich liebt, und daß meine Bekanntschaft

sie vielleicht glüklich machen kann. Ein Herz, ganz zur Theilnahme geschaffen, über den Kleinigkeitsgeist der gewöhnlichen Zirkel erhaben, voll
edlen reinen Gefühls für Warheit und Tugend, und selbst da noch vereh-
rungswerth, wo man ihr Geschlecht sonst nicht findet. Ich verspreche mir
5 göttliche Tage in ihrer nähern Gesellschaft. Auch ist sie eine gefühlvolle
Dichterin! Nur mein Bester, schreiben Sie ihr über ihre Lieblingsidee zu sie-
gen und vom Theater zu gehen. Sie hat sehr gute Anlagen zur Schauspiele-
rin, das ist wahr, aber sie wird solche bei keiner solchen Truppe ausbilden;
sie wird mit Gefahr ihres Herzens, ihres schönen und einzigen Herzens, auf
10 dieser Bahn nicht einmal große Schritte thun — und thäte sie diese auch,
schreiben Sie ihr, daß der größte theatralische Ruhm, der Nahme einer
Clairon und Yates, mit ihrem Herzen zu theuer bezahlt seyn würde. Mir
zu Gefallen mein Theuerster, schreiben Sie ihr das mit allem Nachdruck,
mit allem männlichen Ernst. Ich habe es schon gethan, und unsere vereinigte
15 Bitten retten der Menschheit vielleicht eine schöne Seele, wenn wir sie auch
um eine große Actrice bestehlen. —

Von Ihnen mein Liebster, wurde langes und breites gesprochen. Madame
Albrecht und ich waren unerschöpflich in der Bewunderung Ihres Geistes,
und Ihres mir noch schäzbareren Herzens. Könnten wir uns in einen Zirkel
20 von mehreren Menschen dieser Art vereinigen, und in diesem engern Kreis
der Philosophie und dem Genuße der schönen Natur leben, welche göttliche
Idee! — Auch der Doktor ist ein lieber schäzbarer Freund von mir. Sein
ganzes Wesen erinnerte mich an Sie, und wie theuer ist mir alles, wie bald
hat es meine Liebe weg, was mich an Sie erinnert.

25 Noch immer trage ich mich mit dem Lieblingsgedanken, zurükgezogen
von der größern Welt, in philosophischer Stille mir selbst, meinen Freunden
und einer glüklichen Weisheit zu leben, und wer weiß ob das Schiksal, das
mich bisher unbarmherzig genug herumwarf, mir nicht auf einmal eine solche
Seligkeit gewähren wird. In dem lermendsten Gewühl, mitten unter den
30 Berauschungen des Lebens, die man sonsten Glükseligkeit zu nennen pflegt,
waren mir doch immer jene Augenblike die süßesten, wo ich in mein stilles
Selbst zurük kehrte, und in dem heitern Gefild meiner schwärmerischen
Träume herumwandelte, und hie und da eine Blume pflükte — Meine Bedürfnisse in der großen Welt sind vielfach und unerschöpflich, wie mein
35 Ehrgeitz, aber wie sehr schrumpft dieser neben meiner Leidenschaft zur
stillern Freude zusammen.

Es kann geschehen, daß ich zur Aufnahme des hiesigen Theaters ein pe-
riodisches dramaturgisches Werk unternehme, worin alle Aufsätze, welche
mittelbar oder unmittelbar an das Geschlecht des Dramas oder an die Critik
40 desselben gränzen, Plaz haben sollen. Wollen Sie mein Bester, einiges in
diesem Fache ausarbeiten, so werden Sie sich nicht nur ein Verdienst um mich
erwerben, sondern auch alle Vortheile für Ihre Börse davon ziehen, die

man Ihnen verschaffen kann, denn vielleicht verlegt und bezahlt die Kurfürstl. Theatercasse das Buch. Schreiben Sie mir Ihre Entschließung darüber. Daß ich Mitglied der kurfürstl. teutschen Gesellschaft und also jezt Pfälzischer Unterthan bin, wissen Sie ohne Zweifel.

Den Einschluß überschiken (oder überbringen) Sie an Frau von Wolzogen 5 und fahren Sie fort Ihren Freund zu lieben, der unter allen Verhältnissen des Lebens ewig der Ihrige bleiben wird.

Fried. Schiller.

Wer es tadeln wollte, daß vorstehender Brief, seinem ganzen Innhalte nach mitgetheilt worden, der möge erwägen, daß er ein sehr wichtiger Beitrag zur Kenntniß der Denkungsart, und der häuslichen Verhältnisse 10 Schiller's ist; und daß ein Zeugniß welches jemand von sich selbst ablegt, um vieles bedeutender seyn muß, als was andere aussprechen. Ungerechnet die feine Art, mit welcher er den, von ihm vernachläßigten Freund wieder zu gewinnen suchte, zieht er auch diejenigen welche glauben, sein Aufenthalt 15 in Mannheim wäre so angenehm gewesen, aus einem grossen Irrthum.

Mehrere Stellen dieses Briefes, als: die Klagen über sein häusliches Leben — über das unzulängliche seiner Einnahme — seine Zerstreuung und schwärmerischen Träumereien — die Sehnsucht nach Bauerbach pp fordern hier um so mehr einige Erläuterungen, als er ein viel zu bedeutender Mensch war, 20 um solche Umstände übergehen zu können, und weil hierüber ein Zeuge berichten kann, dem nichts verborgen oder verhehlt wurde.

Ist es für einen jungen Mann, der nicht Vermögen genug besitzt um sich eigene Bedienung halten zu können, eine, beinahe unmögliche Sache, seine Kleidung, Wäsche, Bücher, Schriften pp dergestalt in Ordnung zu halten, 25 daß keine Verwirrung entstehe; so ist dieses bei Dichtern, Künstlern, Gelehrten, oder überhaupt denjenigen die blos allein mit ihrer Einbildungskraft arbeiten und den Eingebungen ihres Geistes folgen müssen, noch weit weniger der Fall.

Je umfassender nun ein Genie, je höher seine Kraft, sein Wollen, seine 30 Plane sind, um so weniger kann es sich mit solchen Sachen befassen, die auch dem gewöhnlichen Manne schon als solche Kleinigkeiten erscheinen, daß er deren Besorgung unter seiner Würde erachtet. Wenn nun diese Abneigung auch bei solchen statt findet, deren wirken mehr nach vorgeschriebenen Regeln, als im erfinden, oder erschaffen besteht; um wie viel störender muß 35 es einem Dichter oder Künstler seyn, wenn er durch die Bedürfnisse des Tages, aus seinem Nachdenken, aus seiner Begeisterung gerissen, und gewißermaasen aus einer wärmenden Behaglichkeit in eiskaltes Wasser geworfen wird. Ließe sich eine Idee, ein Ausdruk fest halten, oder würde die Gedanken Reihe durch eine Unterbrechung dieser Art nicht so zerstreut, daß 40

man den Anfang und die Folge derselben, oft wieder aufs neue suchen muß,
so würde die Gedult keine so harte Probe bestehen müssen.

Man denke sich nun unsern Schiller, im brüten über dem Plan eines
Trauerspieles, in dem Entwurf einer Scene, in der Ausarbeitung eines Mono-
5 loges, und stelle sich vor wie ihm seyn mußte, wenn ihm reine Wäsche übergeben und die gebrauchte geforderte wurde — wenn er leztere erst suchen
und deren durchsichtigen Zustand erklären mußte — wenn er nach spätem
erwachen die wenigen Stüke seiner Kleidung beschädiget fand, — oder sein,
nur nach Viertelstunden bedungener Diener zu unrechter Zeit eintraf; man
10 denke sich dieses und glaube dann, daß er, trotz seiner Gutmüthigkeit, oft
in eine wiederliche Gemüthsstimmung gerieth.

Aus diesem Zustande hätte ihn nur weibliche Fürsorge erlösen können,
die aber in Mannheim fehlte, weil er abgesondert wohnte, sich auch seine
kärgliche Mittagskost, von der noch für den Abend etwas zurükgehalten
15 werden mußte, aus einem Gasthause holen ließ. Es würde übrigens eine sehr
belustigende und des Pinsels eines Hogarths würdige Aufgabe seyn, das
innere des Zimmers, eines, von immerwährender Begeisterung trunkenen
Musensohnes, recht getreu darzustellen; denn es würde sich hier durchaus
nichts bewegliches, und selbst das nicht, was sonst immer dem Auge entzogen
20 wird, an seinem Platze finden. Unordnung bei jungen Männern ist etwas
gewöhnliches, aber bei den, sogenannten Genie's, übertrifft sie jede Vorstellung.

Seine Einnahme während Acht Monaten sezt er selbst auf 500 f Reichswährung an. Wem dieses zu wenig scheint, dem darf versichert werden, daß
25 auch diese unbedeutende Summe noch beinahe um 100 f zu hoch angegeben
ist; denn ausser seiner Besoldung von 300 f die er vorausnehmen mußte,
konnte ihm nur der Ertrag des Drukes von Kabale und Liebe zufließen. Mit
diesen geringen Mitteln mußte er sich neu kleiden, Wäsche, Betten, Hausge-
räthe anschaffen; er mußte, wie er selbst sagt, sogenannte E h r e n a u s -
30 g a b e n , das heißt: kleine, gesellschaftliche Unterhaltungen, Ausflüge auf
das Land, mitmachen; daher er denn auch immer, nicht nur für den nächsten
Monat, sondern für die nächste Woche, ja oft für den nächsten Tag in Sorgen war, und doch immer schuldige Rükstände bezahlen sollte.

Zu dieser bangen quaalvollen Lage, gesellte sich dann auch noch das kalte
35 Fieber, welches, besonders im entstehen, alle Martern des Tantalus mit sich
führte. Denn der brennendste Durst, der heißeste Hunger, durfte nicht genugsam gestillt werden, um die Krankheit nicht zu unterhalten. Die Hülfen
dagegen, nur in Brechmitteln und Chinarinde bestehend, schwächten den
Magen eben so sehr als sie ihn belästigten; und wenn nichts mehr helfen
40 wollte, mußte man wohl den Rath des Arztes befolgen, und so viele China-
pulver als man sonst in 24 Stunden hätte gebrauchen sollen, zwei Stunden
vor dem Eintritte des Fiebers a u f e i n m a l nehmen; was freilich oft

half, aber ein solches Toben des Magens veranlaßte, daß man glaubte vergehen zu müssen, und was auf lange Jahre hinaus die übelsten Folgen
zurük ließ.

Möge der Leser, wenn er sich an den Schönheiten von Fiesko und Kabale
und Liebe ergötzt, oder in den herrlichen Scenen von Don Carlos seine   5
Gefühle schwelgen läßt, doch nie vergessen, daß unter so drükenden, beu-
genden Umständen, die obigen Stüke verändert, und der erste Act des leztern
gedichtet wurde. Alsdann erst wieder den Göttersohn bewundern, der unter
so vielen Uebeln seinen Geist immer thätig erhielt, und an der heiligen
Flamme nährte, die nicht von der Erde sondern von oben her leuchtet.   10

Man wird es begreiflich finden, daß der Augenzeuge dieser Lage, der
Freund des Dichters es später Nie mehr über sich gewinnen konnte, eines
dieser drei Stüke vorstellen zu sehen. So oft er den Versuch dazu machte, so
mußte er dennoch sich bei dem ersten Auftritte schon entfernen, weil ihn
ein Schmertz, eine Wehmuth befiel, die sich nur im freien stillen konnten.   15

Deutschland! Deutschland! du darfst dich deiner großen Söhne nicht rühmen, denn du thatest nichts für sie; du überließest sie dem Zufalle, und gabst
ihr geistiges Eigenthum jedem Preis, der sie, a u f   o f f e n e r   S t r a ß e
darum berauben wollte. Nur der eigenen Kraft, dem eigenen Muthe der
Einzelnen, nicht deinem Schutze, nicht deiner Fürsorge hast du es beizu-   20
messen, wenn andere Völker dich um deine großen Geister beneiden, und
sich an ihrem Lichte entzünden.

Wie wahrhaft sagt Schiller:
    Kein Augustisch Alter blühte,
    Keines Medizäers Güte,   25
      Lächelte der deutschen Kunst.
    Sie ward nicht gepflegt vom Ruhme,
    Sie entfaltete die Blume
      Nicht am Strahl der Fürstengunst.
    — — — — — —   30

    — — — — — — —

    — — — — — —
    Rühmend darfs der Deutsche sagen,
    Höher darf das Herz ihm schlagen.
    S e l b s t   erschuf er sich den Werth.   35

Wolle man diesen Ausbruch einer gerechten Klage verzeihen, die sich
immer wieder erneuert, so oft diese trüben Tage, des — jezt so hoch gefeierten — Dichters, der Erinnerung vorschweben.

Die Aeußerung in obigem Briefe, «daß sein Aufenthalt in Bauerbach bis
jezt sein seligster gewesen,» war ganz seinen damaligen Umständen ange-   40
messen. Dort, in diesem stillen Orte, in Gesellschaft und unter dem Schutze

einer wohlwollenden Freundin, hatte er keine Sorgen, durfte sich um die
Bedürfnisse des Lebens nicht bekümmern, brauchte kein Geld, weil die Gelegenheit zu Ausgaben fehlte, und konnte um so ungestörter seinen Träumen
nachhängen, als ihm zarte Achtsamkeit und Pflege, jede Mahnung an die
5 Kleinigkeiten des Tages, ersparten. Diese Ruhe, dieser behagliche Zustand,
war ihm so unvergeßlich, daß er, nach Versicherung seiner Schwester, noch
nach vielen Jahren die damalige Zeit, als die schönste und glüklichste seines
Lebens rühmte. Daß er sich über «tausend kleine Sorgen, Bekümmernisse,
Entwürfe die ihm ohne aufhören vorschwebten, und seinen Geist, seine dich-
10 terischen Träume zerstreuten pp» gegen Herrn Reinwald beklagte, kam daher, daß er in einer Gesellschaft, die jeden Augenblick Forderungen an ihn
machte, leben mußte, und lästige Frager, Besucher oder Amtsgeschäfte, nicht
zurük weisen durfte.

Ihm mußte alles Störung verursachen, da er wachend und träumend f ü r
15 nichts und i n nichts als Theatralischen Dichtungen lebte; in diesen, wie in
seinem eigentlichen Elemente sich befand; sie immerwährend ordnen, niederschreiben zu wollen schien, und dennoch bei der Menge sich ihm darbie-
tender Gegenstände, zu keiner Entscheidung gelangen konnte. Schon in
Stuttgardt hatte er sich vorgenommen, Conradin von Schwaben zu bearbei-
20 ten; später wurde er von Baron Dalberg aufgefordert den Don Carlos dafür
zu nehmen. Während er sich noch in Mannheim mit der Geschichte Spaniens
recht vertraut zu machen suchte, glaubte er es leichter, einen ganz eigenen
Plan zu erfinden, der bald diese, bald jene, aber immer eine tragische Entwiklung haben sollte. Endlich glaubte er einen solchen fest halten zu müssen,
25 in welchem die Erscheinung eines Gespenstes die Entscheidung herbei führte,
und beschäftigte sich so gänzlich damit, daß er schon anfing seine Gedanken
niederzuschreiben. Aber er gab den Plan wieder auf, indem es ihm unter der
Würde des Drama's und eines wahren Dichters schien, die größte Wirkung
einer Schrekgestalt schuldig seyn zu sollen. Er machte die richtige Unter-
30 scheidung daß ihn das Beispiel Shakespears, der in Cäsar und Macbeth einen
Geist erscheinen läßt, hierinne nicht rechtfertigen könne, indem dieser nur als
eine Nebensache angewendet worden, die weder auf die Handlung selbst,
noch auf deren Ausgang, den mindesten Einfluß ausübe.

Diese Unentschlossenheit in der Wahl; dieses immerwährende ausspinnen
35 einer verwikelten Begebenheit, ermüdete ihn aber weit mehr, als wenn er die
wirkliche Ausarbeitung begonnen hätte. Jedoch e r k o n n t e n i c h t a n -
d e r s . Es war seiner Natur ganz entgegen, an irgend etwas nur oberflächlich zu denken. Alles sollte erschöpft, alles zu Ende gebracht werden. Daher
beschäftigten sich seine Gedanken so lange mit einem Plan, bis er entweder
40 die Hoffnung einen wirkungsvollen Ausgang herbei zu führen, verlohr, oder
bis seine Kräfte ermüdeten, und er dann, um diese nicht ganz abzuspannen,
auf etwas anders übersprang. Seine Erregbarkeit für dichterische Gegen-

stände gieng ins unglaubliche. Er war dafür gleichsam eine immer glühende, nur mit leichter Asche bedekte Kohle. Ein Hauch und sie sprühte Funken.

Der Leichtigkeit gemäs, mit welcher er Plane zu Dramen schnell entwerfen konnte, hätte er einer der fruchtbarsten Schriftsteller für die Bühne werden können. Aber wenn es an das Niederschreiben kam, da erlaubte sein 5 tiefes Gefühl der Feder keine Eile. So wie er jede Sache in ihrem ganzen Umfange erfaßte, so sollte sie auch durch Worte nicht nur auf das deutlichste, sondern auch auf das schönste dargestellt werden. Daher das erschöpfende, volle, satte und runde seiner Ausdrüke und Wendungen, welche die Gedanken eben so wie das Gefühl aufregen, und sich dem empfänglichen Gemüthe 10 einprägen.

Solche Dichter, denen ihre Gaben nur sparsam zugemessen worden, sind um vieles mehr entschlossen. Kaum ist ein Gegenstand gefunden, so wird schon die Feder eingetaucht, damit die Arbeit schnell fertig werde. Schnell werden auch Vortheile damit erreicht, aber — 15

«der Ruhm mit seiner Sternenkrone»

kann nie auf einem solchen Haupte verweilen.

Während Schiller noch immer unentschlossen blieb, welche Handlung er zu einem neuen Trauerspiele wählen solle, war schon das Frühjahr verflossen und Baron Dalberg vernahm weder von ihm selbst noch von andern, daß er 20 sich für einen Stoff entschieden habe, wodurch denn die Hoffnung verschwand, in diesem Jahre noch ein neues Stük von ihm auf der Bühne zu sehen. Konnte dieses nicht geliefert werden, so war die Besoldung des Theaterdichters für Nichts ausgegeben, was der mageren Kasse nicht anders als schmerzlich seyn konnte. Um nun Schiller'n zur Arbeit anzutreiben, oder 25 wenn dieses nicht gelingen sollte, auf eine gute Art wieder los zu werden, beredete Baron Dalberg einen Bekannten desselben, seinen Hausarzt, den Hofrath M a i jenem zu rathen, das Studium der Arzneikunde wieder zu ergreifen; was eigentlich so viel heißen sollte, diese Feder, aus welcher schon die treflichsten Gedichte und drei Trauerspiele geflossen, welche alle andern 30 der damaligen Zeit übertrafen, und noch heute nach 50 Jahren auf allen deutschen Bühnen gegeben werden, wegzuwerfen, und dafür eine solche zu nehmen mit welcher blos Recepte ausgefertigt werden könnten.

Kaum eine Viertelstunde nachdem Herr M a i fort war, trat S. zu dem Dichter ein, der ihm, mit argloser, gutmüthiger Freude, den gemachten 35 Vorschlag berichtete, und denselben — wenn ihm auf einige Jahre Unterstützung zu theil würde — als das einzige Rettungsmittel aus seinem, sich täglich mehr verwirrenden Zustande, ansah. Er entschloß sich, alsogleich an Baron Dalberg zu schreiben, und obwohl ihm vorausgesagt war, daß nur eine hofmäßige, ausweichende Antwort darauf erfolgen würde, so ließ sich 40 sein edles, reines Herz, das andere nur nach der eigenen Weise beurtheilte, doch nicht abhalten, eine Bitte zu thun, die, zu seinem eigenen Besten, so wie zur Ehre des deutschen Nahmens, unerfüllt blieb.

Was hätte auch die Welt, was Schiller dabei gewonnen, wenn derjenige, den er als seinen hohen Gönner achtete, einige hundert Gulden daran gewagt
5 hätte, damit der Dichter wieder in einen Arzt, das heißt: in einen solchen Mann umgewandelt würde, der alles was er bisher geschaffen, vergäße — der den Boden, welcher schon so herrliche, prachtvolle Früchte getragen, wieder versumpfen ließe, um sein tägliches Brod sicherer als bisher erwerben zu können. Auch wären die Anstrengungen von neuen zwei Jahren, um so
10 gewisser vergeblich gewesen, da er sich wohl nie zu dem ängstlichen Fleiße, zu einer, in das kleinste eingehenden Theilnahme hätte herab lassen mögen, ohne die ein ausübender Arzt gar nicht gedacht werden, und ohne welche er nicht die geringsten Vortheile für sein Glük erwarten darf. Wahrscheinlicher weise hätte er sich in das Philosophische der Medizin geworfen; vielleicht —
15 wozu er nur zu viele Anlage hatte — hätte er ein ganz neues System der Heilkunde aufgestellt. Allein wie lange würde dieses gedauert haben? — Jedes Geschlecht sieht ähnliches entstehen, und jedes erlebt auch dessen Untergang. Sein Gebiet war ausschließend die Dichtkunst. Hier war er Held; hier war er Herrscher; hier fühlte er seine unbezwinglichen Kräfte, und nur
20 durch diese konnte er sich ein Reich errichten, das nie zerstört, und dessen Gränze wohl schwerlich von jemand überschritten wird.

Dieser Antrag hatte jedoch die gute Folge, daß er seinem bisherigen wanken, ein Ende machte; daß er sich ernstlich entschloß, alles andere vorläufig nicht mehr zu beachten, sondern seine ganze Zeit dem Don Carlos zu wid-
25 men. Von diesem hatte er schon mehrere Scenen entworfen; auch den Gang des Stükes so ausgedacht, daß er zwar der Geschichte nicht ganz wiedersprüche, doch aber der Character Philipps etwas gemildert erscheine. Ueberdenkt man den Innhalt seiner drei ersten Trauerspiele, so wird man die längere Ueberlegung des Dichters, so wie sein zaudern, sich schnell an diese
30 Arbeit zu wagen, sehr begreiflich finden. Im Don Carlos hatte er Charactere zu schildern, die sich in der allerhöchsten Sphäre bewegten; die nicht nur den größten Einfluß auf ihre Zeit ausübten, sondern auch der Menschheit die tiefsten Wunden schlugen. Wäre es nur darum zu thun gewesen, die handelnden Personen, wie die Geschichte es thut, als Tirannen, als blutdürstige
35 Henker zu zeichnen, so wäre die Schwierigkeit für ihn sehr gering gewesen.

Aber er mußte, oder wollte wenigstens, die verabscheuungswürdigsten Menschen, mit derselben Larve die sie im Leben, und besonders an Philipps Hofe trugen, getreu darstellen, ihre folgenden Handlungen andeuten, und das Ganze dennoch auf eine solche Art stellen, daß es ein höchst anziehendes
40 Schauspiel, aber keinem Zuschauer wiederlich wäre. Seine Gespräche verbreiteten sich nicht allein über den Plan selbst, sondern auch über die ganz neue Art von Sprache die er dabei gebrauchen müsse. Er wollte sie mit alle

dem Fluß und Wohllaut ausstatten, für welche er ein so äußerst empfindliches Gefühl hatte. Er glaubte daher auch, daß hierzu Jamben, der Würde der Handlung, so wie der Personen am angemessensten seyn würden. Im Anfang machte ihm dieses einige Schwierigkeit, indem er seit zwei vollen Jahren, durchaus nichts mehr in gebundener Rede geschrieben hatte. Jezt mußte er seine Ausdrüke rhythmisch ordnen; er mußte, um die Jamben fließend zu machen, versuchen, schon rhythmisch zu denken. Wie aber nur erst eine Scene in dieses Versmaas eingekleidet war, da fand er selbst, daß dieses nicht nur das passendste für das Drama seye, sondern, da es auch gemeine Gedanken heraus hebe, um so viel mehr das erhabene und die Schönheit der Ausdrüke, veredeln müßte. Seine Freude, sein Vergnügen über den guten Erfolg, erhöhten seine Lust am Leben, an der Arbeit, und er sah mit Ungedult der Abendstunde entgegen, in welcher er S. dasjenige was er den Tag über fertig gebracht hatte, vorlesen konnte.

Dieser kannte schon früher keinen höheren Genuß als die prachtvolle, so vieles in sich fassende, und dennoch so glatt dahin rollende Prosa seines Freundes. Nun aber mußte sein Gefühl sich in Entzüken verwandeln, als er Gedanken und Ausdrüke wie folgende —

> Ich stand dabei, als in Toledos Mauern
> der stolze Karl die Huldigung empfieng,
> als graue Fürsten zu dem Handkuß wankten,
> und jetzt in e i n e m — e i n e m Niederfall
> Sechs Königreiche ihm zu Füßen lagen.
> Ich stand und sah das junge stolze Blut
> in seine Wangen steigen, seinen Busen
> von fürstlichen Enschlüssen wallen, sah
> sein trunknes Aug durch die Versammlung fliegen,
> in Wollust brechen — Prinz — und dieses Aug
> sprach laut: «Ich bin gesättigt.»

nach den Gesetzen der Tonkunst aussprechen hörte.

Wie glüklich, wie erhebend waren solche Stunden in welchen der hohe Meister sein Werk einem reinen, warmen Sinne vorlegen, und den tiefen, unverfälschten Eindruk gewahren konnte, den es in dem Gemüthe des begeisterten Jünglings hervorbrachte. Jeder Vers wurde als treflich, jedes Wort, jeder Ausdruk als erschöpfend anerkannt, denn es war auch alles groß, alles schön, jeder Gedanke voll Adel. Er k o n n t e ja nichts gemeines hervorbringen.

Der enthusiastische Freund beschwor Schiller'n, bei ähnlichen Gegenständen sich doch gewis nie mehr zur Prosa herab zu lassen, indem er selbst warnehmen müsse, wie viele Wirkung schon die ersten Versuche erregten.

Nun arbeitete er sehr fleissig an diesem Trauerspiele, übte sich aber auch zugleich, um seine Einbildungskraft Zeitweise ausruhen zu lassen, in der französischen Sprache, die ihm seit zwei Jahren fremd geworden war, und welche er, sowohl zum lesen von Racine, Corneille, Diderot pp als auch zum übersetzen, sich wieder geläufig machen wollte. Zu lezterem bewog ihn besonders, seit das Project einer Dramaturgie rükgängig geworden, der Vorsatz, eine Monatschrift heraus zu geben, welche zwar vorzüglich theatralischen Arbeiten und Beurtheilungen gewidmet seyn sollte, von der aber auch andere Sachen, die für die Lesewelt anziehend seyn könnten, nicht ausgeschlossen wären. Das sammeln der Materialien für mehrere Hefte; das ausarbeiten derselben, welches in Mannheim, da er noch keinen Mitarbeiter hatte, ganz auf ihm lastete, beschäftigte ihn oft bis tief in der Nacht, erhöhte aber auch seinen Muth, weil er daraus größere Vortheile als durch Stüke für die Bühne zu ziehen hoffen durfte. Während diesen Anstrengungen, in denen er sich nur wenige Ruhe gönnte, und wo er alles zu ergreifen suchte, um sein Leben nur einigermaßen von Sorgen frei zu halten, wurde er an eine Verpflichtung gemahnt die er noch in Stuttgart eingegangen, und an die er nur mit Bangigkeit denken konnte.

Es ist aus seinem Briefe (S. pag. ⟨66⟩) aus Frankfurt an Baron Dalberg ersichtlich, daß er diesen auf die edelste, rührendste Art, um einen Vorschuß von 200 f gebeten, damit er die dringendsten Schulden, die seine schnelle Entfernung, zu bezahlen ihm unmöglich machte, damit tilgen könne. Er sagt dabei: «Ich darf es Ihnen gestehen, daß mir das mehr Sorgen macht, als wie ich mich selbst durch die Welt schleppen soll. Ich habe so lange keine Ruhe, bis ich mich von d e r Seite gereiniget habe.»

Diese, für einen reichen Mann so leicht zu erfüllende Bitte, wurde ihm aber nicht gewährt, sondern er wurde durch erregte Hoffnungen veranlaßt, seine wenige Baarschaft in Oggersheim, vollends aufzuzehren. Auch seine folgenden Verhältnisse gestatteten ihm nicht, die gemachten Versprechungen zu halten, und mit deren Erfüllung eine Last von sich abzuwälzen, die für sein wohlwollendes, für die Ehre sehr empfindliches Gemüth, die drükendste seines früheren und späteren Lebens war. Beinahe zwei Jahre schon, war die Gedult der Gläubiger, hingehalten worden; er durfte also die Meinung hegen, daß dieses vielleicht noch länger der Fall seyn könnte. Allein zu seinem nicht geringen Schreken kam es anders. Die Person welche sich für ihn auf obige Summe verbürgt hatte, wurde so sehr von den Darleihern gedrängt, daß sie aus Stuttgart nach Mannheim entfloh. Man sezte ihr nach, erreichte sie dort, und hielt sie gefangen.

Um sie für jezt und für die Zukunft zu retten, blieb kein anderes Mittel, als ihr die 200 f zu erstatten, für welche sie sich verbürgt hatte. Aber woher sollte diese, für den, der keine andere Sicherheit als die Früchte seiner Feder leisten konnte, sehr bedeutende Summe, aufgebracht werden. Von daher, wo

er schon zweimal vergeblich Hülfe suchte, durfte er keine gewärtigen. Auch
wollte er sich, da die ganze Sache ein Geheimnis bleiben sollte, nur jemand
vertrauen, von dessen Verschwiegenheit er versichert seyn konnte. Glüklicher
weise, war er mit einem sehr achtungswerthen Manne, dem Baumeister Herrn
A n t o n H ö l z e l , bei welchem S. wohnte, nicht nur bekannt, sondern   5
wurde von ihm auch ausserordentlich hochgeachtet, und dieser, so wenig er
auf Reichthum oder Wolhabenheit Anspruch machen konnte, scheute kein
Opfer um die verlangte Hülfe zu verschaffen, damit er aus einer Verlegenheit befreit würde, die von höchst nachtheiligen Folgen für ihn hätten seyn
können. Es wäre vielleicht möglich gewesen daß seine Eltern diesen Betrag 10
erlegt, oder wenigstens Bürgschaft dafür geleistet hätten; aber um dieses einzuleiten war die Zeit zu kurz. Um Rath zu schaffen durfte kein Augenblik
verlohren werden. Und dann war auch sein Stolz zu gros, um seine gefährliche Lage dem Vater zu enthüllen, welcher seine Flucht sowohl, als auch
seine ungewisse Verhältnisse, bisher immer misbilligt hatte.   15

Dieser höchst unangenehme Vorfall machte auf den gepeinigten Dichter
einen um so tieferen Eindruk, weil jezt durchaus nicht mehr abzusehen war,
wie, oder in welcher Zeit eine Rettung aus seinen Geldnöthen möglich seyn
würde. In dem, für ihn so fatalen Mannheim, war keine Erlösung aus den
Sorgen zu hoffen; denn bei so geringen Einkünften mußten sich seine Um- 20
stände immer tiefer und endlich auf einen solchen Grad verschlimmern, daß
ihm zulezt kein anderes Mittel zu Gebot gestanden hätte, als sich heimlich
zu entfernen.

Aber wohin??? — — — dis war eine Frage auf die keine Antwort sich
finden ließ.   25

Wie aber oft das dichteste, schwärzeste Gewölk sich plözlich öffnet, um
einen erquikenden Strahl der Sonne durchzulassen; oder auch der schwere
Arm des Schiksals über den harten Prüfungsschlägen selbst ermüdet; so geschah es hier, und der erste Schritt um Deutschland seinen edelsten Dichter
zu erhalten, wurde nicht von seiner Umgebung, die täglicher Zeuge seines 30
großen Characters war — auch nicht von denen, die von den Früchten seines Geistes Vortheile zogen, — sondern von solchen Menschen gethan, deren
Daseyn, ihm gar nicht bekannt war. Ganz unerwartet nemlich erhielt er
durch den Postwagen ein Päkchen, in welchem Vier Bildnisse, mit farbigen
Stiften auf Gips gezeichnet, nebst einer gestikten Brieftasche mit Schreiben, 35
sich befanden; welch leztere von der wärmsten, tiefsten Verehrung gegen
seine großartigen Arbeiten, so wie von der richtigen Würdigung seines
ausserordentlichen Dichtergeistes zeugten.

Wie wohltuend der Eindruk gewesen, den diese schöne Ueberraschung auf
Schiller'n machte; dieß kann selbst der Augenzeuge nicht gehörig beschreiben. 40
Obwohl er auch hierüber, sich eben so auf die edelste, männlichste Art, w i e
ü b e r a l l e s äußerte, so zeigten dennoch seine vermehrte Heiterkeit fast

in höherem Grade als seine Gespräche, wie erfreulich es ihm seye, in weiter
Ferne von gebildeten Menschen erkannt, hochgeachtet und wegen seinen
Leistungen geliebt zu werden; daß diese aus einem Gesichtspuncte angesehen
würden, welche ihn hoch über seine Zeit stellten — daß, wenn auch die mei-
5 sten welche ihn umgaben stumm blieben und nur Kälte zeigten, es noch
an manchen Orten Herzen geben könne, die für ähnliche Gefühle wie das
seinige schlagen — daß er, seiner bitteren, düsteren Verhältnisse ungeachtet,
sich durch eine solche Anerkennung weit höher, als durch Reichthümer, belohnt finde.

10   Hätten doch Herr Körner, seine Braut, deren Schwester, und Professor
Huber, von denen dieß die Abbildungen waren, sehen können, wie glüklich
diese Aufmerksamkeit Schiller'n machte; welche Ruhe, welche Zufriedenheit
dadurch in sein ganzes Wesen kam; wie es ihm schmeichelte, die erhaltenen
Beifallsbezeugungen mit seinen eigenen Ansichten übereinstimmend zu fin-
15 den; warlich sie hätten die süße Genugthuung empfunden, dem Dichter das
Vergnügen welches er ihnen durch seine Werke verschafft, reichlich vergolten
zu haben.

Wer nie in dem Falle war, bei sich selbst, oder bei andern warzunehmen,
wie stumpf, wie gebeugt der Geist endlich werden muß, wenn dasjenige was
20 das Talent erschafft, nicht gehörig gewürdiget, oder nicht verhältnismäßig
belohnt wird; der kann es auch unmöglich fassen, wie sehr eine unvermuthete Anerkennung des wahren Werthes, dem Selbstvertrauen, der Thätigkeit
eine Schnellkraft verleiht, die das ganze, frühere Empfindungs-Vermögen
so sehr verändert, daß derjenige, welcher so eben erst in sich zusammenge-
25 sunken war, plötzlich mit erhobenem Haupte, sich aufrichtet. Den Dichtern,
Künstlern ist es zwar immer angenehm, wenn ihre Verdienste durch Ehre,
Geld oder andere Zeichen des Beifalles belohnt werden. Aber höher als
alles dieses achten sie es dennoch, wenn die innersten Absichten ihrer Arbeiten
so gänzlich begriffen werden, daß sie in demjenigen der über sie urtheilt, und
30 ihnen Kenntnißreiche Lobsprüche spendet, ihr eigentliches Selbst erkennen.

Dieselbe Wirkung brachte diese Ueberraschung auf Schiller'n um so mehr
hervor, weil sie von Fremden ausgieng, er seine Umgebung schon gewohnt
war, und nur äußerst wenige sich fanden, welche seine hohen Darstellungen,
so wie den tiefen Sinn der in ihnen lag, genugsam hätten würdigen können.
35 Allmählig wurde auch die Hoffnung in ihm erregt, daß diese neuen Freunde
wol keine Verwendung unterlassen würden, um ihn aus seinem dermaligen
Zustande zu erlösen und in bessere Verhältnisse zu versetzen. Dieses bestätigte sich auch später in einem solchen Grade, daß es für denjenigen der sich
an den Werken des unsterblichen stärkt und kräftiget, noch heute eine Art von
40 Pflicht ist, dabei auch K ö r n e r ' s , seines e r h a l t e n d e n , unwandelbaren Freundes, eingedenk zu seyn.

Ehre demjenigen der einem, aus drükenden Lebensverhältnissen befreiten Talente, seine Achtung und Aufmerksamkeit beweist! Aber die größte Ehre sey dem, welcher einem hohen Geiste die Hindernisse wegräumt, die seinem freien wirken sich entgegen stellen, und der, n i c h t   s e i n e n   U e b e r - f l u ß ,   s o n d e r n   s e i n   N o t h w e n d i g e s mit ihm theilt.

Der Eifer und die Thätigkeit Schiller's schien durch den Briefwechsel mit den neuen Freunden, einen lebhafteren Schwung erhalten zu haben; denn er arbeitete nun ohne Rast an Don Carlos, und an dem ersten Hefte seiner Monatsschrift.

Eine angenehme Zerstreuung verschaffte ihm der Besuch seiner ältesten Schwester, welche, von Herrn R e i n w a l d begleitet auf kurze Zeit, nach Mannheim kam. Die blühende, kräftige Jungfrau schien entschlossen ihr künftiges Schiksal mit einem Manne zu theilen, dessen geringe Einkünfte und wankende Gesundheit, wenig Freude zu versprechen schien. Jedoch waren ihre Gründe dazu so edler Art, daß sie auch in der Folge es nie be- reute, das Herz ihrem Verstande, und einem vortreflichen Gatten, geopfert zu haben. Nicht lange nach der Schwester Abreise wählte H e r r v o n K a l b , damals Offizier in Französischen Diensten, allwo er die Feldzüge des Nordamerikanischen Befreiungskrieges mitgemacht und sich dabei sehr ausgezeichnet hatte, mit seiner Gemahlin und Schwägerin, seinen Aufenthalt zu Mannheim. Schiller lernte sogleich diese, in jedem Betracht edle Familie kennen, in welcher Frau von Kalb durch ihren richtigen Verstand und feine Geistesbildung, sich besonders auszeichnete. Für den Dichter war der Um- gang mit diesen seltenen Menschen eben so wichtig als erheiternd, indem kein Gegenstand der Literatur sich fand mit welchem diese Dame nicht ver- traut gewesen wäre; oder irgend eine Weltbegebenheit, bei deren Beurthei- lung man das umfassende, scharfsinnige und die klaren Ansichten ihres Ge- mahls, nicht hätte bewundern müssen.

Die Musik verschaffte S. das, noch stets im Andenken erhaltene, Glük, Frau von Kalb mehrmalen in der Woche zu sehen, und, da sie eben in der Dichtung eines Romans begriffen war, auch über andere Gegenstände mit ihr zu sprechen. Es war nichts natürlicher als daß sehr oft von Schiller und seinen Arbeiten die Rede war, von denen aber S. den Don Carlos den der Dichter jezt unter der Feder habe, weit über alles früher geleistete sezte. Die Neugierde der Fr. v. K. wurde durch die begeisterten Lobeserhebungen auf das höchste gespannt. Sie ersuchte Schiller'n einigemale, ihr doch etwas davon lesen zu lassen. Allein dieser wollte erst noch einige Scenen fertig machen, dann ins Reine schreiben, und, um jede Schönheit gehörig heraus zu heben, selbst vorlesen. Fr. v. K. fügte sich um so eher in diesen Aufschub, weil sie hoffte, daß einige weitere Scenen ihr Vergnügen erhöhen müßten, und sie auch davon den schönsten Genuß sich versprach, die, ihr mit so vie- lem Enthusiasmus angerühmte, prachtvolle Sprache, aus des Dichters eigenem

Munde zu vernehmen. Dieser brachte endlich eines Nachmittags seinen D o n
C a r l o s zu der, in der größten Erwartung harrenden Frau und las ihr
den fertigen Theil des ersten Actes vor. Lauschend heftete die Zuhörerin ihre
Blike auf den, mit Pathos und Begeisterung deklamirenden Verfasser, ohne
5 durch das leiseste Zeichen ihre Empfindung errathen zu lassen. Als dieser
geendiget hatte, fragte er mit der unbefangensten, freundlichsten Miene:
«Nun gnädige Frau! wie gefällt es ihnen?» Diese suchte auf die schonendste
Art einer bestimmten Antwort auszuweichen. Als aber wiederholt um die
aufrichtige Meinung über den Werth dieser Arbeit gebeten wurde, brach
10 Fr. v. K. in lautes lachen aus, und sagte: «Lieber Schiller! das ist das allerschlechteste was sie noch gemacht haben.» Nein! das ist zu arg, erwiederte
dieser; warf seine Schrift voll Aerger auf den Tisch, nahm Hut und Stok,
und entfernte sich augenbliklich. Kaum war er aus der Thüre, als Fr. v. K.
nach dem Papier griff und zu lesen anfieng. Sie hatte die erste Seite noch
15 nicht geendigt, als sie sogleich dem Bedienten schellte. «Geschwind, geschwind
lauf er zu Herrn Schiller; ich lasse ihn um Verzeihung bitten; ich hätte mich
geirrt, es sey das allerschönste was er noch geschrieben habe, er solle doch
ja sogleich wieder zu mir kommen.» Der Auftrag wurde eben so schnell als
genau ausgerichtet. Allein Schiller gab der Bitte kein Gehör, sondern kam
20 erst den folgenden Tag zu der feinsinnigen Frau, die zwar ihr erstes Urtheil
sehr willig zurüknahm, ihm aber auch erklärte, daß seine Dichtungen durch
die heftige, stürmische Art, mit welcher er sie vorlese, unausbleiblich verlieren müßten.

Als Kabale und Liebe wieder aufgeführt wurde, hatte Schiller die Auf-
25 merksamkeit den Nahmen des Hofmarschalls umschaffen zu wollen. Allein
Herr und Frau von Kalb dachten viel zu gros um sich durch einen erdichteten
Nahmen irren zu lassen, und wiedersezten sich einer Abänderung aus dem
sehr richtigen Grunde, daß ein anderer Nahme als der frühere die Vermuthung herbei führen müsse, als sey der vorherige auf jemand aus ihrer
30 Familie abgesehen gewesen.

Der Umgang mit diesen warhaft edlen, vortreflichen Menschen, nebst dem
Briefwechsel mit den Freunden in Leipzig, verschafften dem Dichter zwar
viele erheiternde Stunden, konnten aber dennoch seine häuslichen Verhältnisse, oder seine schwankende, unbestimmte Stellung nicht verbessern; son-
35 dern er mußte in so beunruhigenden Umständen, den Herbst, nebst dem
Anfang des Winters, noch eben so wie bisher zubringen, obwohl er sich mit
Sachen beschäftigte, welche nur der, ganz Sorgenfreien Laune, an den Tag
zu fördern möglich sind.

Endlich zu Anfang des Jahrs 1785 verbreitete sich in Mannheim das Ge-
40 rücht, der regierende Herzog von Weimar, werde auf einen Besuch zu der
Landgräflichen Familie nach Darmstadt kommen. Schiller, von seinem eigenen Verlangen wie von Herrn und Frau von Kalb angeeifert, wünschte

nichts so sehr, als bei dieser, aus den feinsten Kennern des warhaft Schönen, bestehenden Zusammenkunft sich als derjenige zeigen zu dürfen, der wohl würdig wäre, dem schönen Bunde in Weimar beigesellt zu werden, welcher den Nahmen seines hohen Beschützers auf die späteste Nachwelt übertragen würde. Die Güte, die Herablassung, nebst aufrichtiger Anerkennung großer 5 Eigenschaften, waren von dem Herzog von Weimar eben so zu erwarten, als das zuvorkommende Benehmen der Frau Landgräfin, gegen jeden ausgezeichneten Künstler oder Dichter sich schon so oft gezeigt hatte. Der Ruf von dem hohen Werthe der theatralischen Arbeiten Schiller's war keinem Deutschen unbekannt; daher die Empfehlungsbriefe von Herrn und Frau von Kalb, 10 nebst denen von Baron Dalberg, an die nächste Umgebung der fürstlichen Personen, mit freundlichster Berüksichtigung aufgenommen wurden.

Schiller's wichtigste Angelegenheit war, seinen Don Carlos in demjenigen Kreise bekannt zu machen, für den er eigentlich gedichtet schien. Hatte er darinne die richtigste Ansicht getroffen, die würdigste Sprache gewählt, so 15 durfte er nicht allein den ungetheilten Beifall der hohen Gesellschaft, sondern auch die wichtigste Entscheidung für seine Zukunft erwarten. Sein Wunsch Don Carlos selbst vorzulesen, wurde mit fürstlichem Wohlwollen gewährt und diese majestätische Dichtung mit so entschiedenem Antheil aufgenommen, daß es, bei einer folgenden Unterredung mit dem Herzog, von Schiller nur 20 einer leisen Bitte bedurfte, um von demselben eine öffentliche Anerkennung seines ausserordentlichen Geistes zu erhalten.

Schiller kehrte als R a t h des Herzogs von Weimar nach Mannheim zurük.

Konnte dieses einsilbige Wörtchen den Verdiensten des, schon damals alles 25 überragenden Dichters, auch keinen neuen Glantz verleihen, so hatte es, wenigstens für die Gegenwart, dennoch die Wirkung eines Talismans; denn seine Verhältnisse, von denen sich nur die traurigste Wendung erwarten ließ, gestalteten sich von nun an um vieles beruhigender; ja sie erhielten dadurch einen Anhaltspunct, der bis jezt nur ersehnt, aber nicht erreicht werden 30 konnte. Das Verlangen der Eltern, er möchte durch eine dauernde Versorgung einem Fürsten angehören, s c h i e n erfüllt; — seinen in Stuttgardt zurükgelassenen Tadlern wurde bewiesen, daß seine Talente im Auslande weit größere Würdigung, als in Wirtemberg gefunden; und auch solche, die gegen seine Arbeiten gleichgültig geworden waren, mußten für ihn eine 35 höhere Achtung gewinnen, da er von einem so vollgültigen Richter, als würdig befunden wurde, dem schönsten Geisterverein welchen Deutschland jemalen aufzuweisen hatte, für immer anzugehören.

Ohne daß Schiller es ahndete oder zu wissen schien, hatte dieser kleine Beisatz zu seinem Nahmen, dennoch einen sehr großen Einfluß auf ihn. 40 Sein Betragen wurde freier, bestimmter. Dieser Titel hatte in ihm die Gewißheit erwekt, sich ein neues, besseres Vaterland erwerben zu können. Die

Beurtheilungen des Theaters wurden kälter, schärfer ausgesprochen, als früher geschah. Seine Thätigkeit war wie neu belebt; auch arbeitete er jezt mit um so mehr Freude, je näher eine günstige Veränderung seines ihm bisher nur Unheil bringenden Aufenthaltes zu hoffen war.

5 Aber auch der T h e a t e r d i c h t e r , wurde von dem H e r r n R a t h nun mit ganz andern Augen angesehen, weil jener nie aus der begonnenen Bahn treten, weil er immer dieselbe Last tragen muß; wohingegen dieser, von Stufe zu Stufe, immer höher steigend, seinen Ehrenkreis erweitern kann. Vorzüglich aus lezter Ursache schloß er, daß sein Verbleiben in Mannheim, 10 ihm nicht nur unnütz, sondern sogar schädlich seyn müsse, weil es ihm nicht die geringste Verbesserung darbieten könne. Er leitete deshalb nicht nur mit seinen Leipziger Freunden, sondern auch mit Herrn S c h w a n das nöthige ein, um seinen bisherigen Aufenthalt im Anfang des Frühjahrs zu verlassen. Gegen das Theater selbst war er um so gleichgültiger geworden, weil es keine 15 seiner Erwartungen ganz erfüllt hatte; zum theil aber auch, weil der größte Theil der Mitglieder ihn jezt schmähte und erboßt auf ihn war. Dieser fast allgemeine Haß war durch die Beurtheilungen (in dem ersten Hefte der Rheinischen Thalia) der Darstellungen einiger Stüke veranlaßt, in welchen mehrere Mitglieder, die früher an vieles Lob von ihm gewöhnt waren, sehr 20 hart mitgenommen wurden. Diese Kritiken mußten um so mehr auffallen, als damals eine Zeitung oder ein Journal, sehr selten über einzelne Schauspieler etwas erwähnte, und diese ohnehin es mit den meisten Künstlern gemein haben, sich für vollkommen oder unfehlbar zu achten. Zu Anfang des März 1785 wurde alles von ihm veranstaltet um Mannheim bald verlassen zu kön-25 nen, welches durch erhaltene Wechsel aus Leipzig erleichtert, zu Ende des Monats auch wirklich ausgeführt wurde.

Den Abend vor seiner Abreise, welche bei Anbruch des kommenden Tages vor sich gehen sollte, brachte S. bis gegen Mitternacht bei ihm zu. Die vergangenen zwei Jahre, welche auf eine sehr unangenehme Weise von ihm 30 verlebt waren, berührte er nur in so ferne, als sie in ihm die traurige Ueberzeugung hervorgebracht, daß in Deutschland, allwo (1785) das Eigenthum des Schriftstellers wie des Verlegers, jedem Preis gegeben, ja als Vogelfrei erklärt seye, und bei der geringen Theilnahme höherer Stände an den Erzeugnissen der deutschen Literatur, ein Dichter, würde er auch alle andern, 35 der verflossenen oder gegenwärtigen Zeit übertreffen, ohne einen besoldeten Nebendienst, ohne bedeutende Unterstützung, blos durch die Früchte seines Talentes, unmöglich ein solches Einkommen sich verschaffen könne, als einem fleißigen Handwerksmanne, mit mäßigen Fähigkeiten dieses gelingen müsse.

Er war sich bewußt alles gethan zu haben was seine Kräfte vermochten, 40 ohne daß es ihm gelungen wäre, das wenige zu erwerben, was zur größten Nothwendigkeit des Lebens gezählt wird, noch weniger aber so viel, daß er bei seiner Abreise, auch seine Geldverbindlichkeiten hätte erfüllen können.

Von nun an sollte nicht mehr die Dichtkunst, am wenigsten aber das Drama, der einzige Zwek seines Lebens seyn, sondern er war fest entschlossen, den Besuch der Muse, nur in der aufgereiztesten Stimmung anzunehmen; dafür aber, mit allem Eifer sich wieder auf die Rechtswissenschaft zu werfen, durch welche er nicht nur aus jeder Verlegenheit befreit, sondern auch einen wol- 5 habenden, sorgenfreien Zustand zu erwerben hoffen dürfe.

Diesen Plan besprach er von allen denkbaren Seiten. Wenn auch eine sich als wiedrig zeigte, so wäre sie doch nicht von der demüthigenden Art, wie solche, die sich täglich dem Dichter darbieten, der, in der höheren Gesellschaft nicht aufgenommen; wenn er seine Feder der Bühne widme, sogar verachtet 10 seye; auf keinen Rang unter den Ständen Anspruch machen dürfe, und wie ein fremdes, heimathloses Wesen, seinen kärglichen Unterhalt mit unabläßiger Anstrengung erringen müsse. Seinen Talenten, seiner Beharrlichkeit traute er es zu, in weniger als einem Jahre die Theorie der Rechtswissenschaft, unterstüzt von den reichen Hülfsmitteln der Leipziger Universität, so weit 15 inne zu haben, daß er auch darinne, wie in der Arzneikunde, den Doktorhut nehmen, und dadurch sich nicht nur einen besseren sondern auch beständigeren Zustand bereiten zu können. Er glaubte den Schluß mit vollem Rechte machen zu dürfen, daß, wenn die Erlernung dieser Wissenschaft einem gewöhnlichen Kopfe in einigen Jahren möglich seye, so müsse es ihm — der 20 von Jugend auf zum studieren von Systemen angehalten worden — der in den zwei ersten Jahren die er in der Akademie zubrachte, bedeutende Fortschritte in dieser Wissenschaft gethan — der das Lateinische eben so geläufig wie seine Muttersprache inne habe — der Hallers Werke in drei Monaten sich so eigen gemacht, daß er eine Prüfung darüber mit Ehren bestehen 25 konnte — dem das nachdenken eine Lust, ein Bedürfniß seye — um so viel leichter werden, den Schnekengang anderer mit seinen weit ausgreifenden Schritten zu überholen, und schnell dahin zu gelangen, wo ihn, auch die kühnste Erwartung erst nach Jahren vermuthe.

Sein Vorsatz darüber war so fest; die Ausführung schien ihm so leicht; eine 30 ehrenvolle Anstellung bei einem der kleinen Sächsischen Höfe so nahe, daß er und der zurükbleibende Freund sich die Hände darauf gaben, s o l a n g e k e i n e r   a n   d e n   a n d e r n   s c h r e i b e n   z u   w o l l e n ,   b i s   E r M i n i s t e r ,   o d e r   d e r   a n d e r e   K a p e l l m e i s t e r   s e y n w ü r d e . Mit diesem feierlichen Versprechen, schieden beide voneinander. 35
Aber die himmlischen hatten anders über ihn beschlossen.

Sie ließen es nicht zu, daß eine solche Fülle von Gaben, reich genug um Millionen zu beglüken, nur auf einen engen Kreis beschränkt, oder ganz unfruchtbar bleiben sollten. Mit Liebe leiteten sie nun, an sanfter, gütiger Hand ihren begünstigten in die Arme von Freunden, die alles aufboten, da- 40 mit er seinem hohen Berufe nicht ungetreu würde; damit er die unendliche Menge des warhaft Schönen und Guten, welche er in sich trug, zur Veredlung

der Menschheit; zur Erleuchtung und Stärkung kommender Geschlechter; zu
unvergänglichem Ruhme seiner selbst, so wie zu dem seines eigentlichen
Vaterlandes, anwenden konnte.

Durch diese, nach allen Umständen getreue Erzählung, darf der Verfasser
5 glauben, eine sehr bedeutende Lüke, die sich — ohne irgend eine Ausnahme
— in a l l e n Lebensbeschreibungen des großen Mannes findet, ausgefüllt,
und einem künftigen Biographen die v o l l s t ä n d i g e Darstellung eines,
auf seine Zeit so Einflußreichen Lebens, erleichtert zu haben. Der verehrte
Leser wolle nun diese, von einem Augenzeugen gegebene Mittheilung, mit
10 den früher von andern dem Publikum vorgelegten, vergleichen, und dann
die Glaubwürdigkeit lezterer beurtheilen.

An Erfahrungen um vieles reicher; durch die Wiederwärtigkeiten der verflossenen drei Jahre mistrauischer geworden; keinen schwärmerischen Planen
für die Zukunft mehr nachhängend; nur das natürliche, erreichbare ins Auge
fassend; trat zu Ende des März 1785 Schiller seine Reise nach Leipzig an.

Er durfte mit Gewisheit erwarten, daselbst nicht durch glatte, zweideutige
Worte getäuscht zu werden, sondern solche Freunde zu finden, die dasjenige
was sie versprochen hatten, auch gewissenhaft erfüllen würden.

Von denselben vortreflichen Menschen, die ihm ihre Verehrung, ihre
Theilnahme durch Uebersendung ihrer Bildnisse bewiesen und dadurch die
ihn umgebende Nacht mit dem Schimmer der Hoffnung erhellten; von
Körner, dessen Braut Mina Stock und deren Schwester, beide Künst-
lerinnen, so wie vom Professor Huber, wurde er erwartet und mit alle
der Hochachtung und dem Zutrauen aufgenommen, die nicht allein
seine großen Talente, sondern auch das gemüthvolle seiner Briefe in
ihnen erregt hatten.

Welcher Unterschied gegen den 19ten Sept. 1782, wo er als Flüchtling in
Mannheim eintrat, aber von allen die früher Hülfe und Beistand zugesagt
hatten, verlassen blieb; gegen seinen jetzigen Zustand, in welchem die
offenste Herzlichkeit ihm entgegen kam und jeden Wunsch, wenn er auch
nicht laut ausgesprochen wurde, sogleich erfüllte.

Da Schiller zur Meßzeit nach Leipzig kam, so erleichterte dieß die Gelegenheit vielen Leuten bekannt zu werden, denen er als Verfasser der Räuber
besonders merkwürdig scheinen mußte. Wie sehr aber sein Aeußeres die vorgefaßte Meinung zerstörte, als müßte er eben so wild oder genial, wie eines
der Geschöpfe seiner Einbildungskraft aussehen; erzählt er selbst in einem
Briefe an Herrn Schwan, allwo er auch des Umganges mit bedeutenden
Männern der Literatur und des Theaters erwähnt.

In diesem, am 24ten April 1785 geschriebenen Briefe, der in H. Doering's
Lebensbeschreibung von Schiller nach seinem ganzen Innhalte p. 366 mitgetheilt ist; drückt er auch seinen festen Entschluß aus, das Studium der Arzeneikunde wieder vorzunehmen, und um seinen Freund zu überzeugen wie
sehr es ihm Ernst mit diesem Vorsatze seye, hält er um die Hand von dessen
Tochter an.

Es ist am Schlusse der zweiten Abtheilung gesagt worden, daß Schiller sich
vorgenommen hatte, in Leipzig sich ganz der Rechtsgelehrsamkeit zu widmen. Daß er nun wieder auf einen andern Theil seiner gemachten Studien
überspringen will, könnte ihm von Manchem als eine Unbeständigkeit, die
keinen männlichen Character andeutete, angerechnet werden. Wer aber dra-

matische Dichter kennt, und wer besonders diesen g r ö ß t e n genau
kannte, weiß nur zu gut, daß, ohne diesen Hang Plane zu machen, gar kein
Dramatiker vorhanden wäre. Hier aber trat der besondere Fall ein, daß
Schillers ganze Organisation nur für die Dichtung angelegt war, ihm aber
5 nicht einmal eine kärgliche Existenz gewähren konnte, und daß er nur gezwungen, nur als ein Nothmittel, eine, der ihm schon ziemlich geläufigen
Brotwissenschaften ergreifen wollte, bei deren Ausübung er noch immer so
viele Zeit zu gewinnen hoffte, um dasjenige für das er am mächtigsten ausgerüstet sich zeigte, nebenher zu betreiben. In Mannheim konnte es ihm
10 allerdings vortheilhafter scheinen, das Jus wieder vorzunehmen, weil er zum
R a t h des Herzogs von Weimar ernannt worden, und deshalb um so leichter Beförderung zu hoffen schien. Daß ihn aber seine neuen Freunde zu
überzeugen suchten, wie schwer, wie unmöglich es seye, daß ein Ausländer,
als Beamter in Sachsen eine Anstellung finde; und um wie vieles leichter es
15 wäre, wenn er als Arzt, dessen Kunst überall frei ausgeübt werden darf,
wieder aufträte; ist mehr als wahrscheinlich und mag zu seiner Sinnesände-
rung wol das meiste beigetragen haben.

Sein Wunsch, die Hand der Fräulein Schwan zu erhalten, hatte aber seinen
Ursprung nicht in einer starken, heftigen Liebe; indem er als einen Grund-
20 satz es öfters aussprach, daß auf die Wahl einer Gattin, tiefe Leidenschaft
durchaus keinen Einfluß haben dürfe, sondern konnte nur aus dem Verlangen entstehen, durch Mitwirkung des Herrn Schwan, endlich einen sicheren,
ruhigen Stand zu erlangen. Dieser aber willigte nicht in diese Verbindung;
denn er war nicht nur ein sehr thätiger, gewandter Geschäftsmann, sondern
25 kannte Schiller'n auch viel zu genau um nicht mit Gewisheit voraussehen zu
können, daß der Vorsatz wieder Arzt zu werden nur eine Selbsttäuschung
und es seinem jungen Freunde unmöglich wäre, irgendein anderes Geschäft
als Dichtung, mit ausdauerndem Eifer zu betreiben. Wie unbedeutend aber
das Glück seye, was ein deutscher Dichter, ohne Beihülfe gewißer Besoldung,
30 einer Familie bereiten könne, wußte Herr Schwan, als Buchhändler mit den
meisten Schriftstellern seiner Zeit bekannt, nur zu genau. Wollte jedoch durch
jemand die Angabe des vertrauten Freundes, daß Schiller's Neigung für
Fräulein Schwan, n i c h t d i e, alles überwindende, durch nichts zu be-
zwingende Liebe war, in Zweifel gezogen werden; so möge er in dessen
35 Leben von Frau von Wolzogen, zweiter Theil Seite 45, seine eigenen Aeußerungen hierüber nachlesen.

Der Kreis seiner neuen Freunde konnte ihn über die Versagung seines
Wunsches leicht beruhigen. Denn wie glücklich er auch in derem Umgang
seyn mochte, so waren es diese durch den seinigen, gewiß in einem noch weit
40 höheren Grade, indem dieselbe Kindlichkeit die aus seinen Briefen, die gleiche
Hoheit die aus seinen Arbeiten sprach, nun lebendig, in unerschöpflicher
Fülle sich zeigte und selbst das jenige was sie, von ihm entfernt, für den

Kern, für die reichste Blüthe seines Geistes halten mochten, nun als sein
eigentlichstes, persönliches Wesen erschien.

Bei dem Eintritt der schönen Jahreszeit, bezog der jetzt verehlichte Körner mit seiner Familie, von welcher Schiller nun ein unzertrennliches Mitglied
geworden war, das, nahe bei Leipzig gelegene Dorf Gohlis, allwo der größte   5
Theil des Sommers verlebt wurde. Hier, in der blühenden Natur, die Luft
der Freiheit athmend; von ängstlichen Sorgen befreit; in ununterbrochenem
Tausch von Freundschaft und Wohlwollen, konnte der Rhytmische Geist
des Dichters aus seinem langen Schlummer erwachen, und sich derjenigen
Thätigkeit wieder überlassen, für die am willigsten alle seine Kräfte zu-   10
sammen wirkten.

Nur jetzt oder Niemals konnte er das unsterbliche Lied an die Freude
dichten; Nur jetzt konnte es ihm gelingen das überschwengliche Gefühl seiner
Seele in Worten darzustellen, die noch von Niemanden so wahr, so erhaben,
so feurig, so ergreifend schön, ausgesprochen wurden. Seit drei Jahren war   15
nichts aus seiner Feder geflossen, was mit dem Nahmen eines Gedichtes
beehrt werden könnte; und dieses gänzliche stocken einer, sonst so reich
sprudelnden Quelle, spricht weit mehr für die Warheit dessen was über sein
Schicksal gesagt worden, als es, selbst besiegelte Zeugnisse zu thun vermöchten.   20

Die neue, erheiternde Lage in die er nun versetzt war, konnte nur beför-
dernd auf die Fortsetzung der Thalia und gänzliche Ausarbeitung des Don
Carlos, von dem er schon mehrere Scenen in genannter Zeitschrift bekannt
gemacht hatte, einwirken. Diese zwei Gegenstände wurden auch dann mit
gleichem Eifer fortgesetzt, als Herr Körner, der als Appellationsrath nach   25
Dresden versetzt wurde mit seiner Familie Ende Sommers dahin zog und
Schiller als innigster Freund die Gesellschaft desselben vermehrte.

Obwol er für seine Arbeiten jezt doppelt so viel Ehrensold als in Mannheim erhielt, auch seine, eines angenehmen Wohlstandes sich erfreuende Umgebung, ihn vor Mangel oder Unordnung schützte, so blieb sein Stand doch   30
immer noch ungewiß, wankend und von günstigen Zufällen oder seiner
Gesundheit abhängig. Es war daher ganz natürlich, daß seine Eltern, und
vorzüglich der Vater, um seine Zukunft ängstlich waren; sich deshalb wiederholt gegen die, nun verehlichte Tochter Frau Hofräthin Reinwald äußerten und diese dem Bruder die Klagen wieder mittheilte. Nachstehender Brief 35
des Dichters enthüllt uns wie dieser seine vorigen und dermaligen Aussichten
beurtheilte.

Die erste Hälfte dieses Schreibens, betrift zwar nicht diese; sondern enthält eine gelinde Misbilligung der Heirath seiner Schwester, die ihm, für ihr
äußeres und inneres Glück nicht so viel zu versprechen schien, wie er sie   40
würdig erachtete. Aber für einen Beleg, wie sein edles Herz auch als Bruder
fühlte, möge dem Ganzen hier ein Platz gegönnt seyn.

Dresden 28ten Sept. 85.

«Da Du mir Deinen gefaßten Entschluß wegen Reinwald nur historisch hast melden lassen, nachdem eure Verlobung vorbei ist, so sollte ich freylich vermuthen daß Dir an meiner Bestätigung nicht sonderlich viel gelegen seyn
5 werde. Doch, keine Vorwürfe meine gute Schwester — vielleicht habe ich durch meine vorhergegangene Z w e i f e l , durch den Anschein von M i ß - b i l l i g u n g , Dein Vertrauen zurückgescheucht, und Dein Verdacht in die U n b e f a n g e n h e i t meines Rathes, hat Deiner Freimüthigkeit gegen mich geschadet. Die Gegengründe die ich Dir aufgestellt, überwogen zwar
10 die Gründe, die ich bey Dir voraussetzte, aber Du behieltest vielleicht den hauptsächlichsten zurück, wobey Du mich nicht zum Vertrauten machen wolltest und konntest also niemahls hoffen meine Zweifel zu wiederlegen. Ich fürchte sogar, daß Du aus meiner Uebereinstimmung mit der Frau von Kalb auf ein Complott gegen diese Heyrath geschlossen hast, und wir beide
15 hatten zugleich das Schicksal Dein Vertrauen zu verlieren. Wie dem auch sey, die ganze Sache ist nun entschieden, und ich habe Dich bis jetzt so wenig auf Uebereilungen überrascht, daß ich in die überlegte Klugheit Deines Entschlusses nicht das mindeste Mißtrauen setze. Die B e h a r r l i c h k e i t meines Freundes die sich bey diesem Falle vorzüglich auszeichnet und die
20 Verbesserung seiner Glücksumstände, verändern ohnehin die ganze Gestalt der Sache und also natürlich auch meine Meynung. Du kennst ihn, und bist daher auf alles vorbereitet was unvermeidlich seyn wird, und wirst Dich in das zu finden wissen, was Dich nicht mehr überraschen kann. Er wird das O p f e r schätzen, das Du ihm gebracht hast, und Dich mit jedem Fall zu
25 verschonen trachten, wo es Dich reuen könnte. Alles hoffe ich von Deinem Verstand und seiner Rechtschaffenheit, und mit der nemlichen Warheit und Offenherzigkeit womit ich alle Einwendungen gegen Deinen künftigen Mann zu verantworten mich erbiethe, gebe ich jetzt meinen brüderlichen Seegen zu eurer Vereinigung. Mache ihn so glücklich meine Liebe, als Du verdienest
30 es durch ihn zu werden. Meine und der Frau von Kalb Briefe über diese Angelegenheit, bitte ich Dich ihm ausdrücklich zu zeigen. Sie werden ihn an die Pflichten erinnern, die er gegen Dich hat, und er wird sich Mühe geben, unsere Besorgnisse zu wiederlegen. Ich habe niemals aufgehört sein Freund zu seyn; sage ihm das, und auch meinem Vater. Unsre Mißverständnisse
35 waren nie etwas anderes, als eine Collision seiner Hypochondrie mit meiner Empfindlichkeit. Ich kann ihn nicht m e h r lieben als vorher, da er nur mein Freund war. Jetzt thue ich aus Pflicht, was ich damals aus Wahl gethan. Einst meine gute Schwester, wiegte sich mein Herz mit glänzenden Hoffnungen für Deine und Deiner Schwestern Glückseligkeit. — Meine Entwürfe
40 sind demüthiger worden, aber ich gebe noch keinen einzigen auf. So lang mich unter den mannigfaltigen Bizarrerien des Schicksals das Gefühl meiner Selbst nicht verlassen wird — hoffe ich Alles. Ich kann meinen Vater noch

9 Streicher

immer nicht überführen, daß ich durch den Verlust meines Vaterlandes Alles gewonnen habe. Freilich, meine Liebe, ich trat mit eigenmächtiger Zuversicht aus dem damahligen Kreis meiner Bestimmung heraus, der so eng und so dumpfig war, wie ein Sarg. Ich pochte auf eine innere Kraft, die meinem Vater ganz neu und chimärisch war und ich gestehe mit Erröthen, daß ich   5 ihm die Erfüllung meiner stolzen Ansprüche noch bis auf diesen Tag schuldig blieb. Ihn hätte es mehr befriedigt, wenn ich, seinen ersten Planen gemäß, in unbemerkbarer doch ruhiger Mittelmäßigkeit das Brod meines Vaterlandes gegessen hätte — Aber dann hätte er nicht zugeben sollen, daß eine unglückliche Schnellkraft in mir erwachte, daß sich mein Ehrgeiz entwickelte, dann 10 hätte er mit mir selbst, mich ewig unbekannt erhalten sollen. Das was er noch bis jetzt meine Uebereilung nennt, hat seinen Nahmen weiter getragen als er hoffen konnte. — Laut genannt zu werden, haben manche mit Aufopferung ihres Lebens und Gewissens gesucht; mich hat es nichts als drei Jünglingsjahre gekostet, die mir vielleicht in den nächstfolgenden wuchern 15 werden. Ich sehe rückwärts in mein Leben und bin frölich liebe Schwester und voll Muth für die Zukunft. Alle meine Schicksale verschwinden gegen das was ich gewann. — Schon allein die Eroberung einiger (und warum soll ich nicht sagen vieler) edler, herrlicher Menschen war den bedenklichen Glückswurf um mein Schicksal werth. Mein Vater ist 60 Jahre alt und hat 20 eine kleinere Liste solcher Freunde als ich, und diese Alle danke ich ja blos jenen getadelten chimæren!

Lebe wohl liebste Schwester! Unsern Eltern sage, daß sie von jetzt an um mich ganz unbesorgt seyn sollen. Alle ihre Wünsche und Projecte mit mir, werden weit unter meinem jetzigen glücklichen Schicksal bleiben. Grüße 25 Louisen und küsse meine Nannette. Schreibe mir bald und recht aufrichtig. Ich bin mit unwandelbarer Liebe Dein

zärtlicher Bruder
Fried. Schiller.»

Die Bemerkungen über die treffenden, herrlichen Aussprüche in dem 30 zweiten Theile dieses Briefes, können dem Leser selbst um so eher überlassen bleiben, je mehr sie die, schon so oft miskannte Warheit bestätigen; daß eine mächtige, innere Kraft, durch Hindernisse von Außen, Nie bewältiget werden kann.

Leider! lebte aber derjenige, der dem Rufe einer inneren Stimme, alle 35 Güter der Welt wirklich zu opfern bereit war, in einem Lande, unter einem Volke, wo die Dichtkunst, durch welche allein noch die Nationen bei der Nachwelt verherrlicht und im Gedächtniß erhalten werden, nur von wenigen geachtet und von noch wenigeren belohnt wurde. Wollte er seinen Freunden nicht endlich lästig werden: sollte seine Zukunft nur kümmerlich 40 gesichert seyn; so mußte er aus den höheren Regionen sich herab lassen und etwas ergreifen für das die Gewonheit schon einen Preis bestimmt hatte.

Aber weder die Rechtswissenschaft, noch die Arzeneikunde, vermochten seinen, durch und durch poetischen Sinn, anzuziehen. Noch weit eher die
5 Geschichte, die, gleich dem Plane eines Drama, unscheinbar beginnt, alle Verwicklungen desselben zeigt, und dann durch einen kleinen Anstoß, durch den Geist eines einzelnen Mannes, die überraschendsten Resultate gewährt. Durch die Bearbeitung des Don Carlos, wollte er anders seines Stoffes vollkommen Meister seyn; war er genöthigt, mit der Geschichte von Spanien, Frankreich
10 und der Niederlande, sich vertraut zu machen.

Von der Natur mit einem ungewöhnlich starken Ort- und Sachgedächtniß begabt, konnte er sehr leicht die kleineren Theile, so wie das Große, das Ganze sich gegenwärtig halten; und der erste, schwerste Schritt zum Geschichtschreiber war gethan, ehe er sich dessen bewußt seyn mochte.
15 Einen weiteren Reitz hierzu mußte auch die unzweifelhafte Aussicht geben, durch Auszeichnung in diesem Fache, einen Lehrstuhl auf einer der vielen deutschen Hochschulen sich zu erwerben, wodurch nicht allein der sehnliche Wunsch seiner Aeltern erfüllt, sondern seine Zukunft mehr gesichert seyn würde.
20 W i e er diese schwierige, sich selbst gestellte Aufgabe gelöst; wie sehr auch hierinne sein Nahme von jedem Deutschen mit Stolz genannt werden darf; bekräftigt seine Geschichte des Abfalls der vereinigten Niederlande, und die spätere, des dreyßigjährigen Krieges.

Neben dieser neuen Beschäftigung, betrieb er fortwährend die Vollendung
25 seines Don Carlos; und um noch weitere Abwechslung sich zu verschaffen, fügte er den Anfang eines Romans, der Geisterseher hinzu, dessen Nichtvollendung um so mehr bedauert werden darf, als er auch hierinne nicht zur Mittelmäßigkeit sich herab ließ, sondern wirklich das Vortreflichste dieser Art schuf.
30 Mitten unter diesen zum Aufbauen seines künftigen Glückes höchst wichtigen Arbeiten, wurde eine, in seinem Innern nur gedämpfte aber nie erloschene Leidenschaft ganz zufällig wieder aufgeregt und zu einer Flamme angefacht, deren Heftigkeit sein ganzes Selbst um so mehr ergriff, je tiefer sein Gemüth, und je reicher seine Einbildungskraft überhaupt war.
35 Bisher hatte er die Liebe nur oberflächlich, nur in ihren letzten Stadien kennen gelernt. Seine Neigungen hierinne, glichen mehr einer kurzen Berauschung, als dem wahren, innigen, jede Nerve beseeligenden Gefühl, das, im entstehen wenigstens, alle Sinnlichkeit ausschließt, und, indem das Herz von den äußerlichen Reitzen bezaubert ist, es sich der süßen Täuschung
40 überläßt, als sei es nur der Geist, die Anmuth, die Seele des geliebten Gegenstandes welche alle Empfindungen an sich ziehen, und jeden Gedanken anderer Art, als unheilig abweisen.

9*

Die Gewalt der er jetzt unterlag war um so mächtiger, da er hoffen durfte
die Liebe eines Mädchens gewonnen zu haben, die nicht nur Rang und Bildung besaß, sondern auch in dem Rufe stand, die vollkommenste Schönheit
Dresden's zu seyn. Fräulein v. A. nachmalige Gräfin von K.*** war die
glückliche die das große Dichterherz sich gänzlich unterthan machte. Ihr   5
war es vorbehalten dem jungen Manne solche Fesseln anzulegen, welche nicht
so leicht abzustreifen waren wie diejenigen, mit denen er früher so oft wechselte. Auf einem Maskenballe hatte er das reizende Fräulein kennen gelernt
und eine so günstige Aufnahme bei ihr gefunden, daß er dieses, ihm so viel
Wonne verkündende Zusammentreffen in einem eigenen Gedichte besang.   10

Da dieses nur in der ganz lezten Ausgabe seiner Werke vorkommt, so sey
es für diejenigen welchen diese unbekannt ist, hier vollständig mitgetheilt.

Am 2ten Mai 1787.

Ein treffend Bild von diesem Leben,
Ein Maskenball hat dich zur Freundin mir gegeben.   15
Mein erster Anblick war Betrug.
Doch unsern Bund geschlossen unter Scherzen,
Bestätigte die Sympathie der Herzen.
Ein Blick war uns genug
Und durch die Larve die ich trug   20
Las dieser Blick in meinem Herzen,
Das warm in meinem Busen schlug!
Der Anfang unsrer Freundschaft war nur Schein!
Die Fortsetzung soll Warheit seyn.

In dieses Lebens buntem Lottospiele   25
Sind es so oft nur Nieten die wir ziehn.
Der Freundschaft stolzes Siegel tragen Viele,
Die in der Prüfungsstunde treulos fliehn.
Oft sehen wir das Bild das unsre Träume mahlen
Aus Menschenaugen uns entgegen strahlen,   30
Der, rufen wir, der muß es seyn!
Wir hoffen es — und es ist — Schein.

Den edlen Trieb, der weich geschaffne Seelen
Magnetisch aneinander hängt —
Der uns, bey fremden Leiden uns zu quälen,   35
Bei fremdem Glück zu jauchzen zwingt —
Der uns des Lebens schwere Lasten tragen,
Des Todes Schrecken selbst besiegen lehrt,
Durch den wir uns der Gottheit näher wagen,

Und leichter selbst das Paradies entbehrt —
Den edlen Trieb — du hast ihn ganz empfunden,
Der Freundschaft seltnes, schönes Loos ist dein.
Den höchsten Schatz, der Tausenden entschwunden,
5 Hast du gesucht, hast du gefunden,
Die Freundin eines Freunds zu seyn.

Auch mir bewahre diesen stolzen Nahmen,
Ein Platz in deinem Herzen bleibe mein.
Spät führte das Verhängniß uns zusammen,
10 Doch ewig soll das Bündniß seyn.
Ich kann dir nichts als treue Freundschaft geben.
Mein Herz allein ist mein Verdienst.
Dich zu verdienen will ich sterben —
Dein Herz bleibt mein — wenn du das meine kennst.
15   Friedrich Schiller.

Jedoch so mächtig diese Leidenschaft von einer und so begünstigend von
der andern Seite auch war, so mußte sie dennoch unterdrükt werden. Denn,
so groß der Seelenadel, so reich die unvergängliche Gaben auch waren, mit
denen die Vorsehung den Dichter ausgestattet, so waren beide doch nur
20 himmlischen Ursprungs, die bei der Mutter des Fräuleins, um so weniger
Werth haben konnten, jemehr sie besorgt war, ihre Tochter mit denen
Gütern dieser Erde zu versorgen. Gewiß sprach der Schluß dieses schönen,
herzlichen Gedichtes, den vollen, wahren Ernst des Verfassers aus. Allein,
was sollte, was konnte eine zweklose, nur sich selbst zernagende Liebe
25 nützen? Mußte sie nicht die besten Kräfte des Dichters aufzehren, und ihn
von der Bahn ablenken, deren Ziel ihm so groß, so erhaben schien? Gewiß
sagte er sich dieses sehr oft, gewiß aber noch öfter seine Freunde die schon
so viel für ihn gethan hatten und nicht ohne schmerzlichen Antheil wahrnehmen mußten, wie eine Zeit, bestimmt herrliche Früchte zu tragen, seine
30 Gemüthsstimmung um diese hervorzubringen, und Geld, was so sparsam
zufloß, zwecklos vergeudet wurden. Es schien keine andere Rettung möglich
als den Ort seines Aufenthaltes zu ändern. Konnte aber ein Dichter der als
Jüngling wie als Mann die Liebe nur mit brennenden Worten schilderte, sich
wohl dazu entschließen, eine Stadt zu verlassen, in welcher ihn alles an das
35 Naheseyn der Geliebten mahnte, wo es ihm noch ein Bedürfniß, ein Trost
seyn mußte, dieselbe Luft mit ihr zu athmen? Welche Kämpfe mag es gekostet haben, bis er endlich, wie in seinem Gedichte, «Die Erwartung» sagen
konnte:

«O sehnend Herz, ergötze dich nicht mehr
40 Mit süßen Bildern wesenlos zu spielen

Der Arm der sie umfassen will, ist leer
Kein Schattenglück kann diesen Busen kühlen.»

Aber nicht nur die Unterdrückung seiner Leidenschaft, sondern auch die
Trennung von der Körnerischen Familie mußte ihm sehr schmerzlich seyn.
Bei dieser hatte er nicht nöthig seines Unterhaltes wegen bekümmert zu seyn,   5
und fand überdieß noch jede geistige Anregung in Gesprächen, oder im
Austausch der Ideen über dichterische Arbeiten. Sollte ihn jedoch der Kampf
gegen eine unüberwindliche Macht nicht für seine ganze Zukunft zerstören,
so mußte ein anderer Ort gewählt werden, um jene Freiheit wieder zu erlangen, welche zu jeder Art Thätigkeit so unentbehrlich ist.   10

Durch seinen Titel, Rath des Herzogs von Weimar, war ihm die Stadt
schon von selbst angewiesen, die er jezt erwählen sollte; wozu noch kam, daß
diejenigen Schriftsteller daselbst lebten, deren Werken er, schon in früher
Jugend die höchste Bewunderung gezollt, und sich schon lange mit der
Freude gewiegt hatte, sie in persönlichem Umgange kennen zu lernen. Eine   15
geistige Freundin in deren Hause er schon in Mannheim heimisch war, Frau
von Kalb, hatte sich seit einiger Zeit dort angesiedelt; er durfte gewis seyn,
dort sowol die beste Aufnahme, als auch [Trost] durch ihre Theilnahme zu
finden, und die verflossene Zeit allmählig verschmerzen zu lernen.

Im Frühling des Jahres 1787 reiste Schiller von Dresden ab, um sich   20
dahin zu begeben, wo er nach kurzen 18 Jahren sein Leben beschließen sollte.

Es konnte nicht fehlen daß ein junger Mann, über dessen dichterischen
Verdienste sich so viele Stimmen vereinten, von Herder und Wieland auf das
zuvorkommenste aufgenommen wurde, und daß Schiller auf diesem Boden
sich bald heimisch fühlte.   25

Obwol Wieland über Dom Carlos ein sehr hartes Urtheil öffentlich gefällt hatte, so besaß der Verfasser desselben doch zu viele Einsicht, um den
strengen Richter einer Ungerechtigkeit zu beschuldigen, oder nicht erkennen
zu wollen, wie viele nützlichen Warheiten ihm hier vorgehalten worden.
Man darf versichert seyn, daß er die Richtigkeit dieser Bemerkungen um   30
so mehr anerkannte, da ihm ähnliches schon bei den Räubern gesagt worden.
Die Masse von Ideen war bei ihm jedoch zu gros, zu reichhaltig; er mußte
sich aussprechen, indem er glaubte das Schöne nicht blos darum unterdrücken
zu müssen, weil es zu viel seyn konnte.

Auch läßt sich in den ersten Werken, kein wahres Genie von der Regel   35
beherrschen. Er hält sie für armselige Krücken, deren seine gesunde, kräftige
Glieder nicht bedürfen. Wie viel Papier muß verschrieben werden bis der
schöpferische Geist es lernt, den Innhalt eines Bogens in wenigen Zeilen darzustellen. Wie viele Farben verdirbt der Mahler, um es dahin zu bringen,
mit wenigen Strichen, uns die Gedanken, das Innere, die Seele eines Men-   40
schen auf das unzweideutigste vor Augen zu stellen.

Daß unsren Dichter vorzüglich Wieland sehr gut empfing, ließe sich, wenn auch jedes Zeugniß darüber fehlte, schon deshalb schließen, weil dessen harmloses, liebenswürdiges Gemüth, aller anmaaßenden Eifersucht unzugänglich war; er auch von seinem eigenen Werth, ohne einen Sieger be-
5 fürchten zu dürfen, viel zu sehr überzeugt seyn konnte. Auch waren, was nicht vergessen werden darf, beide Dichter Landsleute. Schließen sich diese, wo sie ferne von der Heimath zusammen treffen, gewöhnlich schon enger aneinander als bei Fremden der Fall seyn kann, so ist dieses (oder w a r ehmals) bei den Schwaben schon eine Art von Bedürfniß, weil ihr gutmüthi-
10 ges, argloses, zutrauliches Herz, sich hier um so leichter unverhohlen aufschließt, als es zuversichtlich auf einen Wiederhall sich verlassen darf. Es brauchte wohl nicht vieler Ueberredung um Schiller'n als Mitarbeiter für den Merkur zu gewinnen, indem er einen freundlichen Wunsch nicht versagen konnte, und außer einer näheren Berührung, mit dem, wie sich Dr. Gall in
15 einem Briefe ausdrückt, k i n d l i c h - n a i v e n W i e l a n d, auch noch andere Vortheile sich darboten, die ihn für die verwendete Zeit entschädigen konnten. War es also für den Herausgeber erwünscht wichtige Beiträge für sein Journal zu gewinnen, so mußte es für unsern Dichter ein großes Glük seyn, in einer Zeit zur Thätigkeit angereizt zu werden, wo die Erinnerungen
20 an die Leidenschaft, welcher er in Dresden entfloh, oft sehr schmerzhaft seyn mußten. Die Leere, die in einem solchen Falle im Herzen zurük bleibt, kann nur durch eine das Gemüth erhebende Arbeit einigermaaßen ausgefüllt werden, und er hatte eben so starken Willen als Stolz genug, den Menschen dem Dichter unterthänig zu machen. Jedoch, so vielen Werth seine Beschäf-
25 tigungen so wohl für ihn, als für die Welt haben konnten, so mußte er sich wohl öfters als einen freiwillig Verbannten um so mehr erachten, als er in Weimar zwar ebenso geistige als literarische Unterhaltung genug hatte, jedoch allen Umgang entbehren mußte, in dem er sein ganzes Herz, oder seine Empfindungsart unverholen darlegen konnte. In seiner Vaterstadt konnte
30 er der größten Offenheit sich ohne Rückhalt hingeben. War diß in Mannheim nur theilweise der Fall, so entschädigten dafür von einer andern Seite die duldsamen Sitten der Einwohner. Leipzig, Dresden waren größere Städte in denen er weniger beobachtet werden konnte. Ueberdiß war er mit der Körnerischen Familie so innig verbunden, daß er sich wohl noch freier, als
35 selbst im Elterlichen Hause bewegen konnte. Selbst die Götter Griechenlandes die er in dieser Zeit dichtete, konnten schwerlich diese Lücke seines Herzens ausfüllen, und er mochte wohl, im Rückblik auf die Vergangenheit in einem anderen Sinne, recht ernsthaft ausgerufen haben,

«Schöne Welt wo bist du! Kehre wieder!»

40 Wer den großen Dichter nicht von Person kannte, mag sich das gesagte, aus seinen Werken, in denen jedes Wort in sein inneres blicken läßt, selbst erklären.

Ein günstiges Geschick sorgte jedoch dafür, daß diejenige Kraft, die, eben so wie in der Natur selbst, zur Erschaffung warhafter Kunst und Dichterwerke unerläßlich ist, und ohne welche nur Saftlose Früchte oder mattfarbigte Blumen erzeugt werden, bei ihm nicht einschlummern oder zu lange unthätig bleiben solle, denn im Herbst dieses Jahres, lernte er das weibliche 5 Wesen kennen, das ihn stärker und dauernder wie jedes andere fesselte, und in dessen Gemeinschaft er sein künftiges, wirkungsreiches Daseyn, auf das glücklichste zu verleben hoffen durfte.

Auf einer Reise die er zu seiner, nun in Meiningen an den Bibliothekar Reinwald verheiratheten Schwester, und zu Frau von Wolzogen in Bauer- 10 bach unternahm, besuchte er auch in Gesellschaft eines Sohnes der lezteren, Frau von Lengefeld, welche mit ihren zwei erwachsenen Töchtern in Rudolstadt wohnte. Herr von Wrmb, dessen Freundschaft für ihn in dem Briefe an S. vom 8ten Jan. 1783 erwähnt worden, war der Bruder derselben Frau von Lengefeld, welche so viel Eindruck auf ihn machte daß er in die Worte 15 ausbrach: «Entweder ich werde noch der größte Dichter, oder der größte Narr!» Zum Glück für ihn und uns, beschwichtigten Zeit und Umstände seine heftige Aufregung daß nur das erste in Erfüllung gieng.

Bei diesem Besuche entschied sich seine Neigung für die jüngere Tochter so bestimmt, daß sie den ernsten Gedanken veranlaßte, sich mit ihr für sein 20 ganzes Leben zu verbinden. Frau von Wolzogen theilt uns die Briefe mit die er an ihre Schwester schrieb. Sie sind insoferne besonders merkwürdig, als keine Spur des Dranges oder der überwallenden Empfindung sich vorfindet, die doch in seinen Gedichten so stark den Leser ergreifen. Dagegen sind sie voll feiner, zarter Ausdrücke, die nur von dem Gegenstande gebraucht 25 werden können, der, durch Entfernung jeder Sinnlichkeit, mit der höchsten, innigsten Hochachtung geliebt wird.

Um der Familie von Lengefeld nahe zu seyn, bezog er bei Volkstädt über den Sommer 1788, eine eigene Wohnung. Hier lebte er, der Platonischen Freundschaft, und seinen Arbeiten, dem Geisterseher, und dem Abfall der 30 vereinigten Niederlande, hingegeben.

In dieser Zeit fand sich auch die Gelegenheit, daß er, in dem Lengenfeldischen Hause G o e t h e von Person kennen lernte. Dieser, von seiner ersten Reise nach Italien zurückgekommen, war in der Gesellschaft, als Weltund Hofmann sehr heiter und gesprächig, gegen Schiller aber nichts weniger 35 als zuvorkommend.

Die Ursache dieses Benehmens gegen den Dichter der damals schon vier Schauspiele geschrieben, deren Werth noch heute, und wohl auch in späterer Zeit anerkannt wird, erklärt uns Goethe in seiner Morphologie, auf eine Weise von der zu wünschen ist, daß ihm jeder Leser vollen Glauben schenke, 40 und gänzlich vergesse wer den Götz von Berlichingen verfaßt habe.

Schiller, der seine Kräfte nun wie ein Mann fühlte, und Ideale der Vollkommenheit in sich nährte, die wohl keinem Sterblichen je schöner vorschwebten, war durch diese Kälte auf sein Selbstgefühl zurükgedrängt, daher er sich auch nicht mit Wärme äußern konnte.

5 Ein Ausdruk in einem Briefe an Körner erklärt in den wenigen Worten «Seine Welt ist nicht die Meinige.» das natürliche der Spannung, und warum beide noch Sechs volle Jahre, so wenige Schritte ihre Wohnungen in Weimar auch trennten, sich entfernter als jemalen blieben. Die Geschichte des Abfalls der vereinigten Niederlande gab die Veranlassung, daß Schiller, nach-
10 dem der bisherige Professor der Geschichte Jena verließ, zu dieser Stelle von dem Geheimen Rath von Voigt und Goethe vorgeschlagen wurde.

Schwerlich würde er sich jedoch zu diesem Amte, das ihn seiner bisherigen Zwanglosen Lage entriß, entschlossen haben, wenn er nicht gehofft hätte, er würde dadurch mit einem festeren Stande, auch ein ergiebigeres Auskommen
15 erwerben, welches dann seine Verbindung mit Fräulein von Lengefeld um so eher erleichtern mußte, als es der sorgfältigen Mutter nicht verargt werden konnte, ihre Tochter nicht gerne einem Manne zu verwilligen, der blos allein von dem Ertrag seiner Feder oder den Zufälligkeiten des Buchhandels abhieng.

20 Im Frühjahr 1789 trat er zum erstenmale in Jena als Professor der Geschichte auf, und eröffnete seine Vorlesungen mit dem trefflichen Aufsatze: «Was heißt, und zu welchem Zwek studirt man Universalgeschichte?» Der Andrang zu seinen Vorträgen war von der Art, wie es sich von einer, durch seine Werke begeisterten Jugend erwarten ließ.

25 Konnte also diese Beschäftigung, bei welcher er sich vorbereiten, an Tage und Stunden binden mußte, und die seinem bisherigen freien Wirken so gänzlich entgegen stand, ihm wirkliche Freude gewähren? Konnte es ihn, dessen einziges Element nur Dichtung war, etwa nützen den Schlamm der Geschichte durchzuwaten, von den Thorheiten, Lastern, dem entstehen,
30 steigen, sinken, dem Untergange ganzer Nationen, Auszüge machen; sich die Tage, die Jahre der wichtigsten Begebenheiten anzeichnen, überhaupt eine Arbeit unternehmen, die, außer dem Wissen oder der Unterhaltung, um so Zwekloser erscheint, je weniger Einzelne, oder auch ganze Staatsversammlungen sich die Erfahrungen der Vorzeit zu Nutzen machen, sondern den-
35 selben Fehlern, denselben falschen Maasregeln wie ihre Vorgänger, unterworfen sind. Sind wir darum gebessert, daß er den Abfall der Niederlande in der gedrängtesten Sprache, den dreißigjährigen Krieg mit den lebhaftesten Farben darstellte? Die neuere Zeit hat nicht bewiesen, daß aus der ersteren Geschichte viel gelernt worden, oder daß bei ähnlichen Fällen, das Gewirre
40 weniger verwikelt, als in der zweiten seyn werde.

Wahr und vortreflich schrieb ihm der Coadjutor Dalberg, am Schluß seiner Bemerkungen über die Anwendung von Schiller's Talent:

«Hohes Darstellungs- BildungsVermögen, ist seltenes Geschenk der Natur. Forschungsgeist ist Werk des Fleißes, kann eher erworben werden. Schiller vereinigt beides, Bildungskraft und das schäzbare Ausdauern des Fleißes. Doch wünsche ich, daß er in ganzer Fülle dasjenige leiste, wirke, was nur E r leisten kann, und das ist D r a m a .　　　　　5

Wirkung auf die Menschheit hängt von dem Grade der Kraft ab, den der Verfasser in sein Werk legt. Thucydides und Xenophon würden nicht läugnen, daß Homer und Sophokles wenigstens eben so viel wie sie gewirkt haben.» U n d   n o c h   w e i t   m e h r , darf hinzugefügt werden.

Die Begebenheiten, die Handlungen welche die Geschichte erzählt durch- 10 laufen meistens den Raum vieler Jahre, wodurch die Aufmerksamkeit nur schwer in der nöthigen Spannung erhalten werden kann, um sich nicht zu zerstreuen oder zu ermüden. Man muß den Character eines Volkes, einer Parthey, einer Person erst in einen Brennpunct fassen, um ein deutliches, festes Bild der Einbildungskraft zu vergegenwärtigen, was gewiß die Sache 15 nur weniger Leser einer Geschichte ist. Wohingegen im Drama, uns alles lebendig vor die Augen geführt, jeder Gedanke des Helden entwikelt wird; wir nicht nur seine wirklichen Handlungen sehen, sondern auch in die Beweggründe, in die Veranlassung dazu eindringen, und das ganze Seyn und Wesen eines Menschen, entkleidet von jeder täuschenden Aussenseite erfassen 20 können.

Es leidet wohl keinen Zweifel, um nur die bekanntesten Beispiele anzuführen, daß die Begebenheiten eines Richard des dritten, Macbeth, Wallenstein, Wilhelm Tell so wie vieler anderer, in der erzählenden Beschreibung, sich dem Gemüthe bei weitem nicht so deutlich oder lebhaft einprägen als 25 es durch eine dramatische Behandlung geschieht. Der Nutzen des Geschichtstudiums bleibt fast ohne Ausnahme, bei allen, b l o s   a u f   d a s   W i s s e n beschränkt. Denn in welchem glüklichen, beneidenswerthen Zustande müßten wir schon seyn, wenn uns die Fähigkeit verliehen wäre, die Erfahrungen früherer Zeit zu benützen, ihre Fehler zu umgehen; wenn nicht jeder sich 30 schmeichelte als eine Ausnahme der Regel zu gelten, oder sich die Kraft zutraute gegen Strom und Wellen zu schwimmen. Für Thoren giebt es ohnehin keine Geschichte, und dem wahren Weisen erscheint nur das von wirklichem Werthe zu seyn, was Einzelne zum besten ihrer Gattung vollbracht haben.　　　　　35

Brachte die amtliche Beschäftigung dem Geiste des großen Dichters auch keinen besonderen Nachtheil, so läßt sich ein bedeutender Nutzen doch schwerlich davon erweisen. Er verlohr einige seiner besten Jahre, um ein kümmerliches Daseyn zu gewinnen; um einen geringen, kleinen Theil dessen zu erwerben, was einem Dichter wie er war, bei einer andern Nation, welche, 40 wie Bürger sagt, Arbeiten des Geistes besser als Arbeiten der Faust zu belohnen weiß, auf das reichlichste und Ehrenvollste zugeflossen wäre.

So Ernst es ihm bei seinem Talente, bei der Redlichkeit die Pflichten seines Amtes zu erfüllen, mit seinen Vorlesungen auch wirklich war, so groß, so warhaft philosophisch er schon in seiner Antrittsrede den eigentlichen Zwek ihres Studiums auseinander setzte, so spricht sich dennoch in dieser Rede
5 selbst der ächte, dichterische Geist, der durch die Flügel seiner Einbildungskraft das Nächste an das Entfernteste, das Ungeheuerste an das Kleinste zu verbinden weiß, zu lebhaft aus, als daß man nicht wünschen sollte, er möchte seinen Vorsatz ausgeführt und eine Begebenheit neuerer Zeit in einem Epischen Gedichte dargestellt haben, wodurch er seiner Nation ein
10 Werk hinterlassen hätte, welches, in der Macht über die Sprache, in der Kraft der Darstellung, in dem Lebensvollen seiner Gemälde, gewis verdient hätte, den schönsten Werken aller Zeitalter beigesellt zu werden. Aber zu einem solchen Unternehmen, wären Jahre, wäre ein sorgenfreier Zustand erforderlich gewesen, den er sich in Deutschland, seinem Vaterlande, zu
15 verschaffen, auf keine Weise möglich machen konnte.

An Fleis in seinem neuen Fache, ließ er es nicht fehlen. Diß beweisen die Memoiren die er in diesem Jahre herauszugeben begann, so wie die Meisterhafte Einleitung hierzu, die mit so vieler Tiefe, so vieler Uebersicht eines großen Ganzen verfaßt ist, daß derjenige, der seine dichterischen Werke
20 nicht kannte, zu der Ueberzeugung verleitet werden mußte, er habe Nie etwas anders als Geschichte sich zur Beschäftigung gemacht.

Freilich hatte auch seine Liebe zu Fräulein Lengefeld, sehr bedeutenden, wo nicht den wichtigsten Einfluß auf seine Arbeit, welcher er, ohne durch den Gedanken an eine immerwährende Vereinigung mit ihr, angespornt zu
25 seyn, gewis früher entflohen wäre.

Wie beseligend dieser Zustand ihm seyn mußte, wie erhebend diese zarte, feine Empfindung auf ihn wirkte, läßt sich in den Briefen an das Mädchen die seinen unsterblichen Nahmen mittragen sollte, am besten entnehmen.

Für den Dichter, den Künstler ist es wirklich zu beklagen, wenn eine solche
30 die Phantasie stets nährende Gemüthstimmung nur von kurzer Dauer ist. Er sollte sie verlängern, seinen reizenden Fiebertraum in einen langen Faden ausspinnen, damit die Sehnsucht Bilder auf Bilder hervorbringe, die in den Herzen der Menschen den meisten Anklang finden.

Aber auch der geistigste Mensch unterliegt endlich den unveränderlichen
35 Naturgesetzen, und um so früher, je kräftiger einige Eigenschaften in ihm ausgebildet sind, deren Wirkung nothwendiger weise auch auf die Verrichtungen des Geistes Einfluß äußert, und eine Unruhe, ein ununterbrochenes Sehnen zur Folge hat, die nicht anders als durch den ungestörten Besitz des geliebten Gegenstandes erreicht wird.
40 Lange möchte dieser ungewisse Zustand noch gedauert haben, wenn nicht der edle Dalberg Coadjutor von Mainz, dem Dichter, außer öfterer und wirksamer Unterstützung, auch mit dem Versprechen zu Hülfe gekommen

wäre, er würde, wenn er als Churfürst zur Regierung gelangte, Schiller'n mit
einer bedeutenden Besoldung in der Art anstellen, daß ihm seine ganze Zeit
zu freiem Gebrauche überlassen bliebe. Auf diese Zusage vertrauend, durch
thätige Freundschaft unterstützt, wagte er endlich bei Frau von Lengefeld
um die Hand ihrer Tochter zu bitten. Daß die Gewährung erfolgte, darf als 5
eine seltene Ausnahme damaliger Zeit, in welcher der Siebenjährige Krieg
schon ganz aus dem Gedächtniß verschwunden, und der, so viele Glüksgüter
und Familienverhältniße zerstörende Freiheits Krieg noch nicht ausgebrochen war, angesehen werden, obwol Schiller seine edle Abkunft von Mütterlicher Seite, hätte darthun können. Aber das Diplom des höchsten Adel- 10
standes was ihm die gütige Natur verliehen, möchte wohl auch hier Standes-
rüksichten in den Hintergrund gestellt haben.

Durch die am 22ten Febr. 1790 erfolgte Trauung mit Fräulein von Lengefeld, sah er sich endlich am Ziel der Wünsche, von deren Erfüllung er das
höchste, was das Leben an Glükseligkeit verleihen kann, um so eher hoffen 15
durfte, als sein mildes Gemüth, seine bescheidenen Forderungen an andere; so
wie die richtige Kenntniß des menschlichen Herzens, jede zu hochgespannte
Erwartung dämpfte, und er auch einer der seltenen Männer war, die, sich
selbst vergessend, das höchste der Liebe nur darinne finden, dem auserwählten Gegenstande alle die Wonne zu bereiten, die zu verschaffen möglich ist. 20

Fast möchte man sich wundern, daß er seine Empfindungen hierüber nicht
in einigen Gedichten aussprach, wenn man nicht wüßte wie sehr überhaupt
von ihm darauf gehalten wurde, daß die wahre Dichtkunst nichts Eigen-
süchtiges an sich trage, und wie scharf er an B ü r g e r es gerügt hatte, daß
meistens bei ihm das I c h , der begeisternde Gott gewesen seye. 25

Da die Herausgabe der Thalia, der Memoiren, nebst andern Arbeiten,
vielen Antheil fand, folglich auch für seine häuslichen Verhältniße lohnender
war, so konnte er das berauschende Gefühl der Honigmonde des Ehestandes
um so heiterer genießen, als kleinliche, ängstliche Sorgen nun von ihm entfernt waren. 30

Wie belebend dieses neue Verhältniß auf ihn gewirkt, theilt er seinem
Freunde Körner in folgenden Worten mit.

«Es lebt sich doch ganz anders an der Seite einer lieben Frau als so verlassen und allein. Jetzt erst genieße ich die schöne Natur ganz und lebe in
ihr. Es kleidet sich wieder um mich herum in dichterische Gestalten und oft 35
regt sich's wieder in meiner Brust. Was für ein schönes Leben führe ich jetzt.
Ich sehe mit frölichem Geiste um mich her, und mein Herz findet eine so
schöne Nahrung und Erholung. Mein Daseyn ist in eine harmonische Gleichheit gerückt; nicht leidenschaftlich gespannt, aber ruhig und hell gehen mir
diese Tage dahin. — Meinem künftigen Schicksale sehe ich mit heiterem 40
Muthe entgegen. Jetzt da ich am erreichten Ziele stehe, erstaune ich selbst,
wie Alles doch über meine Erwartungen gegangen ist. Das Schiksal hat die

Schwierigkeiten für mich besiegt; es hat mich zum Ziele gleichsam getragen.
Von der Zukunft hoffe ich alles. Wenige Jahre und ich werde im vollen
Genusse meines Geistes leben; ja ich hoffe, ich werde wieder zu meiner Ju-
gend zurük kehren; ein inneres Dichterleben gibt mir sie zurück.»

5 Welche Milde, welche Bescheidenheit spricht aus diesen Worten! Nicht den
kleinsten Theil seines Glückes glaubt er seinen Verdiensten beimessen zu dürfen. Er, dessen Laufbahn so voller Dornen war, fühlte sich groß genug um
diese zu vergessen, um seinem Freunde, dem er doch seine geheimsten Gedanken hätte vertrauen dürfen, zu sagen: «Das Schicksal hat die Schwierig-
10 keiten für mich besiegt, es hat mich zum Ziele gleichsam getragen.»

Warum konnte dieser so wol verdiente Zustand nicht lange dauern?
Warum mußte ein so höchstseltener Mann, der seine Geistesarbeiten nie um
selbstsüchtiger Zweke willen, sondern nur zur Veredlung der Menschheit
hervorbrachte, in dem wesentlichsten Theile des Lebensgenusses, einer guten
15 Leibesbeschaffenheit, von der Natur so vernachläßiget seyn? Denn in seiner
besten Thätigkeit, in den Vorarbeiten zu einer Geschichte des dreißigjährigen
Krieges, im Beginnen noch andere Plane auszuführen, überfiel ihn, bei einem
Besuche den er dem Coadjutor in Erfurt machte, während dem Abendessen
ein heftiges Fieber, welches nach seiner Ankunft zu Jena in eine so heftige
20 Brustkrankheit ausbrach, daß sein Leben in Gefahr stand, und er den Genuß
einer vollen, sicheren Gesundheit für sein ganzes übriges Leben entbehren
mußte.

Es konnte nicht anders seyn, als daß ein so harter Schlag, der dieses reiche,
nur Wohlwollen spendende, Leben traf, allgemeine Theilnahme erregte, die
25 sich nicht nur durch Worte an ihn oder seine Gattin, sondern durch Dienste
bewies, die nur die höchste Achtung und Liebe darbringen kann. Obwol
die Genesung endlich erfolgte, so litt er doch öfters an Brustkrämpfen, weswegen er seine öffentliche Vorlesungen aufgeben mußte, und später, nur
noch in einem Zimmer Vorträge über Aesthetik halten konnte. Wahrschein-
30 lich geschah es zu diesem Zweke daß er die K r i t i k d e r U r t h e i l s -
k r a f t von Kant studirte, und sich so darinn vertiefte, daß er einige Jahre,
— wie aus seinen eigenen, später anzuführenden Zeugnissen deutlich hervor-
geht — damit vergeudete. Es ist um so mehr zu bedauern, daß der große
Dichter sich einer solchen, die Begeisterung lähmenden Beschäftigung hin-
35 geben konnte und seine wenigen Kräfte nicht an jene Arbeiten verwendete,
die ihn weniger Anstrengung gekostet, und mehr Erheiterung gewährt haben
würden. Aber sein Genius riß ihn dazu hin; denn dieser fand nur dann einige
Ruhe, wenn ein Gegenstand nach allen Seiten ergründet und auch das
kleinste hervorgehoben war.

40 Seine wenigen, gesunden Tage, benützte er, außer diesen kritischen Forschungen, zur Fortsetzung des dreyßigjährigen Krieges, so wie zu der Ueber-

setzung eines Theil von Virgil's Aeneide, zu welcher er, durch eine Art von
Wettkampf mit B ü r g e r veranlaßt wurde.

Die öfteren Anfälle von Brustkrämpfen nöthigten ihn nach Carlsbad zu
gehen, um dort Erleichterung zu suchen. Er lebte daselbst zwar sehr einfach
und vermied jeden lauten Kreis, war aber dennoch in seinen Gesprächen   5
sehr heiter, und den Fremden sehr zugänglich.

Im Frühjahr 1792 suchte er sich durch eine Reise zu seinem bewährten
Freunde Körner in Dresden zu erholen, unterlag aber auch hier öfters seinen
gewöhnlichen Leiden. Diese kehrten jezt so oft wieder, daß er jeder anstrengenden Arbeit entsagen mußte, wenn er anders den kleinen Rest von Leben   10
nicht gefährden wollte. Die einzige Hoffnung diesen noch zu erhalten, bestand darinne, wenn er einige Jahre seine Thätigkeit einschränkte, wenn er
von dichterischen, oder anstrengenden Arbeiten seinen Geist enthalte, damit
dieser nicht die zerrütteten Nerven vollends zerstöre. Wie aber konnte ihm,
der keine Glüksgüter zur Verfügung hatte, der nur den Ehrensold seiner   15
Feder, als Einkommen zählte, ein Zustand verschafft werden, in dem er
einige Jahre lang, seine Kräfte gänzlich ruhen lassen und dennoch, ohne sich
die nöthigen Bequemlichkeiten zu versagen, hätte leben können. Und hier
gelangen wir an einen Zeitpunct in seinem Leben, den jeder Deutsche, wenn
ihm die Ehre seines Nahmens und Vaterlandes nur einigermaßen theuer ist,   20
ganz anders entwikelt wünschen muß, als es wirklich geschehen.

Man lese was geschah.

Herr Körner sagt, (pag. 41. Schillers Nachlaß)

«Es kam alles darauf an, ihn wenigstens auf einige Jahre in eine sorgen-
freie Lage zu versetzen, und hierzu fehlte es in Deutschland weder an Willen   25
noch an Kräften; aber ehe für diesen Zwek eine Vereinigung zu Stande
kam, erschien unerwartet eine Hülfe aus D ä n n e m a r k . Von dem damaligen Erbprinzen, jezt regierenden H e r z o g e von H o l s t e i n - Augu-
stenburg, und von dem G r a f e n von Schimmelmann wurde S c h i l -
l e r ' n ein Jahrgehalt von tausend Thalern auf drei Jahre, ohne alle Be-   30
dingungen, und blos zu seiner Wiederherstellung angebothen, und diß geschah mit einer Feinheit und Delicatesse, die den Empfänger, wie er schreibt,
noch mehr rührte, als das Anerbieten selbst.

D ä n n e m a r k war es, woher einst auch K l o p s t o k die Mittel einer
unabhängigen Existenz erhielt, um seinen M e s s i a s zu endigen. Geseegnet   35
sey eine so edelmüthige Denkart, die auch bei S c h i l l e r ' n durch die
glüklichsten Folgen belohnt wurden!»

Nach diesem Berichte sollte man glauben, es seye wirklich ein Versuch
bei den Freunden und Verehrern des Dichters zu seiner Unterstützung gemacht worden, und er möchte wohl nur aus Mangel der Wärme oder Ge-   40
schiklichkeit womit so etwas betrieben werden muß, nicht frühe genug zu
Stande gekommen seyn? Der Verfasser dieses, entrüstet darüber, daß auch

Schiller die zahlreichen Beispiele, wo die größten deutschen Männer in ihrem
Vaterlande entweder hilfelos zu Grunde gehen mußten, oder vom Ausland
Hülfe erhielten, vermehren mußte, erkundigte sich hierüber in einem Schreiben bei Herrn Körner selbst, und erhielt folgende Antwort hierüber:
5 «Ueber den Plan zur Unterstützung Schillers bei seiner Krankheit, die
von Deutschen herrühren, weiß ich Ihnen nichts bestimmtes anzugeben. Nur
erinnere ich mich gehört zu haben, daß damals der Herzog von Weimar und
der nachherige Fürst Primas (Dalberg) sich sehr lebhaft für S. intressirten.»
Durch diese am ⟨10. Mai 1829⟩ erhaltene Erklärung, die freilich mit dem
10 früheren Berichte in einigem Widerspruche zu stehen scheint, bleibt es wenigstens dem gutmüthigen Glauben überlassen, daß Deutschland nicht, einen
seiner größten Söhne hätte zu Grunde gehen lassen, wenn es mit Eifer, mit
aufregender Begeisterung zur Rettung desselben aufgefordert worden wäre.
Da nichts dieser Art geschah, so eigneten sich zwei edle, hochstehende
15 Dänen die Ehre, so wie das Verdienst zu, dem, von seiner Zeit nicht genug
gewürdigten großen Manne ein Leben zu fristen, welches durch spätere
Werke einen alles überragenden Ruhm, auf ihn selbst so wie auf seine Retter
wirft, deren Grosmuth es möglich machte, daß er solche noch ans Licht
fördern konnte.
20 Nicht um einige Seiten auszufüllen, sondern als erhabenes Denkmal, wie
verwandte Naturen sich erkennen und schätzen, werde dieser Antrag des
damaligen Erbprinzen von Holstein-Augustenburg und des Grafen Schimmelmann hier neuerdings angeführt.

Den 27 Nov. 1792.

25 «Zwei Freunde, durch Weltbürgersinn mit einander verbunden, erlassen
dieses Schreiben an Sie, edler Mann! Beide sind Ihnen unbekannt, aber beide
verehren und lieben Sie. Beide bewundern den hohen Flug Ihres Genius, der
verschiedene Ihrer neuern Werke zu den erhabensten unter allen menschlichen Zwecken stempeln konnte. Sie finden in diesen Werken die Denkart,
30 den Sinn, den Enthusiasmus, der das Band ihrer Freundschaft knüpfte, und
gewöhnten sich, bei ihrer Lesung an die Idee, den Verfasser derselben als
Mitglied ihres freundschaftlichen Bundes anzusehen. Groß war also auch ihre
Trauer bei der Nachricht von seinem Tode, und ihre Thränen flossen nicht
am sparsamsten unter der großen Zahl von guten Menschen, die ihn kennen
35 und lieben.
Dieses lebhafte Interesse, welches Sie uns einflößen, edler und verehrter
Mann, vertheidige uns bei Ihnen gegen den Anschein von unbescheidner
Zudringlichkeit! Es entferne jede Verkennung der Absicht dieses Schreibens;
wir faßten es ab mit einer ehrerbietigen Schüchternheit, welche uns die Deli-
40 catesse Ihrer Empfindungen einflößt. Wir würden diese sogar fürchten, wenn
wir nicht wüßten, daß auch in der Tugend edlern und gebildeten Seelen ein

gewisses Maß vorgeschrieben ist, welches sie ohne Mißbilligung der Vernunft nicht überschreiten darf.

Ihre durch allzuhäufige Anstrengung und Arbeit zerrüttete Gesundheit bedarf, so sagt man uns, für einige Zeit eine große Ruhe, wenn sie wieder hergestellt und die Ihrem Leben drohende Gefahr abgewendet werden soll. 5 Allein Ihre Verhältnisse, Ihre Glücksumstände verhindern Sie, sich dieser Ruhe zu überlassen. Wollen Sie uns wohl die Freude gönnen, Ihnen den Genuß derselben zu erleichtern? Wir bieten Ihnen zu dem Ende auf drei Jahre ein jährliches Geschenk von tausend Thalern an. Nehmen Sie dieses Anerbieten an, edler Mann! Der Anblick unsrer Titel bewege Sie nicht, es abzu- 10 lehnen; wir wissen diese zu schätzen. Wir kennen keinen Stolz als nur d e n , Menschen zu seyn, Bürger in der großen Republik, deren Gränzen mehr als das Leben einzelner Generationen, mehr als die Gränzen eines Erdballs umfassen. Sie haben hier nur Menschen, Ihre Brüder, vor sich, nicht eitle Große, die durch solchen Gebrauch ihrer Reichthümer nur einer etwas edlern Art 15 von Stolz fröhnen. Es wird von ihnen abhängen, wo Sie diese Ruhe Ihres Geistes genießen wollen. Hier bei uns würde es Ihnen nicht an Befriedigung für die Bedürfnisse Ihres Geistes fehlen, in einer Hauptstadt, die der Sitz einer Regierung, zugleich eine große Handelsstadt ist, und sehr schätzbare Büchersammlungen enthält. Hochachtung und Freundschaft würden von 20 mehreren Seiten wetteifern, Ihnen den Aufenthalt in Dänemark angenehm zu machen; denn wir sind hier nicht die einzigen, welche Sie kennen und lieben. Und wenn Sie nach wiederhergestellter Gesundheit wünschen sollten, im Dienste des Staats angestellt zu seyn, so würde es uns nicht schwer fallen, diesen Wunsch zu befriedigen. 25

Doch wir sind nicht so klein eigennützig, diese Veränderung Ihres Aufenthalts zu einer Hauptbedingung zu machen. Wir überlassen dieses Ihrer eignen freien Wahl. Der Menschheit wünschen wir einen ihrer Lehrer zu erhalten, und diesem Wunsche muß jede andere Betrachtung nachstehen.»

Wer den Geist des Dichters, und seine außerordentlichen Verdienste um 30 Deutschland nur einigermaaßen zu würdigen weiß, muß mit den tiefsten, wehmüthigsten Schmerzen bedauern, daß dieser schöne, zartsinnige Brief, nicht von Deutschen, sondern von **Fremden** erlassen worden.

Hätte Schiller sich etwa bedenken, oder die dargebotene Hülfe gar nicht annehmen sollen? War es nicht Pflicht gegen sich und die Menschheit ein 35 Leben zu erhalten das, wenn auch schwach und leidend, doch noch so viele Blüthen des Göttlichen zur Frucht reifen konnte? Nur in diesem Sinne nahm er dasjenige von einem fremden Volke an, was ihm sein Eigenes nicht gewährte, und er hinterließ uns die Frage zur Beantwortung, ob wir seine Meisterwerke, nach dem Jahre 1794, wohl als u n s e r E i g e n t h u m , 40 oder einem Nachbarlande angehörig, ansehen dürfen?

Die Erkenntlichkeit welche er für einen so unerwarteten Beistand fühlen mußte, verleitete ihn zu dem Vorsatze, nach Dännemark zu reisen, wo ihm gewiß das bequemste und Ehrenvollste Loos bereitet worden wäre. Allein seine fortdauernde Kränklichkeit hielt ihn zwar von dieser Reise, aber nicht
5 davon ab in den Stunden wo er von Krämpfen und Beängstigungen frei war, sich mit den, in Zukunft auszuführenden Planen zu beschäftigen.

So entstand aus seiner Geschichte des 30jährigen Krieges die Idee, Gustav Adolph zum Helden eines Schauspiels zu machen. Diesen Plan verließ er wieder um das merkwürdige Leben und tragische Ende Wallensteins drama-
10 tisch zu bearbeiten.

Aber seit der Beendigung von Don Carlos waren fünf Jahre verflossen, in denen er sich fast ausschließend nur mit Geschichtlichen Gegenständen beschäftigte. Außer diesem hatte er auch die Kantische Philosophie sich eigen zu machen gesucht, wodurch sein Talent dem Practischen der Dichtkunst
15 gänzlich entfremdet wurde. Daher sein Wollen, sein Zweifeln, seine Unent-schlossenheit, welchen Gegenstand er festhalten solle. Die Fertigkeit in dra-matischen Arbeiten, hatte er vernachläßiget, und wollte er auch etwas Neues in diesem Fache ergreifen, so sollte es einer Theorie angepaßt werden, die den Flug seiner Einbildungskraft hemmte, und welcher er nur nach Jahrelangem
20 Ringen, seine Schöpfungen anpassen konnte. Er selbst sagt hierüber: «Eigent-lich ist es doch nur die Kunst, wo ich meine Kräfte fühle; in der Theorie muß ich mich immer mit Prinzipien plagen; da bin ich bloß Dilettant. Die Kritik muß mir jetzt selbst den Schaden ersetzen den sie mir zugefügt hat. Und geschadet hat sie mir in der That, denn die Kühnheit, die lebendige
25 Gluth, die ich hatte, ehe mir noch eine Regel bekannt war, vermisse ich schon seit mehreren Jahren. Ich s e h e mich jetzt e r s c h a f f e n und b i l d e n, ich beobachte das Spiel der Begeisterung und meine Einbildungskraft beträgt sich mit minderer Freiheit, seitdem sie nicht mehr sich ohne Zeugen weiß.» pp

Dieses Bekenntniß aus der Feder eines so mächtigen Talentes ist eben so
30 merkwürdig, als es lehrreich und warnend für jeden Künstler ist, der die möglichste Vollkommenheit durch die genaueste Befolgung spitzfindiger Theorien und einengender Regeln zu erreichen sucht. Zugleich beweist es auch, wie tiefe Wurzeln dasjenige was er bei sich aufnahm, faßte; wie sich alles, was seiner philosophischen Natur zusagte, in seine innerste Denkungs-
35 art einwebte.

Bei solchem hin und her wanken, zwischen Begriff und Ausführung, ist es nicht zu verwundern, daß noch manche Jahre verflossen, ehe er seine Phan-tasie, sonst frei und muthig alle dichterischen Räume durchfliegend, so zügeln lernte, daß sie in die Fesseln, die er ihr selbst anlegte, sich endlich fügte; daß
40 er schon bei dem entstehen der Gedanken, alles absonderte, was dem neu angenommenen Sistem nicht genau entsprechend war.

10 Streicher

Seine früheren Theaterdichtungen, eben so wie seine anderen Schriften,
hatten auch die Aufmerksamkeit der Franzosen erregt, die 1792 das unna-
türliche Problem zu lösen versuchten, ein ganzes Volk, dessen hervorra-
gendste Eigenschaften, Ehrgeitz, Selbstsucht, Eitelkeit und Herrschbegierde
sind, blos allein, nach Auflösung aller früheren Staatsbande, unter die Macht   5
des Gesetzes zu stellen. Um ihrer Sache im Auslande Vertheidiger, oder
Anhänger zu erwerben, ertheilte der Nationalconvent in Paris, mehreren
deutschen Schriftstellern das Ehren-Diplom, eines französischen Bürgers.
Nebst Klopstok war auch unser Dichter unter dem Nahmen Jèllèr, unter
dieser Zahl, und Archenholz in seiner Minerva, der die Verstümmelung   10
des Nahmens nicht bemerken zu wollen schien, forderte denjenigen, der
unter diesem Nahmen verstanden seyn könne, auf, sich dieses Vorrecht anzueignen.

Wohl nicht aus dieser Veranlassung, sondern um der Wichtigkeit der Sache
wegen, faßte er im Dezember 1792 den Vorsatz, Ludwig den 16ten gegen   15
diejenigen welche sich als seine Richter aufgeworfen, vertheidigen zu wollen.
Aber die eilige Blutgier, ließ der deutschen Bedächtlichkeit nicht Zeit, den
Versuch zu machen, ob in dem Getümmel der wildesten Leidenschaften, die
Stimme des Rechts und der Vernunft, gehört werden könnte.

Im folgenden Jahre 1793, entstand das Verlangen, sein Vaterland, Familie   20
und Jugendfreunde wieder zu sehen sehr lebhaft in ihm. Er konnte hoffen,
daß die mildere Luft Wirtemberg's seine Gesundheit verbessern, und eine
angenehme Zerstreuung, wolthätigen Einfluß auf ihn haben werde. Allein
es war nicht entschieden, ob der Herzog, aus dessen Diensten er sich vor
11 Jahren eigenmächtig entfernt, sich seiner Rechte auf ihn begeben, und   25
die Erlaubniß zu einem ungestörten Aufenthalte, ertheilen werde.

Um diese sich zu verschaffen, begab er sich vorläufig nach der damaligen
Reichsstadt H e i l b r o n n , von wo aus er seinen Landesherrn um freie
Wiederkehr in sein Vaterland ersuchte. Eine eigentliche Antwort, konnte,
schon des Beispiels wegen nicht erfolgen. Die Grosmuth des Herzogs fand   30
jedoch in der mündlichen Erklärung, « S c h i l l e r w e r d e w i e d e r
n a c h S t u t t g a r t k o m m e n , v o n i h m a b e r i g n o r i r t w e r -
d e n » : ein Mittel die Bitte zu bewilligen.

Von Heilbronn begab sich Schiller nach Ludwigsburg, in welchem er einige
Jahre seiner ersten Jugend verlebt hatte, und wo er auch einen sehr heiteren   35
Akademischen Freund, den Arzt von Hoven antraf. Da diese Stadt von
dem Väterlichen Hause auf der Solitüde, wohin eine schnurgerade Kunst-
straße führte, nur eine Stunde entfernt liegt, so erleichterte dieses das Zusammenleben, mit Eltern und Geschwistern. Der Versuch, sich nach Verlauf
einer langen sehr wohl angewendeten Zeit, sich auch denjenigen wieder zu   40
zeigen, gegen die er als ehmaliger Schüler, oder als Freund in Verhältnißen
gestanden hatte, war sehr natürlich, und die Genugthuung, daß er nun als

Ruhmvoller Dichter, Geschichtschreiber und Professor, selbst seinen früheren
Tadlern unter die Augen treten konnte, eine schwer errungene gerechte Belohnung. Er begab sich zuerst nach Tübingen zu dem Professor Abel, der
ihm, als Lehrer noch, die Uebersetzung des Schaekspears von Wieland verschafft hatte, und ihm auch später mit treuer Freundschaft zugethan blieb.
Die Begierde seiner Verehrer, den nun berühmten Schiller, seinem Vaterlande
wieder zu gewinnen, entsprang aus der reinsten Quelle, und würde sich auch
leicht haben verwirklichen lassen, wenn nicht die Verbindlichkeit die er dem
Herzog von Weimar schuldig zu seyn glauben durfte, nebst den Rüksichten
auf seine Frau und deren Familie, die Annahme eines solchen Vorschlages
verhindert hätten.

Ein Aufenthalt in Stuttgart mußte eine sehr wohlthätige Wirkung auf ihn
äußern, da er hier, außer vielen Bekannten, auch noch die meisten antraf, die
mit ihm zugleich in der Akademie waren, und dort die zwangvollsten, aber
auch wieder frölichsten Stunden, genossen hatten. Wie sehr diese jugendlichen Erinnerungen ihn aufheiterten, läßt sich daraus abnehmen, daß er in
behaglicher Empfindung, so gar mit gymnastischen Uebungen, in denen er
früher eine große Gewandtheit hatte, sich wieder ergötzen konnte.

In dieser Zeit war es auch als Dannecker, der sich schon als Jüngling in der
Akademie vor andern ausgezeichnet hatte, beschloß, die Büste seines Freundes, der nun alle die großen Hoffnungen erfüllt hatte, die seine Mitzöglinge
sich von ihm versprachen, zu verfertigen. Damals wurde das Brustbild nur
in Thon modellirt, später aber, in Marmor gearbeitet. Mit vollem Rechte
ist diese im großartigsten Stile ausgeführte Kunstleistung allgemein bewundert worden, denn sie vereinigt mit der feinsten, genauesten Ausführung
aller Theile, besonders aber der Stirne, eine so sprechende Aehnlichkeit als ob
sie nicht aus freier Hand verfertiget, sondern über das Gesicht abgegossen
worden wäre.*

---

* So oft auch von diesem herrlichen Werke öffentlich gesprochen wird, so scheint
es dennoch wenigen bekannt zu seyn durch welchen Zufall die Aehnlichkeit so getreu
gegeben werden konnte. Es kann manchem Künstler angenehm seyn hierüber das
nähere zu erfahren.

Als der Verfasser durch seinen Sohn Herrn von Dannecker im Jahr 1828 seine
unveränderliche Hochachtung bezeugen ließ, bewunderte ersterer noch lebhafter als
Sechs Jahre früher, die ausserordentliche Schönheit und Wirkung dieses Kunstwerks,
besonders aber die scharf gezeichnete Stirne. Herr von Dannecker hatte die Güte,
ihm die nähere Ursache, warum das Ganze eine so lebensvolle Aehnlichkeit erhalten
konnte, auf folgende Weise zu erklären.

«Schiller, der eine halbe Stunde weit von ihm entfernt wohnte, hatte versprochen
an einem bestimmten Tage zum Modelliren zu sitzen. Als der Künstler sich an dem
bestimmten Morgen einfand, schlief sein Freund noch und er wurde von dessen
Gattin gebeten, doch seine Ruhe jezt nicht zu stören, da er mit Tagesanbruch sich

Von Stuttgart begab sich Schiller wieder in die Nähe seiner Eltern nach
Ludwigsburg, allwo er auch die jugendliche Freundschaft mit Herrn Cotta
erneuerte, dessen unternehmender, richtig berechnender Geist, nicht nur für
den Dichter und dessen Familie, sondern auch für andere Schriftsteller, die
bedeutendsten, wohlthätigsten Wirkungen zur Folge hatte.** 5

---

erst auf das Ruhebett niedergelegt hatte. Herr von Dannecker, der nicht gerne
Zeit und Wege verlohren haben und doch wenigstens den Thon der angefangenen
Büste anfeuchten wollte, begab sich aber dennoch in das Zimmer. Bei dem eintreten bemerkte er sogleich, daß der Kopf des schlafenden, durch das in der Nähe
einfallende Licht eines Fensters ganz ausgezeichnet hell beleuchtet wurde. Er model- 10
lirte also ohne alle Störung eine halbe Stunde in aller Stille, und entfernte sich
wieder ohne daß Schiller es bemerkt hätte.»

Doctor Gall sagte als er diese Büste in der Werkstätte des Meisters sah: «Ueber
diesen Schädel könnte man verrückt werden.»

Es gibt aber auch nichts was in dieser Art schöner wäre; und nur durch den 15
angeführten günstigen Zufall, durch Liebe zur Person, durch Eifer für die Sache,
wird es begreiflich daß mit der täuschendsten Aehnlichkeit auch die höchst vollkommenste Ausführung verbunden werden konnte.

** Wir haben aus dem Briefe an HE. Reinwald (p.   ) ersehen, daß Schiller
für einen Bogen der Thalia, von seinem Verleger 2 Louisdor, und für seine andern 20
Werke wahrscheinlich, auch nicht mehr, erhielt. Rechnen wir, daß ein Mann um mit
Frau und Kinder nur einigermaasen bequem zu leben des Jahrs doch wenigstens
2000 f haben muß; daß aber für einen Dichter, Künstler, dessen aufgeregte Gei-
stesthätigkeit sich nicht alltäglich wie die Genügsamkeit eines Handwerkers oder
geitzigen Krämers, mit unverdaulichem Schinken und einer Butterbemme, abfinden 25
läßt, zur Erheiterung manchmal etwas mehreres erfordert wird, so müßte, nach
diesem Maasstabe, ein Dichter, des Jahrs nicht weniger als hundert Bogen schreiben, um zu seiner ihm nothwendigen Einnahme zu gelangen, und Schiller, wenn ihm
keine andern Zuflüße geworden wären, hätte in jedem Jahre hundert gedrukte
Bogen Trauerspiele oder Gedichte verfassen müssen. Bei einer solchen Fruchtbarkeit 30
hätte er aber höchstens Weitzen und Türkisches Korn, aber keine Ananas hervorbringen können.

Sein Freund Cotta, dessen Vater schon die größte Buchdrukerei zu Stuttgardt
besaß, hatte den Vorsatz gefaßt, die Werke der vorzüglichsten Dichter und Schriftsteller in Verlag zu nehmen, und nicht nur die Literatur neu zu beleben, sondern 35
auch vorher zu seen, ehe er ernten konnte, mit andern Worten, Werke des Geistes
auch besser, reichlicher zu vergüten, als bisher noch von keinem seiner Genossen
geschehen war. Einer so edlen, seltenen Denkungsart kam Schiller mit dem Plane
für eine Zeitschrift entgegen, die das größte und bedeutendste was deutsche Dichter und Schriftsteller zu fördern vermöchten, enthalten sollte, der auch in den 40
Horen, in einigen Jahrgängen ausgeführt wurde. Die schrekliche, bedeutungsvolle
Zeit, die alle bisherigen Begriffe von Ordnung und wahrer Freiheit nicht nur zu
verwirren sondern gänzlich auszulöschen drohte, erwekte in dem, mit der Ge-

Der Herzog von Wirtemberg, der in seinen letzten Jahren seine Unterthanen sehr mild regierte und seinen Zöglingen, wahrhaft Väterlich zugethan
war, starb in seinem 65sten Jahre, währendem Aufenthalte des Dichters in
Ludwigsburg. Als dieser die Leiche, bei seinem Hause vorbei, nach der fürst-
5 lichen Gruft bringen sah, überwältigten ihn die jugendlichen Erinnerungen,
und er rief, unter herabrollenden Thränen aus: «Ach! da tragen sie ihn hin!
Hab' ich ihm doch auch alles zu verdanken!» Diese Worte, in einem Augenblicke gesprochen, worinn die verschiedenartigsten Gesinnungen sich offenbaren können, lassen dem erhabenen Erzieher um so mehr Gerechtigkeit
10 wiederfahren, als derjenige, aus dessen Herzen sie kamen, früher glauben
konnte, von ihm mishandelt und hintangesetzt worden zu seyn.***

---

schichte sehr vertrauten Dichter den Gedanken, daß es möglich wäre durch Herausgabe einer Zeitung welche die großen Fragen des Tages berührte, auf die Meinungen oder Handlungen der Machthaber einzuwirken und dadurch Grundsätze
15 zu entwikeln, welche einen festen Anhaltspunct darbieten, wie auch vermittelnde
Ansichten aufstellen konnte. Aber sein Vorsatz, dem die erhabensten Zweke zum
Grunde lagen, konnte nicht lange dauern, denn er mußte, mit den Handlungen
der Staaten und Menschen nur zu sehr bekannt, erkennen, daß, wo die Leidenschaften sich der Sprache bemächtigen, keine Stimme, möge sie auch noch so viel
20 vernünftiges und wahrhaftes vernehmen lassen, das Geschrei des Wahnes durch-
dringen kann. Nur Kanondonner war hier anwendbar um eine Meinung nie-
derzuschmettern, oder eine andere herrschend zu machen. Was hätte es auch ge-
nützt einigen Wenigen zu einem richtigeren Urtheil zu verhelfen. Das Ganze
hätte sich nicht umgestalten lassen, wenn er seiner Feder nicht die Kraft eines
25 hundertfachen Geschützes hätte verleihen und in einer halben Stunde ganze Ar-
meen niederschmettern können. Auch beweisen es alle Zeiten, daß eben so wenig
im öffentlichen, wie im Privatleben, die Menschen von vorgefaßten Meinungen
anders, als durch die Gewalt oder die höchste Nothwendigkeit, zurükzubringen
sind.
30   Viel wirksamer konnte er zur Veredlung der gesamten Menschheit seine hohen
Dichtergaben anwenden, deren Keime sich still, ruhig, ohne alle Ueberredung
sich den jugendlichen Herzen einpflanzen und Früchte tragen müssen, deren himm-
lischer Ursprung sich in ihren Handlungen beweißt.
       Sagt er doch selbst:
35   Wirke Gutes, du n ä h r s t der Menschheit göttliche Pflanze
        Bilde Schönes, du streust K e i m e der göttlichen aus.
       Diesen Plan zu einer politischen Zeitung, von Schiller'n zuerst gefaßt, wurde
dann später von Cotta durch Herausgabe der allgemeinen Zeitung ausgeführt,
und besteht, als die bedeutendste ihrer Gattung heute noch als eine Anstalt, in
40 welcher alle, auch sich am heftigsten wiedersprechenden Stimmen, sich vernehmen
lassen können.

*** Was auch ein künftiger Geschichtschreiber von dem Herzoge anführen mag,
so wird er dennoch nicht vergessen die allgemeine Trauer der Wirtemberger an-

Von Wirtemberg kehrte Schiller wieder nach Jena zurück. Seine Gesundheit hatte sowohl durch die Reise, als durch den Aufenthalt in einer milderen
Luft, und das Zusammenleben mit seinen Angehörigen so weit sich wieder
gebessert, daß er Plane zu neuen Arbeiten fassen konnte, worunter die Herausgabe einer neuen Zeitschrift, die Horen, zuerst in Gang gebracht werden   5
sollte. Die Zubereitungen dazu brauchten viele Zeit und Mühe, veranlaßten
aber eine nähere Bekanntschaft mit Goethe, die auf die noch wenigen Jahre
des Dichters viele Annehmlichkeit brachte.

zuführen, noch weniger aber folgende, sehr merkwürdige Thatsache zu erwähnen.

Aus sehr gegründeten Ursachen hatten im Nahmen des Landes vielfache Be-   10
schwerden die Landstände gegen den Herzog bei dem Kaiserl. Reichshofrath erhoben.

Die Zeit mäßigte endlich sein ungestümmes, oft keine andere Schranken als seinen
Willen, achtendes Feuer, das besonders, seitdem er ununterbrochen die ehmalige
Gräfin von Lotrum, dann Gräfin von Hohenheim, die er zulezt zu seiner Ge-   15
mahlin erhob, so gemildert wurde, daß jede Klage verstummen mußte. Um aber
seinen getreuen Unterthanen ein unverbrüchliches Unterpfand seiner gänzlichen
Aenderung zu geben, ließ er am 10ten Febr. 1778 wo er 50 Jahr alt war, in allen
Kirchen einen feierlichen Gottesdienst halten, nach welchem ein Edict, das auch
gedrukt zu haben war, von den Kanzeln abgelesen wurde, dessen Innhalt in der   20
Hauptsache darinne bestand, daß «unter seiner früheren Regierung manches geschehen seie, was hätte unterbleiben sollen, daß er aber in Zukunft sich ganz allein
dem Wohl seiner getreuen Unterthanen widmen und alles vermeiden wolle worüber sich neue Anstände erheben könnten.» Der Verfasser kann sich noch recht
deutlich des lebhaften Eindrukes erinnern, welchen das von der Kanzel abgelesene   25
Edict hervorbrachte, so wie des Eifers mit dem einige Tausend Stimmen, aus einem
Kirchenliede, die, von dem Prediger, Professor Haug, aufgegebene Strophe folgenden Innhaltes absangen.

> Amen! das ist es werde wahr,
> Stärk uns den Glauben immerdar,   30
> Auf daß wir ja nicht zweifeln dran
> Was wir hiemit gebeten (gehöret) han,
> Auf dein Wort in dem Nahmen dein,
> So sprechen wir das Amen fein.

Es war wohl weniger Bosheit als vielmehr Achtlosigkeit daß Prof. Haug diese   35
Strophe vorsagte und zum Absingen verkündete, denn er hatte einen Sohn in der
Akademie der sich durch seinen Fleiß schon den Orden erworben hatte, folglich
war er dem Herzog zum Danke sehr hoch verpflichtet. Aber auch hierinne benahm
sich der Fürst sehr grosmüthig, unerachtet es ihn tief schmerzen mußte, daß nach
Bezeugung einer sehr seltenen Reue, in seiner Hauptstadt durch einen solchen   40
Mann, Zweifel gegen seine aufrichtige Gesinnung erregt werden konnten.

Die Geschichte wird dem vorlezten Herzoge Wirtembergs um so eher Gerechtigkeit wiederfahren lassen, als dasjenige was er that, gegen die Ereignisse späterer
Zeit, in ein Nichts sich auflösen.

Wir haben weiter oben die Abneigung erwähnt, welche lezterer gegen
einen, kaum aus den Jünglingsjahren getretenen Mann hatte, der freilich
noch weiter nichts als seinen Nahmen, und seinen außerordentlichen Geist,
dem, mit Ruhm gekrönten Schriftsteller und Staatsminister Goethe entgegen
zu setzen hatte.

Beide, so nahe beieinander wohnenden Männer vermieden sich, und wären
sich wohl, bei der außerordentlichen Verschiedenheit ihrer Grundsätze über
Dichtung, auf immer fremd geblieben, hätte nicht ein Zufall einem solchen,
wenigstens den ältern, sicher stehenden nicht ehrenden, Zustand ein Ende
gemacht. In demselben schon erwähnten Aufsatze, erzählt Goethe, wie er
beim herausgehen aus einer Naturhistorischen Vorlesung ganz ohne besondere Absicht mit Schillern in dessen Wohnung getreten, wegen einer Idee
über Pflanzen mit ihm gestritten, ohne daß einer seine Meinung aufgegeben
hätte. Er schließt mit den Worten: D e r e r s t e S c h r i t t w a r j e -
d o c h g e t h a n. S c h i l l e r ' s A n z i e h u n g s k r a f t w a r g r o ß,
e r h i e l t a l l e f e s t, d i e s i c h i h m n ä h e r t e n.

Wie belebend mußten die Strahlen eines Gemüthes seyn, die einen Schriftsteller, in dessen Werken nur wenige Spuren einer wahren, tiefen Empfindung sich finden, so erwärmen konnten, daß aus diesem unvorbereiteten
Zusammentreffen, eine Freundschaft entstand, die unter den neueren Schriftstellern wohl schwerlich ein ähnliches Beispiel hat, und in fortwährende Aufmerksamkeit, Liebe, Gefälligkeit und gegenseitige Aufmunterung ihr höchstes
Vergnügen setzte.*

Bei dem Aufsatze den Schiller 1797 «über Naive und Sentimentale Dichtung»
schrieb, mochte er wohl, bei dem Geständnisse das er vom Pabst Hadrian dem
Sechsten anführt, auch an seinen Landesherrn gedacht haben, von dem er wohl
lieber die Naivetät eines Bekenntnisses bewiesen hätte, wenn die Zeit wo es geschah, nicht zu wahr gewesen wäre, oder nicht als Tadel hätte ausgelegt werden
können. Sehr vieles was der Dichter hierüber sagt, läßt sich auf den gegenwärtigen
Fall anwenden, der nur in einem großen Herzen seinen Ursprung haben konnte,
ohne auf das Urtheil anderer zu achten.

Frau von Wolzogen wurde durch HE. von Hoven eine Aeusserung Schiller's als
er an seiner Grabstätte vorüber gieng, berichtet, welche gänzlich mit dem gesagten
übereinstimmt. Man wolle diese Abschweifung schon darum nachsehen, weil der
Herzog so vielen Einfluß auf das Schiksal des Dichters hatte, und sich dennoch
beide lieben und hochachten mußten.

* Wie Vieles, Vieles ließe sich über das vorstehende sagen, wenn man recht genau
darauf eingehen wollte. Es sey nur so viel zu bemerken erlaubt, daß der erste Grund
der Abneigung Goethes gegen Schiller nur darinn gesucht werden muß, daß ersterer
schon früher durch seine Neigung zur Kunst, und dann, auf seiner Reise nach
Italien 1786, seine Dichtungsart (wie Iphigenie und Tasso bezeugen) ganz nach
dem Geist der Antike, nach denen Mustern, welche uns die Griechen hinterließen,
zu bilden suchte. Schon dieser Gründe allein wegen, mußte ihm alles zuwider

Durch den häufigen Umgang mit Goethe, durch die Vorbereitungen zur
Herausgabe der Horen, wurde Schiller zu vermehrter Thätigkeit um so mehr
ermuntert als es in seinem Plane lag, in dieser Zeitschrift alles zu vereinigen,
was in Deutschland Großes und Schönes zu finden wäre.

Die Idee, in einer Zeit wo ganz Europa durch eine der fürchterlichsten 5
Revolutionen, und einem verheerenden Kriege, eben so sehr von Schreken als
Entsetzen ergriffen war, ein Journal zu gründen, welches, mit Ausschluß
jeder politischen Sache, die Aufmerksamkeit des Lesers in so bangen Tagen
fesseln sollte, war eben so kühn, als sie Vertrauen in eigene Kräfte, so wie in

seyn, was gegen dieses Sistem anstieß, und zwar um so mehr, je gewaltiger die 10
Kraft war, mit der solche Schöpfungen (wie die Räuber) dargestellt waren. Im
Jahr 1787 sahen sich Goethe und Schiller zum erstenmale, wo der Aufsatz über
Anmuth und Würde, der erst 1793 erschien, unmöglich einen Grund des Wieder-
willens abgeben, diesen aber in der Folge noch verstärken konnte. Denn, auch
angenommen daß Schiller bei der Stelle die Goethe so sehr aufbrachte, gar nicht 15
an diesen gedacht, so war es doch ganz natürlich daß er sich getroffen fühlen
mußte, indem gerade der Hauptgegenstand dieser Abhandlung, seiner Natur für
immer fremd blieb.

Es würde als Bosheit ausgelegt und von einem großen Theile der Leser, sehr
misfällig aufgenommen werden, wenn diese Stelle hier angeführt würde. Wem 20
darum zu thun ist sie zu kennen, mag sie selbst suchen und prüfen ob sie Warheit enthält, und ob sie auf alles was Goethe als Schriftsteller leistete angewendet
werden könne. Die Nachwelt wird, so ist es wenigstens zu wünschen, gerecht und
unpartheiisch urtheilen. Wäre dieses nicht, würde die besagte Stelle nicht gehörig
gewürdiget, oder als vollkommen wahr anerkannt; so müssen unsere Nachkommen 25
auf jede solche Schönheit eines Werkes, das Geist und Gemüth unwiderstehlich er-
greift, und sich in die Herzen eingräbt, gänzlich Verzicht leisten. Die Gegenstände
sind uns noch zu nahe, um sie scharf und klar zu beurtheilen. Sie müssen um 50
Jahre hinausgerükt werden, um gewis zu seyn, was von ihnen, in dieser Entfernung noch reitzend, noch deutlich bleibt. Daß unter zwei solchen Männern eine 30
innige Vereinigung zu Stande kommen konnte, daß sie sogar durch nichts gestört,
sondern nur durch den frühen Tod des Einen unterbrochen wurde, kann nur mittelst der großen Gutmüthigkeit Goethe's und dem sanften, kindlichen, dem großen,
richtigen Verstande huldigenden Gemüthe Schiller's erklärt werden. Mit Herder
hätte sich so etwas leichter denken lassen, weil seine zwar sehr ernste, aber auch 35
sehr reine Denkungsart weit näher mit derjenigen von Schiller übereinstimmte. Aber
Herder hatte seine hohe Ausbildung sich selbst erworben; war daher, wie alle Männer ähnlicher Art unbeugsam und vorzüglich ein Feind einer nutzlosen Grübelei,
wie diß auch seine Abneigung gegen die Kantische Philosophie nur zu deutlich an
den Tag legte. 40
Wer gewann aber am meisten durch diesen genauen Umgang, durch diese vertraute Freundschaft? Unstreitig Goethe. Wem das Glük zu Theil wurde Schiller'n
persönlich zu kennen, der allein weiß auch, wie unaussprechlich liebenswürdig sein
ganzes Wesen war — wie reich, wie wahr, wie tiefsinnig und dennoch wie gemüth-
voll er über alle Gegenstände sich ausdrükte — wie entfernt alles harte, wegwer- 45

die der Mitarbeiter voraussetzte. So muthvoll das Werk begonnen wurde,
und so willkommen dem, an frühere Ruhe gewöhnten Sinn eine Schrift seyn
mußte, die seine Aufmerksamkeit von den grausen Begebenheiten des Tages
abwenden konnte, so drängten sich die Kriegsbegebenheiten der Jahre 94 bis
5 97 zu gewaltsam, als daß der bisherige Antheil an den Horen hätte erhalten
werden können, und Schiller gab sie freiwillig auf.

Möge es nicht als Unbescheidenheit angesehen werden, wenn der Leser in
das Jahr 1795 zurükgeführt und noch einmal an des Dichters Leidensgefährten S. erinnert wird. Dieser hatte sich im Jahr 1786 von Mannheim nach
10 München, 1794 nach Augsburg begeben, allwo er sich verheirathete, und in
demselben Jahre nach Wien übersiedelte, um dort mit seiner Gattin und
Schwager ein vielversprechendes Geschäft zu gründen. Seit ihrer Trennung
1785 hatten Schiller so wie S. ihr Versprechen (S. 2te Abth. am Schluße)

fende seinen Worten blieb — wie scharf, wie neu, er jede Sache erfaßte — wie heiter
15 seine Laune, wie aufgewekt er auch dann noch war, wenn Unpäslichkeit ihn hätte
verstimmen können. Im täglichen Umgange, in vielfachen Berührungen, Gesprächen,
aber auch schriftlichen Unterhaltungen, sind solche Gaben am meisten zu schätzen.
Rechnet man noch dazu, daß Schiller durch seine Geschichtlichen Arbeiten, durch
das eindringen in die Spitzfindigkeiten einer neuen Philosophie, durch den Um-
20 gang mit den bedeutendsten Köpfen in Jena, seinen Verstand ausserordentlich ge-
schärft und bereichert, so läßt sich leicht schließen, wie seine Aeußerungen, seine
Gespräche, einer reichen, unversiegbaren Quelle gleichen mußten, die bei ihrem er-
gießen, jede Blume erfrischt, oder, bei dem, auch unfruchtbaren Ufer, neue hervor-
sproßen läßt.
25 Dagegen aber konnte die größere Welt- und Menschenkenntniß von Goethe, seine
freiere, unbefangene Ansicht der Werke des Geistes, seine große Liebe und Kenntniß
der Künste, seine viele Erfahrungen die er als Welt- und Geschäftsmann gemacht,
Schiller'n auch wieder vieles geben, wenigstens in etwas die große Wichtigkeit min-
dern, die er, oft den geringfügigsten Umständen, beizulegen gewohnt war, und ihn
30 mit manchen Technischen Vortheilen bekannt machen, die seine glühende Phantasie
entweder bisher nicht geachtet oder übersehen hatte. Konnte aber auch keiner den
andern aus seiner Stelle rüken, oder ihm eine andere Ansicht beibringen, so war
schon dieses ein sehr großer Gewinn, ohne Rükhalt mit einem wahren, ausübenden
Meister von seinem thun und lassen, dichten und denken sprechen zu können, durch
35 eine Meinung zum Wiederspruch gereizt, dann deren Richtigkeit oder Falschheit
ermitteln zu können; durch andere Ansichten, seine eigenen zu berichtigen und das
zu prüfen, was in seinem Wesen aufnehmbar ist, oder es zurükstoßen muß — kurz,
sein innerstes Selbst darlegen und von einem andern prüfen lassen zu können. In
dem Briefwechsel zwischen beiden, finden sich pag. *(Lücke)* die besten Belege hierzu.
40 Freilich wäre zu wünschen, daß die meisten der Briefe unbekannt geblieben wären,
denn — Menschen sind keine Götter — und wenn von alltäglichen Sachen, wenn
sogar von Ziffern die Rede ist, so muß auch der bedeutendste Mensch sich dem
gemeineren gleich stellen.
Nur das Schöne, das Große, Wahre ist wichtig und verdient durch den Druk
45 vervielfältiget zu werden.

treulich gehalten und keiner dem andern etwas von sich kundgethan. Letzterem war jedoch alles bekannt geworden, was der von ihm auf das höchste geehrte Freund ans Licht förderte. So wie den entzückten Lesern in Wien, deren Liebling Schiller schon damals war, gewährte auch ihm jedes neuere Werk die angenehme Ueberraschung, daß es wieder vorzüglicher als das vorhergehende war. Sein gegebenes Wort zu brechen wurde er nur dadurch vermocht, daß Freiherr von Bühler, ein Akademischer Freund des Dichters, die geschehene Abrede umso mehr für ungültig erklärte, als keinem seine Vorhaben auszuführen die Gelegenheit wurde, und es gleichsam S. als Pflicht auferlegte, Schiller um so eher Nachricht von sich zu geben, als diese nur erfreulich und beruhigend für ihn seyn würden. S. gab diesen Gründen nach, und gab dem liebenswürdigen Baron von Bühler, der gerade nach Jena reiste, einen kurzen Brief an Schiller mit, auf welchen, wider alles Vermuthen, sehr bald nachstehende Antwort in Wien eintraf.

Mein theurer und hochgeschätzter Freund,
Gestern erhielt ich durch H. von Bühler Ihren Brief, der mich auf eine sehr angenehme Weise überraschte. Daß Sie mich nach einer zehnjährigen Trennung und in einer so weiten Entfernung noch nicht vergeßen haben, daß Sie meiner mit Liebe gedenken, und mir ein gleiches gegen Sie zutrauen, rührt mich innig lieber Freund, und ich kann Ihnen auch von meiner Seite mit Wahrheit gestehen, daß mir die Zeit unsers Zusammen seyns, und Ihre freundschaftliche Theilnahme an mir, Ihre gefällige Duldung gegen mich und Ihre auf jeder Probe ausharrende Treue in ewig theurem Andenken bleiben wird. Wie erfreuen Sie mich, lieber Freund, mit der Nachricht, daß es Ihnen wohl geht, daß Sie mit Ihrem Schicksal zufrieden sind, und nun auch die Freuden des häußlichen Lebens genießen. Diese sind mir schon seit 6 Jahren zu Theil geworden, und ich könnte, im Besitz eines liebevollen Weibes und eines hoffnungsvollen Knaben so wie in meiner unabhängigen äußern Lage ein ganz glücklicher Mensch seyn, wenn ich aus dem Sturme, der mich solange herumgetrieben, meine Gesundheit gerettet hätte. Indeßen macht ein heitres Gemüth, und der angenehme Wechsel der Beschäftigung mich diesen Verlust noch ziemlich vergeßen, und ich finde mich in mein Schicksal.

Eben dieser Zustand meiner Gesundheit läßt mich nicht daran denken, eine Reise zu unternehmen, und raubt mir also die Freude, Ihre freundschaftliche Einladung anzunehmen. Aber was mir unmöglich ist, können Sie vielleicht ausführen, und um so eher, da ein Tonkünstler überal zu Hause ist, und selbst auf Reisen die Zeit nicht verliert. Daß mir Ihre Erscheinung in Jena unbeschreiblich viel Freude machen würde, bedarf keiner Versicherung, aber daß auch Sie nicht unzufrieden damit seyn sollten, glaube ich gut sagen zu können. Ich könnte Ihnen wenigstens dafür stehen, daß Sie in Weimar, wo man Musik zu schätzen weiß, eine sehr erwünschte Aufnahme finden sollten. Leben Sie wohl mein theurer Freund und erhalten Sie mir wie bißher Ihre Liebe.

Ihr aufrichtig ergebener

5 Jena den 9. 8br. 95. Schiller

Aus dem Briefe der in der zweiten Abth. p. ⟨86⟩ von Schiller an S. angeführt worden, ist schon zu ersehen, wie ernstlich jener an allem Theil nahm, was er, das Wohl des leztern zu befördern, glauben durfte. Um so erfreulicher mußte es ihm nun seyn, nach so langer Zeit endlich zu erfahren, daß
10 sein Freund, die ihm, von der Natur verliehene Gaben, so viel in seinen Kräften stand, weiter ausgebildet, und nun an einem Platze seye, wo er diese auf das ehrenvollste anwenden und fruchtbringend machen könne.

Aber welche Güte, welche Milde spricht sich auch wieder in diesem Briefe aus.

15 Er sagt von Duldung, von ausharrender Treue gegen ihn und vergißt gänzlich, daß sein jüngerer Freund, was er freilich schon vielmal bereute, zweimal störrisch gegen ihn seyn konnte, und Er, der ältere, jedesmal derjenige war, welcher die Aussöhnung herbei führte. Freilich läßt sich mit Recht, demjenigen wohl kein Vorwurf der Härte, des Mangels an Nachgie-
20 bigkeit machen, dem das Glück weiter Nichts als eine Erzstufe verlieh, die er selbst pochen, reinigen, schmelzen, und ohne fremde Hülfe, ohne andere Unterstützung als die der eigenen Kraft, der unverdrossendsten Mühe, zum brauchbaren Gefäß ausarbeiten mußte. Derselbe feste Wille, der hiezu erfordert wird, theilt sich auch den Meynungen mit, die leider! sehr oft in
25 Eigensinn ausarten und manche Störung veranlassen. Es waren allerdings nur Worte, welche bei S. ein Misbehagen herbei führten, der es aber sehr gerne ungeschehen machen möchte, daß er dem wohlmeinenden Freunde nicht sogleich nachgegeben, und ihm den Vortheil gelassen hatte, ein edleres, schöneres Herz zu zeigen.

30 Dieser Brief ist der lezte den der Verfasser von dem Dichter erhalten. Er hielt eine so herrlich, so ruhmbringend angewendete Zeit für zu kostbar, zu heilig, als daß er es hätte über sich gewinnen mögen, diese durch blos freundschaftliche Zuschriften zu stören; denn er durfte voraussetzen, daß, wenn auch blos wegen der Erinnerung an so viele traurig in Gemeinschaft verlebte
35 Stunden, keine Zeile unbeantwortet geblieben wäre. Diesen Grund seines früheren und späteren Stilleschweigens führte S. auch in seinem Briefe an Schiller an.

Eine Zeit die so fruchtbringend angewendet wurde, konnte mit Recht auf eine solche Schonung Anspruch machen; denn, außer der vielen Mühe welche
40 die neue Zeitschrift veranlaßte, war Schiller dennoch in der Dichtung auch so thätig, daß in dem Jahr 1795 allein, nicht weniger als Zwei und dreyßig

Gedichte geliefert wurden, worunter die meisten von dem höchsten Werthe sind, «der Spatziergang» aber in der Anlage wie in der Ausführung ein so herrlicher Beweis seines tiefen poetischen Geistes ist, daß es fort und fort, als das seltenste Meisterwerk, für sich allein bestehen wird.

Seine Umgebung in Jena, der öftere Umgang mit Goethe, die Briefe von 5 Kant, von dem edlen Coadjutor, trugen wohl das meiste dabei seinen Kräften diesen Schwung zu geben und sie in einer Höhe zu erhalten, die bei seiner schwachen Gesundheit nur dann begreiflich ist, wenn man weiß wie genügsam, wie mit voller Seele einer Sache lebend, sein edles, trefliches Gemüth war. Sehr rührend, sagt er in obigem Briefe «daß ein heiteres Gemüth, 10 der angenehme Wechsel der Beschäftigung ihm den Verlust seiner Gesundheit vergessen machen, und er sich in sein Schicksal finde.»

Wie wenige mögen einer gleichen Ergebung sich rühmen können.

Nebst den Horen gab er auch einen Musenallmanach heraus, in welchem die besten Dichter damaliger Zeit ihre Arbeiten bekannt machten. Durch 15 diese eben so mühevolle als zerstükelte Beschäftigung, wurde das Drama aber beiseite gerückt. Zwar, wie seine Briefe an Körner und Goethe zeigen, nicht ganz aufgegeben, aber doch auch keine, recht ernstlich wollende, Hand dazu angelegt. Die Idee zu Wallenstein hatte er tief genug erfaßt um sie nicht aufzugeben. Aber die kritische Arzenei von Kant hatte eine Krisis in 20 ihm erregt, deren Ueberwindung einige seiner besten Jahre hinwegnahm, jedem schwächeren Talente jedoch den Todesstoß gegeben hätte. Seine Aeußerungen hierüber sind für den Dichter oder Künstler, in hohem Grade wichtig, und erregen Bewunderung gegen die kühne Kraft, mit welcher er den stürmischen Flug seiner Phantasie unter ein bezähmendes Gesetz beugen konnte. 25

Wie sehr wäre es dem, nur den edelsten Arbeiten lebenden Dichter zu wünschen gewesen, daß er sein äußeres Leben ruhig, ohne alle Störung hätte zubringen können. Dieß wurde ihm 1796 nicht zu theil, indem nicht nur seine jüngste Schwester, ein sehr geistvolles Mädchen, von einem bösartigen Nervenfieber, das in dem östreichischen Lazareth wüthete, weggerafft wurde, 30 sondern auch der durch diesen Unfall tief gebeugte Vater, nebst seiner zweiten Tochter an derselben Krankheit darnieder lagen. Kaum hatte der Sohn die Leiden der Seinigen erfahren, als er, wegen seiner Kränklichkeit zu einer Reise unfähig, seine Schwester Reinwald um Hülfe aufrief, und sie auf das dringendste bat, auf seine Kosten die Reise zu den Eltern anzutreten, damit 35 die Mutter in dieser schreklichen, durch die Kriegsvorfälle noch sehr erschwerten Lage, nicht ohne Beistand seye.

In seinen früheren Jahren schon, hegte er den lebhaften Wunsch, seinen Eltern, seinen Geschwistern eine Erleichterung verschaffen zu können, und nun wurde, zwar nicht so glänzend wie er wollte, aber nur umso nützlicher, 40 ihm diese Gelegenheit die Kindespflicht mit möglichster Treue zu erfüllen. Die Briefe hierüber an seine Schwester sind eben so rührend, als mit dem innigsten Antheil geschrieben. Wem aber nicht das Loos zu Theil geworden in einer wenig begüterten Familie gebohren zu seyn — wer Nie die Sorgenvollen Mienen der Mutter, wer nie die Thränen ihres Kummers fließen sah, — wer sie nie in brünstigem Gebete um das Wohl ihrer Unmündigen belauschte, der kann den Werth der Gefühle welche diese Briefe ausdrücken, unmöglich ganz würdigen.

Allerdings mag es ein Glük genannt werden, reich oder wohlhabend zu seyn, und niemals Mangel und Entbehrungen gelitten zu haben. Aber dem reiferen Alter verursacht die Erinnerung der Anhänglichkeit an arme, leidende Eltern eine Empfindung, die ein edles Herz sich nicht mit Tonnen Goldes abkaufen ließe.

In der Aufforderung an seine Schwester, sagt Schiller:

«Was hat unsere gute Mutter nicht an unseren Grosältern gethan, und wie sehr hat sie ein Gleiches von uns verdient.»

Es erforderte in der That männlichen Muth, an einen Ort sich zu begeben, an welchem nicht nur die durch den Krieg erzeugten Krankheiten, sondern auch dessen rohe Gewalt zu fürchten war. Mad. Reinwald achtete aber alle diese Gefahren geringer als die, welche ihren Angehörigen drohten und begab sich nach der Solitüde. Dieser Ort wurde bald nachher von Französischen Truppen überfallen, denen es das empörte Herz der Tochter abtrotzte, das Haus ihres kranken Vaters, als eines Offiziers, zu verschonen. Dadurch ward es Mad. Reinwald möglich, der erschwerten Pflege und dem Mangel an Hülfsmittel unerachtet, ihre Schwester zu retten, und die lezten Tage des hinsterbenden Vaters so zu erleichtern, daß er zu Ende September in den Armen seiner Frau und Tochter sein thätiges, mühevolles Leben ruhig beschließen konnte.

Noch eine geraume Zeit wurde die Gegend von hin und zurük streifenden Truppen beunruhiget, welche es Mad. Reinwald unmöglich machten, so bald als sie es wünschte, zu ihrem kränklichen Manne zurük zu kehren. Nachdem wieder einige Ruhe eingetreten war, sich auch die zweite Tochter an den Pfarrer Franke zu Mekmühl verheirathet hatte, zog die Mutter nach dem kleinen Städtchen Leonberg, und verlebte dort ihre Tage in der Einsamkeit, die nur durch den immer steigenden Ruhm ihres Sohnes erheitert wurde.

Wahre Freundschaft kann sich nur dann am schönsten äußern wenn sie auch den Kummer, die Gemüthsleiden theilt, und solche durch alle ihr möglichen Mittel zu lindern sucht. Schiller bedurfte zu dieser Zeit, wo ihn die Sorgen um seine Angehörigen so tief beugten, nicht nur einer Zerstreuung, sondern auch eines Umganges in dem er nicht nur sein Herz erleichtern, sondern auch seinem dichterischen Geiste einige Aufmunterung verschaffen konnte.

Beides verschaffte ihm die zarte Zuneigung Körner's der ihn in Jena besuchte. Schon seit langer Zeit mit allen Verhältnissen seines jüngeren Freun-

des bekannt, konnte es ihm um so weniger schwer seyn, seinen Geist wieder
zu weken, als die Bearbeitung des Wallenstein, die Horen, nebst der Herausgabe des Musenallmanachs für das nächste Jahr 1797 Stoff genug darboten
um gegenseitige Meinungen zu äußern und die wiedersprechenden auszu-
gleichen.   5

Denn bis jetzt hatte das Publikum, außer einigen Theaterkritiken in der
Thalia, von Schiller nichts anders als große, edle, nur das Allgemeine be-
rührende Sachen gesehen. Im Jahr 1797, trat er jedoch in seinem Musenall-
manach, mittelst den Xenien, als scharfer, witzvoller, tiefeinschneidender
Satiriker auf und belehrte seine kleinmeisterische Tadler, daß eine gereitzte 10
Muse auch verwunden könne.

Da diese Xenien bei ihrer Erscheinung einen so großen Lärm in Deutschland verursachten, daß alle, welche über Schiller etwas geschrieben, es nöthig
fanden, eine Art von Entschuldigung dafür aufzusuchen, jedoch von keinem
die eigentliche Veranlassung dazu angegeben werden konnte, weil diese erst 15
durch den seither bekanntgemachten Briefwechsel der beiden Xenien Verfasser bekanntgeworden, so dürften einige Worte hierüber um so mehr an
ihrem Platze seyn als diese Sechs Bände von Briefen, wohl nicht eine allgemeine Verbreitung erlangt haben.

Schiller hatte schon im Jahr 1790 die Idee gefaßt eine Zeitschrift herauszu- 20
geben, welche das beste von allem was deutsche Schriftsteller leisten konnten,
in sich enthalten sollte. Groß und edel, wie seine Denkungsart, war auch
dieser Plan, dessen Ausführung aber der Mangel an Bereitwilligkeit von
Seiten der eingeladenen Mitarbeiter eben so sehr, als die Kriegerische, nur
Unheil verkündende Zeit, sehr erschwerte. Da die traurige Geschichte des 25
Tages, der Politik überhaupt, gänzlich von dieser Zeitschrift ausgeschlossen
war, so konnte sich die Theilnahme des Publikums durch häufigen Absatz
auch nicht so lebhaft äußern, als der Herausgeber erwartet hatte. Der Krieg
wälzte sich in den Jahren 1795 und 96 von einer Seite immer näher gegen
den Rhein, von der andern über Italien, und so unthätig der südliche, so 30
behaglich betrachtend der nördliche Theil Deutschlands diesem fürchterlichen
Brande auch zuschaute; so war es doch von den Deutschen etwas zuviel gefordert, ihre Augen von dem allmähligen Einsturze so ungeheurer Massen
abzuwenden, und sich mit den Blüthen der Dichtkunst, oder unterhaltender
Aufsätze zu beschäftigen.   35

Eine getäuschte Erwartung in Gegenwart eines großen Volkes, kann wohl
keinen Autor bei guter Laune lassen. Werden die natürlichen Hindernisse
durch Kritiker, die ohnehin im Rufe eines neidischen, urgründlichen Tadels
stehen, noch vermehrt, so muß der sanfteste Sinn eines Schriftstellers eine
gallichte Farbe erhalten. Ein solcher Kritiker war der Buchhändler Nicolai 40
in Berlin, der die deutsche Bibliothek als Richtstuhl über alle Gelehrten und
Schöngeister aufstellte, und die Ansichten, der, an einer starren Form hän-

genden Berliner Literatoren, für ganz Deutschland geltend zu machen suchte. Selbst ein Wieland fand hier keine Gnade, wie dessen mehrmalige Beschwerden im Merkur und in einer seiner Vorreden beweisen. Dazu kam noch daß Nicolai im eilften Band seiner Reisebeschreibung sich über die Horen sehr
5 bitter ausgesprochen und Schiller'n, wegen seinen Briefen über die Aesthetische Erziehung, unter die Gattung Schriftsteller gestellt hatte, die er Philosophische QueerKöpfe zu nennen beliebte. Ob unser Dichter Tadel verdiente, daß er die Kantische Philosophie mit so außerordentlicher Wärme sich eigen zu machen suchte, mag hier unbeantwortet bleiben. Sein Zwek hierbei war
10 gewiß vollkommen rein, denn er liebte diese Leser nicht aus Eigennutz, sondern um ihrer selbst, um ihrer anscheinenden Vortreflichkeit willen. Er sagt daher über die verschiedene Art Wissenschaft zu erfassen, ganz richtig:

> Dem Einen ist sie die hohe, himmlische Göttin,
> Dem andern eine tüchtige Kuh, die ihn mit Butter versorgt.

15 Sich mit seinen Tadlern auf Gegenbemerkungen einzulassen wäre ein endloser Streit, und unter seiner Würde gewesen. Der Brief von Goethe; (Th. 1 Br. 133. pag. 278.)
— — — — — «Den Einfall auf alle Zeitschriften Epigramme, jedes in einem einzigen Disticho, zu machen, wie die Xenien des Martial sind, der
20 mir dieser Tage zugekommen ist, müssen wir cultiviren und eine solche Sammlung in Ihren Musenallmanach des nächsten Jahres bringen. Wir müssen nur viele machen und die besten aussuchen. Hier ein paar zur Probe.» pp drükte dem, durch manchen Wiedersacher gereitzten Freund, die Geißel in dieselbe Hand, welche seit zehen Jahren nur mit dem Schönen, Großen und
25 Edlen beschäftiget war, und vermochte ihn seinen mit der beißendsten, muthwilligsten Laune ausgestatteten Satyr auf Alles loszulassen, wie seine Antwort Th. 1. p. 284, zeigt.
«Der Gedanke mit den Xenien ist prächtig und muß ausgeführt werden. Die Sie mir heute schickten haben mich sehr ergetzt, besonders die Götter
30 und Göttinnen darunter. Solche Titel begünstigen einen guten Einfall gleich besser. Ich denke aber wenn wir das Hundert voll machen wollen, werden wir auch über einzelne Werke herfallen müssen und welcher reichliche Stoff findet sich da! Sobald wir uns nur selbst nicht schonen, können wir Heiliges und Profanes angreifen. Welchen Stoff bietet uns nicht die Stollbergische
35 Sippschaft, Raknitz, Ramdohr, die metaphysische Welt, mit ihren Ichs und Nicht-Ichs, Freund Nicolai unser geschworner Feind, die Leipziger Geschmaksherberge, Thümmel, Göschen als sein Stallmeister und dgl. dar pp»
So war die Veranlaßung der Xenien, durch Goethe gegeben, der in seiner sicheren, unerschütterlichen Stellung wie ein Literarischer Jupiter auf die
40 Wespenartigen Kritiker herab zu sehen gewohnt war, und nun das Vergnügen hatte zu sehen, wie durch einen Wetteifer der hier nothwendig statt finden mußte, Wortpfeile gespitzt, die wohl selten schärfer auf jemand losge-

lassen wurden. Jedes Geschoß verursachte eine, mehr oder minder tiefere
Wunde; daher das allgemeine Schreyen und Wehklagen der getroffenen so
groß war, daß manche, außer dem Wurf sich befindliche, sich darüber ent-
setzten, und Wieland es sogar für nöthig hielt, in einem eigenen Aufsatze, in
Form eines Gespräches, dagegen aufzutreten, und die Schuld auf einen bos- 5
haften Freund zu wälzen, der solche Sinngedichte, die eigentlich nur als zufällige Einfälle, hätten unbekannt bleiben sollen, der Oeffentlichkeit über-
gab, als ihm die Anordnung des Allmanachs anvertraut wurde! Das nähere
über diese ganze Sache, findet der Leser in den Briefen von Theil 1. p. 278.
284. 288. Th. 2. p. 37. 40. 74. 196. 207. 209. 237. 255. 258. 264. 277. 279. 10
283. 288. 290. 293. 304. Th. 3. p. 7. 36. 108. 277.

Auf Schiller'n machten die vielen, auch oft sehr niedrige Ausfälle einen
sehr wiedrigen Eindruck. Weit weniger aber auf Goethe, der sich in folgendem Briefe so offen und bestimmt über die Xenien und ihre Gegner ausspricht, daß sich deutlich schließen läßt, er habe dieses böse Geschäft mit 15
gutem Vorbedacht unternommen. Er sagt in einer Antwort an Schiller. Th.
2. p. 283.

«Den Dykschen Ausfall habe ich, da ich die Deutschen so lange kenne,
nicht besonders gefunden, wir haben dergleichen noch mehr zu erwarten. Der
Deutsche sieht nur Stoff, und glaubt wenn er gegen ein Gedicht Stoff zurück 20
gäbe, so hätte er sich gleichgestellt; über das Sylbenmaas hinaus erstreckt sich
ihr Begriff von Form nicht. Wenn ich aber aufrichtig seyn soll, so ist das
Betragen des Volkes ganz nach meinem Wunsche; denn es ist eine nicht genug
gekannte und geübte Politik, daß jeder, der auf einigen Nachruhm Anspruch
macht, seine Zeitgenossen zwingen soll, alles was sie gegen ihn in petto ha- 25
ben, von sich zu geben. Den Eindruck davon vertilgt er durch Gegenwart,
Leben und Wirken jederzeit wieder. Was half es manchem bescheidenen, ver-
dienstvollen und klugen Mann, den ich überlebt habe, daß er durch unglaubliche Nachgiebigkeit, Unthätigkeit, Schmeicheley, Rücken und Zurechtlegen,
einen leidlichen Ruf Zeitlebens erhielt? Gleich nach dem Tode sitzt der 30
Advocat des Teufels neben dem Leichnam, und der Engel, der ihm Wider-
part halten sollte, macht gewöhnlich eine klägliche Gebärde. Ich hoffe daß
die Xenien auf eine ganze Weile wirken und den bösen Geist gegen uns in
Thätigkeit erhalten sollen, wir wollen indessen unsere positiven Arbeiten
fortsetzen und ihm die Quaal der Negativa überlassen. Nicht eher als bis sie 35
wieder ganz ruhig sind und sicher zu seyn glauben, müssen wir, wenn der
Humor frisch bleibt, sie noch einmal recht aus dem Fundament ärgern. pp»

Und später erklärt er sich Th. 3. p. 330 noch deutlicher hierüber in einem
Briefe an Schiller:

«Ich schicke die Garveschen Briefe mit Dank zurück. — — — Wie natür- 40
lich es doch solche Sittenrichter finden, daß ein Autor Zeit seines Lebens
seine besten Bemühungen verkennen, sich retardiren, neken, hänseln und

hudeln lasse, weil das nun einmal so eingeführt ist! Und dabei soll er geduldig, seiner höchsten Würde eingedenk, mit übereinander geschlagenen Händen, wie ein Ecce Homo dastehen, nur damit Herr * und seinesgleichen, auch in ihrer Art, für Dichter passiren können. pp»

5 Gegen die Warheit dessen, was hier einer der verständigsten deutschen Männer ausspricht, läßt sich eben so wenig als gegen diese Erfahrung einwenden, daß die Mittelmäßigkeit, nur durch verletzende Waffen zu besiegen ist. Da sie nichts höheres, als was sie selbst leistet, fassen oder begreifen kann, so läßt sie auch durch keine Beweise sich eines andern belohnen. Alle großen

10 Männer die ihrer Zeit vorauseilten, ihr Fach mochte seyn welches es wollte, waren dem Neide, der Verkleinerung, der Bosheit, der Verlästerung solcher Halbgeister ausgesetzt, und sehr oft haben es diese dahingebracht, daß nicht einmal die nächste, sondern erst die spätere Nachwelt ihnen Gerechtigkeit wiederfahren ließ. Ungerechte, hämische Ausfälle erbittern aber um so mehr

15 von denjenigen, die aus dem Tadel, dem belfern, dem herabsetzen der treflichsten Sache, ein Broderwerbendes Geschäft machen, was mit einigen, von den Xenien am härtesten getroffenen, wirklich der Fall war.

Es sey hier nur noch bemerkt, wie einer der edelsten Männer, der Coadjutor Freiherr von Dalberg sich über die, so fürchterlichen Lärm erregenden

20 Xenien in einem Briefe an Schiller ausdrükte:

— — — — — «Was nun die Fehde anlangt, so bin ich aus Neigung und Beruf ein Freund des Friedens, doch denk ich auch, daß es eben nicht übel ist, den Parnaß unserer Zeit zu reinigen; und wenn Mancher sich durch Laune und vielleicht etwas Muthwillen mishandelt fühlt, so wird er sich

25 wehren. pp»

Wie nützlich müßte es zu jetziger Zeit seyn, wenn gegen das Heer von Dichterlingen, gegen die Unzahl von Kritikern, gegen das Uebermaas von Journalen, besonders aber gegen die vielen, bodenlosen politische Schwätzer, eine tüchtige Ladung ähnlicher Brandraketen losgelassen würde!

30 Schiller ließ es um so eher bei diesem ersten Versuche bewenden, als ihn das Schreyen, Toben, die Luftstreiche der durch die Xenien Verwundeten, um so unangenehmer seyn mochten, da er sich am liebsten nur mit ernsthaften, großen Arbeiten abgeben mochte. Wallenstein, mit dem er sich schon seit Jahren beschäftigte, war seiner Beendigung nahe, und damit er diese um

35 so ruhiger und gemächlicher vollbringen könne, kaufte er sich, einen Garten mit einem kleinen Häuschen, welches er im Mai 1797 bezog.

Gleichsam zur Erholung von anstrengender Arbeit gab er dem Wunsche von Goethe, sich auch in der Ballade zu versuchen, willig nach, und dichtete in kurzer Zeitfolge, Fridolin, den Kampf mit dem Drachen, Rudolph von

40 Habsburg, den Taucher, pp. Aber Balladen in der Art zu dichten, wie man solche gewöhnlich fordert oder erwartet, war ihm nicht möglich; dazu war sein Geist zu ernst, zu hoch. Wie in allen seinen Werken, konnte er sich auch

11 Streicher

hierinn nicht zu seinen Zeitgenossen herablassen, sondern suchte sie zu seiner
Denk- und Empfindungsweise zu erheben, die alles gemeine, alles niedrige
ausschloß.

Diese Arbeiten, die eigentlich nur als Ruhepuncte zwischen größeren zu
nehmen sind, verringerten jedoch den Eifer nicht, mit dem er die Vollendung 5
seines großen Werkes Wallenstein zu fördern suchte. Seit er die Geschichte
des 30jährigen Krieges unternommen, drang sich ihm die Idee auf, einen der
hervorragendsten Charactere dieser Zeit dramatisch zu bearbeiten, und es
fanden sich hiezu Gustav Adolph, König von Schweden, und Wallenstein
Herzog von Friedland, am meisten geeignet. Seine Wahl entschied sich end- 10
lich für letzteren, dessen dunkle, bis heute noch nicht ganz aufgeklärte Geschichte, ihm die meiste Gelegenheit darbot, mit Anordnung des Ganzen,
mit Herbeiführung der Katastrophe nach dichterischer Freiheit zu verfahren
und ein, nach dem Leben gezeichnetes Gemälde seiner Zeit so darzustellen,
daß der Leser oder der Zuschauer wie durch eine Magische Kraft aus sich 15
heraus und mitten auf die kriegerische Schaubühne versetzt wird.

Ueber den ausserordentlich hohen Werth dieser drei Stücke, kann nur
eine Stimme, nemlich die der mehresten Anerkennung seyn. So groß aber
auch die Achtung für deren Verfaßer ist, noch weit mehr steigert sie sich für
den Menschen, der so beharrlich seyn konnte, ein großes, kaum zu erreichen- 20
des Ziel zu verfolgen; die unabläßigen Anfälle einer nicht zu heilenden
Kränklichkeit dabei zu überwinden, und noch überdieß aus den Gluthen
eines kritischen Fegefeuers, in das ihn sein Trieb nach höchster Vollkommenheit versetzte, gereinigt und geläutert hervorzutreten.

Wie sehr sich unser Dichter geirrt, als er durch eindringen in die wissen- 25
schaftliche Theorie des Schönen die Erfindung erleichtert, oder die Darstellung vollkommener zu machen glaubte, bekennt er in einem Briefe an
W. v. Humboldt, vom 27ten Juni 1798, in welchem er, gleichsam als War-
nungstafel für alle Dichter und Künstler, folgendes als Erfahrungsgrundsatz
ausspricht.   30

— — — — — Sie müssen sich nicht wundern, wenn ich mir die Wissenschaft und die Kunst jetzt in einer größern Entfernung und Entgegensetzung
denke, als ich vor einigen Jahren vielleicht geneigt gewesen bin. Meine ganze
Thätigkeit hat sich gerade jetzt der Ausübung zugewendet; ich erfahre täglich wie wenig der Poet durch a l l g e m e i n e , r e i n e Begriffe bei der 35
Ausübung gefördert wird, und wäre in dieser Stimmung zuweilen unphilo-
sophisch genug, alles, was ich selbst und andere von der Elementarästhetik
wissen, für einen einzigen empirischen Vortheil, für einen Kunstgriff des
Handwerks hinzugeben. In Rüksicht auf das Hervorbringen werden Sie mir
zwar selbst das Unzulängliche der Theorie einräumen, allein ich dehne mei- 40
nen Unglauben auch auf das B e u r t h e i l e n aus, und möchte behaupten

daß es kein Gefäß gibt die Werke der Einbildungskraft zu fassen, als eben diese Einbildungskraft selbst. ppp.

Diese, gleichsam unter dem Siegel der Freundschaft ausgesprochenen Worte eines Mannes, der mit den größten Anlagen zur kritischen Philosophie und Dichtkunst ausgerüstet war, und nur nach erprobter Ueberzeugung hier sprach, sollten sich Dichter oder Künstler zu unveränderlicher Richtschnur nehmen. Eben so wahr als unbestreitbar ist es, daß jede Regel, jede Beurtheilung erst dann statt finden konnte, nachdem ein, blos durch das dem Künstler innewohnende Gefühl des Schönen, entstandenes Werk schon vorhanden war. Wer lehrte Homer, Pindar, Sappho pp dichten? Wer führte den Griechischen Künstlern, bei ihren noch heute unübertroffenen Werken, den Meißel, den Pinsel? Wer lehrte in den Wäldern Caledoniens Ossian seine unsterblichen Gesänge Fingal, Temora pp mit dieser Regelmäßigkeit ausführen, ihnen dieses Gefühl einhauchen? Wenn nicht schon in unserer Organisation diese Gesetze eingewebt wären, wie hätten denn Kunstwerke überhaupt entstehen können? Durch Regeln, durch Kritik sich zu wichtigen Leistungen vorbereiten zu wollen, ist um so unnützer und zwekloser, da beide nichts anders als auf den alten Kunstwerken allmählich entstandene Moose und Flechten sind, die, wenn sie, wie in unserer Zeit, zur käuflichen Waare, zu einem Handelszweige gemacht werden, eben so verächtlich als ohne den mindesten Nutzen erscheinen müssen.

Wenn Schiller über das B e u r t h e i l e n der durch die Einbildungskraft hervorgebrachten Werke sagt, daß auch nur wieder die Einbildungskraft selbst diese auffassen oder gehörig würdigen könne, so bestätiget er nur dasjenige, was wir in allen Urtheilen überhaupt wahrnehmen, daß nur derjenige nemlich eine Sache richtig erkennt, fühlt, oder begreift, zu welcher er selbst entweder eine Anlage, oder doch eine Verwandtschaft besitzt. Nur daraus läßt sich auch manche schiefe Kritik, so wie die Vorliebe für Werke von wenigem Gehalte erklären, indem beide nur in der inneren Erkenntniß, im eigensten Gefühl ihren Ursprung nehmen.

Nachdem unser Dichter in der Bearbeitung des Wallenstein die Uebereinstimmung mit sich selbst erkämpft hatte, verwendete er seine Kräfte gänzlich auf das Drama, und ließ schon ein Jahr nachher, Maria Stuart erscheinen.

Es war ganz natürlich daß die Darstellung Wallensteins auf den Theatern in Weimar und Berlin; der außerordentliche Beifall den dieses Meisterstük nicht allein von den Zuschauern, sondern auch von den Lesern erhielt, die so lange geschlummerte Neigung für die Bühne wieder erweken, und ihm das Verlangen einflößen mußte, öfteren Vorstellungen beiwohnen, die Wirkung auf das Publikum wahrnehmen, und solche Beobachtungen machen zu können, die ihm bei künftigen Arbeiten förderlich und nützlich wären. Er entschloß sich daher, vorläufig wenigstens im Winter, in Weimar eine eigene Wohnung mit seiner Familie zu beziehen, was insoferne um so leichter er-

reicht werden konnte, als Goethe so wie Frau von Kalb die Besorgung derselben über sich nahmen. Da aber diese Veränderung viele Unkosten verursachte, so wagte er es, den Herzog an ein früheres Anerbieten zu erinnern,
und ihn um eine Gehalts Vermehrung zu bitten. Sein betreffendes Gesuch
findet sich im fünften Theile des Briefwechsels zwischen ihm und Goethe,   5
pag. 178 und ist vom 1ten Sept. 1799. Es kann dem Leser nur angenehm
seyn die hierauf erfolgte Antwort dieses seltenen Fürsten zu erfahren, und
daraus zu entnehmen wie schön und zart das Verhältnis zwischen beiden
war.

— — — — — — — — — — — — der von Ihnen gefaßte Entschluß, diesen   10
Winter und vielleicht auch die folgenden hier zuzubringen, ist mir so angenehm und erwünscht, daß ich gerne beitrage, Ihnen den hiesigen Aufenthalt
zu erleichtern. Zweihundert Thaler gebe ich Ihnen von Michaelis dieses
Jahres an Zulage. Ihre Gegenwart wird unsern gemeinschaftlichen Verhältnißen von großem Nutzen seyn, und Ihre Arbeiten können vielleicht Ihnen   15
erleichtert werden, wenn Sie den hiesigen Theaterliebhabern etwas Zutrauen
schenken, und sie durch die Mittheilung der noch im Werden seyenden Stüke
beehren wollen. Was auf die Gesellschaft wirken soll, bildet sich gewiß auch
besser, indem man mit mehreren Menschen umgeht, als wenn man sich isolirt.
Mir besonders ist die Hoffnung sehr schätzbar Sie oft zu sehen, und Ihnen   20
mündlich die Hochachtung und Freundschaft versichern zu können, mit
der pp.

Obwol es eine Art von Verrath ist diesen Brief hier mitgetheilt zu haben,
so konnte sich der Verfasser um so minder enthalten ihn bekannt zu machen,
indem wohl die Beispiele äußerst selten seyn müssen, daß, z u d a m a l i -   25
g e r Z e i t, Fürsten von dem Range des Herzogs zu Weimar, mit einem
ihrer vorherigen Professoren in diesem Tone sprechen, und es auch den Beweis giebt, wie grell abstechend die Sprache der Gewalt des Herzogs von
Wirtemberg, gegen die Stimme der freundlichsten Zuvorkommenheit seines
jetzigen Landesherrn war.   30

Die neue Wohnung in Weimar, konnte Schiller, wegen dem Wochenbette
und darauf folgender schweren Krankheit seiner Frau, erst zu Anfang
Decembers 1799 beziehen. Es ist zu verwundern, daß er mit seiner schwäch-
lichen Gesundheit, die häuslichen Leiden der vergangenen drei Monate ertragen konnte und der gefährliche Zustand seiner Gattin ihn nicht zu aller   35
Literarischen Arbeit unfähig machte. Nur sein starker Wille, konnte ihm
hier die Kraft verleihen eben so thätig zu seyn und alles so zu besorgen, als
ob die Ruhe des Hauses durch nichts gestört würde.

Den Rest des Jahres 1799 so wie auch den folgenden Sommer und Winter
1800 verlebte Schiller in Weimar von wo er erst zu Anfang des Frühjahrs   40
1801 wieder auf einige Zeit nach Jena zurükkehrte, um dort in seinem
Garten freiere Muße (Lücke). Im Herbst dieses Jahres unternahm er

noch eine Reise nach Dresden zu Körner. Hier, im Umgange mit diesem und seiner kunstsinnigen Familie, mit andern, ihn hochachtenden, erprobten Freunden suchte er sich zu erholen, was um so nöthiger seyn mochte, als er dergestalt öfters leidend war, daß er das Sitzen während der Dauer einer
5 Mahlzeit nicht aushalten konnte, sondern aufstand um auf und nieder zu gehen. Seinen Freunden suchte er dadurch seine Kränklichkeit zu verbergen, daß er vorgab, er seye deshalb aufgestanden, um über etwas nachzudenken. Von Dresden reiste er nach Weimar über Leipzig zurük, biswohin auch seine Freunde ihn begleiteten, und mit ihm einer Aufführung der Jungfrau von
10 Orleans beiwohnten, die bisher noch nicht in Weimar hatte stattfinden können.

Im folgenden Jahre 1802 hatte der größte Dichter den Deutschland je hervorbrachte, das Glük, ein kleines, jedoch für sich und seine Familie bequemes Haus zu kaufen. Er bezog seine, erste, eigene Wohnung gerade an
15 dem Tage, als seine vortrefliche Mutter in ihre lezte eingieng. Dieses zufällige Zusammentreffen zweier so entgegengesetzter Dinge, die ihn gleich nahe angiengen, rührte ihn schmertzlich und stimmte sein Gemüth zu einer Weichheit, daß er sich ⟨in⟩ einem Briefe an seine Schwester Reinwald mit wahrer Bruderliebe und erneuerter Anhänglichkeit aussprach. Der erniedri-
20 gende Zustand in welchem schon volle 9 Jahre Deutschland von den Neufranken gebeugt war, und von welchem nicht nur die Eltern und Schwestern, sondern auch die übrigen Freunde des Dichters sehr hart betroffen wurden, mußte seinem edlen, warhaft deutsch fühlenden Herzen tiefe Wunden verursachen. Durch seine Verhältniße an die damalige Politik Preußens gefesselt,
25 konnte er sich wohl nicht geradezu darüber aussprechen. Ob er aber durch seine Johanna nicht eine schwärmerische Begeisterung für das Vaterland weken und versuchen wollte, ob es Gemüther gäbe, die für die schönste Sache zu erwärmen wären, muß dahin gestellt bleiben. Für den Menschenkenner, bleibt das Mädchen von Orleans, immer eines der erhabensten Beispiele des-
30 sen, wie die Moralische Kraft alles zu begeistern und mit sich fortzureißen im Stande ist, und wie schnell sie jeden Physischen Wiederstand zerstäubt.

Die edlen, keiner Parthei, sondern nur der Warheit und Ordnung huldigenden Gesinnungen, erleichterten bei dem deutschen Kaiser die Verwendung des Herzogs von Weimar, einen so einflußreichen Schriftsteller auch
35 durch äußerliche Würde zu ehren, und ihn des Adelsstandes theilhaftig zu machen. Diese Erhebung wurde in der Wiener Zeitung vom (Lücke) 1802 mit folgenden Worten angekündiget.

(Lücke)
Wie oben angezeigt worden, war unser Dichter von Mütterlicher Seite
40 ohnehin aus einer Altadelichen Familie entsprossen; es war daher nur eine Erneuerung oder Bestätigung einer Sache, zu welcher er ein halbes Recht hatte, wenn ihm für sich und seine Nachkommen ein neues Adelsdiplom aus-

gefertiget wurde. Für ihn selbst, dessen innere Hoheit durch keinen äußern Glanz bedeutender gemacht werden konnte, mochte diese Sache gleichgültiger seyn, als für die Familie seiner Frau, die, durch ihre Vermählung mit ihm, in den bürgerlichen Stand herabgestiegen war, und nun durch diese Erhöhung des Gatten, den ihr gebührenden Platz bei Hofe wieder einnehmen konnte. 5 Dem Genuße der Anschauung dessen, was auf dem Theater vorzügliche Wirkung hervorbringt, und den dahin gehörigen Arbeiten sich ganz hingebend, erschien nun jedes Jahr ein Meisterwerk seines Geistes, das immer reiner, immer einfacher und vollkommener als das vorhergehende war. Dieses Jahr 1803 brachte die Braut von Messina hervor, die auch sogleich im Frühjahr 10 auf dem Theater in Weimar aufgeführt wurde.

Um sich bei eigenen Arbeiten nicht zu ermüden, und dennoch mit dramatischen Werken beschäftiget zu bleiben, richtete er mehrere Stücke, wie Makbeth, Turandot, pp für die Bühne ein, und übersetzte auch Phædra von Racine aus dem Französischen. Sein letztes Drama, Wilhelm Tell, erschien 15 1804 und wurde zuerst auf dem Theater von Weimar vorgestellt.

In diesem Frühjahre machte er, von Iffland dringend eingeladen, eine Reise nach Berlin, allwo ihm alle, die seine Verdienste zu würdigen wußten, so wie auch die Königliche Familie, mit wärmster, aufrichtigster Hochachtung entgegen kamen. Es war eben so natürlich daß die Theater Freunde den 20 größten Schauspieldichter Deutschlands für Berlin gewinnen wollten, als daß andere denjenigen der sich als Geschichtschreiber so sehr ausgezeichnet, ihm eine Stelle in der Akademie wünschten. Beides sollte ein Antrag erleichtern, dessen eigentliche Beschaffenheit aber erst nach vollen 26 Jahren durch eine officielle Erklärung die Goethe veranlaßte, ganz deutlich wurde. 25

Dieser sagt nemlich, in der Dedication des Briefwechsels zwischen Schiller und ihm, «daß Schiller bei größerer Gunst und Aufmerksamkeit deutscher Fürsten ein behaglicheres Daseyn hätte genießen können.» Diese Worte veranlaßten den Minister von Beyme in der Preußischen Staatszeitung No. 109 vom Jahr 1830 zu sagen, «daß S. Maj. der jezt regierende König, bei Schil- 30 lers Anwesenheit in Berlin 1804, diesem einen Jahrgehalt von 3000 Thalern habe anbieten lassen, w e n n e r i n B e r l i n b l e i b e n w o l l e.» Wenn dieses warhaft Königliche Anerbieten wegen der damit verknüpften Bedingung nicht so günstig beurtheilt werden sollte, als die grosmüthige Unterstützung des Prinzen von Holstein und des Grafen von Schimmelmann, 35 welche dem Dichter um die Herstellung seiner Gesundheit zu erleichtern, auf drei Jahre, tausend Thaler Jährlich, ohn alle Einschränkung gaben; so darf man nicht vergessen, daß ein Regent ganz andere, bindenden Pflichten als ein Privatmann hat, der Niemand über die Verwendung seines Geldes Rechen- schaft zu geben braucht. 40

Aber wie viele Bande der Dankbarkeit, der Freundschaft hätte der Dichter gewaltsam sprengen müssen, wenn er diesem Antrage Folge gegeben hätte?

Nur die Rüksichten für seine Familie konnten ihn bewegen hierüber nachzudenken und andere um Rath zu fragen; denn für sich selbst, mochte er
wol keinen Augenblik im Zweifel seyn, welchen Entschluß er hier ergreifen
müsse. Er war genau in demselben Falle, wie der, ihm so innigst Verwandte
5 mächtige Genius der Tonkunst, als diesem der Nachfolger Friedrichs des
Zweiten, eben so viel, und noch überdieß ein eigenes Haus nebst anderer
Bequemlichkeit anbieten ließ. Die Erwiederung des unsterblichen Mozart
war:

Und ich soll meinen guten Kaiser Joseph verlassen?

10 Ganz dasselbe, nur mit Aenderung zweier Worte, hätte Schiller um so eher
sagen können, da er es Nie vergessen haben konnte, daß von der Stunde an,
als er den Herzog von Weimar in Darmstadt zum erstenmale sah, und ihn
dieser durch einen Titel, der ihm eben so viel Ehre als Schutz gewährte, an
seine Person band, sein Schiksal sich freundlicher gestaltete, und ihm die
15 folgende Zeit sehr erleichterte. Könnte hierüber nur der mindeste Zweifel
obwalten, so müßte ihn nachstehender Brief, den der wohlwollende Fürst,
als Schiller seinen Entschluß in Weimar zu bleiben meldete, ihm schrieb,
diesen auf die angenehmste Weise zerstreuen.

«Für die mir gestern überschriebenen Gesinnungen danke ich Ihnen wer-
20 thester Freund, bestens; von Ihrem Herzen erwartete ich mir, als ich die
Nachricht erhielt, daß man Sie nach Berlin zu locken wünsche, daß Sie so
handeln und so die Lage der Sache beurtheilen würden, als Sie es gethan
haben, mit Dankbarkeit erwiedere ich Ihnen auf Ihr gestriges Schreiben, daß
ich mir von Ihnen erbitte, Sie möchten mir diejenigen Mittel sagen, durch
25 welche ich Ihnen den mir so erfreulichen Vorsatz, bey uns zu bleiben, belohnen könne, und wodurch ich Ihre Existenz als Hausvater in eine Lage zu
bringen vermöchte, die für die Dauer Ihnen nicht bereuen ließe, das kleinere
Verhältniß dem größeren vorgezogen zu haben. Schreiben Sie mir ohne Rükhalt Ihre Wünsche. pp»

30 Der obige Brief, besonders aber dieser zweite, beweisen auf das klareste,
welche zarte, freundschaftliche Rüksichten der Herzog von Weimar für
Schiller'n hatte, und sprechen eben so dafür, wie viele Achtung, wie viele
Liebe sich dieser erworben haben müsse, daß der Fürst seine Anhänglichkeit
an ihn, so hoch zu würdigen wußte.

35 Wer hätte den seltenen Mann aber auch nicht verehren müssen, der sich
keine Ruhe gönnte, sondern jeden Augenblik in welchem die Verrichtungen
seines Geistes nicht durch Schwäche des Körpers gelähmt waren, zur Hervorbringung von Werken benützte, um die Menschen nicht allein zu erfreuen,
sondern auch über sich selbst zu erheben. Seiner früheren Gewonheit getreu,
40 noch ehe ein Drama ganz von ihm fertig war, alsobald wieder auf ein neues
zu sinnen, hatte er auch jezt wieder, noch vor Beendigung von Tell, ein neues

Trauerspiel, den falschen Demetrius angefangen, von dem nur Bruchstüke, aber diese von höchster Schönheit, auf uns gekommen sind.

Während dieser ernsten, ganz neue Gesichtspuncte darbietenden Arbeit, geschah die Vermählung der Grosfürstin Maria von Rußland mit dem Erbprinzen von Weimar, allwo unter vielen andern Feierlichkeiten, im Theater, als dem schiklichsten Orte, die Empfindungen des Publicums öffentlich auszusprechen, Ihre Ankunft und Bewillkommnung, gefeiert werden sollte. So leidend auch seine Gesundheit war, und so schwierig es auch für das gewandteste Talent ist, bei einer solchen Gelegenheit die vielseitige Klippe der Schmeichelei zu vermeiden, so unternahm er die Kaiserstochter zu begrüßen, es dennoch um so leichter, als der einstimmige Ruf, den zu feiernden Gegenstand, als mit so seltenen Eigenschaften begabt, schilderte, daß auch der größte Dichter, es sich zum Ruhme anrechnen dürfe, eine Vereinigung von Reitz, Grazie, Kenntnißen, und Güte des Herzens zu schildern, die höchst selten in einem Menschlichen Wesen zusammen vereiniget sind. Wohl mochte er auch über das Spiel des Zufalls gelächelt haben, daß in Stuttgardt, die geräuschvolle Ankunft der Mutter von der Prinzessin, ihm vor 22 Jahren die Gelegenheit verschafft hatte, einem unerträglichen Zustande zu entfliehen, und seine damals in die Acht erklärte Dichtergabe, ihm jetzt die Gelegenheit verschaffe, die schönsten Blüthen seines Geistes vor der geliebten Tochter der seltenen Frau, darzulegen. Und wie schön, wie gewandt mit welchem zarten, gefühlvollen Sinn hat er diese Aufgabe gelöst! Wie herrlich, wie warhaft sind alle Aeußerungen der Künste, dem Leben entnommen! Mit welcher Größe ist die Familie, sind die Oertlichkeiten welche die Fürstin verlassen geschildert, und wie rührend wahr und einfach der Platz, den sie sich zum Aufenthalte erwählt.

Aber dennoch wird jeder dem das Glük ward, die Bescheidenheit, Anspruchlosigkeit, die unerschöpfliche Seelengüte, die Vereinigung so vieler Talente und Kunstfertigkeiten beachten zu können, gerne eingestehen, daß, wenn der Dichter die Grosfürstin näher und länger gekannt hätte, diese Huldigung nicht nur eine Feier für sie selbst, sondern für das Vortreflichste was in einer menschlichen Natur sich zusammen finden kann, geworden wäre. Das schönste, sanfteste, lieblichste Licht seines Dichtergeistes flakerte in diesem Gedichte noch auf, und war das lezte Ganze, was er uns hinterließ. Denn der kommende Winter hatte auf seine Gesundheit, wie auf die seiner Kinder einen sehr störenden Einfluß, was wir von ihm selbst in dem lezten Briefe den er an Schwager und Schwester Reinwald schrieb, entnehmen können.

Weimar 26ten März 1805.

Es ist wohl schon lange, lieber Bruder und Schwester, daß ich kein Wörtchen von mir habe hören lassen, aber fast ein beständiges Krankseyn und

eine schwermüthige Stimmung, die die Folge davon war, haben mich von
jeder Mittheilung abgehalten. In den wenigen, heitern und gesunden Tagen,
die ich hatte, fand ich so viele liegengebliebene Geschäfte aufgehäuft, daß ich
nicht zum Briefschreiben kommen konnte. Verzeiht mir also ihr Lieben, wie
5 ihr mir oft verziehen habt, und dießmal verdiene ich mehr als sonst eure
Nachsicht, weil ich in der That viele Leiden in diesem Winter ausgestanden.
Jezt Gottlob steht es wieder besser mit mir, und auch mit den Kindern, die
auch alle nach der Reihe an den Windblattern krank gewesen.

Unter diesen Umständen Lieber Bruder! habe ich nicht viel neue Werke
10 zu Tage fördern können, ich weiß also nicht welche gedrukte Arbeiten von
mir du wünschest, denn ich habe seit dem Tell nichts neues mehr druken
lassen.

Ein kleines lyrisches Vorspiel zur Ankunft der Großfürstin, womit wir
sie hier im Theater bewillkommt hatten, ist alles, was ich ans Licht gestellt,
15 dieses wird in einigen Wochen gedrukt seyn, und dann sollst du es warm
haben, wie es aus dem Laden kommt.

Die Versetzung der guten Luise nach Mekmühl macht mir herzlich Freude
und giebt mir auch ihrer Gesundheit wegen bessere Hoffnung. In den bessern
Umständen, worinn sie jetzo sind, und bei der größern Leichtigkeit seine
20 Stelle durch einen andern vertretten zu lassen, kann er jetzt eher eine Bade-
kur mit der Luise versuchen, welche ihr sehr nützlich seyn würde. Wohl
wünschte ich unsern lieben Eltern den Trost, auch dieß noch erlebt zu haben.

Ich wollte heute einen längern Brief schreiben, aber man unterbricht mich
und ich verspare es auf das nächstemal, welches aber bald seyn wird, und
25 wünsche daß ihr euch des Frühjahrs auf euren Bergen recht erfreuen möchtet.
Lolo und die Kinder grüßen aufs schönste auch Wolzogens empfehlen sich
herzlich.

Der treue Bruder
Schiller.

30 Der matte, abgespannte Ton dieses Briefes; die Nachläßigkeit mit der die
Worte, die sonst so richtig und ungezwungen aus seiner Feder floßen, gestellt
sind, deuten zur Genüge an, wie gering das Maas seiner Körperlichen Kräfte
schon damals war. Auch die stärkere, nicht wie sonst flüchtige, Schrift dieses
Briefes beweist, daß er mit schwerer Hand und langsam geschrieben worden.

35 Sein Leben glich nunmehr einem majestätischen, vielästigen Baume, dessen
Wurzeln keine Nahrung mehr einzusaugen fähig sind, und dessen Stamm nur
die wenigsten, höchsten Zweige mit der kleinen Gabe von Saft nähren kann.
Früher schadeten den Blüthen und Früchten weder Sturmwinde, noch
glühende Hitze; nun genügt ein rauhes Lüftchen, ein stechender Sonnen-
40 stral, um die Blätter verdorren zu machen.

Die heftigsten Anfälle von Brustkrämpfen, von schwächenden Diarhöeen, von oft wiederkehrenden Schnupfen und Husten, hatte er früher oft und glüklich überstanden; nun bedurfte es nur eines leichten, anfangs ganz unbedeutend scheinenden Catharrfiebers, von dem er am 1ten Mai 1805 befallen wurde, um einem Leben ein Ziel zu setzen, dessen ganzes Wirken nur 5 darinne bestand, das edelste der Gefühle und Gesinnungen in solcher Sprache darzustellen, daß jedes Wort in dem Herzen des Lesers oder Hörers, geheftet bleibe. Da er sein ganzes Wesen, sein ganzes Daseyn, seit den lezten zehen Jahren nur der Dichtung gewidmet hatte, so beschäftigte sein leztes Drama, Demetrius, nicht nur seine Gedanken, sondern auch seine Gespräche. Aber 10 am neunten Tage, als der ihm innewohnende Götterfunke sich von dem irrdischen loslösen und zu dem Urquell des Lichtes zurükkehren wollte; als der Geist sich von seinen Werkzeugen, den mächtigen Organen loszuwinden begann, konnte diese die gewohnten Dienste nicht mehr leisten, und nur einzelne Worte, ohne Bedeutung oder Zusammenhang wurden aus demselben 15 Munde vernommen, der sonst immer von der schönsten, bedeutendsten Rede überfloß.

Dem mächtigen Adler, sonst das unermeßliche Gebiet der Dichtkunst umkreisend, sanken, unter Erinnerungen an seinen lezten Flug, allmählig seine, sonst so kräftigen Schwingen, und sein kühnes Auge, das in Stunden der 20 Begeisterung eine Fülle von Gedanken und Bildern ausstralte, erlosch, ohne von der Hand geschlossen zu werden, um die er einst, als um das höchste Glük seines Lebens sich bewarb.

Sehr früh, schon im 46sten Jahr, endigte ein Leben dessen Reinheit, Milde, Kraft und unverrüktes streben nach dem höchsten, wenige Beispiele entgegen 25 zu setzen sind. Seine, aus dem innersten des Gemüths entquollenen Dichtungen werden ihre Wirkung auf die Nachwelt nicht verfehlen, und sie wird, dankbarer als seine Mitwelt, anerkennen, daß, wenn sie je sich dazu erheben könnte Kräntze auszutheilen, der herrlichste, kostbarste, das Haupt dieses ersten, größten deutschen Dichters zieren müßte, der, wie ein Geistes- 30 verwandter von ihm singt:

«Ein Cherub war mit Schwert und Schilde,
Ach! und ein Kind zugleich, gleich stark, gleich milde.»

Wenn sich ein Character am sichersten dadurch beurtheilen läßt, wie er sich bei den wichtigsten Begebenheiten die ihn treffen können, ohne allen 35 äußeren Zwang, und ohne daß mehrere Beobachter eine Zurükhaltung auferlegten, ganz unverholen äußert, so ist dem Leser schon ein vollständiges, wahres Bild von der Gemüthsart Schillers, von seiner innersten Denkweise und von seiner Art zu handeln vorgelegt worden. Wenn auch der Verfasser mit Zuverläßigkeit nur dasjenige berichten konnte, was er in den Jahren 40 1781 bis 85 als beinahe immer gegenwärtiger Zeuge sah und hörte, so war dennoch der Dichter schon damals in den Jahren wo sich eine bestimmte

Denkweise zu befestigen beginnt, und das Zeugniß seiner Schwester, des verstorbenen Körner und seiner Gattin, besonders aber die Nachrichten der Frau von Wolzogen, so wie anderer die ihn sehr genau kannten, stimmt so sehr mit dem gesagten überein, daß nur der Unterschied der Veranlassungen
5 zum handeln und sich äußern besteht und daß durch anhaltende Kränklichkeit, durch weniger kränkende, vielmehr angenehme Erfahrungen, sein Geist noch um vieles milder geworden.

Es wäre um so mehr überflüssig, hier noch weiter ins Einzelne einzugehen, da ein aufmerksamer Leser seiner Werke, vorzüglich seiner Dichtungen über-
10 zeugt seyn darf, daß, wenn auch kein Schriftsteller seine Individualität in irgend einem Werke ganz zu verbergen im Stande ist, bei unserm Dichter der Fall eintritt, daß er gar nicht fähig war, anders zu schreiben, als seine innerste Ueberzeugung, sein eigenes Gefühl ihm vorschrieb, und daß besonders seine Gedichte, ein wirklicher Abdruk seines eigentlichsten Selbstes sind.

15 Was noch zu erwähnen ist, betrift blos seine äußere Persönlichkeit, so wie einige Eigenheiten, von denen, im Laufe der Erzählung zu sprechen, kein schiklicher Ort sich fand.

Schiller wurde noch in der Akademie zu denen jungen Leuten gezählt, die sich durch Körperliche Größe vor andern, auszeichnen. Das Kalte Fieber
20 welches ihn in Mannheim, in seinem 24ten Jahre befiel, strekte ihn so sehr, daß er 5 Schuh 8—9 Zoll hoch wurde. Seine Gestalt war schlank, in der Bewegung gefällig und gehörte zu denen, denen das Auge, auch wenn sie unter andere vermischt sind, gerne folgt. Der Bau seiner Glieder war gewöhnlicher Art, mit Ausnahme der Kniee, die, nach weiblicher Art, etwas
25 einwärts sich neigten. Nur dieß, und nicht, wie er selbst und andere glaubten, die Militairische Haltung in der Akademie, verursachte, daß sein Gang etwas steif und schleppend war. Die Hand war, wie bei allen blonden Leuten, sehr weiß, daher auch das Gesicht, noch weit mehr aber seine Hände, mit Sommersproßen übersäet waren.

30 Das Gesicht zeigte ein schönes Oval. Vorzüglich hatte der hintere Schädel, über der Stirne bis in den Naken hinab, eine ausgezeichnete Form. Die Stirne war nicht außerordentlich hoch, aber gerade stehend, sehr breit, und oben zu beiden Seiten, sehr hervorstehend gewölbt. Der Ortssinn, über den Augen, war sehr stark angedeutet. Daher auch diese tief zu liegen schienen. Die
35 Farbe der Augen, welche das gewöhnliche Maas hatten, war bräunlich. Der Blik derselben war äußerst sprechend und ließ bei allen Veranlassungen die Tiefe seiner Empfindung erkennen.

Die Nase hatte eine Form, die sich der bildende Künstler nicht günstiger wünschen konnte; denn sie trat sehr schön zwischen den Augen heraus, war
40 sehr reizend gebogen, und die Nüstern hatten einen sehr feinen, etwas aufwärts gehenden Schnitt. Wenn dieses in späteren Jahren sich anders zeigte, so ist dieses nur der Kränklichkeit und inneren Zerstörung seines Körpers

beizumessen, welche vorzüglich auf die hervorstehenden Gesichtstheile einwirken. Der Mund war klein, die Lippen dünn geschnitten. Die untere Lippe
etwas hervorstehend, und im schweigen sehr oft, beim Dichten aber, allezeit
gegen die obere gedrükt.

Die Zähne waren kurz, unten ausgezakt, und bildeten nichts ausgezeich- 5
netes. Das Kinn war spitzig und etwas hervorstehend.

Was aber bei unserem Dichter von seltener und ausserordentlicher Schönheit sich fand, das war sein, etwas langer, aber dabei nach dem richtigsten
Maaße, fleischigter Hals und Naken, die beide eine blendend weiße Farbe
hatten. Als Anatom, als Jugendfreund der meisten bildenden Künstler wußte 10
er diese Eigenschaft hoch genug zu schätzen, daß er zu Hause immer den
Hals entblößt hatte, und sich auch später, für seinen Freund Körner von
Graf in Dresden, so malen ließ. Der Kupferstich seines Freundes Müller, von
diesem Gemälde, läßt eben so wenig von Seiten der Kunst, als der Aehnlichkeit zu wünschen übrig, und es vergegenwärtiget jedem, der den unsterb- 15
lichen Dichter in jüngern Jahren gekannt, seine Gestalt so deutlich, daß man
am Ende in die Täuschung geräth, ein Gespräch anknüpfen zu wollen.

Eine spätere Abbildung in Heinrich Dörings Lebensbeschreibung von Schiller, mag nur getreu seyn, indem man nur zu deutlich sieht, wie die Knochen
schon anfangen das Fleisch zu verdrängen und sich selbst hervorzustellen; 20
wie gespannt die Haut über der, sonst so freien, Lebensvollen, Stirne ist, so
daß deren Umfang kleiner erscheint, als er in früheren Zeiten war. Leztere
Bemerkung über den verkleinerten Umriß des Schädels mag aber das Alter
im Allgemeinen treffen, und hievon auch die ausgezeichnetsten Köpfe nicht
ausgenommen seyn. Denn Dr. Gall, der seine meiste Zeit; so wie seine besten 25
Kräfte ähnlichen Beobachtungen widmete, war dennoch sehr verwundert als
er seine, hierüber so oft geäußerte Meinung, auf eine unerwartete Weise bestätiget sah. Er schrieb unter dem 27ten Oct. 1827 aus Paris, dem Verfasser
dieses hierüber folgendes.

«Vor einigen Monaten habe ich die Büste von Goethe erhalten. Wenn sie, 30
wie man mir versichert hat, auf ihm abgegossen worden ist, so ist der Kopf
um Vieles kleiner geworden, als ich ihn vor 21 Jahren gesehen habe. (Diß
war im Herbst 1805) Damahls war er ein wahrer Apollo; Augen wie ein
Gott; eine Stirne die mich bezauberte, und das Organ des Scharfsinnes wie
ich es noch nie gesehen habe. Nun ist alles um Vieles zurük geschwunden» pp. 35

Für denjenigen der Schiller'n in frischer Blüthe und Kraft des Jünglings
sah, ist es schmertzlich auf dem leztgenannten Kupferstiche, seine leidende
Miene, das kränkliche seines Zustandes wahrzunehmen, und seinen Körper
schon selbst aufgelößt, im besten Alter des Mannes zu sehen.

Fort mit diesen Erinnerungen. Kehren wir wieder zu seiner Jugend zurük. 40

Mit den besten Eigenschaften, mit einem warhaften Seelen Adel begabt;
keine Tüke, keine Bosheit im Hinterhalt; nur immer das rechte, das höchste

begehrend; unausgesezt thätig und beschäftiget, konnte er gar nicht anders als mit sich selbst zufrieden, folglich auch seine Laune, seine Aeusserungen frölich, heiter und offenherzig seyn. So sehr er auch das anstrengende seiner Arbeiten, den tiefen Ernst der Rede liebte, so gerne überließ er sich dennoch
5 auch — am liebsten jedoch nach einer vollendeten Dichtung, eines Aufsatzes oder einer dramatischen Scene, dem heiteren, lachenden Witze, oder Scherzhaften Ausfällen. Aber diese durften nicht spitzig, stachelicht oder boshaft seyn, sondern dasjenige was man drolligt nennt.

Daß er für diese Gattung Witz auch noch in späteren Jahren Vorliebe
10 hatte, beweist die Scene des Kapuziners in Wallenstein's Lager. Gewis hat dieser Auftritt keinem Leser so vieles Vergnügen und so warhaft herzliches Lachen verursacht, als dem Dichter selbst, der sich dabei ganz in die Zeit versetzen konnte, wo in dem Kreise seiner Akademischen Freunde, eine ähnliche Predigt des WiesenPaters von Ismaning zu allgemeiner und öfterer
15 Belustigung diente.

Im Ernst böse oder wirklich zornig konnte er nur dann werden, wenn er in seinen Handlungen beschränkt war; auf eine unnütze Art seine dichterischen Beschäftigungen unterbrechen, oder des Abends, wenn auch kein Kranker im Spitale sich befand, er dennoch dahingehen mußte, blos um zu
20 erfahren ob es nichts Neues gäbe, damit er seinen Rapport darnach einrichten konnte. Eine üble Laune durch solche Ursachen veranlaßt, kann nur der am verzeihlichsten finden, der ein Geschäft auf eine gezwungene Art thun muß, seinen LieblingsArbeiten nicht obliegen kann, und dieses im stärksten Wiederspruch mit seinem auferlegten Amte, täglich und stündlich fühlen muß.
25 Diesen einzigen Fall ausgenommen, konnte sich kein harmloserer, angenehmerer und liebenswürdigerer Gesellschafter finden als er es war.

Es ist schon angeführt worden, wie anziehend, wie reichhaltig seine Gespräche waren denen er sich dann am willigsten überließ wenn er von seinem Zuhörer verstanden, wenn ihm von diesem so entgegnet wurde, daß, wenn
30 auch kein Wiederspruch erfolgte, doch die Bemerkungen desselben die Gelegenheit herbei führten, den Stoff weiter auszuspinnen, ihn von allen Seiten zu beleuchten, und ihn endlich ganz zu erschöpfen. Antworten, die nur in einem Ja! Nein! So? Warum? Wie das? pp bestanden, waren ihm so sehr zuwieder, daß er das Gespräch sogleich endigte, oder auf die alltäglichsten
35 Gegenstände übersprang. Die Gabe der lang dauernden, fließenden Rede war ihm angeboren, und er überließ sich dem Genusse, über wichtige Materien recht umständlich, recht viel zu sprechen so sehr, daß es eine Art von Bedürfniß für ihn wurde, dessen ungemessene Befriedigung nothwendig seine Lunge und Brust schwächen mußte. Es lassen sich hieraus die wiederholten
40 Anfälle des Brustkrampfes, die ihn nach einer schweren im Jahr 1791 ausgestandenen Krankheit so oft befielen, am leichtesten erklären, und es scheint unbegreiflich daß Niemand von seiner Umgebung ihn aufmerksam dar-

auf machte, hierinne gehöriges Maas zu halten. Frau v. W. führt, 2 Th. p.
116 selbst an, «Alle Abende verstrichen den Freunden unter philosophischen
und ästhetischen Gesprächen, die sich oft bis spät in die Nacht hineinzogen.»
Daß die Spannung, den Geist immer in der Höhe des Gespräches zu erhalten,
das Blut erhitzen, und das sprechen selbst die Gefäße der Brust und Lunge   5
schwächen mußte, kann auch dem Nichtartzte begreiflich seyn. Schon in
früheren Jahren, zeigten sich nach einer so lebhaften Unterhaltung, auf dem
oberen Theile der Wangen, sehr rothe Fleken, wie auch eine Art Entzündung
der Augenlieder. Einigemale wurde er in Mannheim, von seinem Reisegesell-
schafter hierauf hingewiesen und ihm eine kurze Lebensdauer, wenn er sich   10
hierinne nicht mäßigen könne, vorausgesagt. Aber es schien um so weniger
Eindruk auf ihn zu machen, weil er, als ihm dieser, nach einem sehr langen
Gespräche mit einem Dilettanten der Literatur, von dem auch Goethe in
seinem Leben spricht, und auf den das Gedicht Schiller's «Breite und Tiefe»
ganz eigentlich gemacht scheint, die Frage stellte, warum er denn einen so   15
hohen Werth auf vieles und schönes sprechen lege, die Antwort gab, «da
man den deutschen Gelehrten oder Dichtern allgemein den Vorwurf mache,
daß nur ihre Schriften, aber nicht ihre Persönlichkeit Genuß gewähre, so
wolle er nicht zu denen gezählt werden, deren Sprache nur aus dem Gänse-
kiel fließen, sondern zeigen daß über eine Materie eben so tief und gründlich   20
gesprochen, als geschrieben werden könne. Wahr ist es gewiß, — und jeder
dem das Glük — man darf diesen Ausdruk mit Recht brauchen — zu theil
wurde, mit Schiller'n über eine anziehende Materie zu sprechen, wird es bestätigen, — der Genuß seines Gespräches, war in der That noch anziehender,
als das was er schrieb. Denn der reine, schöne Stil seiner Prosa, fand sich mit 25
dem gedrängten Ausdruke seiner Dramen, und seiner Gedichte, schon in der
Rede vereinigt, wozu noch das belebende seines Gesichtes, seiner Augen,
seines Mienenspiels, die Wärme des, aus dem innersten seiner Seele entspring-
genden Gedankens gedacht werden muß, um zu glauben, wie reitzend, wie
anlokend seine Unterhaltung seyn mußte.   30

Wie ihm später die Kantische Philosophie oder andere damit verwandte
Materien den meisten Stoff zu Gesprächen lieferten, so waren es in Mannheim doch besonders neue Dramatische, Theatralische oder Kunstgegenstände,
über welche er sich am öftersten unterhielt. Alles was die bildenden Künste
betraf, achtete er so ausserordentlich hoch, daß er durch diese, mehr als durch 35
alles andere, den göttlichen Ursprung des Menschen, und die Unsterblichkeit
seines Geistes, beweisen zu können glaubte. Denn alles auf der Erde vergeht.
Meere verlassen ihre Ufer, weite Länderstreken verändern sich, große
Reiche entstehen und verschwinden; Nationen einst herrlich und blühend,
sinken bis zur Sclaverei herab; die Schlachten der Eroberer erhalten sich blos 40
durch Ueberlieferungen; nur dasjenige was der Geist des Menschen vor Jahrtausenden schuf, wird erforscht, um dieses wird die Erde durchwühlt um

Ueberbleibsel davon zu finden, und selbst aus der Asche, aus der Kohle, sucht man die Zeichen dessen herzustellen, was die dichtende, bildende Kunst ehemals leistete.

Auch die Eigenschaften seines Gemüthes waren von der reinsten, treflichsten Art. Kein neidisches, herabsetzendes oder verwundendes Wort, wurde, gegen das wahre Verdienst, von ihm ausgesprochen. Selbst an denen, welchen er schon in seiner Jugend überlegen war, hob er das Gute heraus und tadelte nur, wenn es durch mittelmäßiges oder schlechtes verdunkelt wurde. Nur das Scheinverdienst, nur die ModeDichter und Schriftsteller, nur diejenigen die um den Lohn und nicht aus innerer Ueberzeugung arbeiteten, konnte er hassen, und sich laut gegen dieselben erklären.

Man wird gegen seine Duldsamkeit die Herausgabe der Xenien, so wie die Beurtheilung von Bürgers Gedichte anführen. Aber gerade diese beiden Fälle, sind ein Beweis des gesagten. Wer nicht selbst einer Sache, einem Gegenstande, besonders aber einer Wissenschaft oder Kunst, mit ganzer, ungetheilter Seele, ohne irgend einen Nebenzwek seine vereinigten Kräfte zu widmen im Stande ist, der wird es auch nie begreifen, wie herabwürdigend es erscheint, wenn Halbmenschen, durch Dreistigkeit, durch übertriebene Selbstschätzung, durch Zudringlichkeit, sich über das warhaft Gute hinauszuschwingen, und sich an dessen Stelle zu setzen suchen. Freilich will der Kleine eben so gut leben und etwas scheinen, wie der Große. Aber der leztere, nur die höchsten Zweke im Auge haltend, kann unmöglich mit Gleichgültigkeit zusehen, wie derjenige welcher nur dem schlechten Geschmake zu huldigen weiß, Einfluß auf die Menge zu gewinnen weiß, wodurch diese für den Eindruk des besseren unempfänglich wird.

Wer das Wesen und treiben der sogenannten Dichter, Gelehrten, besonders aber der Journalistik nur einigermaasen kennt, und es einsehen kann, wie die allermeisten nur für ihren Persönlichen Nutzen, äussert wenige zum Besten des Ganzen, sondern die größte Anzahl — vielleicht sich selbst unbewußt, nur an dem Verderben der Menschheit arbeiten, der wird die Xenien s o noch sehr gelinde, so wie den Wunsch sehr verzeihlich finden, daß über manchen Rüken eine noch härtere Geißel geschwungen werden möchte, oder eine große Anzahl der sich Aufdringenden Tagsschreiber Zeitlebens den Wurm in den Fingern behalten möchten. Die Beurtheilung der Gedichte Bürgers ist allerdings hart, ja, man darf hinzufügen, zerschmetternd. Wer aber möchte auftreten sie zu wiederlegen? Wer möchte nicht den Wunsch hegen, daß jeder angehende Dichter sich solche zur Richtschnur nehmen, und als die höchste, einfachste Regel seiner richtigen Kunst betrachten sollte.

Seine Sanftmuth, so wie seine Verträglichkeit waren um so mehr zu schätzen, als er sehr vielen Persönlichen Muth besaß, der, wenn er nicht mit obigen Eigenschaften gepaart ist, sehr leicht zu Beleidigungen anderer oder zum rächen derselben führt. Als dem Sohne eines tapfern Soldaten, mochte ihm dieser Muth als Erbtheil zugefallen seyn, welches, wenn er den Stand des Vaters erwählt hätte, bei vorkommender Gelegenheit, zuverläßig sich sehr hervorgethan haben würde. Diese Eigenschaft schäzte er auch an seinen Akademischen Freunden sehr hoch, und war deshalb, seinem Mitschüler Scharfenstein, der mit ihm als Lieutenant die Akademie verließ, und in den französischen Kriegen sich so sehr auszeichnete, daß er General wurde, besonders zugethan.

Als Schiller mit seinem Gefährten die Reise von Mannheim bis Frankfurt zu Fuße machte, mußte, ehe man nach Darmstadt gelangte, ein Wald passirt werden, in welchem kurz zuvor Räubereien und Mordthaten ausgeübt und auch der Postwagen angegriffen worden war. Nach einer Stunde Verzug, hätten beide den Weg in Gesellschaft zurüklegen können, allein darauf ließ man sich nicht ein, sondern trat den Weg ruhig, aber auf alles gefaßt an. Lange Zeit ließ sich Niemand wahrnehmen. Erst in der Mitte des Weges, nicht weit von der verrufenen Stelle, nahmen sie einen einzelnen Mann gewahr, der bald eingeholt wurde, und sich als Fußboten nach Darmstadt auswies. Der Mann war mit einer scharf geladenen Pistole bewaffnet, die er unter dem Roke verborgen hielt, und an die er die Hand legte, als man sich der Stelle näherte, von der aus die Reisenden überfallen wurden. Schiller rieth etwas stille zu stehen und dann langsamer weiter zu schreiten, damit, wenn ja ein Angriff zu befürchten wäre, diesem mit Entschlossenheit begegnet werden könne. Zum Glük zeigte sich nichts, worauf die, bereit gehaltenen Stöke hätten niederfallen können; dagegen aber, rief der Bote, kaum hundert Schritte der schlimmen Stelle gegenüber: da, sehen die Herren, zwei von dieser Bande, die seit einigen Wochen am Galgen hängen. Und wirklich, bot sich dem Auge dieser grauenvolle Anblik dar. S. beobachtete den Verfasser der Räuber, der mit so vieler Täuschung diesen Auswurf der Gesellschaft geschildert hat, ob die Nähe, in der er sich jezt bei den Hingerichteten befand, nicht einen besondern Eindruk auf ihn machen würde. Allein er sprach kein Wort darüber, sondern warf nur, im Vorbeigehen einige gleichgültige Blike darauf hin.

Auch bei andern Gelegenheiten, wo Gefahr befürchtet oder vermuthet werden konnte, benahm er sich vor andern, immer höchst besonnen und kaltblütig. In seinen Gedichten, seinen Dramen spricht sich diese männliche Eigenschaft so deutlich aus, daß er, wenn er nicht selbst Persönlichen Muth in hohem Grade gehabt hätte, unmöglich so kräftig sich auszudrüken im Stande gewesen wäre.

Die Entfernung aus einem Orte in welchem man längere Zeit zubrachte, verursacht meistens die Auflösung aller früheren Verhältnisse. Die Reise selbst, die Ankunft bei andern Freunden, die neuen Bekanntschaften, die Sorge, wie das künftige Schiksal zu leiten seye, eine Menge von Zerstreuungen, machen sehr leicht auf alles vergessen, was man früher, nie aus dem

Gedächtnis zu verlieren sich vornahm. Daher rührt wohl auch meistens das Vergessen der vielen Gefälligkeiten, welche wir anderen erwiesen haben, und das wir dann mit dem bösen Nahmen, Undank belegen. Unser Dichter darf dieser Gattung Menschen nicht beigezählt werden, denn wir sehen aus seinen
5 Briefen an Fr. v. Wolzogen in Bauerbach, an HE. Schwan in Mannheim, an HE. Reinwald in Meiningen, mit wie vieler Wärme und Anhänglichkeit er sich ausdrükte, wie ernstlich er es sich angelegen seyn ließ, seine Freunde zu überzeugen, daß seine Gefühle für sie, keine Veränderung erleiden könne. (Hier muß die Dankbarkeit gegen seine Eltern, als sie krank waren, und
10 er deshalb an seine Schwester schrieb, erwähnt werden.) Eben so drükt obenstehender Brief vom ⟨9.⟩ Oct. 1795 aus Jena an S. eine Dankbarkeit aus, die um so weniger erwartet werden durfte, als die Freunde, ohne das geringste sich gegenseitig kund zu geben, schon zehen volle Jahre von einander entfernt gewesen, Schiller viele Wechsel des Schiksals erfahren hatte, und als
15 Dichter, so thätig gewesen war, daß er eine eigene Epoche der Dichtkunst gründete.

Einen noch schöneren Beweis, daß sein dankbares Herz sich nicht nur in Worten äußerte, kann dem Leser nicht vorenthalten bleiben.

Es ist ebenso erwähnt worden, daß er in der bedrängtesten Lage seines
20 Lebens, durch HE. Baumeister Anton Hölzel in Mannheim, aus seiner großen Verlegenheit befreit worden. Dieser gewann, durch viele Thätigkeit bis 1792 ein bedeutendes Vermögen, dessen größter Theil aber in einer, ausser Mannheim liegenden, Ziegelhütte bestand. Im Jahr 1793 brachen die Franzosen über den Rhein, und verdarben alles was sie habhaft werden konnten,
25 unter vielem andern, auch diese Ziegelhütte, deren Einwohner in tiefer Nacht, nur dadurch sich retten konnten, daß sie aus den Betten sprangen und sich, gänzlich unangekleidet, auf einen Floß im Rhein flüchteten. Was die Familie noch in Mannheim besaß, gieng später durch das Bombardement dieser Stadt verlohren. Kurze Zeit nachher sprach Schiller einen Reisenden aus
30 der Gegend, bei dem er sich nach dem Schiksale seiner Bekannten erkundigte, und die ganze traurige Begebenheit dieser Familie erfuhr. Augenblicklich schikte er dieser seinen ganzen GeldVorrath, welcher in 150 f bestand, und fügte später, als Andenken der bewiesenen Hülfe, eine goldene Uhr hinzu. Warlich eine Art zu handeln die um so seltener ist, als Dichter oder Künstler
35 viel leichter als andere Leute, empfangene Wolthaten um so leichter vergessen, je entfernter ihre Einbildungskraft von den Bürgerlichen Verhältnissen ist.

War Schiller seiner Persönlichkeit, seines Geistes, seiner Gespräche wegen, schon ausserordentlich anziehend, so erregte er, in den Stunden wo er dichtete, für den Beobachter nicht minderes Interesse. Wer ihn aber nicht einsam,
40 vorzüglich aber im Drange der Arbeit, belauschen konnte, der könnte mit einigem Rechte sagen, daß er unabläßig dichtete, weil er allen vorkommenden Gegenständen eine andere als die gewöhnliche Farbe zu geben, eine

höhere Wichtigkeit beizulegen wußte. Sprach er nicht, so waren seine Gedanken immer ⟨in⟩ tiefer Thätigkeit, besonders aber, wenn er, was leider nur
zu oft geschah, einen neuen, tauglichen Plan zu einem Trauerspiele, erhascht
zu haben glaubte. Dieser wirkte in ihm, wie ein kleiner Feuerfunke in einer,
nicht schnell entzündlichen Materie. Immer weiter glomm der Funke um   5
sich, immer stärker suchte er ihn anzufachen, bis er fand, daß nur Rauch
aber keine reine Flamme hervorbrechen konnte, wo er dann alles im Gedächtniß wieder auszulöschen suchte. Ließ sich aber die Materie so erhitzen,
daß alles glükte, daß endlich viele helle und reine Flammen ausbrachen, dann
verlohr sich seine Seele auch so ganz in diesem Geistesspiele, daß er gar nicht 10
bemerkte was um ihn herum vorgieng und er die nöthigsten Bedürfnisse
darüber vergaß. Nun, nachdem die Möglichkeit der Ausführung eines Planes
von ihm deutlich erkannt war, beschäftigte er, oder in der That, labte er sich
an den einzelnen Scenen, von denen er sich entweder besondere Wirkung
versprach, oder die er, mit besonderer Vorliebe, ausarbeiten wollte. War er 15
so weit, so fieng das eigentliche Dichten erst an, und dieses, wenigstens nur
dies äußerliche Benehmen dabei, dem Leser nur einigermaßen deutlich darzustellen, dazu ist die Beschreibung in Worten zu schwach. Nur die Hand
des größten Künstlers wäre im Stande dieses schöne Bild, welches einen un-
auslösbaren Eindruk in jedem Auge zurük lassen müßte, gehörig darzu- 20
stellen.

　　Ehe noch alles sich so deutlich bei ihm gestaltet hatte, daß er es niederschreiben konnte, dichtete er immer währendem auf und ab gehen. Sein Gang
dabei war nicht schnell, aber fest, öfters wurde er auch langsamer. Anfangs
war der Kopf vorwärts zum tiefen, suchenden Nachdenken geneigt; dann 25
aber erhob er sich plötzlich wieder, die Augen gegen den Himmel gerichtet,
die untere Lippe stark gegen die obere angedrükt. Der Athem wurde schnell
eingezogen und mit Heftigkeit wieder ausgestoßen. Die schönen Nüstern der
Nase erweiterten sich, und fielen dann schnell wieder zurük.

　　　　　Nicht mehr das vorige Wesen,   30
　　　　　Ein Geist, ein Gott, entfaltet es
　　　　　mit Sturmeswehen, der Schwingen Pracht pp
so kann der Leser dieses herrliche Bild auf den Dichter, in dem Augenblik
des Dichtens anwenden. Ueberraschend war dann der Ausdruk seines Gesichtes und seiner Mienen, mit denen eines Adlers ⟨vergleichbar⟩, wobei seine 35
vorderen Haare, wenn sie niedergekämmt waren, die Aehnlichkeit täuschend
erhöhten.

　　Wenn dann der Plan ganz deutlich vor seinem Gedächtniße stand, schrieb
er einzelne Scenen oder Monologen nieder; aber nur flüchtig, nur das bedeutendste, nur dasjenige was er bei ruhigerem Gefühle zu verlieren oder zu 40
vergessen glaubte. War endlich jeder Aufzug, jede Scene geordnet und niedergeschrieben, dann erst fieng die eigentliche Ausarbeitung an. Aber diese

gieng nicht schnell von statten, weil er sehr sorgfältig in der Wahl seiner
Worte war, indem sein Ohr nicht das mindeste ekigte, oder übelklingende
in der Sprache vertragen konnte. Hierinne war er dermaaßen sorgfältig, daß
es ganz wahr ist, was er, indem er sich über die Nachläßigkeit einiger Schauspieler im auswendig lernen, beschwerte, an HE. von Dalberg schreibt. (S.
Brief an Dalberg, p. ⟨133⟩):

«Es kann mir Stunden kosten, bis ich einem Perioden die bestmöglichste
Rundung gebe, und wenn das geschehen ist, so bin ich dem Verdrusse ausgesetzt, daß der Schauspieler meinen mühsam vollendeten Dialog nicht einmal
in gutes deutsch verwandelt.»

Diese außerordentliche Sorgfalt verwendete er vorzüglich auf seine Gedichte in denen er, was die Rundung, die Reinheit, den Wohllaut der Sprache
betraf, selten genug thun zu können glaubte.

Es wäre eben so belehrig als nützlich für unsere sogenannten Dichter, wenn
sich mehrere Gedichte Schillers, von dem ersten Entwurfe an, bis zur gänzlichen Vollendung vorfänden. Es wäre daraus zu ersehen, daß die ersten Gedanken oder Ausdrüke auch des größten Dichters, von denen, bis alles vollendet da steht, sehr weit verschieden sind. Schon bei der zweiten Ueberarbei-
tung würde mancher glauben, daß jezt nichts mehr zu ändern seye, und nicht
wenig erstaunen daß die Hand des Meisters, so vieles was vorzüglich schien,
ausstrich, und dafür das kürzere, einfachere, aber mehr zusammen gedrängte,
hinschrieb. Die verschiedenen Lesarten, oder Abkürzungen seiner Gedichte,
lassen freilich etwas errathen, aber dennoch bei weitem nicht so viel, als sich
in mehreren handschriftlichen Aenderungen, wahrnehmen ließe. Mehr als alle
Regeln würden solche Ausarbeitungen desselben Gegenstandes nützen, weil
sich hier sogleich die Anwendung dessen was gut, schön, besser oder schöner,
was vollendet genannt werden darf, zeigen würde. Nur dieser ausserordentlichen Sorgfalt, den Reichthum, die Fülle seiner Gedanken oder Empfindung, in die wenigsten, aber gewähltesten Worte zusammen zu drängen,
darf es beigemessen werden, daß seine Gedichte, wenn man sie auch hun-
dertmal gelesen, wenn man sie auch buchstäblich auswendig weiß, dennoch
ihren Reitz, ihren Werth in einem Grade behalten, der alles, was seine Zeitgenossen in ähnlichen Sachen zu leisten suchten, als leer, gleichgültig oder
gar als fad erscheinen läßt.

Ueber den innerlichen, hohen Werth seiner dramatischen oder überhaupt
dichterischen Arbeiten etwas sagen zu wollen, kann weder in der Absicht des
Verfassers, noch in dem Zweke dieser kleinen Schrift selbst liegen. Auch
wäre dieses um so überflüssiger, als wohl keines deutschen Dichters Werke,
auf rechtmäßige und unrechtmäßige Art aufgelegt, und in fast jedermanns
Hände gebracht worden, wie dieses bei Schillers Arbeiten geschehen. Nicht
nur dieser Umstand, sondern vorzüglich die innige, tiefe, wahre Hochachtung, die jedes edle Gemüth, jedes fühlende Herz seinen begeisternden

Worten zollt; die Ueberzeugung daß alles was er sagt, ein Theil seines Selbstes, seiner eigenen Art zu denken und zu empfinden war; das erhebende, beseeligende Gefühl welches den zur Theilnahme, zum auffassen fähigen Leser belebt; das reine, sittliche, was seine späteren Werke auszeichnet; der mächtige Flug seiner Gedanken, die auch eine matte Einbildungskraft auf- 5 regen; das erhabene, große, wichtige, was er selbst unbedeutenden Gegenständen beizumischen weiß; das, ihm vielleicht selbst unbewußte streben, alles auf die Vorfälle des Lebens anzuwenden, und dadurch das Gefühl für das edle, schöne im Menschen zu erweken und ihn über das niederdrükende des gemeinen Lebens zu erheben.   10

Schiller lebte ganz und ungetheilt der Dichtkunst. Er wurde durch keinen Nebenzwek, durch keine andere Beschäftigung zerstreut: Wer das Unglük hat, mehrere Anlagen zu besitzen, der weiß am besten, wie schwer es ist, blos auf einen einzigen Zwek, mit Unterdrükung seiner andern Talente, hinzuarbeiten. Wir sehen vom größten bis zum kleinsten herab, daß nur derjenige 15 wahre Vollkommenheit erreicht, der, mit Ausschluß alles übrigen, einer Sache, einer Arbeit ganz allein lebt, und dieser alle Kräfte seines Geistes widmet.

> Suchst du das höchste, das beste?
> Die Pflanze kann es dich lehren.   20
> Was sie willenlos ist, sey du wollend,
>   das ist's

Dieß buchstäblich auszuüben, war seine innigste Neigung, so wie eine freiwillige Gabe der Natur. Wen die Verhältnisse begünstigten ihm öfters nahe zu beobachten, der würde dieses alles in seinem ganzen Umfange bestätigen, 25 wenn auch andere Nachrichten über ihn, einigen Zweifel darüber erregen sollten, was aber nirgends der Fall ist.

Musik hörte Schiller sehr gerne, ohne jedoch die geringste Kenntniß davon zu haben, oder der Entwiklung ihrer Sätze folgen zu können. GesangMusik, bei der die Töne blos erhöhter Ausdruk der Worte sind, konnte er ruhiger, 30 besonnener anhören, als InstrumentalMusik, deren ernster, trauriger oder feuriger Gang ihn sogleich außer sich selbst versetzte, und ihn erst dann erwachen ließ, wenn er geendet hatte. Schon in seinen früheren Jahren (S. Seite ⟨75⟩) hatte er es sehr gerne, daß seine Poetischen Träumereien, durch spielen auf dem Klavier begünstiget wurden. Wie Frau von Wolzogen (2 Th. 35 p. 71) berichtet so verlor sich diese Neigung auch in späteren Jahren nicht, denn er ließ die Arie von Gluck, Einen Bach der fließt pp die ihm schon in Mannheim so oft vorgesungen wurde, auch bei seinen Arbeiten vorspielen. Nicht lange vor seiner Auflösung (2 Band. p. 273) sang ihm Dem. Schmalz die Arie Ombra adorata aus Romeo und Julie von Crescentini (nicht wie es 40 dort heißt von Zingarelli) componirt vor, welche einen ausserordentlichen Eindruk auf ihn machte.

Zu bedauern ist es, daß Schiller, diesen größten, herrlichsten aller Sänger, der mit dem Ausdruk den er seiner Stimme zu geben wußte, eine wahre Zaubermacht ausübte, und gegen den, alle neueren Sänger und Sängerinnen, so hoch auch ihr Ruf, oder ihr Ehrensold seyn mag, nur Schattenbilder sind,
5 nicht gehört, und auch keinen Darstellungen Haydns, Mozarts, Beethovens, an dem Orte selbst wo sie entstanden beiwohnen konnte; denn er würde hierdurch Begriffe von der Macht und Gewalt der Tonkunst erhalten haben, die ihn gewiß zu mehreren Aeußerungen, als zu der einzigen verleitet hätten:
«Aber die Seele spricht nur Polyhymnia aus:»
10 In vielfältiger Rüksicht möchte es für ihn auch angenehmer, vortheilhafter, erleichternder gewesen seyn, wenn er öftere Reisen hätte machen, und nicht nur Dresden, Leipzig, Berlin, sondern auch Wien hätte besuchen können. In lezterem Orte, allwo schon zu seiner Zeit, das beste, deutsche Theater bestand; wo ein Publikum vorhanden war das, mit der reizbarsten Empfäng-
15 lichkeit begabt, jeden glüklichen Moment des Darstellers oder Dichters augenbliklich auffaßte und seine Anerkennung laut äußerte; welches nur aus denkenden, empfindenden, aber nicht blos räisonnirenden Zuschauern bestand; allwo in den bildenden Künsten die besten Meisterstücke der verflossenen Jahrhunderte in Kaiserl. so wie in Privatsammlungen vorhanden sind;
20 in dieser Stadt, in welcher die Bestrebungen des Geistes nicht blos belobt, sondern auch reichlich belohnt werden; wo die Bildung nicht nur wie ein leerer Schaum auf der Oberfläche erscheint, sondern in dem Gemüthe eingewoben ist; wo unter 30 Millionen der Monarchie das Eigenthum des daselbst wohnenden Schriftstellers und Verlegers vollkommen gesichert war und noch
25 ist; in einer Stadt endlich, wo er nach Willkühr, jedes Schöne genießen, oder, mit Ideen heimkehrend, diese ganz einsam hätte verarbeiten können; daß er diesen reichen Wohnsitz niemalen sah, darf in der That als eine Entbehrung für ihn, so wie für die Welt betrachtet werden, die durch neue, große, allgemein wichtige Ansichten bedeutend gewonnen hätte.
30 Wenn hier die deutschen Schriftsteller oder Gelehrten nicht gerne gesehen, oder in der Zeit ihres Aufenthaltes beschränkt werden, so darf dieses blos den kleinlichen, tadelnden, unzufriedenen Ansichten zugeschrieben werden, die sie, aus ihrem ummauerten Dörfchen mitbringend, überall geltend zu machen suchen, und das mit Zollen ausmessen wollen, wobei nur mit Klaf-
35 tern auszureichen ist. Ihre nur an kleine Schrift gewöhnten Augen, können die großen Buchstaben mit denen hier alles geschrieben seyn muß nicht ermessen, und ihr Geist nicht begreifen, daß etwas vortreflich seyn kann, wenn es auch ganz anders wäre, als man es in 1, 2, 3, 4, gar von Jugend an gewöhnt ist.
40 Die fremden Naturforscher welche im Jahr 1832 diese, in Deutschland so wenig bekannte Stadt besuchen, mögen das gesagte beurtheilen.

Anmerkungen

ZU DIESER AUSGABE

Johann Andreas Streicher (geboren am 13. Dezember 1761 in Stuttgart, gestorben am 25. Mai 1833 in Wien) ist aus der Literaturgeschichte als Schillers Begleiter bei der Flucht von Stuttgart nach Mannheim im Jahre 1782 bekannt; in seinem postum (1836) erschienenen biographischen Werk ‹Schiller's Flucht von Stuttgart und Aufenthalt in Mannheim› (vgl. Literaturverzeichnis Nr. 1) hat er über die Jahre 1782 bis 1785 berichtet.

Mit sicherem Gespür für künstlerische Größe hat Streicher zwei der bedeutendsten Künstler seiner Zeit, soviel er konnte, unterstützt und gefördert: Schiller und, später, Beethoven. Sein Verhältnis zu Schiller war gekennzeichnet durch grenzenlose Verehrung und Hilfsbereitschaft, ohne Rücksicht auf die eigenen Interessen. Solange Schiller seine Hilfe brauchte, stellte er sich ihm zur Verfügung, und er trat zurück, als es für ihn keine Aufgabe mehr zu erfüllen gab. Nur einmal noch kam es zu einem Briefwechsel (vgl. 313 f. und 154 f.), den Streicher, zögernd genug, im halben Bewußtsein der Unmöglichkeit der Unternehmung begonnen hatte. Es war zehn Jahre nach der Trennung (damals hatten sie verabredet, so lange nicht an den andern zu schreiben, wie nicht der eine Minister oder der andere Kapellmeister geworden wäre — vgl. 124); Streicher gab sich selbst die Antwort, die er aus Schillers Brief, trotz der darin geäußerten Freude, herauszulesen verstand: von dem unvorsichtigen Versuch zog er sich sofort zurück in die, nach einer abgeschlossenen Zeit, folgerichtige Trennung, unter der nur er litt und es fortan schweigend ertrug.

Lange nach Schillers Tod, als man in Weimar schon den Sarg des Dichters nicht mehr finden konnte, trat er wieder hervor, um das Andenken Schillers ins Bewußtsein der Lebenden und der Nachwelt zu rufen. Freilich überschätzte er seine Möglichkeiten; aber er war für die Weimarer (Goethe: der verrückte Wiener) ein Ärgernis, das ihnen Tätigkeit abverlangte. Streichers Drohungen aus Wien (so der Weimarer Bürgermeister Schwabe) zwangen zum Handeln.

Frühestens 1820 begann Streicher mit seiner Arbeit an der Biographie; die dritte Abteilung konnte er bis zu seinem Tod nicht endgültig abschließen. Gedruckt wurden bisher immer nur die beiden ersten Abteilungen der Schiller-Biographie (vgl. Lit. 1—11), und zwar nach der von den Erben Streichers veranstalteten Ausgabe von 1836. In der hier vorgelegten Veröffentlichung ist zum ersten Mal das gesamte überlieferte Material ausgewertet: die beiden ersten Abteilungen sind nach der im Goethe- und Schiller-Archiv Weimar aufbewahrten Reinschrift gedruckt, die dritte Abteilung nach dem handschriftlichen Nachlaß im Streicher-Archiv Krumpendorf am Wörthersee.

Stoff für die Zeit der persönlichen Begegnung mit Schiller besaß Streicher in seiner Erinnerung; aus ihr konnte er manches Neue über Schiller berichten. Für die frühere und die spätere Zeit standen ihm außer Briefen von Schiller (vgl. Lit. 15 und 17) die Darstellungen von Körner (Lit. 14), Doering (Lit. 16) und zuletzt auch die von Caroline von Wolzogen (Lit. 18) 5
zur Verfügung. Wichtiger aber waren die Auskünfte des Weimarer Regierungsrats Schmidt und vor allem Christophine Reinwalds; sonst wollte freilich niemand seine Fragen beantworten, und man versuchte, ein (separates) Erscheinen des Buches zu verhindern — die in dieser Ausgabe abgedruckten Briefe geben darüber genaue Auskunft. 10

Wenn man die Voraussetzungen kennt, unter denen Streicher die Biographie Schillers verfaßte, sind ihre Fehlerhaftigkeit (in Einzelheiten), ihre Lückenhaftigkeit und ihre Einseitigkeit erklärt. Trotz allem ist sie sicherlich den Darstellungen der Zeit im ganzen überlegen, sicherlich ist sie die ‹objektivste› Darstellung: ohne viel Rücksicht auf die zahlreichen Interes- 15
sen der noch Lebenden gab Streicher eine Beschreibung von Schillers Leben, Persönlichkeit und Dichtung, wie er es sah.

Ergänzt wird in dieser Ausgabe das von Streicher zu einer Biographie Schillers zusammengefügte Material durch die Wiedergabe aller erreichbaren Dokumente, die seine Nachforschungen und die Reaktionen darauf betreffen. 20
So wird die biographische Darstellung noch vervollständigt durch die Informationen, die der Verfasser selber nicht verwertet hat oder die ihm gar nicht bekannt geworden sind.

Die in dieser Gestalt vorgelegte Ausgabe verfolgt einen doppelten Zweck: Zuerst soll sie Informationen über Schiller vermitteln. Man wird hier nicht 25
mehr nach Daten für bestimmte Ereignisse suchen wollen, die vielfach bekannt geworden sind; aber manche Ereignisse sind nur in Streichers Schiller-Biographie oder den Dokumenten dazu berichtet, und viele Meinungen und Beobachtungen aus der Umgebung Schillers oder über sie finden sich nur hier. Unverwechselbar ist zudem die eingefangene Atmosphäre. Von besonderem 30
Interesse ist auch das bisher unveröffentlichte Kapitel über die Karlsschule (7—13), nachdem der Streit über die historisch wichtige Hochschule Württembergs noch immer nicht beigelegt ist. — Wissenschaftsgeschichtlich stellen Streichers Aufzeichnungen die notwendige Korrektur zur ‹offiziellen› Biographie dar, die ja Caroline von Wolzogen verfaßt hatte. 35

Das hier vorgelegte Buch hat aber noch eine andere Aufgabe, einen Zweck auch dort, wo der Aussagewert der Aufzeichnungen für Leben, Persönlichkeit und Werk Schillers wenig bedeutsam ist: indem es von der Persönlichkeit Andreas Streichers berichtet.

Nur das Bild des «Tonkünstlers» bleibt dabei undeutlich: Nachdem Strei- 40
cher seine Absicht, bei Carl Philipp Emanuel Bach in Hamburg zu studieren, nicht verwirklichen konnte, weil er das Reisegeld für die Flucht und

den Aufenthalt mit Schiller in Mannheim verbraucht hatte, verdiente er
seinen Lebensunterhalt mit Klavierstunden, zunächst in Mannheim, später
in München. 1794 heiratete er Nannette Stein, die Tochter des 1792 ver-
storbenen Augsburger Klavierbauers Johann Andreas Stein, und verlegte
5 *mit ihr im selben Jahr die Steinsche Werkstatt nach Wien. Dort war er*
bald ein gesuchter Klavierlehrer (auch einer der Söhne Mozarts zählte zu
seinen Schülern) und wurde zu einem der bedeutendsten Klavierbauer der
Zeit: Unter anderem führte er das Pedal zur Dämpfung der Saiten ein;
Beethovens Wünsche und Vorstellungen nahm Streicher für zahlreiche Ver-
10 *änderungen in der Konstruktion des Klaviers auf, und der zunehmenden*
Taubheit Beethovens konnte Streicher eine Zeitlang durch Spezialanferti-
gungen, welche die Lautstärke des Instruments vergrößerten, entgegenwir-
ken. Unter seinem Sohn, Johann Baptist Streicher, schließlich erlangten
Streicher-Klaviere für ein halbes Jahrhundert Weltgeltung.
15 *In der Ausgabe der ‹Flucht› von 1836 (Lit. 1) sind die Eigentümlichkeiten*
Streichers verwischt, Orthographie und Interpunktion stark verändert wor-
den; eine beträchtliche Anzahl von Fehlern hat sich eingeschlichen, wodurch
das Verständnis an manchen Stellen erschwert, wenn nicht gar unmöglich
gemacht wird. Vgl. etwa 76,18 „Anordnungen" statt Aenderungen; *103, 15*
20 *„auszustellen" statt* auszustatten; *88, 39 f. fehlt* daß *nemlich* bis Person seye.
Die hier nach den Handschriften edierte Ausgabe behält Lautstand, Or-
thographie und Interpunktion der Originale bei; lediglich Schreibfehler sind
verbessert worden. Es sei darauf hingewiesen, daß sich bei Streicher der
Numerus des Verbums häufig nicht nach dem regierenden Substantiv rich-
25 *tet; wenn eine Pluralität den Sinnhorizont des Satzes bestimmt, steht häu-*
fig eine Pluralform statt einer Singularform. Einige Beispiele: Das Nachtessen, bei dem auch Liebfrauenmilch nicht fehlte, machten ihn jedoch etwas
heiterer *(83, 33 f.).* — *(. . .)* deren Anführung viele Seiten ausfüllen würden.
(104, 9) — Der ausserordentliche Beifall den dieses Stük erhielt, machten
30 die Freunde Schiller's nicht wenig besorgt *(104, 17 f.).* — Sie ließen es
nicht zu, daß eine solche Fülle von Gaben *(. . .)* nur auf einen engen Kreis
beschränkt, oder ganz unfruchtbar bleiben sollten. *(124, 36—38)* — *(...)*
und es gleichsam S. als Pflicht auferlegte, Schiller um so eher Nachricht von
sich zu geben, als diese nur erfreulich und beruhigend für ihn seyn würden.
35 *(154, 9—11)*
Bei den Varianten und Ergänzungen sind die bloß stilistischen sowie die
inhaltlich geringfügigen Unterschiede nicht berücksichtigt worden. Infolge
des unterschiedlichen Aufbaus der Fassungen haben sich Überschneidungen
und Wiederholungen nicht immer vermeiden lassen.
40 *Wenn nichts anderes vermerkt ist, befinden sich die Handschriften im*
Streicher-Archiv Krumpendorf. Dr. Dietrich Germann hat das Archiv ge-
ordnet und die Handschriften mit Signaturen versehen.

Abkürzungen und Klammern:

H: *eigenhändige Niederschrift (von Streicher oder — bei Briefen — auch von anderen)*

h: *Abschrift von fremder Hand*

S.   *mit folgender Seitenzahl nennt eine Seite aus den Handschriften; wo eine Seitenzahl ohne S. steht, ist die Paginierung der vorliegenden Ausgabe gemeint*

GSA: *Goethe- und Schiller-Archiv Weimar*

SNM: *Schiller-Nationalmuseum Marbach am Neckar*

ÖNB: *Österreichische Nationalbibliothek Wien*

Lit.: *Literaturverzeichnis*

NA: *Schillers Werke. Nationalausgabe*

]:   *Lemmazeichen: davor steht die Bezugsstelle aus dem vorn in der Ausgabe abgedruckten Text (das Lemma), dahinter die Abweichung in den nicht als Textgrundlage gewählten Überlieferungsträgern*

[ ]:   *vom Schreiber gestrichen*

⟨ ⟩:   *Textergänzungen des Herausgebers*

⟨...⟩: *nicht lesbarer Text*

( ):   *Erläuterung des Herausgebers*

(...): *ausgelassener Text*

Alle Bemerkungen des Herausgebers sind kursiv gesetzt.

ÜBERLIEFERUNG

Nach den Bezeichnungen der durch römische Ziffern numerierten Gruppen ist bei mehrfacher Überlieferung zunächst angegeben, wonach der Text in der vorliegenden Ausgabe gedruckt ist. Danach folgt gegebenenfalls eine chrono-
5 logische Übersicht der Überlieferungsträger, wobei die Handschriften in jeder Gruppe neu gezählt sind. Nach den Handschriftensiglen ist jeweils die Signatur des Streicher-Archivs Krumpendorf angegeben, welche es im Bedarfsfalle leicht ermöglicht, eine bestimmte Stelle in den Handschriften aufzufinden. Auf die Signatur folgen Angaben über den Umfang der Handschriften und
10 kurze Charakterisierungen. Wenn das Original Entstehungsdaten enthält, sind diese in Klammern hinzugefügt.

I. Einleitung: 7,1: II H³ 20,32; 7,2—12,15: H⁴; 12,16—13,19: H⁵.

H¹: AI,1a(5): 4 S., Disposition.
h¹: in AI,1c: 4 S.
15 *H²: AI,1a(3)(4): 36 S., 1. Fassung (einschließlich der Auseinandersetzung*
mit der Literatur).
H³: AI,1a(1): 16 S., 2. Fassung. (20. 12. 1824. — 14. 6. 1825.)
H⁴ = II H² S. 2—14, 3. Fassung.
h²: AI,1a(2): 15 S., Abschrift der 3. Fassung.
20 *H⁵: AI,1a(5): 2 S., Schluß des Karlsschulkapitels.*

II. 1. und 2. Abteilung: H³.

H¹: AI,1c(2): 2 S., Disposition der zweiten Abteilung.
H²: AI,1c(1): 125 S., 1. Fassung. (20.12.1824. 14.6.1825.—3.9.1825.)
H³: GSA: 1. Abteilung 133 S., 2. Abteilung 76 S.; 2. Fassung (Reinschrift).

25 *III. 3. Abteilung: 126,1—133,15: H⁶; 133,16—170,33: H⁵ S. 10—68;*
142,24—37: H⁴ S. 48; 143,24—144,29: Lit. 18, 2. Th., S. 90—94; 147,29—
151,36: H⁴ S. 60f., S. 65—68, S. 62—64; 151, 37—153,45: H⁴ S. 71—75;
154,15—155,5: NA 28, S. 76f.; 170,34—181,41: H⁴ S. 109—135.

H¹: AI,1b(1): 2 S., stichwortartige Übersicht zur Personenbeschreibung. (7. 3.
30 *1825)*
H²: AI,3a(3): 11 S., Inhaltsangabe (Anfang). (5. 7. 31)
H³: AI,1b(2): 55 S., 1. Fassung.
H⁴: AI,3a(2): 135 S., 2. Fassung.
H⁵: AI,3b(1): 71 S., 3. Fassung.
35 *H⁶: AI,3b(2): 16 S., Reinschrift der 3. Fassung (Anfang).*

Das von Reinhard Buchwald veröffentlichte «Schlußkapitel» (vgl. Lit. 12) ist eine Mischung aus H³ (S. 139—167) und H⁴ (S. 109—135) und stammt in der überlieferten Form nicht von Streicher. Die Fassung ist nur in einem Typoskript überliefert, das Frau Gerda Ratz-Streicher 1943 an die Schiller-Nationalausgabe nach Weimar geschickt hat (heute ist nur noch ein Durchschlag vorhanden). Wann und von wem das Typoskript hergestellt worden ist, konnte von den Nachlaßverwaltern nicht mehr angegeben werden. Für die Annahme, daß die Fassung nicht von Streicher herrührt, sprechen folgende Fakten: 1. Wo der Text nach der Herübernahme eines Teils der einen in die andere Fassung (H³ und H⁴) geringfügig geändert werden mußte, passen die Übergänge nicht zum gewohnten Stil Streichers; 2. es gibt eindeutig falsche Lesungen; 3. an einigen Stellen ist der Text erst in der Schreibmaschine korrigiert worden. — In der vorliegenden Ausgabe ist der Text auf den Seiten 170,34—181,41 nach H⁴ abgedruckt. ⁵

IV. N a c h t r ä g e : ¹⁵

H: AI,2a: 36 S. (1833)

V. E i n l a d u n g z u r S u b s k r i p t i o n d e r ‹F l u c h t›: H².

H¹: AI,2b(2): 3 S.
H²: AI,2b(1): 11 S.

VI. E x z e r p t e a u s Z e i t u n g e n , Z e i t s c h r i f t e n u n d N a c h - ²⁰
s c h l a g e w e r k e n s o w i e a u s Lit. 14, 17 u n d 18:

H: AI,1c(2): 1 S.; AI,3a(4): 4 S.; AII,3a(1)(2): 54 S.; AII,3b: 10 S.

VII. D o k u m e n t e :

a) Briefe (Originale und Abschriften), soweit sie sich im Streicher-Archiv Krumpendorf befinden: AII,1a: 36 S.; AII,1b: 19 S.; AII,2a: 65 S.; AII, ²⁵
2b: 16 S.; AI,3a(1): 2 S.
b) Übersicht über die Dokumente, die in dieser Ausgabe abgedruckt sind:
1. Schiller an Streicher, 8. Dezember 1782.
h¹: AII,1a(1).
h² (Streicher): 86,17—87,29. ³⁰
2. Schiller an Schwan, 8. Dezember 1782.
Aus: NA 23, Nr. 37, S. 54 f.
3. Schiller an Henriette von Wolzogen, 8. Januar 1783.
Aus: NA 23, Nr. 42, S. 59—61.
4. Schiller an Streicher, 14. Januar 1783. ³⁵
h¹: AII,1a(2).
h² (Streicher): 90,6—91,9.

5. *Streicher an Gottlob . . ., 28. Februar 1783.*
   h (Fanny von Gleichen): SNM.

6. *D. Fr. Hermann an Schiller, 19. Januar 1793.*
   Aus: Briefe an Schiller, hg. von L. Urlichs, Stuttgart 1877, Nr. 79,
   S. 161.

7. *Streicher an Schiller, 16. August 1795.*
   Aus: NA 35, Nr. 279, S. 284f.

8. *Schiller an Streicher, 9. Oktober 1795.*
   154,15—155,5 (aus: NA 28, Nr. 64, S. 76f.).
   h: AII,1a(5).

9. *Christian Friedrich Schmidt an Streicher, 8. Februar 1820.*
   H: AII,2a(1).

10. *Christian Friedrich Schmidt an Streicher, 17. Februar 1820.*
    H: AII,2a(2).

11. *Christian Friedrich Schmidt an Streicher, 11. März 1820.*
    H: AII,2a(3).

12. *Christian Friedrich Schmidt an Streicher, 12. März 1820.*
    H: AII,2a(4).

13. *Streicher an Dannecker, 12. April 1820.*
    h¹: AII,2b(1).
    h²: AII,2b(3), S. 1f.

14. *Johann Friedrich Cotta an Streicher, 4. Mai 1820.*
    H: AII,2b(2).
    h: AII,2b(3), S. 2.

15. *Graf von Wintzingerode an Henriette von Pereira, 5. Juni 1820.*
    h: AII,2b(3), S. 3.

16. *Streicher an Christian Friedrich Schmidt, 17. September 1820.*
    H: AII,2a(4a). Anfang einer Reinschrift.

17. *Streicher an Johann Friedrich Cotta, 17. September 1820.*
    H: AII,2b(4). Konzept.

18. *Christian Friedrich Schmidt an Streicher, 21. November 1820.*
    H: AII,2a(5).

19. *Christian Friedrich Schmidt an Streicher, 30. Juli 1821.*
    H: AII,2a(6).

20. *Christian Friedrich Schmidt an Streicher, 24. Dezember 1823.*
    H: AII,2a(7).

21. *Christian Friedrich Schmidt an Streicher, 26. Oktober 1825.*
    H: AII,2a(8).

22. *Christian Friedrich Schmidt an Streicher, 30. Oktober 1825.*
    H: AII,2a(9).

23. *Christian Friedrich Schmidt an Streicher, 9. Dezember 1825.*
    H: AII,2a(10).
    h: AII,2a(11).
24. *Carl Leberecht Schwabe, Originalaufzeichnungen.*
    Aus: Hecker, Lit. 46, S. 113.   5
25. *Carl Leberecht Schwabe, Originalaufzeichnungen.*
    Aus: Hecker, Lit. 46, S. 113.
26. *Streicher an Ernst von Schiller, 16. August 1826.*
    H: AII,1b(2).
27. *Streicher an Christophine Reinwald, 30. August 1826.*   10
    H: SNM.
28. *Streicher an Ernst von Schiller, 13. September 1826.*
    H: SNM.
29. *Christophine Reinwald an Streicher, 16. September 1826.*
    H: ÖNB.   15
    h (Streicher): 18,10—16.
30. *Friedrich von Müller an Goethe, 21. September 1826.*
    Aus: Hecker, Lit. 46, S. 156 f.
31. *Goethe an Friedrich von Müller, 21. September 1826.*
    Aus: Weimarer Ausgabe, Bd. 41, Nr. 137, S. 161.   20
32. *Friedrich von Müller an Goethe, 22. September 1826.*
    Aus: Hecker, Lit. 46, S. 157 f.
33. *Streicher an Christian Friedrich Schmidt, September 1826.*
    h: GSA.
34. *Ernst von Schiller an Streicher, 10. Oktober 1826.*   25
    H: ÖNB.
35. *Streicher an Simrock, 14. Februar 1827.*
    H: SNM.
36. *Streicher an Christophine Reinwald, 8. Januar 1828.*
    H: SNM.   30
37. *Christophine Reinwald an Streicher, 17. Januar 1828.*
    H: ÖNB.
38. *Streicher an Christophine Reinwald, 9. Februar 1828.*
    H: SNM.
39. *Christophine Reinwald an Streicher, 16. Februar 1828.*   35
    H: ÖNB.
40. *Streicher an Christophine Reinwald, vor dem 25. März 1828.*
    H: AII,1b(1).
41. *Streicher an Christophine Reinwald, 25. März 1828.*
    H: AI,3a(1).   40
42. *Streicher an Christophine Reinwald, 26. März 1828.*
    H: SNM.

43. *Christophine Reinwald an Streicher, 8. April 1828.*
   H: ÖNB.
44. *Johann Baptist Streicher, Reisetagebuch, 8. April—13. Mai 1828.*
   H S. 10—13, S. 16—18, S. 24, S. 26, S. 36.
45. *Streicher an Ernst von Schiller, 21. April 1828.*
   H: SNM.
46. *Ernst von Schiller an Christophine Reinwald, 4. Juni 1828.*
   Aus: Karl Schmidt, Lit. 59, S. 339.
47. *Streicher an Christophine Reinwald, 4. Juni 1828.*
   H: GSA.
48. *Streicher an Ernst von Schiller, 18. Juni 1828.*
   H: AII,1b(3). Konzept.
49. *Christophine Reinwald an Streicher, 20. Juni und 1. August 1828.*
   H: ÖNB.
50. *Caroline von Wolzogen an Ernst von Schiller, Juni 1828.*
   Aus: Karl Schmidt, Lit. 59, S. 340.
51. *Ernst von Schiller an Emilie von Gleichen-Rußwurm, 10. Juli 1828.*
   Aus: Karl Schmidt, Lit. 59, S. 340 f.
52. *Streicher an Christophine Reinwald, 16. Juli 1828.*
   H: GSA.
53. *Ernst von Schiller an Christophine Reinwald, 7. August 1828.*
   H: SNM.
54. *Ernst von Schiller an Streicher, 10. August 1828.*
   H: ÖNB.
55. *Ernst von Schiller an Caroline von Wolzogen, 10. August 1828.*
   Aus: Karl Schmidt, Lit. 59, S. 342.
56. *Christian Friedrich Schmidt an Streicher, 23. August 1828.*
   H: AII,2a(12).
57. *Caroline von Wolzogen an Ernst von Schiller, 25. August 1828.*
   Aus: Karl Schmidt, Lit. 59, S. 343.
58. *Streicher an Christian Friedrich Schmidt, 17. September 1828.*
   H: AII,2a(13). Konzept.
59. *Caroline von Wolzogen an Ernst von Schiller, 3. November 1828.*
   Aus: Karl Schmidt, Lit. 59, S. 344.
60. *Ernst von Schiller an Caroline von Wolzogen, 23. April 1829.*
   Aus: Karl Schmidt, Lit. 59, S. 346 f.
61. *Streicher an Körner, 29. April 1829.*
   H[1]: AII, 1b(4). Konzept mit dem Datum des 15. April 1829.
   H[2]: SNM.
62. *Körner an Streicher, 5. Mai 1829.*
   H: ÖNB.

13 Streicher

63. *Christian Friedrich Schmidt an Streicher, 13. September 1829.*
   H: AII, 2a(14).
64. *Caroline von Wolzogen an Christophine Reinwald, 2. Juni 1830.*
   H: SNM.
65. *Streicher an Marie von Rosthorn, 17. September 1832.*
   H: Wiener Stadtbibliothek. Fragment.
66. *Streicher an Franz Anton Rollett, 19. November 1832.*
   Aus: Hermann Rollett, Lit. 57, S. 80.
67. *Christian Friedrich Schmidt an Streicher, 3. April 1833.*
   H: AII,2a(15).
68. *Streicher an Christian Friedrich Schmidt, 12. April 1833.*
   H: AII,2a(16). Konzept.
69. *Johann Baptist Streicher (und Sophie Pauer-Streicher) an Georg von
   Cotta, 6. Juli 1835.*
   H: SNM (Cotta-Archiv).
70. *Johann Baptist Streicher (und Sophie Pauer-Streicher) an Georg von
   Cotta, 23. August 1835.*
   H: SNM (Cotta-Archiv).
71. *Ernst von Schiller an Georg von Cotta, 3. September 1835.*
   H: SNM (Cotta-Archiv).
72. *Georg von Cotta an Johann Baptist Streicher, 16. Oktober 1835.*
   h: SNM (Cotta-Archiv).
73. *Johann Baptist Streicher (und Sophie Pauer-Streicher) an Georg von
   Cotta, 30. März 1836.*
   H: SNM (Cotta-Archiv).
74. *Johann Baptist Streicher (und Sophie Pauer-Streicher) an Georg von
   Cotta, 2. Mai 1836.*
   H: SNM (Cotta-Archiv).
75. *Cottasche Buchhandlung an Johann Baptist Streicher, 13. Mai 1836.*
   H (Georg von Cotta): SNM (Cotta-Archiv). Entwurf.
76. *Johann Baptist Streicher (und Sophie Pauer-Streicher) an die Cottasche Buchhandlung, 6. Juni 1836.*
   H: SNM (Cotta-Archiv).
77. *Emilie von Gleichen-Rußwurm an Johann Baptist Streicher, 2. Dezember 1859.*
   H: ÖNB.

Einleitung

8,31 sich befand,] *danach:* (die Katholischen Zöglinge hatten ihren Gottesdienst in der SchloßKapelle) *H*³ *S. 6*

5 *8,37* Der Schlaf Sääle] *davor:*

Über die LebensArt der Zöglinge in der hohen
CarlsSchule.

Es dürfte vielleicht auch bemerkenswerth seyn von der LebensArt in diesem Institut etwas zu sagen. Daß diese sehr Zweck mäßig für die Gesund-

10 heit dieser Zöglinge gewesen seyn mußte, könnte damit so zimmlich
bewiesen werden, daß in drey Jahren (von 1789—1792) nur ein einziger
Eleve gestorben ist; da doch die Summe von Menschen — Zöglinge, Ofiziere, Famuli u. Bediente — immer sich an die 400 Personen belief.

Alle Schlafsäle waren auf ihren beiden langen Seiten frey, u. hatten auf

15 beiden Seiten Fenster, u. wurden lüftig, trocken u. reinlich gehalten. Um
6 Uhr in der Früh ward, Sommer w. Winter, Aufgestanden u. um 7 Uhr
gefrühstückt. Dieses Frühstück bestand aus einer Suppe von eingeschnittel-
tem weisen Waizenbrot, abgebrüht mit siedentem Wasser u. mit heisem
Schmalz u. kleingeschnittnem Brot, das im Schmalz geröstet worden, über-

20 gossen. Von 8 bis 11 Uhr waren die Lehrstunden; um 12 Uhr wurde ge-
speist; vor u. nach Tische konnten die Zöglinge in den geräumigen Höfen
spielen. Das Mittagessen bestund aus einer Fleischsuppe mit Gerste oder
Brot. Darauf folgte Rindfleisch mit Zugemüß. Jeder bekam ein großes
Stück weisses Brot, u. noch zum Mitnehmen auf den Nachmittag, eine Sem-

25 mel. Auch bekamen die Zöglinge Mittags Wein — Abends aber nicht —
die Größern beyläufig 2/3 Schoppen, die Kleinern ein Gläschen voll. Von
1 bis 6 Uhr waren wieder Lehrstunden. Jeder Zögling hatte eine Location
woraus er für jeden Tag u. jede Stunde seinen LehrGegenstand u. sein
Lehrzimmer ersehen konnte. Abends nach 6 Uhr konnten die jungen Leute

30 wieder bis 7 Uhr, wo es Essenszeit war, sich erlustigen u. spielen. Das
Nachtessen bestand aus einer Einbrennsuppe, sauerem Fleisch oder Wild-
pret im Winter, u. aus saurer Milch sammt dem Rahm mit Brot, im Sommer. An den Freytagen gab es immer lebende Eyerkuchen.

Im Sommer wenn es recht heis war, wurde in dem AcademieGarten

35 worin drey Springbrunnen u. ausgemauerte Basins waren, gebadet. Um
3 Uhr hörten da die Lehrstunden auf. Es ward gebadet. Darauf, nach Belieben etwas zu Bette gegangen u. danach in den Höfen bis zum Nachtessen gespielt.

Diese Spiele bestunden meistens in Laufen oder Ballwerfen. *h*¹ *S. 14a/b*

40 *8,37* Der Schlaf Sääle waren a c h t e] Eigentliche Schlafsäle waren Sechs.
Für die Adelichen zwey u. für die Bürgerlichen vier. In jedem dieser Säle

war eine Abtheilung. Diese Abtheilungen waren nach dem Alter geordnet. Die Ältesten kamen in die erste, die weniger alten in die zweite Abtheilung &c. Auser diesen Sechs Schlafsälen war noch einer für die Famuli, u. ein großes Zimmer für die EhrenChevaliers, u. etliche Zimmer für fürstliche Zöglinge. 1789 z. B. waren in dieser hohen Schule Vier FürstenSöhne. 5
Ein Taxis, zwey Hohenzollern, u. ein Hohenlohe Schillingsfürst *h*¹ *S. 14c*

8,39 Bett] *danach:* Diese Betten bestanden aus einem Strohsack, einer Matratze u. einem Kopfpolster von Roßhaaren, zweyen Leintüchern u. einem Teppich von Schafwolle. *h*¹ *S. 14c*

8,41 Die Schauspieler] *davor:* So ein Saal bestand 1789 nicht mehr in dieser 10
hohen Schule. Es waren zu dieser Zeit nur wenige Musiklehrlinge da, welche in dem Academischen Gebäude von dem alten Musiklehrer Seibert zwar unentgeltlichen Unterricht erhielten, übrigens aber in der Stadt Stuttgardt bey ihren Ältern wohnten. *h*¹ *S. 14c*

9,13 i n N i c h t s der geringste Unterschied gemacht.] Nur der Unterschied 15
wurde gemacht, daß Adeliche bey Adelichen am Tisch u. in Schlafsälen beysammen waren u. die fürstlichen Zöglinge u. die EhrenChevaliers an besondern Tischen speisten u. ihre eignen Schlafzimmer hatten. *h*¹ *S. 14c*

9,13 Alle *bis 16* g e p u d e r t .] Die Uniform war, dunkel Kornblumenblau, mit schwarzSamtnen Aufschlägen u. Kragen; weisen halbkuglichen Knöp- 20
fen u. silbernen Achselschnüren. Weistüchenen Westen u. Hosen u. weis Baumwollnen Strümpfen. Schwarzen Schuhen u. weisen Schnallen, einem dreyeckigen Hut u. einem steif schwarzledernen Halsband, der Kopf war gepudert mit Zwey Buckeln u. die Haare in einem 5 Zoll langen Zopf. *h*¹ *S. 14d* 25

9,32 hinter *bis 33* dürfen.] 1789 stand der Sträfling zwar, aber a m Tisch u. der Stuhl hinter ihm, nur essen durft er nicht. *h*¹ *S. 14d*

10,21 zuerkannt worden.] *danach:*
[Noch heute, nach so langer Zeit, gewährt es ein hohes Vergnügen, sich dieser schönen Scene, bey welcher die feyerlichste Stille und Aufmerksam- 30
keit herrschte, zu erinnern; so wie der Aeusserungen des H e r z o g s , welche zwar sehr kurz, aber immer bündig und treffend waren. Bey einer solchen Gelegenheit wurde der Tonkünstler S c h w ä g l e r als derjenige genannt, welchem der Preis der Sittlichkeit zuerkannt worden. Schnell rief der Herzog: D a s i s t d a s v i e r t e m a l d a ß e r d e n s e l b e n 35
P r e i s e r h ä l t . W a r l i c h d a s s c h ö n s t e L o b .] *H*⁴ *S. 10*

10,22 D i e A u s t h e i l u n g *bis 23* des neuen Schlosses] Zu dieser Zeit (1789) u. bis zur Aufhebung dieser hohen Schule, wurden die Preise nicht im neuen Schlosse, sondern im AcademieGebäude selbst, in einem Saal über der Kirche, ausgetheilt. *h*¹ *S. 14d* 40

11,31 H a l l e r .] *danach:*
Für den Stifter dieser Akademie, müßte es ein schönes und würdiges

Denkmal seyn, alle diejenigen Namentlich anzuführen, welche in derselben ihren Unterricht erhalten, und dadurch ihr Fortkommen erleichtert, auch in sehr vielen Fällen, ihr Glük gemacht haben. Da das bisher gesagte wohl von Niemand wiedersprochen werden kann, so muß es um so mehr be-
5 fremden, in der Schrift: B i o g r a p h i e S c h i l l e r s u n d K r i t i k s e i n e r W e r k e , herausgegeben von J. K. S. über diese Akademie Behauptungen ausgesprochen zu sehen, welche zu der Vermuthung berechtigen, daß der Verfasser dieses berühmte Institut, nicht einmal vom Hörensagen gekannt, sondern sich blos durch einige jugendliche Briefe Schiller's,
10 zu seinen durchaus ungegründeten Urtheilen verleiten ließ.

Es seyen hier nur einige der grellsten Stellen angeführt, und mit den nöthigen Bemerkungen begleitet.

Der Verfasser sagt. Seite 25:

«Diese Militair Schule oder Karls Akademie in Stuttgardt war zu der
15 Zeit, als sie Schiller betrat, eine ganz nach strengen Militairischen Regeln eingerichtete Erziehungs Anstalt.» Hier sind drey Unrichtigkeiten in einem einzigen Satze. So lange diese Erziehungs Anstalt auf der Solitüde war, hieß sie Militairische Pflanz Schule; bey ihrer Uebersiedelung nach Stuttgardt als sie schon weit über 300 Zöglinge hatte, wurde solche Militair
20 Akademie genannt, und später als sie zur wirklichen Universität erhoben wurde, gab ihr der Herzog den Nahmen, Hohe Karl's Schule.

Schiller trat schon 1773, als die Mil. Pflanz Schule noch auf der Solitüde war, in dieselbe als Zögling ein, und diese Anstalt, hatte nicht nur zu d e r Z e i t a l s s i e S c h i l l e r b e t r a t , sondern von Anfang bis
25 zu ihrer Auflösung, dieselben unveränderlichen Regeln.

In dem vorangehenden Aufsatze über dieses Institut, sind die verschiedenen Gegenstände, die alles und noch mehr in sich fassen, als was auf einer Universität gelehrt wird, angeführt worden, und es leuchtet dadurch von selbst ein, daß weder die Erziehung noch der Unterricht, nach strengen
30 Militairischen Regeln eingerichtet seyn konnte. Nur das äusserliche, die Kleidung, der Haarputz, das kommen zu Tische, das abgehen von demselben, war ganz Militairisch. Es würde aber wohl eine sehr schwierige Aufgabe für den Tadler dieser Anstalt seyn, wenn er über 400 Zöglinge, in dem verschiedenen Alter von 12 bis 24 Jahren, in einem e i n z i g e n
35 Saale, und ein e i n z i g e r mußte es seyn, um eine gleiche Aufsicht haben zu können, täglich dreymal zu Tische und von demselben bringen sollte, ohne die genaueste Militairische Ordnung zu beobachten, und ohne jedesmal Streit um die Plätze, oder eine ekelhafte Verwirrung und Unordnung zu veranlassen.

40 Weiter heißt es:
S u b o r d i n a t i o n i m s t r e n g s t e n S i n n e w a r d a r i n n d a s N o r m a l G e s e t z .

Subordination, Gehorsam, Unterwürfigkeit ist das erste Gesetz jeder Erziehungs und Unterrichts Anstalt, von der geringsten Dorf Schule an, bis
auf die größte Universität. Wo die Zöglinge in demselben Hause unterrichtet werden, in welchem sie essen, wohnen und schlafen, ist Gehorsam
gegen die gegebenen Gesetze so nothwendig, daß ohne deren genaue Be-   5
obachtung und Handhabung, die Anstalt in den ersten acht Tagen sich auflösen müßte. Wenn mehrere in derselben Sache zugleich unterrichtet werden, so ist Stille, Ruhe und angemessenes Betragen um so nöthiger, als die
geringste Störung durch einen einzigen, sogleich den Vortrag für alle unnütz macht und zerstört. Der Unterricht wurde nichts weniger als steif und   10
Militairisch, sondern wie in jedem HörSaale gegeben. So höflich und artig
der Schüler gegen seinen Professor seyn mußte, eben so war auch dieser
gegen seine Schüler. Daß dem Lehrer sehr viel an den FortSchritten seiner
Zuhörer liegen mußte, kann man schon aus den Monatlichen Listen die an
den Herzog eingereicht werden mußten, und aus der Veranstaltung Jähr-   15
licher, öffentlicher Prüfungen abnehmen.

Weiter: D e r S t o k , d i e D e g e n K l i n g e u n d T r o m m e l ,
w a r e n b e y n a h e d i e e i n z i g e n A u f f o r d e r u n g s M i t t e l
z u d e n S t u d i e n , o d e r v i e l m e h r d i e Z w a n g s M i t t e l ,
d u r c h w e l c h e d i e Z ö g l i n g e z u d e m U m g a n g e m i t   20
d e n **e r n s t e n** M u s e n g e z w u n g e n w u r d e n .

Hätte Herr J. K. S. nur ein wenig vorher daran gedacht, w a s er
schreiben wolle, so hätte ihm sogleich beifallen müssen, daß man durch diese Mittel allein, nicht einmal eine Kaserne, in welcher doch alles rein Militairisch ist, regieren noch weit weniger aber eine Erziehungs und Lehr An-   25
stalt erhalten und ihre Mitglieder einem rühmlichen Ziele entgegen führen
kann, in welcher meistens Söhne von Offizieren, hohen Beamten, reicher
Ausländer, über 100 Adeliche, Barone und Grafen waren. Wie schon oben
gesagt, so war nur Kleidung, das gemeinschaftliche kommen und abgehen
zum Tische und von demselben auf Militairische Art eingerichtet, und muß-   30
te es auch seyn, um Ordnung und Gleichheit zu erhalten. Ohne Ausnahme,
waren vom Obersten angefangen, alle Offiziere und Vorsteher der Schlaf-
Sääle, und alle UnterOffiziere als Aufseher derselben, immer höflich und
artig mit den Zöglingen, und mußten es auch seyn, indem der Herzog
selbst, das erste und schönste Beyspiel gab. Er benahm sich, besonders wo   35
er Talent und Verstand entdekte, mit wahrer Väterlicher Freundlichkeit
gegen dieselben; gieng beym Essen von einer Tafel zur andern — erlaubte
es nicht, daß der Zögling aufstand, wenn er mit ihm sprach — konnte über
manche unbefangene, naive Antworten und Aeusserungen der jüngeren
herzlich lachen — gieng in alle kleine Sachen mit ihnen ein, die ihre El-   40
tern, Studien, Aufführung, Geschiklichkeit pp betrafen, — kurz er war so

sehr Freund, daß die meisten mit ihm weit lieber und unbefangener sprachen, als mit manchem Offizier. *(Vgl. 12 f.)*

Zum Beweis daß den Zöglingen nichts weniger als eine Sclavische DenkungsArt beygebracht wurde, mag folgendes dienen.

Des Jahres zweimal, wurde den erwachsenen Zöglingen in ihrer Kirche
das heil. Abendmahl gemeinschaftlich gereicht, und sie wurden auf eine
sehr ernste, feyerliche Weise darauf vorbereitet. Einmal zu Ostern, erklärte
es ein Zögling als eine Art von Gewissens Zwang, daß er gerade dann zum
heil. Abendmahl gehen sollte, wenn es ihm befohlen würde, und beharrte
darauf, d i s m a l durchaus nicht, an dieser feierlichen Handlung Theil
nehmen zu können. Die Sache wurde dem Herzog gemeldet, den es wohl
eben so wie den Obersten in Verlegenheit sezte.

In der Anstalt waren wohl über 200 erwachsene protestantische Zöglinge, und ließ man diesen die Wahl, wann und wie oft sie diese Handlung
vornehmen wollten, so war nicht nur vorher zu sehen, daß mancher aus
blosser Trägheit sich 2 freye Tage schaffen wollte, sondern es mußte auch
eine gänzliche Unordnung in den Studien erfolgen die mehreren zugleich
gegeben wurden. Nachdem alles gütliche Zureden, alle Vorstellungen und
Ermahnungen bey dem jungen Menschen keine Aenderung seiner Meynung
hervorgebracht, bekam er auf einige Wochen Zimmer Arrest. Allein auch
dieser beugte ihn nicht, und er wurde der Strafe entlassen, ohne daß es für
ihn weitere Folgen gehabt hätte.

Hatte der Zögling sich keine Vergehungen gegen die nothwendige Ordnung des Hauses, gegen seine Vorgesezten oder Kameraden, keine Faulheit, Nachläßigkeit im Lernen pp zu Schulden kommen lassen, so war er
so frey, als man es nur immer seyn kann. Daß aber in einer so ausserordentlich großen Anstalt, in welcher lauter Jünglinge sich befinden, die
schon durch ihr Alter, durch ihre Studien, durch den Austausch ihrer Gedanken zu den muthwilligsten Streichen angereizt werden, auch solche
Sachen nicht geduldet werden können, die man in einzelnen Familien gar
nicht achtet, oder für unbedeutend hält, ergibt sich aus der Natur der Sache
selbst, und würde die größte Unkunde von irgend einer Erziehungs Anstalt
verrathen, wenn man es anders verlangen wollte.

Weiter: «So wie Sonntags die Soldaten zur Ehre Gottes en parade zur
Kirche ziehen, zogen die Eleven zur Ehre der Musen en parade zur Schule.
Tactmäßig und steif traten sie in ihre LehrZimmer, und die Commando
Wörter: Marsch! Halt! Linksum schwenkt euch! riefen sie zu den Be-
schäftigungen mit den Wissenschaften. Zu Tische, zum Spiele, zum Schlaf
Zimmer gieng es en parade — mit einem Worte: den Musen wurde be-
ständig das Gewehr präsentirt.»

So viel Worte, eben so viele Unrichtigkeiten, und eben so viele Beweise,
daß HE. J. K. S. weder die Akademie in Stuttgardt, noch irgend eine an-

dere von Bedeutung, jemals sah, oder mit ihrer inneren Einrichtung sich bekannt machte.

Seite 26. Aber nicht genug, daß diese Manöuveres den Gang der Geschäfte begleiteten, und sie miteinander verbanden, die strengste Verläugnung seiner selbst, die Erstikung hervorstechender, nicht zu dem Erziehungs Plane gehöriger oder passender Talente, die Gefangennehmung des eigenen, selbstständigen Sinnes, das Niederbeugen des freyen Willens, war Zwek der in jener Akademie damals eingeführten Methode, so wie die Aeusserungen aller jener Kräfte und Bestrebungen Verbrechen waren. Gewisse Kenntnisse sollten für die Zöglinge nur Brachfelder seyn. Aus den Schranken des Brotstudiums sollte man nicht treten. Was nicht im Schulreglement enthalten und namentlich angeführt war, durfte gar nicht studirt werden. Ganz heterogene und nicht zu duldende Dinge waren es, wenn zB. der künftige Arzt in die Encyklopädie der schönen Wissenschaften durchdringende Blike hätte werfen und dieser ein gründliches Studium hätte widmen wollen. Das war ein Verbrechen, welches auf der Conduit Liste als sehr gefahrvoll erwähnt wurde; der Militairischen Executionen, die es nach sich zog, nicht zu gedenken.

Was Herr J. K. S. hier so bitter tadelt, ist von jedem Institute, von jeder Universität, von jedem Bestreben sich für ⟨ein⟩ eigenes Fach auszubilden, unzertrennlich, nur mit dem Unterschiede, daß sich der reife Jüngling, dem es mit seinem Fache wahrer Ernst ist, d i e   s t r e n g s t e   V e r l ä u g - n u n g   s e i n e r   s e l b s t ,   d i e   E r s t i k u n g   h e r v o r s t e c h e n - d e r ,   n i c h t   z u   s e i n e m   S t u d i e n   P l a n e   g e h ö r i g e r   o d e r p a s s e n d e r   T a l e n t e ,   d i e   G e f a n g e n n e h m u n g   d e s   e i - g e n e n ,   s e l b s t s t ä n d i g e n   S i n n e s ,   d a s   N i e d e r b e u g e n d e s   f r e y e n   W i l l e n s ,   aus eigenem Antriebe, aus eigener Einsicht der größten Nothwendigkeit einer solchen Selbst Verläugnung, zum Zweke, zur unerläßlichsten Bedingung macht und machen muß, wenn er anders an das Ziel gelangen will. Und, kann man fragen, läßt es sich wohl hoffen, daß der Jüngling so sich zum Arzte bestimmt hat, und nun d e r E n c y k l o p ä d i e   d e r   s c h ö n e n   W i s s e n s c h a f t e n   e i n e r n s t e s   S t u d i u m   w i d m e t , je sein Fach, dessen geringere oder größere Kenntniß über Wohl und Weh' so vieler Familien entscheidend ist, gründlich kennen und ausüben werde? Welches sind denn die berühmten Aerzte und NaturForscher, welche den schönen Wissenschaften neben ihrem Fache, n o c h   e i n   e r n s t e s   S t u d i u m   w i d m e n   k o n n t e n ?

Ohne Zweifel mußte HE. J. K. S. wissen, daß nur erhängen, erschießen, Steigbügel Riemen und Spießruthen laufen, so wie Prügel auf Leben und Tod, eigentlich M i l i t a i r i s c h e   E x e c u t i o n e n   genannt werden; und ohne Zweifel weiß es, ausser Herrn J. K. S., Niemand, daß so harte

Mittel jemalen in diesem Institute angewendet worden. Die Strafen bestanden

1) in Verweisen der Vorsteher, des Obristen,
2) in öffentlichem ablesen des Fehlers vor allen Zöglingen,
5 3) in dem hinter dem Stuhl stehen und mit den andern nicht essen dürfen,
4) in kürzerem oder längerem Zimmer Arrest
5) bey sehr großen Vergehungen, Schläge und endlich
6) wenn nichts helfen wollte Entfernung aus der Anstalt.

Einer der Fälle welcher Schläge nach sich zog, war folgender, welcher
10 auch zugleich beweißt, wie wenig Sclavenmäßig die Zöglinge, und zu welchem Muthwillen sie öfters aufgelegt waren.

Professor Moll war Lehrer der höhern Mathematik und Astronomie. Er war ein vorzügliches Genie, aber, wie man den Mathematikern fast allgemein nachsagt, sehr zerstreut, und sehr wenig für seinen Anzug be-
15 sorgt. Unter andern Sonderbarkeiten, trug er seinen Zopf, sehr hoch und fast am Kopfe angebunden. Einem seiner Schüler war dieser Zopf nicht nur ein Gegenstand des Witzes, sondern er suchte seinen Lehrer auch gänzlich davon zu befreyen. Eines Tages, in der Lehrstunde als Prof. Moll irgend etwas niederschrieb, trat der Zögling plözlich hinter ihn, und
20 schnitt ihm den ganzen Zopf gerade am Kopfe weg. Daß Prof. Moll darüber in den heftigsten Zorn gerieht, seinen Zopf nicht gedultig einstekte sondern den ungeheuren Frevel (was es auch war) sogleich meldete, war ganz natürlich. Die Militairische Execution als Strafe war: daß der Zögling drey Wochen nacheinander, in jeder Woche einmal 15 Streiche auf
25 den H . . . . . n erhielt. Eine Strafe die wirklich zu gelind war, und an jedem andern Orte strenger ausgefallen seyn würde.

Vermuthlich um die Militairische Executionen noch anschaulicher und verhaßter zu machen, folgen unmittelbar Seite 26, 27 und 28 drey Briefe von Schiller die er 1774, 75 und 76 also in den ersten Jahren seines Auf-
30 enthaltes in der Akademie geschrieben haben solle.

Wenn man auch die Aechtheit dieser drey Briefe nicht bezweifeln will, so muß man sich doch erinnern, daß Schiller im Jahr 1759 geboren, im Jahr 1774 erst fünfzehn Jahre alt war, und sich wahrscheinlich noch für gar kein Fach bestimmt hatte; daß auch nichts natürlicher ist, als daß ein
35 Jüngling dieses Alters seine frühere zwanglose Lage, in welcher er blos nach eigenem Gutdünken lernen oder sich seinen Fantasien überlassen, oder mit seinen Gespielen umgehen konnte, an einem solchen Orte am sehnlichsten zurük wünschte, wo er nach bestimmten Vorschriften h a n d e l n , so und so viel w i s s e n , und gerade das l e r n e n m u ß t e , was man
40 ihm für nützlich und nothwendig hielt. Der Schluß des zweiten Briefes —
«d i e L e c t ü r e e i n i g e r S c h r i f t e n v o n V o l t a i r e h a t
m i r g e s t e r n n o c h s e h r v i e l e n V e r d r u ß v e r u r s a c h t »

— wird jeder Unbefangene der Akademie weit sicherer zum Lobe als zum
Tadel anrechnen. Daß Schiller aber ausser seinen Medizinischen Studien
noch Zeit für sich übrig hatte, beweißt nicht nur das Gedicht was HE.
J. K. S. Seite 30 von ihm anführt, sondern auch, daß er seine Räuber soweit verfertigen konnte, um solche nach seinem Austritte nur noch in Ord-   5
nung bringen zu dürfen. Ueberhaupt verräth es gänzliche Unkunde mit
den Verhältnissen, die als eine nothwendige Folge in denen Instituten entstehen müssen wo mit jungen Leuten, die von der Welt abgesondert leben
müssen, ein fester, strenger Zwek erreicht werden solle. Noch weniger
Kenntnis von dem Character eines ausserordentlichen Talentes zeigt es   10
aber, wenn man seinen Klagen über Zwang, äusserliche Hindernissen pp
Glauben beymißt, und ihnen beypflichtet. Ein solcher Mensch, der so ungeheuer viel eigenen Stoff in sich trägt, ist weit weniger gemacht um etwas
fremdes sich anzueignen, als um das was in ihm selbst so reichlich ligt hervorzubringen und an den Tag zu schaffen. Was die reifste Erfahrung an-   15
derer für nothwendig hält, sind für einen solchen Menschen unerträgliche
Fesseln, denen er immer auszuweichen, die er alle Augenblike abzustreifen sucht. Ein solches Genie ist gleich einem aus Gebirgen entsprungenen
Waldstrom, der sich durch seine eigene Kraft, so gerade als möglich seinen
Weg bahnt, alles vor sich niederwirft und sich eher über die höchsten Fel-   20
sen stürzt, als daß er seinen Lauf ändern sollte. Wohingegen die Andern
den gegrabenen Kanälen gleichen, denen man Klafter um Klafter, Schuh
um Schuh den Weg vorschreibt den sie nehmen müßten, und ihnen, wenn
ja ein Sprung nöthig ist, bedächtig eine Schleuße hinsezt, damit alles recht
herkömmlich und in der größten Gelassenheit geschehe. Man lese, um das   25
gesagte vollkommen wahr zu finden das Leben von Goethe, merke sich
die Stellen an, wo er selbst sagt, wie unmöglich es ihm ward, sich etwas
fremdes anzueignen — wie ihm das meiste nur im Flug kommen mußte —
wie sehr er sich gegen jeden Zwang sträubte. Wie bitter beschwerte sich
der große Mozart daß ihm sein Vater so lange zugemuthet nach der besten,   30
angenommenen Weise, zu componiren, und wie eilte er, um sich dem
Zwange zu entziehen, und seinen eigenen Weg zu gehen. Derselbe Fall ist
es mit allen, die einen großen, inneren Reichthum in sich tragen. Aber für
diese sind Schulen, Institute, Gymnasien, Akademien oder Universitäten
nur insofern vorhanden, daß sie das was gelehrt wird, was schon vorhan-   35
den ist, was zu ihrem unentbehrlichen Fortkommen erfordert wird, nur
kennen lernen, das was in ihnen ligt mit dem vorhandenen vergleichen,
und nur das — und nur so viel davon für sich herausziehen können, was
mit ihren Anlagen übereinstimmt. Darum aber sind diese Lehr Anstalten
weder unnütz, noch sind sie zu tadeln, weil sie einem jungen, muthigen   40
Talente nicht zusagen, denn für diese sind sie nicht eigentlich da. Große
Genies erleuchten und fördern die Menschheit, aber sie sind es nicht durch

welche sie erhalten wird, sondern es sind die unerkannte Bemühungen der
Lehrer, welche die gemachten Entdekungen, die neuen, lichtvollen Ansichten, einer Menge anderer, gewöhnlicherer Menschen mittheilen und dadurch einen großen Schatz unter viele vertheilen, wodurch zwar sehr wenige reich, aber doch die meisten wohlhabend werden.

«Er dichtete viel in der Militair Akademie. Besonders ergriffen ihn und
zwey seiner Freunde die von Herder übersezten altenglischen Balladen, und
sie wetteiferten, wer diesen Balladen Ton wohl am besten träfe. Sie versuchten sich in allen Gattungen der Dichtkunst, und bothen einst in aller Stille
einem Verleger e i n e S a m m l u n g ihrer Gedichte an» pp. Nicht nur
diese Stelle, sondern auch die Aufführung des Clavigo (was wirklich wahr
ist) so wie die Aufzählung mehrerer Stüke, als Cosmus von Medicis, der
Jahrmarkt, einiger Gedichte pp die Schiller noch in der Militair Akademie
verfertigte, beweisen nicht nur, daß die Zöglinge manche freye Stunde zu
ihrer Erholung hatten, daß der Zwang nichts weniger als sehr strenge war,
und zeigen auch die gänzliche Unhaltbarkeit aller der Behauptungen, welche HE. J. K. S. über diese mit Recht berühmte LehrAnstalt bishieher geäussert.

Es würde den Leser ermüden wenn alle die Unrichtigkeiten in Betreff
Schillers, seiner Verhältnisse in Stuttgardt, seiner Flucht pp hier aufgeklärt
werden sollten, und um sich überhaupt einen Begriff von der Glaubwürdigkeit dessen zu machen, was HE. J. K. S. von Seite 1 bis Seite 69 sagt, möge
es dem Leser überlassen bleiben, das hier gesagte, so wie das nachfolgende
mit der genannten Schrift zu vergleichen, und daraus den Schluß zu ziehen,
wie viel oder wie wenig Zutrauen man den Lebens-Beschreibungen berühmter Männer schenken darf, deren Verfasser sich nicht mit Nahmen
nennen, oder ihre Quellen nicht getreulich angeben.

Auch Herr Heinrich Doering hat in seinem Werkchen, welches er über
F r i e d r i c h v o n S c h i l l e r s **L e b e n , a u s t h e i l s g e d r u k -**
t e n , t h e i l s u n g e d r u k t e n N a c h r i c h t e n , zusammen trug,
manches angeführt, was er, wenn er sich genauer hätte erkundigen wollen,
gewiß weg gelassen hätte. Da dieses Werkchen bey den häufigen Ausgaben
von Schiller, welche jezt in allen Formen veranstaltet und zu allen Preisen
ausgeboten werden, als Zugabe erscheint, so ist es um so mehr an seinem
Platze das irrige zu berichtigen, damit es bey den folgenden Ausgaben
verbessert oder weggelassen werden könne.

Seite 77 heißt es:

«Schiller lieferte in dieser Periode auch mehrere lyrische Gedichte, die er
theils in die T h a l i a , theils in S t ä u d l i n ' s A n t h o l o g i e und
A r m b r u s t e r ' s Chronik einrüken ließ. So unter andern die Schlacht,
die Gruppe aus dem Tartarus, und ganz vorzüglich die Gedichte an

Laura.» und begleitet das lezte mit der Anmerkung «Sie war eine Tochter
des Kammerraths und Buchhändlers Schwan in Mannheim.»

War je ein Frauenzimmer würdig von einem Dichter wie Schiller be-
sungen zu werden so war es die reizende Tochter des Herrn HofKammerrath Schwan. Sie war mittlerer Größe; der Bau in schönstem Verhältnis;   5
die GesichtsFarbe weis, das Auge schwarz und mit den schönsten Bogen
überwölbt. Was die Natur dem äusserlichen ertheilt, hatte die sorgfältige
Erziehung des Vaters durch Ausbildung der seltensten GeistesAnlagen vollkommener und dauernder zu machen gesucht, und es werden wenige Männer seyn, die es vergessen konnten dieses damals anziehende Mädchen ge-   10
sehen und gesprochen zu haben. Allein Schiller machte die beyden Gedichte L a u r a   a m   K l a v i e r , so wie das Geheimniß der R e m i -
n i s z e n z im Jahr 1782, und obwohl er im Januar desselben Jahres einen
Tag in Mannheim war, um seine Räuber aufführen zu sehen, und auch zu
Ende Mai, mit einigen Herrn und Damen denselben Besuch, aus der glei-   15
chen Ursache wiederholte, so war es doch schon darum unmöglich mit
Dem. Schwan eine etwas genaue Bekanntschaft zu machen, indem sie damals
kaum aus den Jahren der Kindheit getreten und Schiller viel zu sehr Dichter, viel zu sehr mit seinen Räubern und seinen Entwürfen für die Zukunft
beschäftigt war als daß er in diesen wenigen Stunden, noch an etwas an-   20
derm hätte Interesse finden können. Bey dieser zweyten Anwesenheit war
er auch in einer Gesellschaft, mit der er sich nothwendiger weise ganz ausschließend beschäftigen mußte, und die es sehr übel angerechnet haben
würde, wenn er an einem andern Frauenzimmer, etwas anziehendes gefunden hätte. Erst im Jahr 1783, 1784 und 1785, da Schiller als Theater-   25
dichter angestellt war, und erst zu der Zeit als er Herzl. Weim. Rath
wurde, konnte er endlich, durch die gute Aufnahme bey HE. Schwan auf
den Gedanken einer Verbindung mit dessen Tochter ⟨kommen⟩. Allein zur
Leidenschaft wurde der Wunsch nicht, sonst wäre er früher geäußert und
eifriger verfolgt worden. Wäre es aber auch mehr als wahrscheinlich, wäre   30
es gewis, was doch keines von beyden der Fall ist, daß Schiller wirklich
bey den Gedichten an Laura sich Dem. Schwan gedacht und sie der be-
sungene Gegenstand gewesen seye, so streitet es im höchsten Grade gegen
die Bescheidenheit so wie gegen die Achtung die man dem andern Geschlechte schuldig ist, ein Frauenzimmer, wäre es auch nach der spätesten   35
Zeit, bey ihrem Nahmen zu nennen für welche ein Gedicht, wie d a s
G e h e i m n i s   d e r   R e m i n i s z e n z , gemacht worden, und dadurch
ihr Verhältnis zu dem Dichter errathen zu lassen.

Unmöglich kann eine solche Verletzung des Wohlstandes, durch den
Nachsatz entschuldigt werden: «Mit glühender Begeisterung versezt er   40
sich in diesen Liedern aus der Körper und Sinnenwelt in das Reich des Un-
sichtbaren, Unkörperlichen: er feyert gleichsam einen Triumph, daß nun

beydes Körperliches und Unkörperliches eins geworden ist;» und man muß
um HE. Döring nur einigermaasen entschuldigen zu können, bey ihm eine
Unschuld vermuthen, die nur dem zwölften bis 15ten Lebens Jahre eigen
seyn kann. Schiller dachte viel zu erhaben, zu gros, er war viel zu stolz,
um irgend jemand glauben zu lassen, als hätten diese Gedichte einem
Frauenzimmer gegolten, so er im Jahr 1782 kannte. In den folgenden
Jahren findet sich keines mehr an den erdichteten Nahmen, bis im Jahr
⟨1784/86⟩ wo sich die Laura zu einer ähnlichen Dichtung wieder erneuerte.

Es ist übrigens ein Verlust für die Welt, daß er seine Empfindung, seine
feine Achtung für Dem. Schwan nicht in Versen schilderte, indem es gewis
eines seiner vorzüglichsten Arbeiten, aber dennoch kaum des Gegenstandes
würdig geworden wäre.

Die Einleitung zu einem Briefe an S c h w a n pag. 366, schließt HE.
Döring folgendermaasen.

«Er erhält (dieser Brief nemlich) aber dadurch in gewisser Hinsicht
noch ein höheres Interesse, daß Schiller darinn um die Hand der in seinen frühern Gedichten so hoch gefeierten L a u r a anhält,» und will
dadurch das was er pag. 77 ganz falsch und unrichtig angemerkt, aufs
neue bestätigen. Um die flüchtige Uebereilung vollkommen zu machen,
fehlte nur noch, daß HE. Döring, auch noch das Gedicht ⟨Resignation⟩
an Laura, welches im Jahr ⟨1784/86⟩ gedichtet ward, der nemlichen
Person zuschreibt. (Vgl. 232, 9—233, 43; 234, 11—19.) Warum dieser
Heiraths Antrag ohne Folge blieb, wahrscheinlich gar nicht beantwortet wurde, mag folgendes erklären.

Herr HofKammer Rath und Buchhändler S c h w a n war ein zwar
Vermöglicher, aber nicht reicher Mann. Ausserdem kannte er die Welt,
so wie ihre Verhältnisse sehr genau, war eben so klug als gelehrt, eben
so fest als umsichtig, und wußte das Scheinbare von dem wirklich Nützlichen sehr genau zu unterscheiden. Seine älteste, in jedem Betracht äusserst
reizende und gebildete Tochter, mochte im Jahr 1785, höchstens 18—19
Jahre zählen. So schön ihre Person auch war, so verrieth sie doch durchaus
nichts Leidenschaftliches. Auch sagt Schiller blos — « D i e f r e y -
m ü t h i g e , g ü t i g e B e h a n d l u n g d e r e n S i e b e y d e m i c h
w ü r d i g t e n , v e r f ü h r t e m e i n H e r z z u d e m k ü h n e n
W u n s c h , I h r S o h n s e y n z u d ü r f e n . » und läßt gar Nichts
errathen, was auf ein früheres Verständnis deuten könnte.

Die andern MannsPersonen welche zu Herrn Schwan kamen, und von
deren Umgang die Tochter nicht ausgeschlossen war, zeichneten sich durch
Anständigkeit der Sitten, weltkluges Benehmen, Reinheit der Sprache, so
wie besonders durch sehr elegante Kleidung und Wäsche, auf welche damals im höchsten Grade gehalten wurde, auf das angenehmste aus. Wenn
man Schiller'n auch die zwey ersten Eigenschaften vollkommen einräumen

muß, so war doch gewis der Schwäbische Accent seiner Mündlichen Aeusserungen, nichts weniger als dazu gemacht, ein Mädchen von so feiner, innerer Bildung einzunehmen. In der äussern Eleganz konnte nun der bedrängte Dichter sich in gar Nichts mit andern messen, ja er war so wenig dazu gemacht, hierinne auf das Nöthige zu achten, daß auch das beste, 5 zierlichste ihn nicht lange gehörig paßte. Schiller mochte wohl später selbst finden, daß sein Wunsch viel zu früh, viel zu voreilig ausgesprochen war, denn die Einleitung dazu, war gar nicht gemacht, um einen vorsichtigen Vater zu einem schnellen Ja! zu bewegen.

Man lese selbst: Döring pag. 369. Leipzig 24ten April 1786. — — — — 10 «Man pflegt hier in vielen Familien den Sommer über auf den benachbarten Dörfern zu campiren, und das Land zu genießen. Ich werde auch einige Monate in dem Orte G o h l i s zubringen, der nur eine Viertelstunde von Leipzig entlegen ist, und wohin ein sehr angenehmer Spatziergang durch das R o s e n t h a l führt. Hier bin ich Willens sehr fleißig zu 15 seyn, an dem C a r l o s und der T h a l i a zu arbeiten, um, was Ihnen vielleicht das Angenehmste zu hören seyn wird, unvermerkt mich wieder zu meiner Medizin zu bekehren. Ich sehne mich ungedultig nach dieser Epoche meines Lebens, wo m e i n e A u s s i c h t e n g e g r ü n d e t u n d e n t s c h i e d e n s e y n w e r d e n, und wo ich meiner L i e b - 20 l i n g s N e i g u n g blos zum Vergnügen nachhängen kann. Ueberdem habe ich ja die Medicin ehemals con amore studirt — sollte ich das jezt nicht um so mehr können?» —

«Sehen Sie, bester Freund, das könnte Sie allenfalls von der Warheit und Festigkeit meines Vorsatzes überzeugen; dasjenige aber, was Ihnen die 25 vollkommenste Bürgschaft dafür leisten dürfte; was alle Ihre Zweifel an meiner Standhaftigkeit verbannen muß, hab' ich noch bis auf diese Minute verschwiegen. J e z t oder N i e muß es gesagt seyn. Nur meine Entfernung von Ihnen gibt mir den Muth, den Wunsch meines Herzens zu gestehen. Oft genug, da ich noch so glüklich war um sie zu seyn, oft genug 30 trat dieß Geständniß auf meine Zunge; aber immer verließ mich meine Hertzhaftigkeit, es herauszusagen. Bester Freund, Ihre Güte, Ihre Theilnahme, Ihr vortrefliches Herz haben eine Hoffnung in mir begünstigt, die ich durch Nichts als Ihre Nachsicht und Freundschaft, zu rechtfertigen weiß. Mein freier, zwangloser Zutritt in Ihrem Hause gab mir Gelegen- 35 heit, Ihre liebenswürdige Tochter ganz kennen zu lernen, und die freimüthige, gütige Behandlung, deren Sie beide mich würdigten, verführte mein Herz zu dem kühnen Wunsch, Ihr Sohn seyn zu dürfen. Meine Aussichten sind bis jezt unbestimmt und dunkel geblieben; nunmehr fangen sie an, sich zu meinem Vortheile zu verändern. Ich werde mit jeder An- 40 strengung meines Geistes dem gewissen Ziel entgegen gehen; urtheilen

Sie selbst, ob ich es erreichen kann, wenn der angenehmste Wunsch meines
Herzens meinen Eifer unterstüzen wird.» —
«Noch zwey kleine Jahre, und mein ganzes Glük wird entschieden seyn.
Ich fühle es, wie v i e l ich begehre, wie kühn, und mit wie wenigem
Recht ich es begehre. E i n J a h r s c h o n i s t e s, daß dieser Gedanke
meine Seele beschäftigte, aber meine Hochachtung für Sie und Ihre vor-
trefliche Tochter war zu groß, als daß ich einem Wunsche hätte Raum
geben können, den ich damals durch nichts unterstützen konnte. Ich legte
mir die Pflicht auf, Ihr Haus seltner zu besuchen, und in der Entfernung
Zerstreuung zu finden; aber dieser armselige Kunstgriff gelang meinem
Herzen nicht.» —
«Der Herzog von W e i m a r war der erste Mensch, dem ich mich
öffnete. Seine zuvorkommende Güte und die Erklärung, daß er an meinem
Glük Antheil nehme, brachten mich dahin, ihm zu gestehen, daß dieses
Glük auf einer Verbindung mit Ihrer edlen Tochter beruhe, und er freute
sich meiner Wahl. Ich darf hoffen, daß er mehr handeln wird, wenn es
darauf ankömmt, durch diese Verbindung mein Glük zu vollenden.» —
«Ich setze nichts mehr hinzu, als die Versicherung, daß vielleicht hundert Andere Ihrer guten Tochter ein glänzenderes Schiksal verschaffen
können, als ich in diesem Augenblick ihr versprechen kann; aber ich leugne,
daß eines andern H e r z ihrer würdiger seyn wird. Von Ihrer Entscheidung, der ich mit Ungedult und furchtsamer Erwartung entgegen sehe,
hängt es ab, ob ich es wagen darf, selbst an Ihre Tochter zu schreiben.» —
Wahrscheinlich wurde dieser Brief nicht beantwortet, denn Schiller fieng
seinen Brief vom 2ten Mai 1788 an Herrn Schwan damit an «Sie entschuldigen sich wegen Ihres langen Stillschweigens, um m i r diese Entschuldigung zu ersparen. Ich fühle diese Güte, und danke Ihnen dafür. Sie rechnen dieß Stillschweigen der Freundschaft nicht an; das beweißt, daß Sie
besser, als mein schlimmes Gewissen mich hoffen ließ, in meinem Herzen
gelesen haben. Glauben Sie aber, daß Ihr Gedächtnis auch in meinem Gemüth unauslöschlich lebt, und nicht nöthig hat, durch den Schlendrian des
Umgangs, durch Versicherungs Briefe aufgefrischt zu werden. Also nichts
mehr davon.» pp *H² S. 12—36 (Vgl. 126, 31—36.)*

Erste Abteilung

Vorrede *in der Ausgabe von 1836 (Lit. 1):* Der Verfasser des nachstehenden Werkchens, A n d r e a s S t r e i c h e r *, lebt nicht mehr. Zu den
schönsten Erinnerungen seines reich beschäftigten Lebens gehörten die Tage,

die er in Schillers Nähe zugebracht hatte, dessen Andenken er mit liebender
Begeisterung, mit schwärmerischer Verehrung bewahrte. Er hatte den edlen
Dichterjüngling im Unglücke gesehen, im Kampfe mit feindlichen Verhältnissen, und treu und aufopfernd an ihm festgehalten. Und gerade jenen
Zeitraum, so wichtig für die Darstellung von Schillers Charakter, als er es 5
für die Entwicklung desselben und seiner äußern Lage gewesen, fand der
Verfasser in allen Biographien des Verewigten fast nur erwähnt, nur kurz
und unvollständig behandelt. Er wußte, daß wenige der Ueberlebenden in
dem Falle waren, so richtig und ausführlich darüber zu berichten als er,
und es drängte ihn, die Feder zu ergreifen, um das Seinige zur Charakte- 10
ristik des für Deutschland und die Menschheit denkwürdigen Mannes beizutragen. In weit vorgerückten Jahren begann er mit der strengsten Wahr-
haftigkeit und sorgsamer, gewissenhafter Liebe die folgenden Mittheilungen auszuarbeiten. Diese Sorgfalt bewog ihn, immer noch daran zu bessern;
diese Liebe machte, daß er zuletzt auch Materialien über spätere Lebensab- 15
schnitte seines Jugendfreundes sammelte, und über dem Sammeln, Sichten,
Ordnen — ereilte ihn der Tod.

Er hatte sich oft und gern mit Entwürfen in Hinsicht auf die Verwendung
des Ertrages seiner Schrift zu einer passenden Stiftung, einem Dichterpreis,
irgend einem gemeinnützigen Zwecke beschäftigt. Seine Hinterbliebenen 20
halten es für ihre Pflicht gegen ihn und das Publicum, die Herausgabe des
Werkes zu besorgen, an welcher den Erblasser selbst ein unerwartetes Ende
hinderte. Ueberzeugt, ganz in seinem Sinne zu handeln, legen sie das
Honorar, welches die Verlagshandlung ihnen dafür zugesagt, als Beitrag
zu dem Denkmale Schillers, auf den Altar des Vaterlandes nieder. 25

Sie geben das Werk, wie sie es in Reinschrift in seinem Nachlasse fanden.

Sie befürchten nicht, daß der Titel « F l u c h t » auch nur einen leisen
Schatten auf das Andenken oder den Namen Schillers werfen dürfte, da es
allbekannt ist, wie dessen Entfernung von Stuttgart keineswegs Folge
irgend eines Fehltrittes war, sondern ganz gleich der Flucht seines «Pega- 30
sus,» der mit der Kraft der Verzweiflung das Joch bricht, um ungehemm-
ten Fluges himmelan zu steigen.

Wie an dem Titel, so glaubten sie auch an dem Inhalte, ja selbst an dem
Style nichts willkürlich ändern zu dürfen, um das Eigenthümliche nicht zu
verwischen, woran man den Zeitgenossen der frühesten Periode, und den 35
Landsmann unsers gefeierten Dichters erkennen mag. Der Verfasser war
Musiker, nicht Schriftsteller, und was ihm die Feder in die Hand gegeben,
nur seine glühende Verehrung Schillers, und der frohe und gerechte Stolz
ihm einst nahe gestanden zu seyn.

Aus diesem Gesichtspunkte betrachtet, den sie festzuhalten bitten, wird 40
seine Leistung nachsichtige Beurtheiler in den geneigten Lesern finden.

* Geboren am 13 Dec. 1761 zu Stuttgart, sich der Tonkunst widmend, lebte er
einige Jahre in Mannheim und München, von wo er 1794 nach Wien ging, sich als
Clavier-Lehrer auszeichnete, und später das Pianofortegeschäft seiner Frau, einer
geborenen Stein aus Augsburg, bis zu seinem am 25 Mai 1833 erfolgten Tode fort-
5 führte.

26,32 Gulden Fuß.] *danach:*

Die sehr geringe Besoldung, — die Gänge in sein Lazareth, — das tägliche und genaue erscheinen auf der WachtParade um seinem General den
Bericht über die Kranken zu geben — der Zwang, ohne Erlaubniß des
10 RegimentsChefs, sich nicht aus der Stadt entfernen zu dürfen — behagten
ihm aber natürlicher weise ganz und gar nicht, und ließen ihn um so mehr
einen freyeren Zustand wünschen, je weniger es ihm möglich schien, mit der
Zeit in eine bessere Lage kommen zu können. *(Vgl. 30, 16—20. 24—27.)*

Nur die Dichtkunst tröstete ihn über alles was sein Stand unangenehmes
15 mit sich brachte, und arbeitete er nicht selbst, so war der, von W i e l a n d
und E s c h e n b u r g übersezte Schakspear sein einziges und eifrigstes
Studium. Er las, oder vielmehr d e k l a m i r t e ihn im Zimmer auf und
abgehend, mit so erhobener, lauter Stimme, daß ich ihn einigemale, bey
geöfneten Fenstern, auf die Straße herab hörte. Die gleiche Verehrung
20 welche er für d i e s e n D i c h t e r hatte, suchte er auch in andern zu
beleben, indem er dessen Größe und Schönheiten häufig zum Gegenstand
seiner Gespräche machte. Als ich ihn einst besuchte, fand ich ihn auf dem
Ruhebette liegend und unpäslich.

Da ein Band von Schakspeare neben ihm lag, so lenkte sich das Ge-
25 spräch sogleich auf diesen, und als er vernahm, daß ich M a c b e t h noch
nicht kannte, so wollte er mir die ersten Scenen daraus vorlesen. Sein eigener Genuß aber, so wie meine Aeusserungen über die Größe und Warheit
der Dichtung, ließen ihn jedoch nicht aufhören, sondern ganz unbemerkt
war d a s g a n z e S t ü k vorgelesen, wodurch er sich so erheitert fand,
30 daß er aufstund, sich ankleidete und mit mir ausgieng.

Schon damals war S c h i l l e r als Dichter und Schriftsteller in hohem
Grade thätig: denn ausser der A n t h o l o g i e , war er auch noch Herausgeber einer M o n a t s c h r i f t , worinne, nebst den Aufsätzen seiner
Freunde, H o v e n , P e t e r s e n und anderer, mehrere von ihm selbst
35 waren, und unter diesen auch eine beissende und harte Beurtheilung der
Räuber sich befand; welche seine Verehrer um so mehr in Verlegenheit
sezte, weil sie sehr gut geschrieben war, und man nicht begreifen konnte,
w e r den Muth gehabt, eine Arbeit so bitter und strenge zu tadeln, deren
Glantz die meisten Leser verblendet, und auch den größten Kennern Ach-
40 tung abgenöthiget hatte. Nur S c h i l l e r ' s vertraute Freunde wußten
es, daß er selbst der Verfasser davon seye. *(Vgl. 27,41—28,16.)*

14 Streicher

Im Sommer dieses Jahres, ließ er seine R ä u b e r , etwas verkürzt und mit Hinweglassung der heftigsten Stellen, in L u d w i g s b u r g , aber mit den Drukorten, F r a n k f u r t u n d L e i p z i g die damals fast auf jeder Schrift sich fanden, noch einmal auflegen. Die Titel Vignette war; ein zum Angriff bereiteter, aufrecht stehender Löwe, mit ausgestrek- 5
ten VorderTatzen und Klauen, und darunter stand: In Tirannos.

Ob nun der Herzog diese Vignette gar nicht zu sehen bekam, oder ob er zu groß war darauf zu achten? — genug, es hatte für S c h i l l e r ' n nicht die geringste Folgen. Ueberhaupt ließ man 1781, jeden mit demselben Feuer noch ganz sorglos spielen, das acht Jahre später, einen so fürchter- 10
lichen Brand in Frankreich veranlaßte. *H²* *S. 21—23*

34,6 Hauses] *danach:* [, in welchem nur zwei Reihen Logen und eine Gallerie waren, wo auch die Hälfte des Parterres für die Offiziere der Garnison frei bleiben mußte,] *H³ S. 39*

36,10 Diese angenehme Beschäftigungen *bis 31* z u e n t h a l t e n .] 15
Da es leicht möglich ist, daß sich bei uns in Zukunft ein Schriftsteller findet, der Schiller's Leben in Vier starken Bänden herausgiebt, so sey zu seiner Erleichterung und um ihm das lange Suchen nach einer Begebenheit, welche als die Hauptursache zur Flucht des jungen Dichters angenommen wird, zu ersparen, das nöthigste und zuverläßigste hierüber angeführt. 20

In der Lebensbeschreibung Schiller's von H. Doering findet sich Seite 53, folgende Anmerkung.

«In J. M. Armbruster's Schwäb. Museum (Kempten 1785) sind unter der Aufschrift: Beitrag zu einem Schwäbischen Martyrologium einige Actenstüke über diesen Vorfall (abgedrukt in der Neuen Berliner Monatsschrift 25
S. 286 u. f.) aufgeführt, und der Garteninspector W a l t e r in L u d - w i g s b u r g wird als Agent der Graubündner gegen Schiller genannt. Dieser niedrig denkende Mensch äußert sich in einem (sonderbar stylisirten) Briefe an den Bündner Correspondenten auf folgende Art: ‹Ich hatte nicht sobald Ihre Apologie vor Bünden gelesen, so machte ich sogleich Anstalt, 30
daß es auch mein Souverain bekam. Dieser verabscheute das Betragen sehr, ließ solchen (Schiller) vor sich rufen, weschte solchen über die Maßen, bedeutete ihn bei der größten Ungnad, niemals weder Komedien, noch sonst was zu schreiben, sondern allein bei seiner Medicin zu bleiben.› — Und an einer andern Stelle: ‹Der Verfasser der Räuber ist desertirt, und hat damit 35
jedermänniglich gezeigt, wer er ist.› Schwäb. Museum Bd. 1. S. 225.»

Noch weit genauer und ausführlicher enthalten die «Kritischen Blätter der Hamburger Börsenhalle Montag den 5ten und 12ten Nov. No. 123, 124, 1832.» nicht nur dasjenige was HE. Döring nur in Kürze über diese Angeberei angeführt hat, sondern auch den Innhalt einiger Briefe welche 40
der bedrängte Dichter nach vollzogener Flucht aus Mannheim an den Her-

zog und an seinen RegimentsChef den General Augé schrieb. *Nachträge
S. 1 f.*

«Ueber die Veranlassung von Schillers Entweichung aus Stuttgart findet man in den meisten Biographien des Dichters nur spärliche oder wenig
5   genaue Notizen. Daß eine Anspielung auf die Graubündner (in den Räubern) die Aufmerksamkeit des Herzogs, begleitet von Rügen und Drohungen, erregt, ist zwar im Allgemeinen bekannt; aber die nähern Motive
sind in einem Heft eines verschollenen Journals entwickelt, aus welchem
der H o c h w ä c h t e r sie neuerdings ans Licht gezogen hat. Es möchte
10   nicht der Mühe werth seyn, eine so kleinliche Intrigue nach Jahren auf-
zudecken, und den Verehrern Schiller's kann nur wenig daran gelegen
seyn, w e r der Mann war, dessen Eitelkeit, vielleicht ohne besondern
bösen Willen, dem Dichter den Zorn seines Gönners, des Herzogs, zuwand-
te. Indessen enthält die Anekdote manches Charakteristische, und wir
15   setzen sie her, wie der Hochwächter sie dem Schwäbischen Museum von
J. M. Armbruster (Kempten 1785. p. 225) nach erzählt.

Schillers Räuber wurden — wie bekannt im Jahr 1782 (Nein! im
Jahr 1781) zuerst gedruckt, und Schiller selbst war damals, seit kurzer
Zeit, als Arzt in einem würtembergischen Feldregimente eingereiht. Eine
20   Stelle im dritten Auftritte des zweiten Aktes, gab die Veranlassung zur
Wendung des Schicksals des jungen Arztes. Bekanntlich sagt daselbst Spiegelberg: ‹zu einem Spitzbuben will's Grütz. — Auch gehört dazu ein eigenes National-Genie, ein gewisses Spitzbubenclima, und da rathe ich dir:
reis' du in's Graubündtner Land, das ist das Athen der heutigen Gauner!›
25   Und diese Stelle war es, die gemeinschaftlich mit den Ränken eines dumm-
ehrsüchtigen Mannes den Dichter seinem kleineren Vaterlande entriß, und
so ohne Zweifel die Ursache ward, daß er seinem wahren Berufe noch
bald genug seinen Geist ausschließlich weihen konnte. Ein gewißer W r e -
d o w , Hofmeister einiger Herrn von Salis aus Chur, ließ nun in den
30   Hamburger Correspondenten eine Apologie von Bündten gegen den Dichter des Schauspiels einrücken, die von da in Amsteins Sammler, der in
Chur erschien, begleitet von wenig sagenden Anmerkungen, übergieng.
W r e d o w erhielt hierfür von den patriotischen Republikanern zur Belohnung das Bürgerrecht von Graubündten. Ein Ehrenlohn, welcher einen
35   ehrsüchtigen Mann zu folgendem Scherzenstreiche verleitete. Der Gar-
teninspektor W . . . . r (Walter) in Ludwigsburg, zugleich correspondiren-
des Mitglied der Bündtner Ökonomischen Gesellschaft, erhielt den Auftrag
von dieser Gesellschaft, den Dichter zum Widerrufe jener beleidigenden
Stellen zu veranlassen. Aufforderung genug, auch die schlechtesten Mittel
40   zu versuchen; gab es ja ein Ehrenbürgerrecht zu verdienen! W. schrieb von
Ludwigsburg aus am 2 ten Sept. 1782 folgenden Brief nach Bündten:

‹Der ComedienSchreiber ist ein Zögling unserer Academie. Ich hatte nicht sobald ihre Apologie von Bündten gelesen, so machte ich sogleich Anstalt, daß es auch mein Souverain bekam. Dieser verabscheute das Betragen sehr, ließ solchen vor sich rufen, wäschte solchen über die Maaßen, bedeutete ihm bei der größten Ungnad, niemals mehr Comedien noch 5 sonst was zu schreiben, sondern allein bei seiner Medicin zu bleiben.

Hier hat es (das Schauspiel) niemals Beifall gefunden, deswegen hat er solches vor die Mannheimer Bühne suchen einzurichten, hat aber zur Strafe schon damals Vierzehen Tage im Arrest sitzen müssen. — Er kann zwar nicht läugnen, daß er einen Brief aus Bündten erhalten, schämt sich 10 aber, daß er so mit seinen Räubern angelaufen, so, daß weiter dermalen aus ihme nichts herauszubringen, und da er nicht nur die Apologie selbst zu lesen bekommen, sondern ich solche ausgebreitet, so weiß er, daß dieses ihm von mir gespielet worden, und ich muß also noch etwas warten, ehe ich eine weitere Erklärung bekommen kann.› 15

Diese elende Kabale, des Herzogs Verbot und die von diesem ihm zuerkannte Strafe, bewogen denn endlich Schiller im darauf folgenden Monat nach Mannheim zu entfliehen.

Die Freude, welche W. ob dem Gelingen seines Streiches empfand, leuchtet klar genug aus folgendem Schreiben, das er am 7. October desselben 20 Jahres von Ludwigsburg nach Chur sandte, hervor.

‹Mich freut der Beifall Ihres regierenden Bundeshauptes. Mein Verfahren mit dem bekannten Comedienschreiber hat noch die Satisfaction von Bündten vollkommen gemacht. Der Verfasser der Räuber hat sich einfallen lassen (vielleicht Originale zu seinen Comedien wo anders zu 25 suchen, weil es ihme so hart mit Bündten gieng) eine unbestimmte Reise zu machen, kurz zu sagen, er ist desertirt und hat damit vollends jeder männiglich gezeigt, wer er ist. — Ohngeachtet nicht das geringste Interesse die Triebfeder dieser Handlung war, da ich mit Vergnügen gern Jedermann, so viel meine Kräfte es zulassen, diene, so machte es mir doch ein 30 großes Vergnügen, wenn mich eine hochlöbliche Standesversammlung zu einem Bündtner Bürger annehmen würde!›

Der Herr Inspector hatte sich indessen geirrt: Die Bündtner warfen das verächtliche Werkzeug der Verrätherei weg: sie bezeugten ihm zwar ihren Dank, bedauerten aber den Dichter und bewiesen wenigstens damit so 35 viel, daß ihr Bürgerrecht allerdings von Werth sei. Unterm 10/21 März 1783 erhielt W....r folgendes, wortgetreu ausgehobenes Schreiben.

‹Vor löblicher großer Congressual Versammlung wurde beliebt, wann durch ein Originalschreiben dasjenige, was der Herr Inspector W....r gemeldet haben soll, das in Betreff des Doctors Schiller als Authoren der 40

Comödie, wegen den Räubern vorangegangen sein solle, sich besteifen und erhärten würde, daß sodann durch den Actuarium ebenfalls in einem höflichen Schreiben von Seiten des Standes dem Herrn Inspector W . . . . r gedankt werden solle.

5 In Fidem Hercules de Pestalluz
Foed. cath. Cancells.›» *Exzerpte*
Es bleibt dem Leser überlassen, über die angeführte Thatsachen ein Urtheil zu fällen. Der Verfasser dieses, den, als Freund und Reisegefährte des Dichters alle üble Folgen seiner Flucht während drei Jahre betroffen,
10 kann aber dem Garteninspector nichts weniger als gram seyn, weil er den harten, nur im Jahr 1782 möglichen Befehl eines Fürsten veranlaßte, daß ein Beamter, ein Unterthan, durchaus von keinem andern Talente Gebrauch machen dürfe, als von demjenigen für welches er eine solche Besoldung bezog, die, in einer mittelgroßen Stadt, für keinen Bedienten aus-
15 reicht. Diesem, heut zu Tage fast unglaublichen Befehl allein, hat Deutschland seinen größten Dichter zu verdanken. Denn ein wahres, großes Genie, erhält nur Kräfte durch denselben Wiederstand, der ein kleineres zerquetschen würde. Ohne diesen, gegen alle Billigkeit, gegen alle Vernunftgründe, gegen das heiligste Recht des Menschen ertheilten Befehl, hätten
20 wir einen ganz anderen Schiller, wir hätten einen Dichter erhalten, der zwar Beweise seiner außerordentlichen Gaben schon im Jünglingsalter abgelegt hätte, aber ohne Einfluß auf die große Welt geblieben und wie ein kurz leuchtendes Meteor verschwunden wäre.

Aber noch aus einem andern Grunde dürfen wir den HE. Gartenin-
25 spector als einen wirklichen Wolthäter Schillers betrachten, der wie ein weiser, aber strenger Vormund, seinen Mündel in solche Lagen zu versetzen sucht, daß er sein geistiges und bürgerliches Glük machen muß. Aus dem was eben angeführt worden, ist leicht zu ersehen, ob es möglich gewesen wäre, daß Schiller mit seiner geringen Besoldung unmöglich be-
30 stehen konnte. Wer möchte, ja wer unterstände sich, einem so hohen Geiste die Zumuthung machen, alle seine Ausgaben nach Groschen und Kreutzern einzurichten? Und wäre dieses auch möglich gewesen, so würde sein Sold, nicht einmal zu den nöthigsten Bedürfnissen ausgelangt haben. Oder hätte er sich durch Schriftstellerische Arbeiten einen bedeutenden
35 Nebenverdienst verschaffen können, in einer Zeit in welcher der Schriftsteller Vogelfrei erklärt war, wo, kaum vor den Thoren der Stadt schon literarische Straßenräuber über ihn herfielen und nicht nur ungestraft sondern sogar überall beschützt, sein mühsam erworbenes Eigenthum plünderten?

40 Ein so außerordentliches Talent, wenn es sich in seinem Kreise nicht thätig erweisen kann, gleicht einem eingeengten Strome, der endlich seine Dämme zerreißt, und anstatt überall Seegen und Fruchtbarkeit, nur un-

heilbare Verwüstungen verbreitet. Warlich! wir müssen es der Vorsehung
danken, sich eines so unscheinbaren Mittels bedient zu haben, um ihren
Liebling aus Verhältnissen zu retten, die nur seinen Geist erstiken, und zu
seinem Verderben ausschlagen konnten. Dem Wirtemberger mag sowol
das gesagte als der Umstand schmerzlich seyn daß der Dichter einen andern   5
Wirkungskreis, ein anderes Vaterland aufsuchte. Daran trugen aber Umstände die Schuld welche die eifrigste Verwendung seiner Freunde so lange
nicht zu ändern vermocht hätten, als der eiserne Befehl des Herzogs bestand. *Nachträge S. 2—5 (Vgl. die Erläuterung zu 36, 16—20.)*
45,12 zuwider.] danach: 10
     Verdrossen und mürrisch brütete er einige Wochen vor sich hin, bis der
Entschlus unwiderruflich fest bey ihm wurde, diesem zwangvollen, seine
edleren GeistesKräfte tödenden Zustande ein Ende zu machen, und da
kein Weg zu seiner Rettung offen war, sich selbst einen zu bahnen und
von Stuttgardt zu entfliehen.   15
     Da ich ihm mit unbegrenzter Hochachtung zugethan war, er mir auch
von jeher alles was ihn angieng vertraut hatte, so sprach er jezt, auf meine
Verschwiegenheit bauend, ganz offen mit mir über sein Verhältnis, das
unmöglich so fortdauern könne, so wie über den Vorsatz, heimlich von
Stuttgardt weg und nach Mannheim zu gehen, wo ihn alles mit offe-   20
nen Armen empfangen würde. Er glaubte von einem solchen Schritte um so
weniger Vorwürfe von der Welt besorgen zu dürfen, indem er, seiner Min-
derjährigkeit wegen, noch keinen Eid geleistet, auch nicht Offizier war
noch dessen Rang hatte, sondern nur, als RegimentsArzt, Militair Klei-
der tragen mußte. Für ein e i n f a c h e s Vergehen fühlte er sich doppelt   25
und so hart gestraft, daß er fürchtete, sein Unmuth könnte ihn einst verleiten etwas zu schreiben, was ihm das Schiksal von S c h u b a r t, der
schon so viele Jahre in seinem FestungsKerker schmachtete, gewis zuziehen würde. Er sah keine andere Rettung vor sich, um sein Talent und
Daseyn zu sichern als die Flucht, zu welcher er aber unmöglich allein An-   30
stalten treffen, oder sie ohne Hülfe bewerkstelligen konnte, wenn er
nicht Gefahr laufen wollte verrathen oder ertappt zu werden, wo dann
eine grauenvolle Zukunft sein unvermeidliches Loos gewesen wäre.
     Es läßt sich leicht denken, w e l c h e n Eindruk diese Reden auf einen
Jüngling hervorbrachten, der kaum zwanzig Jahre zählte — der von der   35
Natur mit einem glühenden Enthusiasm für alles was Kunst und Sprache
Hohes und Schönes haben, bis zum Uebermaaß ausgestattet war — der
dem Dichter mit schwärmerischer Verehrung und Liebe anhieng — der von
Bitterkeit ganz durchdrungen war, daß so ungewöhnlich große, göttliche
Gaben, durch einen harten Befehl ganz unbrauchbar gemacht werden   40
sollten — der mit dem Freunde die allzuharte Strafe fühlte, welche nicht
w e g e n   e i n e m   V e r b r e c h e n, nicht w e g e n e i n e m s e l t e -

n e n   V e r g e h e n , sondern nur   w e g e n   e i n e m   J u g e n d F e h l e r
verhängt worden, und wird es ganz begreiflich finden, daß dieser Jüngling
nicht lange zauderte, nicht erst überlegte, sondern   S c h i l l e r ' n   frey
und fest die Hand reichte, und zu ihm sagte: I c h   gehe mit ihnen;   I c h
helfe ihnen durch.

Was er dabey zu wagen hatte, kam gar nicht in Anschlag. Mangel, Elend,
Gefangenschaft, selbst der gewisse Tod hätten ihn nicht abgeschrekt, seinem
Freunde diesen Dienst zu leisten, den er um so mehr für seine Pflicht hielt,
je fester bey ihm die Ueberzeugung stand, daß es die Rettung des größten Dichters gelte, den Deutschland jemalen hervorgebracht. Denn   s c h o n
d a m a l s   legte   S c h i l l e r   in jedem Worte, in jedem Ausdruk, eine
unermesliche Tiefe des Gefühls, einen ausserordentlichen Reichthum der
Ideen, ein DichterTalent ohne gleichen und ein Gemüth an den Tag, das
durchaus erhaben, gros, edel, vortreflich, ja man darf sagen, himmlisch
war, und das noch heute alle Herzen zum Mitklange bewegt.

Wenn der Herzog die Ueberzeugung hatte, für das Glük seines Zöglings alles erforderliche, ja sogar etwas überflüssiges gethan zu haben, indem er nicht nur für seinen Unterricht, sondern auch für seine Anstellung
sorgte; so durfte dieser dagegen auch glauben, daß er — w i e   j e d e r
a n d e r e   U n t e r t h a n   — dasjenige, was die Verrichtung seines Dienstes nicht hinderte, was er nicht erlernt, was ihm als eine Himmelsgabe
von   O b e n   h e r a b   verliehen worden, so lange frey und ungehindert
anwenden dürfe, als er keinen üblen Gebrauch davon mache.

Der   H e r z o g   selbst scheint nachher gefühlt zu haben, daß   S c h i l -
l e r ' n   z u   v i e l   geschehen seye; denn er ließ nicht die mindeste Vorkehrung treffen, um seiner habhaft zu werden und ihn zu bestrafen.

Auch lassen die unsterblichen Werke des Dichters fast glauben, es habe
in dem Plane der Vorsehung gelegen, eine so seltene Pflantze, die von
ihr im Keime schon, so herrlich, so reich, so voll Fülle und Kraft ausgestattet worden, und die damals die prächtigsten, üppigsten Blüthen zeigte,
nicht aus Mangel an Nahrung verkümmern oder verdorren zu lassen, sondern ihr einen Boden anzuweisen, wo sie ungehindert gedeihen, wachsen,
stark werden, Früchte tragen und ihre Aeste ausbreiten könne, damit die
Mitwelt und Nachwelt die Größe und Erhabenheit der entfalteten Kräfte anstaunen, bewundern und sich daran erquiken und stärken könne.
H² S. 31—34

47,41 Als S. bis 48,4 opponirte.]
Alle Zöglinge, weit über 400 an der Zahl, speißten in einem und demselben Saale, in welchem zu oberst der Tisch für die Chevaliers, und in
zwey Reihen die Tafeln für die übrigen aufgestellt waren. Der Herzog
und die Zuschauer waren in der Nähe des Tisches der Chevaliers und die
Zöglinge stellten sich, während dem die Speisen aufgetragen wurden, in

einem VorSaale auf.* Endlich hörte man von der entgegen gesezten, sehr weit entfernten Seite, das leise rauschen, Tactmäßig genauer Tritte. Das Rauschen mehrte sich und man sah die Reihen hervor treten. Je mehr sich diese näherten, desto lauter wurde der Tritt. Jezt hatten sie das Ende der Tische erreicht. — H a l t ! — und jeder stand an seinem Platze. 5 Der laute, feyerliche Ruf — z u m G e b e t h ! — machte alle Hände falten. Das herbeyziehen der Stühle, von allen zugleich nach dem Gebeth, machte ein Geräusch, das in der Ferne dem rollen des Donners glich.

Nun war aller Zwang aufgehoben. Die Zöglinge speisten und unterhielten sich durch Gespräche untereinander, oder mit ihren Freunden und 10 Bekannten.

Der H e r z o g selbst gieng zu mehreren und sprach mit ihnen, aber diesen Abend vorzugsweise mit S c h i l l e r , auf dessen Stuhl er mit dem Arm sich auflegte, und in dieser Stellung sich lange mit ihm unterhielt. S c h i l l e r behielt in dem Gespräch mit seinem Fürsten, dasselbe 15 Lächeln, dasselbe Augenblinzeln, wie gegen seinen Professor, dem er vor einigen Stunden opponirte.

Nach dem Essen wurde wieder gebethet, und die Zöglinge marschierten in der Ordnung wie sie gesessen, in ihre SchlafSääle ab.

Hatte man früher das Vergnügen gehabt bey dem einmarschieren das 20 a n w a c h s e n des Geräusches der Tritte zu beobachten; so war es jezt nicht minder angenehm, bey dem abmarschieren das a b n e h m e n und g ä n z l i c h e v e r s c h w i n d e n desselben zu bemerken; wozu noch die Ueberraschung kam, daß man die lezten 30 Zöglinge nur gehen s e h e n aber nicht das geringste vom Tritte h ö r e n konnte, indem diese 25 — die Tänzer des Ballets waren. *H² S. 16 f.*

* Die Zöglinge stellten sich im rangierSaale auf, welcher gerade unter dem Speisesaal war, wo sie gemustert wurden, u. dann, rechts u. links über die Treppe die zum Speissaal führte, aufmarschirten. *I h¹ S. 14d*

53,15 Konnte *bis 32* gelangen.] *zuerst:* [Konnte und durfte sie auch den 30 vorhabenden Schritt als eine gerechte, beinahe abgedrungene Nothwehr anerkennen, so mußte es ihr um so schmerzlicher fallen, ihren einzigen Sohn — und welchen Sohn — blos darum vielleicht auf immer verlieren zu müssen, weil ihm die Gerechtigkeit, auf die auch der geringste Unterthan Anspruch hatte, versagt war, indem er gegen die erlassenen Befehle 35 keine Vorstellungen machen und auch seine Entlassung nicht fordern durfte.

Auch Schiller war anfangs sehr ernsthaft; suchte seine rothen Augen, als ein oft eintretendes Uebel zu erklären, und gewann erst auf dem Weg nach Hause, seine frühere Heiterkeit wieder.] *H³ S. 75 f.* 40

54,1 Die bürgerliche Kleidung welche sich Schiller hatte machen lassen]
Eben so konnte er sich, ohne den mindesten Verdacht zu erregen, Bürgerliche Kleidung machen lassen, indem diese auch von vielen Militair Personen, ausser dem Dienste getragen wurde. *H² S. 35*

5 *55,18* Es war] *davor:* Es war voraus zu sehen, daß wegen den zu gebenden
Festen, eine ausserordentliche Menge Fremder sich einfinden würden, wo
dann die Thorwachen, wegen der großen Anzahl Ab- und Zureisender ihre
gewöhnliche Fragen: w o h e r ,   w o h i n ,   w e l c h e r   S t a n d ,   w e l -
c h e r   N a h m e ? nicht mit der Strenge und Pünctlichkeit wie sonst,
10 machen würden. *H² S. 36*
55,19 Nur S. *bis 20 f.* geschah.]
Nur i c h nahm einen Paß in das Ausland weil es meine Absicht war,
sobald ich S c h i l l e r ' n in Mannheim geborgen wüßte, sogleich von
dort nach H a m b u r g zu gehen, wo ich weitläufige Verwandte hatte
15 und wohin schon seit lange mein einziger Wunsch mich hinzog, um dort
einige Jahre bleiben und bey C .   P h .   E .   B a c h die Musik studieren
zu können.
Schon auf eine frühere Anfrage, hatten die Verwandte geantwortet und
alles anzuwenden versprochen, um mir den Aufenthalt so nützlich als
20 möglich zu machen, und S c h i l l e r ' s Flucht gab nun eine Ursache mehr,
um diese Reise, welche erst im folgenden Jahre geschehen sollte, j e z t
s c h o n antreten zu dürfen. Schiller hatte gar nichts was einem Paße
ähnlich war, indem er aus zweymaliger Erfahrung wußte, daß in der
P f a l z nach so etwas gar nicht gefragt werde. *H² S. 36 f. (Vgl. 49,*
25 *30—36.)*
57,11 versagt wird.] *danach:*
Bey S c h i l l e r ' n war es ein neuer, Zimmtfarbiger Frak, mit Weste
und Beinkleidern von grünem Atlas. Gut ausgeschlafen, am Leibe gestärkt, mit Hoffnungen und Erwartungen angefüllt, fuhren sie nach
30 M a n n h e i m , wo, ungeachtet es eine starke Festung war, kein Mensch
nach w o h e r ?   w o h i n ? fragte, und stiegen Vormittags 10 Uhr bey
dem Regisseur Herrn M e y e r ab. *H² S. 44*
57,32 stehe.] *danach:* [Hier kam der Schauspieler dem Menschen zu Hülfe;
denn Herr M e y e r , obwohl er die trübe Zukunft, so sich für den Dich-
35 ter jezt zu öffnen begann, leicht voraussehen konnte; wußte sich so gut zu
benehmen, daß, wenigstens bey mir, nicht der geringste Verdacht entstand,
ob der Freund sich vielleicht in seiner Rechnung getäuscht haben könnte?
S c h i l l e r war jedoch scharfsichtig genug, um die Verlegenheit
M e y e r ' s durchzuschauen; daher sprach er auch über Tische nichts von
40 seinen Planen und Hoffnungen, sondern erwähnte blos ganz leicht hin
des F i e s k o , als seiner lezten, beynahe fertigen Arbeit.] *H² S. 45*
57,36 f. Als gebildeter *bis 40* bewirken zu wollen.]

(1) [Nach Tische wurde das Reisegeräthe in eine nahe gelegene Wohnung, die in dem Menschenleeren Mannheim augenbliklich zu haben war, hinüber geschafft, und S c h i l l e r schrieb, bey Herrn M e y e r dann sogleich einen Brief an den Herzog.] *(2)* Herr Meyer hatte WeltKlugheit genug, um über alles was er hörte, nur ausweichende Bemerkungen zu   5
machen, die man nach Gefallen auslegen konnte, und bestand nur darauf, daß Schiller alsogleich an den Herzog schreiben und von diesem eine Aussöhnung zu bewirken, versuchen sollte. *H² S. 45*

59,12 Indessen] *davor:*

Als die Reisenden des Abends zu Hause giengen, und bey den zur ebenen   10
Erde wohnenden Leuten, die ihre Sachen zu besorgen hatten, eintraten, erschraken sie nicht wenig ein paar, braun-gelb aussehende Menschen mit aufgelaufenen Bäuchen und eingefallenen Gesichtern zu finden, und auf die Frage was ihnen fehle, die Antwort zu vernehmen, daß die Frau schon z w ö l f , und der Mann E i n u n d z w a n z i g Jahre, das drey-   15
tägige kalte Fieber habe, welches sie nun nicht mehr los werden können. So unglaublich diß ihnen auch schien, indem in Stuttgardt seiner gesunden Lage wegen, diese Krankheit kaum dem Nahmen nach bekannt war, so lernten sie doch, ein Jahr später, die Hartnäkigkeit der kalten Fieber in Mannheim, nur zu gut an sich selbst, kennen. *H² S. 46 f.*   20

59,13 wodurch *bis 14* eingeschränkt blieb.] *danach:* Da Baron D a l b e r g noch in Stuttgardt verweilte, und Herr HofKammerrath S c h w a n auf der Messe in Leipzig war, so blieben Schiller und S. auf das Haus des Herrn M e y e r ganz allein eingeschränkt *(...). H² S. 47*

62,29 wie er.] *danach:* Man kann leicht denken, daß S. d a m a l s von allem   25
was er hierüber sagte, als von unumstößlichen Wahrheiten, fest überzeugt war. *H² S. 51*

65,16 In welcher Sorge *bis 38* entfernte.]

Fast alle Plane waren gescheitert — die meisten Hoffnungen zerstört — verschwunden wie SeifenBlasen alle die LuftSchlösser, die man auf die   30
Grosmuth des Herzogs, auf den Enthusiasm und die Schmeicheley gebaut hatte — keine tröstende Aussicht in die Zukunft — kein Freund, kein Bekannter, dem man sich in dem Orte wohin man wollte hätte anvertrauen, oder von ihm Hülfe erwarten können — GeldVorrath nur noch für wenige Tage, und nun der edle Jüngling krank auf dem Grase lie-   35
gend, der für nichts lebte, als für das Große und Gute, Erhabene und Schöne — der sein Vaterland fliehen — Eltern, Geschwister, Freunde, alles was ihm theuer war, zurük lassen mußte, weil ihm sein hoher Geist zum Verbrechen angerechnet wurde — weil er gezwungen werden sollte, einem Sträfling gleich, keine andere als die vorgeschriebene Arbeit leisten   40
zu dürfen — der in der Fremde, wo er am sichersten auf Unterstützung rechnete — in d e r Stadt für welche er schon seit lange alle seine Kräfte

anstrengte, mit leeren, nichtigen, trügerischen Hoffnungen hingehalten und einer Zukunft in die Arme geworfen wurde, die einer unförmlichen, grauenvollen Nebelwolke glich. —

Auch in seinen bleichen, kranken Zügen, war dennoch die Erhabenheit seines Geistes, der Muth gegen ein wiedriges Schiksal anzukämpfen noch hervorleuchtend, und es war um so schmerzhafter, sich an einem Platze zu befinden, wo, im Falle einer Verschlimmerung, Nichts zu finden war, was seinen Zustand hätte lindern, oder seine Gesundheit stärken können, indem weder ein Dorf noch Menschen zu sehen waren.

Zum Troste für S., schlief S c h i l l e r ruhig fort, und jener, auf dem BaumStamme sitzend, hatte nun Zeit genug, über ihre Lage Betrachtungen anzustellen, und besonders die gegenwärtige mit starken Strichen auszumahlen. Aus Schonung, waren Schiller's Freunde weniger aufrichtig gegen ihn, als gegen S. gewesen, dem sie, — nach der Kenntnis, welche sie von dem Charakter des B a r o n D a l b e r g und dem Theater überhaupt hatten — nicht verhehlten, wie sehr sich der D i c h t e r in allen seinen Erwartungen getäuscht habe, und wie wenig sie erfüllt werden könnten. Bey diesen Erinnerungen *(1)* [war es ganz natürlich, daß plözlich, wie ein böser Dämon der Gedanke vor mir stand — i c h hätte durch mein voreiliges, freywilliges Anerbieten mit ihm zu gehen — durch meine Hülfe seine Flucht zu erleichtern, die ganze Schuld seines jetzigen und künftigen Unglükes zu tragen; — daß er vielleicht dennoch in Stuttgardt geblieben seyn würde, wenn er nicht durch meine Billigung seiner Beweggründe, durch meine thätige Verwendung, in seinem Vorsatze zur Flucht bestärkt worden wäre. Vielleicht hätte sich in kurzem alles ausgeglichen — er wäre an seinem Platze, in seinem Vaterlande, bey seinen Eltern, seinen Jugend-Freunden geblieben, und wäre weder Kränkungen noch dem bitteren Mangel im Auslande ausgesezt gewesen.] *(2)*, so wie bey Vorstellung der Gefahr in welcher Schiller schwebte, wenn der Herzog seine Auslieferung verlangen sollte, war es ganz natürlich daß bey S. Betrachtungen entstanden die nichts weniger als beruhigend waren. Die Abgeschiedenheit und Stille des Ruheplatzes — der Flüchtling krank auf der Erde liegend — waren ganz geeignet nicht nur das traurige der Gegenwart, sondern auch die, vielleicht noch größeren Uebel der Zukunft, in Farben erscheinen zu lassen, wie sie nur eine lebhafte EinbildungsKraft im Alter von 20 Jahren, auftragen kann.

Der größte, ja der einzige Trost bestand darinne, daß es die Mutter, die Schwestern, die Freunde derer, die mit so hochgespannten Erwartungen in die Welt gegangen waren, nicht wissen konnten, wie es ihnen schon jezt, nach Verlauf von wenigen Tagen ergehe. Schon wollte die Reue über den voreiligen Schritt sich einstellen, schon wollte sich die Wehmuth des Wachenden bemeistern, als plözlich, nur wenige Schritte von ihm, ein

Offizier sich zeigte, und ihn mit «Ah! hier ruht man sich aus?» anredete. Als ein einfaches Ja! zur Antwort folgte, erblikte er Schillern und fragte: «wer sind die Herren?» Absichtlich, weil man einen Verfolger vermuthen konnte, antwortete S. laut: «Reisende.» Bey diesem Worte erwachte Schiller, richtete sich auf, und sah' den Offizier scharf an. Dieser, wahrscheinlich 5 ein Preuße der in Frankfurt auf Werbung lag, gieng nun weiter ohne noch etwas zu sagen. *H² S. 56—58*

66,16 befindet] *danach:* , und welcher das entdekte, was S c h i l l e r seinem Freunde bisher auf das sorgfältigste verschwiegen hatte. Er gab ihm den Brief zum durchlesen, gleichsam um ihn auf die bedeutenden Hülfs- 10 Quellen aufmerksam zu machen, die sich ihm jezt eröffnen würden; und S. wurde durch die edle Art der Bitte, durch die Gewisheit, daß sie nicht verweigert werden könne, so sehr beruhigt, daß er ausrief: Nun jezt sind sie geborgen. Sie reisen nach Mannheim zurük, ich lasse meine Sachen hieher kommen, und kann von hier dann sogleich nach Hamburg gehen. 15 *H² S. 60*

67,3 abspricht.] *Anmerkung in der Ausgabe von 1836:* Wenn man die Zeitverhältnisse und die Lage Schillers berücksichtigt, so wird man die Allgemeinheit und bittre Härte dieser Aeußerung entschuldigen. / Anm. d. Herausg. 20

68,2 und dieser *bis 3* gemacht worden]
Nebst diesem Briefe schrieb er noch einen an Herrn M e y e r , machte diesen mit dem Innhalte des vorherigen bekannt, und ersuchte ihn, auch von seiner Seite alles beyzutragen, was die Erfüllung seiner Wünsche beschleunigen könnte. Die Briefe wurden gesiegelt und sogleich von beyden 25 mit frohem Muthe auf die Post getragen. S c h i l l e r war jezt viel heiterer als des Morgens, indem er durch offene Darstellung seiner Umstände, von seinem Gemüthe eine Last abgewälzt glaubte, die ihn mehr als alles übrige drükte. Muth und Vertrauen kehrten um so leichter wieder, als die Unerfahrenheit von S. ihm vormahlte, daß um so weniger an der baldigen 30 Ankunft eines schweren Geld-Sakes zu zweifeln seye, indem ja F i e s k o in Mannheim geblieben, um in dem A u s s c h u s s e gelesen zu werden, und in keinem Falle an der gehörigen Würdigung des Stüks, noch weniger aber an einer thätigen Vorsprache Herrn M e y e r ' s zu zweifeln seye. Wäre aber auch diß alles nicht, so sey Baron D a l b e r g ein sehr reicher 35 Kavalier — ein eifriger Freund des Theaters und ein vorzüglicher Bewunderer von S c h i l l e r ' s Dichtungen — lauter Gründe die keinen Zweifel übrig ließen, daß die vorgetragenen Bitten mit der größten Eile und auf die schonendste Art erfüllt werden müßten. *H² S. 63 f.*

74,20 vorfanden.] *danach:* Die Reisende erhielten nun Briefe aus Stuttgardt, 40 die aber gar nichts zuverläßiges darüber aussprachen, ob der H e r z o g einige Vorkehrungen zu S c h i l l e r ' s Auslieferung habe treffen lassen?

Jedoch empfahlen sie abermals die größte Sorgfalt, sich so verborgen als
möglich zu halten. *H² S. 70 (Vgl. 75,4—6.)*
74,21 Für Herrn Meier bis 26 darstellten.]
    Herr M e y e r gab sich viele Mühe, die Ausflüchte des B a r . D a l -
5 b e r g , auf alle Weise zu beschönigen *(. . .). H² S. 70*
75,18 Allein bis 21 f. aufzuzeichnen anfieng.]
    Die Umarbeitung des Fiesko, bey welcher Schiller sich lange nicht zu ent-
schließen wußte, w e l c h e n A u s g a n g er der Handlung geben solle
(vgl. 76,20—29), wurde darum etwas aufgehalten, weil er sich schon den
10 Plan eines neuen, bürgerlichen Trauerspiels entworfen, auch sich während
der ganzen Fuß-Reise, trotz allen Wiederwärtigkeiten, mit dessen Ausarbeitung in seinen Gedanken beschäftiget hatte, und nun anfieng ganze
Scenen davon niederzuschreiben. Hatte ihn F i e s k o müde und verdrüs-
lich gemacht, so erholte er sich bey der L o u i s e M i l l e r i n , die, als
15 eine neue Bekanntschaft viel anziehender, viel gefälliger und auch weit
zärtlicher war. *H² S. 71 f.*
79,38 Auf der Stelle bis 39 getroffen] Während alle in vollen Sorgen zu
Nacht speisten, und beyde sich darauf gefaßt machten, wenn sich jezt der
Offizier zeigen sollte, zu den Fenstern hinaus zu springen, indem die Woh-
20 nung des Herrn M e y e r zu ebener Erde sich befand, wurde alles für
ihren Aufenthalt schnell hergerichtet. *H² S. 77*
81,40 Das nächste bis 82,5 honoriren könne] S c h i l l e r gieng zu Herrn
S c h w a n um ihm den größten Theil des Manuscriptes von Fiesko einzuhändigen, für welches er 10 Louisd'or, als der wahrscheinlichen Bogenzahl
25 desselben erhielt. *H² S. 78*
83,41 hätten aussprechen können.] *danach:*
    Fort rollte der Wagen der nach Mannheim kehren sollte, und trennte,
bey jedem Umlaufe der Räder, die Freunde, welche seit langer Zeit unzertrennlich waren, und Freuden und Kummer gemeinschaftlich getragen hat-
30 ten, immer weiter auseinander. Nun erst fühlte sich S. in d e r F r e m d e
— Nun erst war auch er fast ganz verlassen; denn das Schiksal des Dichters
hatte ihn, so lange es noch nicht entschieden war, so sehr beschäftiget, daß
er selten dazu kommen konnte an seine eigenen Angelegenheiten zu denken. Jezt waren sie aber getrennt, und S. immer noch der glüklichere, weil
35 er, an wenig Bedürfnisse gewöhnt, denselben durch einigen Fleiß leicht abhelfen, und sich nach einiger Zeit in, wenigstens leidliche Umstände versetzen konnte.
    Mit der wehmüthigen Erinnerung an die gemeinschaftliche Heimath,
war das Nachdenken über Schiller's, nicht nur traurige, sondern wahrhaft
40 trostlose Lage unzertrennlich. E r — dessen Geist fast nie bey der Wirklichkeit, sondern nur in höheren Regionen verweilen konnte, wie wird E r
sich finden! In dem schreklich harten Winter, nicht einmal mit ordentlicher

Kleidung versehen, — kaum das nöthige Geld zur Reise, — so arm, daß
er, einem wandernden HandwerksGesellen gleich, mit einem geschnürten
Bündel, in dem nur das allernothwendigste war, sich auf den Postwagen
setzen und es noch für ein Glük halten mußte, seinen Aufenthalt auf einem
Dorfe nehmen zu können, wo er keine Erholung, keine Aufmunterung,   5
keine Gesellschaft, keine Bücher, keinen Freund, kurz wo er gar nichts
finden konnte, als den Trost, — nicht Hungers zu sterben.

Traten bey diesen Betrachtungen seine Schwestern, seine vortrefliche
Mutter vor die Einbildungskraft; so gehörte nicht wenig Selbstüberwindung dazu, um das zu verbergen was im Innern vorgieng, und was der   10
Spott sicher als Heimweh ausgelegt haben würde. Mit der größten Bitterkeit aber erfüllten S. die Hoffnungen, die Versprechungen mit welchen er
hingehalten, und dann die Hülflosigkeit, das kalte Abweisen, wodurch er
zur Entfernung gezwungen wurde.

Daß er nicht als Theater-Dichter aufgenommen worden, entschuldigte S.   15
sehr leicht, indem es zu auffallend gewesen wäre, den Zögling, den Militair
Arzt eines benachbarten Fürsten, der dessen Dienste eigenmächtig verlassen, sogleich bey einem Churfürstlichen HofTheater anzustellen. Auch
d a f ü r , daß man Fiesko j e z t nicht annahm ließ sich der Vorwand
rechtfertigen, daß man auf die entfernteste Weise, nicht zu der Vermu-   20
thung Anlas geben wolle, als habe man den Entflohenen zu seinem Schritte
veranlaßt, oder suche ihn jezt durch Abnahme seiner Werke zu unterstützen. Ganz natürlich war es auch, daß Fiesko, so wie ihn S c h i l l e r in
Oggersheim vollendet, und wie er noch heute in seinen Werken gedrukt
erscheint, unmöglich von einer klugen TheaterDirection zur Aufführung   25
gebracht werden konnte, indem der Ausgang der herrschenden B ü h n e n -
G e w o n h e i t , nichts weniger als entsprechend ist. Wäre man aber schon
damals, wie ein Jahr später, darauf bestanden, daß dem Stük ein frölicher,
beruhigender Ausgang gegeben werden sollte, so würde sich der Dichter
j e z t eben so leicht als n a c h h e r , zu dieser Einrichtung herbey ge-   30
lassen haben. Bey den Vorschlägen welche Schiller dem B a r o n D a l -
b e r g machte, war für lezteren gar nichts gewagtes. Wäre dieses aber auch
der Fall gewesen, so war der Character des Dichters, w i e a l l e n b e -
k a n n t , zu edel, zu rechtlich, zu stolz, als daß man seinen Bitten die geheime Absicht hätte unterlegen können, sein Versprechen nicht erfüllen zu   35
wollen. S c h i l l e r hatte in dem Briefe, seine Umstände so offen, so
dringend dargestellt, daß Niemand, der wußte, w i e r e i c h B a r o n
D a l b e r g war, und wie leicht er, a u c h o h n e H o f f n u n g e i n e s
E r s a t z e s die vorgelegten Wünsche hätte erfüllen können, es begreifen
konnte, w a r u m e r den bedrängten Jüngling, — von dem, ohne höhere   40
Eingebung v o r h e r z u s a g e n w a r , daß er das deutsche Theater,
auf eine bisher nicht geahndete hohe Stufe heben würde, — in den schwie-

rigsten, traurigsten Vorfällen seines Lebens, seinem wiedrigen Schiksale s o
g a n z   o h n e   a l l e   H ü l f e   P r e i s   g e g e b e n.
[Man muß nur annehmen, daß Se. Exzellenz derselben Meynung gewesen, die noch sehr herrschend ist, und die darinne besteht: j e   g r ö ß e r e
5   T a l e n t e   e i n   j u n g e r   M a n n   z e i g t,   j e m e h r   m u ß   m a n
i h n   N o t h   u n d   M a n g e l   l e i d e n   l a s s e n,   d a m i t   e r   d u r c h
d i e s e   z u m   a r b e i t e n,   z u m   h e r v o r b r i n g e n   a u f g e -
s t a c h e l t   w e r d e,   d a m i t   e r   —   g l e i c h   d e m   R o s s e,   w a s
d i e   z u   s c h w e r e   L a s t   n u r   d u r c h   H i e b   u n d   S c h r e y
10   z u g l e i c h   f o r t z u b r i n g e n   v e r s u c h t   —   a l l e   s e i n e
K r ä f t e   a n s t r e n g e,   u m   n i c h t   n u r   r e c h t   V i e l e s,   s o n -
d e r n   a u c h   d a s   V o l l k o m m e n s t e   z u   l e i s t e n. Verderb-
liche Meynung! die wohl manchem jungen Talent, wenn es nicht mit
M u t h   und   S t o l z   gepaart war, im Aufkeimen schon den Untergang
15   brachte, die aber bey   S c h i l l e r ' n   um so weniger Anwendung fand, da
allen die ihn kannten, sein Dichter-reichthum, sein unwiederstehlicher
Drang immer zu arbeiten, zu erfinden, immer zu erschaffen, hinlänglich
bekannt war.] *H² S. 80—84*

83,41 Die zahlreich *bis 84,4* zurük lassen müssen.] *zuerst:* [Nur durch den
20   forteilenden Wagen wurden die verschlungenen Hände getrennt. Aber
nicht die zerstreuende Gespräche der Gefährten; nicht die schneidende
Kälte der ersten DezemberNacht, selbst nicht alle nachfolgenden Jahre,
konnten S. vergessen machen, in welcher traurigen Lage er, ein wahrhaft
Königliches Herz, und Deutschlands edelsten Dichter, hatte verlassen müs-
25   sen.] *H³ S. 130*

Zweite Abteilung

85,14 Eben so *bis 86,14* herbei führen möchte.]
An Tadel wegen seinem übereilten Schritt fehlte es auch nicht. Jedes
wußte nun genau,   w i e   er es hätte anfangen,   w a s   er hätte thun sollen,
30   um seinen Zwek zu erreichen. Warf ich aber die Frage auf: o b   e r   h ä t -
t e   i n   S t u t t g a r d t   b l e i b e n   —   o b   i h n   d a n n   B a r o n
D a l b e r g   o d e r   H e r r   S c h w a n,   b e y   d e m   V e r b o t   z u
s c h r e i b e n   u n d   s i c h   a l l e r   V e r b i n d u n g   m i t   d e m
A u s l a n d e   z u   e n t h a l t e n,   h ä t t e n   u n t e r s t ü z e n   k ö n -
35   n e n ?   — so stokte die Antwort, und der Gemeinspruch, «e s   i s t   t r a u -
r i g» endigte das Gespräch. *H² S. 85*
87,41 leiden mochte.] *danach:* Später gieng Herr   C r a n t z   zu   J o s e p h
H a y d n   nach   E i s e n s t a d t   in Ungarn, um bey diesem die Kompo-

sition zu studieren, von da er wieder nach W e i m a r kehrte, um dort die
Stelle eines Musik-Directors anzutreten. *H² S. 89*

89,13 verhindert wurde.] *danach:*

Sein F i e s k o enthielt gedrukt kaum 10 Bogen. Er bekam also nichts
herausbezahlt, und konnte folglich auch keine Anweisung an mich schiken, 5
welche ohnehin nicht benutzt geworden wäre, indem es damals eben so
wenig, als in der Folge durch mein ganzes Leben mir je möglich war, für
das, was ich als Gefälligkeit erwiesen hatte, die geringste Vergütung anzunehmen. Auch dachte S c h i l l e r viel zu edel, viel zu zart, als daß er
dasjenige, was er als ein Opfer der reinsten Hochachtung und Freundschaft 10
betrachten durfte, zu ersetzen oder zu vergelten, jemalen nur versucht hätte. *H² S. 91*

96,10 f. angeführt zu seyn.] *danach:* Von seinem neuesten Stük, L o u i s e
M i l l e r i n (nachher Kabale und Liebe) sagt er gerade so viel, um die
Neugierde zu erregen; verweigert aber doch dessen Mittheilung, und über- 15
läßt es B a r . D a l b e r g dasselbe zu verlangen, oder bey dem Verfasser
zu lassen. *H² S. 96*

96,41 dargestellt wird.] *danach:*

Sein Schiksal schien jezt eine freundliche Wendung nehmen zu wollen.
Daß er von seinem Landesherrn nichts mehr zu befürchten habe, konnte 20
jezt als g a n z g e w i s angenommen werden, indem fast ein ganzes Jahr
verflossen war, ohne daß man die mindeste Nachfrage nach ihm gethan
hätte. Das Geschäft zu welchem er berufen worden, hatte er sich schon
lange als die höchste Stufe der Glükseligkeit vorgestellt. Sein Talent schien
um so mehr ganz dafür geeignet zu seyn, da er an gar nichts dachte, als 25
an das D i c h t e n , da ihm von jeher das Theater als ein Standpunct
erschien, von dem aus ein schaffender Geist seine Strahlen über ganze
Nationen, über die ganze Welt ausströmen könne. *H² S. 97*

97,25 Wenn schon *bis 98,12* schwächen würde.]

Ungeachtet das Fieber den, der damit befallen war nur immer über den 30
andern Tag in das Bette nöthigte, und man die freyen Tage, so ziemlich
genießen konnte, so war es Schiller'n doch nicht möglich seinen F i e s k o
so fertig zu liefern, daß er alsobald aufgeführt hätte werden können.
Man hatte sehr viel daran auszusetzen. Besonders tadelte man die erste
Scene der Bertha; am meisten aber den Schluß, der (e i n e H a u p t - 35
s a c h e) dem Schauspieler keinen glänzenden Abgang gewährte, so wie
auch für die Zuschauer zu kurz abgebrochen, oder nicht befriedigend genug schien. Endlich mußte der Dichter denn doch den Entschluß fassen
der Geschichte Gewalt anzuthun, und aus d e m s e l b e n F i e s k o ,
der in der Wirklichkeit ein Opfer des F a t u m s wurde — in der ersten 40
Bearbeitung als ein Opfer des Republikanischen Eifers fiel — wider seinen
Willen einen Theater Helden machen, der alles fein ordentlich und sitt-

lich ausgleicht, nur damit die Schauspieler beklatscht, die Zuhörer gerührt, und vielleicht noch einmal bewogen werden konnten, die Sitze wieder auszufüllen. *H² S. 99*

102,34 erwarten dürfen.] *danach:*

5 Der damalige Professor Herr A n t o n   K l e i n bekannt durch seine
Litterarische Untersuchungen, war beständiger Sekretair der Gesellschaft.
Durch ihn wurde diese Sache sehr erleichtert und bald zu Stande ge-
bracht. *H² S. 101*

102,38 kennen zu lernen.] *danach:*

10 Da er nun wirklich als Theater-Dichter Kontractmäßig aufgenommen
war, so gab er sich alle Mühe, den Umfang seines Geschäftes und seiner
Pflichten genau kennen zu lernen; besprach sie sehr oft mit den Gliedern
des Ausschusses, und ließ sich auch die Bücher geben, in welchen die Ver-
handlungen desselben aufgezeichnet waren.

15 Einmal kam er zu mir, wo er gleich nach seinem Eintritte sagte: Hören
sie, heute habe ich etwas in dem Ausschuß Buch gefunden, was ich nie geglaubt hätte und was mir eine ausserordentliche Freude macht. Sie wissen
daß ich meinen F i e s k o , als wir nach Frankfurt giengen, zurük ließ,
damit er im Ausschuß gelesen werden und dieser sein Gutachten darüber

20 abgeben könnte. Heute stoße ich auf diese Verhandlung, und finde unter
den übrigen, folgendes V o t u m .

«Obwohl dieses Stük so wie es übergeben worden nicht brauchbar seye,
so werde dennoch die Direction ersucht, aus Achtung für das große Talent
des Dichters, so wie zu seiner Aufmunterung, d e m s e l b e n   A c h t

25 L o u i s d ' o r   a l s   G r a t i f i c a t i o n , verabfolgen zu lassen.»
Unterzeichnet war ——— I f f l a n d .

Schiller freute sich um so mehr über diese Entdekung, je weniger er
I f f l a n d , der schon selbst Autor war, eine solche Anerkennung fremden Verdienstes zugetraut hatte. *H² S. 101 f. (Vgl. 81, 27—34 und die*

30 *Erläuterung dazu.)*

103,10 Endlich] *davor:*

Nun faßte er den Vorsatz eine MonatsSchrift heraus zu geben, die, ausser
dem Theater und den Künsten überhaupt, auch andere anziehende Aufsätze enthalten und den Titel — R h e i n i s c h e   T h a l i a , führen

35 sollte. Er beeilte sich daher das nöthige zu sammeln, zu übersetzen und
auszuarbeiten, damit er wegen den ersten Heften nicht in Verlegenheit,
oder sein Verleger, so wie er selbst, in Schaden käme.

Daß diese Arbeiten seinem D o m   C a r l o s Abbruch thaten — daß
dieser zurük gesezt wurde — daß das Theater keine Hoffnung hatte,

40 dieses Jahr noch ein neues Stük von ihm zu bekommen — daß es aber auch
dem Dichter nicht möglich war, seinen ersten Versuch, ein Trauerspiel in
Jamben auszuarbeiten nur übereilt zu machen, indem er während der Ar-

15 Streicher

beit erst zur Einsicht gelangte, daß er hierinne am meisten glänzen und
ein K l a s s i s c h e r D i c h t e r seiner Nation werden könne — ist eben
so natürlich als begreiflich. *H² S. 105 f.*

103,19 Aber für das Ganze *bis 23* erwartet hatte.] Die Wirkung des Ganzen
war so, wie es sich S c h i l l e r und seine Freunde nur immer wünschen 5
mochten.

Er arbeitete nun mit desto größerem Eifer an K a b a l e u n d L i e -
b e , damit das Stük nicht nur bald aufgeführt, sondern auch dem Druk
übergeben werden könne. Lezteres geschah sogleich, als es von der Theater-
Direction genehmiget war. Der Bogen wurde wieder mit e i n e m 10
Louisd'or bezahlt, welches dem bedrängten um so besser zu statten kam,
da er nie so viel erwinden konnte, um seine täglichen Ausgaben zu deken,
sondern immer kleine Schulden machen mußte. *H² S. 102 f.*

106,39 seyn kann.] *danach:* Nach seiner Rükkehr nahm er seinen D o m
C a r l o s vor, mit dessen Plan er sich schon in M e i n u n g e n beschäf- 15
tiget hatte. Nur schwankte er noch immer zwischen C o n r a d i n von
Schwaben und dem Spanier, und diese Unentschlossenheit verlohr sich
erst dann, als er einige Scenen aus D o m C a r l o s in Jamben fertig gemacht und diesem Versbau, Geschmak abgewonnen hatte. Jezt war er sehr
eifrig über dieser Arbeit und es war ein wirkliches Bedürfnis für ihn, über 20
den Plan selbst, über die Personen, über alle Einzelnheiten zu sprechen
und mir jede Scene, so frisch, wie solche aus der Feder kam, vorzulesen.
H² S. 104 f.

118,15 misbilliget hatte.] *danach:*

Ueberhaupt war S c h i l l e r in Rüksicht seiner häuslichen Verhält- 25
nisse, in der That zu bedauern, denn er konnte nie so viel erwerben als er
nöthig hatte, sondern war immer gezwungen zu leihen, immer abzube-
zahlen, immer besorgt für den nächsten Monat, die nächste Woche, sehr oft
für den andern Tag. Eben so war auch seine Gesundheit immer wankend,
nie einige Zeit anhaltend fest, und zwar nicht sowohl allein in Folge des 30
Fiebers, sondern auch, weil er sein Essen aus dem Kosthause meistens einsam verzehrte, dann auch immer während dem Essen las oder nachdachte.

Diß verursachte ihm Unverdaulichkeit und Magen-Schwäche, welche
durch das nächtliche arbeiten, oder schreiben, oder Plane ausbrüten unterhalten wurden und ihn fast nie verließen. Denkt man sich noch die Folgen 35
der matten Mannheimer Luft, des faulen Wassers, so konnte er nicht anders
als immer kränklich und leidend seyn. Mit dem was er einnahm, konnte er,
auch bey der größten Sparsamkeit unmöglich ausreichen, oder sich gehörig
pflegen, denn seit seiner zweyten Ankunft in Mannheim waren ihm, binnen einem Jahre nicht mehr als 440 f zugeflossen, für welche, Kost, Klei- 40
dung, HausMiethe, Arzeney; kurz alles zusammen bestritten werden
mußte.

Daher war auch derselbe, der im O l y m p so unermeßlich reich war, im wirklichen Leben so ärmlich in Kleidern eingerichtet, daß er nur einen einzigen Rok, um Besuche zu machen, und für Schnee und Regen, einen, alten, abgetragenen weißen Mantel besaß. Und dennoch — so gros ist die

5 Macht des inneren Berufes — dennoch konnte er sich nicht entschließen, schneller, flüchtiger zu arbeiten, oder etwas heraus zu geben, dem er nicht den Stempel der Schönheit, der Kraft und immerwährenden Dauer aufgedrükt hatte. Fast schien es, als sollte sein Geist so wie sein Körper den, nie aufhörenden Widerwärtigkeiten nach und nach erliegen. Beynahe war es,

10 als ob er in Irrgängen eingeschlossen wäre, über die hinaus er zwar andere, freundlichere Gegenstände sehen, aber den Weg nicht finden konnte, um zu ihnen zu gelangen. Schon überwältigten ihn sehr oft Mismuth und üble Laune; i h n , der sonst immer frohen Muth und lächelnde Heiterkeit zeigte. Ganz umdüstert, schwerwolkigt und finster war die Atmo-

15 sphäre in der sein Geist wirken mußte, und sie hätte ihm endlich alle Kräfte gelähmt, wären ihm nicht öfters die heiteren Musen erschienen, um mit mildem Schimmer, in weiter Ferne, den Tempel des Ruhms und den Krantz der Unsterblichkeit, seinen suchenden Augen vorzuhalten. Auch sie waren es, die durch das dichte Gewölke seines Schiksals, ihm einen

20 Rosigen Sonnenstrahl sandten, der ihn erheitern, erquiken, ihm alle das glänzende Gefolge des Ruhmes und der Ehre beleuchten sollte, das den Dichter begleitet, welcher das Edle, das Große, das Gute, die Warheit, die Schönheit als das höchste achtet und zu verbreiten sucht. *H² S. 108—110*

120,9 Monatsschrift.] *danach:* Es war ein Glük für ihn, daß die Umstände

25 die Herausgabe dieser Zeitschrift ihm abnöthigten, denn er mußte bey seinen Arbeiten jezt einen bestimmten Zwek verfolgen, da er vorher immer, zwischen Bearbeitung eigener oder fremder Süjets schwankte. Für C a r l o s blieben die Schäferstunden; auch war dieser Ende Juli, schon bis in den zweyten Akt vorgerükt. *H² S. 112*

30 *121,22 f.* verlieren müßten.] *danach:*
      Allein alle Beweise halfen nichts, denn der innere Drang, alles so wichtig und groß darzustellen wie er es fühlte, verhinderten ihn an der Ruhe und Deutlichkeit mit welcher gelesen werden muß, wenn der Zuhörer die Eindrüke eines Gedichts, oder eines Dialogs in sich aufnehmen soll. Nur

35 eine lange Gewonheit, dieses heftige Deklamiren, verbunden mit der schwäbischen Aussprache i m m e r z u h ö r e n , konnte es seinen Jugend-Freunden möglich machen, das gehörte zu fassen und zu verstehen. *H² S. 114*

122,38 anzugehören.] *danach:*

40 Eine so öffentliche Anerkennung seiner Verdienste von einem Fürsten, dessen seltener Geist, Geschmak und richtige Würdigung des wahren Schönen, allgemein bekannt war; mußte ihm um so angenehmer seyn, in-

15*

dem sich die gegründete Hoffnung zur Verbesserung seines künftigen
Schiksals an diesen Titel knüpfte, so wie auch in seinem Vaterlande, bey
dem H e r z o g von W i r t e m b e r g selbst, seine eigenmächtige Entfernung, d u r c h d i e s e s W o r t entschuldigt und beschönigt werden
konnte. In M a n n h e i m , beobachteten fast alle seine Bekannte, ein   5
ganz anderes Betragen gegen ihn, als vorher. Wo er sonst, als bloßer Dichter, nur ganz bescheiden und zurükhaltend eintreten konnte; da öffnete
man jezt dem H e r r n R a t h selbst die Thüre. Die Achtung der meisten
hatte sich verdoppelt, da sie ihr früheres Urtheil von ihm, durch einen so
hohen, gewichtigen Ausspruch bestätigt fanden. Nur die wenigen, für die   10
sein Talent, oder seine übrigen Eigenschaften durch keine Zuthat höher
gestellt werden konnten, blieben wie vorher gegen ihn, obwohl den ausserordentlichen Vortheil nicht verkennend, den ihm der Schutz eines solchen Fürsten gewähren konnte. *H² S. 116 f.*

123,20 mitgenommen wurden.] *danach:* Er selbst sagt, S. Briefe an B.⟨aron⟩   15
D.⟨alberg⟩ daß ihm die übrigen Schauspieler wegen seinem Umgang mit
Iffland, Beil, Bek, aufsäßig seyen. Allein Iffland, war durch seine unauf-
hörliche Witzeleyen, durch die traurige Gewonheit jedem etwas böses oder
lächerliches nachzusagen, allgemein eben so verhaßt und gefürchtet. Auch
in diesen reiferen Jahren, hatte er diese beissende Sitte beibehalten, welche   20
er in seinem Leben pag. 33 und 34 selbst erzählt. *H² S. 118*
125,4 Durch diese bis 11 beurtheilen.]
Diß sind die Schiksale des merkwürdigen Mannes, während den vier
Jahren als ich das Glük hatte ihn zu kennen, mit ihm zu leben, und auch
zu leiden. Gewiß waren die lezten drey derselben so traurig, so nieder-   25
beugend, daß nur s e i n Muth, s e i n reiner, heiterer Sinn — der sich
von den Armseligkeiten des Lebens weg, immer in das Unendliche erhob
— sie zu überstehen vermochte, und Arbeiten liefern konnte, die noch
lange die Bewunderung der Nachwelt erregen werden.

Durch diese getreue Erzählung alles dessen, was sich mit S c h i l l e r ' n   30
von 1782 bis im März 1785 zugetragen, ist nun der Leser in den Stand
gesetzt, über ihn selbst, so wie über die Verhältnisse in die er gerieth, eine
richtige Meynung zu äußern.
Wenn über seine eigenmächtige Entfernung aus des H e r z o g s Diensten, auch kein günstiges Urtheil gefällt werden kann, so vergesse man   35
nicht, daß das Verbot, etwas anders als Medizinische Sachen druken zu
lassen, ihn in d e m I n n e r s t e n d e r S e e l e a n g r i f f , — daß
er es so ansehen konnte, als m ü s s e er nun f ü r i m m e r , auf das
Größere, Höhere, Bessere was in ihm lag, Verzicht leisten.
Hätte er nur die mindeste Wahrscheinlichkeit gehabt, daß ihm der Ab-   40
schied aus seïnem Dienste bewilliget würde — hätte der Character des

H e r z o g s nur im geringsten hoffen lassen, daß er seinen Befehl jemalen mildern oder zurük nehmen werde — hätte man nicht fürchten
müssen, daß die kühne Sprache die in den R ä u b e r n herrscht, ihn zu
der Meynung verleitet, sein Zögling könnte diese endlich zum Tadel gegen
5 ihn selbst gebrauchen — wäre die Strafe nicht s o h a r t gewesen, als ob
er das lezte wirklich schon gethan hätte — so würde sich S c h i l l e r be-
ruhiget und auf das, was die Zeit Besseres bringen könne, bescheiden gewartet haben. Jezt aber, da das bisherige Wohlwollen sich in Mistrauen
und Ungnade verwandelt, mußte er gewärtig seyn, daß auch das unschul-
10 digste als straffällig ausgelegt würde, was er, a u s s e r seinen Amts-
Geschäften, thue.

Will man den Einwurf machen, daß er doch immer hätte schreiben und
dichten können, wenn es nur nicht im Druk erschienen wäre; so läßt sich
mit Recht dagegen erwiedern, daß, n i c h t am ArbeitsTische, n i c h t in
15 dem StudierZimmer, sondern nur i n der Welt und d u r c h die Welt,
der Schriftsteller gebildet wird. Ohne Oeffentlichkeit dessen was er hervorgebracht, kann er keine Meynung, kein Urtheil hören, keine Wirkung
wahrnehmen. Er wird, — j a e r m u ß — eintönig, einseitig werden, indem er über sich selbst keinen Wiederspruch erregen, oder über das was er
20 leistet Erfahrungen machen kann.

Gibt es aber wohl jemanden, der glauben könnte, daß durch einen bloßen MachtSpruch, der immer gährende DichtungsStoff den er in sich trug,
und dem auch das Kleinste der Aussenwelt, alle Augenblike neue Nahrung zuführte, sich hätte dämpfen, oder gar vertilgen lassen? Wie ärmlich,
25 wie klein hätte die Flamme seyn müssen, wenn sie durch ein einziges
Wort hätte ausgelöscht werden können!

Unmöglich konnte er den Reichthum, der in jedem Blike, in jedem Worte, in seinem ganzen Wesen sich auszudehnen und hervor zu brechen suchte,
n u r s o b e y S e i t e l e g e n, um ihn erstiken oder vermodern zu
30 lassen. Der eingezwängte Strom würde endlich dennoch seine Dämme zer-
sprengt, und sich auf eine Art ergossen haben, die eben so bitter und krän-
kend für den Herzog, als, a u f i m m e r v e r d e r b l i c h für den
Dichter gewesen wäre.

Oder konnte er in seinem eingeschränkten Berufe die großen Hoffnun-
35 gen, welche sich sein Fürst, seine Lehrer, seine MitSchüler von ihm gemacht
hatten, erfüllen? Konnte er, bey der wenigen Gelegenheit die sich in seinem
Spitale an einigen Kranken darbot (das ganze Regiment bestand aus Drey
— höchstens Vierhundert Mann) auch nur seine Aerztlichen Kenntnisse
erweitern?

40 Wolle doch Niemand strenger über den Verewigten urtheilen, als es von
seinem F ü r s t e n selbst geschehen. Dieser ließ nicht nur auf keine Art
jemalen die geringste Nachfrage seinetwegen machen; sondern erlaubte

ihm auch sogar, 1793 die freye Rükkehr nach Wirtemberg, und gab es zu,
daß man ihm später eine Professor Stelle zu Tübingen, antragen durfte.
Hätte sich der H e r z o g der Landesherrlichen Hoheit begeben, und
seinen Zögling wieder sehen dürfen; wie sehr würde dieser seinen Fehl-
Tritt, so wie das ausserordentliche erkannt haben, was für ihn gethan wor- 5
den! Aber er würde auch die Reinheit seines Zwekes bewiesen, er würde
jeden Vorwurf durch die Gewißheit beseitiget haben, daß er, a l s D i c h -
t e r, das Andenken an seinen D u r c h l a u c h t i g e n E r z i e h e r
weit sicherer auf die Nachwelt bringen werde, als es ihm, wenn er A r z t
geblieben, je möglich gewesen wäre. 10

Ueber das zu große Vertrauen welches er auf die Menschen hatte, darf
man nicht verwundert seyn, oder es für einen Mangel an d e m halten,
was man gemeiniglich V e r s t a n d nennt. Dichter, Künstler werden
durchaus nur von ihrem Gefühl, von ihrer EinbildungsKraft beherrscht.
Gesellt sich zu diesen noch ein reiches, wohlwollendes, gerne Hülfe leisten- 15
des Gemüth, so ist einem solchen Herzen nichts fremder als Mistrauen, oder
kalte Berechnung. Glauben doch selbst die meisten von uns, — wenn wir
auch nicht Dichter oder Künstler sind — die Menschen seyen s o beschaffen, wie w i r sie denken; sie empfinden s o, wie w i r empfinden,
sie werden s o handeln wie w i r zu handeln gewohnt sind, und kommen 20
doch daher, die meisten Täuschungen, die meisten Misverständnisse, die
größten Kränkungen, d a ß d e m n i c h t s o i s t. Das ausserordentliche Aufsehen was seine erste Arbeit erregte; der allgemeine Beyfall, den
man ihm aus der Ferne und in der Nähe zurief, berechtigte ihn zu dem
festen Glauben; dieselben Leute welche der Bewunderung für ihn nicht satt 25
werden konnten; welche das Ungewöhnliche, das Große an ihm so hoch
schäzten, würden — sobald es darauf ankomme diese Eigenschaften frey
und ganz zu entwikeln — sich beeifern, ihn, wenn auch nicht zu belohnen,
doch wenigstens zu unterstützen. Daß er d a r a u f seine Hoffnung baute,
diß war ein Fehler den man dem M e n s c h e n, der andere eben so edel 30
als sich selbst glaubt; — den man dem D i c h t e r der nur für den
Ruhm lebt, nachsehen, und dem ZweyundZwanzigjährigen J ü n g l i n g e
um so mehr verzeihen muß, je stärker ihn die Erfahrung aufschrekte, daß
zwischen W o r t und T h a t, ein Himmelweiter Unterschied bestehe.

Der Sturm ist vorbey. DreyundVierzig Jahre haben über das Vergan- 35
gene eine feste Rinde gebildet; und seine unsterblichen Werke bedeken den
Tadel mit einem Gewölke, dessen Größe, Tiefe, Erhabenheit und Pracht
der Farben, das Auge entzükt, und zu unverwandtem Anschauen ein-
ladet.

Kann der Leser die Gründe billigen, welche zur Entschuldigung des 40
Verewigten Hier angeführt sind, so wird er wohl auch über dasjenige, was
von der Freundschaft zur Rettung und Erhaltung d e s D i c h t e r s un-

ternommen worden, kein hartes Urtheil fällen, sondern mit dem Schleyer
der Milde und Nachsicht verhüllen. *H² S. 120—125*

Dritte Abteilung

126,24 Da Schiller *bis 25* bekannt zu werden] Schiller kam zur Zeit der
5 Ostermesse in Leipzig an, allwo er auch alsobald in Bekanntschaft mit
W e i ß e, O e s e r, H i l l e r, Z o l l i k o f e r, J ü n g e r pp gerieth.
Ueber Z o l l i k o f e r sprach er sich schon in früheren Jahren immer mit
Hochachtung aus. Weniger war diß bei dem KreissteuerEinnehmer
W e i ß e der Fall, dem er bei Erscheinung von dessen Calas es nicht nach-
10 sehen konnte, daß er eine der erschütterndsten Begebenheiten, so leicht behandelte. *H⁴ S. 4*
127,12 Daß ihn *bis 14* Anstellung finde]
    Die Freunde Schillers in Leipzig hatten gewiß nicht unterlassen ihn
mit den Schwierigkeiten bekannt zu machen, auf die er treffen müsse, um
15 bei irgend einem Sächsischen Hofe in CivilDienste treten zu können, die
sich bei ihm verdoppeln mußten, da er ein Ausländer und noch überdiß
ein Schwabe war, gegen welche, der Sprache wegen, die grellsten Vorur-
theile damals in Sachsen herrschten. *H⁴ S. 6*
127,23 diese Verbindung] *danach:*
20   Zu diesem, etwas übereilten Antrage, glaubte er sich durch die bewiesene
Freundschaft des Vaters, so wie durch die, endlich in Freundschaft über-
gehende Artigkeit der Tochter, berechtiget. Fräulein Schwan war ein Mädchen vom schönsten Mittelwuchse, alle Glieder im vollkommensten Eben-
maaß; mit schönen, sprechenden, schwarzen Augen, in die man um so lieber
25 schaute, als der Blik des einen, kaum bemerklich, nach der Nasenwurzel hin,
schief war. Die Haut war von blendendestem weiß, und der schöne, schlan-
ke Hals so reizend gestellt, wie man ihn selten im Leben, und nur öfters
an Antiken wahrnimmt. [Dabei war ihr Gang, und auftreten so edel, daß
der Verfasser, bei der schönen Stelle Ossians über Agandecca
30   Siegender Anstand und Reitz, gleich einem leuchtenden Gürtel, waren
um sie, Ihre Schritte begleitete Wohllaut ähnlich der Tonkunst pp
sich immer nur sie denken konnte.]
Dieselben Reitze die Schiller'n den süßen Wunsch ihres Besitzes entlokten,
ließen aber auch andere nicht ungerührt, und Fräulein Schwan, sah sich von
35 mehreren, die gegen Schiller'n noch größere Eleganz in Kleidung und
Wäsche, nebst Rang und Vermögen zum voraus hatten. Was aber diesem,
sonst in der That seltenem Mädchen, fehlte, war die Grazie der Sanftmuth,
der Anspruchlosigkeit, der Sanftheit die sich in Mienen und Worten äußert,

so wie der gänzliche Mangel einer leisen Schwärmerei, ohne deren Zauber keine warhaft tiefe Empfindung gewekt und genährt werden kann. Auch darf ganz dreist behauptet werden, daß die Empfindung unseres Dichters mehr aus Achtung und einer sogenannten soliden Ursache entsprang, die er, nach seinen Grundsätzen zum Ehestand viel geeigneter als feurige Liebe 5 hielt. Wäre leztere bei ihm wahr, tief und innig gewesen, so hätte er sich unmöglich noch Näschereien bei andern erlauben können, deren Genuß eine anfangende, wahrhafte Liebe, unmöglich macht.

Anmerkung. Herr H. Döring hat daher aus doppelter Rüksicht sehr Unrecht, wenn er S. 366, sagt: Er — dieser Brief nemlich — erhält aber da- 10 durch in gewisser Hinsicht noch ein höheres Interesse, daß Schiller darin um die Hand der, in seinen früheren Gedichten so hoch gefeierten L a u r a anhält. Sehr leichtsinnig, oder oberflächlich muß wohl ein Schriftsteller seyn, wenn er blos nach Vermuthungen, oder nach Hörensagen Behauptungen aufstellt, die nicht nur offenbar unrichtig sind, sondern auch auf Per- 15 sonen die man nennt, ein zweideutiges Licht werfen können. Diß ist der Fall mit den Gedichten Schiller's an Laura, welche an Fräul. Schwan gerichtet gewesen seyn sollen, und die an — Niemanden gerichtet waren. Diejenigen Gedichte welche in den Jahren 1781 und 82 an Laura gerichtet waren, konnten Fräul. Schwan um so weniger betreffen, als Schiller diese 20 nur ganz flüchtig, bei seinen zwei verstohlenen Besuchen in Mannheim, sah. Wollte man die Entstehung von «Laura am Klavier» durch eine Person veranlaßt, annehmen, so ist dieses wieder ohne allen Grund, denn der Dichter, da er sonst kein weibliches Wesen kannte, welches Klavier spielte, müßte nur die niedliche, kleine* Frau bei welcher er in Stuttgart wohnte, 25 und die keine größere Fertigkeit hatte, als daß sie einige Tänze und das Modelied, Blühe liebes Veilchen pp spielen konnte, gemeint haben, was aber sicher nicht der Fall war.** Das zweite Gedicht an Laura, das auch 1782 erschien, muß HE. Döring mit eben der kindlichen Unschuld gelesen haben, mit der man in den protestantischen Schulen gewiße Kapitel 30 aus den Büchern Mosis, die Knaben zur Uebung öffentlich ablesen läßt. Wie ist es möglich, von diesem Gedicht, welches alles das, was die lascivesten Dichter ganz offen und ohne Hehl darstellen, auf die feinste, verstekteste, edelste Art sagt, und dessen Anfang schon von nichts weniger als geistiger Liebe spricht, zu behaupten, es sei für ein liebenswürdiges 35 Mädchen gemacht gewesen, das damals kaum aus den Kinderjahren in die der Jungfrau übergetreten.***

Daß Herr Schwan das Ansuchen Schiller's nicht bewilligte, hatte sicher noch einen andern Grund, als, wie Frau von Wolzogen 1 Th. p. 208 anführt, das mildernde Motiv, «daß seine Tochter bei der Eigenthümlich- 40 keit ihres Characters, sich zu Schillers Gattin nicht passe.» *H⁴ S. 7—9*

* etwas blatternarbigte *Nachträge S. 6*

** oder daß dem Verfasser bei dem G e h e i m n i ß   d e r   R e m i n i s c e n z , die große, starke, nur durch eine schöne Sächsische Aussprache sich auszeichnende Dame, als Ideal vorgeschwebt hätte? *Nachträge S. 6*

5 *** Es verräth sehr wenig Kenntniß der Dichtung oder Kunst überhaupt, wohl aber zeigt es eine sehr beschränkte Art zu denken an, wenn jemand gleich ausruft, es sey diese oder jene Person durch die Schilderung gemeynt. Eine solche Vorstellung erniedrigt auch den größten Dichter, indem ihm die Gedanken des Beurtheilers unterschoben werden, der nicht zu wissen scheint, daß der wahre Dichter zwar
10 wohl durch etwas Persönliches zu einer Arbeit aufgereizt werden kann, daß er diese aber dann so Idealisirt, aus so vielen Zügen zusammensetzt, daß dadurch zwar etwas schönes und übereinstimmendes entsteht, dem Gegenstand aber, welcher dazu die Veranlassung gegeben, nichts weniger als ähnlich wird.

Es läßt sich mit Zuverläßigkeit behaupten, daß nur das einzige Gedicht, F r e i -
15 g e i s t e r e i   d e r   L e i d e n s c h a f t , an eine bestimmte Person gerichtet war, und daß Schiller dasselbe, obgleich dessen Poetischer Werth dem der andern bei weitem nicht gleich ist, nur aus Achtung für den besungenen Gegenstand aufgenommen, dem es schmeichelhaft seyn konnte, daß ein so großes, so leicht entzündbares Herz, auch für das seine schlug. Erst nach späterer Zeit darf der darüber gezogene
20 Schleier, weggezogen werden.

Wenn nun aber mit jedem der jetzt erwähnten Gedichte eine andere Laura gemeint war, so darf dem Dichter um so weniger hierüber ein Vorwurf gemacht werden, als, ohne von der Natur mit einer großen Gabe dieser Empfänglichkeit ausgerüstet zu seyn, kein Dichter, kein Künstler, solche Werke ausführen kann, welche
25 Kraft, Gefühl, Ausdruk und Schönheit in einem solchen Grade vereinigen, daß sie in der gegenwärtigen wie in der künftigen Zeit den Leser rühren oder ergreifen, und ihm die Stimmung herbeiführen, in die der Dichter damals versetzt war. Daß hierzu noch andere, noch mehrere Eigenschaften vorhanden seyn müssen versteht sich von selbst. Aber Liebe, im weitesten Sinne des Wortes, bleibt immer der Hebel
30 der diese belebt und ihnen erst die wahre Kraft und Farbe zu geben weiß. *Nachträge S. 6—8 (Vgl. 203, 37—205, 22.)*

128,19 f. zu thun vermöchten.] *danach:* Auch erinnert sich der Verfasser dieses, dem doch in den Jahren 1781 und 82 Schiller selbst alle seine Gedichte, wie solche vollendet waren, vorlas, während der folgenden zwei
35 Jahre keiner anderen gereimten Silbe, als folgender zwei lezten Verse eines Epigrams,

«Was ihr an Reitz gebricht
hat sie an Diamanten»

welches Schiller als der Herzog von Wirtemberg im Winter 1783 in Ge-
40 sellschaft der Gräfin von Hohenheim durch Sachsen reiste, auf leztere verfertigte, und nach Mannheim schickte. Klagen, ja warlich! Klagen hätte er die Fülle in die schneidensten Verse bringen können, aber sich dazu herabzulassen, dem wiederstrebte sein hoher Geist. *H⁴ S. 3*

128,21 Die neue *bis* 24 einwirken.] Hier an den Ufern der Elbe, in dem kleinen Dorfe Loschwitz, in dem Gartenhause, zu dem Weinberge seines Freundes Körner gehörig, sezte er die Rheinische Thalia, so wie die Arbeit an seinem Dom Carlos fort, dem er, von den früher bekannt gemachten Bruchstüken, eine ganz verschiedene Gestalt gab. *H⁴ S. 11*   5

131,26 der Geisterseher hinzu,] *danach:* zu welchem Cagliostro der damals eine bedeutende Rolle in Frankreich spielte, die Veranlassung gab, und dessen ersten Theil er später, besonders herausgab. *H⁴ S. 13*

133,15 Schiller.] *danach:*

Außer diesem, findet sich in seinen, von ihm selbst herausgegebenen 10
Gedichten nur ein einziges von 1786, das durch diesen so heiß geliebten Gegenstand veranlaßt worden seyn könnte. Denn schon die Aufschrift, Resignation, so wie der ganze Innhalt desselben, zeigt ein gebeugtes Herz an, das nirgens noch einigen Trost findet und sich Vorwürfe wie diese macht.   15

Was du von der Minuthe ausgeschlagen,
bringt keine Ewigkeit zurük.

Das Gedicht der Kampf, in einer früheren Ausgabe, Freigeisterei der Leidenschaft, hatte, nach der glaubwürdigsten Versicherung eine ganz andere Veranlassung. *H⁴ S. 15 f. (Vgl. 233, 26—32.)*   20

134,7 dichterische Arbeiten.] *danach:* Mehr als zwei Jahre hatte er bei diesen seltenen Menschen als Haus und Tischgenosse zugebracht, alle Liebe, alle Aufmerksamkeit welche die zärtlichste Freundschaft nur immer gewähren kann, in vollem Maaße genossen; für alle seine Bedürfnisse war mit wahrer Bruder und Schwester Neigung gesorgt; das, ihm so unent- 25
behrliche besprechen seiner Plane, Ideen, Aussichten; die Mittheilung seiner Arbeiten, konnte er, täglich, stündlich befriedigen, und der reinsten Empfänglichkeit oder des bescheidenen Zweifels versichert seyn. Alle diese Bande sollte er nun zerreißen, damit das Eine, was sein Herz so fest hielt, ihm nicht den Untergang brächte. Wer sich lebhaft in seine damaligen 30
Umstände versetzt — wer überzeugt seyn kann, daß eines solchen Mannes Empfindungen weit über die der gewöhnlichen Menschen gesteigert sind, — Wer jemalen eine so glükliche, nie wiederkehrende Lage, verlassen, und einer ungewissen Zukunft entgegen sehen mußte, der allein mag begreifen wie viel es kosten mußte, um den Muth so lange zu er- 35
halten bis die Thore Dresden's, aus seinen Blicken entschwunden waren. *Nachträge S. 33*

134,17 angesiedelt] *danach:* deren Witz und muntere Laune, ihn erheitern, beleben, und deren edle, milde Art zu denken, auf sein wundes Gemüth, wie ein lindernder Balsam zu wirken im Stande war. Dieser trefflichen 40
Frau, die in der schönen Literatur wie in ihrem Elemente sich befand,

konnte er, eben so unbefangen wie seinen vorigen Freunden, alle seine
Arbeiten mittheilen, und sich über deren weitere Ausführung verbreiten. Waren ihre Ansichten mit den Seinigen nicht immer in Uebabrein-
stimmung, so konnte er dieß in seinem [jetzigen Alter viel leichter nach-
5 sehen, als später, wo er ihre Wiedersprüche als Versuche ihn meistern zu
wollen, auslegte, und die beiderseitigen Verhältnisse deshalb weniger
freundlich wurden.] *Nachträge S. 35 f.*

134,26 f. gefällt hatte,] *danach:* und dem Dichter vorzüglich die Länge desselben, so wie auch, daß er die zweite Silbe in «Rodrigo» kurz anstatt
10 lang genommen, als sehr große Fehler angerechnet, zuletzt aber doch mit
der Bemerkung geschloßen, daß nur der zu große Vorrath an Ideen, an
der ungewöhnlichen Ausdehnung die Schuld trage. Schiller war jedoch
von einer Gemüthsart, die etwas unangenehmes leicht vergaß, und hatte
auch zu viele Einsicht um sich damals schon, für unfehlbar zu achten, oder
15 einen Mann, den er so lieb gewonnen hatte, wie Wieland, eines Hasses
oder einer Ungerechtigkeit fähig zu halten. Daß seine Stücke wie er sie
anfänglich niederschrieb, für das Theater zu lang waren, wußte er so gut
wie irgend jemand. Aber in einem Lande, wo kein Buchhändler seine
Arbeiten nach deren innerem Werthe, sondern nur nach dem Raume den
20 sie einnahmen, nach dem Ausmaaß des Zollstabes vergütete, wäre es zuviel von ihm verlangt gewesen, Schönheiten die für den Leser bestimmt
waren, deshalb wegzulassen, weil sie die Vorstellung auf der Bühne verlängern konnten. *H⁵ S. 10a*

134,41 vor Augen zu stellen.] *danach:*
25 Daß sich unser Dichter und Herder nicht genauer aneinander schloßen,
indem doch jeder die Gegenstände von der ernsthaftesten, wichtigsten
Seite aufzufassen geneigt war, könnte uns allerdings in Verwunderung
setzen, wenn wir nicht wüßten, daß lezterer alles nur sich selbst aber
nichts begünstigenden Umständen zu verdanken hatte und sein früherer
30 Lebensgang von zu unfreundlicher Art war, als daß er die lange Gewonheit in sich selbst abgeschlossen zu verharren, hätte ablegen können.
H⁵ S. 10b

136,19 Bei diesem Besuche *bis 21* zu verbinden.] Frau von Lengenfeld hatte
zwei Töchter, von welchen die jüngste, Charlotte, wahrscheinlich der
35 Mutter am ähnlichsten, nach einigen Jahren seine Gattin wurde. Der Gedanke an eine dauernde Verbindung beschäftigte ihn ernsthafter, als jemalen eine frühere Leidenschaft der Art gethan. Er schreibt hierüber
auch an Körner: — — — — — — — — — — — — — —
«Ich habe seit vielen Jahren (er hätte sagen sollen Niemals) ein ganzes
40 Glük gefühlt, und nicht sowohl weil mir die Gegenstände dazu fehlten,
sondern darum weil ich die Freude m e h r n a s c h t e als genoß, weil

es mir an gleicher und sanfter Empfänglichkeit mangelte, die nur die Ruhe des Familienlebens giebt.» (Schiller war jezt 29 Jahr alt) *H² S. 5 f. 136,41 verfaßt habe.*] *danach:* Es sey vergönnt die bezügliche Stelle, hier anzuführen.

«Genoß ich die schönsten Augenblike meines Lebens zu gleicher Zeit, 5 als ich der Metamorphose der Pflanzen nachforschte, als mir die Stufen- folge derselben klar geworden, begeisterte mir diese Vorstellung den Aufenthalt in Neapel und Sicilien, gewann ich diese Art das Pflanzen- reich zu betrachten immer mehr und mehr lieb, übte ich mich unausge- sezt daran auf Wegen und Steegen; so mußten mir diese vergnüglichen 10 Bemühungen dadurch unschäzbar werden, indem sie Anlaß gaben zu einem der höchsten Verhältnisse die mir das Glük in spätern Jahren bereitete. Die nähere Verbindung mit S c h i l l e r bin ich diesen erfreulichen Er- scheinungen schuldig, sie beseitigten die Misverhältnisse, welche mich lange Zeit von ihm entfernt hielten. 15

Nach meiner Rückkunft aus Italien, wo ich mich zu größerer Bestimmt- heit und Reinheit in allen Kunstfächern auszubilden gesucht hatte, unbe- kümmert was während der Zeit in Deutschland vorgegangen, fand ich neuere und ältere Dichterwerke in großem Ansehn, von ausgebreiteter Wirkung, leider solche, die mich äußerst anwiderten, ich nenne nur 20 H e i n s e s A r d i n g h e l l o und S c h i l l e r s R ä u b e r. Jener war mir verhaßt, weil er Sinnlichkeit und abstruse Denkweisen durch bildende Kunst zu veredlen und aufzustutzen unternahm, dieser, weil ein kraftvolles, aber unreifes Talent die ethischen und theatralischen Para- doxien, von denen ich mich zu reinigen gestrebt, recht in vollem hin- 25 reissendem Strome über das Vaterland ausgegossen hatte. — — — — — ich vermied Schillern, der, sich in Weimar aufhaltend in meiner Nach- barschaft wohnte. Die Erscheinung des Dom Carlos war nicht geeignet mich ihm näher zu führen. Alle Versuche von Personen, die ihm und mir gleich nahe standen, lehnte ich ab, und so lebten wir eine Zeitlang 30 nebeneinander fort. — — — — — — — — — — — — — Sein Aufsatz über Anmuth und Würde war eben so wenig ein Mittel mich zu versöhnen. — — — — — — — — — — — — — Gewisse harte Stellen sogar konnte ich direkt auf mich deuten, sie zeigten mein Glaubensbekenntniß in einem falschen Lichte; dabey fühlte ich es sey 35 noch schlimmer, wenn es ohne Beziehung auf mich gesagt worden; denn die ungeheure Kluft zwischen unsern Denkweisen klaffte nur desto ent- schiedener.

An keine Vereinigung war zu denken. Selbst das milde Zureden eines D a l b e r g , (des edlen Coadjutors) der Schillern nach Würden zu ehren 40 verstand, blieb fruchtlos, ja meine Gründe, die ich jeder Vereinigung ent- gegen setzte, waren schwer zu widerlegen.» pp

Wenn wir auch den großen Meister, der in seiner bürgerlichen und Literarischen Stellung, unerschütterlich fest stand, von einer, ihm vielleicht selbst verborgenen Eifersucht, über den großen Erfolg der Werke eines Jünglings, ganz frei sprechen können, so können wir doch die Abneigung gegen Schiller als Verfasser der Räuber nicht ganz billigen, denn, wie konnte Goethe vergessen haben, daß er in seinem Götz von Berlichingen, selbst alle bisher beobachtenden Regeln des Schauspiels verletzt, und dadurch andere zur Nachfolge aufgemuntert habe? Selbst die Schlußrede Götzens, mag sie auch geschichtlich ganz gegründet seyn:

«Sag deinem Hauptmann; Vor Ihro Kaiserl. Majestät hab' ich, wie immer schuldigen Respekt. Er aber, sags ihm, er kann mich — — — — » mußte ein, kaum aus den Knabenjahren tretendes, kühnes Talent, um so eher zu ähnlichen Freiheiten ermuntern, je mehr solche Ausdrüke von einer lebhaften Jugend mit Beifall aufgenommen und gebilliget wurden. Wenn man aber andererseits überlegt, daß Goethe in Italien seine Iphigenie, seinen Tasso vollendet; daß ihm dort, wohin er auch den Blik wenden mochte, nur antike Bildwerke, die treflichsten Gemälde, im edelsten Stil aufgeführte Gebäude zur Anschauung kamen — wenn die beiden Dramen unwidersprechlich beweisen, daß er den reinen, einfachen, jedes rohe oder heftige ausschließenden Stil, der diesen Kunstwerken eigen ist und ihren Wert schon seit Jahrtausenden unbestritten läßt, auch in seine Dichtungen übertragen wollte, so läßt sich leicht begreifen, wie das Vulkanische Feuer, das, obwohl wahre und natürliche, doch ungemilderte Maas der Ausdrüke in den Räubern, ihn zurükstoßen mußten. Man sollte aber Nie vergessen, daß die Straßen für die Künste eben so ausserordentlich breit, wie die für die menschliche Natur, für ihre Leidenschaften sind; Man sollte aus der Erfahrung wissen, daß, je größer die Gaben, je seltener sie gleich anfangs sich den Forderungen der einfachen Schönheit schmiegen können. Nur Kraft, nicht ängstliche Beobachtung der Regel, verräth das aufsproßende Genie, und Schiller hat vollkommen recht zu sagen.

Die Regel hat die Theorie für sich
aber die Kraft den Erfolg.

Mag diese Abschweifung dem Verfasser schon aus diesem Grunde nachgesehen werden, weil er so oft dasselbe bei Künstlern wahrnahm, die wegen verschiedener Ansichten in der Anwendung der Kunst sich einer solchen Abneigung überließen, daß sie sogar in Verfolgungen ausartete. Obschon dieser Fall wohl eben so oft bei Gelehrten eintreten mag, so blieb Goethe hierinne immer eine Ausnahme, denn er bewies sich, wenn auch keine Annäherung statt finden konnte, gegen Schiller'n immer gefällig, und trug in der Folge das meiste bei, daß Schiller den heißesten Wunsch seines Herzens erfüllt sehen konnte.

Von dem Frühjahr 1787 bis zu derselben Zeit 1789 verbrachte dieser
den Sommer in Volkstädt, den Winter in Weimar, mit Gedichten, Lesen
des Homers, Uebersetzungen aus dem Griechischen, und dem Geisterseher,
der Vollendung seiner Niederländischen Geschichte, so wie mit Beiträgen
für den Merkur (die Künstler, pp), mancherlei Planen für künftige Arbeiten   5
beschäftiget, so wie im Briefwechsel mit den Fräulein von Lengefeld.

Auch mit Wilh. von Humboldt stand er zu gleicher Zeit im Briefwechsel,
der auf eine höchst anziehende Art blos allein dichterische Gegenstände
behandelt.

Eine Zusammenkunft mit dem, später sehr scharf von ihm beurtheilten   10
Dichter, Bürger, veranlaßte eine Art Wettkampf, daß jeder denselben
Theil der Aeneide des Virgil übersetzen sollte. (Vgl. 141, 41—142, 2.)
Wäre in der Schillerschen Uebersetzung auch alles misrathen, und bliebe nur
die Erscheinung der Schlangen, wie sie auf den Priester des Apoll Laokoon
andringen, stehen, so würde diese Stelle allein einen Meister beurkunden;   15
dessen sichere Hand auch das höchste auszuführen im Stande ist.

Einige Briefe Wielands an Schillern, die gleichfalls in dem ersten Bande
von Frau von Wolzogen vorkommen (S. p. 284—293) sind wegen der
Natürlichkeit, Naivetät des Innhaltes, um so anziehender, da sich nicht
nur das treuliche Verhältnis zwischen beiden, sondern auch von Seiten   20
Wielands eine herzliche Zuneigung kund gibt.

Ueberhaupt muß man, um sich einen richtigen Begriff, von dem, zwar
nicht glänzenden, aber dennoch sehr angenehmen Zustande unseres Dichters machen zu können, alle diese Briefe mit antheilnehmender Aufmerksamkeit durchgehen, damit man das, was er zu dieser Zeit hervorbrachte,   25
und wie es geschah, sich recht lebhaft vorstellen könne. Denn als Mensch
war er zu schäzbar, zu liebenswürdig; als Dichter aber zu gros, als daß
derjenige, der solche Eigenschaften zu achten weiß, nicht mit Vergnügen,
auch bei unscheinenden Sachen, blos weil sie ihn betreffen, verweilen
sollte. *H⁴ S. 23—29*   30
137,4 äußern konnte.] *danach:*

Wem je die Gelegenheit geworden ist, ein großes, aber noch junges
Talent, einem älteren, das eine ruhmvolle Laufbahn schon zurük gelegt
hat, zum erstenmale gegenüber zu sehen, der kann sich auch diese erste
Zusammenkunft von Goethe und Schiller eben so lebhaft vorstellen, als   35
ob er Zeuge dabei gewesen wäre. Der ältere, mit Lorberrn schon gekrönte
Meister, äußert sich um so ruhiger und unbefangener, je größer der ihn
bedekende Schild ist, auf dem seine Werke verzeichnet stehen. Der jüngere,
in dem Bewußtseyn, derselben, oder noch größerer Kraft, wird durch eine
solche Gegenwart um so mehr belästiget, je gewisser er ist, das gleiche,   40
oder noch weit mehr einst leisten zu können, und doch in der Unmöglichkeit ist, sein Gefühl in Beweisen darzulegen.

Aber immer war die Zurükhaltung Goethes eine Art Huldigung gegen Schiller. Denn ein Talent, was weit unter Goethe gestanden wäre, hätte sich gewiß eines freundlichern Benehmens zu erfreuen gehabt. Jedoch sind Künstler, Gelehrte, Dichter ausserordentlich eifersüchtig. Jeder
5 von Bedeutung glaubt, Er habe die Welt für sich heran gebildet, und nur ihm allein müsse sie huldigen. Schiller äußert sich in einem Briefe an Körner auf eine sehr edle Art; «daß seine in der That große Idee von Goethe, durch dessen Persönliche Bekanntschaft, zwar nicht vermindert worden, daß er aber dennoch zweifle ob sie jemalen einander s e h r sich
10 nähern würden, indem das Wesen, so wie die Vorstellungsarten von beiden wesentlich verschieden seyen.» Die Werke beider, sprechen die Warheit des gesagten, sehr in die Augen springend aus. *H²S. 7 f.*

137,11 vorgeschlagen wurde.] *danach:* Schiller'n selbst schien dieser Ruf um einige Jahre zu früh, weil er sich nicht vorbereitet genug glaubte. *H⁴S. 29*
15 *137,16 erleichtern mußte*] *danach:* Seine Aeußerung hierüber in einem Briefe an Fräul. L. ist sehr ergötzlich. «Werden Sie mir auch noch gut bleiben, wenn ich ein so pedantischer Mensch werde, und am Joch des gemeinen Besten ziehe? Ich lobe mir doch die goldene Freiheit. Mancher Student weiß vielleicht schon mehr Geschichte als der Herr Professor. Indessen
20 denke ich hier wie Sancho Pansa über seine Statthalterschaft: Wem Gott ein Amt gibt, dem gibt er auch Verstand; und habe ich nur erst die Insel, so will ich sie regieren wie ein Daus!»

Da die Haupteigenschaft Schiller's immer die Dichtkunst war, so läßt sich mit Recht fragen, ob es seinem vorzüglichsten Talente keinen Eintrag
25 gethan, daß er den Schlamm der Geschichte durchwaten und sich recht ernstlich mit einem Gegenstande beschäftigen mußte, welcher der Einbildungskraft ganz entgegen ist. Es ist jedoch keinem Zweifel unterworfen, daß man diese Frage verneinen darf. Denn wenn blos allein, sei es nun in der Dichtkunst, Musik, Malerei pp die Einbildungskraft und nicht auch
30 der Verstand beschäftiget werden, — wenn der Künstler eine, auch an sich ganz einfache Idee, nicht auf eine Weise darstellen kann, daß sich eine Menge NebenVorstellungen freiwillig daran reihen — so hat er zwar wohl unsre Sinne gereizt, die aber, so wie alles, was nicht auch Geist und Verstand anspricht sehr bald gesättigt und des Genusses überdrüssig wer-
35 den. Dem weisen, Philosophischen, Vieles wissenden Dichter aber — wozu jedoch eine, sich alles aneignende Gabe nothwendig ist — drängt sich bei seinen Ausdrüken alles zusammen, und macht seine Gedanken und Bilder so reich, daß sie wieder neue Gedanken und Bilder fort und fort erzeugen, und unser ganzes Wesen beschäftigen. Man vergleiche mit den
40 Gedichten Schillers, die von den größten seiner Zeitgenossen, so wird man über die Flachheit und Leerheit nicht erbaut seyn, mit welcher sie ihre Gegenstände schilderten. Zwar läßt sich hier der Mangel an Wissen,

eben so wenig als Lebensweisheit und Menschenkenntniß vorschützen, aber die Gabe fehlte, alles in ihre Natur zu verweben, oder in Säfte und Blut aufzunehmen. Hierher gehört auch die Bemerkung Körners, daß Wieland Schiller'n den Mangel an Leichtigkeit in Hervorbringung seiner Arbeiten vorgeworfen habe. Schiller sagt darüber, «Ich fühle während 5 meiner Arbeiten nur zu sehr, daß er Recht hat, aber ich fühle auch, woran der Fehler liegt, und diß läßt mich hoffen, daß ich mich sehr darinn verbessern kann. Die Ideen strömen mir nicht reich genug zu, so üppig meine Arbeiten auch ausfallen, und meine Ideen sind nicht klar, ehe ich schreibe.» Ist es wohl erlaubt, daß derjenige der einige Jahre um den 10 Dichter war, dieser lezten Behauptung desselben wiedersprechen dürfe? Nicht das genugsame Zuströmen der Ideen sondern der zu große Reichthum derselben war Ursache, daß Schiller nicht leicht arbeitete. Bis er wählte, welche Idee wohl die schönste, zwekmäßigste seye, wie oft mußte die schreibfertige Hand inne halten! Bis der wahre, erschöpfende, alles be- 15 zeichnende Ausdruk sich fand, wie oft hob sich da die Feder, wie schnell wurden über das geschriebene Queerstriche gemacht, und die Perioden geändert.

Auch bei Dichtern von dem ausgezeichnetsten Rufe, sind ihre Ausdrüke meistens nichts weiter, als eine höhere, gemessenere Umgangs- 20 Sprache, und kann man denn dieses Dichtung nennen? *H² S. 8—11*

140,29 f. entfernt waren.] *danach:* Unter den Talenten die seine junge Gattin ausgebildet hatte, war auch die Musik, deren Anhörung bei dem Dichten oder tiefem Nachdenken ihm schon darum äußerst angenehm war, weil sie Gedanken, Empfindungen, ja oft die Begeisterung in ihm 25 aufregte. Er konnte sich dem Genuß um so ruhiger überlassen, als er nur Liebhaber der Musik aber nicht in so weit Kenner war, daß der Wechsel der Töne oder Harmonien seine Aufmerksamkeit auf diese selbst geleitet hätte. In der oft erwähnten Lebensbeschreibung wird (S. 71) angeführt, daß ihm eine Arie von Gluk besonders angenehm gewesen seye. 30 Diese kannte er schon in Stuttgardt; noch öfter hörte er sie aber in Mannheim singen und spielen. Die Musik dieser Arie ist, aus den Pilgrimmen von Mekka, und ein Meisterstük einer einfachen Darstellung in Tönen. Der Mahler Schwindel schildert ein von ihm verfertigtes Landschaftgemälde, und den darinne erscheinenden Bach mit folgenden Worten. 35

Einen Bach der fließt
und sich ergießt,
Sanft wie ein Zephyr rauschet,
Nymphen belauschet.
Der sich schlängelnd lenkt   40
Blumen und Wiesen tränkt,

Schöne Reitzungen schenkt
Sich in Thäler versenkt.
Ihm versprach die Natur
daß er Nie verstoke.
5 Murmle Bach dein Gli Gla Glu!
Gla, Gle, Gli, Glo, Glu!
Selbst ein Amor seufzt
Nicht zärtlicher als du.

In sanft und mäßig sich bewegenden AchtelNoten, schildert der Ton-
10 setzer den gleichmäßigen Lauf eines angenehmen Baches auf eine so reitzende Art, daß das Gemüth der lieblichsten Empfindung sich hingiebt,
und das Gedächtniß den Eindruk Nie verliert. *H*⁴ *S. 38 f. (Vgl. 180,*
35—42.)
142,38 Nach diesem Berichte bis 143,8 für S. intressirten.»]

15 Da hier von einem gebohrnen Deutschen, der Nie in einer andern als
seiner Muttersprache schrieb, und diese schon durch so trefliche Werke
verherrlichet hatte, daß sie die Würdigung des Auslandes zur Folge hatten, die Rede ist, so muß unser Nationalstolz — wenn wir anders eines
solchen fähig sind — durch jedes Wort dieser Stelle auf das tiefeste ver-
20 wundet werden.

Nicht genug daß wir — Deutschland nemlich — alle Werke Schillers,
die er nach dem Jahre 1792 schrieb, und die bei weitem die bedeutendsten sind, der Anerkennung, der Unterstützung des Auslandes zu verdanken haben, so wird auch hierbei noch erwähnt, daß aus der nemlichen
25 Quelle auch Klopstok — den wir, als ein hochsittliches, höchst religiöses
Volk den heiligen Sänger nennen — die Mittel erhielt um seinen Messias
zu endigen. Und leider! ist das gesagte die nicht zu bezweifelnde, traurige Warheit! Wäre die Ueberzeugung nicht zu fest, daß alles hierüber
zu sagende oder zu klagende völlig Nutz- und Folgelos bleiben müßte,
30 so könnte keine Hand eines deutschen Mannes sich enthalten seine Feder
in die bitterste Galle zu tauchen, um seinen Sprachverwanten, ihre Lauheit, Langsamkeit, Kargheit, zu große Bedächtlichkeit; ihren wenigen
Eifer das Gute und Schöne durch die That zu unterstützen; ihre Knauserei
bei dem Geben für eine Sache die sich nicht mit Händen greifen läßt; die
35 keinen GeldVortheil, keinen Titel einträgt; ihren gänzlichen Mangel an
Begeisterung für das warhaft Große; ihre Krittelei, über jedes, auch das
größte Verdienst; ihr kleinliches Abschätzen über den Werth desselben,
wenn sein Kopf zu gros ist um in ihren kleinen Hut zu passen — — —
mit der größten Strenge vorzuhalten.
40 Und diß geschah in Sachsen, im Nördlichen Deutschland, allwo sich
— besonders damals — Berlin, Dresden, Leipzig, Weimar pp einer solchen Geistes Kultur rühmten, als wenn nur dort die Sonne des Genies

leuchten, und mitleidig ihre Strahlen auch dem Süden zukommen lassen könnte.

Der Verfasser dieses konnte diese, uns so tief unter Engländer oder Franzosen herabsetzende Stelle Nie lesen, ohne die größte Entrüstung darüber zu empfinden. Aus den Worten «aber ehe für diesen Zwek eine 5 Vereinigung zu Stande kam p» glaubte er schließen zu sollen, daß unter den Freunden und Verehrern des Dichters die Unterstützung gesucht worden seye, wo sie dann — der gewöhnlichen Langsamkeit halber — unmöglich zeitig genug geleistet werden konnte. Da Fälle ähnlicher Art schon mehrmale in Deutschland sich ereignet, aus denen wir uns nicht 10 sehr ehrenvoll gezogen haben, so suchte er bei verschiedenen Gelegenheiten, sich hierüber Gewisheit zu verschaffen. *H*⁴ *S. 49—51*

143,13 aufgefordert worden wäre.] *danach:*

Freilich läßt sich auch sehr Vieles zur Entschuldigung dieser, uns keinen Ruhm bringenden Versäumniß anführen, wobei nur die damalige Zer- 15 splitterung Deutschlands in so viele Theile, nebst dem offenbaren Straßenraube des Nachdruks, erwähnt zu werden braucht. Wäre der Wohnort Schiller's das große, jedes Talent achtende, belohnende Wien, oder, vielleicht auch Berlin gewesen, so würde fremde Hülfe nicht nöthig geworden seyn. *H*⁴ *S. 51 f.* 20

144,33 erlassen worden.] *danach:*

Es ist ein wirklicher Verlust, daß uns die Antwort Schiller's nicht auch bekannt geworden, und aus der nachfolgenden Erwiederung des Prinzen von Holstein nur so viel geschlossen werden kann, daß der Dichter den Willen äußerte die Persönliche Bekanntschaft seiner wahren Gönner zu 25 machen.

«Erlauben Sie, edler und verehrter Mann, daß ich Ihnen meine Freude über ihre Antwort und über die ausgegebene Hoffnung bezeuge, Sie hier in Dännemark zu besitzen. Ihr Betragen in dieser Angelegenheit ist ganz Ihrer würdig und vermehrt die Hochachtung, welche ich schon bisher für 30 Sie hegte. Nichts kommt jezt meiner Sehnsucht bei, Ihre persönliche Bekanntschaft zu machen, und ich sehe dem Augenblick mit verdoppelter Ungedult entgegen, in welchem ich Sie als Mitbürger meines Vaterlandes werde begrüßen können.» *H*⁴ *S. 53*

146,19 gehört werden könnte.] *danach:* Was unsern Dichter von der Aus- 35 führung dieses schönen Vorsatzes abhielt, ist schwer zu bestimmen. Daß Meinungen dagegen Ursache seyn konnten, läßt sich aus dem Schlusse seines Briefes an Körner vermuthen (S. p. 49)

«aber ich glaube, daß man bei solchen Anlässen nicht indolent und unthätig bleiben darf. — — — ⸺ — — — — — — — — — — — 40 Es gibt Zeiten, wo man öffentlich sprechen muß, weil Empfänglichkeit

dafür da ist, und, eine solche Zeit scheint mir die jezige zu seyn.»
H⁴ S. 57 f.

154,13 an Schiller mit] danach: und lud ihn ein, nach Wien zu kommen.
H⁴ S. 77

5 *155,30 erhalten]* danach: denn die ausserordentliche Thätigkeit der man
sich in einer großen Stadt hingeben muß, um einige Bedeutung in seinem
Fache zu erlangen, ließ mich Nie zu der Ausführung des ernstlichen Vorsatzes kommen, Schiller'n noch einmal zu sehen. *H³ S. 135*

155,38 Eine Zeit bis *156,4 bestehen wird.]* Es wäre ohne Nutzen und auch
10 nicht am gehörigen Orte, wenn diejenigen Werke die zu dieser Zeit von
ihm hervorgebracht wurden mit Nahmen aufgeführt würden. Nur eines
davon soll hier erwähnt werden, der Spatziergang, weil es eines der
größten Meisterwerke ist, und den deutlichsten Beweis liefert, wie warhaft dichterisch, wie belebend, er die Gegenstände, auf die wir um so
15 weniger achten, weil sie uns täglich umgeben, zu schildern vermochte.
Welche Warheit, welche reine, himmlische Gesinnung herrscht in dieser
Sprache. Wie edel, wie fromm vertrauend ist am Schluße, der Anruf an
die Natur!

Beneidenswerthe Gabe, die kostbarsten Gedanken, die herrlichsten
20 Empfindungen in tausenden von Herzen aufregen, im Guten befestigen,
sie mit der Welt zufrieden und dem Gesetz gehorsam machen zu können.
H⁴ S. 76

156,9 f. Gemüth war.] danach: Auch wird es wenigen Menschen so warhaft Ernst seyn, schon ihre Gedanken, ihre Empfindungen so zu bilden,
25 daß nur das Beste, das Vortreflichste aus ihnen hervor gehen kann.
Schiller hatte sich sehr früh die wichtige Regel aus Sulzers Werk gemerkt:
«Willst du schön schreiben, so mußt du dich gewöhnen schon so zu denken, daß dir die Schönheit der Sprache, so wie der Darstellung ganz natürlich wird.»
30 Schiller war so sehr von der Wichtigkeit dieser Regel überzeugt, daß er
sie als eine unerläßliche Bedingung für jeden Schriftsteller, Dichter oder
Künstler hielt. *H⁴ S. 79 f.*

156,15 bekannt machten.] danach: Die Briefe Herder's an ihn, in diesem
Zeitpuncte, sind äusserst anziehend, und lassen es sehr bedauern, daß
35 zwei, auch im Innern so vortrefliche Männer, später durch bloße Meinungen sich einander fremd werden konnten.

Ganz besonders wichtig für den Leser, sind aber die Briefe des Coadjutor Dalberg an unseren Dichter, indem sie ihn auf seiner schönen Bahn
schon dadurch ermuntern mußten, daß sie dieselben Ansichten, dieselben
40 Gefühle aussprechen. Oft mochte Schiller dabei an den Unterschied des
Dalbergs denken, den er früher kennen lernte, gegen denjenigen Dalberg
der zehen Jahre später sein wahrer und hülfreicher Freund wurde.

16*

Schon seit 1787 als Dom Karlos geendigt wurde, erschien kein dramatisches Werk mehr von ihm, woran seine ganz neue Art von Studien,
besonders aber die Kantische Philosophie, und die Zweifelsucht, die
scharfe Kritik die dadurch in ihm erregt wurden, die Ursache seyn mochten.

Nun aber, nach einer beinahe zehenjährigen Ruhe entschied er sich 5
für die Bearbeitung des Wallenstein, dessen entscheidendes auftreten
während des dreißigjährigen Krieges, und tragisches Ende, wovon die
wahren Beweggründe noch bis heute zweifelhaft geblieben sind, den Gedanken, ihn auf das Theater zu bringen, sehr oft bei ihm anregen mochten.
H⁴ S. 80 f. 10

158,13 verursachten] *danach:* Ob eine solche Geißel bei deutschen Literatoren, deren jeder sich in eine Welt von Unfehlbarkeit eingehüllt glaubt,
eine bessernde Wirkung, ein cognosce te ipsum hervorzubringen geeignet
seyn konnte, läßt sich um so weniger glauben, da jeder nur dasjenige für
recht und gut hält, zu was ihm die Natur die Anlage verliehen, und die 15
Anerkennung von etwas besserem, fast die Fähigkeit voraussezt, auch
dieses bessere, wenigstens annähernd leisten zu können. Aber wie wenige
Schriftsteller oder Künstler sind in lezterem Falle! Warheit beleidigt immer, besonders aber den Deutschen alsdann, wenn er solche gedrukt liest,
weil er glaubt, dadurch vor den Augen aller Welt verachtet zu seyn. Wir 20
haben auch nicht die Fähigkeit, Warheit mit einer so schonenden Art zu
sagen, daß sie nicht verlezt, sondern dem, den sie treffen soll, ein Mittel
zur Besserung werden könne. Die meisten Aeusserungen dieser Art, scheinen nicht mit einer vorsichtig geschnittenen Feder, sondern eher mit einem,
ungespizten Holze geschrieben zu seyn, daher auch, die Einschränkung 25
der Preßfreiheit, die freilich an manchen Orten zu weit gehen mag, weit
weniger den Regierungen, als der ungemäßigten, zu derben Sprache der
Schriftsteller beigemessen werden muß.

Es ist merkwürdig was hierüber ein Mann sagt, der es in den ersten
Jahrgängen seiner Monatsschriften erlaubte, daß nicht nur die härtesten 30
Urtheile, sondern warhaft pöbelhafte, Persönliche Beleidigungen, die man
nur in einer von rohen Burschen besetzten BierKneipe erwarten sollte,
aufgenommen wurden, und der endlich doch auf folgendes zurükkam.

————————————————————————————

«Man hat sich ferner gefragt, wie es kam, daß in Frankreich und Eng- 35
land so tüchtige Rezensionen, Berichte, vorzüglich auch wieder von tüchtigen Werken erscheinen; warum in den kritischen Blättern ein so feiner
und gebildeter Ton herrscht, daß, wenn auch die Menschen sich mit Tadel
überhäufen, es doch kaum der in die Sache nicht eingeweihte Leser bemerkt: Warum dagegen in Deutschland nur die leichten Bücher verzeich- 40
net werden, und wenn es an die tüchtigen komt, diese entweder mit Galle

überschüttet, oder mit einer Härte behandelt werden, welche gerade demjenigen am meisten auffällt, der in die Sache nicht eingeweiht ist.

Dieser Unterschied muß seinen Grund in den verschiedenen Lagen der Gelehrten der verschiedenen Völker haben. In Frankreich wohnen die meisten Gelehrten in Paris beisammen, oder es gibt wohl keinen in ganz Frankreich zerstreut, der nicht in seinem Leben einigemal nach Paris käme, um sich daselbst einige Zeit aufzuhalten. In England hat dasselbe Statt in Beziehung auf London. Man wird nun glauben, diese Gelehrten müßten, durch ihre allseitige persönliche Bekanntschaft die besten Freunde werden. Diß ist zwar oft, aber keineswegs in der Mehrzahl der Fall. Wenn man aber alle 8 Tage sich in der Akademie sieht und spricht, so lernt man entweder sich schätzen oder sich scheuen, und auf jeden Fall den Anstand beobachten. So wenig man einem Menschen, ohne vorhergegangene Beleidigung, Grobheiten ins Gesicht sagen kann, so wenig kann man einen in harten Ausdrüken kritisieren, wenn man von ihm ist mit Höflichkeit behandelt worden, wenn man mit ihm beym frölichen Mahle gesessen und ein Glas Wein angestoßen hat. Kann man seine Arbeiten auch nicht loben, so wird man doch im Tadeln die mildesten Ausdrüke wählen, und auf keinen Fall ihn anders behandeln, als man von ihm persönlich behandelt worden ist.

Da die pariser Gelehrten sehr oft Berichte ablesen müssen, d e r e n V e r f a s s e r gegenwärtig sind, so zwingt sie nothwendigerweise der gesellschaftliche Ton so zu reden, wie es sich in anständiger Gesellschaft schikt. Sie üben sich daher im Aufsuchen höflicher Ausdrüke, unter denen harter Tadel verborgen liegt; und diese Uebung wird endlich bei ihnen so zur Gewonheit, daß sie auch in andern Rezensionen, und von nicht gesehenen Schriftstellern dieselbe Art und Weise beibehalten.»

Daß diese treffenden, wahren, richtigen Bemerkungen jemals von deutschen Schriftstellern oder Kunstrichtern befolgt werden sollen, ist schon darum zu bezweifeln, weil den meisten die Fehler der ersten Erziehung noch ankleben; weil ihnen die Gesellschaft der höheren Stände fast unzugänglich ist und besonders weil es sich der Deutsche als Tugend auslegt, gerade, offen, derb, ja oft grob zu seyn, welches dann mit dem Nahmen Biederkeit belegt wird. So lange wir uns nicht angewöhnen können in unsern öffentlichen Urtheilen jeder Art, in unsern ausgesprochenen Meinungen den feinen, schonenden Ton, der gebildeten Weltleute einzuführen, so lange kann auch an keine völlige Preßfreiheit gedacht werden; ja sie müßte, wenn sie statt finden sollte, wie schon an einigen Orten geschehen, nur solche Erwiederungen herbeiführen, die mit der Faust oder dem Stoke gegeben werden.

Wenn es zu wünschen wäre daß die Herausgabe der Xenien von Goethe und Schiller hätte unterbleiben sollen, so darf man leztern schon um der minderen Jahre willen entschuldigen, und versichert seyn, daß, hätte er 5 sich vorstellen können wie tief mancher verlezt würde, er seine Einfälle verschlossen oder zernichtet hätte. Körner erklärt die Veranlassung dazu folgendermaaßen.

«An G o e t h e s Seite begann für Schiller'n eine neue und schönere Jugend: Hohe Begeisterung für alles Treffliche, lebendiger Haß gegen 10 falschen Geschmak überhaupt, und gegen jede Beschränkung der Wissenschaft und Kunst, berauschender Uebermuth im Gefühle einer vorher kaum geahnten Kraft, war damals bei ihm die herrschende Stimmung.

— —

Ferner: — — — — — — — — — — — — — — — — — — — 15
Schiller war allerdings damals gereitzt, nicht durch Bemerkungen über die Mängel seiner Producte — — — — — — — — — — — — — — — sondern weil ihn die Kälte und Geringschätzung erbitterte, womit ein Unternehmen, wofür er sich begeistert fühlte, von mehreren Seiten aufgenommen wurde. Dieß war der Fall bei den Horen. Im Vertrauen auf den 20 Beistand der ersten Schriftsteller der Nation, hatte er auf eine große Wirkung gerechnet, und traf dagegen sehr oft auf Mangel an Empfänglichkeit und kleinliche Ansichten. Es konnte ihm dann wohl in einer Aufwallung der Indignation auch etwas Menschliches begegnen, aber der eigentliche Geist, in dem die Xenien geschrieben sind, spricht sich für den unbefange- 25 nen Leser im Ganzen deutlich genug aus.» *H⁴ S. 81—86*

161,36 im Mai 1797 bezog.] *danach:* [Der Engländer Pope, konnte sich für eine Uebersetzung des Homer, ein kleines Landgut verschaffen, und der deutsche Dichter, der schon in früher Jugend die Herzen seiner Sprachverwandten eroberte, erwarb durch eigene Geisteswerke, nach 15 vollen 30 Jahren, ein Eigenthum von nicht größerem Werthe, als auch mittelmäßige Handwerker kleiner Städte in der halben Zeit sich verschaffen können.] *H⁵ S. 50*

Hier erhielt Wallenstein seine Vollendung, wodurch die errungene Meisterschaft seines Schöpfers für alle kommende Zeiten beurkundet und 35 ihm selbst das Vergnügen zu Theil wurde, das neuerbaute Theater in Weimar mit Wallensteins Lager, eröfnet zu sehen. Der damalige Kronprintz jezt König von Baiern, ehrte sich selbst dadurch, daß er Schiller'n in seinem Garten einen Besuch abstattete, und dadurch die Geistes Verwandheit mit dem Dichter schon damals bezeugte. Wenn Gedichte die 40 Frucht schon verflossener oder noch zu geschehender Thaten sind, dann

erst erhalten sie auf einem so hohen Standpuncte den unsterblichen Werth.
H⁴ S. 89 f.

162,30 ausspricht.] *danach:*

In dem politischen Trauerspiele Wallenstein hatte der Dichter seine
5 Kräfte auf die härteste Probe gestellt, die er nur darum bestehen konnte,
weil sein reiches Gemüth, auch dem trokensten, geringfügigsten Gegenstande etwas anziehendes zu geben wußte, was den Leser oder Zuschauer
zur höchsten Theilnahme hinreißt. Nun, nachdem diese schwerste Aufgabe
glüklich gelößt war, konnte ihm kein Gegenstand zur dramatischen Be-
10 handlung große Schwierigkeiten verursachen. Er selbst mußte, besonders
bei der guten theatralischen Ausführung in Weimar lebhaft fühlen, wie
richtig der edle Coadjutor Dalberg es erkannt, daß seine eigentliche Bestimmung nur für das Drama seyn könne. Um die Anschauung Theatralischer Vorstellungen nach Bequemlichkeit zu haben, zog er sich im Jahr
15 1800 gänzlich nach Weimar, wo er ausser dem Umgang mit Goethe und
Wieland auch noch die feinste Erheiterung seines Geistes, durch den regierenden Herzog, seine Gemahlin, der Herzogin Amalia, nebst der Tochter
des Herzogs, der Prinzessin Karoline, finden mußte.

Welchen Einfluß eine solche Umgebung auf einen Dichter haben mußte,
20 der schon von Natur aus, nur für das höchste, schönste, richtigste Gefühl
hatte und es in seine Sprache verwob, diß zeigen seine nachfolgende Werke,
die alle den Stempel der höchsten Vollkommenheit tragen.

Wie aber das beste, das glüklichste nur Einmal sich findet; wie selten
so viele Umstände zusammentreffen, daß Männer wie Goethe, Herder,
25 Schiller, Wieland, von einem geistreichen Fürsten zutraulich behandelt,
und von dessen Familie als die schäzbarsten Freunde in ihre Gesellschaft
gezogen werden, so war es auch hier.

Jahrhunderte können vergehen, bis wieder ein ähnlicher Fürstlicher
Kreis sich findet, der die Blüthen des Geistes gehörig zu achten weis, oder
30 deutsche Schriftsteller und Dichter so viele gesellschaftliche Bildung haben,
um dann und wann vergessen zu können, daß sie nicht auf dem Lehrstuhl,
oder an ihrem Schreibtische sich befinden.

Von jezt an widmete Schiller seine Kräfte ausschließend dem Theater,
und zwar nicht nur im erschaffen eigener, neuer Stüke, sondern auch im
35 umändern oder übersetzen anderer. Der häufige Umgang mit gebildeten
Schauspielern, die vielen Beobachtungen die er bei theatralischen Vorstellungen machen konnte, und, da sein Geist nur mit ähnlichen Gegenständen beschäftiget war, nothwendiger weise auch machen m u ß t e , hatte
seine Einsichten über dasjenige was sich von dem Idealen in das Leben
40 übertragen und auf der Bühne mit Wirkung vorstellen läßt, so sehr ge-
schärft, daß er darüber nicht mehr im Zweifel bleiben konnte. *H⁴ S. 90—92*

163,7 nehmen.] *danach:* Aber enthalten diese Aeußerungen nicht auch eine
Art von Selbstanklage, daß unser Dichter anstatt seinen eigentlichen wahren Beruf zu verfolgen, seine Zeit mit philosophischen Speculationen vergeudet, denen wir zwar allerdings einige sehr vortrefliche Abhandlungen
zu verdanken haben, deren Werth aber dennoch uns für ein Drama, wie   5
er es zu liefern im Stande war, unmöglich entschädigen kann. *H⁴ S. 93*
163,33 erscheinen] *danach:* welches seiner Vortreflichkeit unerachtet, und
obgleich der Dichter, wollte er nicht zu sehr in das Weinerliche herabsin-
ken, keinen andern Plan befolgen konnte, dennoch von Wieland und Herder im vertrauten Gespräche, sehr hart getadelt wurde. *H⁴ S. 94*   10
165,7 nachzudenken.] *danach:* [Sein Abschied von diesen edlen Freunden
mußte ihm um so schmerzlicher seyn, jemehr er als Arzt wahrnehmen
konnte, daß seine Gesundheit unwiederbringlich verlohren und eine ähnliche Reise künftig unmöglich seye.] *H⁵ S. 57*
167,15 sehr erleichterte.] *danach:* Der Verfasser hat absichtlich bisher von   15
dem schönen Verhältnisse in welchem der Herzog gegen Schiller bis an
dessen Ende blieb, nichts erwähnt, indem er nicht gerne Vermuthungen
oder bloße Gerüchte anführen wollte. Nun sind ihm aber zwei Zeugnisse
des edlen Fürsten selbst zur Hand gekommen, die um so schätzbarer sind,
jemehr sie unter die größten Seltenheiten gezählt werden dürfen.   20
  Körner führt hierüber (p. 70) folgendes an.
  «— Späterhin wurde Weimar sein (Schiller's) beständiger Aufenthalt.
Von dem regierenden H e r z o g e wurde er bei dieser Gelegenheit auf
eine sehr edle Art unterstützt, so wie ihn überhaupt dieser Fürst bei jedem
Anlasse durch die deutlichsten Beweise seines Wohlwollens erfreute. Ihm   25
verdankte Schiller im Jahr 1795, als er einen Ruf zu einer Professor's
Stelle nach Tübingen erhielt, die Zusicherung einer Verdopplung seines
Gehalts, auf den Fall, daß er durch Krankheit an schriftstellerischen Arbeiten verhindert würde, nachher im Jahr 1799 eine fernere Zulage, und
zu letzt im Jahr 1804, wegen bedeutender Anerbiethungen, die Schiller'n   30
von Berlin aus gemacht wurden, eine Vermehrung seiner Besoldung. pp»
H⁴ S. 100 f.
170,17 überfloß.] *danach:*
  Wäre dieser beklagenswerthe Verlust nicht in eine Zeit gefallen, wo der
Krieg mit Oestreich eben beendigt, halb Deutschland noch mit Franzosen   35
bedekt war, und sich ohne SeherKünste, der Krieg von 1806 voraussehen
ließ, so darf man wohl vermuthen, daß der Vorschlag B e k e r ' s, auf
allen bedeutenden Bühnen Deutschlands eine TodtenFeyer für den verewigten zu veranstalten, und den gesamten Ertrag zum Ankauf eines Land-
gutes, zu verwenden, das, unter dem Nahmen S c h i l l e r ' s R u h e, als   40
ein unveräußerliches Eigenthum bey seiner Familie bleiben solle, zur Ausführung gekommen wäre, und es ist wohl gewis, daß wenn die Einnahmen

der Theater nicht ergiebig genug zu diesem Zweke ausgefallen wären, das fehlende von seinen zahlreichen Freunden und Verehrern, eine eingreifende, verständige Einleitung vorausgesezt, ergänzt worden seyn würde.

Diese traurige, düstere Zeit war auch für W i e n die Ursache, daß seine Todtenfeyer, erst den 17ten Dec. 1808 veranstaltet wurde, bey welcher zuerst die Uebersetzung der Phædra, und nachher eine Zusammenstellung von Scenen aus seinen Stüken folgte, bey welchen die Einleitung so wie die Verbindungen, aus lauter Stellen seiner Schriften und Gedichte zusammen gesezt waren. Aber bey dieser Arbeit, die unstreitig sehr wohl gemeint, und mit welcher eine ausserordentliche Wirkung beabsichtigt war, bestätigte sich aufs Neue, unsere angebohrne Neigung blos auf das Mitleid, auf das Erbarmen, auf den Schauder zu wirken. Denn die Empfindung wurde auf eine höchst wiederliche Art gereizt, als man die HauptPersonen der Schiller'schen Stüke zusammen gestellt sah, wo man sich Wallenstein ermordet, Ferdinand vergiftet, Maria Stuart ohne Kopf, Carl Moor auf dem Rade pp denken mußte; damit aber nichts fehlte um den nassen Jammer recht gros zu machen, wurde, anstatt eine Büste die Schiller'n lebend, in seiner Kraft darstellte, zu gebrauchen, ein Abgus von ihm gebraucht, der über sein Gesicht nach seinem Hinscheiden von ihm gemacht worden, und von allen mit einer Guirlande umschlungen. Wir wissen alle sehr gut, daß unsere Dauer beschränkt ist, und können es schon darum unmöglich vergessen, weil wir so häufig daran erinnert werden. Aber in einer öffentlichen Darstellung, die nur das Schöne, Große, Erhabene des Dichters uns recht anschaulich hätte machen sollen, war die Erscheinung des Grausenerregenden, widerlichen, gewis nicht an seinem Platze, und derjenige hatte vollkommen Recht, der von uns sagte:

So gar in die V e r w e s u n g brachte der Geist noch L e b e n
und dieß t r a u r i g G e s c h l e c h t, bringt in das L e b e n den T o d.

Daß ich es nicht versäumt, dieser Feyer beyzuwohnen läßt sich leicht denken. Um mir zwey Plätze zu sichern begehrte ich bey der Theater Kasse eine Loge, mußte mich aber mit der Antwort begnügen, daß keine mehr zu haben seye. Rechts und links neben mir, sahe ich gesperrte Sitze um den gewöhnlichen Preis verabfolgen, was mir so wehe that, daß ich die fünfzig Gulden so ich für eine Loge geben wollte, für z w e y g e s p e r r t e S i t z e hingab. Diß machte den Kaßier so wie die Leute stutzen, und ich hatte die Genugthuung, (Sonst konnte ich ja Nichts thun) daß weiter kein Sitz mehr anders als um 5 f hergegeben, und daß dadurch die Einnahme, auf die ungewöhnliche Höhe, von 6297 f in Bco. Zettel, oder 1935 Thalern im 20 f Fuß gesteigert wurde. In der Hoffnung, daß wirklich in Deutschland so viel zusammen gebracht werden könne, um der Familie Schiller's einen dauernden, Sorgenfreyen Aufenthalt zu verschaffen, konnte jedermann beruhigt seyn, durfte man noch als gewiß annehmen, daß die Reste des verewigten auf eine würdige Art und so aufgehoben worden, damit jeder Deutsche davor hin treten, und wenigstens der Asche noch seine Verehrung bezeugen könne, so blieb für die Mitlebenden nichts mehr zu wünschen.

Leider! wird man am Schlusse die Ueberzeugung erhalten, daß keine der gehegten Erwartungen erfüllt wurde, und daß der Zwek dieser kleinen 5 Schrift kein anderer ist, als zu mindesten Eine derselben auszuführen. *H³ S. 136—139*

Sollte dem Verfasser dieser Nachrichten der Plan gelingen, durch die Stiftung eines namhaften dramatischen Preises, dem größten deutschen Dichter ein Denkmal, für seine Nation eben so nützlich, als für ihn ehren- 10 voll, zu stiften, so würde er mit einem Vergnügen, größer als er je in seinem Leben eines empfunden, seinem Vaterlande Abbitte leisten und eingestehen, daß es, in dieser Rüksicht jezt um vieles besser stehe als ehmals. Ohne Zweifel ist jeder Leser zu der Frage berechtiget, woher es komme daß diese Nachrichten über Schiller erst 28 Jahre nach seinem Tode und nicht früher 15 mitgetheilt worden, wo sie doch weit mehr Theilnahme erwekt, in den erschienenen Lebensbeschreibungen eine bedeutende Lücke ausgefüllt, und für den Helden noch größere Achtung für seine Ausdauer im Unglück, er- wekt hätten. Hierauf diese folgende wahre, aufrichtige Antwort.

Der Verfasser, das Wenige was er weiß und vermag, nur dem Fleiße ver- 20 dankend, mit dem er, die ihm von der Natur verliehene Gaben auszubilden suchte, w a r   v i e l   z u   s t o l z , um dem, von jeder deutschen Zunge nur mit Liebe und Ehrfurcht ausgesprochenen, durch ausserordentliche Talente und eiserne Beharrlichkeit berühmt gewordenen Nahmen, auch den seinigen anzuhängen. Zufrieden mit dem Gedanken so glüklich gewesen zu seyn, 25 den Dichter in den wichtigsten Jahren des JünglingsAlter gekannt und ihm als Freund einige Dienste geleistet zu haben, überließ er es seinen schreib- seligen Zeitgenossen Nachrichten über ihn und seine Jugendverhältnisse zu verbreiten, die eben so lächerlich als verächtlich waren, indem die meisten kaum den Schatten von irgendeiner Warheit enthielten. Sind doch die mei- 30 sten Lebensbeschreibungen, wenn sie nicht von Augenzeugen verfaßt, oder die Thatsachen nicht von der Hauptperson selbst angegeben sind, nichts anders als romanhafte Erzählungen, zum Nutzen der Verfasser und dem Zeitvertreib der Leser aufgesetzt. Aus dieser Gleichgültigkeit wekte den Freund aber im Jahr 1820 eine Nachricht, die sich in der Allgemeinen Zei- 35 tung befand, folgenden Innhalts. «Bei meiner Anwesenheit in Weimar suchte ich Vieles, was ich nicht fand. Sogar das Grab Schiller's, konnte man mir nicht nachweisen.» Darüber eben so erstaunt als im innersten empört, wurde sogleich nach Weimar geschrieben, um zu erfahren ob hier ein Irr- thum vorwalte oder ob in der That eine so unverzeihliche Nachläßigkeit 40 habe statt finden können?

Die sehr bald darüber eingegangene Nachrichten besagten im wesentlichen folgendes.

Weimar 17ten Febr. 1820.

Zur Ergänzung und Berichtigung der an Ewr p in meinem lezten Briefe — ich glaube am 7ten Febr — mitgetheilten Nachrichten, eile ich folgendes nachzutragen.

«H e r d e r ruht nicht auf dem Jacobskirchhofe, sondern vermöge eines besonderen Vorrechts der hiesigen Generalsuperintendenten, in hiesiger Stadtkirche. Unser verehrter Grosherzog hat so eben zur Bedekung der Gruft eine eiserne Platte zu Berlin giessen lassen. Aber auch S c h i l l e r ' s Ueberreste sind in dem Landschaftskassengewölbe nur vorläufig beigesetzt worden. Es war früher im Werke, daß aus den zu Stiftung eines Monumentes eingegangenen baaren Beiträgen und andern Mitteln, ein Rittergut oder eine sonstige Besitzung für die Erben acquirirt, die Besitzung S c h i l l e r ' s R u h e genannt und der Leichnam dort zur Ruhe gebracht werden solle. Wie sich daher gleich anfänglich die Wittwe noch ein Dispositions Recht über denselben vorbehalten, so scheint der Plan noch gegenwärtig keineswegs aufgegeben zu seyn. Vor kurzem erst, und namentlich als die eiserne Platte für Herder bestellt wurde, war die Idee entstanden, beiden großen Männern auf einem neu angelegten Begräbnisplatz eine eigene Gruft, ein schönes Monument herstellen zu lassen. Die Herderschen Verwandten wünschten eine Veränderung der Ruhestätte nicht, und die Wittwe von Schiller soll geäußert haben, daß sie, je nachdem einer ihrer beiden Söhne eine angemessene Anstellung gefunden haben werde, sie nicht abgeneigt seye sich mit den Ihrigen zu ihm zu wenden, und jedenfalls sich die Disposition über die Reste des Verewigten sich noch anderweit vorbehalte. Und zu dieser b e f r e m d e n d e n Aeusserung muß ich Ihnen, wiewohl nur vertraulich, noch einen kleinen Commentar liefern.»

Da in diesem Commentar von noch lebenden die Rede ist, so bleibe er hiemit übergangen, und es werde nur der Hauptinnhalt desselben damit angezeigt, «die Weigerung der Frau von Schiller sei wohl daher entstanden, weil einer ihrer Söhne, nach zurükgelegten Universitätsjahren n i c h t a l s o g l e i c h in Weimarischen Diensten aufgenommen worden.»

Indessen ließ man sich durch diese Weigerung wenigstens davon nicht abhalten, Schiller'n ein anständiges Monument in Weimar errichten, und dazu die meisterhafte Büste des Dichters von Danneker ankaufen zu wollen. Die zwei ersten Abtheilungen dieses Werkchens sollten gedrukt und der Ertrag davon nicht blos zu einem würdigen Denkzeichen, sondern auch zu einem kostbaren Sarge verwendet werden um die Gebeine des verehrten Dichters seinen Verdiensten gemäs aufzubewahren. Eine der verehrungswürdigsten Frauen, noch merkwürdiger als wegen ihrem Reichthum, durch ihre Werthschätzung alles warhaft edlen und schönen, durch

ihren, sich unermüdet bewährenden Sinn für Wolthätigkeit, hatte sich erboten die Kosten eines gemauerten Grabmaales und eines passenden Sarges
allein zu übernehmen. Allein da es eine Sache war, an welcher Viele Antheil
zu nehmen den größten Eifer bezeugten, so wurde das grosmüthige Anerbieten mit aller Anerkennung abgelehnt. Diese Vorsätze verzogen sich bis   5
in das Jahr 1822, in welchem der Sohn des Verfassers eine Reise durch
Frankreich, England, Holland und Norddeutschland machte, dann über
Weimar und Prag nach Wien zurük kehrte. Er hatte den Auftrag den Ort
an welchem Schiller begraben lag, genau zu erforschen, das richtigste Maas
von seinem — wie man glaubte — mit einem Blech bezeichneten Sarge zu   10
nehmen, damit, ohne die Ruhe des Todten zu stören, ein größerer von dem
keine Zerstörung zu befürchten war, über den erstern angebracht werden
könnte. Die Nachrichten welche man früher über das Landschaftkassengewölbe, in welchem Schillers Sarg aufbewahrt blieb, erhalten hatte, waren
aber so verschieden von denen welche der sorgfältige Augenzeuge mit-   15
theilte, daß zu zweifeln war, ob, auch durch die sorgfältigste Nachfor-
schung die Asche des Dichters sich noch auffinden ließe. Denn dieses sogenannte Landschaftkassengewölbe, bestand aus einem Ueberbau durch dessen
Eingang man auf ebenem Boden zu einer Art Kellerthüre gelangte. Nach
Eröfnung dieser zeigte sich eine ausgemauerte Senkgrube, in welcher die   20
Särge derjenigen, welche sich in die Sterbkassengesellschaft eingekauft
hatten, über einander geschichtet lagen. Der Reisende versuchte es mit Hülfe
des Todtengräbers, der Schiller's Sarg als einen der untersten angab, diesen,
durch Hülfe einer Leiter an welcher er hinabstieg, ausfindig zu machen.
Allein diß war schon deshalb nicht möglich, weil die unteren Särge so   25
morsch waren, daß die geringste Bewegung an diesen befürchten ließ, von
den oberen erschlagen zu werden. Noch weitere Anzeigen bestätigten daß
es wol schwerlich gelingen dürfte Fr. v. Schiller, zu Genehmigung eines
andern Planes zu bewegen, als den sie selbst sich ausgedacht haben mochte.
Im Jahr 1825 als der neue Friedhof in Weimar, und die Grosherzogliche   30
Familien Gruft auf der schon von ferne ersichtlichen Anhöhe errichtet war,
ersahen die Freunde von Schiller und Goethe den Platz links und rechts
neben diesem schönen Gebäude, als den schiklichsten Ort, allwo beide neben
ihrem Freunde und Beschützer August ruhen könnten. Da Goethe auf dem
neuen Friedhofe für sich selbst den Platz zu einem Familien Begräbniß   35
erbeten hatte, so schien Fr. v. Schiller, auf Zureden des HE. Bürgermeister
Schwabe endlich einzuwilligen daß die Reste ihres Gatten an demselben
Orte beerdiget werden sollten, den, wie schon angeführt die Verehrer des
großen Mannes als den schiklichsten ausersehen hatten. Ehe sie aber noch
den Platz selbst in Augenschein nahm, machte sie eine Reise zu ihrem Sohn   40
nach Cölln, und starb im Jahr 1826 zu Bonn am Rhein, woselbst sie auch
beerdiget wurde.

Nach diesem Todesfall blieb nun dem wirklichen Begräbniß des Dichters kein Hinderniß mehr entgegen und indem man dieses auf dem neuen Friedhofe errichten wollte, brauchte es nicht wenig Mühe und Vorsicht, um die theuren Ueberreste unter den andern ausfindig zu machen. Daß der Schädel vom Rumpfe getrennt, und am 17ten Sept. 1826, d u r c h d e n e i g e n e n Sohn, Ernst von Schiller auf die Grosherzogl. Bibliothek getragen wurde, um daselbst aufgestellt zu bleiben; — daß später der König von Baiern bei seiner Anwesenheit in Weimar, das allgemeine Gefühl Deutschlands laut aussprach, und es dahin zu bringen vermochte die heilige Asche wieder zu vereinigen, — daß endlich von Sr. K. H. dem verstorbenen Grosherzog der Beschluß gefaßt wurde, den König der deutschen Dichter, neben sich in seiner Familiengruft der Nachwelt aufzubewahren, und daß dieses wirklich geschehen ist zur Genüge bekannt geworden. Aber auf welche Art die, nun jedes fühlende Herz befriedigende Aufbewahrung der sterblichen Reste des Dichters in die Grosherzogl. Familien Gruft bewerkstelliget wurde, davon, wohl darum weil sie so einfach und prunklos war, schweigen die öffentlichen Berichte. Da es dem Verfasser vergönnt worden ist, den Amtlichen Bericht hierüber bekannt zu machen, so kann er sich nicht versagen, den schallhaften Berichten wie ausgezeichnete Bürger in fremden Staaten zur Ruhe gebracht werden, die stille, rührende, anspruchslose Weise bekannt zu machen, mit welcher einer der herrlichsten, merkwürdigsten Männer Deutschlands an den Ort gebracht wurde, wo er nun für immer ruhen solle.

Actum.

Weimar, Sonntag, den 16. Dezember 1827.

Nachdem im September vorigen Jahres die Überreste des Hofrat Friedrich v. Schiller aus ihrer bisherigen Ruhestätte, dem Gotteskastengewölbe des Kirchhofs zu St. Jakob, auf Großherzogliche Bibliothek geschafft worden waren, um an bedeutenderer Stätte beigesetzt zu werden, wurden sie einstweilen in einen mit blauem Merino ausgepolsterten Interimssarg gelegt und, verschlossen, unter den Schutz Großherzoglicher Bibliothek gestellt, wo sie bis zum heutigen Tage verblieben.

Großherzogliche Hochlöbliche ‹Oberaufsicht p.› hatte im Laufe der Zeit gnädig zu befehlen geruht, daß ein ansehnlicher und dauerhafter Sarg, dessen Gestalt sich dem antiken Sarkophag näherte, nach der Zeichnung des Herrn Oberbaudirektor Coudray von dem Tischlermeister Fleischhauer gefertigt wurde, der, 7 Fuß lang, 2 Fuß 8 Zoll breit, 2 Fuß 2¹/₂ Zoll hoch, durch die sorgfältigste Ausarbeitung und Politur sich auszeichnete.

Hochdieselbe hatte ferner von der Königlichen Eisengießerei in Berlin in einzelnen, 4 Zoll hohen und ¹/₄ Zoll dicken Buchstaben das Wort SCHILLER kommen lassen, welches außen an eine der schmalen Seiten des Sarkophags, hinter welcher der Kopf zu liegen kommen sollte, befestiget wurde.

Das Innere des Sarkophags wurde vom Hoftapezierer Sprung gepolstert und mit dunkelrotem Battist-Musselin ausgeschlagen, auch eine Matratze mit gleichem Überzuge gemacht, um a u f die Überreste gelegt zu werden.

Der Hofschlosser Neuß fertigte sodann vier Schlösser mit Schließhaken und doppeltem Gewinde, welche an den langen Seiten des Sarkophags, je 5 zwei und zwei in zweckmäßiger Entfernung voneinander, eingelassen wurden.

Nachdem alles dieses geschehen, wurde der Prosektor Schröter von Jena anher beschieden, welcher in Gegenwart des Herrn Geheime Kammerrat und Kammerherrn v. Goethe, Herrn Oberbaudirektor Coudray, Herrn 10 Bibliothekar Dr. Riemer, des Unterzeichneten und des Bibliotheksdieners Römhild den 17. vorigen Monats die irdischen Überreste aus dem Interimssarge in die neue würdigere Behausung translozierte, zuerst den Kopf, sodann nach der Ordnung die übrigen Gebeine. Eine Stunde später, nachdem der Sarkophag verschlossen und den alle vier Schlösser öffnenden 15 Schlüssel der Herr Geheime Kammerrat v. Goethe an sich genommen hatte, fuhren Seine Exzellenz der Herr Staatsminister v. Goethe an, um das Äußere des Sarkophags in Augenschein zu nehmen, und geruheten Hochdero Beifall darüber auszusprechen.

So blieb diese kostbare Reliquie in der Ersten Abteilung des Bibliotheks- 20 archivs, deren Eingang an der Nordseite ist, ruhen, bis nach erfolgter Rückkehr des Herrn Canzlar v. Müller Unterzeichnetem von ‹Großherzoglicher Oberaufsicht p.› der gnädige Auftrag wurde, alles vorzubereiten, daß heute in der fünften Morgenstunde sie in die Fürstliche Gruft auf dem gegen Süden der Stadt gelegenen neuen Gottesacker abgeführt werden könnte. 25

Heute früh vor 5 Uhr versammelten sich in den beiden Expeditionszimmern Großherzoglicher Bibliothek, sämtlich in schwarzer Kleidung, Herr Geheime Kammerrat und Kammerherr v. Goethe, Herr Oberbaudirektor Coudray, Herr Hofsekretär Zwierlein (ein Freund der Schillerschen Familie, welcher deren hiesige Angelegenheiten besorgt), Herr Biblio- 30 thekar und Professor Dr. Riemer, Endesunterschriebener und der Bibliotheksdiener Römhild; ferner folgende für Großherzogliche Bibliothek arbeitende Meister und Bürger: Hofbuchbinder Müller, Tischlermeister Fleischhauer, Glasermeister Gloß, Töpfermeister Engelmann, Klemperermeister Spindler und Schlossermeister Neuß jun., welche mit Vergnügen 35 übernommen hatten, ihren großen Mitbürger auf seinem letzten Wege zu begleiten. Nachdem ihnen eine Erfrischung angeboten worden und die Träger angekommen waren, schickte man sich an, die teuren Überreste abzuführen.

Um den Sarkophag herum standen auf sechs schwarzen Kandelabern 40 eben so viele silberne zweiarmige Leuchter mit brennenden Wachskerzen; auf demselben lag ein frischer Lorbeerkranz. Feierlich-ernst erhoben ihn

nach kurzem Gebet die benannten Meister und trugen ihn längs der Bibliothek nach dem Park zu. Vom Eingange desselben durch die Ackerwand bis
auf den neuen Gottesacker wechselten sie, die bloß mit Laternen nebenher
zu gehen bestimmt waren, aus Verehrung für den großen Verblichenen mit
den Trägern ab, und so gelangte man zur neuen Ruhestätte.

In der Allee des Gottesackers angelangt, durchbrach plötzlich der Mond
die ihn verbergende, wolkenreiche Decke und warf mit voller Klarheit sein
beruhigendes Licht auf diese wehmütige Szene. Bedeutungsvoll sah man
hier den sinnigen Abschiedsgruß wiederholt, den jener uns verwandte Welt-
körper seinem Lieblinge (der im Leben, vielleicht nur zu viel, unter seinem
milden Auge gewirkt und geschaffen) herabsandte, als er vor zweiund-
zwanzig Jahren seiner ersten Ruhestätte übergeben wurde.

Mit dem Eintritt in die Fürstengruft, in welcher bereits Herr Canzlar
v. Müller, Herr Oberkonsistorialdirektor Peucer und Herr Generalsuper-
intendent Dr. Röhr anwesend waren, übernahm der von Seiner Königlichen Hoheit dem Großherzog dazu abgeordnete Herr Hofmarschall v.
Spiegel im Namen des Hofes die irdischen Überreste des Verewigten, und
somit endigten sich die Funktionen Großherzoglicher Bibliothek.

Zur Nachricht
Theodor Kräuter, Bibliothekssekretär.

So einfach und schmucklos dieser Bericht über den ganzen Vorgang auch
ist, so muß er dennoch in jedem, dessen Einbildungskraft sich dem stillen
Leichenzuge und der schauerlichen Beisetzung des Sarges anschließen kann,
eine tiefe Rührung hervorbringen. Während Ein und zwanzig Jahren
erhoben sich viele Stimmen über das unwürdige Begräbniß des Lieblings
jedes warm und wahr fühlenden Herzens; als endlich die Gebeine desselben aus der Grube, die sie bisher verschlossen gehalten, erlößt waren,
bedurfte es noch die Verwendung eines richtig fühlenden, mit einer Königs-
krone geschmückten Hauptes um das, was Nie hätte getrennt werden sollen,
vereinigt zu lassen. Auf den, bisher noch ohne Beispiel gerechtfertigten
Entschluß des Grosherzogs, daß die Gebeine des Sängers in der fürstl.
Gruft, neben seinem eigenen Sarge beigesetzt werden sollten, scheint die
Meinung Sr. Maj. des Königs von Baiern, keinen Einfluß gehabt zu haben.
Um so größer, das eigentlich Werthvolle des Lebens und Wirkens laut
anerkennend, war es von dem Grosherzog gedacht, hierinne der erste zu
seyn, und dem gemeinsamen Vaterlande, wenn auch im kleinsten Maasstabe,
ein Pantheon, eine Westminster Abtei verschafft zu haben. Nun darf jeder
wahre Dichter, jeder sein Zeitalter verherrlichende Künstler das Haupt,
was er, von den durch Rang und Reichthum begünstigten Ständen bisher
nur gebeugt trug, mit dem lebhaftesten Selbstgefühle erheben, da Seinesgleichen in demselben Raume ruhen, der sonst nur für die, in Purpur
gebornen, bestimmt war. Da es in Weimar nicht unbekannt bleiben konnte,

welche Mühe der Verf. dieses sich es kosten lassen, um Schiller'n eine würdigere Ruhestätte zu verschaffen, so ward dem Sohne desselben, bei dessen
Anwesenheit im Jahr 1828, das Glük zu Theil in die fürstliche Gruft geführt zu werden, um seinem Vater, nebst einem Blatte von dem, auf dem
Sarge liegenden Lorbeerkrantze, die Versicherung zu überbringen, daß in 5
dieser Hinsicht, auch der höchste Wunsch befriediget seye.

Da der Hauptzwek wegen welchem diese Schrift hätte erscheinen sollen,
auch ohne diese erfüllt war, so mußte der Druk derselben entweder gänzlich unterbleiben, oder man mußte suchen etwas anderes, was wenigstens
zur Ehre des Sängers ausfallen müßte, an dessen Stelle zu setzen. Der Ver- 10
fasser glaubte, statt einem sichtbaren Denkmale, den Jugendleiden Schillers ein dauerndes Gedächtniß dadurch zu erhalten, wenn er den Ertrag
dieser kleinen Schrift zu einer Stiftung bestimmte, vermöge welcher für
das beste dramatische Werk, was während zehen Jahren erschienen die
Zinsen des angelegten Kapitales, abgereicht würden. Die Reise seines Soh- 15
nes verschaffte ihm die Gelegenheit, die erste Abtheilung dieser Nachrichten, Herrn Ernst von Schiller, der ältesten Schwester des Dichters
Madame Reinwald in Meiningen, und einigen der competensten Beurtheiler hierüber in Weimar selbst, zum durchlesen zu geben, und ihre Meinung
darüber zu vernehmen. Der Beifall den sie nicht allein dem Zweke, son- 20
dern auch dem Innhalte der Schrift selbst, gaben, würde dem Verf. schon
ein hinreichender Grund gewesen seyn, mit der Sache hervorzutreten,
wennnicht Herr Ernst von Schiller ihm den Wunsch sehr dringend ausgesprochen hätte, für jezt noch, weil durch Cotta mit bedeutendem Aufwande, sowol das Preußische Privilegium, als auch alles was sich von dem 25
Dichter schriftlich vorfand an sich gebracht hatte, diese Bekanntmachung
zu unterlassen, indem den Erben ein bedeutender Schaden dadurch zugefügt werden könnte. Man konnte diese Furcht um so leichter durch ein
längeres Zuwarten beschwichtigen, je bleibender die Verdienste des unsterblichen Dichters um die Nachwelt sind, und je wichtiger dasjenige was 30
die ersten seiner Schriftsteller Jahre betrifft, immer bleiben muß. Eine
zweite Ursache kann diese Verzögerung rechtfertigen, indem — — die
Möglichkeit, daß die Zustandbringung einer Stiftung, die für immer den
Nahmen Schiller tragen solle, wirklich gelingen könnte, vorausgesetzt —
es dem, schon im hohen Greisen Alter sich befindenden Goethe, nicht an- 35
ders als schmerzlich hätte seyn müssen, wenn einem bisher gänzlich Unbekannten etwas glücken sollte, was, unternehmende Freunde in seiner
Vaterstadt, die ihm einen Ehrentempel in Frankfurt errichten wollten,
einiger, auf eine nicht würdige Art tadelnder Stimmen wegen, zaghafter
Weise aufgegeben hatten. Keine der beiden Rüksichten besteht jezt mehr. 40
Die Ausgabe aller Schillerschen Werke ist schon seit dem Verflusse mehrerer Jahre allgemein vorbereitet, das Privilegium gehörig benützt, und

Goethe befindet sich nun an dem Orte, wo ihn kein Neid mehr schaden, kein Tadel mehr kränken, und keine Anfeindung seiner Verdienste mehr beunruhigen kann.

Im Verlauf des voranstehenden hat sich der Verfasser mehrmalen er-
5 laubt, Schiller'n den größten Dichter Deutschlands zu nennen, und er besitzt so viel Muth beizufügen daß, seiner Ueberzeugung, wenn auch bei Einzelnen manches, bei keinem unter allen aber so vieles sich findet, was zu dem Nahmen eines warhaften Dichters berechtigen könnte, als dieses bei Schiller'n der Fall ist. Es ist schon sehr vieles darüber gesagt und
10 geschrieben worden, was denn das Wesen der Dichtkunst eigentlich seye; aber es ist mit so vieler Weitläufigkeit und, wie es auch nicht anders seyn konnte, mit so vielen Abschweifungen ausgeführt, daß der Leser am Ende irre wird, und das gelesene dennoch auf einen einfachen, unwandelbaren Gesichtspunct nicht vereinigen kann. Und doch sollte dieses nicht nur
15 hier, sondern auch in den, mit der Dichtkunst so innig verwandten Künsten, als der Musik, Malerei, Bildhauerei, ja selbst der Baukunst, um so eher auf das klarste, kürzeste und bestimmteste ausgesprochen werden, je mehr es den Künstler von selbst auf den richtigen Weg leiten, und die technischen oder Sprachmittel nur als Buchstaben, Sylben und Wörter, die zu
20 irgend einer Darstellung unumgänglich nothwendig sind, betrachten lassen muß. Wer unbefangen auf die Wirkungen achtet welche Poesie, Malerei, Musik, Bildhauerei, Deklamation, Schauspielkunst auf ihn hervorbringen, der wird sehr bald gewahr werden, daß die schönsten Verse ihn ungerührt lassen; daß die künstliche Zusammenstellung der Figuren und Farben
25 keinen Eindruk auf ihn machen; daß er an einer, als vorzüglich schön gepriesenen Statue vorbeigehen kann, ohne daß sie einen einzigen lebhaften Gedanken in ihm erweckt; daß viele Noten, viele Töne, wechselnde oder ineinander verschlungene Harmonieen eigentlich noch keine Musik ausmachen; daß der Declamator, mit allem Pathos seiner sich erhebenden
30 und fallenden Stimme, kein einziges Bild von dem was er spricht, dem Zuhörer vor die Seele zu bringen fähig ist; und daß auch dem besten Schauspieler nur selten solche Darstellungen gelingen, deren Ausdruk dem Gedächtniß für immer eingeprägt bleiben und von denen die Erinnerung dieselbe Empfindung wieder hervorruft. In allen diesen Künsten muß eine
35 Grundursache vorhanden seyn, welche auf den empfänglichen Sinn eine unfehlbare Wirkung durchaus nicht verfehlen kann, und der es allein beigemessen werden kann, warum das Vorhandenseyn dieses Etwas, den Gemüthern sich so einprägt, daß sie mit Begeisterung diese Wirkung auf sich; stets zu erneuern suchen. *Nachträge S. 16—28*

40 *170,33* milde.»] *danach:*

Es ist unter den Deutschen so gewöhnlich sich ihre Dichter, Künstler oder Gelehrte als arm zu denken, und es recht sehr zu bedauern, wenn dieser

17 Streicher

oder jene verdienstvolle Mann die Seinigen in Dürftigkeit und Mangel hinterläßt; daß es manchen befremden wird zu erfahren, daß glükliche Umstände und Verbindungen unsern Dichter vor einem so traurigen Schiksale bewahrt haben. Obwol seinerseits von Reichthum oder auch nur Wolhabenheit die Rede nicht seyn kann, so ist es doch schon tröstlich zu wissen, daß er wegen dem Schiksale seiner Kinder, sein Leben ruhig endigen konnte. Dieses hatte er aber nicht nur seinen eigenen großen Verdiensten, sondern besonders der Umsicht und dem Edelmuthe eines Mannes zu danken, der sich hierbei nicht nur als Jugendfreund und treuer Landsmann bewieß, sondern auch so grosherzig dachte, Geisteserzeugnisse zum Wohl und Besten einer ganzen Nation ersonnen, müßten wenigstens mit einem solchen Ehrensolde vergütet werden, daß über der geistigen Anstrengung doch auch der Körper erhalten werden könne. Es ist hier von Herrn Cotta die Rede, und es geschah nur aus inniger Hochachtung wenn ihm bei seiner lezten Anwesenheit in Wien der Verfasser dieses mündlich bezeugte «daß ihm allein nicht nur der verstorbene Dichter viele Erleichterung des Lebens, seine Familie ein sorgefreies Daseyn, sondern auch sämtliche Schriftsteller Deutschlands endlich eine Art von Rang in der Gesellschaft zu verdanken haben — daß ihm allein es beizumessen seye, wenn unter einem Volke, das gewöhnlich nur Gold und Titel hochachtet, gleichviel wie beide erworben wurden, nun auch solche Männer mehr als früher geachtet würden, deren Leben und wirken nur der Belehrung und Erhebung ihrer Zeitgenossen gewidmet seye.» Wer die früheren Verhältnisse des deutschen Buchhandels biß im Anfang des 19ten Jahrhunderts kennt, wird dieser Meinung vollkommen beipflichten.

Ueber die VermögensUmstände wie sie bei Schiller's Ableben waren, brachte der Verf. folgende Nachrichten aus sehr zuverläßiger Quelle in Erfahrung.

«Schiller hinterließ ein damals noch mit einer hypothecarischen Schuld behaftetes Wohnhaus, von ungefähr 5000 Thl. Werth und das, eben nicht bedeutende Mobiliar in demselben. Schiller's Schriften und literarischer Nachruhm, nicht der Familie allein, sondern dem ganzen deutschen Volke hinterlassen, machten auch F i n a n z i e l l den größten Theil seines Nachlasses aus. Von deutschen Theatern giengen baare Beiträge zur Stiftung eines Monumentes ein, die sich etwas über 8000 Thl. belaufen und unter denen sich auch 6297 f Bco.Zettel und 50 Ducaten, zusammen 1935 Thl. von Wien befunden haben. Dann zahlte Cotta 10,000, Sage: Zehntausend Thaler für das deutsche Theater. (Anmerkung: eigentlich nur für das Recht einer neuen Auflage, indem alle Stüke des Dichters, bis auf den unvollendeten Demetrius schon gedruckt waren. Für diesen, und den, nur aus einigen Planen bestehenden Nachlaß seiner Werke, so wie für die sehr kurze Lebensbeschreibung Schillers von Körner, zahlte diesem Herr Cotta

noch besonders Ein tausend Gulden. Warlich ein fürstliches Honorar, wie es früher wol noch nie gegeben worden.) So betrug im Jahr 1810 das Schillerische Vermögen zwischen 14 und 15 ⟨Tausend⟩ Thl., ausschlüssig noch ungefähr 4700 Rubel, die man (leider!) in Russischen Bankobliga-
5 tionen angelegt hatte, welche damals (1810) ²/₃ verlohren. Es sind nun auch nach Schiller's — bekanntlich im Jahr 1805 erfolgtem Ableben zwei neue Ausgaben seiner sämtlichen Werke (nächst einem Wiener Nachdrucke) erschienen, für welche der Verleger Cotta wohl ebenfalls bedeutende Summen an die Erben gezahlt haben mag, über deren Betrag ich Ihnen aber,
10 wenigstens für jetzt, durchaus keine nähere Nachricht geben kann. Demnächst bezieht die Wittwe außer einer (nun wahrscheinlich anderwärts übernommenen) Pension, die der vormalige Fürst Primas (von Dalberg) verwilliget hatte, noch Pensionen von des Grosherzogs K. H. und von Ihro Kaiserl. Hoh. der Frau Erbgrosherzogin. Diese, des Grosherzogs
15 allein beträgt 300 Thl. und die letztere mag wohl nicht weniger betragen pp.

Wenn man annimmt, daß Cotta nach dem Verhältniß, wie er das deutsche Theater honorirte, etwa 10,000 Thl. bei jeder Ausgabe der sämtlichen Werke bezalt habe, so möchte das Gesamtvermögen, auch wenn ein Theil
20 schon zugesetzt worden seyn sollte, immer bedeutend seyn. Das theilt sich aber unter 5 Erben, und man könnte doch nur sagen daß für den s t a n - d e s m ä ß i g e n Unterhalt g e s o r g t seye, aber mehr nicht, besonders nicht in Beziehung auf die beiden Fräulein, die ja nicht Fräulein bleiben, sondern Frauen werden sollen. Und hierbei bemerke ich Ihnen noch, daß
25 die ältere, Fräul. Luise, gar schön singt, und daß die jüngere Fräul. Emilie, ein (1820) sich nur erst entfaltendes, liebliches Sprößlein, die Väterlichen Gesichtszüge so treu, wie ihre Geschwister, aber auch so verjüngt und idealisirt darstellt, daß wir in ihr an einem der Maskenaufzüge bei Anwesenheit der Russischen Kaiserinnen keinen verkleideten sondern einen
30 leibhaften Engel zu sehen glaubten und Sie selbst Ihren Jugendfreund als Engel sich nicht anders vorstellen würden. ppp»

Wenn die Aufzählung der Vermögensumstände wie sie bei dem Absterben des Dichters und im Jahr 1820 waren, auch für manchen Leser gleichgültig seyn sollte, so ist dieses bei den heutigen Gelehrten, Künstlern
35 oder Dichtern schwerlich zu befürchten; am allerwenigsten aber bei denen, die sich noch aus früheren Jahren des beklagenswerthen Zustandes dieser so verehrungswerthen Klasse von Staatsbürgern erinnern.

War es Anhänglichkeit des Wirtembergers, war es die Freundschaft der Jugendjahre, oder war es der richtige Blik, der sehr bald zu unterscheiden
40 vermochte was bei der deutschen Nation bleibenden Werth haben mußte, was Cotta einen Ehrensold zu geben vermochte, der (der allgemeinen Sage nach) achtmal größer war, als derjenige, der für die drei ersten drama-

tischen Arbeiten Schiller's gegeben wurde; genug das seltene Beispiel des Verlegers hatte die glüklichsten Folgen für diesen selbst, so wie für den Dichter, der sich sein, durch so viele Leiden getrübtes Leben, damit erleichtern und die Seinigen ohne Sorgen zurük lassen konnte. Als im Jahr 1814 die rechtlichen Buchhändler sich vereinigten um bei dem Congreß in Wien, und später am Bundestag zu Frankfurt, um Sperrung der räuberischen Pressen baten; erhob sich endlich, nach Verfluß mehrerer Jahrhunderte die allgemeine Stimme so laut gegen die Frechheit mit welcher, am Sonnenlichte Schriftsteller und Verleger ungeahndet bestohlen wurden; daß endlich Preußen den Nachdruck, als ein «ehrloses Handwerk,» brandmarkte.

Konnte das Uebel auch nicht alsogleich in ganz Deutschland gemindert werden, und fanden sich (was aber nach 30 Jahren wol Niemand mehr begreifen wird) noch einige Stimmen die einen so heillosen Diebstahl zu rechtfertigen versuchten; so nähert sich doch endlich die Hoffnung dieses, nur zu lange geduldete Unheil, endlich von deutschem Boden gänzlich verschwinden zu sehen, und verschafft dem wahren, nützlichen Gelehrten oder Dichter den Trost, die vielen tausend Stunden angewendeter Mühe einigermaßen belohnt zu sehen, und außer einem ehrenvollen Ruhme noch etwas zu hinterlassen, womit sich seine Nachkommen ihres Nahmens mit Freude erinnern können. Diese Hoffnung, verbunden mit einem Privilegium, daß 20 Jahre lang, die Schillerschen Schriften in den Preußischen Staaten nicht gedruckt werden dürfen, machten es HE. Cotta möglich, Alles was der Dichter geschrieben, nebst dem Briefwechsel zwischen ihm und Goethe, in einer Sammlung herauszugeben, und dessen Erben eine Summe dafür zu entrichten, die, nach dem Ausspruche derer so es wissen können, außerordentlich groß ist. Eine genaue Angabe darüber, müßte die Hochachtung für HE. Cotta nur vergrößern, und die Anzahl derer die ihn anfeindeten, sehr verkleinern.

Ueber Schiller's häusliche Verhältnisse als Gatte als Vater, sind dem Verfasser dieses nur wenige solche Nachrichten zugekommen, daß er sie als warhaft verbürgen könnte. Wäre nicht schon aus dem obenangeführten, oder aus seinen Schriften zu schließen, daß er sehr edelmüthig und sanfter Gemüthsart war; so könnten die ganz unverholen an Goethe gerichteten Briefe, so wie die in der Schrift der Frau von Wolzogen aus Lauchstedt mitgetheilten an seine Frau, das beste Zeugniß ablegen, wie voll Güte und Liebe er gegen seine Familie war. Das Phlegma was an Frau von Schiller vielfach getadelt wurde, war für ihren Gatten, dessen zerrüttete Gesundheit und Unordnung im Schlafen und Wachen keine sehr genaue Führung der Haushaltung möglich machte, eine wahre Wolthat, die zwar dem Fremden nicht so erscheinen konnte, dem kränklichen Dichter aber das Leben sehr erleichterte. Von Frau von Wolzogen wären hierüber die meisten Nachrichten zu erwarten gewesen. Allein gerade da, im lezten

Abschnitt im Ausmalen seines ganzen Bildes, gänzlich hierüber, ungeachtet
sie alles schöne und vortrefliche, ohne Gefahr wiedersprochen zu werden,
hätte anführen können. *Nachträge S. 8—14*

171,29 übersäet waren.] *danach:*

5   Wuchs, GesichtsFarbe, Haare, Stirne, waren von seiner Mutter, der er
sehr ähnlich sahe, und auch er war ein Beweis der Bemerkung, daß alle
ausgezeichnete Männer, wenigstens den Kopfbau von der Mutter haben.
Aber Schiller hatte auch den Wuchs von ihr, so wie den Gang, der auch
der ganz ähnliche, von der ältesten Schwester war. *H³ S. 140*

10   *171,30* Das Gesicht zeigte ein schönes Oval.] *(1)* Da sein Gesicht länglicht
war, so verliefen sich die Wangen vom BakenKnochen an, gegen den
Mund, und waren etwas mager. *H¹ S. 1 f. (2)* Die Vorder Seite des ganzen
Gesichtes bildete ein gespiztes Oval, dessen breiterer Theil die Stirne war.
H³ S. 142

15   *171,34* zu liegen schienen.] *danach:*
Die Farbe der Haare, der Augenbrauen, des Bartes, war mehr röthlich
als blond, der Haarwuchs gewöhnlich. *H³ S. 141*
Der Bart war ziemlich stark, aber, da er es selbst verrichtete, nie rein
weggeschnitten. *H¹ S. 2*

20   Die Augenbrauen waren ziemlich stark, sehr schön bogenförmig gezeichnet, und liefen über der Nase beynahe zusammen. *H³ S. 141* Da sie
aber röthlich waren, nahm man sie fast gar nicht aus. Ausgenommen einmal, als ich sie ihm, so wie die Haare schwarz färbte, damit er unerkannt
ins Theater gehen könne. *H¹ S. 1*

25   *171,37* erkennen.] *danach:*
Wenn er über etwas lebhaft und munter sprach, so drükten sich die
Augenlieder sehr schnell und oft nacheinander zusammen; welches aber
bey ernsten, tiefen Sachen unterblieb. Bey dem Dichten war aber sein
Blik am schönsten und bedeutendsten. Die Augen waren dann suchend,

30   voll Feuer, meistens aufwärts gerichtet, und so voll wahren Ausdruk, daß
es nicht schwer zu errathen war, ob das, mit dem er sich eben jezt beschäftigte, von zärtlichem, tiefem, komischen oder erhabenem Innhalte
seye. *H³ S. 141*

172,17 anknüpfen zu wollen.] *danach:*

35   Seine Art sich zu kleiden, suchte er zwar immer nach der herrschenden
Mode einzurichten. Da ihm jedoch seine damaligen Einkünfte kaum das
nöthige, noch weniger aber einen Ueberfluß hierinne gestatteten, auch er
hierinne weder die gehörige Aufmerksamkeit noch Sorgfalt anwenden
konnte, so stand das Ganze Nie recht gut zusammen, und es gab immer

40   etwas zu bessern, zu zupfen und zurecht zu richten. Mit seiner Wäsche
war es dasselbe, oder vielmehr noch schlimmer, da es ihm unmöglich war,
darinne genaue Ordnung zu halten. Er schrieb hierüber selbst an den Prof.

H u b e r in Leipzig. „Es kostet mir weniger, eine ganze Verschwörung und Staats Aktion durchzuführen, als meine Wirthschaft, und Poesie, wissen Sie selbst, ist nirgends gefährlicher, als bey Oekonomischen Rechnungen. Meine Seele wird getheilt, ich stürze aus meinen Idealischen Welten, wenn mich ein zerrissener Strumpf an die wirkliche mahnt." 5

Da Schiller in Mannheim Nie bey einer Familie, sondern immer für sich wohnte, er auch immer in Geld Verlegenheit war, so konnte sein ganzes häusliches treiben, nichts andres als das seyn, was man eine Junggesellen Wirthschaft nennt. Der erste Blik in das Zimmer kündigte den Dichter an, der sich um die Dinge dieser Erde gar nicht bekümmert, son- 10 dern nur in seinen seeligen Schöpfungen und Träumen sich bewegt. Sogar Dinte und Federn waren so selten in der Ordnung, daß es mir seit jener Zeit an, zum Sprichwort geworden, eine dike Dinte, eine stumpfe Feder, Dichter SchreibZeug zu nennen. Alle Künstler oder Dichter, in deren Werken mehr Begeisterung als Verstand vorherrschend ist, sind in dem- 15 selben Falle. Der Verstand wirkt gleicher und dauernder, wohingegen die aufgeregte EinbildungsKraft nichts als ihren Gegenstand bemerkt, und nach dem hinwerfen der Ideen, auf alles übrige vergißt.

Den SchnupfTabak liebte und gebrauchte er sehr viel, ohne die viele Unannehmlichkeiten zu achten, welche für Wäsche, Kleidung oder für die 20 Gesellschaft von Frauenzimmern entstanden.

Seine Gesundheit war in Stuttgardt, so auch bis er in Mannheim als Theater Dichter angestellt wurde, sehr gut, und ich sah' ihn, ausser einigemal an ZahnSchmerzen, bis dahin Niemals leidend. Als er jedoch 1783 nach Mannheim zurük kehrte, so überfiel ihn das damals herrschende kalte 25 Fieber das er, ungeachtet des vielen Gebrauches der China Rinde in Wein, mehrere Monate nicht los werden konnte. Es war aber nicht nur die matte, abspannende, durch die Ausdünstung der FestungsGraben vergiftete Luft, die das Fieber unterhielt, sondern es war für ihn auch sehr schwer, wo nicht unmöglich eine anpassende Diät zu beobachten, indem 30 er, wie oben gesagt, nicht bey einer Familie wohnte, sondern sein Essen aus dem Wirthshause holen lassen mußte. Daß in diesem blos auf gesunde Kostgänger, aber schlechterdings nicht auf einen Einzelnen FieberKranken Rüksicht genommen werden konnte, läßt sich leicht schließen.

Ausser der unrechten Nahrung, liessen ihn aber auch seine Arbeiten 35 nicht zu Kräften gelangen. In der Zeit, als er sein Fieber hatte, mußte sein Fiesko für die Bühne eingerichtet werden, und obwohl er hiezu nur die Fieberfreyen Tage benützte, so hörten das Nachdenken, die innere Beschäftigung auch währendem Anfall nicht auf.

Ebenso hatte er schon in Stuttgardt, wo er den größten Theil des Tages, 40 seinen Lazareth Geschäften opfern mußte, die schädliche Gewonheit angenommen, bis tief in die Nacht zu arbeiten. Da er nur mit voller Begeiste-

rung, mit heißem Blute dichten konnte, so konnte er auch zu keinem
ruhigen Schlafe gelangen. Seine Augen, waren des Morgens ganz entzündet, und klebrig, was sich kaum während der TagesZeit verlohr. Diese
Angewöhnung behielt er auch während seinem Aufenthalte in Mannheim
bey, und sie mag in der Folge sehr viel zur Zerstörung seiner Lunge
beigetragen haben, obwol er damals, aus wirklichem Mangel, sich für die
Nacht, weder Kaffe, noch Rheinwein, noch irgend ein erhizendes oder
stärkendes Getränke verschaffen konnte. Von diesem Fieber, behielt er
lange Zeit eine schwache Verdauung, die ganz natürlich durch seine
Arbeiten, seinen unordentlichen Schlaf, so wie durch eine armselige,
schlecht zugerichtete Nahrung, unterhalten wurde.

Der Plage des Fiebers so wie der Unbehaglichkeit die dasselbe nach sich
ließ, ungeachtet, war aber dennoch seine Laune nie mürrisch oder ver-
drießlich, und wenn sie auch nicht so heiter wie in ganz gesunden Tagen
seyn konnte, doch stets gleichförmig. Nur das konnte ihn sehr verstimmen, daß ihn die Mattigkeit, die Schwere des Kopfes am arbeiten verhinderte, und seine EinbildungsKraft, die sonst so kühn und frey herum
flog, nun so schwer sich bewegte, als ob ihr Bley an die Flügel angehängt
wäre.

Kaum aber entwikelte sich im Gespräch ein Gedanke, ein Einfall, der
ihn anziehen und auf seinen Zustand vergessen machen konnte, so war,
wenigstens auf kurze Zeit, die Freundlichkeit seines Gesichtes, das Lächeln,
das Blinzeln der Augen wieder hergestellt. Diß war aber auch nur meistens des Nachmittags der Fall, indem er seine Nächte sehr unruhig zubrachte, und entweder von lauter tragischen, fürchterlichen Träumen be-
ängstiget, oder, auch während dem Schlafe, mit Erfindung von Planen oder
Ausarbeitung einzelner Scenen beschäftiget war.

Dem Dichter, dem Künstler, dem Erfinder überhaupt kann es sehr
schwer gelingen, während der Zeit, als eine neue Idee in ihm entstanden
und er sie ausser sich, klar, deutlich, vollkommen darzustellen strebt, sich
derselben nach Willkühr zu entschlagen, gleichsam auf die Seite zu legen
und sie nach Belieben oder Gelegenheit wieder vorzunehmen. Unaus-
weichlich dringt diese Idee, bey den entgegen geseztesten Beschäftigungen,
bey den lebhaftesten Zerstreuungen, im Schlafen wie im Wachen wieder
hervor, und nimmt alle Gedanken alle Seelen Kräfte so lange in Anspruch bis sie ausgeführt, bis sie lebendig dargestellt ist. Wenn die Nerven
nicht ausserordentlich stark, wenn der Humor nicht sehr leicht, der Magen
nicht sehr kraftvoll und thätig ist, so ist nichts so geeignet eine Störung
der Organisation, ein immerwährendes Unterbrechen aller Verrichtungen
die zur Gesundheit nöthig sind, zu bewirken, als, wie es beym Dichter,
bey den meisten Künstlern der Fall ist, das immerwährende erfinden. Von
daher schreiben sich auch die wunderlichen Launen, das plözliche zusam-

men sinken in sich selbst, mitten in dem muntersten, lebhaftesten Gespräch — das zerstreute Antworten — das unvermuthete oft unsinnig scheinende ausrufen, singen, die lebhaften Bewegungen der Arme, Hände pp und man muß entweder selbst öfters in gleichem Falle seyn, oder vielen Umgang mit den Auserwählten Apolls haben, um diß alles angemessen und natürlich zu finden. 5

In gesunden Tagen war jedoch die Laune S c h i l l e r ' s immer von der heitersten Art, immer witzig, scherzend, die schönsten, angenehmsten Lichter auf alles werfend was vorkam. Besonders war sie dann wirklich lustig, wenn er sich in Gesellschaft seiner Akademischen Jugend Freunde 10 befand, und die vergangenen Zeiten der Reihe nach besprachen, und die vielen komische, angenehme und wiedrige Vorfälle derselben wieder ans Licht gezogen wurden. *H³ S. 142—149*

173,16 Im Ernst *bis 32* ganz zu erschöpfen.]

Mit S c h i l l e r war es äusserst angenehm Umgang zu pflegen, indem 15 darinn durchaus nichts wunderliches, verdrießliches, oder auffahrendes zum Vorschein kam, sondern alles mit Unbefangenheit und freundlichem Wesen abgethan wurde. Das ungleiche des Humors, was bey Dichtern, Künstlern so oft wahrgenommen wird, fand bey ihm gar nicht statt, indem die Aussendinge auf ihn nur wenig Eindruk machten, weil er im Innern zu 20 viel beschäftiget war. Auch im urtheilen über andere, im behaupten einer Meynung war er nichts weniger als hart oder streng, sondern behandelte alles darüber vorkommende mit Witz, Leichtigkeit und Anmuth. Sein ganzes Wesen war, so sehr er auch Männlichkeit und großes Talent besaß, durchaus kindlich, unbefangen, und Anspruchlos. Er ließ es Nie fühlen, daß 25 er ein, schon damals, ausserordentlicher Dichter seye, obwohl auch der geringste Vorfall von ihm auf eine eigene, höhere Weise beurtheilt wurde.

Vor allem aber waren im höchsten Grade anziehend seine Gespräche, wenn sie sich über eine Materie ausdehnten, und vorzüglich wenn sie Dichtung oder KunstGegenstände betrafen. Hier zeigte sich die unerschöpfliche 30 Fülle seiner Vorstellungen, der Reichthum, die Macht seiner Sprache, die Tiefe seines Gefühls, das Forschen um die Sache nach allen Seiten kennen zu lernen, und bis auf den Grund zu erschöpfen. Wer sich seine Gespräche recht genau, ganz ähnlich vorstellen will, der lese in seinen Gedichten, die Gloke und den Spatziergang. Gerade s o waren sie — auf dieselbe Art hob er die 35 geringfügigsten Sachen hervor und schmükte sie mit den angenehmsten Farben — an was tausende nicht denken, ungeachtet es sie immer umgibt, das bemerkte er und hob es heraus — was die wenigsten beachten, das sah' sein geistiges Auge und führte es dem Zuhörer vor, der mit Bewunderung und Erstaunen erfüllt werden mußte, ganz bekannt geglaubte Dinge, ganz 40 neu vor sich erscheinen zu sehen. Ja es ist nicht zuviel gesagt, es war noch angenehmer ihn über eine Materie sprechen zu hören, als das was er dar-

über schrieb zu lesen, indem der Zuhörer gespannter war, durch Gegen-
reden größeren Antheil nahm, und der lebendige Ausdruk, von Biegungen
der Stimme, dem wechseln der Mienen, von dem erhöhten Gefühle des
Dichters alles mehr belebte, als im ruhigen lesen. *H³ S. 159—162*

5 *174,32 so waren bis 34* unterhielt.]

Damals sprach er am liebsten über Schauspiele, Theatralische Darstellungen, Mahlerey, Bildhauerey zu welch lezterer ihn der Antiken Saal zu
Mannheim so reichen Stoff gab, daß er einmal mit dem Mahler Kobel, auf
einem Koffer sitzend, zwey ganze Stunden darüber sprach, und nur durch

10 das weggehen des Künstlers, dem der Sitz endlich zu lästig wurde, davon
abgebracht werden konnte. *H³ S. 162*

175,3 leistete.] danach:

Sein Benehmen gegen das andere Geschlecht, war immer voll Achtung
und Aufmerksamkeit. Man wird auch leicht glauben, daß sein Herz für die

15 leiseste Berührung empfänglich war, und wer irgend den Menschen kennt
und seine Gedichte ließt, wird überall, auch wo nicht von Liebe die Rede
ist, Beweise dafür finden. Wie wäre es auch möglich geworden, daß alles
was er schrieb ohne diese, alles bewegende Kraft, so reich, so üppig, so
wahr, so lebendig hätte dargestellt werden können? So wenig er immer

20 und unbedingt dem Platonismus huldigen konnte, so wenig drükte er
weder in seinen Reden, noch weniger aber im Schreiben, sich so darüber aus
wie manche Dichter, die sich nur im groben, im niedrigen gefallen, sondern
suchte auch hierinn das nothdürftige zu veredlen, zu verschönern. *H³ S. 163*

175,4 Auch die Eigenschaften bis 11 gegen dieselben erklären.]

25 Sein Gemüth, oder das, so gemeiniglich Herz genannt wird, war ausserordentlich gut, ohne daß jedoch die Güte zur Schwäche herab gesunken
wäre. Alle seine Handlungen hatten etwas Grosmüthiges, und man konnte
in Nichts, auch nur eine Spur des gewöhnlichen oder gemeinen entdeken.
Seine größte, ja man darf sagen, ausser der Plage des Fiebers einzige Quaal

30 bestand darinn, daß er die mancherley kleinen Schulden, so er zu machen
gezwungen war, nicht gehörig abbezahlen konnte, sondern immer Neue
machen mußte. *H³ S. 149*

175,39 Seine Sanftmuth bis 176,37 gewesen wäre.]

Sein Character war durchaus Männlich, Kraftvoll und muthig, aber

35 durch eine ausserordentliche Gratzie des Gemüthes gemildert und verschönert. Nichts rauhes, ekigtes oder abstoßendes fand sich bey ihm; alles was
er that oder sagte war voller Güte, Anmuth, Zartgefühl, Gefälligkeit und
Würde. Unter allen Characteren die er zeichnete, wüßte ich keinen, in welchem er sein damaliges I c h , mehr geschildert, und der in den meisten

40 Theilen mehr Aehnlichkeit mit ihm gehabt hätte als Fiesko. Diese freye,
über das gewöhnliche Erhabene Ansicht der Dinge — diese Ruhe bey Einleitung der gefährlichsten Unternehmungen — diese Leichtigkeit, wirk-

lichen Gefahren zu begegnen oder sie zu beseitigen — diese Grosmuth die
schwersten Beleidigungen zu verzeihen, sie als nicht geschehen zu betrachten
— waren Eigenschaften die Schiller's ganzes Wesen ausmachten, und die er,
bey vorkommenden wichtigen Gelegenheiten gewis entwikelt haben würde.
Auch war es eine Wonne für ihn, diesen Character des Fiesko zu bearbeiten, 5
welches ihm nicht den zehenten Theil der Mühe, wie die Charactere der
übrigen Personen kostete. Er sprach sehr gerne und sehr vieles darüber, wie
viele Wirkung ein solcher Character auf dem Theater hervorbringen müßte,
und es konnte ihn nicht wenig kränken, daß ein solcher Mann, gerade in
demselben Augenblik wo er seine großen Anstrengungen mit dem glüklich- 10
sten Erfolge belohnt sehen sollte, durch einen unwürdigen Zufall das Leben
und was ihm noch theurer war, den HerzogsHut von Genua verlohr.
H³ S. 151—153

177,36 Verhältnissen ist.] *danach:*

Da er die Menschen, auch schon damals, ziemlich genau kannte, so wußte 15
er ihre Tugenden so wie ihre Schwächen sehr richtig zu schätzen. Es war
mir oft unangenehm, wenn er im Gespräch mit mir, Männer und Frauen,
die er doch wirklich hoch achtete, und die ich ganz ohne Fehler glaubte, so
schilderte, daß neben ihren Tugenden, auch ihre Fehler zum Vorschein
kamen, und mich darüber zu bemitleiden schien, daß ich mir meinen Glau- 20
ben an eine reine, uneigennützige Tugend, die alles nur um der Sache selbst
willen vollbringt, nicht nehmen lassen wollte.

Eine abgewiesene Bitte, eine fehlgeschlagene Hoffnung, konnte ihm
natürlich keinen angenehmen Eindruk machen, und zwar um so weniger
weil ihm, nur auf eine gewisse Art, und nur durch eine gewisse Person aus 25
der Verlegenheit geholfen werden konnte, wie diß mehrere male bey Bar.
Dalberg der Fall war. Aber, ungeachtet seine einzige, lezte Hoffnung durch
eine kalte, leere Ausflucht zertrümmert wurde, so hörte ich doch Niemalen
auch nur eine Sylbe von ihm, welche eine Klage, Beschwerde, Zorn oder
Haß ausgedrükt hätte. Nur aus seinen Mienen, aus seinem Schweigen, aus 30
seinen kurzen Antworten, ließ sich das Gefühl errathen, was solche Begegnung in ihm hervorbringen mußte. In solchen und ähnlichen Fällen war er
gegen alle Stände gleich, es mochte eine Exzellenz, oder seinen Aufwärter
angehen.

(...) 35

Daß nach alle dem was von seinem Gemüth, Character, Denkungsart
gesagt worden, Schiller ein sehr guter Sohn war, bedarf wohl keiner Versicherung. Seinen Vater hielt er sehr hoch, war aber in seinem Benehmen
gegen ihn, etwas scheu und zurükhaltend. Gegen seine Mutter war er aber
desto zutraulicher, und man konnte aus Mienen und Reden wahrnehmen, 40
wie zärtlich er sie liebte, wie sehr er sie verehrte. Nicht nur waren beyde
im äusserlichen sich sehr ähnlich, sondern auch in Hinsicht der Neigung zur

Dichtkunst, zu welcher die Mutter sehr viele Anlage hatte, und deren
höchstes Vergnügen, ja größter Stolz es nun seyn konnte, dieses Talent in
ihrem Sohne so ausserordentlich sich entwikeln zu sehen. Es war überhaupt
sehr angenehm diese Familie beysammen, und die freundliche, zärtliche
Achtung zu sehen, mit welcher sich alle begegneten. Hätte es Schiller's
Selbstgefühl erlaubt, seiner Mutter wenigstens, das drükende, in welchem
er seine GeldAngelegenheiten in Stuttgardt zurük lassen mußte, anzuvertrauen, so hätte dieser leicht abgeholfen, und ihm dadurch eine unendliche
Sorge abgenommen werden können. Aber weder damals, noch später,
konnte er es über sich gewinnen, von seinen Eltern nur die geringste Hülfe
anzunehmen, sondern wollte zeigen, daß er Mann genug seye, um sich durch
alle Hindernisse durchzudrängen.

Seine Schwestern liebte er gleichfalls sehr herzlich. Mit der ältesten, die
ihm auch im Bau, besonders aber im Gang, sehr ähnlich war, gieng er ganz
wie mit einem Männlichen Freunde um. Die jüngste, die sehr blonde Haare
hatte, behandelte er mehr scherzhaft und leicht, aber allezeit sehr freundlich. *H³ S. 150 f. und 164—166*

177,37 War Schiller bis 179,34 erscheinen läßt.]

Es gibt Dichter, Künstler, die oft sehr ausgezeichnete Werke liefern, aber
Tage, Wochen, ja ganze Monate haben, wo sie sich der Ruhe, dem Nichts-
thun überlassen, und nur durch einen besonderen Anstoß wieder in Thätigkeit versezt werden können. S c h i l l e r war nicht von dieser Art, indem
sein Geist unabläßig sich im Nachdenken, im Dichten verlohr, und er keine
Ruhe früher genoß, als bis er das gedachte, empfundene dargestellt hatte.
Auch die wichtigsten, wiederwärtigsten Vorfälle konnten keinen solchen
Eindruk auf ihn machen, daß sie ihn ganz aus dem Kreise seiner Ideen
entfernen konnten.

Es war bestimmt, daß er am 17ten Sept. seinen lezten Besuch im Lazareth
machen, dann um 10 Uhr zu Hause seyn, und alles herrichten wollte, was
auf die Reise mitzunehmen war, damit ich um 11 Uhr das meiste schon vor-
finden, und den Tag über zu mir schaffen könnte. Ich traf um die gesezte
Zeit richtig ein, fand aber nicht das mindeste vorbereitet, und mußte auf
meine Fragen die Antwort vernehmen:

«Hören sie nur, hören sie die Ode an, die ich seit 9 Uhr, über den nemlichen Gegenstand wie Klopstok, gedichtet habe.» Nun las er mir erst die
Klopstokische Ode vor, und dann die seinige, die ich nach meiner Ueberzeugung eben so erhaben, nur noch bestimmter, deutlicher und ansprechen-
der fand. Mit Mühe brachte ich ihn von dem Gegenstande ab, damit er
doch die nothwendigsten Anstalten zur Reise mache, die denselben Abend
vor sich gehen sollte, und zu welcher kein so bequemer Tag mehr zu finden
war.

An dem Orte, (ich glaube es war E n z w e i h i n g e n) zwischen S t u t t -
g a r d t und B r e t t e n wo der Kutscher Halt! machte und fütterte, war
es sein erstes, sogleich ein geschriebenes Heft Gedichte von Schubart hervor-
zuziehen, sie mir vorzulesen, und mit Bemerkungen über das Persönliche
des Dichters, den er einmal auf H o h e n - A s p e r g besucht, so wie dessen   5
Werke zu begleiten.

Eben so beschäftigte er sich, während der Fußreise, die wir von M a n n -
h e i m nach F r a n k f u r t machen mußten, trotz des Verdrusses über die
fehlgeschlagene, erste Hoffnung, unabläßig mit dem Plane seines neuen
Trauerspiels L o u i s e M i l l e r i n und kaum konnte die herrliche Berg-   10
straße, so wie die, damals noch vorhandene Ruinen, welche ich ihm bemerken machte, seine Gedanken auf einige Augenblike ableiten.

Selbst in Frankfurt, wo die gegenwärtige Verlegenheit, so wie die finstere Zukunft alles denken und empfinden in Anspruch nahm, dichtete und
arbeitete er doch immer fort, ja es kam ihm sogar die Lust an, mich selbst   15
zum Dichter zu machen.

Er machte den Versuch damit, eine Strophe von Bodmer in Prose umzu-
wandeln, von welcher ich nun die Worte wieder so stellen sollte, daß
Sylbenmaß und Reim wie im Original hergestellt würden. Die Aufgabe
gelang mir nun gar nicht, indem sich der Reim durchaus nicht finden lassen   20
wollte. Was er auch erklären und sagen mochte, ich kam damit nicht zu
Rande. Er konnte nicht begreifen wie ein Mensch der gut lesen, richtig und
ordentlich schreiben, und so viel Freude, so vielen Genuß von Gedichten
haben kann, nicht auch fähig seyn sollte ein gereimtes Gedicht selbst zu
machen. In meiner Ungedult schlug ich ihm endlich vor, da er die Musik so   25
sehr liebe, mit ihm den Versuch zu machen ob er wohl eben so bald, als es
bey mir der Fall war, die Harmonie werde begreifen können, um den
Gesetzen der Kunst und des Gefühls Genüge zu leisten?

Daß ihm unbegreiflich seye, wie man dahin gelangen könne, gestand er
zu, und mir wurde keine DichterAufgabe mehr zugemuthet.   30

Der Fleiß, die immerwährende Beschäftigung war ihm aber ganz natürlich, denn der ausserordentliche Reichthum von Stoff den er in sich trug,
ließ ihn keinen Augenblik zur Ruhe kommen, er mußte an das Licht gefördert werden. (. . .)

Wenn Schiller sich für die Dichtung eines Schauspieles bestimmt hatte, so   35
gab er sich sehr viele Mühe, alles, was darauf Bezug haben konnte, zu
lesen und sich anzueignen, damit alles dem Ort, der Zeit und den Verhältnissen anpasse. Ueber die Art wie er ein solches Stük zu entwerfen gewohnt war, hat er uns an dem Demetrius (S. Nachlaß seiner Werke) ein
sehr passendes Beyspiel hinterlassen, die ausgeführten Scenen abgerechnet.   40
Fiesko, so wie Kabale und Liebe machte er aber anfangs noch kürzer und
genau auf dieselbe Art, wie das Program zu einem Ballette geschrieben

wird, nemlich blos die Hauptpersonen, die Scenen und deren Innhalt angedeutet. Mit einem solchen Plane trug er sich immer einige Monate herum,
noch ehe er etwas schrieb, und ließ die Materie gleichsam erst vergähren,
sich klar machen. Dann erst schrieb er das Scelett des Stüks, sprach sehr
5 oft, sehr viel, sehr gerne darüber und sezte Einzelne Scenen auf, bis sich
nach und nach das Ganze bildete, und er alles im Zusammenhang über-
schauen konnte. Nun aber gieng die eigentliche Arbeit erst recht an, indem
er in der Wahl der Worte, des Ausdruks, der Rundung, des Glänzenden
seiner Perioden ausserordentlich sorgfältig und selten zufrieden mit sich
10 war. (...)
    In seinen andern Gedichten, wendete er noch weit mehr Sorgfalt an,
weil jedes, sey es auch noch so kurz, für sich ein Ganzes ausmacht, und hier
jedes Wort, jede Sylbe Bedeutung hat und abgewogen werden muß. Aber
welchen ausserordentlichen Genuß gewähren auch seine Gedichte, nicht nur
15 dem Innhalte, dem Gefühl, dem Ausdruk, sondern auch der Sprache nach,
die in der That schon an und für sich wahre Musik ist! Es gibt sehr wenige
Gedichte die sich nach den seinigen, mit eben dem vollkommenen Vergnügen, das keinen Wunsch unbefriedigt läßt, lesen lassen, und wenn anders
die Neuerungssucht derer, die sich in künstlichen Wendungen und Verren-
20 kungen der Sprache gefallen bald ihr Ende erreicht, so ist zu hoffen, daß
seine Gedichte so lange erhalten und so lange ihre Schönheit behalten werden, als die deutsche Sprache dauert.
    Ein wahres Bedürfnis war es für ihn, jemand sehr viel um sich zu haben,
dem er alle seine Gedanken mittheilen, mit dem er besonders seine dich-
25 terischen Plane besprechen, und das was er schon niedergeschrieben vorlesen konnte. Wie nothwendig ihm zu seinen Arbeiten ein solcher Freund
war, beweist nicht nur der Brief an Prof. Huber in Leipzig, sondern auch
vorzüglich folgendes.
    Aus einer geringfügigen Ursache, der ich mich jezt nicht mehr erinnere,
30 war ich einmal mit ihm unzufrieden und besuchte ihn während drey, vier
Wochen gar nicht. Er hatte einige Monate früher den Don Karlos angefangen, dessen Plan schon lange vorher sehr oft durchgesprochen worden,
und den er in Jamben schrieb, die für ihn einen ausserordentlichen Reitz
hatten, und von mir mit Heißhunger angehört und bewundert wurden.
35 Madame Meier, unsre gemeinschaftliche Freundin und Landsmännin
fragte mich endlich: «Was macht Schiller? — Ich weis es nicht. — Waren sie
denn schon lange nicht bey ihm? — Einige Wochen. — Wie kommt denn
das? Ich sagte ihr die Ursache. Aber werden sie denn nicht wieder zu ihm
gehen? — Bis jezt habe ich es nicht im Sinne. — Aber ich wette doch daß sie
40 wieder zu ihm gehen werden. — Das müßte sehr sonderbar kommen, denn
ich habe gar keine Ursache dazu. — Nach einer Einleitung in welcher sie
mir vorstellte, daß Freunde die so manches Uebel miteinander getragen,

und die sich im Grunde doch sehr schäzten, wegen Kleinigkeiten sich nicht
entzweyen, noch weniger aber unversöhnlich bleiben müßten, sagte sie mir,
daß Schiller gestern bey ihr war, sein Befremden und Bedauern geäußert,
daß ich gar nicht mehr zu ihm komme, und ihr besonders darüber sein Leid
geklagt, daß er, nachdem er schon mehrere Jahre daran gewöhnt seye, mir   5
alles zu sagen, mir alles vorzulesen, nun gar Niemand mehr habe, dem er
seine Gedanken oder seine Arbeiten, so wie sie erst entstanden, mittheilen
könne, und deshalb fast seine ganze Freude an D o n K a r l o s verlohren
habe. Er bäte sie, es doch auf eine gute Art wieder einzuleiten, damit ich
wieder zu ihm komme, und die vorige Vertraulichkeit wieder statt finde.»   10
Da ich ihn viel zu sehr als Menschen liebte und als Dichter über alles
schäzte, so mußte, nach einem solchen Geständnis der kleine Verdrus
augenbliklich schwinden. Ich begab mich noch selbigen Abend zu ihm, wo
dann das versäumte reichlich nachgeholt, und von dem künftigen, wer-
denden so vieles abgehandelt wurde, daß wir uns erst nach Mitternacht   15
trennten.

Gewis ist es für den Dichter, Schriftsteller oder Künstler, eine ausserordentliche Erleichterung einen Freund zu haben, mit dem sich ohne Scheu,
ohne Zwang alles durchsprechen läßt, was man schon gethan hat, oder noch
zu thun willens ist. Nicht nur durch den Beyfall, die Zweifel, Bemerkungen   20
oder Wiedersprüche des Freundes werden die Ideen geläutert, sondern das
sprechen darüber, führt wieder neue, andere, oft bessere Ansichten herbey,
die immer einen sehr nützlichen Einflus auf ein Werk haben müssen. Wer
sich mit ähnlichen Gegenständen beschäftigt, und immer an sich selbst nagen
muß, ist warhaft zu bedauern. *H³ S. 153—160*   25

ERLÄUTERUNGEN

Einleitung

8,25 1775] *am 18. November; 1776 H⁴.*

11,20 H o v e n] H o f e r *H⁴; gemeint ist Friedrich Wilhelm David von*
Hoven (1759—1838), *an anderen Stellen hat Streicher die richtige Form
gesetzt: 146,36 (aus* Hofer *korrigiert), 150,44.*

12,25 f. Herr J. K. S. in seiner Biographie Schillers Wien und Leipzig 1810]
Vgl. Lit. 13.

Erste Abteilung

14,11 1749] 1748 *H³.*

15,12 1775] 1770 *H³.*

*16,7—10: Diese Angaben entsprechen nicht den Tatsachen; Streicher folgt den
Auskünften Christophine Reinwalds vom 16. Februar 1828 (vgl. Dokumente 39).*

17,35 1802] 1801 *H³.*

17,36 Acht] Neun *H³ (vgl. die Erläuterung zu 14,11).*

17,38 1766] 1767 *H³.*

17,42 1777] 1778 *H³.*

19,16 f. «I c h h a b ' g e t h a n , w a s i c h n i c h t l a s s e n k o n n t e.»]
Wilhelm Tell, V. 160.

19,39 1766] 1768 *H³.*

20,1 viermal] dreimal *H³.*

20,37 1772] 1773 *H³.*

22,12 f. Ein neuer Kampf *bis 22* bestimmt hatte.] *Hoven berichtet in seiner
Selbstbiographie (zitiert nach Lit. 47, 1. T., S. 140 f.):* Ich habe schon
erwähnt, daß die medicinische Facultät später als die andern errichtet
worden. Vor ihrer Errichtung studirte ich wie mein Bruder und die meisten
Zöglinge, welche sich dem gelehrten Stand gewidmet hatten, Jurisprudenz,
und ich hatte schon bereits das Naturrecht, die Rechtsgeschichte und einen
Theil des römischen Rechts gehört, als die Zöglinge gefragt wurden, welche
von ihnen Lust zum Studium der Medicin hätten. Unter denen, die sich
dazu meldeten, war auch ich und Schiller, welcher sich ebenfalls dem Studium der Jurisprudenz gewidmet hatte, und noch fünf andere. Die Beweggründe zu dieser Veränderung des Studiums waren nicht bei allen dieselben. Nur drei, mein noch lebender bewährter Freund, der Medicinal-
rath Plieninger in Stuttgart, und noch zwei andere meldeten sich aus
wahrer Lust zum Studium der Medicin, die zwei übrigen meldeten sich,

weil ihre Väter Ärzte und sie gleichsam Erbärzte waren; bei Schiller und
mir war der Beweggrund nicht sowohl Widerwillen gegen das Studium
der Jurisprudenz und Vorliebe für das Studium der Medicin als unsere
Neigung zur Dichtkunst, der wir schon damals, Schiller durch lyrische und
dramatische Versuche, ich durch Lieder, Balladen und Romane, zu genügen 5
anfingen. Natürlich raubten uns diese Versuche einen großen Theil der
Zeit, welche wir dem Studium der juridischen Wissenschaften hätten widmen sollen. In den Vorlesungen dachten wir mehr an unsere dichterischen
Plane als an das, was wir vom Katheder herab hörten, wir blieben daher
hinter unsern Cameraden zurück und zwar dergestalt, daß es einem Pro- 10
fessor nicht übel genommen werden konnte, wenn er einen unserer Cameraden fragte, ob es uns an Gaben fehle oder ob es bloß Faulheit sei, daß
wir nichts lernten. So zurückgeblieben in unsern juridischen Studien, konnten wir natürlicherweise das Versäumte nicht mehr leicht einbringen; wir
entschlossen uns daher zum Studium der Medicin, mit dem Vorsatz, dieses 15
neu gewählte Studium ernster zu treiben als das verlassene Studium der
Jurisprudenz, und wir glaubten, diesen Vorsatz um so eher ausführen zu
können, da uns die Medicin mit der Dichtkunst viel näher verwandt zu
sein schien als die trockene positive Jurisprudenz.

22,36 f. Wechselwirkung des Körperlichen auf das Geistige, oder die um- 20
gekehrten Fälle.] Vgl. Schillers Dissertation ‹Versuch über den Zusammenhang der thierischen Natur des Menschen mit seiner geistigen›, Stuttgart: Cotta 1780.

23,22 f. Albrecht von Haller, Morgen-Gedanken, V. 35 f.

23,31 H o v e n] Hofer H; vgl. die Erläuterung zu 11,20. 25

24,22 J u l i u s v o n T a r e n t] Trauerspiel von Johann Anton Leisewitz,
1776.

24,22 U g o l i n o] Trauerspiel von Heinrich Wilhelm von Gerstenberg, 1768.

27,23 L e i d e n S i e g w a r t s] Johann Martin Miller, Siegwart. Eine Klo-
stergeschichte, Roman, 1776. 30

27,24 K a r l v o n B u r g h e i m] Johann Martin Miller, Geschichte Karls
von Burgheim und Emiliens von Rosenau, Roman, 4 Bde, 1778/79.

27,24 f. S o p h i e n s R e i s e v o n M e m e l n a c h S a c h s e n] Briefro-
man von Johann Timotheus Hermes, 5 Bde, 1769—1773.

28,6 R e p e r t o r i u m f ü r L i t e r a t u r] Wirtembergisches Repertorium 35
der Litteratur. Eine Vierteljahr-Schrift, 1.—3. St., 1782/83.

28,9 f. Rezension seiner Räuber] ‹Die Räuber. Ein Schauspiel, von Friedrich
Schiller 1782› (vgl. NA 22, S. 115—131).

28,27 d e n B e t r a g z u b o r g e n] fast 150 Gulden, für die Frau Fricke
die Bürgschaft übernahm; vgl. auch Johann Baptist Streichers Reisetage- 40
buch (Dokumente 44).

30,41 und war überglüklich bis 31,2 schmeichelhaft war.] *Vgl. dagegen Abels Bericht (zitiert nach Lit. 67, S. 845):* auch war er (Schiller) entschlossen, das msc. (des Fiesko) vor dem Druck Lessing zuzusenden und diesen um strenge Beurtheilung zu bitten (an Wieland und Göthe mochte er sich nicht

5 wenden, weil der erstere in einem Brief an Werthes, der ihm auf Schillers Bitten die Räuber zugeschickt hatte, kein ganz günstiges Urtheil über diese gefällt und Göthes Urtheil noch weniger günstig geschildert hatte). *Vgl. auch Wielands Antwort auf einen Brief Dalbergs (1781):* Die Räuber sind mir also gänzlich unbekannt; und überhaupt bin ich seit mehr als einem Jahr

10 ein so ganz in Griechenland und Latium Überzogener daß mir die Carpathischen Gebürge nicht fremder sind als der Neueste Teutsche Parnass *(zitiert nach: NA 23, S. 264).*

31,25 f. bey D. R. M a r x i n K a r l s r u h e erschienenen Briefen Schiller's an Baron Dalberg] *Lit. 15.*

15 *32,27* versicherte] *so in der von Streicher benutzten Ausgabe von Marx (Lit. 15);* versichert bin *NA 23.*

33,31 pag. 42] *in der Ausgabe von Marx (Lit. 15).*

33,31—36: Brief an Dalberg vom 25. Dezember 1781.

33,39 in der Mitte Januar] *am 13. Januar.*

20 *34,11* Sechse] *Der Text ist in 7 Handlungen unterteilt; vgl. Schillers Räuber. Urtext des Mannheimer Soufflierbuches, hg. von Herbert Stubenrauch † und Günter Schulz, Mannheim (1959).*

34,32—34: Schillers Räuber. Urtext des Mannheimer Soufflierbuches VI, 1, S. 121; NA 3, S. 120.

25 *35,33* Ausspruch von J. J. Rousseau] *Vgl. die ‹Erinnerung an das Publikum› auf dem Theaterzettel zur Mannheimer Erstaufführung des ‹Fiesko› am 11. Januar 1784:* F i e s k o, von dem ich vorläufig nichts Empfehlenderes weiß, als daß ihn J. J. R o u s s e a u im Herzen trug *(zitiert nach: NA 22, S. 89).*

30 *36,16—20: Vgl. NA 3, S. 55:* einen honnetten Mann kann man aus jedem Weidenstumpen formen, aber zu einem Spizbuben wills Grüz — auch gehört darzu ein eigenes National-Genie, ein gewises, daß ich so sage, S p i z b u b e n K l i m a, und da rath ich dir, reis du ins Graubünder Land, das ist das Athen der heutigen Jauner. — *Der Hofmeister Christian*

35 *Karl Wredow veröffentlichte, wohl im Auftrag der Herren von Salis aus Graubünden, am 13. Dezember 1781 in den ‹Hamburgischen Addreß-Comtoir-Nachrichten› den folgenden Artikel:*

An den Verfasser des Schauspiels: die Räuber.

Ich habe, mein Herr, nichts dawider einzuwenden, daß Sie alle Teufe-

40 leien, die nur jemals im Reiche der Finsterniß, oder — in einem Menschenherzen mögen ausgeheckt worden sein, in Ihr Schauspiel zusammengedrängt und zu Ihrer unverkennbar guten Absicht genutzt haben. Ich

bin weit entfernt, Sie als einen Apologisten des Lasters anzusehen, und
hoffe daher, daß Sie mich nicht, selbst nicht im Unmuth über eine kleine
Ahndung, die ich Ihnen zugedacht habe, zu dem «weit um sich wurzelnden
Pöbel»* herunter stoßen werden.

Im dritten Auftritt des zweiten Aufzugs Ihrer Räuber sagt S p i e g e l - 5
b e r g zu R a z m a n n : «... zu einem Spitzbuben wills Grütz — auch
gehört dazu ein eignes Nationalgenie, ein gewißes, daß ich so sage, Spitzbubenklima, und da rath ich dir, reis' du ins Graubündnerland, das ist
das Athen der heutigen Gauner.»

Daß man schon längst, und gewiß mit dem besten Grunde, die immer 10
nachgebeteten allgemeinen Urtheile über Nationaleigenheiten getadelt hat,
ist Ihnen gewiß nicht unbekannt. Alsdenn aber verdient wohl ein solches
Urtheil am meisten Tadel, wenn es über die Tugenden und Laster einer
Nation allgemein entscheidet. Die Zuversichtlichkeit, mit welcher ein solcher Ausspruch oft hingeworfen wird, übertölpelt noch manche schwache 15
Seelen, und erzeugt bei ihnen ein unüberwindliches und, wie sich bei genauerer Beobachtung leicht bemerken läßt, höchst schädliches Vorurtheil.
Mir däucht also, ein Schriftsteller, dem die Menschenliebe so sehr am Her-
zen liegt, als Ihnen, mein Herr, kann nicht anders, als wenn er durch den
Strom seiner Einbildungskraft hingerißen, sich vergißt, ein allgemeines 20
ungemäßigtes Urtheil über die Sittlichkeit einer Nation seiner Feder ent-
wischen lassen. Dies ist wohl die möglichst gelindeste Annahme, und diese
allein will ich mir in Ansehung des Hinschreibens Ihres Urtheils über die
Graubündner erlauben; jedoch mit der einzigen Anmerkung, daß Sie dieses
Urtheil schwerlich für einen Zug, für einen Grundsatz werden ausgeben 25
können, dessen Sie zu der Absicht, die Ihre Vorrede verkündigt, bedurft
hätten. Aber wie ist das gute Graubünden bei Ihnen in den Ruf eines
Spitzbubenklima, eines Athen der heutigen Gauner gekommen? ich meine,
wodurch ist dieser Begriff in Ihrem Kopfe veranlaßt worden? Das ist es,
was ich mit Ihrer Erlaubniß ein wenig untersuchen möchte.   30

Haben Sie vielleicht mehrere Graubündner gekannt, deren Denkungsart
und Aufführung Sie so zu urtheilen veranlaßte? Das sähe freilich einer
Erfahrung ähnlich. Aber wo kannten Sie die Graubündner? Stahlen, raubten, mordeten sie in Graubünden selbst, oder außer ihrem Vaterlande?
Im letzten Fall, wie ungerecht! einem ganzen Volk eine Denkungsart bei- 35
zulegen, die man bei einigen seiner ausgewanderten, vielleicht weggebann-
ten Landsleute antrifft, bei einigen Individuen, die eben dadurch ihr Vaterland rechtfertigen, daß sie den Schauplatz zu ihren Schandthaten auswärts
suchen müssen.

Haben Sie aber, mein Herr, Bündner bei Bündnern kennen gelernt, 40
waren Sie selbst in dem Lande, unter dem Volk, daß Sie so fürchterlich

---

* Siehe die V o r r e d e zu den Räubern.

brandmarken, und glauben Sie, dorten die Veranlassung zu Ihrem Urtheile
gefunden zu haben, so machen Sie entweder unverzeihliche Fehlschlüsse,
oder Sie begehen eine höchst unvorsichtige Verwechslung. Wenn Sie in
Graubünden waren, wurden Sie von Räubern angefallen? Waren Sie
deren Verfolgung oft, so oft ausgesetzt, daß Sie das Land für ein Athen
der heutigen Gauner halten mußten? Fürwahr, wenn dieses der Fall ist,
so kann ich Sie versichern, daß er so selten, so unerhört selten in Graubünden vorkommt, daß Sie Ihre Erfahrung auf Rechnung Ihres sehr un-
glücklichen Gestirnes schreiben müssen. Oder hörten Sie nur in diesem
Lande viel von häufig in demselben begangenen Räubereien erzählen?

Nun so hat ein Spaßvogel Ihnen bange machen wollen, oder ein elender
Verleumder hat Sie belogen. Denn — jetzt schreibe ich Thatsachen, deren
Wahrheit leicht zu berichtigen ist — ich kenne in Deutschland wenige
Provinzen von eben der Größe wie Graubünden, in welchen nicht mehr
gewaltsame Diebstähle, Einbrüche, Straßenräubereien vorfallen sollten,
als in diesem Lande. Hier reisen beständig die, unsere Posten vertretenden,
Boten durch einsame Wege, mit großen Geldsummen und kostbarem Ge-
päck beladen, öfters ganz allein; hier gehen unaufhörlich eine Menge Last-
pferde, wovon ein einziges nicht selten für viele tausend Gulden Waaren
trägt; hier reisen bei Tag und zur Nachtzeit eine Menge in- und ausländische Reisende allein, oder höchstens von einem Bedienten begleitet, und
dennoch — ich fordere jeden zum Beweise des Gegentheils auf — dennoch
gehen viele Jahre hin, ohne daß man, bei den günstigsten Umständen, von
einer einzigen Beraubung hört.

Doch vielleicht waren es nicht eigentliche sogenannte Räubereien, welche
Ihre schwarzen Begriffe von diesem Lande erzeugten; vielmehr hörten Sie
in demselben von der dortigen Art, die politischen Geschäfte zu betreiben,
von Parteimacherei, Bestechung, Feilheit der Stimmen, Verfolgung, Haß,
Neid und Rachsucht eines Graubündners gegen den andern, Gewaltthätigkeiten und den freilich oft niedrigen Mitteln, wodurch mancher diesen
Leidenschaften Genüge zu thun sucht; vielleicht schien Ihnen diese Handlungsart das Betragen von Gaunern und Spitzbuben zu sein. Aber mein
Herr Autor, wenn der Einfluß niedriger Leidenschaften in Staats- und
bürgerliche Angelegenheiten und deren Betreibung diejenigen, welche sich
diesem Einfluß überlassen, Ihrem Spiegelberg und Razmann gleich macht,
würden Sie da, bei genauerer Beobachtung vom Staatskabinet bis zur Advo-
katenbude in unseren Monarchieen nicht Werkstätten politischer Geschäfte
genug finden, die der Wirkungskreis von etwa einem Ihrer Schauspiel-
helden sind? Ueberhaupt besteht vielleicht der Unterschied unter den
schlechten Triebfedern in monarchischen und denen in populären Staaten
hauptsächlich nur darin, daß eben das, was in jenen, aus Furcht vor der
alles übersteigenden Macht, im Stillen, in der Finsterniß und unter künst-

licher Einkleidung geschieht, in diesen durch den Tumult, mit dem es verbunden ist, nur mehr in die Augen fällt. Uebrigens werden Sie wohl wissen, daß es Vergehen giebt, die mit einem besondern Stempel der Niederträchtigkeit bezeichnet sind. Dahin gehören die Thaten der Helden Ihres Schauspiels. So lange diese noch nicht zur Classe der für minder schädlich und 5 verabscheuungswürdig gehaltenen Vergehen erhoben sind, sollte niemand, auf Unkosten der Ehre einer ganzen Nation, jene mit diesen verwechseln. Daß hier Vorurtheil mit unterläuft, thut nichts zur Sache.

Ich komme auf einen andern möglichen Grund Ihrer schrecklichen Abschilderung von Graubünden. 10

Die drei Bünde der Graubündner sind Oberherren eines kleinen Landes, welches von einem Volke bewohnt wird, das — Ausnahmen verstehen sich von selbst — freilich in Ansehung seiner Sittlichkeit, zu den letzteren des christlichen Erdbodens gehört.

Sollten Sie mit diesem Volke seine Oberherren verwechselt haben? 15 Wenn es auf äußerst harte Beschuldigungen ankommt, die man durch den Druck der jetzigen und künftigen Welt überliefern will, so sollte man doch behutsamer sein, man sollte Irrthümer vermeiden, die durch eine sehr mäßige Genauigkeit so leicht zu vermeiden sind. Die schlechte Denkungsart der bündnerischen Unterthanen hat ihren Grund hauptsächlich in der 20 Religionsfinsterniß, in welche sie noch eingehüllt sind, und zum Theil freilich auch in der Einrichtung des Regiments, welches die Vorfahren ihrer Oberherren über sie angeordnet haben. Die Abänderung dieser Regierungverwaltung ist, wie ich sehr sicher weiß, der fromme Wunsch vieler Patrioten, oder vielmehr der meisten Graubündner, welche die Denkungs- 25 und Handlungsart ihrer Unterthanen überhaupt, besonders aber die Mordsucht derselben aufs höchste verabscheuen; aber der muß demokratische Regierungen wenig kennen, dem die unendlichen Schwierigkeiten nicht bekannt sind, die der Abstellung alter Mißbräuche in solchen Staaten im Wege stehen. 30

Endlich noch eine Hypothese über den Grund Ihres fürchterlichen Urtheilsspruchs, und dann keine mehr.

Mit der Einfalt der Sitten, und selbst mit der altdeutschen Ehrlichkeit ist öfters noch eine Art von Rusticität verbunden, welche den Ausländer — der vielleicht aus einem monarchischen Lande kommt, und auf den Bauer 35 eben so verächtlich, wie sein Despot oder dessen Minister auf ihn herabsieht — freilich sehr auffällt, und ihn vielleicht in eine verdrießliche Laune setzt, in der er sich harte, gewöhnlich übertriebene Urtheile erlaubt.

Sind Sie, mein Herr, vielleicht in Bünden gewesen, und haben sich in diesem Falle befunden, so muß ich Ihnen doch eine Anekdote von einem 40 nun schon längst verstorbenen Prinzen erzählen, welcher Grobheit und trotzige wilde Sitten von Spitzbüberei besser als Sie zu unterscheiden

wußte. Dieser Prinz, gewohnt ganze Heere mit einem Wink zu despoti-
siren, reis'te durch Bünden. Er mußte einen Berg passiren, wo die dazu
gedungenen Bauern eben beschäftigt waren, ihm und andern Reisenden
einen Weg zu bahnen. Die geschwerliche Arbeit ging langsam von statten;
der Prinz ward ungeduldig, fluchte und drohte mit Zwangsmitteln, deren
Anwendung ihm wohl sehr geläufig sein mochte. Bei den Bauern entflammte
das Gefühl ihrer Freiheit, und der Prinz mußte gute Worte geben. Er über-
nachtete in einem Dorfe am Fuße des Berges, wo die Wegmacher zu Haus
waren. Sein Blut war kälter geworden; er besann sich, daß er hier nicht
mit sklavischen Drathpuppen, sondern mit Männern zu thun hatte, bei
denen die eigne Kraft noch selbstthätig sein könnte. Jetzt erschien ihm ihr
Trotz in einem weit andern Gesichtspunkte; er fing an, so etwas von Achtung, vielleicht zum erstenmal in seinem Leben, gegen Bauern zu fühlen.
Er ließ die Trotzköpfe zu sich kommen und machte sich das Vergnügen,
sie bei dem Trunk, den er ihnen reichen ließ, noch länger zu beobachten.
Die Nutzanwendung von diesem Geschichtchen, werden Sie, mein Herr
Autor, leicht selbst machen können, wenn Sie nicht etwa für gut finden,
es für eine Fabel zu halten. —

Ende April 1782 erschien in dem Churer Organ ‹Der Sammler. Eine ge-
meinnützige Wochenschrift für Bündten› (16./17. St.) eine verschärfte Fas-
sung des Wredowschen Aufsatzes, die der Arzt Amstein besorgt hatte,
zusammen mit einem von ihm verfaßten neuen Artikel:

Apologie für Bünden

gegen

die Beschuldigung eines auswärtigen Comödienschreibers.

Tituli R e m e d i a , Pyxides V e n e n a
habent A g r i p p a.

Unter allen Kunstgriffen, deren sich eine gewisse Classe von Scribenten
von jeher bedient hat, den Produkten ihrer Feder, als einer feilen Waare,
einen desto größern Vertrieb zu versichern, ist wohl keiner verwerflicher,
keiner, der dem Kopfe und dem Herzen dieser Herren weniger Ehre macht,
als wenn sie sich einer gewissen unmoralischen Neigung der Menschen,
oder einer nicht eben rühmlichen Schwäche ihres sogenannten Publikums,
als eines Mittels, zu ihrem Zweck zu gelangen, bedienen. Dieses ver-
abscheuungswürdige schriftstellerische Maximum hat, wie mich dünkt,
größtentheils jene ungeheuren Schriften ausgeheckt, welche so oft den
niedrigsten Lastern geschmeichelt und das Heiligste geschändet haben, daß
diese Materie längstens erschöpft zu sein scheint. Es ist nun schon etwas
zu Gemeines, als ein Spötter der Religion und der Tugend auftreten zu
wollen, und das Publikum selbst ist des Dinges bereits überdrüssig geworden. Originelle Genies, von eben demselben Geiste beseelt, verfallen izt
auf ein anderes Thema, und beginnen eine Epoche, die man füglich die
Epoche der Calumnianten und Pasquillanten nennen könnte, indem ihre

gemeinützige Bemühung darin besteht, von den Palästen der Könige ab,
bis zu der stillen Hütte des Privatmannes, ärgerliche Histörchen, wahre
oder falsche, aufzuhaschen oder, nach der Gabe, die in ihnen ist, zu erdich-
ten; ungemäßigte Urtheile über hohe und niedere Personen zu fällen;
Länder, Staaten und Regierungen, die sie oft kaum dem Namen nach   5
kennen, anzutasten und, so viel an ihnen liegt, zu beschimpfen, und zuletzt
dieses alles, mit der zügellosesten Frechheit, der Welt feilzubieten.

Diesem Modegeist, dem «großen Geschmack»* unsers Zeitalters, und der
Geläufigkeit, welche unsern neugebackenen brausenden Genies in derglei-
chen Dingen eigen ist, wird es wohl zugeschrieben werden müssen, daß auch   10
Bünden das Schicksal getroffen hat, von einem derselben, ich meine den
Verfasser des Schauspiels: d i e R ä u b e r, einen ziemlich unhöflichen
Seitenstreich zu bekommen. Es wird sich nun freilich mancher ehrliche
Mann darüber verwundern, wie gerade Graubünden zu der Ehre gelangt
sein könne, die der menschenfreundliche Herr Verfasser, in der Person   15
seines Spiegelberg's, den Einwohnern dieses kleinen Landes zugedacht hat,
einer Ehre, die desto größer ist, da man es offenbar nur als einen Ausbruch
seiner Bescheidenheit ansehen muß, wenn er, weit entfernt, nach dem
«zweifelhaften Gewinn bei theatralischer Verkörperung zu zeigen, seine
lebendigen treffenden Conterfeien» von der Bühne verbannt, und seinem   20
Stück blos einen Platz unter den moralischen Büchern eingeräumt wissen
will.

Wir gestehen freimüthig, daß wir platterdings selbst nicht wissen, was
für ein Vorrecht Bünden vor andern Ländern des Erdbodens, sogar vor
dem Vaterlande des Herrn Verfassers nicht, aufzuweisen hätte, das den   25
witzigen Einfällen eines Spiegelberg jene individuelle Richtung hätte geben
können; eben so wenig begreifen wir, durch was für ein Abenteuer ein
ganzer Freistaat einem unbekannten Comödienschreiber dergestalt in die
Quere gekommen sein könnte, daß dieser sich vielleicht bei der ersten
besten Gelegenheit an jenen sich zu reiben berechtigt gefühlt hätte; oder   30
wenn wir von möglichen Fällen auch den setzen wollen, daß etwa ein einzelner Bündner irgend einmal das Unglück gehabt haben sollte, dem Herrn
Verfasser zu mißfallen, so wäre diese Rache zu unsinnig und zu pöbelhaft,
als daß wir sie bei einem Manne von geradem Verstande suchen sollten,
dem noch dazu der Ruhm der Rechtschaffenheit so sehr am Herzen liegt,   35
als wir dem Verfasser des oft belobten Schauspiels gern glauben möchten.
Wir setzen also das Phaenomen so lange unter die zufälligen unerklärbaren
Dinge, bis es dem Herrn Verfasser gefallen wird, uns «dasselbe mit seinem
ganzen innern Räderwerk zu entfalten», und zugleich seinen Helden oder,

---

* Die hervorgehobenen Stellen sind aus der V o r r e d e zu den R ä u b e r n   40
entnommen.

was eins ist, sich selbsten von dem Verdacht und der Bosheit einer schänd-
lichen Calumnie zu reinigen.

Ein Bündner könnte nun freilich bei der Mißhandlung seines Vaterlandes
von einem Spiegelberg ruhig bleiben, wenn es nicht immer noch Leute gäbe,
die so was, das ein Spiegelberg sagt, begierig auffangen, oder doch dabei
nicht ohne Eindruck bleiben. Ich müßte mich sehr irren, oder ich dächte,
dergleichen beleidigende Züge sollten in einer öffentlichen Schrift eben so
sorgfältig, als alles was gegen die Religion und gegen die Sitten anstößt,
vermieden, und um der gemeinen Liebe sowohl, als um der politischen
Achtung willen, die ein Staat dem andern schuldig ist, auf keiner gereinig-
ten Schaubühne jemals geduldet werden. Wenn eine verleumderische Zunge
im gesellschaftlichen Leben schon etwas Verhaßtes und das Kennzeichen
einer höchst niederträchtigen Seele ist, wie ist es möglich, daß ein rechtschaffener Mann sich so sehr vergessen kann, schwarze Verleumdungen,
nicht etwa im Verborgenen, sondern so laut und so öffentlich als möglich,
nicht nur über eine einzelne Person, sondern über ein ganzes Land, einen
ansehnlichen Freistaat auszustoßen, und wenn er es thut, muß er nicht den
Unwillen jedes wohlgesitteten Menschen erregen?

Daß es aber schwarze Verleumdungen sind, deren sich der Verfasser
jenes Schauspiels schuldig gemacht hat, bedarf keines weitern Beweises,
sobald man nur dessen schwere, so allgemein in das Publikum ohne Beweise
hingeworfene Beschuldigung eines ganzen Landes mit unbefangenem Gemüthe betrachten will. Wer dieses Land mehr als vom Hörensagen kennt,
muß zugestehen, daß bei der übertriebensten Art vom Einzelnen auf's Allgemeine zu schließen, jene Zulage dennoch eine der ungereimtesten sei, die
in ein menschliches Gehirn hätte kommen können. Welche Entschuldigung
kann endlich hier statthaben? Was hat ihn genöthigt seinen Witz auf Kosten eines Landes spielen zu lassen, das er gar nicht kennt, das er für einen
Theil Italiens ansieht? Aber es sei hievon genug! Wenn der Verfasser seine
Unbesonnenheit oder Uebereilung (denn von Bosheit wollen wir ihn noch
freisprechen) nicht bereut, und er sollte es so öffentlich thun, als seine Beleidigung gewesen ist, so überlassen wir ihn, bei allen seinen übrigen Vortreff-
lichkeiten, der billigen Verachtung jedes Rechtschaffenen!

Wir kehren zu unserm Zweck. Ein würdiger Deutscher, der sich einige
Jahre in Graubünden aufgehalten, und dabei Gelegenheit gehabt hat, dieses
Land und dessen Einwohner von einer bessern Seite kennen zu lernen, als
sich unser Dramaturgist nicht in den Kopf steigen läßt, konnte den Unfug
seines Landsmanns nicht mit ansehen, ohne ihn in einer kleinen Ahndung
zurecht zu weisen, die in dem 98. Stück der Hamburger Addreß-Comtoir-
Nachrichten vom vorigen Jahre eingerückt ist. Wir haben geglaubt, diese
Ahndung, die zwar gegen jene Unbill nur zu glimpflich, übrigens aber ein
rühmlicher Beweis von der Ehr- und Wahrheitsliebe des Herrn Verfassers

ist, verdiene auch unter uns bekannter zu werden. Jeder Rechtschaffene wird den Mann hochschätzen, der sich in einer entfernten Gegend der Ehre eines Landes annimmt, das er verkannt und auf eine unwürdige Weise geschmäht sieht, und jeder Bündner, der es erfährt, wird es ihm danken. *Als Schiller auch auf die briefliche Aufforderung, entweder den Beweis für* 5 *seine Beschuldigung zu erbringen oder sie öffentlich zu widerrufen, nicht reagierte, kam die Beschwerde durch die Vermittlung des Garteninspektors Walter in Ludwigsburg vor den Herzog. Vgl. 210,18—214,9.*

37,25—27 um, auf der H o h e n K a r l s s c h u l e, (...) den Gradum eines Doktors der Medizin zu erhalten.] *Schiller hat den medizinischen* 10 *Doktorgrad nicht erworben.*

38,25 mit ihnen *bis 27* erhöhen.] *Schiller ging am 25. Mai 1782 für drei Tage nach Mannheim, um dem Intendanten von Dalberg seine Dienste anzubieten; eine Vorstellung der ‹Räuber› fand — wie sich aus den Repertorien des Nationaltheaters erkennen läßt (Chronologisches Repertorium der auf* 15 *dem Churfürstlichen Hof-Theater zu Mannheim gegebenen Vorstellungen — Braune und Grüne Reihe, Reiß-Museum Mannheim) — in dieser Zeit nicht statt. — Schillers Reisegefährten waren Henriette von Wolzogen und Luise Dorothea Vischer.*

38,28 schrieb nach Mannheim] *am 24. Mai 1782 an Dalberg.* 20

42,27 die Freundinnen des Dichters] *Vgl. die Erläuterung zu 38,25—27.*

42,41 V i e r z e h e n T a g e i m A r r e s t] *Notiz des Generals von Augé in dessen Kalender:* den 28 ten ⟨Juni 1782⟩ haben Serenissimus befohlen durch H. Obrist von Klinckofström, den Medicum Schiller 14 tag in arest zu setzen, weilen er außer Land ohne Urlaub greisset seye. *(Zitiert nach Sten-* 25 *zel, Lit. 64, S. 9.)*

43,34 f. die schmeichelhaften Zuschriften eines Wielands] *Vgl. die Erläuterung zu 30,41—31,2.*

44,17 in seinem Briefe] *vom 15. Juli 1782.*

45,21 Da er *bis 23* befürchten zu müssen] *Schiller schrieb am 1. September* 30 *1782 an den Herzog. Dieser gab dem General von Augé den Befehl, Schiller, sobald er sich* wieder um die Erlaubniß eines Briefs melden würde in Arrest nehmen zu lassen — *wie Schiller im Brief an den Oberst von Seeger vom 24. September 1782 berichtet (zitiert nach: NA 23, S. 40).*

48,7 Freund] *Johann Rudolf Zumsteeg (1760—1802).* 35

49,33 B a c h] *Carl Philipp Emanuel Bach; vgl. 217,12—17.*

51,35 M e i e r] *(Wilhelm Christian Dietrich) Meyer (so in H²).*

53,33.41 17ten September] *Die Beleuchtung der Solitüde und die Flucht aus Stuttgart waren am 22. September. — Auch die folgenden Datumsangaben müssen um etwa fünf Tage verschoben werden.* 40

55,14 einer der bewährtesten Freunde Schiller's] *Georg Friedrich Scharffenstein; vgl. Lit. 34, S. 231:* Unvergeßlich bleibt mir eine, dem Gefühl ganz ausschließlich geweihte Nacht, die er *(Schiller)* bei mir auf der Wacht zubrachte. Der zweite Morgen sah ihn nicht mehr in Würtemberg; seine Bücher hatte er mir vermacht. — *S. 232:* In jener lezten Nacht, die ich mit Schiller zubrachte, war es auch für Schillers sehr gerührte Seele das Tröstendste, Genügendste, mir diesen, mir noch unbekannten Freund *(Albrecht Friedrich Lempp)* vermachen zu können. — *Schiller an Henriette von Wolzogen, 8. Mai 1783:* Man soll meinen Schäkespear ohne Verzug vom L. Scharffenstein abholen *(zitiert nach: NA 23, S. 86).*

55,38 Ergebnisse] so H³, Substantiv zu «(sich) ergeben», nicht «Erlebnisse» wie in neueren Ausgaben.

56,17 die F ü r s t e n g r u f t] *zuerst gedruckt unter dem Titel ‹Die Gruft der Fürsten› im ‹Frankfurter Musenalmanach auf das Jahr 1781›, der im Herbst 1780 erschienen ist (vgl. Karl Goedeke, Schubarts Fürstengruft, Archiv für Litteraturgeschichte 7, 1879, S. 163 f.).*

57,7 Am 19ten September] am 24. September; vgl. die Erläuterung zu 53,41.

58,5 den, vorher nicht aufgesezten, aber vortreflich geschriebenen Brief] Das Schiller-Nationalmuseum in Marbach/Neckar besitzt aber die Handschrift eines Entwurfs (abgedruckt in: NA 23, S. 269 f.).

58,6—29: Streicher bezieht sich auf den Brief vom 24. September 1782 (NA 23, S. 41—43):

Mannheim den 24. Sept. 1782.

Durchlauchtigster Herzog
Gnädigster Herzog und Herr,

Das Unglük eines Unterthanen und eines Sohns kann dem gnädigsten Fürsten und Vater niemals gleichgültig seyn. Ich habe einen schröklichen Weeg gefunden, das Herz meines gnädigsten Herrn zu rühren, da mir die natürlichen bei schwerer Ahndung untersagt worden sind. Höchstdieselbe haben mir auf das strengste verboten litterarische Schriften herauszugeben, noch weniger mich mit Ausländern einzulassen. Ich habe gehoft Eurer Herzoglichen Durchlaucht Gründe von Gewicht unterthänigst dagegen vorstellen zu können, und mir daher die gnädigste Erlaubniß ausgebeten, Höchstdenenselben meine unterthänigste Bitte in einem Schreiben vortragen zu dörfen; da mir diese Bitte mit Androhung des Arrests verwaigert ward, meine Lage aber eine gnädigste Milderung dieses Verbots höchst nothwendig machte, so habe ich, von Verzweiflung gedrungen, den izigen Weeg ergriffen, Eure Herzogliche Durchlaucht mit der Stimme eines Unglüklichen um gnädigstes Gehör für meine Vorstellungen anzuflehen, die meinem Fürsten und Vater gewiß nicht gleichgültig sind.

Meine bisherigen Schriften haben mich in den Stand gesezt den Jahrgehalt, den ich von Höchstdero hoher Gnade empfing, jährlich mit 500 fl. zu verstärken welcher ansehnliche Zuschuß für meine Gelehrtenbedürfnisse nothwendig war. Das Verbot, das mir das Herausgeben meiner Arbeiten legte, würde mich in meinen oeconomischen Umständen äuserst zurüksezen, und gänzlich außer Stand sezen mir ferner die Bedürfnisse eines Studierenden zu verschaffen.

Zu gleicher Zeit glaubte ich es meinen Talenten, dem Fürsten der sie wekte und bildete, und der Welt die sie schäzte schuldig zu seyn, eine Lauf- 5 bahn fortzusezen, auf welcher ich mir Ehre zu erwerben, und die Mühe meines gnädigsten Erziehers in etwas belohnen könnte. Da ich mich bisher als den ersten und einzigen Zögling Eurer Herzogl. Durchl. kannte der die Achtung der großen Welt sich erworben hat, so habe ich mich niemals gefürchtet meine Gaben für diesen Endzwek zu üben, und habe allen Stolz 10 und alle Kraft darauf gerichtet mich hervorzuthun und dasjenige Werk zu werden, das seinen fürstlichen Meister lobte. Ich bitte Euer Herzogl. Durchl. in tiefster Unterthänigkeit mir zu befehlen daß ich das beweisen soll.

Ich mußte befürchten gestraft zu werden wenn ich Höchstdenenselben gegen das Verbot meine Anliegenheit in einem Schreiben entdekte. Dieser 15 Gefahr auszuweichen bin ich hieher geflüchtet, fest überzeugt, daß nur die unterthänigste Vorstellung meiner Gründe dazu gehört, das Herz meines Fürsten gegen mich zu mildern. Ich weiß daß ich in der grosen Welt nichts gewinnen kann, daß ich in mein grösestes Unglük stürze; ich habe keine Aussichten mehr wenn Eure Herzogl. Durchl. mir die Gnade verwaigern 20 solten, mit der Erlaubniß Schriftsteller seyn zu dörfen, einigemahl mit dem Zuschuß den mir das Schreiben verschaft Reisen zu thun, die mich grose Gelehrte und Welt kennen lernen, und mich civil zu tragen welches mir die Ausübung meiner Medicin mehr erleichtert, zurükzukommen. Diese einzige Hoffnung hält mich noch in meiner schröklichen Lage. Solte sie mir 25 fehlschlagen so wäre ich der ärmste Mensch, der verwiesen vom Herzen seines Fürsten, verbannt von den Seinigen wie ein Flüchtling umherirren muß. Aber die erhabene Großmut meines Fürsten läßt mich das Gegentheil hoffen. Würde sich Karls Gnade herablassen mir jene Punkte zu bewilligen, welcher Unterthan wäre glüklicher als ich, wie brennend solte mein Eifer 30 seyn Karls Erziehung vor der ganzen Welt Ehre zu machen. Ich erwarte die gnädigste Antwort mit zitternder Hoffnung, ungedultig aus einem fremden Lande zu meinem Fürsten zu meinem Vaterland zu eilen, der ich in tiefster Submission und aller Empfindung eines Sohns gegen den zürnenden Vater ersterbe.   35

Eurer Herzoglichen Durchlaucht
unterthänigsttreugehorsamster
Schiller.

58,30—33: Der Brief an Augé ist nicht erhalten, wohl dagegen ein Brief an
den Oberst von Seeger, ebenfalls am 24. September geschrieben.   40
59,2 am 18ten] am 23.; vgl. die Erläuterung zu 53,41.
59,38—60,2: Vgl. Augés ‹Journal›: den 26. Sept. 1782 habe ich auf befehl

Sr. Herzogl. Durchl. an den Regiments Medicus Schiller nacher Mannheim geschrieben, daß Er sich hierher begeben möchte. Er werde von der Gnade Sr. Herzogl. Durchl. dadurch pofitiren. *(Zitiert nach: Stenzel, Lit. 64, S. 10.) Wahrscheinlich hatte der Herzog die Annahme des Briefs, den Schiller*
5 *am 24. September an ihn geschrieben hatte, verweigert; der Brief ist ungeöffnet im Nachlaß des Obersts von Seeger gefunden worden (vgl. Weltrich, Lit. 67, S. 36 und 221; Stenzel, Lit. 64, S. 10).*

63,21 f.: Vgl. Augés ‹Journal›: den 1. Octobr. — habe ich wider an obbemelden H. Medicus geschrieben, mich auf Mein obiges Schreiben beruffen,
10 und Ihm Errinnert, daß Er Sr. H. Dhl. Gnade nicht länger Misbrauchen solle.

64,17 f. giengen die Reisende nach Tische über die NekarBrüke von Mannheim ab] *am 3. Oktober.*

68,1 am 29ten oder 30ten September] *am 6. oder 7. Oktober (vgl. NA 23,*
15 *S. 270 f.).*

69,29—32: Nach Caroline von Wolzogens Darstellung (Lit. 18, 1. Th., S. 48) hat Schiller den P l a n zu seinem bürgerlichen Trauerspiel ‹Kabale und Liebe› bereits entworfen, als er — vom 28. Juni bis zum 12. Juli 1782 — zur Strafe für seine heimliche Reise nach Mannheim (am 25. Mai 1782)
20 *einen Arrest zu verbüßen hatte.*

71,17—19: Dabei wird auch ein Schreiben Augés gewesen sein, der in sein ‹Journal› eingetragen hat: den 6. Octobr. habe ich abermal, nach Manheim bey dem Churfürstl. Theadro zu erfragen, an den Medico Schiller geschrieben, daß Er sich ohngesäumter hierher begeben solle, Ihme auch en Copia
25 die Herzogl. ordre geschickt, welche Scheinet, daß Serenissimo seine Suchende puncten gnädigst genehmigen würden, wann er diese höchste Gnade nicht länger Misbrauchen werde. *(Stenzel, Lit. 64, S. 11) Die Zweifel, die Schiller auch jetzt noch geäußert haben wird, sollte ein weiteres Schreiben Augés ausräumen, über das im ‹Journal› zu lesen ist:* den 14. Octob. 1782 dem
30 Regiments Medico Schiller nacher Manheim an H. HoffRath Schwan geschrieben, Er möchte kommen, seine Dienste thuen, Er habe nichts zu beförchten. Schickte ihme auch dieserwegen en originale die eigenhändige resolution von Sr. Herzogl. Durchl. und ein brif von seinem vatter, damit Er sich ohngesäumter hierher begeben möge. *(Stenzel, Lit. 64, S. 12) Es ist deutlich,*
35 *daß man Schiller die Rückkehr nach Stuttgart auf jeden Fall ermöglichen wollte, und S c h i l l e r war es, der um seines eigentlichen Berufes willen den Bruch herbeiführte:* den 28. Oct. 1782 habe ich dem H. Haupt⟨mann⟩ Schiller das Couvert von seines H. Sohns leztern brif vom 18ten dieses geschicket. Dabey geschrieben, daß dieser lezte brif dem faß den Boden voll-
40 ends hinaus gestossen habe, und das S. H. D. Mir gestern eine ordre darauf hätten zugehen lassen, daß ich Meinem geweßten Reg. Medico künftig nicht mehr Schreiben solle. *(Augés ‹Journal› nach Stenzel, Lit. 64, S. 14)*

77,26 der Kauffmann des Ortes] *Jakob Derain (etwa 1743—1813); vgl. auch 88,5—89,7.*

79,32 in dem Palais des Prinzen von Baden] *Es wird das Haus des Freiherrn von Baden gewesen sein (vgl. Weltrich, Lit. 68, S. 231).*

81,27—34: Der genaue Text der Rezension Ifflands lautet: 5

F i e s k o.

Ein Trauerspiel von Herrn Schiller.

Der Verfasser der Räuber hat in seinem Fiesko mehr als jemals Shakespeares Fehler nachgeahmt. Das Stück hat indeß auch Schönheiten, die allerdings des Verfassers würdig sind. Allein das Sujet selbst ist nicht 10 theatralisch und die Charaktere auf zu feine Schrauben gesetzt. Das darinnen angebrachte Spektakel folgt nicht aus der Sache, ist für das Theater sehr beunruhigend, für das Auge nicht unterhaltend genug und zieht gleichwohl des Zuschauers Aufmerksamkeit von der Hauptsache ab. Ohne mich in das Detail einzulassen, will ich sagen, der Dichter läßt seine Personen 15 selbst zu viel von ihrem Charakter reden. Es mißfällt mir, daß Gräfin Julia Imperiali g e m e i n ist, wo sie stolz sein will. Sie prahlt mit ihren Kleidern und Schmuck gegen die Gräfin von Lavagna, deren Reichthum im Stück selbst dem Reichthum der Doria an die Seite gesetzt wird, und geht zuletzt von dieser Scene weg, nachdem sie jene vorher ein armes Thier 20 genannt hat. Auch däucht mich, daß Fiesko, dem die Herzen, das Vermögen und die Waffen aller Republikaner zu Gebote standen, daß dieser den langsamen Weg des schleichenden Betrugs in dem Alter, wo Muth und Stolz so fürchterlich gegen Unterdrückung gähren, n i c h t gewählt haben würde. Bis in den dritten Akt ist der eifrige Republikaner voll Subtilitäten 25 gegen feste Männer, bald darauf entschließt er sich, Tyrann zu werden. Die Scenen mit dem Mohren sind durchaus zu lang. In einer dieser Scenen geht Fiesko so mit dem Gelde um, wie ein armer Mann, der unvermuthet das beste Loos gewinnt.

Die Plünderung des Leichnams von einem sanften Frauenzimmer ist 30 widrig. Der Senatoren sind so viele, daß es fast jedem Theater unmöglich fallen muß, sie ohne Lächerlichkeiten zu besetzen. Die Sprache ist aus allen Jahrhunderten zusammen genommen. Aber aller dieser Fehler ohngeachtet, wie viel Stücke haben wir, welche solche Scenen enthalten, als diese sind, wo Verrina seine Tochter entehrt findet, wo das Volk zu Fiesko eindringt 35 und dann Fieskos Monolog darauf folgt? Wo Doria mit seinem Neffen spricht, wo der Mohr den Fiesko erstechen will? Der ganze Mohr überhaupt!

Ist es also nicht eine ehrenvolle Verbindlichkeit, durch jede mögliche Unterstützung den billigen Erwartungen eines solchen Mannes zu entsprechen? Der ungeachtet seiner einzigen Verdienste die angegebenen Fehler zu 40 verändern sich willig erboten hat; der, wie bei Abänderungen der Räuber vielleicht neue Schönheiten hinzugethan und durch die Unannehmlichkeit solcher Abänderungen das fleißiger studirt hätte, was auf der Bühne Wirkung thut.

Die nicht glücklichen häuslichen Umstände des Verfassers verdienen von jeder Bühne für sein Werk wenigstens den Preis, welchen man mittel-
5 mäßigen Originalien oder gewöhnlichen Umarbeitungen alltäglicher Stücke, aus Mangel der Brauchbaren, zuzuerkennen sich oft genöthigt sieht.

Iffland.

(Abgedruckt in: Die Protokolle des Mannheimer Nationaltheaters unter Dalberg aus den Jahren 1781 bis 1789, hg. von Max Martersteig, Mann-
10 *heim 1890, S. 88—90.) Vgl. auch 225,4—29.*

83,20 A r i a d n e   a u f   N a x o s] *Melodrama von Johann Christian Brandes (Text) und Georg Benda (Musik).*

Zweite Abteilung

89,8—13: Vgl. Johann Caspar Schillers Brief an Schwan vom 8. Dezember
15 *1782 (abgedruckt bei Doering, Lit. 16, S. 358 f.):* Nach erhaltenem Schreiben meines Sohnes vom 27. d. vorig. Monats ist derselbe durch einen Offizier, der in M a n h e i m sich nach ihm erkundigte, sehr in Angst gesetzt worden. Es ist aber Gottlob! an dem, was mein Sohn befürchtete, nicht das geringste; und der sich nach ihm erkundigende Offizier war der Lieute-
20 nant und Adjutant K o s e w i t z *(Koseritz),* ein Freund von ihm, gewesen, der auf einige Zeit in Urlaub gegangen, und sich exprès vorgenommen, meinen Sohn in M a n h e i m aufzusuchen und zu strafen.

90,6—91,9: Der Brief enthält bewußte Irreführungen, die Schiller vor Verfolgungen schützen sollten; da Streicher davon nie etwas erfahren hat,
25 *zieht er aus den falschen Angaben falsche Schlüsse. Schiller verließ Bauerbach erst am 24. Juli 1783, um nach Mannheim zu reisen.*

92,1 24ten] 27ten *H³.*

94,33 daß Schiller an Herrn Meier in Mannheim schrieb] *Der Brief ist nicht erhalten.*
30 *94,38* Lanassa] *Trauerspiel von Carl Martin Plümicke nach Le Mierres ‹Veuve du Malabar›, in Mannheim zum erstenmal am 29. Dezember 1782 aufgeführt.*

96,35 f. daß er von Baron Dalberg als Theater-Dichter nach Mannheim berufen worden] *Wahrscheinlich am 31. August, nach einer erfolgreichen*
35 *Aufführung der ‹Räuber›, bot Dalberg Schiller das Amt des Theaterdichters am Nationaltheater an. Nach einer Änderung des ursprünglichen Wortlauts wurde der Vertrag einige Tage später unterschrieben; er hatte — am 1. September beginnend — ein Jahr Gültigkeit und wurde nicht erneuert.*

97,12 in der Mitte des October] *Meyer starb am 2. September 1783.*

98,27 f. ungeachtet der Unterbrechungen seiner Krankheit] *Genetivus subjectivus: ungeachtet der Unterbrechungen durch seine Krankheit (so in der Ausgabe von 1836).*

98,42 Kalkagna] *bei Schiller* Kalkagno.

101,35—102,10: ‹Die Ideale›, 2. Fassung, V. 41—56.

102,17—20: ‹Die Ideale›, 2. Fassung, V. 57—60.

103,9 f. in den Briefen an Baron Dalberg, S. 104—124.] *In der Ausgabe von Marx sind dort abgedruckt: die Briefe Schillers vom 4. Juni, 7. Juni und 2. Juli 1784 sowie der Plan einer dramaturgischen Monatschrift (vgl. NA 22, S. 313 f.).*

105,33 f. wenige Tage nach der ersten Aufführung von K a b a l e u n d L i e b e] *Die Zusammenkunft in Bretten war nicht im April 1784 (erste Aufführung von ‹Kabale und Liebe› in Mannheim: 15. April), sondern vom 22. bis zum 25. November 1782, vor Schillers Abreise nach Bauerbach.*

106,21 in seinen Briefen an Baron Dalberg] *Vgl. die Briefe vom 1. Mai 1784 an Dalberg und Rennschüb.*

106,30 Schröders Leben] *F. L. W. Meyer, Friedrich Ludwig Schröder. Beitrag zur Kunde des Menschen und des Künstlers, neue, wohlfeilere Ausgabe Hamburg 1823.*

107,31—33: Streicher erwähnt nicht, daß Schillers Vertrag von Dalberg nicht verlängert wurde.

112,24—35: ‹Die deutsche Muse›, V. 1—6 und 10—12.

114,16 «der Ruhm mit seiner Sternenkrone»] ‹Die Ideale›, 2. Fassung, V. 55.

116,19—29: ‹Don Karlos›, V. 11—21.

117,35—38: Frau Frick(e); vgl. das Reisetagebuch Johann Baptist Streichers (Dokumente 44).

119,11 Huber] Hueber *H[3]; in der dritten Abteilung hat Streicher die richtige Form verwendet.*

121,24—30: Streichers Darstellung entspricht nicht den Tatsachen; zutreffend ist Charlotte von Kalbs Bericht: Einige Stunden hatte er *(Schiller)* geweilt, da nahm er den Hut und sprach: «Ich muß eilends in das Schauspielhaus.» Später habe ich erfahren, Kabale und Liebe wurde diesen Abend *(9. Mai 1784)* gegeben, und er habe den Schauspieler ersucht, ja nicht den Namen «Kalb» auszusprechen. — Bald kehrte er wieder, — freudig trat er ein, Willkommenheit sprach aus seinem Blick. *(Zitiert nach: Charlotte. Gedenkblätter von Charlotte von Kalb, hg. von E. Palleske, Stuttgart 1879, S. 115.) Im Soufflierbuch zu ‹Kabale und Liebe› ist der Name «Kalb» an zwei Stellen ausgestrichen (vgl. Schillers Kabale und Liebe. Das Mannheimer Soufflierbuch, hg. und interpretiert von Herbert Kraft, Mannheim (1963), S. 204).*

*121,39—122,24: Carl Augusts Besuch in Darmstadt war vom 23. bis zum
29. Dezember 1784. Am 26. Dezember las Schiller den ‹Don Karlos› vor,
am 27. Dezember wurde er zum Weimarischen Rat ernannt.*

123,25 f. zu Ende des Monats] *am 9. April 1785.*

5 *124,16* wie in der Arzneikunde] *Vgl. die Erläuterung zu 37,25—27.*

Dritte Abteilung

126,7 zu Ende des März] *am 9. April; vgl. auch 123,25 f.*

126,19 19ten Sept.] *24. September; vgl. die Erläuterung zu 53,33.41.*

126,31—36: Vgl. dazu 203,38—207,33.

10 *127,31—36: Caroline von Wolzogen zitiert Schillers Brief an Charlotte von
Lengefeld vom 10. November 1789:* bei diesem Mannheim fällt mir ein,
daß Sie mir doch manche Thorheit zu verzeihen haben, die ich zwar vor
der Zeit, eh' wir uns kannten, beging, aber doch beging! Nicht ohne Beschämung würde ich Sie auf dem Schauplatz herumwandeln sehen, wo ich
15 als ein armer Thor, mit einer miserablen Leidenschaft im Busen, herum-
gewandelt bin.

132,4 Fräulein von A. nachmalige Gräfin von K.***] *Marie Henriette Elisabeth von Arnim; sie heiratete 1791 Friedrich von Kunheim und später
in zweiter Ehe Erhard Alexander Graf von Kunheim.*

20 *132,13* Am 2ten Mai 1787.] *Es handelt sich um das Gedicht ‹An Elisabeth
Henriette von Arnim›, das in der von Streicher benutzten Ausgabe der
Werke Schillers (Lit. 14, Bd. 19, S. 336) unter folgendem Titel abgedruckt
ist: ‹An die Gräfinn von K***. Am 2. May 1787›.*

134,20 Im Frühling] *am 20. Juli.*

25 *134,26 f.* Obwol Wieland über Dom Carlos ein sehr hartes Urtheil öffentlich
gefällt hatte] *‹Dom Karlos, Infant von Spanien, von Friedrich Schiller›,
Der Teutsche Merkur, September 1787, S. CXXIII—CXXV.*

135,39 «Schöne Welt wo bist du! Kehre wieder!»] *‹Die Götter Griechenlandes›, 1. Fassung V. 145, 2. Fassung V. 89.*

30 *136,9* Reise] *Abreise von Weimar am 21. November 1787.*

136,39 in seiner Morphologie] *Vgl. 236,5—42.*

137,5 in einem Briefe an Körner] *vom 12. September 1788.*

137,20 Im Frühjahr 1789] *Schillers Antrittsvorlesung (als a. o. Professor)
war am 26. Mai 1789.*

35 *137,22* «Was heißt, und zu welchem Zwek studirt man Universalgeschichte?»]
*Der genaue Titel der veröffentlichten Vorlesung lautet: ‹Was heißt und zu
welchem Ende studiert man Universalgeschichte?›*

*138,1—9: Brief vom 2. November 1790; abgedruckt bei Caroline von Wol-
zogen, Lit. 18, 2. Th., S. 57.*

139,17 Memoiren] ‹*Allgemeine Sammlung historischer Memoires vom zwölften Jahrhundert bis auf die neuesten Zeiten, durch mehrere Verfasser
übersetzt, mit den nötigen Anmerkungen versehen, und jedesmal mit einer
universalhistorischen Übersicht begleitet*›.

139,18 Einleitung] ‹*Universalhistorische Übersicht der vornehmsten an den* 5
*Kreuzzügen teilnehmenden Nationen, ihrer Staatsverfassung, Religions-
begriffe, Sitten, Beschäftigungen, Meinungen und Gebräuche*› (*im ersten
Band der ersten Reihe als Einleitung zur Übersetzung der* ‹*Alexias*›).

140,9 f. seine edle Abkunft von Mütterlicher Seite] Vgl. *die Erläuterung zu
16,7—10.* 10

140,13 am 22ten Febr.] am 20ten Febr. *H*[5].

*140,33—141,4: Streicher übernimmt hier die Zusammenstellung Körners (Lit.
14, Bd. 20, S. XXIX f.) aus den Briefen Schillers vom 16. Mai 1790 (3—6),
vom 1. März 1790 (6—11) und vom 1. Februar 1790 (11—18).*

141,32 f. wie aus seinen eigenen, später anzuführenden Zeugnissen deutlich 15
hervorgeht] Vgl. *145,20—28 und die Erläuterung dazu.*

142,23 Schillers Nachlaß] Lit. *14, Bd. 20, S. 41 f.*

143,5—8: Brief vom 5. Mai 1829; vgl. Dokumente 62.

145,20—28: Brief an Körner vom 25. Mai 1792.

146,9—13: ‹*Minerva. Ein Journal historischen und politischen Inhalts*›, hg. 20
von J. W. v. Archenholz, November 1792, S. 29: Französisches Gesetz,
das Bürgerrecht auswärtiger Gelehrten betreffend. (...) Ein Mitglied verlangt, daß der Herr G i l l e*, ein deutscher Publicist, mit in die Liste derjenigen aufgenommen werde, denen die National-Versammlung den Titel
eines französischen Bürgers bewilligt hat. Dieser Vorschlag wird ange- 25
nommen.

*Die Deutschen mögen den wahren Namen errathen, bis ihn die Fran-
zosen näher erklären, oder der dadurch bezeichnete Gelehrte es selbst bekannt macht. v. A.

147,39—148,14: nach dem Reisetagebuch Johann Baptist Streichers (vgl. 30
Dokumente 44).

148,19 aus dem Briefe an HE. Reinwald] *vom 15. April 1786; in Streichers
Schiller-Biographie nicht aufgenommen.*

149,35 f.: Votivtafel ‹*Zweyerlei Wirkungsarten*› (*NA 1, S. 291*).

150,15 Lotrum] *Leutrum.* 35

150,29—34: Martin Luther, ‹*Vater unser im Himmelreich*›, *9. Str.*

151,24 1797] *Entstehungszeit: (1793 —) 1795; erster Druck: 1796.*

151,25 f. bei dem Geständnisse das er vom Pabst Hadrian dem Sechsten
anführt] Vgl. *NA 20, S. 422.*

151,10—16: ‹*Biographische Einzelheiten. Erste Bekanntschaft mit Schiller*›, 40
Weimarer Ausgabe, Bd. 36, S. 251 f.

152,15 bei der Stelle die Goethe so sehr aufbrachte] *Vgl. NA 20, S. 275,
Anm.:* Ich bemerke beiläufig, daß etwas ähnliches zuweilen mit dem
G e n i e vorgeht, welches überhaupt in seinem Ursprunge, wie in seinen
Wirkungen mit der architektonischen Schönheit vieles gemein hat. Wie diese,
5 so ist auch jenes ein bloßes N a t u r e r z e u g n i ß , und nach der verkehr-
ten Denkart der Menschen, die, was nach keiner Vorschrift nachzuahmen,
und durch kein Verdienst zu erringen ist, gerade am höchsten schätzen, wird
die Schönheit mehr als der Reiz, das Genie mehr als erworbene Kraft des
Geistes bewundert. Beyde G ü n s t l i n g e d e r N a t u r werden bey
10 allen ihren Unarten (wodurch sie nicht selten ein Gegenstand verdienter
Verachtung sind) als ein gewißer Geburtsadel, als eine höhere Kaste betrachtet, weil ihre Vorzüge von Naturbedingungen abhängig sind, und
daher über alle Wahl hinaus liegen.
156,32—37: nach Christophine Reinwalds Mitteilung in ihrem Brief an
15 *Streicher vom 17. Januar 1828 (Dokumente 37).*
157,13 f.: aus dem Brief vom 9. Mai 1796.
157,24 f. zu Ende September] am 7. September.
158,41 die deutsche Bibliothek] ‹*Allgemeine deutsche Bibliothek*›, *hg. von
Friedrich Nicolai, Berlin und Stettin 1799—1806.*
20 *159,13 f.: Der genaue Text lautet:*
W i s s e n s c h a f t
Einem ist sie die hohe, die himmlische Göttinn, dem andern
Eine tüchtige Kuh, die ihn mit Butter versorgt.
(Zitiert nach NA 1, S. 316.)
25 *159,16 f.* Th. 1 Br. 133. pag. 278.] *Hinweis auf die von Streicher benutzte
Ausgabe von 1828/29 (Lit. 17).*
159,18—22: Brief an Schiller vom 23. Dezember 1795.
159,28—37: Schillers Brief an Goethe vom 29. Dezember 1795.
160,4 Wieland (. . .) *in einem eigenen Aufsatze]* ‹*Die Musenalmanache für
30 das Jahr 1797. Ein Gespräch zwischen einem Freunde und dem Herausgeber des Merkurs*›, *Der Teutsche Merkur, Januar 1797, S. 64—100.*
*160,9—11: Es handelt sich um folgende Briefe: Goethe an Schiller, 23. De-
zember 1795; Schiller an Goethe, 29. Dezember 1795; Goethe an Schiller,
26. Dezember 1795; Goethe an Schiller, 10. Juni 1796; Schiller an Goethe,*
35 *11. Juni 1796; Goethe an Schiller, 29. Juni 1796; Goethe an Schiller,
8. Oktober 1796; Schiller an Goethe, 11. Oktober 1796; Goethe an Schiller, 12. Oktober 1796; Goethe an Schiller, 26. Oktober 1796; Goethe an
Schiller, 13. November 1796; Schiller an Goethe, 18. November 1796;
Goethe an Schiller, 19. November 1796; Goethe an Schiller, 5. Dezember*
40 *1796; Schiller an Goethe, 6. Dezember 1796; Goethe an Schiller, 7. Dezember 1796; Schiller an Goethe, 9. Dezember 1796; Goethe an Schiller,
10. Dezember 1796; Schiller an Goethe, 12. Dezember 1796; Schiller an*

19 Streicher

Goethe, 25. Dezember 1796; Schiller an Goethe, 11. Januar 1797; Goethe an Schiller, 11. Februar 1797; Schiller an Goethe, 16. Mai 1797; Goethe an Schiller, 25. September 1797.

160,18—37: Brief vom 7. Dezember 1796.

160,40—161,4: Brief vom 24. November 1797.

161,39 Fridolin] ‹*Der Gang nach dem Eisenhammer*›.

161,39 f. Rudolph von Habsburg] ‹*Der Graf von Habsburg*›.

164,10—22: Brief vom 11. September 1799, den Streicher aus Schmidts Brief vom 23. August 1828 kannte (vgl. Dokumente 56).

165,18 ⟨in⟩ *einem Briefe an seine Schwester Reinwald] vom 10. Mai 1802.*

165,38: Trotz einer freundlicherweise von der Wiener Stadtbibliothek besorgten genauen Durchsicht der Wiener Zeitung konnte eine Meldung über die Erhebung Schillers in den Adelsstand nicht gefunden werden.

165,39 f.: Vgl. die Erläuterung zu 16,7—10.

166,26—28: in der Dedikation an den König von Bayern, Lit. 17, 6. Th.: Durch allerhöchste Gunst wäre sein Daseyn durchaus erleichtert, häusliche Sorgen entfernt, seine Umgebung erweitert, derselbe auch wohl in ein heilsameres besseres Klima versetzt worden, seine Arbeiten hätte man dadurch belebt und beschleunigt gesehen, dem höchsten Gönner selbst zu fortwährender Freude, und der Welt zu dauernder Erbauung.

167,19—29: Vgl. Schmidts Brief an Streicher vom 23. August 1828 (Dokumente 56).

168,10 unternahm er die Kaiserstochter zu begrüßen] *mit dem «lyrischen Spiel»* ‹*Die Huldigung der Künste*›.

170,32 f.: nach Streichers Auskunft im Brief vor dem 25. März 1828 (vgl. Dokumente 40) von Joseph Christian Frhr. von Zedlitz.

174,13 f. mit einem Dilettanten der Literatur, von dem auch Goethe in seinem Leben spricht,] *H⁴ S. 162 nennt Streicher den* Hofrath Leuchsenring aus Darmstadt *als den Besucher; vgl. Goethe,* ‹*Dichtung und Wahrheit*›, *13. Buch, Weimarer Ausgabe, Bd. 28, S. 178.*

178,30—32: ‹Pegasus im Joche›, ungenaue Wiedergabe der Verse 87—90.

179,7—10: Brief vom 19. Januar 1785.

180,19—22: Epigramm ‹Das Höchste›, hier in falscher Versteilung (je zwei Zeilen müssen zusammengenommen werden).

180,35—42: Vgl. 240,22—241,12.

181,9: aus der Votivtafel ‹Tonkunst› (vgl. Säkular-Ausgabe, Bd. 1, S. 152).

Varianten und Ergänzungen

197,5 f. B i o g r a p h i e S c h i l l e r s u n d K r i t i k s e i n e r W e r k e ,
herausgegeben von J. K. S.] *Lit. 13.*

201,27—30: Bei Khünl (Lit. 13, S. 26—29) sind folgende, angeblich von
5   *Schiller stammende, Briefe abgedruckt (es kann als sicher angenommen*
werden, daß es sich dabei um Fälschungen handelt — vgl. Oellers, Lit. 55):
1. «ein halbes Jahr nach seiner Aufnahme in die Militärschule an seinen
jugendlichen (...) Freund, Herrn M... aus L...»: Lieber Carl! ich habe
nicht Wort gehalten! Nicht wahr, das ist Unrecht? Ich wollte D i r schon
10 vor sechs Monaten schreiben, und erst jetzt fällt es mir ein, daß ich einem
Freunde mein Wort halten müsse. — Zürne nicht! mein Wille hat an der
Verzögerung keine Schuld. Ich liebe es nicht, viele Worte zu machen; —
komm selbst, sieh — prüfe — und urtheile! Dein Friedrich ist sich nie selbst
überlassen, den einmahl festgesetzten Unterricht muß er anhören, prüfen
15 und repetiren, und Briefe an Freunde zu schreiben steht nicht in unserem
Schulreglement. Säh'st du mich, wie ich neben mir Kirsch's Lexikon liegen
habe, und vor mir das D i r bestimmte Blatt beschreibe, D u würdest auf
den ersten Blick den ängstlichen Briefsteller entdecken, der für dieses geliebte Blatt eventualiter einen nie gesehenen Schlupfwinkel in einem geistes-
20 armen Wörterbuche sucht.
2. «an den nähmlichen Freund am 18. October 1774»:
Daß du eher zum Zwecke kommen würdest, als ich ahndete ich j e t z t
erst, als ich durch Erfahrung einsehen lernte, daß D i r , einem freyen
Menschen, ein f r e y e s Feld der Wissenschaften geöffnet war. Dem Him-
25 mel sey es gedankt, daß in unseren Criminalgesetzbüchern nicht auch, neben
der Strafe des Felddiebstahles, eine Pön auf Diebstähle in entlegenen wissenschaftlichen Feldern gesetzt ist; denn sonst würde ich Armer, der ganz heterogene Wissenschaften treibt, und im Garten der Pieriden manche verbo-
thene Frucht naschet, längst mit Pranger und Halseisen belohnt worden seyn.
30 *3. «am 20. Februar 1775 an denselben»:*
D u wähnst, ich soll mich gefangen geben dem albernen, obgleich im Sinne
der Inspectoren ehrwürdigen Schlendriane? So lange, wie mein Geist sich
frey erheben kann, wird er sich in keine Fesseln schmiegen. Dem freyen
Manne ist schon der Anblick der Sclaverey verhaßt — und er sollte die
35 Fesseln duldend betrachten, die man ihm schmiedet? — O Carl! wir haben
eine ganz andere Welt in unseren Herzen, als die wirkliche ist; — wir
kannten nur I d e a l e , nicht das, was wirklich ist. — — — Empörend
kommt es mir oft vor, wenn ich da meiner Strafe entgegen sehen soll, wo
mein innerstes Bewußtseyn für die Rechtlichkeit meiner Handlungen
40 spricht. — Die Lectüre einiger Schriften von Voltaire hat mir gestern noch
sehr vielen Verdruß verursacht.

4. «Am 25. September 1776 schrieb Schiller an einen seiner späteren Freunde, Herrn F ... in St ..., der die Akademie an Ostern dieses Jahres verlassen hatte»:
Sie stehen jetzt auf der Bühne der wirklichen Welt, und werden, das traue ich dieser Bühne zu, ganz andere Decorationen, Soufleurs und Acteurs ge-   5
funden haben, als wir sie uns in unserer Ideenwelt dachten. Erzeigen Sie mir doch ja die freundschaftliche Gefälligkeit, und theilen mir Ihre Ansichten der wirklichen Welt mit. Mich interessirt alles, was ich von freyen, selbstständigen Männern von einer Laufbahn erfahre, die ich bald selbst betreten werde. Nicht so ganz von wirklichen Erfahrungen entblößt   10
wünschte ich in die wirkliche Welt überzutreten; denn alles, was ich bisher von ihr weiß, folgerte ich aus dem Handeln und Wandeln in derselben; worüber mich die Geschichte, die treue Leiterinn und Führerinn auf meiner wissenschaftlichen Laufbahn, mehr, als alles unsentimentale Geschwätz mancher Erzieher, über Lebens- und Erfahrungsprincipe belehrt.   15

203,6—10: Lit 13, S. 41.

203,28—30 Heinrich Doering (...) F r i e d r i c h v o n S c h i l l e r s **L e b e n** a u s t h e i l s g e d r u k t e n , t h e i l s u n g e d r u k t e n N a c h r i c h t e n] *Lit. 16.*

204,14—16 zu Ende Mai, (...) denselben Besuch, aus der gleichen Ursache   20
wiederholte,] Vgl. die Erläuterung zu 38,25—27.

204,22 in einer Gesellschaft bis 24 f. gefunden hätte.] Vgl. die Erläuterung zu 38,25—27.

205,8 wo sich die Laura zu einer ähnlichen Dichtung wieder erneuerte.]
‹*Freigeisterei der Leidenschaft*›, *1786 in der* ‹*Thalia*› *veröffentlicht.*   25

205,13 zu einem Briefe an S c h w a n] *vom 24. April 1785.*

209,33 M o n a t s c h r i f t] *Vgl. die Erläuterung zu 28,6.*

209,34 H o v e n] *Vgl. die Erläuterung zu 11,20.*

209,35 f. eine beissende und harte Beurtheilung der Räuber] Vgl. die Erläuterung zu 28,9 f.   30

210,4—9: Möglicherweise handelt es sich hier um eine Verwechslung mit dem Erstdruck, dessen Drucker bis heute nicht ermittelt werden konnte. Vgl. NA 3, S. 294—296 und S. 344 f.

220,32 in dem A u s s c h u s s e] *Der «Ausschuß» war eine «Kommission» «aus dem ersten und zweiten Ausschuß (d. h. dem Regisseur und seinem*   35
Stellvertreter) unter Beiziehung der ersten Schauspieler» (Archiv und Bibliothek des Grossh. Hof- und Nationaltheaters in Mannheim 1779—1839, hg. von Friedrich Walter, Leipzig 1899, Bd. 1, S. 197).

225,13 des Ausschusses] Vgl. die Erläuterung zu 220,32.

228,15 f. S. Briefe an B.⟨aron⟩ D.⟨alberg⟩] Lit. 15, S. 137—139: Brief vom   40
19. April 1785.

228,21 in seinem Leben pag. 33 und 34] *A. W. Ifflands dramatische Werke,*
Bd. 1: Meine theatralische Laufbahn, Leipzig 1798: Den Lehrern in dieser
Klasse ward ich eben wegen dieses Mangels bald gleichgültig, und, da ich
gar nicht in Betracht kam, meinen Mitschülern ein Gegenstand des Spottes.
5 Unvermögend mir selbst aus dieser Lage zu helfen, zu lebhaft um einen
ernsten Entschluß zu fassen, verfiel ich darauf, durch Witz und Neckereyen
mich an allen denen zu rächen, die gar nichts in mir erkennen wollten.

230,2 eine Professor Stelle zu Tübingen] *Vgl. 248,25—31.*

231,9 Calas] ‹*Der Fanatismus oder Jean Calas*›, 1774.

10 *231,30 f.:* ‹*Fingal*›, *3. Gesang.*

232,25 die *(...)* Frau bei welcher er in Stuttgart wohnte] *die Hauptmanns-*
witwe Luise Dorothea Vischer.

232,27 Modelied, Blühe liebes Veilchen] *Vgl. A. Streicher, Variationen für*
Klavier über «Blühe liebes Veilchen» (nach Robert Eitner, Biographisch-
15 *bibliographisches Quellenlexikon, Leipzig 1903).*

233,15 an eine bestimmte Person] *Charlotte von Kalb; vgl. den Untertitel*
des Gedichts: ‹Als Laura vermählt war im Jahr 1782›.

234,16 f.: ‹*Resignation*›, *V. 99 f.: was man von der Minute ausgeschlagen /*
gibt keine Ewigkeit zurük. (NA 1, S. 169)

20 *234,18—20: Vgl. die Erläuterung zu 233,27.*

235,37—236,2: Brief vom 18. Januar 1788.

236,5—15: Weimarer Ausgabe, Bd. 36, S. 438.

236,16—26: Weimarer Ausgabe, Bd. 36, S. 247.

236,27—42: Weimarer Ausgabe, Bd. 36, S. 248 f.

25 *237,31 f.: Vgl. Votivtafel ‹Das Naturgesetz›:* So wars immer mein Freund,
und so wirds bleiben. Die Ohnmacht / Hat die Regel für sich, aber die
Kraft den Erfolg. *(NA 1, S. 301)*

238,14 f. die Erscheinung der Schlangen, wie sie auf den Priester des Apoll
Laokoon andringen] *V. 265—312 in Schillers Übersetzung der ‹Zerstörung*
30 *von Troja›.*

238,17 f. in dem ersten Bande von Frau von Wolzogen vorkommen (S. p.
284—293)] *Es handelt sich um die Briefe vom 2. Juni, ... Juni, 28. Juni*
und 15. September 1788.

239,7—11: Brief vom 12. September 1788.

35 *239,16—22: Brief vom 23. Dezember 1788.*

240,5—10: Brief an Körner vom 25. Februar 1789; vgl. Körner, Lit. 14,
Bd. 20, S. XXXV f.

240,29 f. In der oft erwähnten Lebensbeschreibung wird (S. 71) angeführt]
Caroline von Wolzogen, Lit. 18, 2. Th.

40 *242,39—243,1: Brief vom 21. Dezember 1792 (aus Lit. 14, Bd. 20, S. L).*

243,26 Sulzers Werk] *Johann Georg Sulzer, Allgemeine Theorie der schönen*
Künste, Leipzig 1771—1774.

246,9—13: Lit. 14, Bd. 20, S. LXV f.

246,16—26: Lit. 14, Bd. 20, S. LXVIII f.

248,22—31: Lit. 14, Bd. 20.

248,37 der Vorschlag B e k e r ' s] Rudolf Zacharias Becker (1751—1822), *Schriftsteller.*

250,34—38: Meistens wird auf einen Artikel vom 19. Dezember 1820 in der ‹Allgemeinen Zeitung› verwiesen, und Streicher hat dies auch selber behauptet (V H¹ S. 1). Der Anstoß für Streicher muß aber schon früher erfolgt sein, da er bereits am 22. Januar 1820 an den Regierungsrat Schmidt in Weimar geschrieben hat (vgl. dessen Antwortbrief vom 8. Februar 1820: Dokumente 9). Wahrscheinlich erinnert sich Streicher an die ‹Gesellschafter› (Berlin) am 27. November 1819 abgedruckten «Reiseerinnerungen»: Vergeblich forschte ich auf dem Stadtkirchhof zu Weimar nach dem Grabstein Schillers. Endlich führte mich der heisere Küster in eine entlegene Ecke des Platzes, und mich vor ein altes, verfallenes Häuschen postierend, sagte er mir halb vertraulich: «Hier liegt er!» Der Mann hatte ein ganz ehrliches Gesicht, und so kann man ihm wohl aufs Wort glauben. Fünf Schritte von diesem ehrwürdigen Grabe ist ein g r o ß e r Obelisk aufgerichtet. «Herder? Musaeus?» rief ich. Nein! Ein Handwerksbursche, der einst bei einer Feuersbrunst jemandem das Leben rettete. Fiat applicatio! (Zitiert nach Hecker, Lit. 46, S. 265 f.) Vgl. auch den in Streichers Nachlaß enthaltenen (h¹: AII,2a(11), S. 2; h²: SNM) Auszug eines Briefes aus der Beilage zur ‹Charis. Rheinische Morgenzeitung› Nr. 20 vom 17. Mai 1823: Meine Geschäfte führten mich vor kurzem abermals durch Weimar, und ich benutzte einige freie Stunden, außer Anderm, vorzüglich auch Schillers Grab zu besuchen. Es ist ein Bedürfniß für den Freund des Vaterlandes, die Stätten zu sehen, wo die Zierden der Nation, auf ihr thätiges, ruhmvolles Leben, ein stilles Ruheplätzchen gefunden haben; der Lebende verweilt mit Hochgefühl in ihrer Nähe, und auch das Kleinste, was die einst so theure Hülle umgibt, wird für ihn zur Reliquie.

Endlich gelangten wir auf diesem kleinen buntschäckigen «alten Kirchhof», in dessen Mitte eine Kirche steht, in die Nähe Schillers. Keine Erde bedeckt die theuren Überreste des unsterblichen Dichters, kein Grashalm keimt über seiner Asche. Vergeblich sucht der Wanderer einen Denkstein für ihn, oder den Sarg selbsten; alles dies ist ihm versagt, denn: im sogenannten Kassengewölbe — einem elenden halbverfallenen im altfränkischen Schreinerstyl vielleicht vor 30 oder 40 Jahren erbauten PrivatGewölbe — steht der einfache Sarg «Schillers» mitten unter 30 andern Särgen verstorbener Mitglieder dieser Sterbkassen-Gesellschaft, und der Sänger dessen Lieder in jeder edlen Brust widerhallen werden, so lange eine deutsche Sprache besteht, Schiller vermodert hier, unbeachtet, und von keiner Thräne seines durch ihn gehobenen Volkes benetzt. Wir giengen nach un-

serm Gasthof zurück. Laut beklagten wir uns über eine solche Beisetzung
der Überreste eines Mannes, für den zwar kein Denkmal ehrend genug
wäre, aber der darum doch ein eigenes freies Grab in frischer Erde verdient
hätte: einen Hügel auf dem die Dankbarkeit ihm Rosen und Lilien pflan-
5   zen könnte, und wo der fühlende Deutsche dem edelsten seiner entschlafe-
nen Sänger, einige Minuten der Bewunderung und des rührenden Andenkens weihen würde.

*251,3—33: Christian Friedrich Schmidt an Streicher, vollständig abgedruckt
als Dokument 10.*

10 *253,23—255,20: nach der Anweisung in den Nachträgen (S. 23) vom Herausgeber eingefügt (aus Hecker, Lit. 46, S. 220—223).*

*258,29—259,31: aus dem Brief Christian Friedrich Schmidts an Streicher vom
8. Februar 1820 (Dokumente 9).*

262,1—5: Brief vom 25. März 1785.

15 *265,7 f.* der Antiken Saal zu Mannheim] *Vgl.* ‹Brief eines reisenden Dänen
(Der Antikensaal zu Mannheim)›, *NA 20, S. 101—106.*

268,7 f. Fußreise, die wir von M a n n h e i m nach F r a n k f u r t machen
mußten] *vom 3. bis zum 5. Oktober 1782.*

Einladung zur Subskription der ‹Flucht›

Einladung zur Theilnahme, um zum Gedächtnisse Schiller's einen Preis, der alle zehen Jahre für das beste Drama bestimmt seyn solle, auszusetzen.

Zu diesem Zweke ist der Ertrag einer Schrift: Schiller's Flucht von Stuttg. und sein Aufenthalt in Mannheim vom Jahr 1782 bis 1785. ohne allen an-
5 dern Abzug als den der Drukkosten, und unvermeidlichen Ausgaben für den Briefwechsel, bestimmt.

Zur Erläuterung dieser Ankündigung möge folgendes dienen.

Der Verfasser dieser Schrift war von dem Jahr 1781 bis 1785 nicht nur ein sehr anhänglicher Freund des (schon damals größten) Dichters, sondern
10 er theilte auch seine Flucht mit ihm, so wie alle Leiden und Entbehrungen die daraus für beide entsprangen. Mit seinem eigenen Schiksale zu sehr be-schäftiget, seit dem Jahre 1794 in dem Gewirre des geräuschvollen Wien's, blos der Tonkunst sich hingebend, wäre es ihm nie beigefallen, etwas über diese Flucht und ihre Folgen öffentlich herauszugeben, wenn nicht im Jahr
15 1820 in der Allgemeinen Zeitung die, später durch andere bestätigte Nach-richt sich gefunden hätte, daß der große Dichter nicht einmal ein Eigenes Begräbniß habe, und zum Schmertz für jeden Deutschen, nicht einmal der Ort angegeben werden könne, wo sich diese theuren Ueberreste finden ließen. Empört über eine solche, die NationalEhre kränkende Vernachläßigung, be-
20 schloß er, dasjenige, was bisher alle seine Biographen verschweigen mußten, weil sie keine Kenntniß davon hatten, auf Unterzeichnung herauszugeben und den Ertrag derselben, zu einer eigenen Gruft mit einem einfachen Denk-male zu verwenden. Die genauere Erzählung sey hiemit übergangen, damit sie in dem Werkchen selbst einen schiklicheren Platz finde. Als aber am
25 16ten Dec. 1826 das geschah, was in Deutschland bisher unerhört war, daß nemlich Se. K. H. der Grosherzog von Weimar in der Fürstlichen Familien-gruft, die Asche Schillers aufstellen ließ, um einst, mit Goethe, an seiner Seite zu ruhen, war der Wunsch jedes deutschen Herzens erfüllt, und der Stolz von allen befriediget, die das Vergängliche vom immer dauernden zu
30 unterscheiden wissen.

Der Zwek, wegen welchem diese Schrift hätte mit einigem Grunde erschei-nen können, war nun über alle Erwartung erfüllt, und ihre Bekanntmachung würde unterblieben seyn, wenn nicht die Schwester Mad. Reinwald und mehrere Verehrer des Dichters, denen das erste Heft dieser Schrift mitge-
35 theilt wurde, es für unverantwortlich gehalten hätten, daß Nachrichten, welche die bedeutendste Lücke in seinen Lebensbeschreibungen ausfüllen, un-bekannt und für seinen Ruhm verloren bleiben sollten. Der Verfasser glaubte

diesen Meinungen endlich beipflichten zu müssen und entschloß sich, zu einem andern Zweke, der nicht nur den Nahmen Schiller, sondern auch den seiner Nation verherrlichen sollte, eine getreue, wahre, ungeschminkte Erzählung dessen herauszugeben, was in seiner Gegenwart, unter seinem Mitwirken und Leiden sich in den Jahren 1781 bis 1785 mit dem Dichter ergeben.   5

Jeder Deutsche dem die Ehre des gesamten Vaterlandes, dem die höhere Bildung theuer und werth ist, wird nun hiemit aufgefordert, was von seiner Seite möglich ist, dazu beitragen zu wollen, daß ein volles, reines Capital von 20,000 f in 20 f oder 24,000 f im 24 f Fuß, durch den Ertrag dieser Schrift zusammengebracht werde, welches auf folgende Art angewendet wer- 10 den solle.

1) Von diesen auf Hypothecarische Sicherheit angelegten 20,000 f werden die 10jährigen 5percentigen Intressen mit 10,000 f demjenigen Dichter ein-gehändiget, der während der verflossenen zehen Jahre, das vorzüglichste Schauspiel, Drama oder Trauerspiel aus der deutschen Geschichte genommen 15 oder wenigstens einen Bezug darauf habend, verfertiget hat.

2) Sollte er nicht mehr am Leben seyn, so wird diese PreisSumme, an seine Frau, Kinder, oder Geschwister, mit Ausschluß aller übrigen Verwandten, überliefert.

3) Die Betheilung des Preises geschieht mit einer der Sache angemessenen 20 Feierlichkeit, öffentlich, einmal zu Stuttgardt, der Hauptstadt des Landes wo der Dichter geboren wurde, einmal zu Weimar, wo er sein zweites Vater-land fand und starb, und das drittemal in Wien, allwo sein Genius am höchsten und innigsten verehrt wird.

4) Dem Preise von 10,000 Ct wird eine vergoldete Lorbeerkrone beige- 25 fügt.

5) In jeder der genannten Städte, werden drei Männer ernannt, die sowol die Stüke zu prüfen haben, welche während der lezten 9 Jahre gedruckt worden, als auch diejenigen welche zur Preiswerbung in der Handschrift eingesendet worden sind. 30

6) Der Innhalt des Stückes muß so genau als möglich der wirklichen Be-gebenheit angepaßt seyn, und es kann dem Dichter nicht frei stehen, in der Hauptsache von der Warheit abzuweichen, oder gar das Gegentheil von dem zu schildern was sich wirklich zugetragen.

7) Sollte während 9 Jahren kein einziges historisches Schauspiel, Drama 35 oder Trauerspiel erschienen seyn, welches eines so bedeutenden Preises würdig, wäre, so wird die Summe von 10,000 f zu gleichen Theilen, an diejenigen drei Provinzen Deutschlands, aus denen die meisten zu dieser Stiftung unter-zeichnet haben, verabfolgt, und aus jedem Drittheil von 3333 f 20 für arme Studierende zwei Stipendien errichtet, welche aber für immerwährende 40 Zeiten, Schiller'sche Stipendien benannt werden müssen.

8) Da die Zinsen des Kapitales immer wieder auf Zinsen angelegt werden, so tragen 10,000 f in 10 Jahren — — — — — — f welche zu folgendem Preise verwendet werden.

Schiller zeichnet in der Beurtheilung der Bürgerischen Gedichte das Bild
eines wahren Volksdichters in so schönen, edlen, aber auch so selten zu fin-
denden Zügen; er schildert den Einfluß desselben, wenn er im Stande ist, die
Grundwarheiten der Sittlichkeit, der Religion auf eine einfache, dennoch
aber geistreiche Art, in eine den Begriffen des Volks angemessene, aber auch
dem höher gebildeten zusagende Sprache einzukleiden, als so wichtig, daß,
besonders in unserer Zeit wo die Begriffe von der Tugend des Bürgers, der
übrigen Lebensverhältnisse, sich zu verwirren schon angefangen haben, der
Wunsch aber so natürlich als anmessend ist, ein Werk zu besitzen, welches
alles, oder doch zum größten Theile erfüllte, was Schiller auf der 5 bis 8ten
Seite dieser Beurtheilung als nützlich und unerläßlich darstellt.

Der Nutzen den ein solches, auch dem zarten Kindersinne faßliches, in
Reimen oder wenigstens Rhytmischer Sprache abgefaßtes Buch leisten könnte,
würde für die Folgezeit unermeßlich, und für das gesamte Vaterland von
den ersprießlichsten Folgen seyn.

9) Der Preis könnte, wie für das Drama, entweder dem besten Werke
dieser Art was während 9 Jahren schon gedruckt erschienen, oder zur Preis-
Bewertung eingeschickt worden, ebenfalls öffentlich auf eine feierliche Weise
ertheilt und demselben ein angemessener Krantz beigefügt werden.

10) Welchen Männern die Beurtheilung beider Arten Werke anvertraut
wird; welche Bedingung der Bearbeitung vorausgesetzt seyn müssen; welches
Jahr für das erstemal, welcher Tag für immer, zu der öffentlichen Betheilung
angesetzt wird; kann in einer bloßen Ankündigung nicht besprochen, sondern muß dem Uebereinkommen und einem eigenen Aufsatze überlassen
bleiben.

11) Denen mit dem Preise betheilten, bleibt das Eigenthum ihrer Werke,
zur gänzlich freien Verfügung.

12) Sollte aber während zehen Jahren, kein Werk lezter Art eines solchen
Preises würdig befunden werden, so wird der Betrag des Preises zurük behalten, wieder auf Zinsen gelegt, und die nun erhöhte Summe demjenigen
zuerkannt, der in den nächstfolgenden 5 Jahren, das vorzüglichste dieser Art
liefert. Ließe sich auch dann noch keine Betheilung veranstalten, so würden
weitere 5 Jahre zugegeben, und wenn auch diese ohne Erfolg verstrichen
wären, mit dem Betrag dieses Preises eben so wie dem für den Dichter, verfahren.

13) Obwol der Verfasser vor jedem rechtlichen Verleger und Buchhändler
die gebührende Achtung hegt, und in keinem andern Falle je gemeint wäre,
einem oder dem andern etwas zu entziehen, wozu er, gemäs seinem Berufe
ein Recht hat; so erlaubt dennoch der Zwek dieses Werkchens, das jeden

Privatvortheil ausschließt, durchaus nicht, dasselbe auf eine andere Art, als nur denjenigen zu überlassen, welche für ihre eigene Person darauf unterzeichnen. Deshalb können auch für die Subscription eines einzelnen, nicht mehrere Exemplare verabfolgt, oder für einen U n g e n a n n t e n abgegeben werden, sondern jeder muß mit der Unterschrift seines Nahmens genannt seyn, damit dieser dem Werkchen vorgedruckt werden könne.

14) Um die Unterzeichnung möglich zu machen und zu erleichtern, werden die Verehrer des großen Dichters ersucht in jeder Stadt, in jedem Orte die Nahmen der beitretenden zu sammeln und solche, in einer deutlich geschriebenen Liste, für Oestreich nach Wien, Grätz, Brünn, Ollmütz, Prag; für Preußen nach Berlin, Königsberg, Frankfurt an der Oder, Breslau; für Sachsen, nach Dresden, Leipzig; für Hannover nach der Hauptstadt; für Braunschweig desgl.; für Wirtemberg nach Stuttg. — für den Rheinkreis nach Francf a/M, für Hessen nach Kassel und Darmstadt; für Naßau nach Bieberich, einsenden, und dabei so viel als nur möglich jede Auslage ersparen zu wollen, weil diese sonst dem Ertrage des Ganzen entgehen würde.

15) Da mit dem Druke nicht bälder begonnen wird, als bis die Ueberzeugung statt findet, daß die Summe von 20,000 f (nach Abzug der unvermeidlichen Unkosten) rein und baar erreicht ist, so ist es nöthig von heute an in 3 Monaten wenigstens von jedem Hauptorte die Zahl der Unterzeichner zu wissen, damit entweder mit dem Drucke noch zurük gehalten oder begonnen werden kann? Das Ergebniß hiervon wird dann öffentlich angezeigt und entweder die Einsendung der wirklichen Unterzeichner und ihrer Vorausbezahlung verlangt, oder die Sache, als vom Publicum nicht genehmigt, erklärt.

16) Die von den Unterzeichnern eingehende Beträge, werden an die noch anzuzeigende Adressen eingeliefert, die selbige hieher nach Wien an das Haus — — — — — übermachen, bei denen die Summe auch so lange liegen zu bleiben hat, bis sie, mit voller Sicherheit, auf immerwährende Zeiten untergebracht seyn wird.

17) Da in diesem Plane von keinem Beitrage die Rede ist, wofür der Geber nichts weiter erhält, als die kleine Befriedigung seines Bewußtseyns, zu einer schönen, guten Sache etwas beigetragen zu haben; sondern für noch weniger als die Hälfte der Summe, womit fabelhafte Lebensbeschreibungen des Dichters bezalt worden sind, etwas geboten wird, was bisher noch gänzlich unbekannt blieb, mit der treuesten Warheitsliebe erzählt, und die schwerste Zeit des Dichters erst in ihr gehöriges Licht stellt; so folgt hier in gedrängter Kürze das Wesentlichste des Innhaltes, der zu dieser Stiftung bestimten Schrift.

Innhalt. ppp.

Nun kann der Leser um so leichter beurtheilen w a s er für seinen Beitrag erhält, und ob es nicht am angemessensten seye, die Hindernisse, die Unbil-

den des Schiksals, welche den einflußreichsten Dichter im Anfange seiner
Laufbahn betroffen, dahin zu benutzen, ihm selbst ein solches Denkmal zu
stiften, was auch noch in spätesten Zeiten seinem Volke Nutzen und Ruhm
gewähre, und andern jungen, von seinem Geiste zur Nacheiferung angereitz-
5 ten Männern, eine Belohnung zu bereiten, die sie, gleichsam in seinem
Nahmen, unter seiner Vermittlung, als aus den Händen des gesamten
Deutschlands gereicht, empfangen können? In welch' hohem Grade muß ein
so beträchtlicher Preis denjenigen anspornen, der den Beruf, die Fähigkeit
in sich fühlt, um denselben sich bewerben zu können! Wie sehr wird er alles
10 was schön, groß, edel, erhaben, oder zwekmäßig ist, zu vereinigen suchen, um
sowol die Meinung derer welche die Sache unterstützten, als auch aller Zeitgenossen, welche mit scharfen Augen das Verdienst seines Werkes messen
werden, zu rechtfertigen! Nicht erkauftes, erbetteltes, oder auch oft abge-
trotztes Lob, kann hier über seine Leistung absprechen, denn seine, ihm den
15 Preis zuerkennenden Richter, haben 30 Millionen Deutsche zu Oberrichtern
über sich, die es schwer ahnden würden, wenn ein unwürdiger den Krantz
erhielte, der nur dem Trefflichsten zugedacht war. Der erlangte Ruhm des
Siegers, wird nicht allein auf ihm ruhen; er wird seine Strahlen auch auf seine
Stammverwandten werfen. Der Oestreicher, Preuße, der Sachse, Franke,
20 Rheinländer, Wirtemberger pp wird stolz darauf seyn, daß ein Sohn aus
seiner Mitte es war, der den schönsten Lorbeer, nicht den durch Blut errun-
genen, sondern den eroberte, mit welchem die edelsten Herzen das stille Verdienst desjenigen krönen, der durch seinen Geist den Menschen über sich
erheben lernt, das Gute in ihm befördert, das Gemeine verschönert, und ihn
25 zum würdigen Mitgliede der Gesellschaft bildet.

So sehr ist es dem Verfasser blos um Erreichung dieses herrlichen Zwekes
zu thun, und so wenig ist dabei auch nur ein kleiner Theil von Ehrgeitz oder
Selbstsucht von seiner Seite im Spiele, daß es ganz gegen seinen Willen, gegen
sein innerstes Gefühl geschieht, wenn jezt oder auch künftig, nur sein Name
30 genannt wird. Möge dieser für immer unbekannt bleiben, wenn nur die
Absicht in Erfüllung geht.

Da das geistige abgerechnet, Niemand so viel Materiellen Gewinn von
Schiller's Arbeiten gezogen, als die Theaterunternehmer Deutschlands; da
wenn ihnen klassische Stücke durch diese Preisbestimmung verschafft werden,
35 auch ihr künftiger Vortheil dadurch sicher gestellt ist; da, zum großen Nachtheil für unsere Dichter, kein ähnliches Uebereinkommen mit diesen und den
Theatern, wie in Frankreich, und wie es auch der Billigkeit gemäs ist, besteht; so dürfte von diesen mit vollem Rechte erwartet werden, daß sie, die
Ehre Deutschlands so wie ihre eigene, nebst ihrem Nutzen beherzigend,
40 wenigstens Eine Vorstellung zur Beförderung dieses Preises veranstalten, und
dazu den 10ten Nov. als den Geburtstag des Dichters wählen sollten. Von

solchen Anstalten, denen der Gewinn beinahe ausschließlich zufließt, sollte
eigentlich die größte, bereitwilligste Unterstützung erwartet werden dürfen.

Und nun deutsche Männer, ihr, die ihr an Schiller ein so herrliches Vorbild
erhalten habt, fragt euch selbst, ob es nicht eure Pflicht ist, auch eure Nachkommen anzufeuern, damit die reichen Keime die unter euch ausgestreut   5
sind, genährt, gepflegt werden, um solche Früchte zu tragen, die ihr für euch
selbst und andere für die wolthätigsten erkennt? Schon seit zwanzig Jahren
wird über eine Einheit Deutschlands gesprochen, gestritten, geschrieben. Ver-
wegenes ist sogar versucht worden, sie zu bewirken. Vergeblich! Zahlreiche
Söhne derselben Mutter, an gleicher Brust gesäugt, mußte sie jedem seinen   10
abgesonderten Antheil an Land ausmitteln, und konnte ihnen keine andere,
als die Einheit des Geistes vererben. Nur hierinne mag der Nordländer den
Südländer, der Oestreicher den Preußen, der Baier den Sachsen seinen Bruder
nennen, und bleibt nur dieses Familienband fest geknüpft, so seyd ihr auch
künftig, was man euch jezt vielfältig nennt, das stärkste Volk der Welt!   15

Das schönste Recht, daß sein Nahme erhalten und sein Geist in den Nachkommen erwekt bleibe, hat sich aber unser Dichter, bei dem weiblichen Geschlechte erworben, das keiner höher verehrte als Er, keiner besser zu würdigen verstand; keiner dessen Tugenden mehr heraus hob; keiner sie schöner,
lebendiger darstellte. Nur in seinem Gemüthe, in seiner Einbildungskraft,   20
konnten sich die Ideale einer Leonore, Luise, Johanna, Thecla, Gertrud, bilden, und auch nur seiner genauen Kenntniß des schönen Geschlechtes, seiner
Verehrung für dasselbe kann es zugeschrieben werden, daß er, trefflicher
als es je geschehen, dessen Tugenden nach dem Leben und handeln darstellte.
Mögen alle weiblichen Herzen, welche die Warheit dessen fühlen was der   25
göttliche Dichter von ihnen sang: Ehret die Frauen, sie flechten und weben,
himmlische Blumen ins irrdische Leben, nun durch die That zeigen, wie hoch
sie ihren Sänger zu schätzen wissen, und möge es ihnen hiemit vorzüglich
anvertraut seyn, daß der ausgesprochene Zwek gelinge. Wenn Sie edle
Frauen sich deshalb bemühen; wenn ihre Beredsamkeit das Phlegma der   30
Männer anzutreiben, ihre sparsame Zurükhaltung zu überwinden sucht;
wenn Sie, bei so manchen wolthätigen Absichten gewöhnt vereint zu handeln, auch hierinne, bei dem Sammeln von Unterzeichnungen ihre Thätigkeit
anwenden, dann wird, dann muß dieser Vorschlag gelingen. Für Walter
Scott, dessen Werke jezt schon durch andere verdrängt werden, sucht seine   35
Nation eine Schuld von 270,000 f zu ersetzen; in demselben Lande, wie auch
in Frankreich, sind schon die schönsten Monumente, Ehrenzeichen, Belohnungen blos dadurch ermittelt worden, daß jeder Beitragende, nur einen
Penny, einige Sous (Kreutzer) liefern durfte, warum sollte es uns, warum
sollte es besonders der Zierde der Schöpfung dem schönsten, edelsten Theile   40
der Menschheit nicht gelingen, unter einem Volke von 30 Millionen, kaum
den zehenten Theil dessen für die unsterblichen Werke unsers größten deut-

schen Dichters zusammen zu bringen, was die Engländer aus Dank für einen, blos unterhaltenden Schriftsteller zu thun begonnen haben. Der von Ruhm glänzende Krantz des Dichters wirft seine Strahlen auf das Vaterland, und jede Tochter, jeder Sohn desselben, welche die Wirkung für die Nachwelt
5 zu erhalten suchen, darf sich eines besonderen Antheiles daran rühmen.

Dokumente

1. *Schiller an Streicher. Bauerbach, 8. Dezember 1782 (86,17—87,29).*

2. *Schiller an Schwan*

B a u e r b a c h d. 8. Dec. 1782.

Theuerster Freund,

5 Izt kann ich Ihnen mit aufgeheiterterm Gemüth schreiben, denn ich bin an
Ort und Stelle, wie ein Schiffbrüchiger, der sich mühsam aus den Wellen
gekämpft hat. Nunmehr bin ich in der Verfaßung ganz meiner Seele zu
leben, und ich werde sie sehr benuzen. Da ich alle Nothwendigkeiten und
auch die Bequemlichkeiten habe, so habe ich eine Zeitlang für nichts zu sor-
10 gen, als mich zu einem grosen Plan vollends auszubilden. Diesen Winter seh
ich mich genöthigt nur Dichter zu seyn, weil ich auf diesem Weeg meine Umstände schneller zu rangieren hoffe. Sobald ich aber von dieser Seite fertig
bin will ich ganz in mein Handwerk versinken.

Bei meiner neulichen schnellen und heimlichen Abreise war es mir nicht
15 möglich, persönlich von Ihnen mein bester Freund Abschied zu nehmen. Ich
thue es izt, und sage Ihnen für Ihre zärtliche Theilnehmung an meinen
Schiksalen meinen aufrichtigsten Dank. Meine damalige Verfaßung gab mir
Gelegenheit genug, meine Freunde auf die Probe zu stellen, und so unangenehme Erfahrungen mir auch dabei aufstießen, so bin ich doch durch die
20 Bewährung einiger Wenigen genug schadlos gehalten. Geben Sie mir einmal
Gelegenheit schäzbarster Freund, Ihnen zu beweisen, daß Sie sich für keinen
Alltagsmenschen intereßierten.

Sie werden zu den grosen Verbindlichkeiten, die Sie mir bis jezo schon
auflegten, noch die gröseste hinzufügen, wenn Sie meinen zurükgelaßenen
25 Freund und Landsmann in Ihren Schuz nehmen. Ich weis nicht ob er in
Mannheim zu bleiben gesonnen ist. Wenn Sie aber glauben, daß ihm solches
angerathen werden kann, so unterstüzen Sie ihn mit Ihrem Rath und Ihren
Empfehlungen. Sie thun es mir.

Sie waren so gütig mich Ettingern zu empfehlen. Dadurch erweisen Sie
30 mir einen wahren Dienst, denn, außerdem daß ich zu meinen Produkten
einen vortheilhaften Verleger wünschte, wird mich Ettinger auch mit Büchern
versehen können, welche selbst anzuschaffen bei gegenwärtigen Umständen
für mich ohnmöglich ist.

Wenn Sie den Druk meines Fiesko beschleunigen können so verbinden Sie
35 mich sehr. Sie wissen, daß nur das Verbot, Schriftsteller zu seyn mich aus
wirtembergischen Diensten getrieben hat. Wenn ich nun von dieser Seite nicht

bald in meinem Vaterland von mir hören laße, so wird man meinen Schritt grundlos und unnüz finden. Befördern Sie es sobald Sie können. In höchstens 14 Tagen haben Sie Vorrede und Zuschrift.

Izt leben Sie wohl, und sezen die freundschaftlichen Gesinnungen die Sie mir zu Mannheim zeigten auch abwesend fort. Empfehlen Sie mich Ihrer ⁵ schäzbarsten Mademoiselle Tochter, und nehmen von mir die Versicherung daß ich nie aufhören werde zu seyn

Ihr aufrichtigster Schiller.

Wenn Sie mir schreiben, so seyen Sie so gütig den Brief Meiern zum Einschluß zu geben, oder den seinigen in den Ihren zu schließen.   10

S.

3. Schiller an Henriette von Wolzogen

Hannover *(Bauerbach)* d. 8. Jenn. 1783.

Werden Sie mich entschuldigen beste Frau, daß ich Sie soviele Wochen ohne Nachrichten von meinem Schiksale ließ? Ich komme sehr ungern auf mich ¹⁵ zu sprechen; wenn mir wohl ist, begnüge ich mich daß es so ist, und bin ich übel daran, so ist es doppelt nicht nöthig. Ich habe eine Hauptveränderung in meinem Plane gemacht, und da ich anfangs nach Berlin wollte, wend ich mich jezt vielleict gar nach England. Doch gewis ist es noch nicht, so grose Lust ich habe, die neue Welt zu sehen. Wenn Nordamerika frei wird, so ist ²⁰ es ausgemacht, daß ich hingehe. In meinen Adern siedet etwas — ich möchte gern in dieser holperichten Welt einige Sprünge machen, von denen man erzählen soll.

Schreiben Sie mir doch, und laßen Sie mich hören daß Sie meine Freundin noch sind. Ich habe vor einigen Wochen — aber Sie müssen es mir verzeihen ²⁵ — ein Gerücht ausgestreut daß ich nach Bauerbach sey. Ihnen kann es nichts schaden, aber mir nüzen. Sehen Sie, fürs Erste hätte ich alle meine Freunde für den Kopf gestoßen, wenn ich ihnen gestanden hätte, daß ich nicht nach Berlin gehen wolle, wozu sie mir, die mannheimischen besonders, so edle Offerten gemacht. Fürs 2te, wäre ich gern ohne Streichern gereißt, der mich ³⁰ ohne Zweifel hätte begleiten wollen, wenn er meinen wahren Plan gewußt hätte. Zum 3ten wäre ich gern incognito gereißt. Sobald man es aber zu Mannheim, oder Frankfurt erfahren hätte, würde es izt überall bekannt seyn, daß ich nach Hannover sey. Glaubt man aber ich sei zu Bauerbach, so bin ich vor allen Entdekungen sicher. Endlich und leztens bin ich vor über ³⁵ lästigen Briefen gesichert, wenn man meinen Auffenthalt zu Hannover nicht weißt. Nach Bauerbach kann man schreiben. Sie haben ja einen Verwalter dort? Nicht? — der kann die Correspondenz unterhalten?

Laßen Sie mich doch wißen ob Ihr ältester Sohn aus der Academie gekommen, und wo er angestellt worden. Nicht wahr zu Hohenheim? — Auch ⁴⁰ empfehlen Sie mich Ihm vielmals.

Sie haben mich in Ihrem lezten Briefe (vom 13. November) gebeten, den
Herzog in Schriften zu schonen, weil ich doch (meynen Sie) der Academie
viel zu verdanken hätte. Ich will nicht untersuchen, wie weit dem so ist, aber
mein Wort haben Sie, daß ich den Herzog von Wirtemberg niemals ver-
5 kleinern will. Im Gegentheil habe ich seine Parthie gegen Ausländer (Fran-
ken und Hannoveraner besonders) schon hizig genommen.
    Von der Hauptmann Vischerin habe ich etwas gehört, das mir unangenehm
ist. Ich schrieb ihr vor etlichen Monaten einen (etwas übereilten) Brief, der so
beschaffen war, daß ihn niemand zu Gesicht bekommen durfte. Die Vischerin
10 communizierte ihn einem gewisen Offizier. Sie hätte mir lieber weis nicht
was thun können. Eine solche Indiskrezion (das ist der gelindeste Name)
thut weh, und ich dachte beßer von ihr. Wie mus ich mich doch so oft in
meinen liebsten Personen betrügen! —
    Nun leben Sie wol beste Wolzogen, und legen Sie den Brief, (wenn Sie
15 mich nicht auch schon vergeßen haben, und einer A n t w o r t noch werth
halten) bey meinen Eltern nieder. Ich sehe Sie vielleicht mein Lebtag nicht
wieder, aber mein Herz ist bei Ihnen, und wenn sie a l l e i n sind, so denken
Sie bei sich selbst: Izt denkt man einige 100 Stund weit an mich. Ewig Ihr
                                               treuester
20   Frid. Schiller.
                pp.
Die Vischerin laßen Sie nichts merken. Es solte mir doch weh thun, wenn
sie wüßte, daß ich von Stuttgardt aus — und von ihren ersten Freunden fast
alles erfahre.

25 *4. Schiller an Streicher. Bauerbach, 14. Januar 1783 (90,6—91,9).*

5. Streicher an Gottlob ...

                              Mannheim d. 28ten Febr. 1783.
                    Mein Bester, Liebster Gottlob!
Dank dir 1000 mal für dein liebes Briefgen, das mir so unendlich viel Ver-
30 gnügen gemacht hat. Gern hätte ich schon bälder an dich geschrieben, wenn
ich nicht in einer großen Verlegenheit, über deinen ersten Brief gewesen
wäre. Hätte ich dir, für deine freundschaftliche Gesinnungen blos gedankt —
so wäre das, dir und mir zu wenig gewesen. Hätte ich dir gesagt, daß du
mir so manches, beleidigendes Wort darinn gesagt — so würde es dich ge-
35 reut haben, und es wäre undankbar von mir gewesen. Das beste war also! —
zu s c h w e i g e n. Auf deinen heutigen Brief aber, kan ich freier antworten. Deine Bemerkungen wegen S c h i l l e r s Schritt, sind freilich sehr
wahr.
    Allein höre auch ein Wort von mir darüber. — So fatale Folgen dieser
40 Schritt auf m e i n eigenes Schiksal hatte, so sehr mus ich doch Schillern

dabei entschuldigen, da — n u r i c h — a l l e i n weis, wie viel andere Menschen dazu beigetragen, ihn nicht ganz glücklich zu machen. Nicht jedermann k a n das Schicksal haben. Es gehört eine gewisse Grösse dazu, so unglücklich zu seyn. Grosser Männer Schiksale sind ihrem Geist und Herzen angemessen. Der Fürst ist ganz anders unglücklich als der Unterthan. So auch 5 hier. Ich hoffe daß es nimmer lang anstehen soll daß, auch i c h , so glücklich werde wie ich es schon so lange gewünscht habe. Freilich wäre es sehr gut, wenn mich meine Mutter mehr unterstüzte: ich könnte weit grössere Schritte in meinem Glück thun. Aber auf diese Art bin ich gebunden. Doch! — klagen will ich nicht. Es wäre Undank gegen meine liebe Mutter, die gewis sehr viel 10 an mir gethan hat. Kein grösseres Vergnügen werde ich haben, als wenn ich einmal im Stande seyn werde, es ihr zu ersezen.

Wie befinden sich denn deine liebe Eltern? — Von diesen hast du mir kein Wort geschrieben. Keinen Grus von deinem Vater! — Es ist höchst unartig von dir mein Lieber, daß du dieses vergessen hast. Grüsse mir ja — deinen 15 Vater und liebe, liebe Mutter! Noch oft denke ich an die vergnügte Abende, die ich in eurer Gesellschaft genos. Die Zeit der Munterkeit ist bei mir vorüber. Sorgen und Aergernis, sind an ihre Stelle gekommen. Jetzt mus ich mit Weltmännern zu thun haben, und vorher durfte ich ruhig bei guten Freunden sizen. Daß es in Stuttg. noch recht lustig hergeht, freut mich sehr. Hier geht 20 es aber noch weit lustiger zu. Alle Wochen 3mal Ball und Komedie.

Schade! daß du bei deinem väterlichen Ofen versauren mußt. Es würde dir wol seyn, wenn du einmal in die grosse Welt kämest. Man lernt von allen Sachen richtiger und besser denken. Man lernt feinere Lebens Art. Man geht mit klügern Menschen um. Kurz der Nuzen ist unbeschreiblich gros, den 25 man vom Reisen hat. Mache es wie ich, bekümmere dich nicht um der Leute Geschwäz, und gehe auf Reisen. In acht Tagen denkt Niemand mehr daran, daß du so spät fort bist.

Die HE. Musici mögen ein lustiges Leben führen. Ich beneide sie nicht darum — Nur Schande ists für die Stuttg. Mädchen, daß sie sich so schlecht 30 aufführen.

Doch — die Welt verliert an keiner nichts. Grüsse mir deinen lieben Bruder. Sage ihm wenn er böse Launen habe, soll er sie ver t a n z e n , es werde ihm besser werden. Lebe recht wol und vergnügt. Vergis nicht deinen

Freund 35
A. Streicher.

6. D. Fr. Hermann an Schiller

Stuttgart, 19. Januar 1793

(. . .)

Erlauben Sie mir nur dies noch hinzuzusetzen, daß meine entschiedene An- 40 hänglichkeit an jene zwo verschwisterten Musen noch in den lezten Jahren

Ihres hiesigen Aufenthalts um vieles verstärkt wurde, und zwar durch Veranlassung eines Ihrer damaligen Bekannten, der Sie mit Enthusiasmus verehrte, und dessen Andenken Ihnen nicht ganz veraltet seyn wird. Der Kla-
vierspieler Streicher, mit dem ich täglich umgieng, gab nicht nur meinem
5 noch jungen musikalischen Gefühl mehr Bestimmtheit und Vestigkeit; sondern er unterhielt mich auch oft von Ihnen, und machte mich mit Ihren Gedichten bekannt. (...)

D. Fr. Hermann,
Jur. Stud.

10 *7. Streicher an Schiller*

Wien d. 16ten Aug. 1795

Verehrungs-würdigster Mann!

Ich glaube nicht, daß ich eine Indiscretion begehe, wenn ich nach Verlauf von
10 Jahren, einmal wieder an Sie schreibe. Zwar ist es leicht möglich, da Sie
15 mit Ihren unsterblichen Werken uns zwei Jahrhunderte vorgeeilt sind, daß
Sie sich des unterzeichneten Namens, und desjenigen, welcher ihn im 18ten
Jahrhundert trug, gar nicht mehr erinnern. So wenig dis auch meiner Eigen-
liebe schmeicheln könnte, so begreiflich wäre mir's dennoch, ja so gar wün-
schenswürdig; da Ihnen mit meinem Namen unmöglich etwas anders, als eine
20 Situation beifallen kan, die nichts weniger als angenehm war. Doch — wenn
Sie bedenken, wie viel diese Situation beigetragen haben kan, Sie zu dem
außerordentlichen Mann, zum Stolz Ihrer Nation zu machen, so ist diese
Erinnerung weniger widrig und Sie können unmöglich so ganz gleichgültig an
denjenigen zurük denken, der einige Zeit, diese Lage mit Ihnen theilte. Da
25 ich nicht weis, wie Ihre jezige Stimmung gegen Menschen überhaupt, oder
gegen ehmalige Bekannte, beschaffen ist; so beschränke ich mich blos darauf,
Ihnen zu sagen: daß es mir seit 7 Jahren, wo ich mich blos auf eigenes Talent
und Thätigkeit stützte, sehr gut ging; und daß ich mich im Jahre 1794 verheirathet habe, und jezt für immer in Wien bin. Ich bin versichert, daß Ihnen
30 diese Nachricht Freude macht, da Sie die Veranlassung zu meiner Entfernung
von Stutt. waren. Könnte ich die so lang entbehrte Nachricht von Ihnen
selbst erfahren, daß auch Ihnen das Schicksal endlich Genugthuung leistete, so
wäre dis ein sehr großer Zusatz von Glück für mich. Wie viel, wie unendlich
viel, müssen Sie indessen erfahren haben, und wie ungeheuer thätig, müssen
35 Ihre Geistes Kräfte gewesen seyn! Aber das nun erreichte Ziel, war auch
solcher Anstrengungen würdig.

Sie werden mir leicht glauben, wenn ich versichere, daß Niemand mit mehr
Wärme, Antheil nimmt, als ich was Ihren Ruhm und Physisches Befinden betrift: um so eher, werden Sie vielleicht meine Bitte um Nachricht gewähren.
40 Fürchten Sie aber ja nicht in eine umfangreiche Correspondenz zu gerathen,

denn ich verehre Sie und Ihr Talent zu abgöttisch, als daß ich Ihnen nur
5 Minuten auch nur durch d a s   l e s e n eines Briefes rauben wollte.

H. Baron von Bühler, welcher die Güte hat, diesen Brief an Sie zu bestel-
len, versicherte mich, daß Sie öftere Reisen machen. Wollen Sie sich einmal
abspannen, und in den nächsten zwei Jahren d e s   S o m m e r s nach Wien 5
kommen, so biete ich Ihnen meine Wohnung, welche sehr gros und schön ist,
mit dem freundschaftlichen Herzen an, welches Sie an mir kennen. N u r   i n
d i e s e m , werden Sie mich unverändert finden. Leben Sie wol, unverges-
licher Schiller! Legen Sie meinen Brief nicht als eine Zudringlichkeit aus,
denn von dieser ist Niemand weiter entfernt, als Ihr   10

wahrhafter Verehrer und Freund

Wien, auf der   Andreas Streicher.
Landstraße zur
rothen Rose Nr 301.

8. Schiller an Streicher. Jena, 9. Oktober 1795 (154,15—155,5).   15

9. Christian Friedrich Schmidt an Streicher

Weimar, 8. Februar 1820.

Mit wahrem Vergnügen eile ich zu der Beantwortung Ewr Wohlgeboren
geehrter Zuschrift vom 22. v. Mon. welche mir unser würdiger Hummel noch
am 30. v. M. persönlich überbrachte. Mit dem Eifer, welcher jeden Deutschen 20
beleben muß, wenn es irgend einem Zweck in Beziehung auf den unsterblichen Schiller gilt, habe ich mir zeither angelegen seyn lassen, meine Nachrichten über die Hinterlassenen desselben zu vervollständigen. Was ich mit
Zuverlässigkeit auf Ihre Fragen erwiedern kann, besteht in folgendem:

1.) Der Hofrath v Schiller hinterlies eine Wittwe, (geb. v. Lengefeld) 25
zwei Söhne und zwei Töchter. Die Wittwe wohnt mit beiden noch minder-
jährigen und unverehelichten Töchtern noch gegenwärtig hier zu Weimar.
Der älteste Sohn, Carl Ludwig Friedrich, zu Ludwigslust 1793. geboren,
vorhin Husarenoffizier in K. Preussischen Diensten, jetzt als K. Würtemberg. Forstassistent zu Altshaussen angestellt, soll einen Gehalt von beiläufig 30
500. Ct beziehen; der jüngere, Ernst Friedr. Wilhelm, Doctor der Rechte,
(zu Jena 1796. geboren) war bereits zum hiesigen Großh. Cammerassessor
ernannt, ist aber gegenwärtig Assessor bei dem Civiltribunal Erster Instanz
zu Cölln am Rhein seit noch keinem vollen Jahre mit einem Gehalt von
500. Thalern. —   35

2.) Schiller hinterlies ein damals noch mit einer hypothecarischen Schuld
behaftetes Wohnhaus von ungefähr 5000. Thalern Werth, und das eben nicht
bedeutende Mobiliar in demselben. Schillers Schriften und literarischer Nachruhm, nicht der Familie allein, sondern dem ganzen deutschen Volke hinter-

lassen, machten auch f i n a n z i e l l den größten Theil seines Nachlasses aus. Von deutschen Theatern gingen baare Beiträge zu Stiftung eines Monumentes ein, die sich etwas über 8000. Thaler belaufen, und unter denen sich auch 6297. f. und 50. Dukaten = 1935. Thaler von Wien befunden haben.
5 Dann zahlte Cotta 10,000 f. Honorar für das deutsche Theater. So betrug im Jahre 1810. das Schillersche Vermögen zwischen 14. und 15. Tausend Thaler, ausschlüssig noch ungefähr 4700. Rubel, die man (leider) in K. Russischen Bankobligationen angelegt hatte, welche damals (1810) 2/3 verloren. Es sind nun auch nach Schillers — bekanntlich im J. 1807. erfolgten
10 Ableben zwei neue Ausgaben seiner sämtlichen Werke (nächst einem Wiener Nachdrucke) erschienen, für welche der Verleger Cotta wohl ebenfalls bedeutende Summen an die Erben gezahlt haben mag, über deren Betrag ich Ihnen aber, wenigstens vor jetzt, durchaus keine nähere Nachricht geben kann. Demnächst bezieht die Wittwe ausser einer (nun wahrscheinlich ander-
15 wärts übernommenen) Pension, die der vormalige FürstPrimas verwilligt hatte, noch Pensionen von des Großherzogs Königl. Hoheit, und von Ihro Kaiserl. Hoheit der Frau Erbgroßherzogin. Diese des Großherzogs allein beträgt 300. Thaler. — und die letztere mag nicht weniger betragen. Wahrscheinlich hat nun auch der Assessor v. Schiller während seines Studiums auf
20 der Academie Jena noch besondere Zuschüsse empfangen, welches ich indessen nicht verbürgen kann. Gewiß ist, daß die Familie S. zeither s e h r a n - s t ä n d i g hier gelebt. Die beiden Söhne mögen insbesondere ihre Vermögensantheile, wenigstens theilweise, zugesetzt haben. Und damit Sie diese letztern einigermasen bemessen können, bemerke ich, daß die Wittwe, welche
25 ihr eingebrachtes Vermögen nicht zurückgefodert, mit den Kindern zu gleichen Theilen erbte.

3.) Von der Persönlichkeit des Forstassistenten kann ich Ihnen nichts näheres geben. Der Assessor zu Cöln hat Talent und Kenntniß, und wird, von angesehenen Preussischen Staatsbeamten begünstiget, wie ich hoffe, ei-
30 nem glücklichen Geschick im Preussischen Civilstaatsdienst entgegeneilen. Ohne in die Entwickelung der Gründe einzugehen, warum er die ihm schon geöfnete Carriere im hiesigen Civilstaatsdienst nicht verfolgte, bemerke ich nur, daß eben so wenig ihn als das hiesige Gouvernement deshalb ein Vorwurf trifft.

35 4.) Einen Grabstein hat Ihr Jugendfreund Schiller nicht. Er ruht in dem Landschaftscassengewölbe, der den Präsidenten des Landschaftscollegiums zunächst bestimmten G r u f t , auf hiesigem Jacobs k i r c h h o f , der Ersten zur Rechten des Haupteingangs. Jedermann kennt sie, und es mag um die Erzählung des reisenden Journalisten, welcher unlängst berichten
40 wollte, daß er Schillers Grabstätte kaum habe erfragen können, ungefähr dieselbe Bewandtniß haben, wie um die Erzählung von der ebenfalls verges-

senen Grabstätte des unsterblichen M o z a r t s . Uebrigens war jener Ja-
cobskirchhof bis vor kurzem noch der gewöhnliche Begräbnißplatz. Er ist
fast rings mit Familiengrüften umgeben. Die Reste von Lucas Cranach,
Herder, Bode und vielen gefeierten Namen ruhen hier. Daß übrigens irgend
eine Bezeichnung der Gruft, wo Schiller ruht, für die Zukunft nöthig sey,   5
und sey es nur mit dem Namen des Unsterblichen, darinn stimmen Alle überein, und es wäre auch wohl geschehen, wenn nicht die vergangenen Kriegs-
stürme die Aufmerksamkeit davon abgelenkt hätten. Dagegen hat es mir
immer geschienen, als wenn eines prachtvollen Monumentes **Schiller** nicht
bedürfe, an ein solches wenigstens solange nicht zu denken seye, als die dank- 10
bare Anerkennung seines Genius sich noch durch Unterstützung der Seinigen
bethätigen könne und müsse. Am wenigsten möchte deshalb Weimar selbst
ein Vorwurf treffen.

Wenn man annimmt, daß Cotta nach dem Verhältniß, wie er das deutsche
Theater honorirte, etwa 10,000 Thlr für jede Ausgabe der sämtl. Werke   15
gezahlt hat, so möchte das Gesamtvermögen, auch wenn davon ein Theil
schon zugesetzt worden seyn sollte, immer bedeutend seyn. Das theilt sich
aber unter 5. Erben, und man könnte doch nur sagen, daß für den s t a n -
d e s m ä s i g e n Unterhalt g e s o r g t s e y , aber mehr nicht, besonders
nicht in Beziehung auf die beiden Fräulein, die ja nicht Fräuleins bleiben 20
sondern Frauen werden sollen. Und hierbei bemerke ich I h n e n noch, daß
die ältere, Frl. Luise, gar schön singt, und von mir aus meiner vorigen Wohnung, dem Schillerschen Hause gegenüber, oft genug belauscht worden ist,
und daß die jüngere, Frl. Emilie, ein sich nur erst entfaltendes liebliches
Sprößlein, die väterlichen Gesichtszüge so treu, wie ihre Geschwister, aber 25
auch so verjüngt und idealisirt darstellt, daß wir in ihr an einem der Maskenaufzüge bei Anwesenheit der Russischen Kaiserinnen keinen verkleideten
sondern einen leibhaften Engel zu sehen glaubten, und Sie selbst Ihren
Jugendfreund als Engel Sich nicht anders vorstellen würden. Diese letztern
Nachrichten sind keine Geheimnisse; und daß ich mir für die übrigen keinen 30
andern als einen sehr discreten Gebrauch von Ihnen verspreche, lege ich durch
die Genauigkeit und das Detail, mit welchem ich alles mittheile, was ich in
Erfahrung bringen konnte, Ihnen schon zu Tage. Zum Ueberfluß genehmigen
Sie noch meine ausdrückliche Bitte darum, mit der freundschaftlichen Versicherung, daß Sie, wofern irgend noch eine Mitwirkung zu dem — mir nur 35
angedeuteten Zwecke in meinen Kräften stünde, im Voraus auf meine Bereitwilligkeit dazu zählen können. —

Ich mache mir jetzt den Vorwurf, daß ich das schöne Fortepiano noch nicht
gesehen, welches der HE. Kapellmeister Hummel unlängst von Ihnen erhielt. Dieser ist höchlich damit zufrieden. Wie sehr ich aber — (von Jugend 40
auf ein Verehrer seiner Muse,) mich über die hiesige Anstellung dieses tref-

lichen Künstlers gefreut habe, wie glücklich ich gewesen bin, als ich nun auch sein ausgezeichnetes Spiel vernahm und schon bei seinem ersten Auftreten seine persönliche Bekanntschaft machte, kann ich Ihnen nicht beschreiben. Von Ihrem Riesengeist Beethoven habe ich mich indessen auch nicht
5 abwendig machen lassen, und Sie könnten meinem Schmerz darüber, daß von ihm so selten etwas für das Pfte erscheint, einigen Balsam auflegen, wenn es Ihnen gefällig wäre, indem Sie mich wieder einmal mit einer Zuschrift erfreuen, über das Leben und Wirken dieses grossen Geistes einiges miteinfliessen zu lassen. Schließlich empfele ich mich zu freundschaftlichem Anden-
10 ken und beharre hochachtungsvoll

Ew Wohlgeboren

ganz ergebenster Diener,

Schmidt.

10. Christian Friedrich Schmidt an Streicher

15 Weimar, 17. Februar 1820.
Zu Ergänzung und Berichtigung der Ew. Wohlgeboren in meinem letzten Briefe — ich glaube, vom 7ten d. Mon. — mitgetheilten Nachrichten eile ich folgendes nachzutragen:

H e r d e r ruht nicht auf dem Jacobskirchhofe, sondern vermöge eines
20 besondern Vorrechtes der hiesigen Generalsuperintendenten in hiesiger StadtKirche. Unser verehrter Großherzog hat soeben zu Bedeckung der Gruft eine eiserne Platte zu Berlin giessen lassen.

Aber auch S c h i l l e r s Ueberreste sind in dem Landschaftscassengewölbe nur v o r l ä u f i g beigesetzt worden. Es war früher im Werke, daß
25 aus den zu Stiftung eines Monumentes eingegangenen baaren Beiträgen und andern Mitteln ein Rittergut oder eine sonstige Besitzung für die Erben acquirirt, die Besitzung S c h i l l e r s R u h genannt und der Leichnam dort zur Ruhe gebracht werden sollte. Wie sich daher gleich anfänglich die Wittwe noch ein Dispositionsrecht über denselben vorbehalten, so scheint der
30 Plan noch gegenwärtig keineswegs aufgegeben zu seyn. Vor kurzem erst, und namentlich als die eiserne Platte für Herder bestellt wurde, war die Idee entstanden, beiden grossen Männern auf einem neuangelegten Begräbnißplatz eine eigne Gruft, ein schönes Monument herstellen zu lassen. Die Herderschen Verwandten wünschten eine Veränderung der Ruhestätte nicht, und die
35 Wittwe von Schiller soll geäussert haben, daß sie, je nachdem einer ihrer beiden Söhne eine angemessene Anstellung gefunden haben werde, sie nicht abgeneigt sey, sich mit den ihrigen zu ihm zu wenden, und jedenfalls sich die Disposition über die Reste des Verewigten sich noch anderweit vorbehalte. Und zu dieser b e f r e m d e n d e n Aeusserung muß ich Ihnen, wie-
40 wohl nur vertraulich, noch einen kleinen Commentar liefern.

Ich sagte Ihnen bereits, daß der jüngere v. Schiller schon zum Assessor bei
hiesiger Cammer ernannt gewesen sey. Ja er führte das Prädicat schon, während er noch zu Jena studirte. Ein Sohn unsers Geh. Rath Göthe war auf
ähnliche Art versorgt, und ist jetzt Cammerrath. Als Schiller in die Cammer
wirklich eintreten sollte, bestimmte man ihn, für die Zukunft die Stelle eines   5
älteren r e c h t s e r f a h r n e n Mitgliedes zu ersetzen. Dazu sollte er sich
dadurch geschickt machen, daß er eine Zeitlang als Assessor bei unserm Ju-
stizcollegio arbeite. Dieß setzte verfassungsmäßig eine Prüfung vor, und obschon dieselbe im Ganzem befriedigend ausfiel, so wurde doch diejenige
p r a c t i s c h e Reife vermißt, welche ein a c t i v e s Mitglied eines Lan-   10
desjustizcollegiums besitzen muß, und dem HE. v S. empfolen, sich vorerst
noch einige Zeit bei einem Justizamte practisch zu üben. Während dieß geschah, ward für das ö k o n o m i s c h e Fach, ein neues Mitglied bei der
Cammer angestellt, und dadurch glaubte sich HE. v. S. zurückgesetzt, welcher allerdings so talentvoll, als er ist, nur mehrern Fleiß auf der Academie   15
anzuwenden gehabt hätte, um jene Lücke früher auszufüllen, welcher aber in
der Hofnung, ohne specielle j u r i s t i s c h e Befähigung in die Cammer
einzurücken, zu sorglos gewesen seyn mag. Die Fr. v. S. hat also sehr Unrecht, besonders gegenwärtig, wo über die Qualification zum Staatsdienst
überhaupt etwas strenger gewacht wird, als früher, überall nur absichtliche   20
Zurücksetzung und Kränkung ihres Sohnes zu sehen, wo vielmehr, wenn
man auch diesen selbst k e i n e Schuld beimessen wollte, nur ein ungünstiges
Zusammentreffen der Umstände seinem Schicksal eine andere Wendung gab.
— So stehen die Sachen. Ich glaubte, Ihnen auf Ihre Aufforderung und bei
dem besondern Interesse, welches Sie als Schillers Jugendfreund, an der   25
Familie nehmen, auch diese Notizen nicht vorenthalten zu dürfen, und wie-
derhole nur meine Bitte, sie als v e r t r a u l i c h mitgetheilt zu betrachten.

Hochachtungsvoll

Ew Wohlgeboren

ergebenster Diener,   30
Schmidt.

11. *Christian Friedrich Schmidt an Streicher*

Weimar, 11. März 1820.

Ew. Wohlgeboren
geehrte Zuschrift vom 1. dieses Mon. läßt mich in einigem Zweifel, ob Ihnen   35
mein zweiter nachträglicher Brief zu Beantwortung Ihrer Zuschrift vom
22. Jan. d. J. zugekommen sey.

Ich komme so eben von einer Unterredung mit dem Herrn Geheimenrath
von Göthe über den vorliegenden Gegenstand, und so ist denn der gegenwärtige Augenblick gewiß der günstigste, den ich zu der freundschaftlichen   40

Beantwortung Ihres neuesten so interessanten Briefes wählen kann. Sehr
wohlwollend hat mir der hochverehrte Mann, indem er über Ihre Idee im
Allgemeinen sich sehr achtend und anerkennend äusserte, seine Ansicht über
die einzelnen Puncte eröfnet. Im wesentlichen: Wünschenswerth müsse es
5 allen Verehrern Schillers seyn, daß die Beiträge, welche Sie zu seiner frühern
Lebensgeschichte aus Ihrer Jugendverbindung mit ihm liefern könnten, der
literarischen Welt nicht verloren gehen, vielmehr von Ihnen niedergeschrieben und gesammelt werden möchten, und es lasse sich nicht bezweifeln, daß
eine solche Schrift ein ziemlich ausgebreitetes Interesse finden werde. An-
10 langend nun aber den Absatz derselben, so könne die Frage entstehen, ob die
Schrift im gewöhnlichen Wege gegen ein Honorar einem Buchhändler überlassen oder ob dazu ein ausserordentlicher des Selbstverlags, mit Bestimmung eines höhern als des gewöhnlichen Bücherpreises, eine Subscription eröfnet werden möge. Das letztere würde, eine Wiederaufnahme der von Iff-
15 land bereits mit so günstigem Erfolg realisirten Idee, auch wenn sich ein
gleich wirksames Beförderungsmittel darbieten sollte, als Ifflands persön-
licher Einfluß auf die deutschen Theaterdirectionen gewesen, nach solchem
Zeitverlauf doch nicht mehr denselben Eifer und Enthusiasmus, wenn auch
immer noch Unterstützung finden. Es möchte wenigstens v o r e r s t der
20 erste Weg zum M a a s s t a b zu nehmen seyn, und dieser scheine dann blos
die Wahl zwischen einem Denkmal oder einer Unterstützung der Hinterlassenen übrig zu lassen, weil auch das ansehnlichste Buchhändlerhonorar nur
etwa 5. oder 6. Louisdor für den gedruckten Bogen, und die Schrift selbst
doch wohl nicht mehr als 12. bis 15. gedruckte Bogen betragen werde.
25 Nun falle der Gedanke an ein G r a b mal dahin, weil Schillers Leichnam
überhaupt noch nicht eigentlich begraben, sondern nur vorerst in dem Landschaftscassengewölbe b e i g e s e t z t sey, und diese Beisetzung (in einem
mit mehrern Särgen höherer Staatsbeamten besetzten Gewölbe,) theils ihrer
nur provisorischen Bestimmung halber, theils ihrer Localität nach, die Errich-
30 tung eines G r a b mals nicht wohl verstatte. Wie nun ohnehin die von Ihnen
geäusserte Besorgniß, «daß Schillers Ruhestätte wie die von Mozart ganz in
Vergessenheit gerathen möge, vielleicht durch das Einfallen einer Mauer» pp
theils bei der Beschaffenheit jenes massiven Gruftgewölbes theils bei den vorhandenen schriftlichen Nachrichten, sich hier wohl nicht gegründet finden
35 möchte, so bliebe ein K e n o t a p h i u m an einem schicklichen Orte hier
aufgestellt, auch noch in anderer Hinsicht, wohl immer das angemessenere
Denkmal. Schriftsteller, die in ihren Werken fortlebten, bedürften nun überhaupt der doch immer nur todten Denkmale von Stein und Erz weit weniger, als Helden u. d. g. deren Thaten vorübergingen; für unsern Schiller
40 aber scheine ihm ein solches Denkmal, wie etwa die grosse Marmorbüste
desselben von Dannecker, wenn sie diesem verkäuflich wäre, doch noch angemessener, als ein Kunstwerk von finsterm Eisenguß.

HE. v. Göthe schien diesen vom Augenblick eingegebenen Gedanken
s e h r lieb zu gewinnen. Er äusserte später noch, daß die Danneckersche
Büste, wäre sie überhaupt verkäuflich, dann doch für eine Summe von beiläufig 1000 f. zu erlangen stehen werde. Hätte man nur erst einen Anfang
von etwa 100. Stück Dukaten, so würde sich das übrige schon noch finden.   5
Jedenfalls interessirt er sich für Ihr Unternehmen. Da mit unserm hochbe-
jahrten und bedenklichen Bertuch hier weniger als mit Cotta zu machen ist,
welcher gegen die Familie Schiller sowohl als gegen Göthe vieljährige Verpflichtung hat, so gab dieser auch nicht undeutlich zu erkennen, daß er, im
Fall es Ihnen gefällig seyn sollte, das Manuscript hieher zu senden, für des-   10
sen Herausgabe sich zu verwenden geneigt sey. Sie schrieben es hoffentlich
in jedem Falle, holten die Censur dazu ein, Sie bestimmten die Verwendung
des Honorars, wir befragten dann Frau v. Schiller pp so war Göthes Meinung, welcher dann dar nicht zweifelte, daß die Familie, Ihr Entschluß möge
nun auf das eine oder das andere eingehen, ihn mit dankbarer Anerkennung   15
annehmen werde. Und da ihre Idee ist, den Töchtern das Eigenthum des
Manuscripts zu überlassen, so würden diese, selbst wenn Sie vorerst noch ein
kleines Denkmal beabsichtigen sollten, immer noch Vortheile davon übrig
behalten, zumal bei w i e d e r h o l t e n Auflagen der Schrift, die jetzt
nicht mit angeschlagen sind. Abgesehen von Eröfnung einer Subscription nach   20
Art der Ifflandischen, wogegen Bedenken sind, möchte ich nun auch nicht für
den Selbstverlag stimmen, der ohne mercantile Verbindungen, immer schwierig und mißlich bleibt. Dann aber erscheint freilich jener von den Buchhänd-
lerhonoraren hergenommene Maasstab, den wir annehmen, weil bei Berech-
nungen ähnlicher Art der kleinste angenommen werden muß, wenn sie nicht   25
trügen sollen, auch als der einzig wahre. Soll ich Ihnen nun, mein verehrter
Freund, noch meine ganz unmaasgebliche Meinung, ja, meine Wünsche er-
öfnen, so lassen Sie Sich durch die Strenge unserer f i n a n z i e l l e n , mithin doch nur das Zufällige betreffende Berechnung ja nicht von einem Unternehmen abhalten, welches selbst in l i t e r a r i s c h e r Hinsicht Göthe für   30
verdienstlich anerkannte, und wozu Sie Sich ausserdem noch als Schillers
vertrautester Jugendfreund aufgefodert fühlen. Ich gestehe, daß mir der
Göthische Vorschlag in Bezug auf Dannecker's Büste, wenn diese zu erlangen
wäre, sehr reitzend erscheint, und sehe die Ausführung desselben schon im
Geiste durch die hiesigen höchsten Herrschaften auf alle Weise begünstigt,   35
wenn eine solche auswärtige Anerkennung des von ihnen begünstigten unsterblichen Dichters gewiß sehr erfreulich seyn würde. Vielleicht würde zur
geeigneten Aufstellung ein schöner Platz in dem hiesigen Großherzogl. Park
eingeräumt und dazu vorgerichtet, und jedenfalls von dem gebildeten Publicum der zarte Sinn wohl aufgefaßt werden, in welchem Sie ein solches Denk-   40
mal nicht allein als ein Denkmal des unsterblichen Dichters sondern selbst
auch als eine seinem fürstlichen Mäcen dargebrachte Huldigung angesehen

wissen wollen. Göthe würde die Ausführung, vermöge seines allseitigen gewichtigen Einflusses, unterstützen, ich möchte sagen, garantiren, und der
Zweck eines einfach-würdigen Denkmals würde so allseitig ehrenvoll erreicht, während die Kosten sich doch bei weitem nicht auf eine solche Summe
5 beliefen, von welcher man eben bedauern müßte, daß sie nicht lieber den
Hinterlassenen b a a r zu Gute ginge. Denn diese sind nun doch in einer solchen Lage, wo vom Bedürfniß nicht mehr die Rede seyn kann, und wo es
auf einige Hundert Thaler nicht mehr ankömmt. Doch — ich will Ihrer
eigenen Erwägung und Entschliessung nicht vorgreifen, und nur mit unserm
10 Göthe wünschen, daß, wenn auch nicht alle Zwecke, wie wir wünschen, zu
erreichen stehen sollten, Sie Sich dadurch doch nicht von der Ausarbeitung
und Herausgabe der Schrift abhalten lassen mögen. — Um noch einmal
auf den Götheschen Vorschlag zurückzukommen, vieleicht wäre es möglich,
denke ich mir noch, daß die Zusicherung desselben eine Veranlassung werden
15 könnte zu einem, allen den gefeierten Dichtern von Weimar, gemeinschaftlichen Denkmale, insofern die Aufstellung von Schillers colossaler Marmorbüste vielleicht zur Aufstellung ähnlicher Büsten von Wieland, Herder,
Göthe u. a. in der Folge führen könnte etwa in eigenem Pantheon pp wodurch endlich der Wunsch manches deutschen Kunst- und Vaterlandsfreundes
20 auch noch in Erfüllung gehen könnte!!!
    Mit hoher Achtung

Ew. Wohlgeboren

ergebenster
Schmidt.

25 Es soll eine kleine Schrift über die Behandlung und Pflege der Fpiano's von
Ihnen existiren die aber im Buchhandel bereits vergriffen sey. Sie würden
mich, wäre Ihnen vielleicht ein Exemplar davon entbehrlich, durch gefällige
Mittheilung desselben — wenn auch nur auf einige Zeit — ungemein verpflichten.
30 CFS.

12. *Christian Friedrich Schmidt an Streicher*

Weimar, 12. März 1820.

  Ewr Wohlgeboren
Zuschrift vom 4. März ward mir durch HE. Ratz in dem Augenblick zu-
35 gestellt, als ich meine gestrige zur Post senden wollte. Sonderbar, daß beide
in so manchem Puncte mit einander zusammentreffen, und mir, in wie fern
es noch nicht geschehen, sogleich die Gelegenheit vorliegt, unsere Ansichten
vollends zu vereinigen zu suchen.
    Ihr nächster Zweck war und ist noch die Bezeichnung der Grabstätte
40 Schillers. Haben Sie meinen z w e i t e n nachträgl. Brief in der Angelegen-

21 Streicher

heit empfangen, so wissen Sie bereits, aus welchen Gründen die Ruhestätte
Schillers noch nicht als definitiv bestimmt angesehen werden kann. Möge
nun die gegenwärtige es für immer bleiben, eine Ungewißheit derselben kann
der Localität nach, welche an sich so bestimmt bezeichnet ist, schon durch
den Namen des Landschaftscassengewölbes, und worüber ausserdem noch 5
Kirchenbücher und andere schriftliche Nachrichten sprechen, nimmermehr
eintreten, und es hat hier, wo ein besonderes Gruftgebäude die Ueberreste
des Unsterblichen birgt, offenbar eine ganz andere Bewandtniß, als mit dem
Grabe Mozarts, welches, durch kein besonders benanntes Gebäude bezeichnet,
in der g r o s s e n S t a d t Wien wohl vergessen werden konnte. Allein 10
demungeachtet stimme ich Ihnen darinn bei, daß eine Tafel am Aeussern des
Gebäudes schon um der Fremden willen, durch eine einfache Inschrift die
Ruhestätte Schillers bezeichnen sollte, und daß auch eine ähnliche Bezeichnung am Sarge, wenn dieser sie nicht schon haben sollte, wenigstens der
Familie wünschenswerth seyn müsse, solange diese noch nicht aufgegeben hat, 15
einst noch eine andere Grabstätte zu wählen. Nur verstehe ich alles dieß in
möglichst einfacher Weise, und dergestalt, daß, sollten einmal einige Hundert
Thaler zu ähnlichem Zwecke aufgewendet werden, diese lieber zu Ausführung des Göthischen Vorschlags bestimmt würden, welchen ich, je länger ich
ihn betrachte, je angemessener, schöner und würdevoller finde. Dabei wieder- 20
hole ich Ihnen: Göthe interessirt sich für die Sache, und — d a s i s t v i e l .
Fragen Sie jeden, welcher diesen weisen erfahrungsreichen, mit dem Laufe
der Dinge nur allzubekannten Fürsten unserer Literatur näher zu kennen
das Glück hat. Er würdiget Ihr Vorhaben ganz, wie es dasselbe verdient,
und i c h r e c h n e d a r a u f , daß er Ihre Schrift nicht blos bei Cotta, 25
sondern bei dem literarischen Publicum selbst durch irgend einen interessanten, auf Schillers Persönlichkeit und Leben Bezug habenden Beitrag einfüh-
ren, und so den Werth und das Interesse derselben nicht nur geltend machen,
sondern auch wo möglich noch erhöhen wird. Das sey Ihnen denn besonders
in Bezug auf die Bemerkung gesagt, daß Ihre Schrift nur wenig Bogen um- 30
fassen werde. Stellen Sie immerhin nur wenig mehr als die nackten Thatsachen auf; desto mehr Auffoderung geben Sie, einen psychologischen Commentar hinzuzuliefern, wenn Sie dieses Geschäft nicht selbst übernehmen
wollen. Daß aber, im Falle sie von einer ausserordentlichen Subscription
abstrahiren wollen, die G. selbst, wie er die Deutschen kennt, nicht eben 35
vielversprechend fand, die Herausgabe unsern Zwecken so nutzbar als möglich gemacht werden wird, wenn einmal G. miteingreift, darauf rechnen Sie.
Mit dem Selbstverlag ist es nichts, wie Sie selbst schon bemerken. Uebrigens
ist die Familie S. gegen Bedürfniß in s o l c h e m Grade geschützt, daß auf
die Summe, welche unser Denkmal erfodern würde, durchaus nichts mehr 40
ankommt, und es beinahe noch delicater erscheinen dürfte, wenn Sie den
b e i d e n Töchtern (welche beide dem Verewigten ähnlich sehen, nur daß

die jüngere reizender ist) nur allenfalls das Recht überliessen, eine zweite
Auflage zu veranstalten.
   Leben Sie wohl! Achtungsvoll
                              Ew Wohlgeboren
5   ergebenster
                                        Schmidt.

13. Streicher an Dannecker

                                        Wien d. 12 April 1820
Euer Wohlgeborn haben durch die Verfertigung von zwey Büsten Schillers
10 auf das sprechendste bewiesen, wie hoch Sie sein Verdienst schätzen, und wie
sehr Sie, mit der treuen Darstellung seiner edlen Gesichtszüge, auch das Andenken des Verewigten bey der Nachwelt zu erhalten wünschen. Es kann
Ihnen daher nicht unangenehm seyn, wenn ich mir eine Anfrage, wegen der
kollosalen Büste Schillers erlaube; und ich habe nur zu bitten, daß Sie fol-
15 gende kurze Erzählung was diese Anfrage veranlaßt, wenigstens darum mit
einiger Aufmerksamkeit durchlesen, damit mich kein Vorwurf einer müßigen
Neugierde treffe.
   Schillers Flucht von Stuttgardt ist Euer Wohlgeb. bekandt, aber Sie werden wohl schwerlich wissen daß ich es war, der solche beförderte, und damit
20 er desto sicherer durchkäme, selbst mit ihm gieng. Diß war d. 17 Sept. 1782,
und ich verlebte die ganze traurige Epoche seines Aufenthaltes in Manheim
und Oggersheim mit ihm, bis er nach Sachsen auf das Gut der Frau von
Wolzogen abreißte. Daß auch nach seiner Rückkehr nach Mannheim die
engste Freundschaft fortgesezt wurde, läßt sich aus dem gefährlichen und
25 traurigen Anfang derselben leicht schließen. Seit 1785 sah ich ihn nie wieder.
Da er sich damals vornahm Jura zu studieren, so machten wir aus, nur dann
einander zu schreiben, wenn er Minister oder ich Kapellmeister seyn würde.
Ich hielt meinen Vorsatz bis 1795, wo mich der Freiherr von Bühler auf-
forderte, ihm von Wien aus einige Zeilen an Schiller mitzugeben. Ich that
30 es, und erhielt von Jena aus sogleich Antwort, in welcher sich seine ganze
herrliche Seele aussprach. Ich hatte zu viele Achtung für die Zeit, die er zum
Nutzen der ganzen Welt verwendete, um nur einige Augenblicke, durch einen
fruchtlosen Briefwechsel, ihm rauben zu wollen, und verschob die Antwort,
weil ich ihm diese in Person bringen wollte. Sein Tod verhinderte diesen Vor-
35 satz. Da die Veranlassung und die Folgen seiner Flucht sehr wenigen bekandt, und leztere besonders von der Art waren, daß er wohl selbst nicht
mehr davon reden mochte, so wurde ich schon mehreremale aufgefordert,
(um keine so bedeutende Lücke für seinen künftigen Biographen zu lassen)
diese wichtigste und traurigste Epoche Schillers bekandt zu machen. Allein, so
40 wichtig es auch für jeden seiner Verehrer seyn mag, den Erfolg dieses Wage-

21*

stückes zu wissen, so konnte ich mich doch niemalen dazu entschließen, irgend
etwas öffentlich darüber zu sagen, indem meine Eitelkeit nicht groß genug
ist, um meinen Namen neben dem eines berühmten Mannes genannt zu wissen. Allein vor einiger Zeit las ich in der Allgemeinen Zeitung die Nachricht
eines Reisenden, der in Weimar war, und dort, « v i e l s u c h t e a b e r   5
w e n i g f a n d » und sich sogar darüber sehr hart äußerte, d a ß m a n
S c h i l l e r s G r a b s t ä t t e n i c h t m e h r n a c h w e i s e n k ö n n e.
Diß empörte mich, u. ich beschuldigte wegen dieser Nachläßigkeit weit weniger den edlen Fürsten, dem Schiller seine Rettung verdankte, als seine
Wittwe, und das undankbare Deutschland. Ich entschloß mich alles anzuwen-   10
den, um der Nachwelt wenigstens die Hülle des Unsterblichen zu sichern,
u. zu diesem Zwecke, a b e r a u c h g a n z a l l e i n z u d i e s e m, die
Geschichte seiner Flucht pp herauszugeben. Ich schrieb, um über alles gewiß
zu seyn, an HE. RegierungsRath Schmidt in Weimar, der die Gefälligkeit
hatte, mir die genaueste, umständlichste Nachricht über die Familie Schillers   15
zu ertheilen, mir aber auch bestättigte, daß Schiller kein eigenes Begräbniß
habe, sondern in einer Gruft, das LandschaftsKassen Gewölbe genannt, aufgestellt sey, auch er nicht wisse, ob sein Sarg bezeichnet sey oder nicht. Nur
so viel wußte HE. Reg. R. Schmidt daß Schillers Sarg der erste rechter Hand,
stehe. In meiner Antwort suchte ich HE. Schmidt, die Nothwendigkeit,   20
v o n w e n i g s t e n s e i n e r B e z e i c h n u n g a n S c h i l l e r s
S a r g e z u b e w e i s e n, eröfnete ihm meinen Vorsatz was ich dafür
thun wolle, u. ersuchte ihn, mit HE. v Göthe darüber zu sprechen. HE.
Schmidt hatte die Gefälligkeit es zu thun, u. schrieb mir beinahe die ganze
Unterredung die er mit dem seltenen Manne hatte. E. W. kennen, (wie mich   25
HE. Prof. Leybold versichert) HE. vGöthe selbst sehr genau, u. werden es
daher auch ganz natürlich finden, daß er meinen Vorsatz nicht nur geneh-
migte, sondern ihm auch eine Wendung, ein Ziel gab, das alles auf einmal,
auf die schönste, edelste, Schillers und der Mitwelt würdigste Art erfüllt. Er
sagte nemlich, daß Gelehrte u. Dichter die in ihren Werken fortleben, keines   30
Prachtdenkmales (das ich auch nie beabsichtiget hatte) bedürften, wie etwa
Krieger oder Leute, deren Verdienste vorübergehend wären, daß aber « f ü r
u n s e r n S c h i l l e r e i n s o l c h e s D e n k m a l, w i e e t w a d i e
g r o ß e M a r m o r b ü s t e d e s s e l b e n v o n D a n n e k e r, w e n n
s i e d i e s e m v e r k ä u f l i c h w ä r e, d o c h n o c h a n g e m e s s e-   35
n e r s c h i e n e, a l s e i n K u n s t w e r k v o n f i n s t e r m E i s e n-
g u ß. HE. Reg. R. Schm. versichert, daß HE. vGöthe sich mit aller Wärme
der Sache annehmen würde, u. daß die Büste im Grosherzogl. Park zu Weimar, in einem kleinen Tempel aufgestellt (wozu die Grosherzogl. Erlaubniß
ohne Zweifel gegeben, u. durch HE. vGöthe der schicklichste Platz ausersehen   40
werden sollte) unstreitig mehr Wirkung hervorbringen würde, als alle ge-
wöhnl. Denkmale.

Ob dieser schöne Gedanke nun ausgeführt werden könne, beruht in der Antwort, die ich mir von E. W. auf folgende Fragen höfl. erbitte.

I s t   d i e   B ü s t e   S c h i l l e r s   i n   c o l l o s a l e r   F o r m   n o c h   I h r   E i g e n t h u m ?

5 W ü r d e n   S i e   s e l b e   z u   d i e s e m   Z w e c k e   h e r g e b e n ,   u.   f ü r   w e l c h e   V e r g ü t u n g ?

Niemand kann stärker als ich überzeugt seyn, daß für ein Kunstwerk nie ein eigentlicher Preis zu machen ist, da die Kunst die Frucht eines Talentes ist, das von oben gegeben worden, u. daß daher nur die Rede von Entschädi- 10 gung für die Zeit u. den gehabten Aufwand seyn kann. Es fragt sich daher nur, ob diese Entschädigung nicht vielleicht größer ist, als durch die Prenumeration auf eine Schrift von 15 bis 20 Bogen, (bey dem Intresse das man bey der **deutschen** Nation für einen ihrer größten Schriftsteller voraussezen kann) ob, frage ich, diese Entschädigung nicht größer, u. folglich dann der 15 ganze Vorsatz unausführbar wäre? Mag Ihr schönes Kunstwerk bey einem Fürsten, in einem Kabinet, oder in einer Gallerie stehen, so hat es doch niemalen eine so hohe, edle Anwendung, als wenn es in einem eignen Tempel aufgestellt, der WallfahrtsOrt aller derer wird, die Schillers göttl. Talent zu schätzen wissen, u. wo sich nicht nur die Verehrung für den Dichter, sondern 20 auch die, für den großen wahren Künstler und Freund zugleich aussprechen kann. Da es nicht m e i n e Sache ist, um die ich mich hier annehme, so darf ich wohl so frey seyn, EW. zu bitten, hierüber g a n z   a l l e i n   I h r   H e r z zu Rathe zu ziehen, u. wenn sich noch einige, Schillers würdige Freunde finden sollten, auch mit denen zu berathen,   o b   und   w i e   Sie dem unverges- 25 lichen, gemeinschaftl. Freunde, dem MitSchüler, dem Würtemberger, dieses schöne, einzige Opfer bringen wollen? Ich muß es widerholen: Nie kann Ihre Kunst einen schönern Zweck erreichen. So wie ich die Antwort von EW. erhalte, werde ich an HE. vGöthe schreiben, u. ihn ersuchen, das oben Gesagte Ihnen zu bestättigen.

30 Wenn der Preis der Büste wahrscheinlich durch diese Herausgabe errungen werden kann, so ist meine Meinung folgende:

1) In einigen Monaten wird die Schrift angekündigt.

2) Eine der ersten Buchhandlungen Deutschlands (wahrscheinl. die Cottaische) wird um den Druck derselben, u. ihre einstige Vertheilung ange- 35 gangen.

3) Die Prenumeration bliebe bis 31 Dec. 1820 offen.

4) Im nächsten Frühjahr würde der Tempel gebaut, u. am 9 May 1821 dem TodesTage Schillers dem Publicum das erstemal geöfnet.

5) Die Nahmen der Praenumeranten, als seiner Verehrer, würden auf Per- 40 gament geschrieben, unter die Büste, in das Postament gelegt, und

6) am 9 May überall zugleich die kleine Schrift vertheilt.

7) Auf jeden Fall aber dürfte die Bezeichnung des Sarges nicht vergessen
werden. Wie diese am schicklichsten anzubringen, ist Aufgabe für den
Künstler. Sollte HE. General von Scharfenstein noch leben, so ersuche
ich E. W. (wenn nicht besondere Ursachen Sie abhalten) ihm diesen Brief 5
mitzutheilen. Er war Schillers vertrautester Jugendfreund, den er außer-
ordentl. hoch schäzte, und der sich wohl auch noch für das Andenken des
Edlen erwärmen wird. E. W. würden mich sehr verbinden, mir seine
Addresse u. jezigen Charakter wissen zu lassen, indem ich so frey seyn
würde, selbst an ihn zu schreiben.   10

In Erwartung einer baldigen, geneigten Antwort, bitte ich die Versicherung der ausgezeichnetsten Hochachtung genehmigen zu wollen, mit der ich
beharre pp

14. Johann Friedrich Cotta an Streicher

                                            Stuttgart 4 May 1820 15
              Euer Wohlgebohrn
habe ich die Ehre anzuzeigen, daß Herr Hofrath von Dannecker mir Ihr
Schreiben v. 12t v. M. mitzutheilen die Güte hatte, er äußerte dabei: daß
er nicht Willens wäre die colossale Büste von Schiller irgendwo anders als
hier aufstellen zu lassen. Wenn nun Euer Wohlgebohrn damit einverstanden 20
wären, so würde sowohl Herr v. Dannecker als ich das Mögliche thun, damit
die Sache realisirt würde.

      Mit vollkomener Hochachtung
      Euer Wohlgebohrn

                                            ghDr   25
                                            Cotta

15. Graf von Wintzingerode an Henriette von Pereira

                                            Stuttgart, 5 Juni 1820.

— — — von der unverständlichen Vorrede zur verständlichen Hauptsache. 30
Nur zu verständlich! Denn aus Ihrem Projekte wird nichts Gnädigste, und
Ihr Herr Streicher bekommt, wie sehr wir auch seiner edlen, patriotischen
Absicht Gerechtigkeit widerfahren lassen, nichts e i n zu streichen, als die
Seegel vor der Vaterlandsliebe unsers deutschen Canova. Doch bleibt ihm
unbenommen, unsern Schiller herauszustreichen, wie und so viel er nur kann. 35
— Sein Brief war Danneker längst richtig zugekommen, dieser hatte sich aber

nicht entschließen können, seinen in Begeisterung getauchten Meißel mit einer
in Tinte getauchten Schreibfeder zu vertauschen, sondern hatte diese dem
Herrn v. Cotta Edlen von Cottendorf überlassen. — Sollte lezterer sie zu
führen unterlassen haben, um Herrn Streicher zu antworten, so lag es we-
5 nigstens nicht an seiner Thätigkeit. — Was er zu schreiben besser gethan
hätte, war: daß Danneker zwar nicht abgeneigt wäre seine durch eigenes Talent wie durch das des Freundes der Unsterblichkeit gesicherten
Freund zu einem Monument in Würtemberg herzugeben, daß aber, wenn ein
solches nicht entweder durch die Regierung (die damit umgeht) oder durch
10 eine PrivatUnternehmung zu Stande kommt, bereits testamentarische Anordnungen getroffen sind, die diesen steinernen Gast zu einem ewigen in
Dannekers Nachkommenschaft, und es unmöglich machen, dem Vaterland
den Todten zu entreißen, wie leider der Lebende ihm entrissen ward.

Will Streicher hienach einen Versuch machen, durch Subscription ein Denk-
15 mal in Würtemberg zu Stande zu bringen, und allenfalls darüber mit der
Regierung wegen Erlaubniß, Stelle, und Unterstützung in Verhandlung treten, so hindert ihn nichts, sich an mich zu wenden, und er kann meiner thä-
tigsten Unterstützung sicher seyn. Disc.

16. Streicher an Christian Friedrich Schmidt

20 Wien am 17ten Sept. 1820.

Ewr Wolgeborn
ersehen aus der Beilage No. 1, daß ich an HE. v.
Dannecker wegen der Kolosalen Büste Schiller's geschrieben, und aus No. 2,
die Antwort des Herrn Cotta, so wie aus No. 3, eine bestimmte Aeusserung
25 Danneckers, welche der Graf von Winzingerode an die Frau Baron Pereira-
Arnstein schrieb. Ich gestehe Ewr Wolgeborn sehr gerne, daß der Verdrus
über das Mislingen des schönen Gedankens von Herrn von Goethe, mich
ganz unentschlossen machte, ob ich noch etwas in dieser Sache thun solle, und
zwar um so mehr, da nach den Worten des Grafen Winzingerode, die Wir-
30 temberger so gerne Schiller'n ein Denkmal errichten wollen, und es von mir,
als einem gebornen Stuttgardter, ein wenig unnatürlich scheinen muß, dieses
entweder hindern, oder nicht aus allen meinen Kräften unterstüzen zu
wollen. Schon der Ausdruk «der Todte soll uns nicht entrissen werden, wie
uns der Lebende entrissen ward» soll vermuthlich ein Vorwurf für mich
35 seyn, der mich aber um so weniger beunruhigt, je glorreicher die Folgen
dieses Entreißens waren. Ich bin nicht Casuist genug um Haarscharf entscheiden zu können, ob ein Denkmal Schiller's dahin gehört, wo ihn der
Zufall gebohren werden ließ, ihm aber die Ausübung seines Talentes bey
Strafe untersagt war; oder

17. Streicher an Cotta

Wien am 17ten Sept. 1820.

Ewr Hochwolgeborn

wollen gütigst verzeihen daß ich Ihre werthe Zu-
schrift vom 4ten Mai so spät beantworte; allein die Weigerung HE.   5
v. Dannekers, welche späterhin in einem Briefe des Herrn Grafen von
Winzingerode an die Fr. Bar. von Pereira-Arnstein noch bestimmter und ausführlicher ausgesprochen wurde, machte mich unentschlossen ob ich in dieser
Sache noch weiter etwas thun solle. Der Wunsch eines Wirtembergers, Schiller'n als einem Eingebohrnen ein Denkmal in seinem Vaterlande selbst zu   10
errichten, und auch zugleich ein Meisterstük das sich und den Freund ver-
ewigt nicht aus dem Lande zu lassen ist so natürlich als möglich, und ich
selbst, in Stuttg. gebohren muß ihm unbedingten Beifall geben.

Meine ursprüngliche Meynung war blos, Schiller's Asche der Nachwelt zu
sichern, sey es nun durch einen einfachen Grabstein oder, da der Sarg frey   15
steht, durch eine dauernde Bezeichnung desselben. Herr Geh. Rath von
Goethe so wie HE. Reg. Rath Schmidt in Weimar bildeten diesen Vorschlag
noch weiter, für Schillern und Deutschland würdiger aus, und diß veranlaßte meine Anfrage an HE. von Danneker, deren Beantwortung mich wieder auf meine erste Idee zurükführt. Da ich diese ganz allein, ohne die min-   20
deste Weitläufigkeit oder Beschwerde ausführen kann, und auch schon bereits deshalb die nöthige Einleitung bey Frau von Schiller getroffen habe, so
beschränke ich mich auch blos darauf, und überlasse die Errichtung eines
Denkmales, sey es nun in Stuttgardt oder Weimar, seinen übrigen Freunden
und Verehrern. Jedoch werde ich den eigentlichen Zwek so ich bey Heraus-   25
gabe der kleinen Schrift hauptsächlich beabsichtigte, nicht aus dem Auge lassen, nemlich den ganzen Nutzen und Ertrag derselben, Schiller's beyden noch
unversorgten Töchtern zuzuwenden.

Und hier ist es, wo ich mir die Freiheit erlaube Ewr Hochwolgeborn
ganzes Herz in Anspruch zu nehmen, und bitte, auch bey dieser Gelegenheit   30
so edelmüthig zu handeln, wie Sie bey dem Nachlaße Schillers gehandelt
haben. Ich habe nemlich erfahren, welche bedeutende Summe Ewr Hochw.
zu einer Zeit, wo noch kein Schriftsteller oder Verleger Eigenthum anerkannt ist, für die lezten Auflagen von Schiller's Werken der Wittwe bezalt
haben, und daß durch dieses hauptsächlich, wenigstens der nöthige Unter-   35
halt dieser würdigen Familie, gesichert ist.

Schwerlich weiß diß jemand so zu würdigen und so hoch zu schäzen als
ich, der mit Schiller'n eine Lage und Noth theilte, die ich weder mündlich
noch schriftlich wagen werde ganz zu beschreiben, und aus welcher ihn nur
der Herzog von Weimar und HE. Körner reissen konnte; und es kann daher   40
auch wohl Niemand seyn, der mehr Hochachtung, Dankbarkeit und Liebe

für Ew Hochw. haben könnte als ich, der nichts so sehr bedauern würde, als
wenn Ihr seltenes, warhaft edles Betragen der Nachwelt verborgen bliebe.
Ewr Hochw. mögen als Wirtemberger, als Landstand, als GeschäftsMann
alles dazu beitragen und befördern helfen, damit Schiller'n ein Denkmal
5 errichtet werde, nur bitte ich herzlichst daß Sie es nicht früher thun wollen,
als bis die kleine Schrift im Publikum ist, und daß es Ihnen gefallen möge,
Ihr schönes Werk zu vollenden, diese Schrift gegen prænumeration heraus zu
geben, und alle nur mögliche Mittel, die bey Ihren großen, weitreichenden
Unternehmungen Ihnen zu Gebot stehen, anzuwenden, damit der Ertrag
10 so groß als möglich werde. Es ist allerdings sehr schön, wenn sich die Achtung für einen großen Mann wie Schiller wirklich war, durch ein bleibendes
Denkmal auch auf die Nachwelt überträgt; aber es spricht auch gegen alles
Gefühl, so wie gegen alle Vernunft, das zu einem todten Denkmale zu verwenden, was den hinterlassenen Kindern des zu feyernden, besonders wenn
15 es Mädchen sind, noch nützlich werden kann.

18. *Christian Friedrich Schmidt an Streicher*

Weimar, 21. November 1820.
Lassen Ewr Wohlgeboren mich daraus, daß ich seit dem Empfange Ihres
geehrten Schreibens vom 12. April d J. nichts weiter von Ihrem eben so edlen
20 als literarisch interessanten Vorhaben erfuhr, nichts ungünstiges für dieses
letztere auguriren. Zwar habe ich noch nicht die Ehre gehabt, den Herrn
Geheimenrath v. Göthe seit seiner Rückkunft von Carlsbad zu sprechen,
weil er von Jena, wo er sich seitdem aufhielt, immer nur auf Augenblicke
nach Weimar kam; indessen weiß ich doch leider so viel, daß wenigstens der
25 Göthesche Vorschlag nicht auszuführen seyn wird. Ich habe nämlich im vergangenen Sommer auf einer Badereise nach Baden-Baden zu Stuttgard auch
den HE. Hofrath Dannecker und dessen herrliche Kunstwerkstätte besucht,
und hier unter andern die unaussprechlich schöne Büste gesehen. Der ausgezeichnete liebenswürdige Mann erzählte mir so manches über deren Ge-
30 schichte, namentlich daß einst der Großherzog von Weimar ihn schon um
dieses Kunstwerk angegangen, daß er es aber ihm zu überlassen um deswil-
len sich nicht entschliessen können, weil der Großherzog nur von dessen öffentlicher Aufstellung, nicht aber von Errichtung eines besondern öffentlichen
Monuments, wozu die Büste mit gebraucht werden solle, gesprochen habe.
35 Er, Dannecker, habe nun gemeint, daß dann bei ihm, und in des Verewigten
V a t e r l a n d e , die Büste eben so zweckmäßig aufgestellt bleiben könne,
und deshalb später auch noch manche sehr vortheilhafte Anträge des Auslandes von der Hand gewiesen. So sehr ich diesen edlen Künstler- und
Nationalstolz achten mußte, so schmerzlich war es mir, die Ausführung jenes
40 schönen Vorschlags, wo nicht vereitelt, doch wenigstens äusserst erschwert zu

sehen, weil nun alles auf die beiden grossen Vorfragen zum mindesten ankommen würde: 1) Werden sich die Hinterlassenen nun redlich erklären, daß die nur e i n s t w e i l e n hier beigesetzten Ueberreste für immer hier ruhen sollen? oder doch, (wenn wir auch diese Frage theils als unerheblich theils als nun bejahend entschieden betrachten wollten) 2) wird es noch zu 5
einem solchen Pantheon für die Unsterblichen Weimars kommen, wovon wir früher miteinander gesprochen? Sey nun diesem, wie ihm wolle, und überlassen wir auch dieses der Zukunft und unserm hochsinnigen Fürstenhause — wie ich denn auf beide mit voller Zuversicht rechne, — so muß ich es doch schlechthin als einen wahren Verlust für alle Verehrer Schillers be- 10
trachten, wenn Sie darum einen so interessanten Beitrag zu seiner Biographie dem Publicum länger vorenthalten wollten, und ich gestehe Ihnen daher, daß ich mit wahrer Ungedult darauf hoffe.

Ertheilen Sie mir nun, mein verehrter Freund, Ihren gütigen Rath über einen Zufall an meinem Pianoforte. Denken Sie, es wird so sorgsam in Acht 15
genommen, es steht so trocken und in immer gleicher Temperatur, und doch ist sein Resonanzboden gesprungen. E i n m a l unter den Saiten e s und das ist seit längerer Zeit, vielleicht einem Jahre der Fall, von mir aber, weil hier der Resonanzboden und der ganz durchgehende Riß doch nur kurz ist, nicht sehr beachtet worden. D a n n ist aber vor einigen Wochen noch 20
ein zweiter weit schlimmerer Riß unter den Saiten des contra gis entstanden, welcher ziemlich da, wo der obere Resonanzboden anhebt, beginnt, und sich gegen 2. Fuß lang unter denselben hin erstreckt. Von vorn her, etwa bis zur Hälfte, hat sich die breitere Seite des Resonanzbodens zur Rechten, und dann, die schmale Seite zur linken, etwa 1/4 Zoll tief hinabgegeben. Beide 25
Risse haben, wie man deutlich sieht, und wie auch HE. Hofinstrumentenmacher Schenk versichert, welcher das Instrument stimmt, — gerade in F u g e n statt, und wahrscheinlich mag die Schuld daran liegen, daß der Leim zu schwach gewesen. HE. Schenk meint, daß dem Schaden nur durch das Einziehen ganz feiner Spänchen mit einem recht weissen Leim abge- 30
holfen werden könne, und daß die eingesunkenen Stellen des Resonanzbodens von unten, durch den Boden des Instruments hindurch, hinauf gezwungen werden müßten. Welchen Rath ertheilen Sie mir, damit nur kein Makel bleibe an dem mir so lieben Instrumente?

HE. Schenk will im künftigen Frühjahr seinen Sohn und Gehilfen, zu 35
seiner ferneren Ausbildung nach W i e n senden. Könnten und wollten Sie für diesen, ich glaube, sehr fähigen und soliden jungen Mann, unmittelbar oder doch wenigstens mittelbar etwas thun, vielleicht auch um des rechtschaffenen Vaters willen, welcher eine Reihe von Jahren hindurch einst bei Ihrem Herrn Schwiegervater in Arbeit gestanden, so würden Sie mich dadurch 40
und den Vater sehr verpflichten. Diesem liegt auch gar sehr an einer Adresse und Notiz, und eigene Gabeln zu den Hämmerchen aus Wien zu beziehen,

mit Zahlungsanweisung auf eine näher gelegene Stadt. Vielleicht wäre es
Ihnen gefällig, mir auch darüber etwas mitzusagen.

HE. Ratz hat sich seit Jahr und Tag hier etablirt. Wie ich höre, spielen
sich seine Instrumente etwas schwer, sind ungleich im Ton, und — zu theuer.
5 Er soll den e n g l i s c h e n Mechanism mit dem Wiener auf eigene Weise
combinirt haben, die Instrumente nach Pariser und Londoner Weise sehr
prunkvoll bauen, und dadurch jene ungünstigen Urtheile über sein erstes
Auftreten herbeigeführt haben. Ich referire aber blos, was ich gehört. — In
der Hofnung, bald von Ihnen durch einige Zeilen erfreut zu werden, bleibe
10 ich hochachtungsvoll   Ew Wohlgeboren
                                                    ganz ergebenster
                                                    CFriedrich Schmidt
P.S. Dieser Brief war eben gesiegelt, und sollte zur Post gesendet werden,
als ich, um das geschriebene nochmals zu prüfen, das Pianoforte öfnete, und
15 zu meinem Schrecken noch einen neuen d r i t t e n Riß wahrnam. Er ist
unter den Saiten von b^{III}, läuft durch, und unterscheidet sich von den
übrigen, daß er nicht ganz geradlinig, mithin a u s s e r e i n e r F u g e
ist. Nun, gestehe ich, wird mir es ernstlich bange um das sonst so schöne
Instrument, und ich bitte daher um so inständiger um Ihren Rath.

20 *19. Christian Friedrich Schmidt an Streicher*

Weimar, am 30. July 1821
Verzeihen Ew. Wohlgeboren, daß ich Sie schon wieder mit einer kleinen
Frage belästige. Meine Stimmgabel ist mir gegen voriges Neujahr auf unbegreifliche Weise verloren gegangen. Nun würde ich mir leicht die ur-
25 sprüngliche Stimmung meines Instruments verschaffen können, da sich noch
5. andere Instrumente von Ihnen hier befinden, wenn ich nur darüber
Gewißheit hätte, dass das meinige (No. 1147.) gleiche Stimmung mit den
übrigen gehabt. Allein verschiedene Umstände, (besonders daß mein Accom-
pagnement aus der hiesigen Kapelle sonst gewöhnlich höher stimmen
30 mußte, während das bei den übrigen Instrumenten, so viel ich mich erinnere,
nicht zu geschehen brauchte) machen mich zweifelhaft. Vielleicht haben Sie
darüber Notiz aufbehalten. Ich bitte um gefällige Mittheilung derselben.
Sollte mein Instrument eine andere Stimmung gehabt haben, als die von
Ihnen an HE. p v Froriep u. HE. Professor Töpfer gelieferten, so müßte ich
35 freilich noch weiter ganz ergebenst bitten, mir diese Stimmung durch
Uebersendung einer Stimmgabel, deren Werth Sie von der Post entnehmen
würden, oder auf andere Weise gefälligst anzeigen zu wollen.

Noch danke Ihnen für die gefällige Belehrung wegen des Resonanzbodens; HE. Ratz hat die Arbeit recht gut gemacht, nur ist das Holz etwas
40 dunkler ausgefallen. Göthe besitzt ein recht schönes Instrument von Ihnen,

erst vor kurzem durch Rochlitz in Leipzig ausgewählt. Ich habe es vor
8. Tagen mit Duo's von Beethoven u. Onslow eingeweiht, und da ist dann
natürlich auch Ihrer gar herzlich gedacht worden. Göthe ist seitdem nach
Marienbad. Dort war ich auch vom 4 Jun. bis 6. July, und lassen Sie mich
gestehen, daß ich mit e i n i g e r Hofnung dahinging, Ihnen dort zu be-   5
gegnen. Das geschah leider nicht, indessen habe ich doch von einem HE.
Dr. med. Wallich aus Wien mit Vergnügen erfahren, daß Sie Sich wohl
befinden. Möge nun meine z w e i t e durch die liebenswürdige Fr. Kapell-
meisterin Hummel veranlaßte Hofnung in Erfüllung gehen, Sie noch im
Laufe dieses Jahrs hier zu sehen!   10
    Leben Sie recht wohl, der hohen Achtung versichert, mit welcher ich mich
unterzeichne Ew Wohlgeborn

ganz ergebenster
Fr. Schmidt

20. Christian Friedrich Schmidt an Streicher   15

Weimar, 24. December 1823.

Da ich so eben Weimar auf einige Zeit verlaße, und eines mir aufgetragenen
Geschäftes wegen nach Berlin abgehe, so gereicht es mir in dem Trouble,
worinn ich mich befinde, noch zum wahren Vergnügen, daß mir der musi-
kalische Sinn des nunmehrigen Diakonus zu Jena, HE. Keferstein eine   20
Veranlassung giebt, noch eine alte Schuld an Ew Wohlgeboren abzutragen.
Sie hatten nämlich mir das Vergnügen zugedacht, die Bekanntschaft Ihres
eben von Paris zurückkehrenden Herrn Sohnes zu machen, und deshalb
mich mit einigen Zeilen beehrt, als ich eben auf einer Erholungsreise nach
Dresden mich befand. Gar sehr bedauerte ich bei meiner Zurückkunft, die   25
Anwesenheit Ihres Herrn Sohnes versäumt zu haben. Von Zeit zu Zeit
wollte ich Ihnen dann noch meinen Dank für so freundschaftliches Andenken wenigstens noch schriftlich bezeigen; aber theils gehäufte Arbeiten,
theils mehrfaches häusliches Misgeschick, das mir allen Frohsinn raubte,
ließen mich nicht dazu kommen. Es soll mich also doppelt freuen, nun ein- 30
mal wieder Ihres Wohlbefindens versichert zu werden. HE. Keferstein
ist durch mich mit den Beethovenschen Kompositionen, und zugleich mit dem
darauf berechneten Pianoforte sehr befreundet worden, welches ich Ihnen
verdanke. Indem er Sie um ein ähnliches (nur nicht von Mahagony) zu
ersuchen begriffen ist, wünschte er, daß ich Ihnen die Eigenheiten meines 35
Instrumentes wieder in das Gedächtniß rufe, und sie beruhen, wenn die Vergleichung mit andern Ihrer hiesigen Instrumente mich nicht trügt, hauptsächlich auf dem kräftigen Mechanismus, der stärkern Belederung. Ich rechne
außerdem noch Gleichheit des Tons zu seinen Vorzügen. Das Instrument
hält sich noch immer ziemlich gut, indeßen wird es doch mit uns älter, und 40
ich denke schon manchmal daran, wie ich es wieder mit einem neuen von

Ihnen vertauschen könnte, welches dann, vielleicht durch die patentirten
Erfindungen Ihres HE. Sohnes und sonst noch vollkommener als mein
gegenwärtiges wäre, und 6 1/2 Octaven umfaßte. Sie würden sie wohl
Ihrem alten Freund besonders wohl verrechnen, wie ich denn zu gleichem
5 auch HE. Keferstein Ihnen empfehlen möchte. Ich wünsche Ihnen Glück
zum Jahreswechsel, mir Ihr ferneres freundliches Wohlwollen und verbleibe
mit Hochachtung

ergebenst
CFSchmidt.

10 *21. Christian Friedrich Schmidt an Streicher*

Berlin, am 26. October 1825.

Ew. Wohlgeboren
geehrte Zuschrift vom 12. d. hatte ich gestern das Vergnügen von Weimar
anher zugesendet zu erhalten. Laßen Sie mich vor allen Dingen Ihnen meine
15 herzlichste Freude über diesen mir unschätzbaren Beweis Ihres Wohlbefindens ausdrücken, und Ihrer fortdauernden vollsten Thatkraft. Ich mußte
nach den von dem HE. Musikdir. Eberwein mir berichteten Umständen zum
mindesten glauben, Sie seyen auf einer weiten Reise begriffen — nicht gerade
einer solchen, von welcher uns keine Rückkehr gestattet ist — denn Ihr
20 Geschäft gieng anscheinlich nicht mehr in Ihrem Namen pp. Indessen wißen
Sie, wie günstige Vorbedeutung der allgemeine Glaube in solchen Fällen sta-
tuirt. Möge sie an Ihnen in Erfüllung gehen! Die Innigkeit meines Wunsches
möchte ich mit dem herzlichsten Händedruck Ihnen kund geben!
Solchen ausdauernden Feuereifer für ein edles Unternehmen muß Sie, tref-
25 licher Freund, wie ich Sie kenne und hochachte, beseelen, und es scheint mir
ganz in der Ordnung, daß Sie nach Jahren, wo möglich, noch mächtiger dafür entglühen. Ihnen hiebei mit allen meinen Kräften die Hand zu bieten,
achte ich für die seeligste Pflicht, so der Freundschaft, als der uns beiden in-
wohnenden Verehrung gegen den unsterblichen Sänger.
30 Betrachten Sie, bitte ich, diese Zeilen nur als Vorläufer meiner Antwort
in der Hauptsache, die ich Ihnen von Weimar aus, wohin ich in Kürze zu-
rückzukehren hoffe, so befriedigend als nur möglich, zu geben gedenke.
Schon von hier aus werde ich einstweilen einen hochverehrten, und durch die
vielseitigsten Verbindungen einflußreichen Freund für vorbereitende Schritte
35 zu gewinnen suchen — den Herrn Canzler D. von Müller, welcher nur in
diesem Augenblick bis zum 7. künftiges Mon. — zu sehr auf ähnliche Weise
beschäftiget ist, als daß ich bis dahin schon auf seine Thätigkeit für unsern
Zweck rechnen könnte. An dem genannten Tage sind es nämlich 50 Jahre,
daß Göthe nach Weimar kam. Der Tag soll in Weimar hochgefeiert, und mit
40 diesem Feste zugleich die Feier des — obwohl erst auf den 9. Jun. k. J. fal-

lenden 50.jährigen Dienstjubiläums unseres Dichters verbunden werden;
v.Müller aber, vieljähriger Hausfreund Göthes, ist der Ordner dieses Festes.

Wenn Sie meine ältern Briefe in unsrer Angelegenheit nachsehen wollten
so würden Sie wahrscheinlich der Verhältniße schon ausführlicher gedacht
finden, welche den Stand der Dinge herbeiführten, die der Correspondent 5
der Charis, Ihr eigner Herr Sohn u. andre so misfällig wahrnahmen. Schillers irdische Hülle ist, wie es die Wittwe beharrlich foderte, nur provisorisch
an jenem Orte beigesetzt, es ward, so viel ich mich erinnere, die Bestattung
auf einer für die Familie zu acquirirenden Besitzung beabsichtiget, die zu
diesem Zweck gesammelten Mittel sind aber auf andere Weise verwendet 10
worden, und jener provisorische Zustand bis jetzt geblieben, ohne daß dem
Gouvernement unter diesen Umständen die geringste Vernachläßigung beige-
meßen werden könnte. Denn die Frau v. Schiller, wie ich gehört — (denn
ich befand mich damals noch nicht in Weimar) — war damals so beharrlich
in ihrem Entschluße, daß alles, was von anderer Seite beabsichtigt war, da- 15
durch vereitelt wurde. Ihre Verstimmung in Bezug auf W. mag seitdem eher
zugenommen als sich vermindert haben. Ihr Sohn fand, von der Academie
kommend, nicht die u n m i t t e l b a r e Anstellung in einem Landescollegio,
auf die er sich Rechnung gemacht, gieng, misvergnügt darüber in K. Preußische Dienste, und befindet sich jetzt, bei einem Civiltribunal in Cölln 20
a/Rhein, mit einer Wittwe verehelicht, und von Mutter und beiden Schwestern seit geraumer Zeit dort besucht. Wenigstens waren am 3. Sept. die Damen Schiller noch nicht wieder nach Weimar zurückgekehrt.

Sie werden gestehen, daß bei dem ersten Augenblick die Konstellation
nicht eben günstig für unsere Sache, wenigstens nicht für die Beschleunigung 25
derselben, erscheint. Sie werden eben so wenig verkennen, verehrter Freund,
daß die Verhältniße in W. eine ausserordentliche Behutsamkeit und die zarteste Behandlung des Gegenstandes erfodern. Erwägen Sie: unser verehrter Großherzog hat Weimar zum deutschen Athen erhoben, hat Deutschlands
erste Geister um sich versammelt, und sich als ihren erhabensten großsinnig- 30
sten Mäcen erwiesen. Er hat dieß namentlich in Bezug auf Schiller gethan; es
sind aber, seit deßen Ableben, die vorbemerkten Verhältniße eingetreten u.s.w.
Sie werden gewiß zugeben, theurer Freund, — Ihr Zartgefühl verbürgt es
mir — daß Ihr Unternehmen eher zum Anlaß dienen könnte, Ihre Wünsche
von Seiten des Gouvernements noch realisirt zu sehen — (denn was Sie Schil- 35
lers Asche erwiesen wünschen, ist ganz identisch für Herder geschehen, welcher i n der Stadtkirche zu Weimar beigesetzt ist) — als daß sich die Durch-
führung deßelben genau in der beabsichtigten Weise hoffen ließe. Ich bin
aus dem schon bemerkten Grunde nicht in die Vorgänge bei Schillers Bestattung genau eingeweiht, aber wie ich die Gesinnung Sr Königl Hoheit des 40
Großherzogs und seiner erhabenen Fürstl. Familie kenne, kann ich nicht anders als annehmen, nur an Fr. von Schiller liege es, daß der Hülle ihres ver-

ewigten Gatten nicht ganz die nämliche Auszeichnung zuteil geworden als
Herders. In Weimar wird ja Schiller, wie Wieland und Herder, und noch
gegenwärtig Göthe verehrt, und wer weiß, wenn auch dieser Stern zu strahlen aufgehört haben wird, was auf solchen Fall das Großherzogl. Haus viel-
5 leicht schon längst beschloßen hat. War nicht einst ein Pantheon Ihre Lieblingsidee?
   Doch ich wiederhole — nur als eine vorläufige, bitte ich, betrachten Sie diese
Aeusserung. Vor allen Dingen werde ich bei meiner Rückkehr nach W. den
einsichtsvollern Rath der Herren, vGöthe und vMüller mir erbitten; bis dahin
10 kömmt Frau vSchiller auch wohl zurück, auf eine genaue Recognoscirung des
Terrains kömmt es zuvörderst an. Was irgend ohne Nachtheil für die Sache
b e s c h l e u n i g e n d geschehen kann, wird geschehen, und ich werde Ihnen
dann unverzüglich berichten. Leben Sie wohl! Ihrem Herrn Sohne mich, obwohl unbekannt, bestens empfehlend.
15   Mit innigster Hochachtung und Freundschaft

                                        ergebenst,
                                        Schmidt.

N a c h s c h r i f t : ich komme soeben von dem würdigen vieljährigen
treuen Freunde Schillers, dem HE. Geh. Oberregierungsrath Körner und einer
20 ausführlichen Berathung mit demselben. Er machte im J. 1812. auch Ihre
Bekanntschaft, erinnerte sich mit Vergnügen derselben, und daß er damals
über Schiller sich mit Ihnen unterhalten. Nur ahneten Sie beide nicht, wie
nahe jeder von Ihnen Schiller gestanden; sonst würde jene Unterhaltung noch
weiter geführt haben, zumal auch Körner, früher in Dresden, Schiller dort
25 auf längere Zeit bei sich sah und eine Biographie desselben lieferte, welche
sich vor der Cottaschen Ausgabe seiner Werke, glaube ich, findet. Ich theile
Ihnen in wenigen Worten unsere Unterhaltung mit: Der unschuldige Urhe-
ber des Zustandes der Dinge, wie er ist, war der verstorbene Hofrath Becker
in Gotha. Er schuf die Idee einer Grundacquisition, von welcher nun das
30 Uebel ausgegangen. Daß die Abstellung deßelben am schicklichsten von den
Erben Schillers oder auch von dem Gouvernement ausgehe, und daß Ihre
Idee eher den Anlaß dazu geben als selbst ohne Schwierigkeit auszuführen
seyn werde, darin waren wir einverstanden. Eben so meinten wir, daß besonders von seinen Erben die ö f f e n t l i c h e Unterzeichnung zu dem
35 Zweck eines blosen G r a b m a l e s für ihren theuren Verblichenen nimmer
zugegeben werden würde und könne, da der Aufwand so bedeutend nicht sey,
um nicht von ihnen selbst, die doch nicht ohne Vermögen sind, nöthigenfalls
bestritten werden zu können. Denn die Frau v Schiller hat noch eignes Vermögen, und deren Sohn in Cöln hat ebenfalls Vermögen mit erheirathet. Die
40 Deckung der Kosten ist daher eigentlich das kleinste Hinderniß, sie würde
aber auf öffentlichem Wege nicht ohne Anstoß auf irgend einer Seite erfolgen. Glauben Ew. Wohlgeboren, es kommt zu Realisirung Ihres frommen

Wunsches nur auf die Einleitung, auf die Besiegung der Verhältniße an, und
da könnte denn leicht Ihr Vorhaben, — gleichzeitig mit demjenigen, was
jetzt zu Verherrlichung Göthes, des lebenden, geschieht, — gar sehr förderlich seyn. Sie wollen auf keiner Seite verletzen; darum vergönnen Sie Zeit,
und die Sache wird sich gestalten. In Weimar ist ja so manches Gute und 5
Schöne zur Reife gediehen. Ich sichere Ihnen noch einmal thätigste Verwendung für die Realisirung Ihres Wunsches, zuerst auf dem einfachsten natür-
lichstem Wege, zu, und werde Ihnen bald weitere Nachricht von dem Erfolge ertheilen. Sollte uns dieser günstig seyn, dann hätten wir und — unter
uns! — die guten Fräulein Schiller doppelten oder dreifachen Gewinn. Denn 10
wollten Sie dann Ihr intereßantes Msct. Cotta überlaßen, unter der Bedingung, welche Sie irgend für die Fräulein S. beabsichtigen, so schlöße dieses
eine Auffoderung an die deutschen Bühnen zu gleichem Zwecke nicht aus,
und beides zusammen würde desto sicherer E i n w i r k s a m e s Resultat
liefern. Uebrigens bitte ich doch, auch diese Nachschrift nur als vorläufig zu 15
betrachten, ich schreibe nächstens ausführlicher von W e i m a r , und empfehle mich nochmals herzlichst und

ergebenst

CFS.

22. Christian Friedrich Schmidt an Streicher 20

Ew. Wohlgeboren
habe ich das Vergnügen, nachträglich zu meinen am 27. d. Mon zur Post ge-
förderten Antwortschreiben folgende Nachricht ganz ergebenst mitzutheilen.
Mein vortrefflicher Freund und Landsmann, Herr Hofrath und Profeßor D.
Hufeland hier, war vor ungefähr einem halben Jahre zum Besuch in Wei- 25
mar. Zufällig erzählte er mir so eben, wie er damals unter anderm den neuen
schönen Begräbnißplatz in Augenschein genommen, der, ausser der Stadt belegen, durch die schöne Großherzogl. Familiengruft auf der Anhöhe, (bis auf
welche er sich ausdehnt,) schon den Reisenden in ziemlicher Entfernung sich
bemerkbar macht. Das schöne Fürstl. Gruftgebäude steht gerade inmitten 30
der Befriedigungsmauer auf der mittägigen Seite des Platzes. Man machte
damals meinem Freunde den Punct bemerklich, welcher zu Schillers Grab-
male ausersehen sey, nämlich die Ecke jener mittägigen Befriedigungsmauer
nach Abend zu, und äußerte dabei, daß man ihn in der Absicht gewählt habe,
damit jeder ankommende Reisende schon, ehe er Weimar betrete, die heilige 35
Stelle gewahre, welche die Ueberreste des unsterblichen Dichters umschließt.
Mit dieser Absicht ward die Voraussetzung eines pyramidalischen oder ähnlichen mausoleenartigen Gebäudes als nothwendig ausgesprochen. Mein Freund
vernahm diese Kunde mehrseitig von den glaubwürdigsten Personen, und ich
werde mich morgen mit erster Post nach Weimar näher davon zu unterrich- 40

ten suchen, da ich ohnehin, dieses Gegenstandes wegen, zu schreiben mir vorgenommen hatte. Vorläufig kann ich aber doch mir das Vergnügen nicht versagen, Sie von allem diesem zu unterrichten. Es ist eine schöne und Weimars
würdige Idee, daß sich das Gruftgebäude seines erhabenen Fürstenhauses
5 zwischen den Grabmälern von Schiller und G. — zwischen den Sternen seines
Ruhmes erhebe. Denn diese, obwohl nur erst h a l b ausgesprochene Idee,
spricht sich von selbst schon v o l l s t ä n d i g aus; hierin aber, mein verehrter Freund, gerade hierin werden Sie nebst noch einen der Gründe erkennen, welche, von Zartgefühl und Verehrung gegen unsern unsterblichen Mit-
10 lebenden eingegeben, deßen 50.jährige Jubelfeier in den nächsten Tagen begangen werden soll, den gegenwärtigen Augenblick nicht eben als den ange-
meßensten erscheinen laßen, und die Ausführung mit N a c h d r u c k in
Anregung zu bringen. Wenn ich diese Ausführung letzthin schon aus allgemeiner, von den in Weimar herrschenden Gesinnungen, entlehnten Gründen
15 verbürgen zu können glaubte, — und ich bin kein geborner Weimaraner,
mein Urtheil hat also auch den Verdacht blinder Vorliebe und Partheilich-
keit wohl weniger gegen sich — so scheint sie jetzt nicht mehr bezweifelt
werden zu können. Desto beßer und uns erwünschter! Ich möchte beinahe
wetten, daß mein nächster Bericht über die nähere Bewandtniß, welche ich
20 v o n Weimar oder auch erst i n Weimar bei meiner nahen Rückkunft
dahin kennen lerne, geeignet seyn werde, Ihnen vollstes Vertrauen in Weimar's Beschlüße und Veranstaltungen und vielleicht auch die Ueberzeugung
zu gewähren, daß ein a l l m ä h l i g e s Entfalten und zur Reife bringen
nicht nur durch die Umstände geboten sondern auch, um der Sache willen,
25 solchen andern vorzuziehen sey. In jedem Falle rechne ich auf die Festigkeit
Ihres literarischen Vorhabens, über welches ich sogleich nach meiner Rückkehr mit dem HE. Staatsminister vGöthe Rücksprache zu nehmen mich beehren werde, in Voraussetzung aber Ihres freundschaftlichen Einverständ-
nißes mit den unmaasgeblichen Vorschlägen meines letzten Postscripts. HE.
30 Geh. Oberregierungsrath Körner hier, wie ich Ihnen vor wenigen Tagen
bemerkte, nimmt auch den wärmsten Antheil an der Sache. Wollten Sie mich
in den nächsten 14. Tagen mit einer Antwort beehren, so würde ich bitten,
sie nach hieher — außerdem aber bitte ich, sie nach W. zu adreßiren. Schätzbar und erfreulich sind mir Ihre geneigten Zuschriften j e d e s I n h a l t e s ;
35 wollten Sie aber demnächst einmal 1). Beethovens, seines Befindens und
Wirkens, 2). der intereßanten technischen Erfindungen und Kunsterweite-
rungen Ihres geschätzten Herrn Sohnes beurtheilend gedenken, so würden Sie
mich dadurch ganz besonders verbinden. Ich bitte recht herzlich darum, und
empfehle mich mit innigster Hochachtung und Freundschaft

40
                                                    Ew. Wohlgeboren
                                                    ganz ergebenst
Berlin, 30. October 1825.   Schmidt.

22 Streicher

23. Christian Friedrich Schmidt an Streicher

Ew. Wohlgeboren

geehrtes vom 9. vor. Mon. habe ich hier zu Weimar zu erhalten die Ehre
gehabt, wo ich mich seit einigen Wochen wieder befinde. Es gereicht mir zu
besonderm Vergnügen, Ihnen über den Stand unserer Angelegenheit folgen- 5
des melden zu können:

Was ich Ihnen schon früher, und insbesondere von Berlin aus über die
Ursachen berichtet, welche den provisorischen Zustand herbeygeführt, und
deßen Dauer verlängert haben, hat die vollste Bestätigung erhalten. Ich wiederhole die schon mehrfach berührten Gründe nicht, aus denen Schillers 10
Leichnam, wie es die Wittwe wollte, provisorisch in das Landschaftskaßenge-
wölbe beigesetzt wurde. Als man aber Herders Leichnam in die hiesige Stadtkirche bestattete, und des Großherzogs KH. die Gruft mit einer schönen Metallplatte belegen ließen, sollte auf ganz gleiche Weise auch Schillers körperliche Hülle dort beigesetzt u. seine Gruft mit einer Metallplatte belegt wer- 15
den. Der Oberconsistorialrath und Hofprediger D. Günther — aus deßen
eigenem Munde weiß ich es — erhielt und vollzog den Auftrag, die Wittwe
um deren Einwilligung anzugehen; allein sie verweigerte diese Einwilligung.
Bei Anlegung eines neuen Begräbnißplatzes unternahm derselbe nochmals aus
eigenem Antrieb, die Wittwe dahin zu disponiren, daß sie den Verewigten 20
dort bestatten l a ß e, allein auch jetzt verblieb die Wittwe bei ihrem be-
harrlichen Widerspruch. Später aber geschah es, daß die zu Familiengruften
bestimmten Räume des neuen Begräbnißplatzes vertheilt wurden. Die
Wittwe Schiller meldete sich ebenfalls zu einer solchen; der Bürgermeister
Hofrath Schwabe gieng hierauf zu ihr, und machte im Namen der Stadt das 25
Anerbieten, sich nach freier Auswahl den Raum dazu bestimmen zu wollen,
ohne daß von irgend einer Bezahlung nur die Rede seyn dürfe; nur verhoffe
man, daß sie auch die Ueberreste ihres unsterblichen Gemahles auf den neuen
Begräbnißplatz bestatten laßen wolle. Jetzt ertheilte die Wittwe ihre Einwilligung, und indem sie vorläufig äußerte, daß die südwestliche Ecke (der 30
Punkt, den ich Ihnen bereits bezeichnete) ihr der annehmlichste erscheine,
behielt sie sich vor, mit dem p Schwabe einmal an Ort und Stelle zu fahren, und das nähere mit ihm zu verabreden. Ihre Meinung war es, die Grabstätte mit einer Säule schon der Ferne bemerklich zu machen. Ehe aber jene
Localbeschauung vor sich gieng, verreiste die Wittwe nach Cöln, sie befindet 35
sich diesen Augenblick noch dort, wird aber demnächst wieder hier erwartet. Während ihrer Abwesenheit hat nun auch der HE. Staatsminister von
Göthe sich den Raum zu einer Familiengruft erbeten. Im Allgemeinen darüber einverstanden, daß Schiller und Göthe einst in der Nähe des landes-
fürstlichen Erbbegräbnißes ruhen, verfolgt man einige in dieser Hinsicht be- 40
reits vorliegende Vorschläge, über welche ich jedoch die strengste Verschwie-

genheit angelobt habe, und daher nur so viel noch bemerke, daß sie mir vorzüglich schön und angemeßen erschienen, und einer derselben, sobald als die
Wittwe Schiller zurückgekehrt seyn wird, in Bezug auf Schillers Grabstätte
unverzüglich zur Ausführung kommen solle. So viel dagegen die gar nicht
5 schwierige Ermittelung und Recognition des Schillerschen Sarges in dem
Landschaftscaßengewölbe betrifft, so wird diese, unter Direction des Bürgermeisters Hofrath Schwabe, ganz in der Kürze schon vor sich gehen, und
Sie können von deßen Eifer und Energie bezüglich auf unsere Angelegenheit
Sich schon aus dem Umstande überzeugen, daß er zu der Anzahl jener jun-
10 gen Männer (Beamte, Künstler u. d. g.) gehörte, welche den Sarg zu seiner
jetzigen Stätte trugen, ohne vorgängige Einladung zu dieser Ehre sich drän-
gend. Unsere Angelegenheit ist und war also, schon ohne unser beiderseiti-
ges Zuthun, im b e s t e n Gange und in den b e s t e n Händen, und ich
werde mir ein Vergnügen daraus machen, Ihnen von Zeit zu Zeit über deren
15 Vorschreiten Nachricht zu ertheilen.

Ew Wohlgeboren für die gefällige Mittheilung bezüglich auf die neu er-
fundenen Instrumente Ihres Herrn Sohnes verbindlich dankend, würde ich
Ihnen doppelt verbunden werden, wenn Sie die Güte haben wollten, mir
demnächst auch einen Preis Courant derselben, so wie auch Ihrer jetzigen
20 Instrumente in z e i t h e r i g e r Bauart mitzutheilen. Vielleicht daß ich
mich entschließe, mein jetziges Instrument, deßen Saitenwirbel unter den
Händen des nun verstorbenen Hofinstrumentmachers Schenk sich almählich
emporgedreht und locker gemacht haben, mit einem andern Instrument zu
vertauschen, zumal auch die Stiftlöcher sich ausgespielt haben und die Cla-
25 ves zu wackeln anfangen. Vielleicht dürfte ich mir schmeicheln, durch Ihre
freundschaftliche Gewogenheit mit einem, recht ausgewählten Instrumente
wieder versorgt zu werden. Allerdings bin ich dann auch auf die neuen Instrumente Ihres Herrn Sohnes, von denen noch keines hieher gekommen,
nicht wenig gespannt nach allen den Vorzügen, welche der Beschreibung nach
30 ihnen eigen sind. Im Allgemeinen stellt man sich hier wohl ihre Bauart und
Behandlung als zu complicirt und schwierig vor. Die beiden Instrumente gewöhnlicher Art, welche unlängst durch HE. Musikdir. Eberwein hieher kamen, sind aber auch recht schön, besonders, wie mir scheint, das mit 6. 8ven.
Beethovens phantasiereiche Trio's (Oeuv. 70. und 97.) gewährten mir erst
35 gestern abend wieder einen wahren Hochgenuß. Wenn doch dieser große Genius noch recht lange für die schöne Kunst lebte und wirkte!
Mit herzlichsten Wünschen   ergebenst
Weimar, am 9. December 1825.   Schmidt.

24. Carl Leberecht Schwabe, Originalaufzeichnungen

40 Streichers Drohungen aus Wien an Geheimen Regierungsrat Schmidt

22*

25. Carl Leberecht Schwabe, Originalaufzeichnungen

Der Geh. Regierungsrat Schmidt, einer meiner noch lebenden Jugendfreunde, sagte mir, daß Schillers Jugendfreund Streicher in Wien, der ihn auf seiner Flucht begleitet, mit Brandbriefen gegen Weimar drohe, wenn Schillers Gebeine nicht zutag gefördert würden. 5

26. Streicher an Ernst von Schiller

Wien am 16ten Aug. 1826.

Ewr Wolgeborn
        wollen es nicht als Zudringlichkeit oder Anmaaßung auslegen, wenn sich ein Mann, der Ihnen vielleicht kaum dem Nahmen nach 10 bekannt ist, in einer Sache an Sie wendet, die zwar zunächst Ihre Familie angeht, aber doch auch einen, schon sehr laut ausgesprochenen Wunsch des gebildeten Deutschlands betrift.

Es ist Ewr Wolgeborn nicht unbekannt, daß jeder Reisende sich darüber beklagt, in Weimar die Stätte oder den Sarg nicht finden zu können, wo Ihr 15 herrlicher Vater begraben liegt; eben so wenig können Ihnen die lauten und gerechten Klagen entgangen seyn, welche Zeitungen und andere öffentliche Blätter, schon seit mehreren Jahren darüber ausgesprochen haben.

Da ich in den Jahren 1781 bis 85 ein Freund Ihres Vaters war, der seine Flucht aus Stuttgardt nicht nur möglich machte, sondern auch diese, so wie 20 alle seine traurigen Verhältnisse in Mannheim redlich mit ihm theilte, so veranlaßte mich die erste Nachricht über diese Vernachläßigung im Jahr 1820 nach Weimar zu schreiben. Als ich die Antwort erhielt, daß der Sarg Schiller's unter vielen andern liege — auch die Nachrichten meines Sohnes — der 1822 in Weimar selbst darüber Nachforschungen anstellte, so lauteten, 25 daß man den Sarg gar nicht sehen könne, wenn nicht alle die auf ihm stehen, weggeräumt würden, so faßte ich den Entschlus, eine kleine Schrift, «Die Flucht Schiller's aus Stuttgardt und sein Aufenthalt in Mannheim in den Jahren 1782 bis 85» welche erst nach meinem Tode bekannt werden sollte, jezt schon gegen prænumeration zu dem Zweke heraus zu geben, daß für den 30 eingehenden Betrag (den man wohl ausgiebig genug annehmen darf) Schiller'n ein ordentliches Grabmal errichtet werde, damit jeder seiner Bewunderer bey den heiligen Resten des Sängers stehen, und denselben seine Verehrung zollen könne. Es wäre zu weitläufig hier alles das anzuführen, was seit dieser Zeit zu Erreichung dieser Sache gethan worden. Aus der Beilage läßt 35 sich vieles ersehen; besonders aber, daß nur die Ankunft von Schiller's Gattin in Weimar erwartet wurde, um den Wunsch der noch lebenden Freunde des Dichters, in Erfüllung zu bringen.

Der beklagenswerthe Tod Ihrer Frau Mutter hat aber nun einen Stillstand herbey geführt, der jezt nur durch Ewr Wolgeborn, als das nunmehrige Haupt Ihrer Familie, gehoben werden kann.

In der Voraussetzung daß diese Angelegenheit mit aller Wärme eines Soh-
5 nes von Ihnen angesehen wird, und um solche zu einer endlichen Entscheidung zu bringen, bin ich so frey Ihnen einige Fragen vorzulegen, deren Beantwortung mir um so wichtiger ist, als alles, was ich noch thun solle, dadurch bestimmt wird.

Werden Ewr Wolgeborn nicht entgegen seyn, daß man den Sarg Ihres
10 Vaters aus dem LandschaftKassen Gewölbe nehme, und auf dem neuen Kirchhofe in die bestimmte Gruft beysetze?

Ist Ihnen der Platz genehm, den Ihre seel. Frau Mutter mit Herrn Hofrath und BürgerMeister Schwabe, vorläufig auswählte?

Im Falle Sie einen andern Platz wünschen, w o ,   a u f   w e l c h e r
15 S e i t e , soll er seyn?

Da Ewr Wolgeborn nicht selbst in Weimar seyn können, wären Sie wohl
geneigt, die Auswahl des Platzes der Grosherzogl. Regierung, oder den dortigen Freunden des Verstorbenen zu überlassen?

Würden Sie die Güte haben und an jemanden in Weimar Ihre Einwilligung
20 und Vollmacht schiken?

Endlich (und das ist die Hauptfrage) genehmigen Sie es, daß die von mir
verfaßte Schrift: «Schillers Flucht von Stuttgardt und sein Aufenthalt in
Mannheim von 1782 bis 1785» zu dem Zweke dem Publikum übergeben
werde, um aus dem Ertrag derselben, dem Lieblingsdichter Deutschlands ein
25 Grabmal zu errichten, das seines Nahmens nicht unwürdig und dem Range
seiner Familie angemessen ist?

In der Voraussetzung, daß Sie, in der HauptSache, sich bejahend entscheiden, bin ich so frey Ewr. Wolgeborn um noch eine Gefälligkeit zu bitten, die
nur Sie allein zu gewähren im Stande sind. Alle LebensBeschreibungen Schil-
30 ler's sind entweder sehr mangelhaft, oder enthalten ganz falsche Nachrichten.
Besonders wichtig müssen die lezten Jahre seines Lebens gewesen seyn, über
welche jedoch sogar Herr Körner, der ein vertrauter Freund von ihm war,
mit einem Phlegma weggleitet, das beynahe unverzeihlich ist. Da meine
kleine Schrift nicht nur den Zeitraum von 1781 bis 85 umfassen darf, son-
35 dern ein, wenigstens kleines, Ganzes seyn muß, so würde es dieser nicht nur
zum Vortheil gereichen, sondern auch die Nachwelt müßte eine richtigere Ansicht von dem Character des vortreflichen Mannes erhalten, wenn hierüber
zuverläßige, unläugbare ThatSachen angeführt würden. Weit entfernt, mir
diese Nachrichten zum Verdienst anrechnen zu wollen, würde ich dankbar die
40 Quelle nennen, aus welcher mir solche zugeflossen. Ich kann um so weniger
glauben, daß Sie dieser Bitte eine unrichtige Deutung geben, indem sie an den
würdigen Sohn eines Freundes geschieht, der mir um so werther geblieben,

je größere und (wenigstens damals) schmerzhaftere Opfer ich ihm zu bringen die Gelegenheit hatte. Die Folgezeit, die Briefe Ihres herrlichen Vaters an mich, werden das gesagte vollkommen rechtfertigen. Und nun die nöthigen Fragen.

1) War die Erziehung der Kinder von Seiten Ihres Vaters strenge oder mild?
2) Auf welche Lehrgegenstände hielt er am meisten?
3) Welche Sprachen mußten die Söhne lernen?
4) Ließ er ihnen freye Wahl des Studiums, oder suchte er sie schon frühe für ein besonderes Fach zu bestimmen?
5) Ist es wahr daß auch Sie Dichter sind? Ist etwas von Ihnen bekannt geworden und wo?
6) War Ihres Vaters Gesundheit mehrere Jahre vor seinem Tode schon leidend?
7) Wie war seine Laune, sein Umgang in dieser Zeit?
8) Waren seine Umstände doch so, daß er Sorgenfrey arbeiten konnte?
9) Behielt er die Gewonheit bey, nur des Nachts zu dichten?
10) Madame Körner versicherte mich, daß Schiller auf das glüklichste vermählt gewesen. Ließe sich hierüber nichts besonderes sagen?
11) Wie lange dauerte seine lezte Krankheit und in was bestand sie?
12) Wer war bey seinem Tode gegenwärtig?
13) Wo und was ist der zweite Sohn?
14) Wer unter den beyden Söhnen sieht ihm ähnlich
15) Welche unter den Schwestern?
16) Ist es wahr daß die jüngste Fräulein Schwester dem Vater a u f f a l - l e n d ähnlich sehe?
17) Sind beyde Schwestern noch ledig?
18) An wen ist eine oder beyde verheirathet und wo?

Sollten Ihnen diese Fragen unbescheiden vorkommen, so ersuche ich zu bedenken, daß sie einen der wichtigsten Männer Deutschlands, Ihren großen Vater betreffen, von dem jede Nachricht der Nachwelt um so heiliger seyn wird, je zuverläßiger sie solche achten darf.

Zu den vielen Bitten muß ich aber noch eine beyfügen. Da es nun schon 6 volle Jahre sind, daß ich mir ein würdiges, ordentliches Begräbnis Schiller's zur angelegentlichsten Sache gemacht habe — da mein Alter schon so weit vorgerükt ist, daß ich jeden Tag den ich verlebe, nur noch als ein Geschenk ansehen darf, und da auch die Zeit von heute bis zum 9ten Mai 1827, in welcher alles geschehen seyn soll, sehr enge zusammen gepreßt ist, so werden Sie es wohl natürlich und nicht zudringend finden, wenn ich Sie höflichst um eine baldige und, auf eine oder die andere Art e n t s c h e i d e n d e Antwort ersuche.

Genehmigen Sie die Versicherung der aufrichtigsten Hochachtung und
Zuneigung von Ewr Wolgeborn

Ergebensten

Andreas Streicher Tonkünstler.

27. Streicher an Christophine Reinwald

Wolgeborne Frau!

Seit dem Tode Ihres herrlichen Bruders sind 21 Jahre verflossen und noch
ist er nicht begraben, sondern sein Sarg steht in Weimar in dem Gewölbe
einer Sterb-Kassen-Gesellschaft unter 30—40 andern verstekt, so daß es unmöglich ist, zu ihm zu gelangen, oder ihn nur zu sehen.

Man sagt: daß diese ungeheure Vernachläßigung die Schuld der Wittwe
sey.

Als ich im Jahr 1820 die erste Nachricht hierüber in der Allgemeinen Zeitung las, schrieb ich sogleich nach Weimar und erkundigte mich um die Warheit derselben. Leider! wurde solche bestättiget, und die Vermuthung geäußert, daß wohl der Vermögens Zustand der Schillerschen Familie, einige
Schuld daran haben könne. Sogleich entschloß ich mich, eine kleine von mir
verfaßte Schrift: «Schiller's Flucht von Stuttgardt und sein Aufenthalt in
Mannheim von 1782 bis 85» die erst nach meinem Tode erscheinen sollte, jezt
schon, und zwar zu dem Zweke herauszugeben, damit für den eingehenden
Betrag, Schiller'n ein ordentliches Grabmal errichtet werden könnte.

Mancherley Schwierigkeiten die ich nicht beseitigen konnte und deren Aufzählung zu weitläufig seyn würde, brachten diese Sache ins stoken, bis endlich, bey der Austheilung des neuen Kirchhofes in Weimar, sich Frau von
Schiller entschlos, eine Familien Gruft zu wählen, und nur noch ihre Rükkehr
von Cölln erwartet wurde, um eine vollkommene Entscheidung herbey zu
führen. Allein ein Schlagfluß überraschte sie in Bonn, wohin sie sich einer
Augen Operation wegen begeben hatte, und brachte diese Sache insoferne
wieder aufs neue zum Stillstand, als man sich deshalb nun an den ältesten
Sohn in Cölln wenden mußte. An diesen habe ich nun geschrieben und es
läßt sich erwarten, daß er die Pflicht des Sohnes erfüllen und das murren aller Reisenden so wie die, in so vielen Zeitschriften darüber erhobenen Klagen, stillen wird.

Ich habe Herrn von Schiller auch zugleich um genaue Nachrichten in Betreff der lezten Lebens-Jahre seines Vaters ersucht, welche in den Schriften
von Körner, H. Döring u. a. entweder ganz übergangen, oder unrichtig angegeben sind, indem mir daran ligt, daß meine Schrift, als ein (wenigstens
kleines) Ganzes sich darstelle. Da aber die Angaben über seine Eltern, über
seine ersten Jugend Jahre, gar zu karg aufgeführt sind, und solche weder in

der Zeitfolge noch in der Sache selbst zusammen passen, so legt man diese
Schriften desto unbefriedigter weg, je gespannter man auf alle Nachrichten
ist, welche diese merkwürdige Familie betreffen.

Von dieser Periode lassen sich nun nur noch von Ihnen Wolgeborne Frau!
die allerzuverläßigsten Nachrichten erwarten, indem Sie der einzige, noch 5
lebende Zeuge derselben sind. Ich nehme mir daher die Freiheit Ihnen einige
Fragen vorzulegen, welche diesen Zeitraum betreffen, mit der Bitte selbige
einiger Aufmerksamkeit würdigen und mir gefälligst beantworten zu wollen. Da ich meine Absicht, warum ich alles dahin gehörige zu wissen wünsche,
deutlich ausgesprochen, so darf ich nicht fürchten, daß Sie diese Fragen, als 10
aus blosser Neugierde, oder aus einer unedlen Ursache gestellt, ansehen werden, sondern habe gegründete Ursache zu hoffen, daß Sie dem Jugend-
Freunde und Leidensgefährten Ihres Bruders, sein Verlangen um so weniger
versagen werden, weil dieses nur zur Verherrlichung des Verewigten gereichen solle. Da aber die Schrift schon in einigen Monaten in Druk gegeben 15
werden muß — da erst, wenn dieser schon im Gange ist, die Unterzeichnung
darauf öffentlich angekündiget werden kann — da auch nur alsdann erst zur
Erbauung eines ordentlichen, würdigen Grabmales geschritten wird, wenn man
der Kosten-Dekung versichert ist — da meine Geschäfte mir nur sehr wenige
Zeit zur Vollendung dieser Schrift gestatten und da mein Alter so wie meine 20
Gesundheit es nicht rathsam machen, diese Angelegenheit noch länger als bis
zum 9ten Mai 1827 zu erstreken, so muß ich den dringenden Wunsch beifügen
daß Sie die Güte haben und mir Ihre Antwort so bald als möglich übermachen wollen. Keine Ihrer Nachrichten soll für mein Eigenthum ausgegeben,
sondern dankbar dem Publikum die Quelle genannt werden, aus welcher 25
mir solche zugeflossen.

Es sind nun 43 volle Jahre, daß mir nicht mehr vergönnt ward Sie zu sehen, und nur meine lebhafte Erinnerung an Sie, so wie an Ihr ganzes Haus,
kann mir einige Schadloshaltung für dieses Glük gewähren.

Mein innigster Wunsch ist, daß dieser Brief Sie, so wie Ihren Herrn Ge- 30
mahl, im besten Wolseyn treffe, und daß von diesem durch eine gefällige
Antwort, recht bald die Ueberzeugung erhalte

Wolgeborne Frau
Ihr Hochachtungsvoll ergebenster Diener
Andreas Streicher					35
Tonkünstler.

Wien am 30ten Aug.
   1826.
1) In welchem Jahre heiratheten		1748
   sich Ihre Eltern?
2) War es (da es Krieg war) im		in Marbach ⟨...⟩					40
   Feld, oder in Wirtemberg und
   an welchem Orte?

3) Wo wohnten die Eltern z u Anfang des Jahres 1759?	ebenfalls in Marbach
4) In welchem Jahre zogen sie nach Ludwigsburg?	1768
5) Wann wurde Ihr Herr Vater zum Gouverneur von der Solitude ernannt?	1776.
6) Hatte er dort die Aufsicht blos über die Baum- und Pflanzen Anlagen, oder waren ihm die Gebäude und das Personal der Bauleute auch untergeben?	blos über die Baum- und Pflanzen Anlagen
7) War es auf der Solitüde daß Ihr Bruder in die Militair Akademie aufgenommen wurde?	ja
8) In welchem Jahre wurde diese Akademie nach Stuttgardt übersezt?	1771.
9) Wie war das sittliche Betragen Ihres Bruders in seiner Kindheit? War er immer gleich guter Laune oder nur Zeitweise und dann wieder in Gedanken versunken?	immer gut sanft, ⟨...⟩
10) Uebte er, ausser dem Muthwillen den man an lebhaften Knaben überhaupt tadelt, keine besondern Streiche aus, die irgendeinen Plan oder Absicht verriethen?	er verschenkte gern und gab oft etwas den ärmern ⟨...⟩
11) Wie war er gegen seine Schwestern?	herzlich gut
12) Wie war der Vater gegen ihn?	streng, aber mit Liebe
13) War seine Erziehung streng, oder mehr durch Güte geleitet?	
14) Ist es wahr, daß Ihr Bruder schon in früher Jugend Verse und Gedichte machte?	schon im 14 Jahr als er confirmirt wurde.
15) Las er noch früher als er in die Akademie kam, deutsche Dichter und welche?	ja früher.

16) War es wirklich in der Jugend sein Wunsch, ein Geistlicher zu werden?

sein heißester, aber der Herzog war dagegen

17) Rieth ihm vielleicht der Vater an Medizin zu studieren?

Nein der Herzog

18) Wie benahm sich der Vater als er die Flucht des Sohnes erfuhr?

sehr Erschüttert aber es hatte keine Folgen für ihn.

19) That er vielleicht bey dem Herzog Schritte um dessen Zorn und Verfolgung abzuwenden?

Nein es waren keine nöthig.

20) In welchem Jahre starb Ihr Herr Vater, und wie alt wurde er?

1796 — 73 Jahr.

21) Erhielt er in der Folge keine höhere Charge als die er im Jahr 1782 besaß?

er erhielt 1795 den Tittel eines Major

22) Zog Ihre Frau Mutter wirklich die Dichter anderen Schriftstellern vor?

ja ⟨...⟩

23) Ist es wahr daß sie selbst dichtete?

Nein aber der Vater hatt die Anlagen

24) Erinnern Sie sich nicht, ob sie mit Ihrem Bruder noch ehe er 10 Jahre alt war, schon die deutschen Dichter las und sie ihm erklärte?

Nein sondern der Vater der selbst solche Aufsäze machte

25) In welchem Jahre starb Ihre Frau Mutter und wie alt wurde sie?

67. 1802.

26) Wohin begab sich Schiller zu Anfang 1783 als ihm Frau von Wolzogen den ferneren Aufenthalt auf ihrem Gute Bauerbach versagte?

nach Dresden zum Cörner

27) Gieng er mit Herrn von Wrmb und dessen Schwester nach Thüringen?

das weis ich nicht.

28) Wann kam er nach Meiningen?

als er in Bauerbach wohnte, und nachher zweymal wieder als ich da wohnte

29) Wie lange hielt er sich dort auf?	über ein Jahr
30) Als er im Jahr 1793 wieder nach Wirtemberg kam, war er da auch in Stuttgardt?	Ja in Cannstadt
31) Sprach er während seines dortigen Aufenthaltes Nie mit dem Herzog?	Nein aber der Herzog ⟨...⟩
32) Wie lange blieb er in Wirtemberg?	1 1/2 Jahr sein erster Sohn ⟨...⟩ der jezt auch dort als Forstbeamter ⟨...⟩

28. Streicher an Ernst von Schiller

Wien am 13ten Sept. 1826.

Vorstehendes ist die getreue Abschrift eines Briefes, welchen ich mir die Freiheit nahm, am 16ten Aug. an Ewr Wolgeborn nach Cölln zu schreiben. Da ich aber von dorther die Nachricht erhalten, daß Sie gegenwärtig in Weimar sind und Ihre Rükkehr ungewis seye, so zog ich es vor, Ihnen die Abschrift meines Briefes zu übermachen, indem dadurch viele Zeit gewonnen wird, und Sie sich auch, an Ort und Stelle viel leichter über alles bestimmen können. In dem Auszug des Briefes von Weimar sind mehrere Personen genannt, welche sich um ein würdiges Grabmal des göttlichen Sängers, sehr interessirt haben. Vielleicht erfahren Sie auch den Nahmen dessen, der, auf meine Bitten, sich schon seit Sechs Jahren der Sache angenommen, und sich viele, wiewol ganz nutzlose, Mühe deshalb gegeben hat. Mit wiederholter Bitte um baldige Antwort, beharre

Ewr Wolgeborn Ergebenster

Andreas Streicher Tonkünstler.

29. Christophine Reinwald an Streicher

Meiningen den 16. Septbr. 1826.

Verehrtester Freund!

Es war mir eine sehr angenehme Überraschung nach so langer Zeit etwas von Ihrem Leben zu hören und mit herzlichem Dank erkenne ich aus Ihrer Zuschrift die Theilnahme die Sie den Resten meines theuer geliebten Bruders widmen. Welche Freude würde es für ihn gewesen sein wenn er den treuen Gefährten noch in seinem Leben wiedergesehen hätte, aber so trennt uns oft das Schiksal und läßt nur die Erinnerung, die wir auch dankbar erkennen, und unsern Schmerz um die Hingeschiedenen in sanftem Gefühl aufbewahrt. So hat auch das Schiksal meine Frau Schwägerin nach einer ganz

glüklich vollendedten Operation, die sie in C ö l n bey ihrem J ü n g e r n
Sohne so muthvoll unternommen hatte so schnell nach einem verlauf von
4 Tagen sie aus unsrer Familie entrükt und nach einem sanften Tod sie
dem treuen Gatten wieder vereiniget. gewiß würde sie ihren Vorsaz ausgeführt haben da kein bedeutendes Hindernis diesem gerechten Wunsch   5
entgegen war —

Ich werde Ihnen mit Freuden Ihre Fragen beantworten so weit mein
Gedächtniß sie mir erlauben wird und ich will solche der Reihe nach vornehmen.

1. Im Jahre 1748. heyratheten sich meine Eltern in Marbach, dem Ge-   10
   burthsorte meiner Mutter, und so viel ich glaube war es um die Zeit des
2. 7jährigen Kriegs als mein Bruder gebohren wurde sie ging dahierhin um
3. ihre Wochenbette in ihrem Geburthsorte zu halten.
4 Im Jahr 1768 zogen sie von Lorch einem schwäbischen gränz Orte
   woselbst mein Vater als Werboffizier sich 3 Jahr aufhielt wieder   15
5 nach Ludwigsburg zurük, nach einigen Jahren wurde er nehmlich 1776.
   wurde er auf Solitude beruffen um die Oberaufsicht über die grosen
   Garten Anlagen und Baumschulen für das ganze Land zu führen*
6. In der Folge erhielt er den Majors Rang und wurden ihm die übrigen
7. Geschäfte dort auch übergeben. — Mein Bruder wurde in den ersten Jah-   20
   ren als die Militärische Pflanzschule auf der Solitude errichtet wurde aufgenommen, nehmlich auf besonderes Begehren des Herzog Karls, dem er
   von seinen Lehrern als ein fähiger Kopf geschildert wurde; von meinem
   Vater aber wurde er zum geistlichen bestimt** und er selbst zeigte von
   früher Jugend an Neigung für diesen Stand, als Knabe von 6/7. Jahren   25
   trat er oft mit einer schwarzen Schürze umgeben auf einen Stuhl und predigte uns; alles mußte aufmerksam zuhören bey dem geringsten Mangel
   an Andacht wurde er sehr heftig: der gegenstand seiner Predigt war etwas
   was wirklich sich zugetragen hatte, oft auch ein geistlichs Lied oder Spruch
   worüber er nach seiner Art eine Auslegung machte, er selbst war immer   30
   ganz eifrig und zeigte da schon Lust und Muth die Wahrheit zu sagen.
   aber immer war er gut sanft und nachgiebig gegen seine Schwestern; der
   Vater war zuweilen strenge gegen ihn weil er eine grose Neigung hatte
   etwas, was ihm selbst so nöthig war, einem ärmern zu verschenken und

---

* mein Vater schrieb auch ein Buch über diese Gegenstände das ich besize;   35
überhaupt hatte er sehr viele Kenntniße er stand nie stille, eine immerwährende
Thätigkeit begleitete sein Leben bis zu seinem Ziele. Der gute Vater starb im
Jahre 1796 und wurde 73 Jahre alt.
** Er war auch schon 3mal im Examen in Stuttgardt sehr wohl bestanden.

da wir nie reich waren so durfte doch diese, an sich so löbliche Neigung nicht zu weit ausgedehnt werden. sehr oft hatte er von seinen Büchern weggeben, in der Folge auch Betlern Kleidungsstüke. in diesen Dingen war ich oft seine Vertraute denn ich hatte eben diese Neigung, theilte auch oft die Schläge mit ihm, in der Folge lachten wir oft dieser Kinderey, zuweilen hatte er auch Momente wo er träge zum lernen schien aber dieß kam von schnellem Wachsen und noch kurz vorher er in Akademie aufgenommen wurde war er so eifrig in seinen Lektionen daß

8. selbst der Lehrer für seine Gesundheit fürchtete. Im Jahr 1771. wurde die Militärische Pflanzschule die sich indeßen sehr erweitert hatte nach

9 Stuttgart versezt und zur Carlshohenschule erhoben. Das Betragen meines Bruders war gröstentheils sanft und gut wie ich schon erwähnte aber diese angebohrne Neigung so viel zu verschenken machte daß

10 der Vater oft strenge war. aber auch gleich wieder gut er liebte ihm von

11 ganzer Seele aber er liebte eben auch sehr die Ordnung und Sparsamkeit die ihm damals seine wenige Einnahme bey 6. Kindern vorschrieb, die

12 nachher das Schiksal bis auf 3 ihm entrißen hatte.

13 Die Mutter die sehr zärtlich gegen uns war suchte oft die schnelle Hize des Vaters durch Sanftmuth zu lindern, und so kamen wir immer erst zur Mutter wenn wir etwas gefehlt hatten und baten sie uns doch zu züchtigen ehe es der Vater erführe — So erinnerten wir uns oft komischer Auftritte in späteren Jahren, und selbst der Vater mußte mitlachen.

14 Im 14 Jahr so viel ich mich erinnre entstanden seine ersten Gedichte kurz vor seiner Confirmation auf Ermahnung der Mutter als Sie ihn anscheinlich leichtsinnig mit andern Knaben herum ziehen sah. er konte sich leicht hingeben. oft mehr aus Gefälligkeit als aus Neigung, ging er mit ihnen.

15. Ungefähr im 15 Jahr, als er schon in der Akademie war, schrieb er mir oft über ihre Gegenstände als aus Klopstoks schönen Liedern und erklärte mir das was ich damals noch nicht verstand. auch schon in seinen jüngern Jahren zeigte er grose Neigung für die Dichter. Gellerts Lieder wurden uns früh in den Kinder Jahren gelehrt und oft darüber gesprochen, der Vater selbst hatte Natur Anlage zum Dichter. Er machte überhaupt schöne Aufsäze. Die Mutter aber sprach sich nie in diesem Fach aus, liebte aber immer die schönen geistlichen Lieder, Naturgeschichte, die Lebensbeschreibungen merkwürdiger Menschen, das neue Testament, daraus sie uns oft Stellen vorlas und erklärte. so gingen wir einst mit ihr am Ostermontag auf einen Berg spazieren wo sie uns die schöne Geschichte von den Jüngern zu Emmaus erklärte, die so lange ich

lebe mir gegenwärtig bleibt.* Ueberhaupt suchten unsre guten Eltern
früh schon das religiöse Gefühl zu nähren das ebenfals lebenslänglich
uns begleitet. und sich bey meinem Bruder in seinem Leben wie in seinen Dichtungen ausspricht

16. Da der Vater ihm zum Geistlichen bestimt hatte weil er diese Neigung   5
    entdekte der mein Bruder mit Heftigkeit ergeben war, so kan mann
    leicht errahten welche Stimung die Wahl des Herzogs der ihn in die Mi-
    litärSchule v e r l a n g t e aber nicht seiner Neigung ein Geistlicher zu
    werden willfahren wolte, sich in unserer Familie verbreitete — mann
    fürchtete die Ungnade des Herzog da mein Vater als Militair sehr ab-   10
    hängig war, dennoch machte er seiner Freymüthigkeit gemäß, dem Her-
    zog Vorstellungen hierüber der aber seinen Bitten nicht nachgab, und

17. so wurde er wider seinen Willen der LieblingsNeigung entzogen und
    mußte auf Befehl des Herzogs eine andere Wißenschaft wählen wozu er
    gar nie Neigung hatte. Der Verspruch des H.z ihn in diesem Fach beßer 15
    anzustellen mäßigte endlich den Widerwillen und die Hofnung einst gut
    bedienstet zu werden erleichterte ihn endlich. Was das Ziel aller dieser
    Anstrengen war, wißen Sie: eine armselige Stelle als Regimentsme-
    dikus die jeder Greiß hätte verwalten können, und das verbot nichts
    Dramatisches mehr zu schreiben, das alles brachte meinen Bruder auf die 20
    entsezlichste Art auf, lähmte seinen Geist, und brachte ihn zu dem Ent-
    schluß sein Vaterland zu verlaßen, wozu ihm vom Auslande längst schon
    durch die Erscheinung seiner Räuber, eine freudige Aufnahme gewiß
    war = Aber auch da sprach sich seine Liebe für seinen angebohrnen Lan-
    desherrn und sein Vaterland aus: Er schrieb sogleich an den Herzog sagte 25
    ihm die Gründe die ihn zu diesem Schritt gezwungen hatten und erbot
    sich sogleich wieder ins Vaterland zurük zu kehren wenn er eine seinen
    Fähigkeiten gemäsere Stelle, und die Erlaubniß erhalten würde seine Lieb-
    lingsstudien der dramatischen Muse zu widmen. Aber der Herzog gab
    keine Antwort. Die Entfernung meines Bruders aus dem Vaterland   30
    brachte meinen Vater sehr auf, er wurde aber durch einen Brief von ihm
    den er so wie an den Herzog sogleich schrieb, wieder besänftigt und da
    es weiter keine nachtheilige Folgen für meinen Vater hatte so wurde die
    Ruhe in der Familie wieder hergestellt. Er hatte nicht nöthig Schritte
    wegen Verfolgung des Herzog zu thun und blieb ungestört in seinem   35
    Wirkungskreise.

    als er von Bauerbach wegging woselbst er sich 1 Jahr aufhielt schrieb
    er sogleich an meinen Mann (den 5 May 84.) deßen Bekantschaft er
    während dieses Aufenthaltes gemacht hatte daß er in Manheim sich ei-

---

25 * Die gute Mutter starb 1801. im Vaterland: sie wurde 66 jahr alt.   40

nige Zeit aufhalten würde, er ging also nicht von Bauerbach sogleich
nach Sachsen, auch so viel ich mich erinnre nicht mit HE. v Wumb und
deßen Schwester. In Manheim blieb er über ein Jahr woselbst ich ihn
besuchte.* aber sein dortiger Aufenthalt war zu kostspielig und meine
5 Eltern drangen darauf daß er sich einen bestimmten Wirkungskreiß
wählen möchte. Von da aus ging er nach Frankfurth zu der Vorstellung
von Cabale und Liebe, wozu er von Großman eingeladen wurde. Auch in
Manheim wurden seine Stüke mit grosem Beyfalle gegeben damals war
I f l a n d , Bek, und Beil vortrefl. Schauspieler und man machte im Vor-
10 schläge sich für immer bey dem Theater zu engagieren, welche er aber
wegen oben angeführten Gründen nicht annahm.** auch litt seine Gesundheit merklich durch ein kaltes Fieber das ihn selten verliß überhaupt
die dortige Lebensart hat ihm sehr geschadet, und meine Eltern drangen
sehr auf seine Abreise. auch gestund er meinem Mann daß unter allen
15 Umständen sein Aufenthalt in Bauerbach sein seligster gewesen wäre —
hier konte er sich ganz selbst leben, ohne grose Last, hatte Hülfsmittel
durch die hiesige schöne Bibliothek zu seinen Werken und einen Freund
der ihn verstund —

Nun bleiben mir doch noch einige Fragen übrig nehmlich als mein Bru-
20 der im Jahr 1793 nach Stuttg. kam so wohnte er in Ludwigsburg der
Herzog ignorirte seine Anwesenheit und that keinen Schritt eine Beleidigung für ihn. sein Gewißen mochte ihm sagen daß er das Schiksal eines freien Menschen sehr getrübt habe; demohnerachtet als die Leiche
des Herzogs von Stuttg. aus, in die Fürstengrufft nach Ludwigsburg ge-
25 bracht wurde sah mein Bruder dem Leichenzug aus seiner Logis mit un-
geheuchelter Rührung vorüber ziehen — die Thränen stunden ihm in
den Augen und er sagte zu den Anwesenden, Ach Gott, nun ist er auch
dahin — ich habe ihm doch auch vieles zu danken pp. — — —

Sein herrliches Gemüth war immer zum Vergeben bereit, auch er-
30 kante er doch in allen diesen Vorfällen eine weise Führung des Himmels, denn im Auslande wurde sein Geist reifer. Die stürmische Bewund-
rung ⟨...⟩ die die ersten Jugendprodukte begleitete hätte ihn vielleicht
später diese Reife gegeben. Gerne hätte er in der Folge wieder etwas geändert, was das Publikum schon an sich gerißen hatte, besonders in den
35 Gedichten.

Er blieb damals über ein Jahr im Vaterland wo sein erster Sohn gebohren wurde dann reißte er über Meinungen wo er uns auf einige Tage

---

* Er wurde während seines Aufenthaltes in Manheim zum Mitglied der kur-
pfälz. teutschen Gesellschaft gewählt.
40 ** Nur auf 1 Jahr ging er einen Kontrakt ein, wobey ihm 500 fl. versprochen wurde aber diß ist in Manheim gar nichts.

besuchte. seine Gesundheit hatte sich gebeßert, aber in der Folge kamen die Anfälle doch wieder und es ist gar kein Wunder da von Natur sein Körper immer zart und schwächlich war, und er seinen Geist oft beym Nachtstudiren sehr angrif, auch noch in Weimar war diß der Fall, da er des Tags so oft gestört wurde so mußte er die Nacht wo es stille ward, 5 und er sich mehr sammeln konte zu seinen Arbeiten wählen.

Das Jahr vor seinem Todte 1804. hatten wir ihn besucht. wir fanden ihn weit kräftiger heitrer, und beßer aussehend als wie in den vorigen Jahren daher wurden wir von seiner letzten Krankheit und Hinscheiden schmerzlich überrascht, denn mit ihm starb uns der treuste Bruder, 10 seiner Frau der sanftliebende Gatte und der zärtliche Vater seinen Kindern. Mit warmer Liebe umfaßte er die ganze Menschheit und so spricht er sich in so vielen seiner dramatischen Vorstellungen aus: Er selbst war es, der da sprach und handelte. Nur die Erinnrung an sein Leben und wirken beselt und bereichert unsre Herzen, die die Hofnung nährt bald 15 mit ihm wieder vereiniget zu werden, wo keine Trennung mehr seyn wird.

Alles was ich hier geschrieben ist die reine Wahrheit; dennoch muß ich Sie bitten, so viel als möglich in einer öffendlichen Schrift mit Schohnung das Verfahren des Herzogs gegen ihn, jedem grösern, Publikum 20 darzulegen, w a s   g e r a d e   d a s   i s t   w a s   d e r   G a n z e n   G e - s c h i c h t e   s e i n e s   d a m a l i g e n   L e b e n s   d a s   h ö c h s t e   I n t e r e ß e   g i b t :* den niemand weiß noch genau auf welche Weise er zu dem Schritte sein Vaterland zu verlaßen, gebracht worden ist = da aber sein ältester Sohn gegenwärtig in würtemberg. Diensten als Forst- 25 Beamter ist, und da wir auch kürzlich von einem bedeutenden Mann hörten der jezige König noch jener Geschichte gedenkt, die ihm wahrscheinlich von einer ganz anderen Seite vorgetragen worden ist, so könte es nur nachtheilige Folgen für meinen Neffen haben. Ich wenigstens will mich in keine unangenehme Verantwortung einlaßen. ob ich schon von 30 Herzen wünsche daß diese Wahrheit g e r a d e   d a s   g r ö s e r e   P u b l i k u m   e r f a h r e n   m ü ß t e . Ich überlaße es Ihrer Klugheit da ich die Stimmung des dortigen Volks nicht kenne ob es rathsam sein wird oder nicht, dieß alles laut zu sagen.

Nun noch kürzlich einiges von meinem Leben: Ich habe Ihnen schon 35 gesagt daß ich die schriftliche Bekantschaft meines Mannes bey der Ge-

---

* Das Verbot nichts dramatisches mehr zu schreiben gründete sich darauf daß, eine Stelle in den Räubern über die Graubündner diese zur Klage gegen den Dichter reizte. Diese Geschichte trug ein schlechter Mensch ein Gärtner nahmens Walther dem Herzog Karl vor. Drauf wurde ihm verboten. alles war die reine 40 Wahrheit was mein Bruder hierüber sagte: gleich nachher wurde an der schwäbischen Gränze eine Räuberbande eingezogen die von Graubüntnern bestund —

legenheit als mein Bruder sich in Bauerbach 1 Jahr aufhielt, machte; Als
dieser den Plan zum Don Carlos entwarf bedurfte er die spanische Geschichte und mehrere Notizen, er machte daher die Bekantschaft mit meinem Mann der der erste Bibliothekar hier war, die beiden Männer wur-
5 den endlich Freunde den auch mein Mann war ein Dichter und hatte viele
Kentniße von den alten Persern. er schrieb ein Heneberg. Idiotikon und
übersezte die Cotonische Evangelien Harmonie kurz sie tauschten oft
ihre Ideen gegen einander aus, worüber sich noch Briefe finden die ich
meinem Neven dem Ernst Schiller in Cöln schon versprochen habe — der
10 wie bekant die Erlaubniß erhalten hat die Werke des Vaters selbst zu
verlegen weil das Publikum über die Verzögerung der Cottas in Stuttg.
sehr unzufrieden ist —
   Endlich schrieb mein Mann an mich, als schon mein Bruder von Bauerbach wieder abgereißt war und gab uns Nachricht von seinem Leben
15 da er immer noch mit ihm Briefe wechselte. Bey dieser Gelegenheit entstand zwischen uns ein förmlicher Briefwechsel und im Jahr 1784 voll-
führte er selbst eine Reise in mein Vaterland um unsere Familie persönlich kennen zu lernen, reißte aber nach einigen Wochen wieder zurük
mit der Bitte den Briefwechsel fortzusezen, die ich sehr gerne gewährte
20 da der Gegenstand der innig geliebte Bruder war. so kam er folgendes
Jahr wieder, und da erst erklärte er seine Wünsche, die ich aber wegen der Kränklichkeit meiner Mutter da ich die älteste Tochter war und
alles besorgen mußte, nicht erfüllen konnte, dennoch ließ er sich gefallen, das künftge Jahr diese Reise wieder vorzunehmen wo ich die gute
25 Mutter die wieder genesen war eher verlaßen konte. Unter den damaligen Verhältnißen auf der Solitude*, da es dem Herzog gefiehl ein
H u s a r e n r e g i m e n t dahin zu versezen wo immer so manche stille
reine Freude durch diese Umgebung getrübt wurde, sah ich diese Bestimmung für eine Schikung Gottes an die mich aus diser, der Unschuld eines
30 lebhaften Mädchens so gefährlichen Umgebung, heraus führen würde,
u n d   s i c h   n i c h t   a u f   ä u ß e r e   V o r z ü g e ,   a u f   e i n   g l ä n -
z e n d e s   Loos und dergl. und so wurde unsere Verbindung im Juni
1786 volzogen und ich reiste mit meinem Mann in ein unbekantes Land
das mir zwar immer von vielen Reisenden die aus jener Gegend kamen,
35 als sehr angenehm geschildert wurde, ich fand mich nicht nur nicht getäuscht sondern ich genoß schon in den ersten Jahren meines Hierseyn die
ungeheuchelsten Beweiße inniger Freundschaft und Güte. Es sind nun
40 Jahre dahin geschwunden und noch kan ich mit freudgem Herzen

---

* Vielleicht erinnern Sie Sich noch derselben. fast den ganzen Tag hatten wir die
40 Plage die müsigen Herren Offiziere um uns zu haben, weil sie die höchste
Langeweile hatten und sich mit nichts beschäftigten — u n s e r Geschäft wurde
so oft unterbrochen durch diese Besuche. und wir fürchteten auch ihren Umgang

diese Erklärung wiederholen, mein lieber Mann hatte aber daß traurige
Schiksal fast immer kränklich und hypoch. zu seyn, ich mußte sehr oft
Verzicht auf geselligen Umgang thun da ihm das sprechen beschwerlich
war und sein Studium immer von der Art waren daß er nicht gestört
werden durfte. Danach blieb er gerne auf m e i n e m Zimmer, um 5
wenn er ausruhte sich mit mir zu unterhalten, ich richtete mich in seine
Laune, und dieß erkante er so herzlich und auf diese Weise lebten wir
still und glüklich uns selbst geniesend. Bis endlich im 78 Jahr seines Lebens ein sanfter Tod uns f ü r d i e s e W e l t trente. Keine Kinder
hat uns das Schiksal nicht beschert, aber ich stehe danach nicht allein 10
überall umgibt mein Alter der Freundschaft und Liebe sanftes Band und
Gott schenkt mir in meinem 6 9 Lebensjahr noch den völligen Gebrauch
meiner Sinne, eine Heiterkeit der Seele die gewöhnlich nur die Jugend
beglükt. so gehe ich mit Zufriedenheit meinem Ziele entgegen das mich
in einer beßeren Welt den Gelieben die voran gingen, wieder vereinigt. 15

Wahrscheinl. sind Sie verehrter Freund auch ein glüklicher Gatte und
Vater wie ich es Ihnen von Herzen wünsche. auch werden Sie in Ihrer
Umgebung viele gute Freunde haben den wie ich hörte sind die W i e -
n e r herzlich gute Menschen ich habe eine Frau kennen lernen derer ihr
Gemahl Superintendent in Wien war und Baltenstein hieß nach deßen 20
Tode zog sie hierher ze ihrer Schwester und beschloß auch ihr Leben vor
einigen Jahren, auch habe ich vor vielen Jahren hier einen unverhoften
Besuch von einem Grafen aus Wien gehabt, deßen Nahmen ich aber vergeßen habe, er war ein vertrauter des P a l a t i n u s von Ungarn. Dieser
edle Mann kam zu uns (mein Mann lebte noch, wahr aber schon sehr 25
schwach) weil er hörte daß ich Schillers Schwester war. Er hatte gar etwas gutmüthiges und freundliches. Er war groß von Person und im
kräftigen Mansalter. auch mein l. Mann war in seiner Jugend in Wien,
in Geschäften seines Herzogs wo er bedeutende Bekantschaften gemacht
hatte und sich oft mit mir darüber besprach. wenn er guter Laune war 30
so sagte er; wir müßten noch einmal nach Wien reisen, du glaubst nicht
wie gut dort die Menschen sind — und wie man gleich bekant wird, sie
sind so herzlich —

Nach dem Tode meines Mannes besuchte ich im Vaterland meine noch
einzige Schwester die in einem wirtemberg. Städtchen M ö k m ü h l an 35
den dortigen Stadtpfarrer Frankh verheuratet ist ich hatte sie in 20 Jahren nicht gesehen, meine Absicht war wenn es mir dort gefiele mein Leben
im Vaterland zu beschließen, weil das Schiksal meinen Wirkungskreiß
durch den Tod meines Manns hier aufgelößt hatte und ich meinen
Verwanden vielleicht auch dort etwas nüzlich seyn könte; allein es 40
gefiehl mir nicht mehr ich fand eine ganz andere Welt* dazu kam noch

---

* Sie glauben nicht wie das schwäbische Volk das immer den Ruf der Gratheit

daß eine hiesige Freundin, die in die Schweiz reißte, mich von dort wieder hierher zurückholte — mein Geschik führte mich also zum zweiten-
mal hierher, und mit einiger Liebe wurde ich wieder empfangen. und ge-
niese alle Güte und Liebe.

5 Ich habe erfahren lernen daß alle Güter der Welt unser Herz ohne
Freundschaft und Liebe nie beglüken können. Wenn Gott Gesundheit
und ein Herz daß dieses schäzen kan giebt, der nehme es dankbar an und
strebe nicht weiter —
    Mit dem herzlichsten Wunsch daß auch Sie die Vorsehung mit diesem
10 Vergnügen beschikt wiederhole ich Ihnen verehrtester Freund meinen
herzlichen Dank für alle die Liebe die Sie dem Andenken meines Bruders widmen und bin mit vorzüglicher Hochachtung —
                    Ihre gehorsame Dienerin Reinwald g. Schiller

30. Friedrich von Müller an Goethe

15 Euer Exzellenz teile ich (...) den Streicherschen *(Brief)* aus Wien an Regierungsrat Schmidt mit.
    Über letztern *(Streicher)* habe gestern mit Herrn v. Schiller ausführlich
gesprochen. Er bat mich, Euer Exzellenz zu ersuchen, mir die a n   i h n
ergangenen Zuschriften Streichers mitzuteilen, um vollends au fait zu
20 kommen.
    Darum bitte ich denn auch hiemit und äußere mich vorläufig dahin
ohnzielsetzlich:
    Streicher ist Enthusiast und daher schwer zu behandeln.
    Die ihm j e t z t von Schiller, dem Sohne, vorläufig, unter Beifügung
25 meines Aufsatzes über die letzte Sonntagsfeier, zu erteilende dankbare
Anerkennung und Vertröstung wird ihn wohl auf einige Zeit, aber nicht
definitiv beruhigen.
    Es kommt darauf an, seinem glühenden Eifer ein passendes débouché
anzuweisen.
30 Wie nun, wenn man ihm für die zu überlassenden Schillerschen Briefe
u n d   f ü r   s e i n   M a n u s k r i p t, als welche beide von Euer Exzellenz in die größere Briefsammlung oder von Schillers Erben in die neue
Herausgabe der Werke ihres Vaters und respektive in dessen zu edierende
Biographie verwebt würden, eine n a m h a f t e Summe als Honorar

---

35 und Ehrlichkeit auch im Auslande hatte, zänkisch und betrügerisch geworden
ist, die entsezlichen Abgaben, die Bedrükung der Beamten, alles wirkt nachtheilig auf den Carakter. Der jezt regierende König von Wirtemberg ist ein guter
menschenfreundlicher Fürst das Volk kann ihn lieben und verehren aber seine
Untergebenen sind nicht immer die besten.

garantierte, die Er als Beitrag zu dem auf dem Gottesacker zu errichtenden Denkmale weihen könnte?

So wäre im wesentlichen sein Wunsch erreicht, und den Schillerschen Erben würde zugleich die Errichtung dieses Denkmals, das eigentlich wie eine Schuld auf der Erbschaft haftet, da die zirka 8000 Taler expresse dazu im 5 Jahr 1806 von den Theatern eingingen, erleichtert.

Ich hoffe, daß diese Ansicht mit der von Euer Exzellenz wohl im ganzen zusammen stimmen möchte.

⟨Weimar⟩ den 21. September 1826.

31. Goethe an Friedrich von Müller   10

Da man, meiner Meynung nach, mit dem verrückten Wiener sich nicht weiter einlassen sollte, weil dabey nichts Vernünftiges heraus kommen kann, so wünsche Ew. Hochwohlgeboren mündlich darüber zu sprechen.

Weimar den 21. September 1826.   G.

32. Friedrich von Müller an Goethe   15

Wie gefällt Euer Exzellenz der anliegende Probeabdruck? Insbesondere die Umzierung? Freilich, die um Ihr Dankblatt vom 28. August *(...)* war noch schöner, einfacher.

Die Hauptfrage ist nun, weshalb ich auch schon Riemern konsultierte, ob wir: «Aus Weimar» lassen oder etwa: 20
Schillers Gedächtnisfeier
setzen. *(...)*

Puncto S t r e i c h e r s werde ich heute nach Tische mich einzustellen die Ehre haben.

⟨Weimar⟩ 22. September ⟨1826⟩   25

33. Streicher an Christian Friedrich Schmidt

Wien, September 1826
Ew p
haben in Ihrem verehrten Schreiben vom 9. Dec. v. J. die genauesten und gewißesten Ursachen angezeigt, warum bis heute noch — ein wahrhafter Na- 30 tionalzug der Deutschen — Schiller kein eigenes Grab hat. Aber scheint es doch, als sey der Zufall, oder die Vorsehung, oder was sonst der Sache entgegen, denn Frau von Schiller, welche sie zur Entscheidung bringen sollte, wurde in Coblenz vom Tode überrascht.

Ich schrieb am 16. Aug. an den HE. Reg. Rath von Schiller in Cölln, um 35 seine Einwilligung zur Herausgabe meiner kleinen Schrift, so wie zu einem würdigen Grabmal zu erhalten. Statt einer Antwort erhalte ich die Antwort, daß er vom Hause abwesend und gegenwärtig in Weimar seye, um die Familienangelegenheiten in Ordnung zu bringen.

Ich hielt es für das beste, von meinen Briefe u. meinen Fragen eine Abschrift machen zu laßen, um ihm solche mit der heutigen Post nach Weimar zu schikken, welches auch zuverläßig geschehen wird. Da es immer leichter ist, mit einem Manne etwas in Ordnung zu bringen, als mit einer Frau, so wäre es jetzt möglich, diese Sache zu einer Entscheidung zu bringen, welches mir um so lieber wäre, da dieses lange Warten und Einhalten meinen frühern Eifer nicht nur sehr abgekühlt hat, sondern auch meine Jahre und meine Gesundheit von der Art sind, daß ich auf keinen langen Gebrauch mehr rechnen darf. Wäre es mir nur um die Herausgabe des Schriftchens zu thun, so wäre ich bald fertig, indem sich diejenigen, denen ich die erste Abtheilung davon zeigte, sehr günstig dafür aussprachen u. die Sache als höchst interessant ansahen, und auch diejenigen, welche in Stuttgardt es unternommen haben, Schillern daselbst ein Denkmal zu setzen, ein Mittel gewiß nicht von der Hand weisen würden, wodurch die Sache schneller und zuverläßig auch schöner hergestellt werden könnte. Denn wieviel wird wohl durch eine solche Betteley zusammen kommen? und in Deutschland??? Giebt man aber den Leuten etwas in die Hand, wo sie für ihre paar Groschen etwas zu lesen bekommen, und ihren werthen Namen gedruckt sehen, dann ist so etwas eher möglich.

Könnte es denn nicht seyn, daß Ew pp mit HE. von Schiller selbst sprächen, oder sprechen ließen, nur damit der Sache ein Ende gemacht werde, und ich einmal ein zuverläßiges festes Ja oder Nein erfahre?

Es würde mich schmerzen, wenn der Sohn eben so dächte wie die Mutter und zwar um so mehr, weil Niemand so genau als ich es weiß, daß der Herzog von Weimar Schiller'n wahrhaft vom Verderben rettete, indem er ihm den Raths Titel gab und ihm seinen Schutz versprach. D a h i n gehört ein Grabmal, ein Denkmal, wo er Wohlthaten empfieng, wo er lebte und wirkte, aber nicht wo ihm der blinde Zufall gebohren werden ließ, und wo er als ein gemeiner Regiments Doctor hätte verkümmern müssen, wenn er sich nicht durch die Flucht ein besseres Schicksal und dankbareres Vaterland zu erringen gesucht hätte. (...)

Ich habe, (aber ohne Ihren werthen Namen zu nennen) HE. von Schiller die Abschrift Ihres Briefs vom 9. Dec. geschickt, so weit er diese Angelegenheit betrifft, damit er sehe, daß von hier und von W e i m a r aus schon alles eingeleitet worden. Ob alles vergeblich geschehen seye, — ob der göttliche Sänger jedem andern gleich vermodern — ob der Fremde noch ferner die Regierung über diese Vernachläßigung anklagen solle? Dieß wird jetzt von dem Sohne des herrlichen Mannes abhängen, und sollte er sich dagegen — nemlich gegen ein eignes Grabmal entscheiden, so bleibt dann jedem das voll-

kommene Recht, diejenigen laut zu nennen, welche diese Schande auf das
gesammte Deutschland gebracht haben.

Mit der Hoffnung, mit der Bitte um eine baldige und, auf eine oder die
andere Art e n t s c h e i d e n d e Antwort erneuere ich die Versicherung
meiner ausgezeichneten Hochachtung u. beharre   5

Ew. Wohlgeb. pp

A. Streicher.

34. Ernst von Schiller an Streicher

Weimar den 10ten October 1826.

Wohlgeborner   10
Hochgeehrter Herr
Vor allen Dingen muß ich mein langes Schweigen auf Ew. Wohlgeborn so
schätzbare Zuschrift vom 13ten September d. J. entschuldigen. Die durch
den trauervollen Tod meiner Mutter hier entstandenen verwickelten Fami-
liengeschäfte und eine nothwendige Reise nach Berlin sind die Ursachen der 15
Verzögerung meiner Antwort und ich bin überzeugt, dass Ew. Wohlgeborn
tiefes Gemüth diese Entschuldigung gelten lassen wird.

Wohldieselben dürfen überzeugt seyn, daß der innige Antheil, welchen Sie
an dem Andenken meines verewigten Vaters nehmen, mich tief gerührt hat.
Ich hatte das Glück gehabt vor mehreren Jahren Ihren Herrn Sohn durch die 20
Güte des Herrn Jos. Simrock in Köln kennen zu lernen und es freut mich
innigst, daß ich jetzt, wenn auch nur schriftlich, die Ehre habe mit Ew.
Wohlgeborn selbst in nähere Berührung zu kommen.

Ihre Ansichten meinem verewigten Vater ein Denkmal zu stiften sind
eben so rührend als ehrenvoll, und sehr unbillig wäre es auch nur einen Au- 25
genblick Anstand zu nehmen, eine so edle Denkungsweise mit ganzem Herzen zu verehren.

Was die Sache selbst betrifft, so erlaube ich mir Ihnen folgendes thatsäch-
liche mitzutheilen.

Noch in diesem Jahre wird der Grundstein zu einem Denkmale des Va- 30
ters auf dem hiesigen neuen Kirchhofe gelegt werden, nämlich es wird ein
aus der Erde sich erhebender Untersatz gebaut, in welchem die irrdischen
Ueberreste Schillers beigesetzt werden und auf welchem sodann ein Denkmal aufgerichtet werden wird, wie es nur in gemeinsamer theilnehmender
Berathung von Schillers Verehrern mit Zuziehung tüchtiger Künstler beschlos- 35
sen werden wird. Auf welche Weise der Theilnahme auswärtiger und hiesiger Freunde meines Vaters hiezu der Weg eröffnet werden soll ist zwar
augenblicklich noch nicht entschieden, wird es aber im Laufe der nahen Zeit
werden, und ich werde nicht ermangeln alsdann einem so warmen Verehrer
Schillers, wie Ew. Wohlgeborn sind, die ausführlichste Nachricht zu erthei- 40
len, und glaube im Voraus versichern zu dürfen, dass eine so rege Theil-

nahme, wie die Ihrige ganz mit derjenigen Anerkennung aufgenommen werden wird, welche sie verdient.

Was den andern Punct Ihrer verehrten Zuschrift betrifft, nämlich die Herausgabe der von meinem Vater an Ew. Wohlgeborn gerichteten Briefe und
5 der Bearbeitung einer ausführlichen Biographie Schillers, so habe ich die Ehre Ihnen nachstehendes mit zu theilen.

Wir vier Geschwister, die Hinterbliebenen Schillers beabsichtigen in ganz kurzer Zeit eine neue Ausgabe der sämtlichen Werke unsers Vaters zu veranstalten. Dieselbe wird sich von der bisherigen durch eine zweckmäßige Ein-
10 theilung unterscheiden, durch viele und höchst interessante Briefe Schillers an geistreiche Zeitgenossen und Freunde vermehrt werden und mit einer ausführlichen Biographie schliessen, wozu es mir geglückt ist, vortreffliche Quellen aufgefunden zu haben und welche Biographie von einer gewandten, geistvollen und schon bekannten Feder geschrieben werden wird. Da diese neue
15 Ausgabe alle Wünsche des Publikums möglichst befriedigen soll und alles zu umfassen bestimmt ist, was sich auf Schillers Leben und Wirken bezieht, so können Ew. Wohlgeborn leicht ermessen von welchem Werthe die Briefe und Notizen sind, welche Sie von und über Schiller besitzen. Es wird aber auch eben so wenig Ihrer hohen Einsicht entgehen, in welches nachtheilige
20 Verhältniß hernach ein Werk treten würde, das nur eine isolirte Periode aus dem Leben Schillers umfaßt, wohingegen angereiht oder verwebt in das Ganze dasselbe von doppelten Werth seyn müßte.

An Ew. Wohlgeborn rührende Theilnahme an Schillers Leben u. Wirken erlaube ich mir als Sohn daher die ganz gehorsamste Anfrage ob Sie Sich
25 etwa entschließen könnten jene von Ihnen besessenen Briefe und Notizen zu dem Ende mitzutheilen, daß solche mit in die Biographie aufgenommen würden, welche die beabsichtigte Ausgabe beschließen wird. Wegen des für diesen Antheil an dem Werke Ihnen gebührenden Honorars würden wir übereinkommen und es würde dann Ihnen überlassen bleiben dasselbe zu
30 dem schönen Zwecke beizusteuern, welchen Sie Selbst beabsichtigten, und dessen Anerkennung auch in diesem Falle auf die gebührende Weise erfolgen würde.

Ew. Wohlgeborn deßfallsige Ansichten bitte ich mir nach Köln hin geneigtest zu eröffnen, wo ich am 24ten d. M. eintreffen werde. Mögen Ew. Wohl-
35 geborn meine Anfrage nicht verkennen und überzeugt seyn, dass ich mit der aufrichtigsten Hochschätzung Ihre edeln Gesinnungen verehre. Mich Ihrem werthen Andenken empfehlend habe ich die Ehre zu seyn

Ew. Wohlgeborn
ganz ergebenster Diener
40 Ernst von Schiller,
K. Pr. Appellationsgerichtsassessor
in Köln.

35. Streicher an Simrock

Wien am 14ten Febr. 1827.

Verehrtester Freund!

Es ist leider wahr, daß Beethoven an einer Wassersucht darnieder ligt, die
um so weniger Hoffnung zu einer Genesung läßt, da die Ursache derselben ₅
eine Erhärtung der Leber ist, an welcher er schon lange leidet. Noch besuchen
ihn zwar die zwey berühmtesten Aerzte, und versuchen noch jedes Mittel
gegen seine Krankheit, glauben aber gewis zu seyn, daß er ohne Rettung
verlohren ist. Wie traurig es ist, den abgezehrten, leidenden Mann liegen zu
sehen, und sich nur schriftlich mit ihm unterhalten zu können, mögen Sie ₁₀
leicht ermessen. Man glaubt daß Ries hieher komme. Wenn er sich nicht sehr
beeilt, so trift er s⟨einen⟩ großen Meister nicht mehr am Leben.

Für die Zurüksendung des Briefes an HE. v. Schiller danke ich Ihnen.
Er schrieb mir von Weimar aus, allein ich konnte ihm noch nicht antworten,
weil der Vorgang mit dem Schädel seines Vaters, mich zu sehr angewiedert ₁₅
hat. O Tempora!!!

Sollte sich mit unserem Beethoven irgend eine Veränderung begeben, so
sollen Sie es sogleich erfahren von Ihrem ergebensten

A. Streicher

36. Streicher an Christophine Reinwald
₂₀

Wien am 8ten Jan. 1828.

Wolgeborne Frau! Verehrteste Freundin!

Ohne Zweifel mußten Sie glauben Ihr vortreflicher Brief vom 16ten Sept.
1826 — der allen die ihn lasen unschäzbar war — sey mir gar nicht zugekommen, weil mein herzlichster Dank dafür, so wie meine Antwort darauf ₂₅
so lange ausblieb, und erst jezt nach 15 Monaten erfolgt. Damit Sie selbst
mich entschuldigen können; damit ich nicht als im höchsten Grade nachläßig
Ihnen erscheine, werden Sie schon erlauben müssen, die Ursachen dieses langen Stillschweigens, Ihnen so kurz als möglich, deutlich zu machen.

Mein Brief an Sie, Verehrteste Freundin, erklärte die Absicht, alles, was ₃₀
ich von Ihrem verewigten Bruder wisse, zu sammeln, und zu dem Zwek
heraus zu geben, ihm ein würdiges Grabmal zu verschaffen. Dieselbe Absicht,
theilte ich am 13ten Sept. Ihrem Herrn Neffen, der sich damals in Weimar aufhielt, mit. Aber schon gegen Ende desselben Monats, erfuhr man die
Vorgänge des 17ten Sept. zu Weimar, die hier durchaus mißbilliget wurden, ₃₅
und es war von da an, nun an ein ordentliches Grabmal um so weniger zu
denken, indem die Trennung der theuren Ueberreste, ein solches unthunlich
oder überflüssig machten.

Herr von Schiller beantwortete meinen Brief am 10ten Oct. 1826 zwar
sehr artig, rieth mir aber, dasjenige was ich hätte bekannt machen wollen,
einer Feder zu überliefern, die eine vollständige Biographie seines Vaters
schreiben werde, und stellte mir frei, entweder e i n H o n o r a r d a f ü r
5 z u b e z i e h e n, oder es als e i n e n B e i t r a g zu einem dereinstigen
Grabmal bestimmen zu wollen. — In welche Zeiten müssen unsere lezten
Jahre fallen!!! — — — So wohl dieser Vorschlag, als auch die vorauszu-
sehende Unmöglichkeit, nach dem was geschehen, noch irgend jemand für
einen Beitrag erwärmen zu können, verursachten daß ich alles unvollendet
10 liegen ließ, bis vor einiger Zeit, mehrere Freunde, denen der Plan zu einem
Denkmal, das Schiller'n in Stuttgardt errichtet werden solle, zu Gesicht kam,
mich ermunterten, die fast schon vollendete Schrift ganz zu endigen — die
Nachrichten, welche Sie mir aus der Kindheit des Bruders mitzutheilen die
Güte hatten, dabei zu benützen, aber in keinem Falle solche nach Weimar
15 zu senden, weil die zuverläßige Nachrichten die ich als Augenzeuge geben
könne, zu wichtig wären, um als b l o ß e E i n s c h i e b s e l in ein anderes
Werk g e m e n g t zu werden. Die fertige Schrift möge dann, als ein Beitrag zu dem Monumente hergegeben und dessen Errichtung beschleuniget
werden. Da nun Wertheste Freundin! Würemberg unser gemeinschaftliches
20 Geburtsland ist, und der Bruder nur von dem Herzog, nicht aber von seinem
Vaterlande gekränkt worden, so habe ich um so weniger Bedenken gefunden
hierinne nachzugeben, und habe die Schrift — hauptsächlich Ihres belehren-
den Briefes wegen — gänzlich umgearbeitet, und alles so erzählt, daß für
Ihren jüngsten Neffen, nicht der mindeste Nachtheil, sondern nur der Wunsch
25 entstehen kann, ihn mit destomehr Wohlwollen zu behandeln, je weniger
man, aus Misverstand, seinem großen Vater angedeihen ließ.
     Um aber in das Werkchen nichts Unbestimmtes, Unzuverläßiges einfließen
zu lassen, bin ich genöthigt, Ihre Güte noch einmal auf die Probe zu setzen
und Sie recht d r i n g e n d zu bitten, mir noch die nebenstehenden Fragen
30 — und wenn es seyn kann — recht bald beantworten zu wollen.
     Sie selbst Verehrteste Freundin! wird es nicht wenig intressiren, alles das
genau zu erfahren, was mit dem Bruder auf seiner Flucht von Stuttgardt
vorgieng, bis er nach Bauerbach kam, und dann das, was er in den Jahren
1783 bis 1785 zu erdulten hatte, gewis zu wissen. Er selbst hat gewis selten
35 oder Nie davon gesprochen. Aber die Welt soll und muß es wissen, mit welchen Hindernissen dieser große Geist zu kämpfen hatte — sie muß erfahren,
daß nur der Herzog von Weimar, und Körner seine Retter waren. Also noch
einmal zurük in die Jahre der Kindheit, zu Vater, Mutter und Geschwistern,
damit das Andenken des Verklärten verherrlicht werde.
40 Meine nächste Antwort soll gewis nicht lange ausbleiben, denn seit einigen
Monaten benutze ich die wenigen Stunden die ich frei habe, ganz für diesen
Zwek.

Möge dieses Schreiben Sie in bester Gesundheit antreffen, dann ist der
herzlichste Wunsch erfüllt von Ihrem Ergebensten

Andreas Streicher Tonkünstler.

F r a g e n .

1) Ist es gewis daß Ihr Herr Vater in seiner Jugend Wundarzt war, und   5
   a l s   s o l c h e r   1745 nach den Niederlanden gieng?
2) Ist es kein Irrthum, daß er sich 1748 verheirathete?
3) Da Sie 1757 gebohren, folglich 2 Jahre älter sind, als der Bruder Frie-
   derich, so bitte ich mir sagen zu wollen, wie viele Kinder Ihre Frau
   Mutter v o r   I h n e n gebohren?   10
4) Nach der Angabe des GeburtsJahres 1759 für den Dichter, kann der
   Vater unmöglich die ganze Zeit des Krieges im Felde gestanden haben,
   wo war er also? oder reiste er ab und zu?
5) Wo war Ihr Herr Vater 1759 zur Zeit der Geburt des Bruders?
6) Warum verließ der Vater die Wundarzeneikunde?   15
7) Hatte er Gelegenheit sich als tapferer Soldat auszuzeichnen?
8) Wie lange nach des Herzogs Tod, wurde die Solitude in ihrem früheren
   Stande erhalten?
9) Blieb Ihr Herr Vater bis an sein Ende in Thätigkeit auf der Solitude?
10) Hatte er den Titel als Gouverneur?   20
11) Wie viele Knaben hatte Ihre Frau Mutter gebohren?
12) War ausser Friedrich sonst noch einer 1771 am Leben?
13) Das wievielte Kind war Friedrich?
14) Wie viele Töchter waren bey des Vaters Tod noch am Leben?
15) Wie alt ist Ihre noch lebende Frau Schwester Madame Frankh?   25
16) Welches waren die T a u f n a h m e n Ihrer Frau Mutter?
17) Wie hieß ihr G e b u r t s N a h m e ?
18) Welches war ihr GeburtsOrt?
19) War der Vater von ihr, wirklich ein Bäker in Kodweis?
20) Lernte Friedrich zu L o r c h lesen und schreiben?   30
21) Hieß der Pastor der ihn unterrichtete Moser?
22) Lernte Friedrich mit dem kleinen Sohne des Pastors zugleich?
23) Lernte er schon damals, im Alter von 6—9 Jahren Latein?
24) Wie viel hatte Schiller als Regimentsdoctor MonatsGage? — — — Diß
   ist eine Hauptfrage, indem ich mich nicht mehr genau erinnere ob es   35
   nur 15 oder 20 Gulden waren, und es sich um so leichter erweisen ließe,
   daß er mit einer so äußerst geringen Gage, unmöglich leben konnte. So
   viel kann ich mich durch den Umstand erinnern, daß es nur 15 — fünfzehn Gulden waren, weil er mir nach seinem Arrest klagte, daß ihm ein
   Offizier auf der HauptWache, seine ganze MonatsGage, mit 15 Gulden   40
   abgewonnen. Ich bitte, wenn es anders möglich ist, um die genaueste
   Auskunft hierüber.

25) Ich besitze noch einen Brief Schillers vom 14ten Jan. 1783, von H. (das
Wort ist nicht ausgeschrieben) von H. datirt, worinn er mir schreibt —
daß Frau von Wolzogen in Bauerbach angekommen seye — daß sie sich
fürchte, ihm einen längeren Aufenthalt zu gestatten — daß ich mich um
5   ihn nicht ängstigen solle er sey nicht mehr in Bauerbach — daß er mit einem Herrn von Wrmb Bekanntschaft gemacht, der eine Schwester habe,
die ihn — Schiller'n — entweder zum größten Dichter, oder zu einem
Narren umstalten werde — daß ihm jezt beides Einerlei seye — daß er
sich mit Herrn von Wrmb auf sein Gut im Thüringer Walde begeben
10   und dort schießen lernen werde ppp.
Diesen Brief nun, nebst mehreren die er im April 1783 aus Meiningen
nach Mannheim schrieb, nebst dem Umstande, daß er im Sommer 1783
als Theaterdichter in Mannheim eintraf, steht im Wiederspruch mit der
Angabe, daß er e i n g a n z e s J a h r in Bauerbach geblieben seye.
15   Ende des November 1782 reiste er von Mannheim ab, am 8ten Dec.
1782 (ich habe noch den Brief) schrieb er mir daß er glüklich in Bauerbach angekommen und alles für ihn vorbereitet angetroffen habe — am
14ten Jan. 1783 schrieb er den obigen Brief — im April 1783 waren
seine Briefe aus Meiningen datirt — in der Mitte Sommers 1783
20   traf er wieder in Mannheim ein — Ich erlaube mir also die Frage
25) Wie lange blieb Schiller in Bauerbach?
26) Gieng er mit Herrn von Wrmb nach Thüringen? oder
27) lebte er den Winter 1782 bis 1783 in Meiningen?
28) Wie lange war er bei Ihrem Herrn Gemahl in Meiningen?
25   29) Wie weit liegt Meiningen von Bauerbach?
Nachschrift.
Der Brief vom 14ten Jan. 1783 hat einen solchen Innhalt, daß ich ihn nur
privatim aber nicht öffentlich mittheilen kann, weil er dem Character der
Frau von Wolzogen nicht nur keine Ehre macht, sondern auch Verhältnisse
30   berührt, die zwar ein genauer Freund, aber sonst Niemand wissen darf. Von
Ihrer Bestimmung der 5 lezten Fragen wird es abhängen, ob ich wenigstens
die b e w e i s e n d e n S t e l l e n daraus mittheilen kann, und ob sich Frau
von Wolzogen eines bessern besonnen, ihrem früheren Versprechen getreu zu
bleiben. Ich sehe sehr wohl ein Verehrteste, geschäzteste Freundin! wie viele
35   Mühe ich Ihnen durch die Bitte verursache, mir alle diese Fragen zu beantworten, und ich kann mich nur dadurch beruhigen, daß Sie bey den meisten,
mit einigen Silben wegkommen, wenn Sie es z. B. so machen wollen. zu 1) —
Ja! 2) Er heirathete 1749. 3) zwey pp. Dann kostet es keine andere Mühe als
diese sich zu besinnen. Und wo möchte Ihre Erinnerung wohl lieber zurük
40   gehen, als in den Kreis Ihrer Familie, die nicht nur Ihnen, sondern der gesamten, gebildeten Welt, so werth geworden ist.

Fast muß ich vermuthen, daß Sie jezt, nachdem Sie wahrscheinlich von
Frau von Wolzogen (welche eine Biographie Schiller's herausgeben will) um
die gleiche Gefälligkeit angegangen worden, mir obige Fragen nicht mehr
gerne beantworten werden. Ich bitte aber, wenn meine Meinung Grund haben sollte, zu bedenken, daß ich nur 4 Jahre von Schillers Leben — freilich   5
die traurigsten und wichtigsten — darstellen will und mich auf alles, was
nach 1785 geschehen ist, gar nicht einlassen kann.

Bey Vorlegung der Fragen ist es mir darum zu thun, nicht eben so, wie
f a s t a l l e die eine Biographie Schiller's geschrieben, offenbare Unrichtigkeiten oder Unwarheiten anzugeben, sondern mich streng und genau an das   10
zu halten, was gewis ist, was ich selbst gesehen und — was Sie mir sagen.
Daß Sie die Güte haben und wenigstens antworten werden, darauf rechnet
zuverläßig

Ihr Ergebenster

A. Streicher   15

37. Christophine Reinwald an Streicher

Ihren Brief erhielt ich
vorgestern. —   Meiningen den 17. Jan. 1828.
Hochverehrtester Herr und Freund.

Ich beeile mich Ihnen mit nächster Post über die von Ihnen gewünschten   20
Fragen soweit sie mein Gedächtniß aufbewahrt hat, Nachricht zu ertheilen

Ihr langes Stillschweigen auf meinen Brief hat mir die Vermuthung erregt
daß die ungünstigen Umstände die Hauptursache desselben seyn würde, und
Sie durch diese in Ihrem Vorsatz gehemt, und ungerne Sich darüber aussprechen würden.   25

Ich fühlte sehr wohl wie unangenehm auch Ihnen, als dem treuen Jugendfreunde das Verfahren am 17. Septr. zu W. seyn würde und Sie dadurch zu-
rükgescheucht Ihren Vorsaz aufgeben würden, um desto mehr erfreute es
mich durch Ihren Brief die Versicherung zu haben daß Sie alle Schwierigkeiten zu besiegen gefaßt sind ihrem Vorsaz treu zu bleiben, welches ich   30
mit dem herzlichsten Dank erkenne und mit Freuden Ihnen die gewünschte
Fragen beantworte.

Sie haben meinen Wunsch errathen diese Lebensgeschichte nicht als Ein-
schiebsel noch einer fremden Feder zu überlaßen, die unmöglich diese Zeit in
der S i e mit meines Bruders Verhältnißen so vertraut waren, richtig dar-   35
zustellen vermag. D i e s e F r a u v o n W o l l z o g e n *, Schwester mei-

---

* Diejenige Frau von W o l z o g e n bey der mein Bruder sich 1783 in Bauerbach aufhielt ist längst gestorben, sie war die Schwiegermutter von der Schriftstellerin.

ner Schwägerin kan von der Zeit wo sie zugleich mit diesen Verwandten in
Weimar lebte und meinen Bruder fast täglich sprach kan wohl von seinem
damaligen Leben, besonders da sie eine Geistreiche Frau und Schriftstellerin
ist, dem Publikum Nachrichten ertheilen, aber sie weiß von seinen frühern
5 Verhältnißen zu wenig, und so wird auch in dieser Geschichte wie in den
andern eine Lüke bleiben, und die Wißbegierde des Publikums nicht befriedigt werden, diese von Körner bleibt immer noch die getreueste aber auch sie
enthält nichts von jener Zeit, die als Grundlage seiner Folgezeit angesehen
werden kan.
10 Daß die Jugend jezt andere Ansichten hat erfahre ich täglich, die Zeiten
haben sich ja auch sehr geändert. Ich streite noch zuweilen mit meinen Neffen und Nichten — obschon alle gute Kinder sind, aber im Ganzen mehr von
der Mutter als dem Vater haben. Die jüngste Tochter Emilie, die jezt mit
ihrer Tante der Fr v Wollzogen, in Dresden sich aufhält hat noch am meisten
15 vom Vater auch persönliche Ähnlichkeit. Diese ihre Tante hatte einen einzigen Sohn der ihr voriges Jahr durch einen unglüklichen Tod entrißen wurde,
gleich nacher starb meiner Schwägerin ihre noch einzige Schwester. und
beugte sie noch mehr darnieder, und jezt hat sie eine Nichte zu einem Er-
saz für beide zu sich genommen: Die andere Schwester ist in Schlesien Er-
20 zieherin, bey der Tochter des Herzogs Eugen. und findet sich sehr glüklich
nach ihrem Wunsch eine Existenz zu haben. Überhaupt ist jedes der Kinder
versorgt, und überdieß genisen s i e jezt die Früchte der Geistesarbeiten
ihres Vaters, indem sie vor die Erlaubniß die Ihnen der König v Preusen auf
20 Jahre die Schriften des Vaters selbst zu verlegen ertheilt hat, jezt von
25 Cotta in Stuttgardt 80,000 Thaler erhalten, weil sie den Verlag derselben
nicht selbst unternehmen wollen.
Bevor ich Ihre Fragen beantworte, muß ich aus jener Zeit noch etwas herbey führen daß Ihnen vielleicht nicht ganz bekant ist und auch dazu gehört,
seine Flucht aus dem Vaterlande in ein gehöriges Licht zu sezen, im Fall ich
30 nicht in meinem ersten Briefe es Ihnen schon geschrieben habe welches ich
mich nimmer erinnere. Wißen Sie vielleicht schon mit welchen Hinder*nißen
mein Bruder ehe er in die Carlsschule aufgenommen wurde zu kämpfen
hatte? seine innige Neigung, und des Vaters Wunsch bestimmten ihn frühe
schon dem geistlichen Stande, als ein kleiner Junge in Lorch nahm er oft
35 meine Schürze um und stand auf einen Stuhl und predigte und wir alle
mußten andächtig zuhören, seine Predigt bestund aus Sprüchen die er verständig zusammen reihte. Er war, wie wir von Lorch nach Ludwigsburg ab-
zogen, von seinen Lehrern sehr gelibt und gelobt worden und endlich 3mal
im geistlichen Examen in Stuttgard sehr wohl bestanden. nachher verlangte
40 ihn der Herzog der sich von den Lehrern die Zeugniße der studierenden
Knaben überreichen liß, und meinen Bruder unter den fähigsten aufgezeichnet fand. Er ließ meinen Vater kommen und sagte ihm daß er seinen Sohn in

die neue Pflanzschule auf die Solitude aufnehmen wolle. Der Vater ent-
gegnete daß er seinen Sohn nach seiner eignen Meinung zum Geistlichen bestimt habe — darüber der Herzog ihn erklärte daß er diß nicht in seiner
Pflanzschule besorgen könne und ihn einige Zeit ignorirte, nachher schikte
er zweymal wieder und die Despotie in der alle Diener waren reicht daß man 5
nicht abersmal es absagen dürfte, und mein Bruder willigte endlich aus Gehorsam und Furcht der H. möchte sich am Vater rächen der unmittelbar
unter seinen Befehlen stand, ein. Mein Bruder entschied endlich, weil ihm die
Wahl in den übrigen Studien überlaßen wurden nicht ohne inneren Kampf
für die Rechtsgelehrtheit. Diese studirte er 1. Jahr mit Pflichtmäßigem Eifer 10
wozu mein Vater ihm kostbare Werke anschaffen mußte — nach Verfluß dieses ließ ihn der Herzog kommen und sagte ihm, daß, da so viele Jura stu-
dirten er ihm nicht eine so gute Versorgung versprechen köne. er solle doch
lieber die Medizin ergreiffen — da köne er ihn einst beßer versorgen.* — Ich
brauche Ihnen wohl nicht zu sagen welcher Kampf hier abermals vorging 15
und das ganze Familien Glük störte. und diese Versorgung die wißen Sie!
Ists nicht ein Wunder daß bey diesen Anstrengungen des Geistes und diesem Gram mein Bruder nicht seinen Verstand verlohr? Das wenigste was er
thun konte zumal da ihm bey der ärmlichsten Stelle die des Monaths kaum
18 fl eintrug, noch arbeiten und etwas zu schreiben wodurch er seine Ein- 20
nahme vermehren konte. Es wäre wohl kein Wunder wenn alle Liebe gegen
den strengen Landesherrn in ihm verloschen wäre, aber nach vielen Jahren
als er wieder ins Vaterland seine Eltern und Geschwister zu besuchen zurük
kam und in Ludwigsburg sich damals aufhielt welcher Ort ihm immer wegen seiner milden Lage lieb war, wurde der Sarg des Herzogs** durch die 25
Staatsstrase in die Fürstengruft vorbey geführt: er stund am Fenster und
weinte dem Sarge Thränen der Vergebung, und Dankbarkeit für das E r -
l e r n t e nach — Diser Zug des edelsten Herzens wird Ihnen noch mehreres
aus der Vergangenheit herbey führen, Es war immer in gleicher Harmonie
mit seinem Geiste darum dieser wir hoffen daß sein Andenken bey d e n 30
G u t e n nie untergehen wird. Ihm ist nun wohl! und uns bleibt die Hoffnung ihn bald wiederzusehen!

　　　　　Nun zu Beantwortung Ihrer Fragen.
1. Der Vater war wirklich Wundarzt das er uns oft erzählte und hielt sich
　　in den Niederlanden auf, die Zeit weiß ich nicht bestimt.　　　　　　　35
2. Da ich das Erste Kind meiner Eltern war und 1757. gebohren bin, und
3. meine Mutter uns oft sagte daß sie nach 9. Jahren mich erst gebohren
　　habe so ist die Zeit wohl richtig u mein Bruder war also das 2te Kind.

---

* Auch für die Studien der Medizin mußte der Vater ihm wieder neue Bücher
anschaffen
　　　　　　　　　　　　　　　　　　　　　　　　　　　　　　40
** es war glaube ich im Jahr 1791.

4. Der Vater war abwechselnd im Felde, aber öfters zu Besuch bey den Seinigen nach der Aussage meiner Mutter.

5. Er war gegenwärtig und im Urlaub, als mein Bruder in Marbach gebohren wurde.

6. Mein Vater verließ die Wundarzneykunst weil er damals mehr Aussichten zu einer beßern Versorgung, und die gehörige Eigenschaften für

7. das Militair hatte, welches alle seine Zeitgenossen ihm zugestanden, er werde ein tapferer Soldat: und menschlich gegen die Feinde.

8. Die Solutude wurde schon von den Nachfolgern des Herzogs vernachläßt und der Vater des jezigen Königs ließ sogar die Gebäude abtragen, und sie nach Ludwigsburg und Stuttgart transportiren der gerüchtige l a n g e S t a l l steht in Stuttgard in der KönigsStrase. Doch wurden die Baumschulen, die besonders unter der Aufsicht meines Vaters stunden im Stand erhalten: bey seinem Ende hinterlies er die von ihm selbst gepflanzte Baumschule von 60/1000 Bäumen die alle in der grösten Ordnung sich befunden und er zuvor die Untergärtner unterrichtete sie festzusezen — jezt ist aber alles vernachläßt. Die Gebäude fallen zusammen, nur das Hauptschlößchen aber ist noch im Stande. Ich erstaunte als ich 1817. wieder diese Stellen besuchte, wo ich abermals mein Vaterland wieder sahe.

9. Mein Vater blieb bis 8 Monath vor seinem Ende in beständiger Thätigkeit obschon er den Tittel nicht als Gouverneur bei der Arbeit hatte*, ja er zog sich durch diese ein früheres Ende zu. sein unveränderter Fleiß und Eifer alles in Stand zu sezen was ihm aufgetragen war ließ ihn nicht seiner Gesundheit pflegen und ein Chathar den er nicht abwartete war die Folge 8 Monatlicher Gichtischer Anfälle, bis endlich seine sonst so kräftige Natur am 7. Septr 1796. erlag. Ich war gerade gegenwärtig — denn im April zuvor erhielt ich von meinen lieben Eltern den Auftrag zu ihnen zu kommen indem eine epedemische Krankheit das Faulfieber, das von der vernachläßigten Bestattung der Leichname die vom kaiserlichen Lazareth oben, das sich damals dort aufhielt, nahe in dem Wald vergraben wurden herrührte (weil der Gottesaker sie nicht mehr faßen konte) und daher die ganze Luft verpestet wurde. Viele Menschen dort wurden ein Opfer, und darunter meine jüngste blühende Schwester von 18 Jahren, in dieser Noth eilte ich also den Meinigen zu, und mußte aus kindlicher Pflicht auch meinen Mann der selbst immer kränklich war meinen hiesigen Freunden ihrer Pflege übergeben, in dieser Noth durfte ich die Eltern nicht verlaßen. Dazu kam endlich im Julli noch der Überfall der Franzosen, die die Unsicherheit der Wege und Postw. mit sich führte. ich konte erst nach 6 Monathen wieder ohne

---

* Er hatte den Tittel Major und Inspektor verschiedener Baumschulen im Herzogthum Würtemberg

Furcht zurük reisen indeßen ich noch den Tod des lieben Vaters habe
beweinen müßen, die Mutter bekam einen Wittwensiz im Schloße zu
Bauerbach und lebte noch einige Jahre, sie hatte nur einen Sohn geboh-
10. ren und 5 Töchter wovon ganz frühe zwey starben, meine jezt noch
11. lebende Schwester die Stadtpfarrin in Mökmühl, ist in Lorch gebohren 5
und ist 10 Jahre jünger als ich. also waren nur wir zwey Schwestern bey
12. des Vaters Tod noch am leben weil im Anf. 1796 meine jüngste starb.
14. Meine Mutter hieß Elisabetha Dorothea. Kodweiß war ihr Geschlechts-
15. nahme, und ihre Vaterstadt Marbach, wo ich und mein Bruder auch
16. gebohren wurde. Ihr Vater ergrif aus Noth das Bekerhandwerk nach- 10
17. dem er, sonst ein sehr rechthabender Mann, und Holzinspektor in
18. Marbach durch eine fürchterliche Überschwemmung fast seines ganzen
19. Vermögens beraubt wurde: meine Mutter war die einzige Tochter,
und hatte eine gute Erziehung überhaupt aber stamte diese Familie
von einer alt adlichen von Katwiz ab, nachdem sie durch Unglüks- 15
fälle ihres Ansehens beraubt worden und sich den bürgerlichen Ge-
werben widmete.
20.
21. Mein Bruder lernte wirklich in Lorch beym Pastor Moser lesen schreiben
Latein und Griechisch mit deßen Söhnen zu der Zeit, als mein Vater als
22. Werboffizier an die Würtemb. Gränze von H. Carl geschikt wurde; Er 20
bekam 2. Unteroffiziere zu seiner Begleitung mit. Der Aufenthalt da-
23. selbst dauerte 3 Jahre und in diesen 3 Jahren erhielt der Vater und seine
24. Unteroffiziere keinen Heller Gage wir mußten von unserm Vermögen
25. zusezen um ehrlich zu leben und seine Würde zu behaupten. Alle übrige
Ofiziere die in andere Gränzorte geschikt wurden bekamen ebenfals 25
nichts der Herzog brauchte alles Geld daß daß Land eintrug zu seinen
Reisen nach Italien, wo er immer neue Maitressen mitbrachte deren
jede einen fürstlichen Staat führten. Erst lange nachdem mein Vater
wieder in die Garnison zurükkehrte wurde, nachdem er dem H.
n a c h d r ü c k l i c h geschrieben daß er nicht länger als ein ehren- 30
hafter Mann sich ohne Sold auf diesem Posten erhalten könne, erhielt
er die Zurükberuffung. nach langen Terminen wurde ihm denn der
restirende Sold in einzelnen Summen nach und nach gezalt. Während
dieser Zeit die wir in Lorch zubrachten genoßen wir von den Einwohnern alle Liebe und Freundschaft, die noch stark lebt, und wir 35
Kinder erinnerten uns immer mit herzlichem Dank, aller der Liebe dieser
guten Menschen. als mein Bruder aus der Akademie kam war es der erste
Ausflug daß w i r z u s a m m e n eine Reise nach Lorch machten. es lebten auch noch einige Personen von unseren Zeitgenoßen die uns herzlich
und liebevoll aufnahmen. 40

Ohne meine Schuld erhalten Sie verehrter Freund diesen Brief 12 Tage
später als ich sie Ihnen zugedacht habe, die Ursache ist diese. Eine Freundin von mir die Fr Geheimde Bauräthin Schenk besuchte mich eben als ich
den Brief zusiegeln wolte und sagte mir daß ihr Mann gerade auch nach
5 Wien schreibe und disen Brief einschliesen könne. ich gab ihn ihr also in
der Hofnung daß er auf diesem Wege dann ganz sicher und b a l d in Ihre
Hände kommen würde. nun erst erfahre ich daß ihr Mann durch Amtsgeschäfte verhindert wurde seine Briefe zu vollenden, und ließ ihn sogleich
wieder zurük holen um ihn heute d e n 3 0. Jan. der Post zu übergeben.
10 Diese Schenks hatten einst einen Schwager in Wien den sie auch dort besuchten, und immer sich des lieben M a n n e s stündlich erinnern — Es war
der Superintendent Baltenstein deßen Gemahlin die Schwester einer hiesigen Freundin war, und hieher nach ihres Mannes Tode zur Schwester gezogen ist, aber leider sehr bald dem lieben Mann nachfolgte.* ihre Schwester
15 ist meine treuste älteste Freundin hier, daher nahm ich ihr Anerbieten sogleich an.
Leben Sie wohl! und nehmen Sie meinen herzlichen Dank für Alles was
sie dem Andenken meines Bruders wiedmen. Der Himmel segne Sie und
die Ihrigen.
20 R.
Die Schwester des H v. Wurmb war die Schwiegermutter meines Bruders.
Durch diesen also kam er nach Thüringen, und in die Bekantschaft mit seiner
nachherigen Frau.
Ich lege Ihnen verehrter Freund einen Brief an meinen Bruder bey der
25 Sie gewiß interesirt, auch einen von meinem Mann der Ihnen den Aufschluß
wegen der Frau v Wollzogen gibt —
Verzeihen Sie mein schlechtes schreiben, es fängt an sehr spät zu werden
und meine Augen wollen nicht länger halten. Haben Sie die Güte, die bey-
gelegten Briefe einmal wieder zurükzusenden. Ihnen darf ich dieße theure
30 Pfänder anvertrauen.

38. Streicher an Christophine Reinwald

Wien am 9ten Febr. 1828.
Schäzbarste, Verehrteste Freundin!
Ich will keine Stunde länger säumen, um Ihnen zu sagen, wie sehr ich für Ihr
35 leztes Schreiben vom 17ten Jan. so wie für die zwei sehr wichtigen Beilagen
desselben, Ihnen verpflichtet bin. Nur mit der tiefsten Rührung konnte ich
den herrlichen Brief des Bruders lesen, der, in sehr wenigen Zügen, sein

---

* daher sich noch immer ein freundschaftlicher Briefwechsel unter ihnen erhält —

24 Streicher

ganzes, edles Gemüth, und seine warhaft Männliche Gesinnung ausdrükt.
Und wie sehr freute mich Ihre Beistimmung zu meinen Ansichten über die
Vorgänge zu Weimar, und wegen des erneuerten Vorsatzes, die kleine
Schrift s e l b s t ä n d i g zu behandeln; sie nicht fragmentarisch einschie-
ben zu lassen. Diese Meinung theilt jedes, dem ich einige Einsicht in das   5
was ich darüber aufsetzte, gestattet habe, wäre es auch nur, damit die
Welt denjenigen recht kennen lerne, der als sein Beschützer und Wolthäter
ausgegeben wird, und der ihn, in der traurigsten Lage, ohne Hülfe von sich
ließ. Dieser Mann war der Baron Dalberg, Theater-Intendant zu Mannheim, der die Briefe des Bruders sorgfältig aufgehoben, welche nach beider   10
Tode in Karlsruhe gedrukt wurden, und nun insgesamt als u n v e r w e r f -
l i c h e D o c u m e n t e über sein liebloses Verfahren gegen den Dichter,
angeführt und neuerdings gedrukt werden. Uebrigens dürfen Sie auch wegen diesen Anführungen, so wie wegen denen die den Herzog betreffen,
um so ruhiger seyn, da die hiesige Censur so strenge und sorgfältig ist, daß 15
auch gegen eine gewöhnliche Privat Person, nichts anstößiges oder beleidigendes gesagt werden darf. Um wie viel mehr erfordert es nun Vorsicht,
von Leuten zu sprechen, die öffentliche Würden bekleideten. Die beiden
Briefe hätte ich sogleich heute, nach genommener Abschrift, zurük gesendet, allein der des Bruders wird von einigen Damen wie eine heilige Re-   20
liquie betrachtet, und vor einigen Tagen nicht aus den Händen gelassen; ich
werde ihn also erst später, aber dann auch gewis, zurük schiken.

Der Brief Ihres seel. Gemahls, gibt mir ein sehr erwünschtes Licht über
Fr. v. W. wie auch über die Dauer des Aufenthalts Schiller's in Bauerbach.
Auch davon soll der vorsichtigste Gebrauch gemacht werden.   25

In der gütigen Beantwortung der gemachten Fragen, haben Sie mir
äusserst wichtige Aufschlüsse über die Vorältern der seel. Frau Mutter gegeben, die um so erwünschter sind, da sie eine angenehme Helle über Vieles
verbreiten. Von der ersten Jugend des Dichters, hatten Sie die Güte, mir in
Ihrem ersten Briefe dasselbe zu sagen, was Sie in dem jetzigen widerholen,   30
und es scheint, als ob Ihre Nachrichten hierüber erschöpft wären. S o l l t e
I h n e n i n d e s s e n n o c h e t w a s a u s s e i n e n K i n d e r j a h r e n
b e i f a l l e n , s o b i t t e i c h u m g e f ä l l i g e M i t t h e i l u n g .

Gerne hätte ich Sie mit neuen Fragen verschont, aber ich d a r f so
lange nicht ruhen, bis mir nur noch einige der, zuletzt gestellten Fragen   35
beantwortet, und deren nur wenige sind. Also zur Freundschaft und zur
Freundin Muth gefaßt und gefragt:
1) Welches sind I h r e Taufnahmen, verehrteste Freundin?
2) Welches sind die Taufnahmen der noch lebenden Schwester?
3) War Ihre Frau Mutter eine gebohrne Kodw i ß, oder Kodw e i ß? Viel-   40
leicht ersteres, weil dann die Änderung von Kattwitz in Kodwiß unge-
zwungener wäre. Der einzige Buchstabe, e, muß hierüber entscheiden.

4) Besitzen Sie keine Briefe aus der Zeit v o r der Flucht des Bruders, von
Anfang des Jahres 1782, besonders aber n a c h dieser, vom September,
Oct. Nov. Dec. 1782? oder

5) auch andere Briefe, die er während seines Aufenthaltes in Bauerbach vom
Dec. 1782 bis Mai 1783 — über seine Berufung als Theater Dichter in
Mannheim, von Mai 1783 bis Ende Juni — über seine Ernennung als Her-
zogl. Weimarischer Rath im Dec. 1784, Jan. Febr. 1785 — und von seiner
Abreise im Mart, April 1785, von Mannheim nach Leipzig, an S i e oder
I h r e E l t e r n geschrieben?

Wenn Sie solche Briefe hätten, und mir nicht gerne im Original anvertrauten, so würde ich die dringende Bitte wagen, mir solche — w e n n
a u c h n u r i n A u s z ü g e n — abschreiben zu lassen und mir gefälligst zu übermachen. Denn obwohl ich hierüber das Nöthige ganz gut zu
sagen weiß, so bekräftigt ein eigenhändiger Beweiß, die Darstellung am
besten und schließt jeden Zweifel aus. Die dadurch veranlaßte Unkosten,
wollte ich mit dem größten Vergnügen, auf das schnellste und dankbarste
ersetzen. Würde es ein großes Paquet, so kann es durch den Postwagen,
j e d o c h m i t d e m Z u s a t z m e i n e r A d r e s s e , L a n d -
s t r a ß e , U n g e r G a s s e , N o . 3 7 1 und der Beischrift: « M a -
n u s c r i p t e a n W e r t h C t 1 5 . », hieher geschikt werden.

Ich weiß daß meine Bitte sehr groß ist; S i e wissen aber auch, und
können es überzeugt seyn, daß sie nur der Verherrlichung unseres geliebten Todten wegen geschieht. Als Schriftsteller kennt ihn die Welt. Ueber
sein geistiges Wirken, wird wenig Neues mehr gesagt werden können.

Aber als Kind; als folgsamen, fleißigen Knaben; als Sohn; als Bruder;
als leidenden, von der Schmeichelei hintergangenen Jüngling; als Dichter,
der auch in den schwersten Prüfungen seinem hohen Berufe treu blieb; als
dankbaren Freund, kennen ihn nur — S i e — und Ich.

Ihn in diesen verschiedenen Lagen zu schildern, ist mein einziger Zwek,
und um so viele, und so unwiderlegbare Beweise als möglich, d a f ü r zu
bekommen, die Einzige Bitte Ihres mit ausgezeichneter Hochachtung

Ergebensten Freundes
Andreas Streicher

39. Christophine Reinwald an Streicher

Meiningen den 16. Februar 1828.
Hochverehrtester Freund.

Ich erhielt heute früh Ihren Brief und da gegen Abend die Post ins Öst-
reichische abgeht, und erst ü b e r 8 T a g e wieder so beeile ich mich
Ihnen über die gewünschte Fragen, so viel ich es vermag, Aufschluß zu geben.

24*

S i e haben mir wegen dem HE von Dalberg einen Aufschluß gegeben den ich nicht vermuthet habe. Dieser Dalberg reizte meinen Bruder mit Versprechungen sein Vaterland zu verlaßen. und biß jezt stand ich in dem Wahne daß dieser Mann treu sein Wort hielt, und daß die Entfernung von Manheim mehr eine Folge des kostspieligen Aufenthalts, und dann auch 5 Folgsamkeit für unsers Vaters Wünsche war der es überhaupt nicht gerne sah, daß er sich dem Theaterwesen widmete und in der Hinsicht mit Personen in nähere Verbindung kam deren lokere Sitten seinem Carakter schädlich seyn könten. Ich lege Ihnen einen Brief aus der damaligen Zeit von meinem Bruder bey der Ihnen vielleicht in mehreren Dingen Aufschluß geben wird und 10 bitte Sie mir ihn nebst den zwey andern gelenglich wieder zurük zu senden aus denen Zeiten wo Sie vorzüglich Nachrichten wünschten besitze ich keine mehr; Er schrieb sehr wenig. Von seiner Flucht habe ich noch einige gehabt, da ich sie aber immer bey mir trug sind sie ganz zerrißen, und ich weiß nur noch so viel daß er sie mir vertraute und die Eltern damit verschonnen 15 wolte, sein Entschluß war so fest daß alle meine Einwendungen durch seine Gründe überstimt wurden. Er hatte auch ganz recht. Er mußte fort ich sah es wohl ein, und sein Gott verließ ihn nie. Daß Erste mal daß meine Mutter und ich, ihn wieder sah war ungefähr 1. Jahr nach seiner Entfernung, Er schrieb uns von Manheim, daß er eine so grose Sehnsucht die Seinigen wieder 20 zu sehen habe, es aber doch noch nicht wagen möchte u n s zu besuchen wegen dem Herzog, der zwar alles mit Stillschweigen behandelte, aber mann durfte doch nicht trauen, besonders wenn man die Geschichte von seinem Emaligen L i e b l i n g dem Obrist von Rieger wußte, daher schlug uns mein Bruder eine Zusammenkunft in Breten einem Würteberg. Gränzort an Baaden 25 vor, und es wurde berathet daß meine Mutter und ich dahin reisen solte.* Der Vater selbst wagte es nicht weil wie Sie noch wißen werden es immer Spione genug gab die dem Herzog alles raportirten, Und mein Vater ohnehin auf seinem Posten den er mit der gewißenhaftesten Redlichkeit verwaltete sich eben deßwegen von den schlechten Umgebungen seines U n t e r g e - 30 o r t n e t e n immer wie verrathen betrachten mußte. Diese Gattung Menschen vorzüglich die Gärtner waren so nachläßig in ihren Geschäften machten so grose Ausgaben weil sie sich um nichts bekümerten und den ganzen Tag bey der Weinflasche saßen. Sie können nicht glauben, welche Unordnungen, und Betrügereien gegen die Herrschaft mein Vater vorfand, und daß er 35 diesen Menschen immer ein Dorn im Auge war läßt sich wohl denken. Aber er ließ sich durch nichts irre machen und setze rühmlich seine Anstalten fort. Bey seinem Todte hinterließ er eine Baumschule fürs ganze Land von 60.000 Bäumen, ersparte jährlich der Hzl. Kammer wenigst. 1000 fl. die

---

* Den Abend des bestelten Tages kam er dahergeritten und war sehr froh, blieb 40 3 Tage, wo dan jedes wieder zurük reiste, doch von unserer Seite mit dem Wunsch des Vaters daß er sich eine bleibendere Existenz wählen möchte —

vorher ins Ausland für die Besorgung der Gärten und Landstraßen ausgegeben wurden.

Verzeihen Sie diese Ausschweifung, und nun zu Beantwortung Ihrer Fragen.

5   M e i n Vornahme ist Elisabetha Christophina Friederika
meiner Schwester in Mokmühl Dorothea Louisa.

meine im Jahr 96 verstorbene Schwester 18 Jahr alt war ein vortreflicher Mensch, hatte das meiste von des Bruder's Geist und Gemüth. Nanette war ihr Nahme.

10   Meine Mutter war eine gebohrne K o d w e i ß, sie erzählte mir einst in einer vertrauten Stunde daß ihre Vorältern sich von Kadwiß oder Kadwitz geschrieben hätten, das kan ich nicht ganz genau bestimmen, weil sie es nur s a g t e und ich es nicht geschrieben sah. ich war noch sehr jung, und da sezte sie hinzu, daß wenn mein Bruder die Militärische Laufbahn ergriffen
15   hätte, er davon Gebrauch machen könte indem der Herzog immer disem Stand mehr verzieh, oft ohne allen innern Seelenadel —

Über seine Standeserhöhung in Weimar schrieb er mir einst, daß es auf Anregung des GroßHerzogs geschehen wäre, der ihm dadurch eine Freude hätte machen wollen. Es könte vielleicht in der Folge für seine Söhne Vor-
20   theil bringen*, und er hätte auch gewünscht daß es unsere lieben Eltern noch möchten erlebt haben denen es wahrscheinlich mehr Freude gemacht hätte auch wäre es ihm lieb daß seine Frau wieder in ihre vorige Verhältniße restituirt wäre, pp. Ich lege Ihnen doch noch den lezten Brief auch bey den ich noch von ihm habe, und der mir sehr wichtig ist das Jahr vor seinem Todt
25   1804. besuchten wir ihn noch in Weimar, und er sah auserordentl. kräftig und heiter aus wie ich ihn fast nie vorher sah, auch ging er überall mit uns spazieren, ins Schauspiel zu besehen pp. und ich hofte nach der Versicherung seines vortrefl. Arztes Hofrath Starke daß er grose Hofnung habe, wenn er das 50 Lebensjahr zurük gelegt hätte er dann ganz gesund werden könne.
30   Aber die Vorsehung hatte es anders beschloßen und was sie thut ist wohlgethan obschon wir nicht begreifen. Lesen Sie doch das Gedicht Melancholie an Laura**. Hier spricht sich sein wahres Gefühl aus: Brich die Blume in der schönsten Schöne Lösch o Jüngling mit der Trauermine meine Fackel weinend aus, wie der Vorhang an der Trauerbühne niederrauschet bey der schön-
35   sten Scene fliehn die Schatten und noch schweigend horcht das Hauß — —

Das Jahr nach seinem Todte war die schrekliche Schlacht bey Jena. Weimar stand in Gefahr von dem Übermüthigen Herrscher in Grund geschoßen zu werden, nur die Geistesgegenwart der vortreflichen Großherzogin rettete

---

* das ist auch wirklich der Fall —

40 ** Es ist nicht in der neueren Ausgabe: In der Anthologie von 82. die ich nimmer habe steht es.

es. Denken Sie Sich in dieser Schreckenss ⟨. . .⟩ das friedliebende Gemüth meines Bruders für seine Familie. — Hier fing ich an Gott zu danken der ihn ⟨. . .⟩ durch einen ruhigen Tod diesem Jammer entführte. Die Seinigen wurden im⟨mer von?⟩ der Großherzogin für allen Gewaltthätigkeiten beschüzt. und litten nur wenig durch Plünderung, bey der Allgemeinen —　　5

Alle Briefe die mein Bruder von Weimar aus an uns schrieb gab ich meinem Neffen in Cöln der mich darum bat. jezt ist er nach Trier als Landgerichtsrath versezt worden. Warscheinlich war sein Zwek sie der Fr v W zu übergeben die auch eine Lebensbeschreibung heraus geben will, ich hoffe aber daß die Ihrige ihr zuvor kommen wird, und ganz bestimt mehr Thatsachen　10 enthalten wird. Fr v W. kennt meinen Bruder blos seid er ihr Schwager war und was in jenen Zeitraum fällt wird sie schön darstellen auch wird es nicht fehlen daß sie ihr Publikum finden wird besonders unter den adlichen Damen denen schöne Worte wichtiger als Thatsachen sind. Die jezige junge Welt ist gar zu oberflächlich. Ich danke Gott daß ich so nahe am Ziel stehe,　15 das mich wieder mit denen vereinigt die ich achten, und lieben kann.

Leben Sie wohl und nehmen Sie die Versicherung meiner Dankbarkeit für treue Freundschaft

Ihre
Reinwald　20

Verzeihen Sie ja mein flüchtiges Schreiben! ich wurde sehr oft unterbrochen: und heute m u ß der Brief noch fort.

Auch habe ich der öfteren Stöhrung wegen Ihnen meinen Dank nicht sagen können daß Sie auch darin meinem Wunsch entsprechen können die Lebensbeschreibung von den Jugendjahren aufzufaßen und dem Publikum sein　25 Herz und seine nächsten Verhältniße zu schildern.

40. Streicher an Christophine Reinwald

Wien, vor dem 25. März 1828

Schäzbarste, Verehrteste Freundin!

Sie erhalten in diesem Hefte, die erste Abtheilung der kleinen Schrift, welche　30 ich, um das Andenken Ihres unsterblichen Bruders zu ehren und damit durch seine Leiden für die Nachwelt etwas Gutes entstehe, zu einem besonderen Zweke herauszugeben, gesonnen bin. Ich bitte, den vorliegenden Aufsatz als nicht vollendet anzusehen, indem die nahe Abreise meines Sohnes mich zu einer Eile nöthigte, welche mir nicht gestattete die nöthige Feile dabei an-　35 zuwenden.

Ihre gefälligen Mittheilungen, besonders die vom 16ten Febr. d. J. haben mich in den Stand gesezt, aus der ersten Jugend des Dichters Nachrichten zu geben, die überall fehlen, und die um so zuverläßiger seyn müssen, je einfacher und natürlicher solche sind. Das übrige, von des Bruders 17ten　40

Jahre angefangen, weis ich von ihm selbst, und von 1781 bis 1785, waren
(seinen halbjährigen Aufenthalt in Bauerbach ausgenommen) wenige Tage,
an welchen ich ihn nicht sah. Von diesen 4 Jahren gibt also der Augenzeuge
Bericht, und ich habe mit größter Sorgfalt vermieden irgend etwas anzufüh-
5 ren, was sich nicht durch seine eigenen Briefe, so wie durch die von andern,
n o c h h e u t e beweisen ließe.

Wer ihn in seiner Jugend kannte, wird nicht sagen, daß sein Character zu
edel gezeichnet worden. Wer ihn als Mann handeln sah, wird gestehen müssen, daß er sich gleich blieb, denn so sehr ihn die Natur als Dichter begün-
10 stigte, eben so viel — ja wenn es möglich wäre, fast noch mehr — gab sie
ihm an Güte und Grosmuth des Gemüthes, und es dürfte wohl keiner Feder
leicht seyn, ihn hierinne nach Würden zu schildern. Einem hiesigen Dichter,
Freiherrn von Zedlitz gelang es indessen, gleichsam durch einen glüklichen
Wurf, seine Eigenschaften in wenigen Worten einigermaßen bildlich zu ge-
15 ben. —

Er, der ein Cherub war, mit Schwert und Schilde,
Ach! und ein Kind zugleich, gleich stark, gleich milde.

Sollte diese Darstellung der Umstände Ihres herrlichen Bruders Ihnen, was
diesen Zeitpunct betrift, schon Schmerz erregen, so bedaure ich, Sie im voraus
20 vorbereiten zu müssen, daß in der zweiten Abtheilung, die Jahre 1783 bis
85 umfassend, noch schlimmeres berichtet werden muß. Sie werden darinne
den Beweis finden, daß, wenn nicht durch den Herzog von Weimar, der ihn
zum R a t h ernannte, seine Rettung herbei geführt worden wäre, er unter
den falschen, zweideutigen Menschen in Mannheim hätte gänzlich zu Grunde
25 gehen müssen.

Wäre auch kein anderer Grund zur Bekanntmachung dieser kleinen Schrift
vorhanden, als die wichtigen Folgen dieser Handlung des grosmüthigen Fürsten bekannt zu machen, so wäre dieser für sich allein schon genug.

Die Nachläßigkeiten der Schreibart, die Fehler des Kopisten bittet gütigst
30 entschuldigen zu wollen

Ihr Ergebenster
A. Streicher

41. Streicher an Christophine Reinwald

1784. Juni.		Fangt Dom Carlos an. Seine Freude, als er die ersten Sce- 35 nen in Jamben vor sich sah.
"	August.	Baron Dalberg, der keine Hoffnung hatte in diesem Jahre noch, ein neues Stük von Schiller'n zu sehen, läßt diesem rathen, wieder das Studium der Medizin zu ergreifen!!!
"	"	Antwort des Dichters und n o c h m a l s v e r g e b l i c h e 40 B i t t e , ihn zu unterstützen.

"	"	Die Person welche für Schiller'n in Stuttgart 200 f borgte, entflieht nach Mannheim um von ihm Bezahlung zu erhalten. Eine Bürgerliche Familie leiht ihm diese Summe und befreit ihn dadurch von der drükendsten Last.
"	"	Traurige Verhältnisse Schiller's, sowohl was sein häusliches, als auch seine Gesundheit betrift. Die elende Lebensart die er führen muß.
"	"	Erster Hoffnungsstrahl zur Erlösung aus seinen Nöthen. ApellationsRath Körner übersendet, die Bildnisse von ihm, seiner Gattin und Schwägerin und des Prof. Huber, welches Gelegenheit zu einer Folgenreichen Verbindung gibt.
"	"	Schiller liest Frau von Kalb die ersten Scenen aus Don Carlos vor, wobei es ihm fast noch schlimmer ergeht, als wie er den Schauspielern Fiesko vorlas.
"	Sept.	Die häuslichen Verlegenheiten des Dichters werden immer verwikelter.
"	Oct. Nov.	Er entschließt sich eine Monatsschrift «Thalia» herauszugeben.
"	Dec.	G ä n z l i c h e R e t t u n g des herrlichen Sänger's, durch den Herzog von Sachsen Weimar.
"	"	Verdruß mit den Schauspielern, die sich in der Thalia zu hart beurtheilt glauben.
1785.	Jan.	Faßt den Entschluß nach Leipzig zu reisen.
"	Febr.	Erhält von dort aus Vorschuß an Geld.
"	Mart.	Abschied des Dichters von S. Schiller's fester Entschluß die Jura wieder zu studiren.
"	"	Abreise von Mannheim.
"	"	Der Verfasser vertheidigt Schiller'n über das, was man etwa an seinen Entschlüssen tadeln möchte.

Innhalt der dritten Abtheilung.

1785.	Schiller's Ankunft in Leipzig.
"	Sein Brief an HE. Schwan, in welchem er um dessen Tochter anhält.
	Schilderung der Dem. Schwan.
	Berichtigung des Irrthums, als ob sie diese Laura gewesen wäre, an welche er mehrere Gedichte richtete. Beweis daß alle diese Gedichte N i e m a l e n an eine bestimmte Person gerichtet waren.
1785 bis 1790.	Seine Werke, seine Thätigkeit in diesem Zeitraume werden angeführt.
1793.	Er reist nach Würtemberg. Seine rührende Aeusserung, als er seinen Herzog begraben sah.

	"	Wird tödlich krank.
	"	Lob der Deutschen Nation, welche Dännemark die Ehre überließ den Dichter zu erhalten, und es dadurch möglich zu machen, daß er noch die besten Werke liefern konnte.
5	1795.	Brief von S. an Schiller in Jena.
	"	Dessen Antwort darauf.
	1802.	Schiller wird in Adelstand erhoben.
	1805.	Sein lezter Brief an Schwager und Schwester, 5 Wochen vor seinem Tode geschrieben.

Die wenigen Minuten die mir zum schreiben gelassen werden, erlauben
10 nicht, Ihnen den Innhalt dieser dritten Abtheilung vollständig anzuführen.
Die kleine Schrift überhaupt, soll dennoch ein Ganzes bilden, welches jedem
Leser befriedigende Aufschlüsse über das Leben und Wirken des Dichters, von
seiner Geburt, bis zu seinem Absterben gibt. Ich werde mich um so mehr be-
15 eifern, in diesem Sommer alles zu beendigen, da mir nur wenige Zeit dazu
übrig bleibt; der Abend meines Lebens schon vorhanden ist, und die finstre,
gänzliche Nacht, unvermuthet eintreten kann.
Wien am 25ten Mart 1828.   A. Streicher

42. Streicher an Christophine Reinwald

20   Wien am 26ten Mart 1828.
Verehrteste Freundin!
Verzeihen Sie gütigst, daß ich Ihr leztes Schreiben nicht sogleich beantwortet,
und noch keinen der mir anvertrauten Briefe zurük geschikt habe. Aber ich
konnte nicht die Zeit zu einer einzigen Stunde finden, weil ich Ihnen die
25 Freude machen wollte, wenigstens d i e   e r s t e   A b t h e i l u n g der Schrift
über Ihren unsterblichen Bruder, in Ordnung zu schreiben, solche kopiren zu
lassen; damit mein Sohn, der gestern von hier abgereist ist, Ihnen solche im
Juli oder Anfang August, nach Meiningen zum durchlesen, überbringen
könnte. Nur in aller Eile, konnte ich noch den Innhalt der zweiten und drit-
30 ten Abtheilung beifügen. Dieser Arbeit allein haben Sie meine späte Antwort
zuzuschreiben, die nur darum ausblieb, weil ich zuviel mit Ihnen beschäftiget
war. Ich hoffe daß Sie mit dem Hefte nicht ganz unzufrieden seyn werden.
Ich übersende Ihnen hiebei: 1) den Brief des Bruders vom Neujahr 1784,
und 2) den des seel. Herrn Gemahls, vom 24ten Mai 1783. Die zwei andern
35 des Bruders, sollen nächstens folgen.
Und nun, erlauben Sie nur noch einige Fragen.
1) Die Zusammenkunft des Bruders mit Ihnen und Mama, konnte nur im
   Frühjahr 1784 geschehen nachdem Fiesko und Kabale und Liebe aufgeführt war. Ist es nicht so?
40 2) Wie benahm sich Mama, als sie ihren Liebling wiedersah?

3) Wie benahm sich der Sohn? K o n n t e er vor Freude weinen?

4) Und s e i n e F r i e d e r i k e , auf die er so ausserordentlich viel hielt,
   wie benahm sich diese als sie den Bruder wieder sah?

Da die Beantwortung dieser Fragen in die zweite Abtheilung, von 1783 bis
85 gehört, an der ich die nächsten Tage anfangen werde, so wäre es mir sehr   5
wichtig die Antwort bald zu haben. Denn es ist nicht genug, daß man ihn als
ausserordentlichen Dichter darstellt, — das weiß man schon lange — sein
herrlicher Character, sein edles Gemüth muß geschildert werden, und dazu
dienen solche Züge, um deren Mittheilung ich Sie herzlich bitte. Lassen Sie
sich die Mühe nicht reuen. Gilt es doch einen so hohen Menschen, der wür-   10
dig befunden wurde, a l s d e r E r s t e , in einer F ü r s t l i c h e n Gruft
beigesezt zu werden. Mit unveränderlicher Hochachtung und Dankbarkeit

Ihr A. Streicher

43. Christophine Reinwald an Streicher

Meiningen den 8 April 1828.   15

Verehrtester Freund.

Dießmal muß ich Sie auch um Nachsicht bitten daß ich Ihnen erst jezt die
noch gewünschte Frage beantworte, Ich erhielt Ihren Brief einige Tage für
den Osterfeiertagen, wenn es immer bey mir viele Besuche gibt, daher eile ich
den heutigen Posttag Ihnen die Fragen, nebst dem richtigen Empfang der   20
Ihnen mitgetheilten Briefe zu beantworten.

Die Zusammenkunft mit meinem Bruder in Bretten war so viel ich mich
erinnere, um Weynachtszeit. als wir abreißten war die Witterung noch sehr
schön so daß ich mich ganz leicht anzog die Mutter aber nahm ihren Peltz zur
Fürsorge mit — als wir abends in Bretten ankamen und in dem b e -   25
s t i m m t e n Gasthof abstiegen, und uns erkundigten ob ein fremder Herr
angekommen wäre war niemand noch da, erst um Mitternacht, die die Mutter
und ich, ohne Schlaf und mit vielen Sorgen daß ihm etwas begegnet seyn
konte, immer auf seine Ankunft harrten, hörten wir daß ein Reiter dem
Gasthof zusprengte: Er wirds seyn rieffen wir, und so bald er ins Hauß trat   30
und den Keller fragte ob nicht zwey Damen angekommen wären? er-
kanten wir sogleich seine Stimme und stürzten ihm entgegen. Es versteht sich
unter F r e u d e n T h r ä n e n   und inniger Ergießung, von beiden Seiten
— Diese Scene läßt sich nur fühlen nicht beschreiben — so blieben wir beysammen bis der Morgen kam kein Schlaf kam in unsre Augen! und erzählten   35
uns gegenseitig — Er war äuserst heiter! Voll Hofnung für die Zukunft
alle Besorgniße von unsrer Seite wurden gehoben und wir genosen 3 Volle
Tage das Glük uns auszusprechen, bis die Urlaubszeit ihn zur Rükreise
mahnte. Indeßen stieg die Kälte so heftig daß wir Sorge für ihn trugen da Er
auch sehr leicht bekleidet war. aber zu unsrer Beruhigung versicherte er uns   40

daß er dieß alles gewohnt wäre, und wir erhielten auch bald hernach Briefe von ihm die die glükliche Heimkunft berichteten.

Indeßen habe ich von Frau von Wollzogen die gegenwärtig in Jena wohnt auch den Auftrag bekommen ihr zu ihrer vorhabenden Lebensbeschreibung
5 noch D a t a zu liefern, die ich aber schon v o r 8 J a h r e n ihr mitgetheilt habe und die S i e auch von mir erhalten haben. Da es so lange anstünd glaubte ich nicht mehr an ihre Vollendung, so aber scheint es daß sie solche noch ausführen wird. indeßen wird auf alle Fälle die Ihrige ihr voran gehen; auch werden sie einander nichts schenken, den jedes findet sein Publi-
10 kum.

Es wird mir sehr angenehm seyn die persönliche Bekantschaft Ihres Herrn Sohns zu machen, bis dahin empfehle ich mich Ihrem Andenken und Ihrer Freundschaft

Reinwald.

15 *44. Johann Baptist Streicher, Reisetagebuch*

D i e n s t a g 8ten *(April 1828)*. Mein erster Gang *(in Stuttgart)* war zu Profeßor Dannecker *(...)*. Von Schillers Büste könne er sich bey Lebzeiten nicht trennen; er habe ihn mit zu vieler Liebe gemacht, nach seinem (Danneckers) Tode aber, hätte die Büste schon ihren Herrn. Nachdem ich die ausgezeich-
20 nete Stirne bewunderte, erzählte er mir, daß es ihm durch einen Zufall gelungen wäre, sie so ganz aufzufassen, und im vortheilhaftesten Lichte zu sehen. Schiller wohnte ungefähr eine halbe Stunde von ihm, und verabredete sich, ihm an einem gewissen Tage zu sizen; als Dannecker kam schlief Schiller, und dessen Frau bath, ihren Manne doch schlafen zu lassen, da er mit
25 Tages-Anbruch sich erst auf den Sopha gelegt habe. Dannecker, welcher den Weg nicht gerne vergeblich machte, wollte wenigstens seine Büste netzen, und bemerkte bey dieser Gelegenheit daß Schillers Kopf von dem, durch das daneben befindliche Fenster fallende Licht ganz besonders vortheilhaft beleuchtet wurde. Er modellirte also eine halbe Stunde in aller Stille, und entfernte
30 sich wieder ohne daß Schiller es bemerkte. Gall sagte, als er später die Büste sah: Über diesen Schädel könnte man verrückt werden. Man kann aber auch nichts Schöneres sehen, und leicht begreiflich wird es, daß nur der innigste Antheil, die Liebe zur Sache und der Person dem Werke eine solche Vollendung geben konnten. *(...)* Ich klopfte nun wegen dem Mscpt. auf den Busch,
35 allein er schien sich mit dem Lesen desselben auf keine Weise befassen zu wollen, sondern wieß mich an Herrn Rapp, einem Jugendfreund Schillers. Herrn Rapp fand ich nicht zu Hause, sondern dessen Sohn, Kassier des Schiller-Vereines. Ich ließ nun das Msct. dort *(...)*. Nach Tische zu HE Schiedmayer, welcher mich durch den k. Leibstall, und den Marstall welcher früher in
40 Ludwigsburg stand, nach Schillersfeld vor dem Thore führte. Der sogenannte

SchillerVerein hat diesen Platz um mehr als f 3000 gekauft, damit Schillern hier ein würdiges Denkmahl gesetzt werden könne. Allein im Augenblick haben sie dazu kein Geld. Bisher haben sie 3754 f 22 x durch Aufführung des Tell's eingenommen wovon 1092 fl in Stuttgart, und 900 f in München eingingen. Das besagte Feld liegt links von der Ludwigsburger Straße 5 an einer Anhöhe, formt ein großes Viereck in dessen Mitte eine große Plattform für Aufstellung des Denkmahles bestimmt ist, und zu welcher man auf breiten Gängen gelangt,

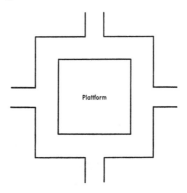

Plattform

neben den Gängen legt man Blumenbeeten an und das Ganze gränzt an Felder u Äcker. Jährlich wird hier ein Fest zum Gedächtniß Schillers gefeyert, 10 welches zugleich zur Aneiferung junger Talente dienen soll. (. . .)

M i t t w o c h 9ten Ap. Zu HEn Rapp; nicht getroffen. Paß visieren lassen; wieder zu Rapp, welcher mich zu seinem Vater führte. Dieser hatte das Mscpt. HE Professor und Hofrath Haug zu lesen gegeben; er selbst hatte es nur halb durchgebracht, und nahm das Anerbiethen es ihm bis morgen zu 15 lassen nicht an. Prof Haug bemerkte daß der Gegenstand zu breit behandelt sey, und HE Rapp rieth, die Brochure bald heraus zu geben, ehe die neue Cotta'sche Ausgabe der Schiller Werke erschiene, welche Alles aufs Ausführlichste behandeln werde. Neues fände er u Haug (mit S. in der Akademie erzogen) nichts in der Schrift, als daß Schiller in so großer Geldverlegen- 20 heit war. (. . .)

F r e y t a g 18 Ap (Mannheim) Zu Hölzel um Erkundigungen rücksichtlich Schillers einzuziehen. Ich bekam zur Erwiederung auf die Fragen: 1tens Ja, nur kann sie die Summe nicht genau bestimmen, es mögen an die f 200 gewesen seyn. 25

2. Ja zum Theil, allein Frau Frick hatte noch mehr Schulden, und wurde deßhalb in Mannheim von nacheilenden Gerichtsdienern aufgesucht und auf das Rathhaus oder dortmahl auch Hauptwache gesetzt. Schiller sprach

ganz offen davon, indem er gegen Hölzels kein Geheimnis hatte und
ihnen Alles vertraute.

3. Für den Augenblick schaffte Mdme. Hölzel Schillern f 100, die sie selbst zu
leihen nehmen mußte. Da Schiller aber gar Nichts hatte, so schickte er
5 der Frick nicht die ganze Summe, sondern circa f 80, welche er einsiegelte,
und ihr durch Mdme. Hölzel zustellen ließ. Da die Frick sehr strenge gehalten und rauh behandelt wurde, so brachte ihr Mdme. Hölzel zu Essen
und bewog die Aufseher durch Wein u gute Worte zu besserer Behandlung der Arestantin

10 4tens Die Frick kam nach Mannheim, und suchte daselbst Schillern auf. Als
man ihr sagte daß Schiller bey Hölzel wohnte, ging sie dahin und vertraute Mdme. Hölzel daß sie eine Kleiderhändlerin aus Stuttgart und sehr
verschuldet wäre, weßwegen sie nach Mannheim geflohen. Sie habe sehr
viel an Schillern gethan und ihm f *(Lücke)* vorgestreckt, sie komme daher
15 ihn aufzusuchen, da er ihr gewiß helfen, oder Etwas für Sie thun würde.
Mdme. H. vertröstete die F unter dem Vorwande Sch. sey verreist, auf
den nächsten Tag, und benachrichtigte, nachdem die F fort war, Sch. den
sie verläugnet hatte, von dem Vorfalle. Er war in Verzweiflung nicht
helfen zu können, und bath die Mme. Hölzel Hülfe zu schaffen. Die Frick,
20 welche schon von Stuttgart aus signalisirt war, wurde inzwischen eingezogen, worauf das, in Frage u Beantwortete folgte.

5.) Nein, überhaupt haben sie (Hölzels u Schiller) darüber nie genaue Rechnung gehalten

6) Hat später Geld geschickt, wisse aber nicht wie viel. Die Veranlassung
25 dazu war ein Secretär eines Grafen Seckendorf welcher Hölzel öfter auf
ihrer Bierwirthschaft besuchte, und als er nach Jena reisete, den Sohn Ge-
orge u Mdme. Hölzel fragte, was er ihnen von dort mitbringen sollte. Ge-
orge sagte einen Pfeifenkopf, Mdme. H. aber Scherzweise: Eine Kuh welche
sie in der Wirthschaft gut brauchen könnte. Als der Secretär in Jena mit
30 Schillern spatzieren ging, kaufte er in einem Gewölb den Pfeifenkopf,
und dabey kam die ganze Sache zur Sprache. Schillern freute sich daß der
Secretär seine ehmahligen Hausleute kannte und schickte ihnen durch den
Secretär Geld wofür sich Mdme. Hölzel auch wirklich eine Kuh anschaffte.

7.) Wissen es nicht. Haben 2 Mahl Geld bekommen wovon das erste Mahl
35 durch Götz u Schwan, bey Erscheinung seines ersten Almanach's, sie 100
Gulden von Schillers ersten Verdienst, bezogen.

8) Ja, von Gotha eine goldene Uhr mit Emaille welche Schiller selbst zum
Geschenk erhielt

9) Ja, meistens um Neujahr und zwar sehr munteren Innhaltes. Die Briefe
40 gingen aber durch Plünderung der Franzosen verloren.

Bey Hölzel so wie bey Frl Blessen erkundigte ich mich noch wegen der ältesten Tochter des Buchhändlers Schwan, allein ich konnte deren Geburtsjahr nicht erfahren. Dlle. Blessen hielt sie für 2 Jahre jünger als meinen Vater. Dlle. Schwan wurde durch einen Hauptmann Stengel in einen Zustand versetzt welcher ihr nicht erlaubte eine andere Verbindung einzugehen; 5 daß Schiller um sie geworben war weder Frl Blessen noch Mme. Hölzel bekannt. D. Schwan heirathete später einen Mann, welcher ihren Ansprüchen nicht genügen konnte, und sie starb vor geraumer Zeit im Würtembergischen wahrscheinlich aus Gram. Heckel versprach mir sich wegen ihres Geburtstages genauer zu erkundigen. (...) Heckel beauftragt der Mdme. Hölzel f 50 — 10 20 Fuß zu übergeben. (...)

D o n n e r s t a g 1ten May (Frankfurt). An Madame Hölzel geschrieben, daß ihr Heckel 60 f Fuß 24 fl von meinem Vater übergeben werde. (...) an Heckel geschrieben daß er an Mdme. Hölzel die fl 100 bezahlen, und die beygeschloßnen Einlagen an Mdme. Hölzel (...) besorgen möchte. (...) 15

S o n n t a g 4ten May. (...) mit Hiller nach Reg. Rath Schmidt in verschiedenen Gasthöfen erkundigt. (...)

D i e n s t a g 13ten May. (...) Abends 7 Uhr waren wir in Nymwegen. Da ich hierher keine Adresse hatte fuhr ich sogleich mit der Diligence nach Arnheim. Reisegesellschaft 2 Mannheimer wovon einer Mohr hieß; kannte 20 Hölzel u Kreisrath Dahmen gut. (...)

45. Streicher an Ernst von Schiller

Wien am 21ten April 1828.

Ewr Hochwolgeborn

wollen es nicht als eine Nachläßigkeit, oder als Mangel 25 an Achtung ansehen, daß ich Ihr verehrtes Schreiben vom 10ten Oct. 1826 nicht beantwortete. Dasjenige was am 17ten Sept. desselben Jahres in Weimar vorgieng, brachte eine Ansicht in Wien hervor, die nichts weniger als billigend war, und die ich, aus mehrfachen Ursachen theilte. Erst jezt, nachdem ich die sichersten Beweise aus Weimar erhalten, daß die traurige Festlichkeit, 30 n i c h t aus Veranlassung der Familie, sondern durch höhere Anregung, veranstaltet worden, daß endlich die sterblichen Reste Ihres verewigten Vaters, einen Platz in der Grosherzogl. Familiengruft erhielten; konnte ich daran denken, daß ich auf Ihr verbindliches Schreiben eine Antwort schuldig seye, und solche nun ganz unbefangen geben könne. Verzeihen Sie also gü- 35 tigst mein langes Stillschweigen, und glauben Sie, daß es nur daher entstand, weil ich hätte befürchten müssen etwas zu sagen, was Ihnen misfällig gewesen wäre. Eine Mitursache meines Schweigens war auch diese, daß ich Ihren

Vorschlag, «dasjenige was ich von Schiller's Jugend, seiner Flucht, seinem
Aufenthalt in Mannheim, wisse, zusamt den Briefen die er an mich geschrieben» an Frau von Wolzogen abgeben möchte, damit sie diese Materialien, in
die vollständige Lebensbeschreibung einweben könne. Obwohl ich an dem
5 großen Talente Ihrer Frau Tante nicht im mindesten zweifle; obschon die
Ursache, warum ich Schillers Leben, in den Jahren 1781 bis 85 herausgeben
wollte, jezt nicht mehr stattfindet; und obwohl ich nicht den geringsten Ehrgeitz fühle, als Autor in einer Sache aufzutreten, die der ⟨edelsten,⟩ ge-
wandtesten Feder würdig ist; so könnte ich mich dennoch sehr schwer ent-
10 schließen, dasjenige was ich dar⟨über⟩ geschrieben, aus Händen zu geben, um
(gewiß nicht so treu und wahrhaft, als es der Augenzeuge beschrei⟨ben kann⟩)
es bloß als Episode, fremder Bearbeitung anzuvertrauen. Was mich jedoch am
meisten von dieser ⟨. . .⟩ abhält, ist der Rath meiner hiesigen und auswärtigen
Freunde, diesen ZeitAbschnitt Schillers, f ü r   s i c h   b e s t e h e n d zu be-
15 handeln, weil er der allerwichtigste seines ganzen übrigen Lebens ist. Die
erste Abtheilung der kleinen Schrift ist soweit fertig, daß es nur noch der
nachbessernden Hand bedarf. O b u n d   w a n n ich die zweite und dritte
Abtheilung vollenden werde, hängt von der, mir frei bleibenden Zeit und
meiner Gesundheit ab, die aber, leider! täglich schwankender wird. Für den
20 schlimmsten Fall habe ich jedoch Anstalten getroffen, damit, wenn die Nacht
mich auch plötzlich überfallen sollte, die Materialien sicheren Händen anvertraut und einst zu Tage gefördert werden.

Mein Sohn wird das Vergnügen haben, Ihnen dieses Schreiben zu übergeben. E w r H o c h w o l g e b o r n , so wie e r s e l b s t — es bleibe
25 unentschieden ob zum Vortheil oder zum Nachtheil — waren Nie in der
Lage, die Innigkeit der Freundschaft auch im Unglük zu fühlen. Was die
Vorsehung hierinne den Vätern zur Prüfung auferlegt, hat sie den Kindern
erspart, und diese konnten auf gebahnteren Wegen wandeln.

Wünschen Sie von den Verhältnissen Ihres, mit Ruhm gekrönten Vaters,
30 in den Jahren 1781 bis 85, genauer unterrichtet zu seyn, und hätten Sie
einige freie Stunden, um den Zeitraum der ersten Zwei Jahre, durchzusehen,
so wird sich mein Sohn eine Pflicht daraus machen, Ihnen das erste Heft, das
ich für die Tante Reinwald in der Eile abschreiben ließ, mitzutheilen.
Wenn Sie auch an der Darstellung selbst, manches zu tadeln finden sollten,
35 so werden Sie dennoch das herzliche Gefühl nicht verkennen, das dem Verewigten, auch in der spätesten Zeit, noch treu geblieben. Von des Vaters
ersten 15 Jahren ist mir das nöthige mitgetheilt worden. Von da an, weiß
ich alles von ihm selbst und kann, wenn es nöthig seyn sollte, das gesagte, mit
unverwerflichen Documenten belegen.
40 Genehmigen Sie die Versicherung der ausgezeichnetsten Hochachtung
von Ewr Hochwolgeborn Ergebenstem

A. Streicher

46. *Ernst von Schiller an Christophine Reinwald*

Trier, 4. Juni 1828

Innigst verehrte und geliebte Tante *(...)*. Seit dem 18. März d. J. bin ich
hier als Landgerichtsrath angestellt *(...)*. Meine Frau und meine Stieftochter
sind seit Anfang Mai hier, nachdem sie elf Tage lang die herrlichsten Rhein-   5
und Moselgegenden zu Wasser durchfahren hatten. Es gefällt ihnen hier recht
wohl, obgleich Bonn, ihr Vaterland, auch zu den schönsten Punkten gerechnet werden muß.

Beifolgendes Manuscript, welches ich mit großem Vergnügen gelesen habe,
hat mir der Sohn von Andreas Streicher hier auf einer Durchreise gegeben,   10
mit dem Auftrage, es Ihnen zu übersenden. Der junge Streicher wird Sie
besuchen. Ich dürfte Sie wohl bitten, ihm einen Brief an den Vater mitzugeben, wenn Sie Sich für meinen Wunsch interessirten, der dahin geht, daß
Herr Streicher sein Manuscript unter Bedingungen, die er selbst aufstellen
möge, mir überließe, um es, so wie es ist, und unter seinem Namen, in die   15
Gesammtausgabe der väterlichen Werke aufzunehmen *(...)*.

Ihr treu ergebener Neffe Ernst Schiller.

47. *Streicher an Christophine Reinwald*

Wien am 4ten Juni 1828.

Verehrteste, schäzbarste Freundin!   20

Nach langen 46 Jahren wird mir endlich das Vergnügen zu Theil, mich Ihnen
in verjüngter Gestalt darzustellen und Ihnen dieses Schreiben selbst zu überreichen. Sollten Sie finden, daß meine Lebhaftigkeit, meine Schwärmerei
etwas abgenommen hat — daß ich nicht mehr so aufgeräumt, so munter, so
heftig bin, wie damals — daß ich jezt besonnen handle, mich nicht so sehr   25
wie früher, vom Augenblicke beherrschen lasse; so haben Sie es blos dem
langen Aufenthalte in Wien beizumessen, wo dem Blute so viele hemmende
Theile beigemischt werden, daß es nicht mehr so rasch und feurig, wie in
unserem lieben Stuttgart, rollen kann. Sie errathen aber das Räthsel, und erkennen in dem Ueberbringer dieses Briefes, meinen einzigen Sohn, dem nun   30
statt meiner, das mir so lange vergeblich gewünschte Vergnügen zu Theil
wird, Sie zu sehen, zu sprechen, und Ihnen zu sagen wie unendlich werth
Sie mir, nicht nur als nächste Verwandte des göttlichen Dichters, sondern
auch als Tochter, als Schwester, als vortrefliche Gattin und als meine Freundin sind. Sehr oft habe ich mich mit dem angenehmen Traum unterhalten,   35
Sie selbst, oder eines der Kinder des Bruders noch zu sehen; nur damit ich
durch die That bezeugen könnte, welchen innigen, herzlichen Antheil ich
noch heute an alle dem nehme, was diese theure Familie angeht. Aber mir
soll diß nicht selbst, sondern nur einem Stellvertreter gegönnt seyn. Jedoch

wird mir auch dieses Freude gewähren, und zwar um so mehr, je gewißer ich
erwarten darf, daß Sie meinen Sohn mit Ihrer gewohnten Güte und Freundlichkeit aufnehmen werden. Durch einen Zufall, den er Ihnen erklären wird,
hat er das versprochene Manuscript, nicht selbst überbringen können. Ich
5 wäre jedoch in größter Unruhe, wenn Ihr Neffe nicht Wort gehalten und es
Ihnen nicht schon zugeschikt hätte. Sollten Sie es aber — wie ich zuverläßig
hoffe — erhalten haben, so erlauben Sie gütigst, daß es mein Sohn mir wieder zurük bringe, indem nur das unordentliche Original in meinen Händen
ist. Ich erwarte von der Welt, wenig oder gar keinen Beifall für diese Arbeit;
10 kann aber, da sie weder Gedicht noch Roman seyn darf, in den HauptSachen
durchaus nichts ändern, indem es nur eine getreue Erzählung der Wiedrig-
keiten und Hindernisse seyn soll, welche der edle Jüngling zu überwinden
hatte, um auf die hohe Stufe zu gelangen die er endlich erreichte. Da mir
äusserst viel daran gelegen ist, wie Sie Verehrteste den Aufsatz beurtheilen,
15 so bitte ich Sie, mir Ihre offene, gerade, unverholene Meinung z u
s c h r e i b e n , sie möge auch noch so vielen Tadel enthalten. Denn jezt
wäre mir dieser um so willkommener und nützlicher da noch nichts bekannt
oder gedrukt ist, und es noch die Zeit erlaubt, Fehler zu verbessern, und Fleken zu entfernen. Meine einzige Beruhigung ist, daß die kleine Schrift, für
20 diejenigen, welche an dem Persönlichen Schiller's warmen Antheil nehmen,
dennoch einiges Interesse haben wird. Für andre ist sie nicht geschrieben,
und ich würde — wenn der Zwek zu des Dichters Verherrlichung erreicht
werden kann — zufrieden seyn, wenn sich nur recht viele B e z a h l e n d e
einfänden. Diese Aeusserungen machen Ihnen die g r ö ß t e A u f r i c h -
25 t i g k e i t zu einer freundschaftlichen Pflicht und erleichtern Ihnen jeden
Tadel.

Leben Sie wohl Verehrteste Frau! und genehmigen Sie die Versicherung der
unveränderlichen Hochachtung Ihres ergebensten

A. Streicher

30 *48. Streicher an Ernst von Schiller*

Wien am 18ten Juni 1828

Ewr Hochwolg.

verehrtestes Schreiben vom 4ten Juni ist in einem so ver-
trauenden, herzlichen Tone abgefaßt, daß es mich tief gerührt, und das An-
35 denken an den edlen Vater mit schmerzlicher Wehmuth erneuert hat. Denn
schon so oft habe ich gewünscht, Eines der Kinder des verewigten zu sehen,
meine für den Vater gehabte Freundschaft an demselben gleichsam zu ver-
jüngen, und ihm alles das, was ihm oder mir Freude machen könnte, um so
ruhiger erzeigen zu dürfen, als es nun nicht mehr mit beängstigenden Sor-
40 gen oder traurigem Schweigen geschehen müßte. Was nun aber in Person

25 Streicher

zu erzeigen nicht möglich ist, könnte wenigstens in der Ferne durch Gefälligkeit, durch Erfüllung eines Wunsches geschehen, den ich als den einstimmigen
der mir unendlich werthen Kinder des Freundes anzusehen mir erlaube. Aber
darüber bin ich, seit ich Ewr Hochwolg. Schreiben erhalten, mit mir in Zwie-
spalt, und es wird mir ebenso schwer dem Sohne Schiller's etwas zu verwei- 5
gern, als es mir fast unmöglich scheint, einen Plan aufzugeben, der zur Verherrlichung des Dichters bestimmt seyn solle, und nun fest ausgesprochen ist.
Um Sie selbst aber in den Stand zu setzen, richtig und unbefangen urtheilen
zu können, will ich mit Aufrichtigkeit Ihnen alles darlegen.

Daß ich diese Schrift, um Schiller'n ein Grabmal zu errichten, herausge- 10
ben wollte, sollte eigentlich mehr eine Veranlassung seyn, das ganze Deutschland auf die zwei unverheirathete Töchter des Verewigten aufmerksam zu
machen, als um zu etwas die Kosten aufzubringen, welche von einigen Verehrern des Dichters in Wien allein, getragen worden wären. HE. Reg. Rath
Schmidt in Weimar hatte schon im Jahr 1826 mit dem herzlichsten Antheil, 15
mir über Ihre Frl. Schw. geschrieben, und es würde nicht unmöglich gewesen
seyn, Deutschland dahin zu vermögen, die Aussteuer derselben zu besorgen.
Aber die Beharrlichkeit Ihrer seel. Frau Mutter, vereitelte jeden Gedanken,
um die sterblichen Reste des Verewigten, aus seinem traurigen Gewölbe zu erlösen. Was am 17ten Sept. 1826 in Weimar geschah, machte nun die Heraus- 20
gabe dieser Schrift zu dem vorgesezten Zweke, ganz unmöglich. Da ich den
Entwurf der Schrift nur ganz flüchtig aufgezeichnet hatte, so weiß ich nun jeden Gedanken, an eine Herausgabe, um so leichter zurük, als ich beinahe entschlossen war, Ihrem Wunsche nachzugeben, und den Entwurf samt den nöthigen Notizen und Briefen, an Frau von Wolzogen einzusenden, damit sie in 25
der Biographie, beliebigen Gebrauch davon machen könnte. Allein diejenigen,
die schon früher sich mit aller Lebhaftigkeit um die Sache angenommen hatten, riethen mir dringend ab, dieses zu thun, und bestanden darauf, daß die
Jahre 1781 bis 85, als die wichtigsten in des Dichters Leben, ein abgesondertes
Ganzes bilden müßten. Auch waren diese Freunde, die sich das Selbstgefühl 30
der Frau von Wolzogen, etwas stark vorstellen mochten dadurch gereizt, daß
die Schriftstellerin nicht selbst, dieses Verlangen geäussert, sondern durch
eine andere Feder habe wissen lassen. Ich wurde nun von allen Seiten und
bei allen Gelegenheiten aufgefordert, die Nachrichten von Schiller's Jünglings Jahren, für alle seine Verehrer, wenn auch nicht herauszugeben doch we- 35
nigstens aufzubewahren und endlich mit Ernst zur Ausführung zu schreiten.

Da ich wußte, was auch später durch Frau von Reinwald bestätiget wurde
— daß Cotta den Erben Schillers, für das Preußische Privilegium und für die
lezte Herausgabe seiner Werke, 80,000 Rchsth. bezahle, so war auch die
lezte Ursache verschwunden, diese Schrift zu einem andern Zweke, als zu 40
meinem eigenen Nutzen, herzugeben. Aber wie arm, wie elend müßte ich geworden seyn, wie hoch müßte man den Haufen Goldes aufthürmen, um mich

dahin zu vermögen, das wenige was ich für den herrlichen Jüngling thun konnte, [so gering, so unbedeutend zu achten,] daß ich es mir mit irgendetwas anderm, als dem eigenen Bewußtseyn, vergelten lassen könnte? Da ich jedoch ohne ein bestimmtes Ziel zu haben, mich durchaus nicht an die Sache geben
5 wollte, so kam ich endlich auf die Idee, diese Schrift auf Unterzeichnung und n u r   d a n n herauszugeben, wenn dadurch eine Summe von wenigstens 20,000 Ct hereingebracht werden könnte, damit von den Zinsen, alle Zehen Jahre, demjenigen der das beste Schau- oder Trauerspiel gedichtet, (was aus der deutschen Geschichte genommen seyn müßte) 10,000 als Preis öffentlich
10 zugetheilt, und von den Zinsen der Zinsen, gleichfalls demjenigen, der die beste Schrift (nach Schiller's Angabe in der Recension von Bürgers Gedicht) für die Jugend oder das Volk i n V e r s e n verfaßt, 2,000 als öffentliche Belohnung zuerkannt würden. Ich gestehe Ew. Hochwolg. aufrichtig daß, so schwärmerisch und unmöglich I h n e n jezt die Ausführung scheinen mag,
15 ich anfangs eben so darüber dachte. Allein nur anfangs: denn wie ich es näher überlegte, wenn ich mich erinnerte, was ich selbst schon, mit meinen einzelnen Kräften ausgeführt, so verschwand das lächerliche, das unausführbare, und meine eigene Erfahrung überzeugte mich, daß, wenn man für etwas Gutes und Schönes nur recht glühend ist, man auch andere erwärmen kann.

20 Ferner: Ich hatte am 6ten Juni das Vergnügen Freih. von Cotta, der mich schon im Jahr 1820 mit einem Briefe in dieser Angelegenheit beehrte, bei seiner Anwesenheit in Wien zu sprechen, ihm meinen ganzen Plan vorzulegen, und ihm feierlich zu erklären, daß ich diese Nachrichten nur zu einer Preis-Vertheilung herausgeben, oder, wenn dieses nicht erreicht werden könnte, sie
25 als bloßes Andenken meiner Familie, u n g e d r u k t hinterlassen wolle. Ich sagte ihm, daß nur seinen großen HülfsMitteln es möglich wäre, einen ewigen Schillerschen DichterPreis zu stiften, und die Leiden, die Entbehrungen des Jünglings für die Nachwelt fruchtbringend und seinen Nahmen seegnend zu machen. FrHerr von Cotta verlangte nur die Vollendung des Ganzen, um
30 sich bestimmt darüber erklären zu können. [Cotta ist Wirtemberger, wie Schiller es war. Das Vaterland hat den leztern weder behindert noch verfolgt noch zur Flucht genöthigt, sondern die Härte des Herzogs, welcher glauben konnte, daß ein starker Geist sich eben so den Militairischen Befehlen unterwerfen müßte, wie so viele tausend andere.] Hätte ich Ihr werthes vom 4ten
35 Juni schon am 6ten gehabt, so würde ich mich vielleicht bedacht haben, Frh. v. Cotta diese Erklärung zu machen. Nun aber ist der Ausspruch gethan; der Vorsatz, an sich selbst, nicht zu tadeln und eben so nützlich für die nachkommenden Dichter als ehrenvoll für den Nahmen, zu dessen Verherrlichung der Preis gestiftet wird. Den Erben Schiller's könnte nur alsdann durch eine
40 abgesonderte Herausgabe dieser Nachrichten etwas entgehen, wenn Cotta früher davon gewußt, und in seinem Contracte darauf bestanden wäre, daß diese Ergänzung der Lebensgeschichte beigefügt werden m ü ß t e . Dieses

25*

war aber nun nicht der Fall, und es würde die Beigabe dieser Materialien,
nur s e i n e n G e w i n n , nicht aber den der würdigen Kinder, vergrößern.
Ich habe Ewr Hochwolg. nun alles getreulich dargelegt, wie die Sache war,
wie sie jezt steht, und was mein Vorsatz ist, damit Sie selbst ein richtiges
Urtheil fällen können. Würde mir bewiesen werden daß ich die vollständige   5
Herausgabe beeinträchtige, daß die Erben dadurch Schaden leiden, daß das
Publikum dadurch verhindert werden möchte sich mit Eifer für diese Herausgabe thätig zu zeigen, dann wird Niemand williger seyn als ich, einen
andern Plan zu fassen, indem der Vortheil der Lebenden, der Ehre des Todten vorzuziehen ist. Denn gewiß ist auch diese nicht die lezte Ausgabe   10
von Schillers Werken. Die Aussaat seines Geistes ist zu groß, sie wirkt zu tief,
der Hauch der alle seine Ausdrüke und Gedanken belebt, trägt zu sehr das
Gepräge der göttlichen Abstammung, als daß er je aus dem Gedächtniß seines
Volkes verschwinden oder ihm, wie so manche seiner veralteten Vorgänger,
gleichgültig werden könnte.   15
    Mein Sohn reist über Meiningen zur Tante Reinwald und dann nach Wei-
mar wo noch so viele Freunde und Bekannte des theuren Vaters leben, denen
er Ihren Wunsch nebst meinen Vorsatz mittheilen, und auf diese Art die Meinung eines zwar kleinen, aber sehr wichtigen Publikums erfahren kann. Es
wird nur nützen hierüber mehrere Stimmen zu hören. Allein eine der Haupt-   20
stimmen bleibt immer d i e I h r i g e , daher es mir auch sehr wichtig seyn
muß zu erfahren, was diese ausspricht. Mit [dem höflichsten Wunsche mich
dieses bald vernehmen zu lassen,] bittet die Versicherung der vollkommensten
Hochachtung genehmigen zu wollen, mit der die Ehre hat zu beharren
                                        Ewr Hochwolg. ergebenster   25
                                        A. Streicher

49. Christophine Reinwald an Streicher

                                        M. den 20 Juni 1828.
    Hochverehrtester Freund!
Ich habe Ihr Manuscript mit dem grösten Intrese und unter vielen Thränen   30
gelesen. Wie treu haben Sie edler Mann meinen Bruder in seinen Bedräng-
nißen beygestanden, und Ihr eignes Wohl ihm geopfert! — Ich habe aus dieser Schrift vieles erfahren das ich nie geahndet hätte, da mein Bruder nie mit
Klagen über sein Schiksal den Eltern und Schwestern seit seiner Entfernung
betrübte.   35
    Mein Neffe sandte mir beifolgendes Manst. zu, mit der Versichrung daß
auch er es mit grosem Intrese gelesen hätte, und durch diese Schilderungen die
mit der innigsten Liebe und richtigen Beurtheilung verfaßt wären sich innigst
freute in Ihnen einen so treuen Freund seines geliebten Vaters kennen gelernt
zu haben, daher wünschte er sehnlich daß Sie diesen wichtigen Aufsatz der   40

G e s a m t a u s g a b e nicht entziehen möchten, da sie ihren eignen Platz einnehmen, und u n t e r I h r e m N a h m e n als ein Ganzes erscheinen, und nicht als bloses Einsiebsel behandelt werden solte — Auch sollen I h r e Darstellungen ganz in ihrer Reinheit dem Publikum mitgetheilt werden,

5 Sie selbst sollen die Bedingungen aufstellen unter denen Sie die Schrift meinem Neffen überlaßen wolten.

Auf diese Weise glaube ich selbst daß Sie eben so Ihren Zwek erreichen würden, und für unsre Familie der grose Nachtheil vermieden würde daß eine Theilweise Biographie noch auser der Gesamtausgabe erscheine.

10 Die Ehre die dem Manuscript gebührt soll auf keine Weise geschmälert werden, da es von treuer Liebe, und richtiger Beurtheilung zeugt.

Noch wünschte ich für meine Person daß Sie verehrtester Freund, über die Stellen wo von der Fr v Wollzogen in meines l. Manns Brief geurtheilt wird, mit groser Schonung verfahren; da der Sohn dieser Dame erstlich ein beteu-

15 denter Mann, und General jezt in Frankfurth noch lebt; daß wir mit dieser Familie im besten Vernehmen als Verwandte stehen damit sie auf keine Weise sich durch die Öfendlichkeit beleidigt finden. Dieß alles vertraue ich Ihrer Klugheit, und in dieser Voraussetzung nahm ich kein Bedenken Ihnen diese mir so wichtigen Briefe mitzutheilen, die nur a n m i c h , und nicht dem

20 grösern Publikum zugedacht waren.

Sehr leid thut es mir daß der Nahme Dalberg auf eine solche Art der Welt bekant werden muß. Den der Bruder dieses Erst Coatjutor zu Erfurth, dann Fürst Primas, machte durch seine innige Ergebenheit an meinen Bruder und durch t h ä t i g e Beweise seiner Freundschaft wieder gut, was der andre

25 Bruder schlimes that. Daher wenn es möglich ist so laßen Sie dies noch in Ihre Schrift mit einfliesen —

Wie sehr bedaure ich daß eben jezt da ich dieß schreibe das traurige Gerücht von dem Tode des edlen Großherzogs uns der Hofnung beraubt, daß er es noch erfahren hätte daß auch der Welt seine edle That erst bekant wor-

30 den wäre — der Nachfolger könte sich wohl daran spiegeln, aber wahrscheinlich wird die Gemahlin in der Folge mehr Regentin seyn als er —

Den 1. August.

Ich habe biß jezt auf die Ankunft Ihres Herrn Sohns gewartet um demselben das Manuscript mit diesem Briefe zuzustellen, hätte ich vermuthet das

35 derselbe seinen Reiseplan in sofern abgeändert hatte daß er jezt erst h i e - h e r kömmt so würde ich Ihnen verehrtester Freund nicht so lange ohne Antwort auf Ihren v o r l e z t e n , und l e z t e r n Brief gelaßen haben — Indeßen muß ich Ihnen meine Gedanken über Ihren leztern Brief vom 16. Juli, der mir bestimter Ihre Absichten auseinander sezt, mittheilen.

40 Ich gebe Ihnen meine völlige Bestimmung Ihr Manuscript nur unter der Bedingung zu diesem edlen Zwek zu gebrauchen da es unsrer Familie gar

nichts helfen würde und nur HE. Cotta, der eigennüzig (?) genug ist, Vortheil
davon haben würde I h m haben Sie nicht nöthig eine Sylbe geschrieben zu
haben — Also dächte ich so, ob es wohl auf keine andere Weise nicht einen
Ausweg geben könte daß es dennoch dem Publikum nicht vorenthalten würde
weil die Geschichte z u merkwürdig ist und keine von Allen die je eine Biogra- 5
phie meines Bruders schreiben werden d i e s e Quellen haben die bis jezt der
Welt noch ganz unbekant sind. Könten Sie den in Wien nicht einen Verleger
finden? und könte Ihnen, Cotta darüber etwas in den Weg legen? Ich werde
dieß auch meinem Neffen schreiben daß da ich Ihre Absichten nun bestimter weiß, und Ihre viele Bemühungen ohne den geringsten Vortheil für S i e 10
S e l b s t verehren muß, ohnmöglich mein Gefühl verläugnen kan daß Sie
ganz Recht haben, so, und nicht anders zu handeln, freilich werde ich mich bey
gewisen Personen eben nicht empfelen, das kan ich wohl einsehen. Diese Person hat schon vor 12 Jahren ebenfals eine Geschichte schreiben wollen hat
mich auch um Notizen ersucht die ich damals gegeben; aber in dieser ganzen 15
Zeit nichts zu Tage gefördert, — jezt ist dieß ganz natürlich ein beschämen-
des Gefühl, das ein andrer nun es g e t h a n h a t, und nun will man eiligst
doch auch noch zeigen daß man etwas sagen kan. Ich werde noch immer von
dieser Seite um Zusäze ersucht die ich nicht geben kann. Indeßen muß ich um
der nahen Verwandschaft willen, und der Vielen Rüksichten die man gegen 20
diese Stände nehmen muß doch äuserst behutsam seyn deßwegen wiederhole
ich meine Bitte die ich zuerst in diesem Briefe ausgesprochen habe.

Endlich ist nun Ihr Herr Sohn glüklich hier eingetroffen, und ich freute
mich sehr, in Ihm den würdigen Sohn seines H. Vaters persöhnlich kennen
zu lernen; Ein altes Zutrauen wekte sogleich jene frühere Bekantschaft wie- 25
der auf, da ich einige Ähnlichkeit in seinem Wesen von Ihnen wiederfand.
Unbegreiflich ist mir daß 45 Jahre dahin seid dieser Zeit geschwunden sind,
da ich sie Gott sei Dank, nicht fühle —, obschon auch meine Pfade oft mehr
mit Dornen als mit Rosen bestreut waren. Dieß ist nun alles im Hindergrund,
und Gott gibt mir jezt in meinem hohen Alter noch so viele Kräfte, so viele 30
Freuden der Freundschaft und Güte edler Menschen daß ich meine Jugend
wiederholt genise. Ich lebe hier äuserst glüklich und nach meiner Neigung,
ganz einfach, das meine Gesundheit erfordert, immer in Thätigkeit für mich
und meine Freunde, ich helfe meinen Freundinen die mehr zu thun haben als
ich, das macht mein Herz froh und glüklich durch das Bewußtseyn noch nicht 35
unthätig zu stehen. Durch mein einfaches Leben bin ich in den Stand
gesezt ohne Sorgen alle diese übrigen Vorzüge zu genisen und es schmälert
mir denoch nicht die Achtung und Liebe die allen übrigen Genüße erhöht.

Ihr Herr Sohn wird Ihnen eine Beschreibung meines kleinen, aber glüklichen Lebens machen, nur Schade daß Er keine beßre Wittrung zu seiner 40
grosen Reise hatte, und daß wahrscheinlich diß auch die Schuld ist daß seine
Beschwerden noch nicht so gehoben sind als er hofte, öfters kommen die guten

Folgen erst nach, welches ich von Herzen wünsche, und mit denselben Ihn
auf seiner Heimreise begleite.

Meine Nichte Emilie soll wie ich höre schon getraut sein, sie schrieb mir
vor 14 Tagen wie glüklich sie sich fühle die Verlobte eines Manns zu seyn
5 den sie von Jugend auf kante und liebte, die Eltern ihrer Mutter, waren ebens-
fals schon treue Freunde, und wohnten in Rudolstadt, diese alte Freundschaft wird nun durch festere Bande wieder erneuet, welches auch mich von
Herzen freut, und meine Tage verschönt. Sie haben in der Nähe von Würzburg ihre Güter, wohin sich nun auch das junge Paar begeben wird das ich
10 täglich erwarte da sie ihr Weg hier durch führt. Gott segnet alle diese Kinder sichtbarlich denn jedes ist in seiner Art glüklich. Auch meine noch einzige
Schwester die in meinem Vaterland in Mokmühl wohnt hat die Freude schon
erlebt, ihre drey Kinder alle wohl versorgt, und 2 davon ganz in der Nähe
zu haben. Wie oft denke ich jezt an unsers lieben Vaters Ausspruch: ihr wer-
15 det gewiß mit dem wenigen das ich euch hinterlaße Segen haben, wenn ihr
stets recht zu handeln sucht — Er hätte sich in seinem Amte ein groses Vermögen erwerben können so wie es andre thaten. aber er wieß jede Versuchung sich unrechtmäsiger weise zu bereichern von sich, und erzog uns alle
zur Entberung und Fleiß und Sparsamkeit — diese Erziehung bereitete auch
20 mich vor, ein mäsiges Loos ohne Murren zu ertragen, und jezt ist alles zurük gelegt, und ich darf mit Ruhe meinem Ziele entgegen gehen daß mich mit
den vorgegangenen Theuren wieder vereinigt.

Leben Sie wohl würdiger Freund, und erhalten Sie mir stets Ihr Wollwol-
len und Andenken, das auch die Sume meiner übrigen Freuden erhöhen wird!
25 Reinwald g Schiller

50. Caroline von Wolzogen an Ernst von Schiller

Jena, Ende Juni 1828

Lieber Ernst, nur zwei Zeilen für heut. Emiliens Nachricht wird Dich sehr
erfreuen, wie mich ihre glücklich gelöste Lebensbestimmung. Ein guter, ver-
30 ständiger und liebenswürdiger Mann, der künftige Wohlhabenheit versichert,
verspricht uns ihr Glück.

Kannst Du, so schicke mir Streicher's Manuscript zu, und frage ihn, ob man
es in die Biographie einverleiben darf, und in welcher Art er dies gehalten
wünscht, ob mit seinem Namen besonders, oder wie sonst. Diesem gutge-
35 sinnten Mann muß man freundlich begegnen. Auch ist mir die Epoche von
Deines Vaters Leben in Stuttgart, beim Austreten aus der Academie, wie von
dem in Mannheim, sehr dunkel.

Alles muß im Großen gehalten werden. Kleine Einzelheiten, die nicht cha-
rakteristisch sind, waren ihm selbst zuwider (. . .). Adieu, lieber Freund, bald
40 mehr. Grüße die Deinen. CW.

51. Ernst von Schiller an Emilie von Gleichen-Rußwurm

Trier, 10. Juli 1828

Meine geliebte Emilie, tausend Dank für Deinen letzten Brief, vom 26. Juni, welcher mich auf das Innigste erfreut hat, da nun Dein Schicksal von dem wohlwollendsten Genius einer glücklichen Zukunft entgegengeführt wird. 5 Adalberts braver Charakter bürgt für den glücklichsten Ausgang. Es muß uns diese Verbindung um so willkommener werden, als unsere Familien von der frühesten Zeit an sich so nahe gestanden haben, und stets ein brüderliches Verhältniß zwischen uns bestanden hat. (...) Die gute Mutter, wie würde sie sich gefreut haben (...).   10

Daß du recht glücklich bist, hätte ich Dir auch ohne Deine Versicherung geglaubt, weil Du nicht einmal Etwas von dem Tode des Großherzogs geschrieben hast, noch weniger von der großen Sensation, die derselbe in Weimar gewiß gemacht hat (...).

Doch wieder zu Deinem Glück! Dies Ereigniß führt in kleinen Umrissen 15 die ganze Vergangenheit an meiner Seele vorüber. Der Genius, welcher sich in die Schicksale der Menschen mischt, hat für Dein Glück meisterlich gesorgt, besonders darin, daß Du in ein durch und durch erprobtes Verhältniß trittst, daß Liebe der Familie nicht erst erworben werden muß, sondern daß die geschenkte neu verdient werden soll und wird. Ja beim Zeus! es ist herrlich, daß 20 es so kommt; die gute Fürstin-Mutter wird auch recht zufrieden sein, und die vortreffliche Gleichen ist Dir eine wahre Mutter. Wie lebhaft erscheint mir jetzt das schöne Bild des edlen Vater-Gleichen! (...)

Könntest Du Nichts für Lottchen thun oder es zu Dir nehmen?

Nun nochmals meinen innigsten Glückwunsch! Schreibe baldigst und grüße 25 herzlichst die Tante und Adalbert. Meine Frau und Therese empfehlen sich. Der Tante sage, daß ich an Streicher einen guten Brief geschrieben hätte, und daß ich ihr bald schreiben würde.

52. Streicher an Christophine Reinwald

Wien am 16ten Juli 1828. 30

Verehrungswürdige Freundin!

Ich bin schon sehr lange ohne Nachricht von Ihnen, indem ich Sie nicht aufs Neue mit einem Briefe belästigen wollte, und die Ankunft meines Sohnes bei Ihnen sich gegen meine Erwartung verzögert hat, zu Ende dieses Monats aber, ganz sicher erfolgen wird. Ich bin so frei, einen Brief an ihn, hier beizu- 35 schließen und ersuche Sie höflichst, ihm denselben zukommen lassen zu wollen.

Ich zweifle nicht daß Ihr Herr Neffe Wort gehalten und Ihnen die erste
Abtheilung des Manuscriptes, den seel. Bruder betreffend, zugeschikt haben
wird, wo es sich denn jezt in Ihren werthen Händen befinden muß. Seit der
Hälfte Merz aber, konnte ich durchaus keine Zeit mehr finden, die ich an die
5 Ausarbeitung der zweiten Abtheilung hätte verwenden können, und ließ die
Sache auch um so lieber ganz ruhen, weil ich erst Ihr unbefangenes, aufrich-
tiges Urtheil wissen möchte, welches mich, wenn es billigend ausfiele, zur
Ausfeilung der ersten, und Fortsetzung der zweiten und dritten Abtheilung,
ermuthigen würde. Ihr Herr Neffe scheint nicht unzufrieden damit zu seyn,
10 denn er schrieb mir einen sehr herzlichen Brief, worinne er zwar gesteht, daß
er selbst einsehe, wie die Erzählung zu wichtig seye, als daß man solche nur
Bruchstükweise, in die Biographie verflechten könnte, welche Frau von Wolzogen herausgeben will. Er wünscht aber, daß solche für sich bestehend, in die
Sammlung sämtlicher Werke Schiller's, aufgenommen werden möchte. Wären
15 des Bruders Kinder nicht versorgt, so würde ich keine Minute anstehen, diesen Wunsch zu erfüllen. Allein jezt würde die Sache nicht den Kindern, sondern nur dem Verleger Vortheil bringen. Mich aber könnte Nichts in der
Welt vermögen, die Schrift zu meinem Nutzen heraus zu geben. Es wurde
daher, so wie ich von Ihnen wertheste Freundin! erfuhr, daß Cotta für das
20 20jährige Privilegium 30,000 Thl. gegeben, von mir sogleich beschlossen,
diese Schrift nur unter der Bedingung erscheinen zu lassen, wenn dadurch ein
Ertrag von 20 bis 30,000 f erhalten werden könnte; welche dann als e w i -
g e s C a p i t a l angelegt, und von den Zinsen alle 10 Jahre, dem Dichter,
der das beste Schau- oder Trauerspiel während zehn Jahren geliefert, ein
25 Preis von 10,000 f verabfolgt und 2000 f als Zinsen von den Zinsen, demjenigen ertheilt würden, der das nützlichste Werk für die Jugend oder das
Volk geschrieben. Diese Preise erhalten dann den Nahmen, Schillerische
Preise, und auf diese Art würde das Andenken des göttlichen Mannes lebendiger als durch eine Statue erhalten, und seine ausgestandene Leiden, würden
30 für seine Nachfolger belohnend und aufmunternd seyn.

Ich unterlege diese Idee auch Ihrer Prüfung, ungeachtet ich schon mit Cotta
darüber gesprochen, und ihm fest erklärt habe, daß nur für diesen Zwek und
für keinen andern, die Fortsetzung ausgearbeitet, und wenn er nicht erreicht
werden könnte, gänzlich unterbleiben sollte. Sie werden mich, ungeachtet ich
35 mein Werk nicht mehr zurüknehmen kann, dennoch sehr verbinden, wenn
auch Sie mir Ihre Ansicht von diesem Vorsatz sagen wollten. Die 2 Briefe
des Bruders an Sie, die ich noch in Händen habe, werden nächstens folgen. Sie
liegen ganz sicher bei denen, die er an mich geschrieben. Leben Sie wohl, verehrteste Freundin, und verzeihen Sie die viele Mühe die Ihnen verursacht, Ihr
40 mit größter Hochachtung ergebenster

A. Streicher

53. *Ernst von Schiller an Christophine Reinwald*

Trier den 7ten August 1828.

Innigst verehrte Tante,

Mit der lebhaftesten Freude ergreife ich die Erlaubniß D i c h zu begrüßen und D i r für Deinen lieben Brief vom 18ten Juni meinen herzlichsten 5 Dank abzustatten.

Du wirst, hoffe ich, von Emiliens Verheirathung die nächsten Details kennen und vielleicht das neue Ehepaar in Meinungen gesehen haben; denn es wäre ja wohl möglich, daß der Weg von Rudolstadt nach Bonnland über Meiningen geführt hätte. Mich hat diese Verbindung in höchstem Grade ge- 10 freut, da die lange und intime Bekanntschaft der Gleichen'schen Familie mit der unsrigen die sicherste Gewähr und Ueberzeugung von dem edeln Charac- ter Adelberts und daher von Emiliens Glück darbietet. Wie sehr würde sich die seelige Mutter gefreut haben, da Gleichens Mutter und sie wie Schwestern zusammen lebten! 15

Was das Streicher'sche Manuscript betrifft, welches auch mich in hohem Grade interessirt und gerührt hat, so ist es mir doch lieb, daß das, was drin von Deinen Mittheilungen enthalten ist, wie Du sagst, schon der Tante Woll- zogen von Dir früher mitgetheilt worden war, indem sonst die von uns aus- gehende Biographie, an welcher Tante Wolzogen fleißig arbeitet, einen be- 20 deutenden Mangel erleiden und dadurch der ganzen Ausgabe der Werke ein großer Fehler ankleben würde, nämlich der Mangel der Vollständigkeit, der um so fühlbarer wäre, wenn Streicher alles Bittens ungeachtet dennoch mit der Herausgabe auf seine Weise vorangehen würde.

Indessen hoffe ich, daß er noch zu bewegen ist, seine Arbeit uns zu über- 25 lassen; denn er hat mir sehr herzlich auf meinen letzten Brief geantwortet und geäußert, daß, wenn durch das Vorenthalten seiner Arbeit der von uns zu besorgenden neuen Ausgabe und dadurch uns ein wesentlicher Nachtheil zu- gefügt würde, er dennoch bereit sey das Manuscript uns zu überlassen; er erwartet jedoch hierüber einen Beweis, den ich ihm dadurch zu liefern hoffe, 30 daß ich ihm klar auseinander setze, daß, wenn ich bei der neuen Ausgabe eine vollständige Biographie des Vaters ankündige, es meiner Ankündigung und dem ganzen Unternehmen schädlich wird, wenn außer unserer Ausgabe, noch eine, wenn auch nur theilweise Biographie durch ihn erscheint, welche Züge und Ereignisse enthält, die in unserer Biographie nicht enthalten wären. Da- 35 durch würde dem Absatze unserer Ausgabe geschadet und natürlich auch un- ser Vortheil vermindert, der doch am Ende nur vollkommen gesichert wird, wenn Herr von Cotta bei dem großen Unternehmen keine Hindernisse fin- det.

Herr Streicher ist auch sehr im Irrthum, wenn er glaubt daß von Cotta 40 uns für das fernere Verlagsrecht nur mit dem p r e u ß i s c h e n Privilegium

eine so große Summe zugesagt habe; vielmehr beziehen sich die Versprechungen des Herr von Cotta auf eine überhaupt privilegirte Ausgabe. Auch wäre
die Erhaltung des Streicher'schen Manuscriptes schon deßhalb fest nothwendig, weil es noch sehr unbekannte Verhältnisse darstellt, und gerade der Zu-
5 wachs von etwas noch Unbekannten bei der Privilegirung der neuen Ausgabe
in Oestereich ein bedeutendes Erforderniß ist.

In diesen Tagen werde ich noch einen ferneren Sturm auf Streicher's wirklich edles Herz machen und ich würde meine Hoffnung zum Siege sehr stei-
gern können, wenn a u c h D u , verehrteste Tante, meine Bitte lebhaft
10 unterstütztest und Streicher auch vorstellen wolltst, daß er durch das Abtre-
ten des Manuscriptes an uns den Hinterbliebenen Kindern seines Freundes
ganz wesentliche Vortheile, im entgegengesetzten Falle aber Nachtheile
brächte.

Meine Frau u. Tochter legen sich Dir zu Füßen und ich lebe in der Hoff-
15 nung recht bald wieder von dir zu hören als meiner verehrten Tante
treuer
Ernst.
Ich danke Gott herzlich, daß du einer so guten Gesundheit und innig heiteren Stimmung genießest. Erhalte beides!

20 *54. Ernst von Schiller an Streicher*

Trier d. 10ten August 1828
Hochverehrter Herr,
Vor allem statte ich Ihnen meinen innigsten Dank ab für das letzte schätzbare Schreiben vom 18ten v. Monats, welches ich zu erhalten die Ehre ge-
25 habt habe und welches mir ein rührender Beweis des Vertrauens ewig bleiben
wird, womit Sie mich zu würdigen die Güte hatten. Um dieses auch fernerhin
zu verdienen, halte ich es für meine erste Pflicht auch Ew Wohlgeboren stets
die Offenheit zu beweisen, auf welche Sie durch Ihre freundschaftlichen Gesinnungen einen unzweifelhaften Anspruch haben.
30 Mit aller Aufmerksamkeit, welche der wichtige Gegenstand erfordert, habe
ich die Darstellung derjenigen Gründe durchgelesen, welche Sie Ihrer gefälligen Aeußerung zu folge bewogen haben mit dem bewußten Manuscript also
verfahren zu wollen. Es sey ferne von mir diese Gründe, welche einem so
edlen Herzen entsprossen sind, irgend bestreiten zu wollen; denn vielmehr
35 muß ich sie aus dieser Ursache ehren; aber vergönnt sey es mir von der mir
von Ihnen selbst gegebenen Befugniß Gebrauch zu machen, Ew Wohlgeborn
nämlich zu entwickeln, dass die Einverleibung Ihres Manuscripts in Schillers
sämtliche Werke dessen Hinterbliebenen einen wesentlichen Nutzen gewähren, und die isolirte Erscheinung des fragl. Manuscripts denselben einen un-
40 berechenbaren Nachtheil zufügen würde. Zum besseren Verständniss dieses

Satzes und des folgenden muß ich mir erlauben die Bemerkung voran zu
schicken, dass Ew. Wohlgeborn Sich im Irrthum befinden, wenn Sie glauben
v. Cotta habe blos für das preußische Privilegium ein bedeutendes Honorar
zugesagt; es ist dem nicht so, vielmehr hat v. Cotta für das Verlagsrecht einer
überhaupt privilegirten Ausgabe ein ferneres Honorar zu zahlen sich an-   5
heischig gemacht, ein Honorar, welches das eigentliche Vermögen der Schillerschen Hinterbliebenen noch bilden soll, da unter den früheren Umständen es nicht möglich war ein solches hinlänglich zu besitzen.

Da nun hie und da die Landesverfassungen den Nachdruck gestatten und
Nachdrucker ein erworbenes Recht erhalten haben, so haben sich solche Staa-   10
ten, elfe, deren Ministerien auf mein Nachsuchen um Privilegien dahin erklärt, dass eine zu privilegierende Ausgabe sich von früheren Ausgaben wesentlich unterscheiden müsse; — da nun der Verfasser nicht mehr lebt, selbst
nicht mehr seine Werke vermehren kann, so ist die hauptsächlichste wesentliche Unterscheidung einer solchen Ausgabe eine gründliche Biographie, die,   15
weil sie von der Familie des Verfassers selbst ausgeht, das Publikum zur Erwartung von etwas g a n z   v o l l s t ä n d i g e m berechtigt; eine Biographie,
neben welcher eine andere, wenn auch nur theilweise Biographie ohne den
Verdacht, daß die erstere unzureichend sey, nicht bestehen kann, welches denn
zur Folge hat, dass das Publikum Mißtrauen in die neue Ausgabe setzt, dass   20
diese deßhalb einen geringen Absatz findet, und dass der Verleger behindert
wird, den Erben des Verfassers die Versprechungen zu erfüllen, auf deren
Erfüllung die mehr oder minder sichere Existenz von Schillers hinterlassener
Familie beruhet.

Die nun bevorstehende Ausgabe der Schillerschen Schriften, soll Alles um-   25
fassen, was dahin gehöriges zu sammeln den Erben möglich war. Diese Ausgabe soll durch die möglichst umfassendste Biographie gekrönt werden, und
nun bitte ich Ew. Wohlgeborn Sich selbst zu fragen, ob nicht Schillers Familie
es auf das dringendste wünschen muß, dass der Jugendfreund ihres Vaters,
der mit Liebe die schöne Epoche der Freundschaft aufgefaßt hat, das Resultat   30
seiner Beobachtung mit den Bemühungen der Kinder seines Freundes verei-
nige um ein Werk hinzustellen, welches lückenlos etwas vollkommenes darbietet?

Nein, wahrhaft verehrter Freund meines seeligen Vaters, Sie können nicht
länger im Zweifel darüber seyn, dass die Natur der Sache die Einschaltung   35
Ihres Manuscriptes in Schillers Werke dringend wünschenswerth macht und
dass Ihr isolirtes Unternehmen den Hinterbliebenen Ihres gefeierten Freundes, die so gern Ihnen dankbar verpflichtet seyn würden, einen nicht zu be-
rechnenden Nachtheil zufügen würde. Die Sache ist wirklich zu einfach um
Sie, verehrter väterlicher Freund, durch deren Erörterung heute noch länger   40
zu behelligen. Bedenken Sie es selbst, erwägen Sie es in Ihrem Herzen und,
wenn Sie noch andere Ihnen vertraute Männer darüber hören wollen, so

eröffnen Sie mir, bitte ich inständigst alsdann Ihren Entschluß mit Ihren
Bedingungen; einen Entschluß dem ich vertrauensvoll entgegensehe, indem ich
die innige Ueberzeugung habe, dass Sie in Ihrer Erwägung alle kleinen Ne-
benumstände, die nicht zu etwas großem passen, unberücksichtigt lassen wer-
5 den und daß nur Ihre Liebe zu Schiller dem Vater, Ihre Achtung für das ihn
verehrende Publikum und das Gefühl der höchsten und wahrhaften Billigkeit
leiten werde, von der nichts auch nur irgend nachtheiliges zu erwarten ist.

Jedenfalls hoffe ich recht bald von Ihnen Nachrichten zu erhalten, die mich
stets erfreuen, denn ich erhalte sie vom Freund meines Vaters.
10 Verehrungsvoll verharre ich als

Ew Wolgeboren
treu ergebener Diener
Schiller

55. Ernst von Schiller an Caroline von Wolzogen

15 *Trier, 10. August 1828*
(...) Herr Andreas Streicher in Wien ist einmal, Gott weiß woher, irritirt
worden. Er war hartnäckiger als je. Aber er ist ein edler Mensch und hat sich
auf einen Brief von mir, der ihn, wie er sagt, erschütterte, bereit erklärt, sein
Manuscript uns zu überlassen, wenn ich ihm bewiese, daß ohne dasselbe uns
20 ein wesentlicher Nachtheil entstünde. Diesen Beweis glaube ich ihm in Kurzem liefern zu können; ich theile Ihnen dann das Resultat mit. Viel Wesent-
liches aus seinem Manuscript werden Sie, liebe Tante, von der Reinwald
längst erhalten haben, welche mir versichert, Ihnen das Nämliche mitgetheilt
zu haben. Die liebe Frau hat bei ihrem edlen Herzen, durch ihre Mittheilun-
25 gen an Streicher, uns doch etwas geschadet. Ich correspondire mit ihr in alter
Delicatesse und hoffe noch einen allerseits guten Erfolg.

Cotta war in Wien und hat daselbst das Privilegium selbst betrieben (...).

Ich bin ruhig und zufrieden, wenn ich auch nicht wie ein Glücklicher jubi-
lire. Mir wird die Welt immer klarer, und mein Beruf lieber. Die Achtung
30 meiner Mitbürger begleitet mich auf allen Tritten. Das macht mir Freude;
und wenn ich mir Ihre fortwährende Zuneigung, so wie die Liebe meiner
Geschwister erhalte, so habe ich Nichts zu wünschen übrig. Meine Welt ebnet
sich, ohne sich zu verflachen. In allen Wendungen meines Lebens schwebt mir
das verehrte Bild meines V a t e r s vor, und ich bin sein Sohn. Unwillkürlich
35 erinnere ich mich an den Ausruf der Türken: «Allah ist groß, und Mahomet
ist sein Prophet», ohne jedoch ein solcher sein zu wollen. Die gute Miß befindet sich noch immer im besten Wohlsein (...).

Meine Frau und Therese empfehlen sich zu Gnaden. Ich bitte, die liebe
Schwenkin freundlichst zu grüßen, und verharre mit inniger Liebe als
40 Ihr treuer Verehrer Ernst.

56. Christian Friedrich Schmidt an Streicher

Weimar, 23. Aug. 1828.

Ew. Wohlgeboren
werden von Ihrem Herrn Sohne das nähere über dessen leider nur allzu kurzen Aufenthalt in Weimar vernommen haben. Er hat, Ihrem Wunsche ent- 5
sprechend, an dem Sarge Ihres unsterblichen Freundes gestanden, und ihm
mit mir ein stilles Opfer der Verehrung dargebracht. Ein Lorbeerblatt aus
dem Kranze, welcher die heiligen Ueberreste bezeichnete, wird Ihnen, eine
theure Reliquie, Zeugniß davon geben. Sie aber, verehrungswürdiger Mann,
haben Sich und Ihrer edlen treubewährten Freundschaft mit dem göttlichen 10
Genius das schönste Denkmal gestiftet. Ihr Herr Sohn hat mir, noch von
Meiningen aus, über welches er von Weimar aus die Reise nach Carlsbad richtete, das trefliche Msct zugesendet, für dessen gefällige Mittheilung ich Ihnen
vor allen Dingen den herzlichsten Dank zu bezeigen habe. Durch unsern
Freund Hummel, welcher vorgestern nach Carlsbad abgereist, habe ich es 15
Ihrem Herrn Sohne wieder dahin zurückgesendet. In Wahrheit, verehrter
Freund — verstatten Sie mir doch ja diese m i c h beehrende Anrede! —
man kann bei dieser geistreichen Lectüre nur darüber zweifelhaft bleiben,
was am meisten davon zu rühmen sey? Der in jeder Beziehung höchst interessante Sachinhalt, oder die desselben wieder so ganz würdige Darstellung, 20
die ihren Ursprung, aus dem reichen Gemüth eines edlen sich ganz hingeben-
den F r e u n d e s, welcher zugleich selbst K ü n s t l e r ist, im schönsten
erhabensten Sinne des Wortes, durch jede Zeile bekundet. Ich spreche Ihnen,
weil Sie es wollten, mein a u f r i c h t i g e s Urtheil aus, das gewiß von leerer Schmeichelei so entfernt ist, als ich es immer bin; aber es ist nicht blos das 25
meine; ausgezeichnete und competente Urtheiler, die ich Freunde nennen
zu dürfen mir zur Ehre rechne, theilten es vollkommen. Wäre nicht die Zurücksendung durch Gefälligkeit H.'s verabredet gewesen, so hätte ich das
Msct gern noch einige Tage länger in meinen Händen gesehen, theils um es
selbst noch ein zweites mal zu lesen, theils um noch einige andere Personen 30
mit diesem großen Genuß zu erfreuen. Indessen verhehle ich mir nicht, daß es
auf solche Weise auch wohl in die Hände der Frau v. Wollzogen (Schwägerin des Dichters) hätte gelangen können, welche, wie verlautet, ebenfalls mit
einer Biographie von S. beschäftiget ist. Dies würde dann gegen meine Absicht, und wahrscheinlich auch gegen die Ihrige geschehen seyn; jetzt also 35
habe ich es, der Zeitkürze wegen, nur dem HE. wirklichen Geheimenrath
vSchweizer und dem HE. Kanzler vMüller, jedem nur auf E i n e n Tag
mitgetheilt, und ich habe hierdurch, und jedenfalls durch ihr Wort, die
vollste Bürgschaft, daß sie es niemand weiter mitgetheilt haben. Darüber
waren beide mit mir gleicher Meinung, daß die u r s p r ü n g l i c h e n 40
Eigenthümlichkeiten Ihrer Schrift schon von selbst jede Collision mit einer
v. Wollzogenschen, wenn diese je noch erscheinen sollte, ausschließen wür-

den, wie denn Ihrer Schrift auch schon in Ansehung der Z e i t die Priori-
tät gesichert ist. Denn was Sie auch dagegen sagen, das Msct ist reif zum
Druck und kann der Feile nun entbehren; möge Ihre Gesundheit und Muße
nur gestatten, daß Sie Ihrer Absicht entsprechend, noch im Laufe dieses
5 Sommers die beiden übrigen Abtheilungen in g l e i c h e m Sinne vollenden! Das Ganze könnte alsdann vielleicht schon mit Ende des Jahres
erscheinen; die großsinnige Stiftung für unsere vaterländische Literatur, welcher man hier ganz natürlich den lebhaftesten Beifall invoraus zollt, könnte
bald in das Leben treten. Haben Sie, wie gesagt, von einer Schrift der Frau
10 v. W. keine eigentliche Collision zu besorgen, so kann dies noch weniger
hinsichtlich der ähnlichen Schrift eines Engländers oder Franzosen der Fall
seyn, welche, wie man mir gesagt, ohne jedoch den Verfasser nennen zu
können, vor Kurzem erschienen seyn soll. Ich habe noch nirgends eine Anzeige davon gelesen, Göthe aber — welcher bald nach unsers Großherzogs
15 Ableben sich nach Dornburg (an der Saale 1. Meile von Jena) begeben und
noch gegenwärtig sich daselbst befindet — soll sie gelobt haben. Bekannt
ist mir nicht einmal, ob ihre Tendenz zunächst biographisch ist; aber wäre
dieses auch, mit der Ihrigen kann sie aus selbstsprechenden Gründen ja doch
nicht in die Schranken treten. Ich mache Ihnen nur ihr daseyn bemerklich,
20 im Fall es Ihnen noch nicht bekannt wäre, und werde Ihnen nähere Notiz
darüber mittheilen, sobald ich sie empfangen. Inmittelst freue ich mich in
voraus der vergnüglichen Stunde, wo ich nun auch die folgenden Abtheilungen Ihrer Schrift, wie es mit der ersten geschah, im Kreise der meinigen
werde vorlesen können. Sie laßen Weimar und deßen ruhmwürdigem Fürsten,
25 dem nun verklärten, als Schiller's treuster Freund, schon volle Gerechtigkeit
widerfahren; indeßen ist mir doch erfreulich gewesen, daß Ihr Herr Sohn
über die Vorgänge nach S.'s Ableben noch manchen Aufschluß hier persönlich
empfangen. Wäre mir nur eine Sammlung von Privatbriefen des Großherzogs, (die man mir soeben v e r t r a u l i c h mitgetheilt hat, weil eigentlich
30 Fr. v. Wollzogen sie besitzt) schon zur Hand gewesen! Ueber das schöne
zarte Verhältniß Schillers, an welchen sie sämtlich gerichtet sind, und seines
erhabenen Fürsten geben sie wahrhaft entzündenden Aufschluß. Frau v. W.
gedenkt, sie in ihrer Schrift dem Publicum bekanntzumachen; sie sind mir
unter dem Siegel des Geheimnißes anvertraut; indeßen Ihrer Discretion ver-
35 sichert, die mich und meinen Freund gewiß nicht compromittiren wird, darf
ich mir wohl erlauben, Ihnen einige Proben vertraulich mitzutheilen. Der
Großherzog schreibt unter andern:

im J. 1799. (als S. noch zu Jena wohnte). &c der von Ihnen gefaßte Entschluß, diesen Winter und vielleicht auch die folgenden hier zuzubringen, ist
40 mir so angenehm und erwünscht, daß ich gerne beitrage, Ihnen den hiesigen
Aufenthalt zu erleichtern. 200 r. gebe ich Ihnen von Michael dieses Jahres an
Zulage. Ihre Gegenwart wird unsern gesellschaftlichen Verhältnißen von gro-

ßem Nutzen seyn, und Ihre Arbeiten können vielleicht Ihnen erleichtert werden, wenn Sie den hiesigen Theaterliebhabern etwas Zutrauen schenken, und sie durch die Mittheilung der noch im Werden seyenden Stücke beehren wollen. Was auf die Gesellschaft wirken soll, bildet sich gewiß auch beßer, indem man mit mehrern Menschen umgeht, als wenn man sich isolirt. Mir besonders 5 ist die Hofnung sehr schätzbar, Sie oft zu sehen und Ihnen mündlich die Hochachtung und Freundschaft &c &c

im J. 1804. &c für die mir gestern überschriebenen Gesinnungen danke ich Ihnen, werthester Freund, bestens; von Ihrem Herzen erwartete ich mir, als ich die Nachricht erhielt, daß man Sie nach Berlin zu locken wünsche, daß 10 Sie so handeln und so die Lage der Sache beurtheilen würden, als wie Sie es gethan haben; mit Dankbarkeit erwiedere ich Ihnen auf Ihr gestriges Schreiben, daß ich mir von Ihnen erbitte, Sie mögten mir diejenigen Mittel sagen, durch welche ich Ihnen, den mir so erfreulichen Vorsatz, bey uns zu bleiben, belohnen könne, und wodurch ich Ihre Existenz als Hausvater in eine Lage 15 zu bringen vermögte, die für die Dauer Ihnen nicht bereuen ließe, das kleinere Verhältniß dem größern vorgezogen zu haben. Schreiben Sie mir ohne Rückhalt Ihre Wünsche. &c.

Laßen Sie mich zum Schluß Ihnen noch versichern, wie werth und angenehm mir es gewesen, in einigen leider nur zu flüchtigen Stunden die Bekanntschaft Ihres treflichen Herrn Sohnes zu machen, dem ich nur, wie Ihnen, 20 eine recht feste dauernde Gesundheit wünsche. Mögen die Götter nun auch Ihre persönliche Bekanntschaft mir zuführen. Sie liegt nicht ausser den Gränzen des Möglichen; kommen Sie nicht nach Weimar, so kommen wir vielleicht nach Wien. 25

Mit innigster Hochachtung

Ew Wohlgeboren
ganz ergebenster
Schmidt.

N. B. Der Verfasser der oben angezeigten Schrift ist ein Carlisle zu Edin- 30 burg, und Göthe hat dieselbe in dem neuesten Heft seines Journales: Kunst und Alterthum lobend angezeigt.

S.

57. Caroline von Wolzogen an Ernst von Schiller

Bösleben, 25. August 1828 35

Liebster Ernst, ich empfing Deinen Brief in Weimar und freue mich Deiner Zufriedenheit für Dich selbst und über Emiliens Schicksal. Das gute Kind schreibt mir sehr glücklich von Bonnland (...).

Wegen Lottchen plage Emilie nicht; sie ist in diesem Verhältniß eine lästige Person; Emilie könnte sie nicht anders halten, als eine gewöhnliche Kammer- 40

jungfer, die nie zum Vorschein kommt, und Lottchen würde da sehr unglücklich sein. Ich mische mich nicht in Emiliens Wirthschaft. Rathen kann ich ihr
nicht dazu. Jetzt, da sie noch mit der Mutter lebt, ist so Nichts zu machen;
diese kann Lottchen nicht leiden.

5 In Weimar sieht es gut aus; das neue Regentenpaar ist sehr verständig.
Uebrigens ist das Ganze in Weimar unangenehm, wie immer, nur Nachhall
einer bedeutenden Zeit. Schweitzer wird, als der tüchtigste Vorstand, das
Schiffchen wohl steuern.

Peucer und der Chancelier haben mir viel von Streicher's Schrift erzählt
10 und sie gelesen. Ich weiß eigentlich nicht, was sie schaden könnte. Behagt sie
mir nicht, so sage ich in der meinen, daß wir diese Lebensepoche nur aus
Schillers Erzählungen kännten u. s. w. Bekommt man sie, so ist's freilich besser. Sie soll in einem edlen Sinn sein, voll Naivität und Anekdoten, wonach
freilich alle Welt jagt.

15 Humboldts Briefe habe ich nicht bekommen. Wo stecken sie denn? (...)
Wenn Du diese Correspondenz im September ordnen willst, so ist es sehr gut.
Mir fällt ein, daß die Humboldtschen Briefe wohl beim General in Frank-
furt liegen. Laß sie Dir ja schicken.

Deine Zufriedenheit wird mir immer am Herzen liegen, meines Adolfs
20 Herzensfreund (...). Lebe wohl, liebster Ernst, und grüße die Deinen.
Schreibe bald. Mit herzlichster Freundschaft

Deine CW.

Dank für die Nachrichten von Miß. Lasse doch ja den Fuchs nicht aus dem
Sinn, damit er kein elend Alter hat.

25 *58. Streicher an Christian Friedrich Schmidt*

Wien am 17ten Sept. 1828.

Ewr Hochwolgeborn
habe ich für Ihr gütiges, freundliches Schreiben vom
23ten Aug. um so mehr den innigsten Dank zu sagen, als es am Schlusse ei-
30 nige Mittheilungen enthält, die mir höchst schäzbar seyn müssen, und Ihr
Urtheil über das Manuscript so ermunternd ist, daß ich dadurch nicht nur zur
Vollendung des Ganzen aufgefordert bin, sondern mir alle mögliche Mühe
geben muß, auch ein ähnliches Urtheil von denen zu erlangen, welche nicht,
wie Ewr Hochwolgeborn durch langjährigen Briefwechsel, durch freund-
35 schaftliches Wohlwollen, und zu großer Nachsicht gegen den Verfasser,
bestochen sind. [Dürfte ich aber nur auch so schreiben, wie ich möchte, wie
alles dargestellt seyn sollte! dürfte ich nur das ganze Wesen, die ganze dichterische Natur Schiller's so Psichologisch zeichnen, wie sie wirklich war, dann
erst würde das Ganze nicht nur von der Geschichtlichen sondern hauptsäch-
40 lich von der Geistigen Seite bedeutend.

26 Streicher

Aber wenn ich sagen würde daß Schiller, auch unfreiwillig, der Dichter seyn und werden mußte, der er war; wenn ich beweisen könnte daß der Schöpfer seine ganze Organisation so angelegt, daß alle übrigen Eigenschaften nur der Einbildungskraft und Darstellungsgabe dienstbar waren, und die Poesie, gleichsam als unumschränkte Königin über alle ihren Scepter aus- 5 strekte; so würden einige Furchtsame in Wien finden, daß solche Aeusserungen an den Materialismus streifen, und wegen diesen, durch das Ganze einen unerbittlichen Riß machen. Warlich! ich würde in Allem und gegen jedermann die nöthige Bescheidenheit beobachten, und Nirgends, wo ich auch schriebe würde jemand sich über mich zu beschweren haben. Aber das Ganze 10 würde, in Ihrer Nähe geschrieben, weit besser, und ich darf wohl sagen, auch viel bedeutender, indem alldorten der Anstand, die Achtung für das Publikum, so wie gegen sich selbst, keine so hemmende Bande sind, als eine ängstliche Censur. Immerwährende, unabläßige Rüksichten auf diese, machen die Schreibart furchtsam, ängstlich und verbieten jeden Gedanken, der sich von 15 der allgemeinen Heerstraße entfernen, oder einen eigenen Weg einschlagen möchte.]

Was nun Ewr Hochwol. nicht nur als Ihre eigene, sondern auch als die Meinung des HE. Geh. R. von Schweitzer und d. HE. Kanzler von Müller mir zu sagen die Güte haben, ist viel zu nachsichtig gegen eine Arbeit, die, 20 hauptsächlich aus Rüksicht gegen unsere strenge Censur, nicht den lebhaften, scharf zeichnenden und warmen Ausdruk haben kann, der einem so edlen, schönen Gegenstande gebührt. Aber wenn diese Herren, besonders aber Herr von Müller, die Darstellung nicht ganz unwürdig finden, so wäre es des Zwekes wegen sehr gut, wenn etwas darüber, wo nicht öffentlich, doch vertraulich 25 an Freih. von Cotta gesagt würde. Ich sprach hier mit HE. v. Cotta über diese Schrift, die ich entweder ungedrukt lassen, oder nur zum dauernden Gedächtniß an den Dichter, hergeben zu wollen, ihm versicherte. Er verwarf meine Meinung zwar nicht, bedung sich aber aus, erst dann zu antworten, wenn das Ganze vollendet und ihm eingeschikt wäre. Ich kann darüber 30 Herrn Cotta nicht Unrecht geben, denn wie vieles Mistrauen gegen meine Fähigkeit zu einem solchen Unternehmen, muß ihm meine ehmalige Beschäftigung mit der Musik und meine jetzige mit den Pianoforte einflößen! Kant hat schon die Musiker auf eine sehr niedere VerstandesStufe gestellt und wie wenig läßt sich von denen erwarten, die jenen die Werkzeuge liefern. Ich 35 für meine Person kann aber ein Vorurtheil belächeln, was nur zu vielen Grund hat, denn Gall war Sechsjahre in täglichem Umgange, und 24 Jahre durch häufigen Briefwechsel, mein inniger Freund. Ich habe also lernen genug können, um jede Meinung gehörig zu würdigen. Aber die Absicht der Schrift könnte gewinnen, wenn Herrn Cotta schon im voraus eine Meinung 40 benommen würde, die er vielleicht, der Person des Verfassers wegen, g e g e n diese Schrift gefaßt hat, und es wäre sogar möglich, da er selbst Wirtemberger

ist, und ein thätiger Freund des Dichters war, einige Theilnahme für diesen
Plan bei ihm zu erregen. [Denn gestehen wir es unverholen, so schwärmerisch
es auch scheinen mag, es würde sehr schön seyn, in Weimar, dem Wohnort der
Vier schönsten, größten Geister die Deutschland jemals hatte, dem Dichter der
5 in 10 Jahren das beste Schauspiel geliefert, einen nahmhaften NationalPreis
zuerkennen und ihm denselben behändigen zu sehen.] HE. v. Cotta stehen alle
literarische Posaunen und Flöten zu Gebot, womit er den Zwek um so leichter
befördern kann, da wir Deutsche schwach genug sind, nicht unserm Urtheil,
nicht unsern Augen zu glauben, sondern nur dem was gedrukt ist. Die Wärme
10 welche Sie schon seit 8 Jahren für den Dichter gezeigt haben, wird Ihnen nun
auch weiter eingeben, was zum Heil und Schutz seines Freundes zu thun ist.
Herr Ernst von Schiller hat mir am 10ten Aug. geschrieben und dringend vorgestellt, welchen Schaden ich der Familie durch eine abgesonderte Herausgabe
des Mscts. verursachen würde. Nach Durchlesung desselben ist er damit ein-
15 verstanden, daß es nicht in ein anderes Werk eingeflochten, sondern der
Sammlung sämmtlicher Schriften des Dichters einverleibt werden solle. Ich
glaube, daß hierüber der Verleger entscheiden müßte? Dieser aber hat keine
Silbe darüber erwähnt, auch bis jezt sich deshalb nicht schriftlich geäußert.
Die Zeit wird das nöthige lehren.
20   Ich habe ferner auch noch Ewr Hochwolg. so wie Herrn Zwierlein sowohl
darüber den herzlichsten Dank zu sagen, daß Sie beide meinem Sohne die
Grosherzogl. Gruft geöfnet und ihm die Ueberzeugung verschaft haben, daß
der göttliche Dichter in der Nähe seines erhabenen Freundes und Retters,
seine Ruhestätte gefunden; — als auch wegen der Mittheilung des Protokolls,
25 welches über die feierliche Beisetzung aufgenommen worden.
Nur ganz leise möchte ich die Fragen stellen, ob dieses Protokoll auch der
Fr. v. W. mitgetheilt worden, und wenn nicht, ob ich vielleicht solches der
Schrift einweben dürfte? Die mitgetheilten Briefe sollen zwar gewiß unbenutzt und unerwähnt bleiben, aber es wäre sehr wünschenswerth, um die
30 Verhältnisse Schiller's auch in den Jahren seines Aufenthaltes in Weimar
richtig darzustellen, zu wissen, 1) wie solche gegen den Grosherzog, 2) gegen
die GrosFürstin Maria, 3) gegen Herder und Wieland, 4) gegen Goethe besonders, 5) gegen das Theater und 6) gegen seine übrigen Freunde daselbst
gewesen? Von Ewr Hochwol. selbst, so wie von den Herren von Müller, von
35 Schweitzer und andern, ließe sich vieles erfahren, was die Persönlichkeit
Schillers in das hellste Licht setzen, und meine Aeusserungen über den Character den er in seiner Jugend gezeigt, bestätigen würde. Wenn nun jeder
das einzeln aufschreibt, was ihm darüber bekannt ist, so will ich schon suchen,
es in ein Ganzes zu bringen, und mit dem erkenntlichsten Danke die Quellen
40 anzeigen, aus welchen mir diese Nachrichten zugeflossen. Obwohl ich Ihnen
damit neue Mühe, vielleicht neue Plage verursache, so ermuthiget mich doch
der heutige Tag diese Bitte zu wagen. Es sind nemlich gerade 46 Jahre, als

26*

unsere Flucht von Stuttgart geschah. Wie wäre es möglich, daß die Erinnerung an den heißen, ängstlichen Tag, mich nicht auch noch heute erwärmen und ich bei den Verehrern des Dichters nicht viele Theilnahme voraussetzen sollte? Ihre schon so viele Jahre mir bewiesene Güte, läßt mich, wenn auch nicht volle Gewährung, doch sicher keine üble Aufnahme meiner Bitte hoffen. 5 Mein Sohn, der am 14ten Abends hier eintraf, hat das Msct in Carlsbad bei Hummel zurükgelassen, damit sich Ihre Frau Grosherzogin Königl. Hoheit der vorgestellt zu werden er die Ehre hatte, in den regnerischen Tagen, einige Stunden damit verkürzen möchte. Konnte dieses nicht in den ersten 8 Tagen geschehen, so wird unser Kapellmeister es wieder mit nach Weimar 10 bringen. Ich muß es ganz dem Urtheile Ewr Hochwolg. überlassen, ob das Mspt gleich wieder hieher geschikt werden solle, oder ob Sie es für thunlich, schiklich oder möglich halten, solches Sr. Exz. Herrn von Goethe zur Einsicht mitzutheilen? Nur schüchtern stelle ich die lezte Frage, indem ich sehr wohl zu beurtheilen weiß, wie kostbar die Stunden des großen Mannes in 15 jeder Rüksicht sind, und werde es ganz natürlich finden, wenn Ihre Meinung verneinend ausfällt. Für die gute Aufnahme meines Sohnes, den herzlichsten, gefühltesten Dank sowohl Ihnen als Ihrer Frau Gemahlin. Ich will wenigstens die Hoffnung nicht aufgeben noch einmal auf kurze Zeit aus Wien zu kommen, wäre es auch nur um die geweihte Stätte Ihres Wohnortes betreten 20 und Ihnen mündlich aussprechen zu können, mit welch großer Hochachtung, Verehrung und Dankbarkeit ich bin und stets seyn werde

Ewr. Hochwol. Gehors. Erg.

A. Streicher

59. Caroline von Wolzogen an Ernst von Schiller   25

Jena, 3. November 1828

Lieber Ernst, die Briefe Deines V a t e r s an Humboldt habe ich nicht; Du hast sie mit nach Cöln genommen. Ich entsinne mich, daß es mir damals unangenehm war; doch mochte ich nicht darüber streiten. Ich hoffe, Du hast sie schon gefunden. Wären sie verloren, so wäre es ein arger Riß in die biogra- 30 phischen Zusätze. Cotta wünschte, diese Correspondenz besonders zu drukken. Doch will Humboldt, den ich unlängst in Gera sah, nicht darauf eingehen. Auch verlangt er, seine Briefe erst zu sehen, ehe sie zum Druck kommen (...).

Mich freut es sehr, daß Du in Trier so angenehm lebst. Einem großen 35 Staate anzugehören, ist immer ein großer Gewinn. In kleinen hängt man von Personalitäten und Intriguen ab. Wie gern spräche ich oft mit Dir! (...)

Wie geht es denn mit Streicher? Die Reinwald hat mit ihrem Hin- und Herschwatzen viel Albernes gemacht.

Lebewohl, lieber Freund, und grüße die Deinen herzlich von mir. Bekommt denn Therese keinen Mann? Den muß man jedem Mädchen wünschen. Schreibe bald, ob sich die Briefe gefunden haben. Mit herzlicher Freundschaft
Deine treue CW.

5 *60. Ernst von Schiller an Caroline von Wolzogen*

Trier, 23. April 1829
(...) Ich fühle recht sehr den Verlust, den Sie, liebe Tante, durch den Tod Ihrer Freundin Humboldt erlitten haben *(...)*.
Streicher in Wien hat mir auf meinen vor langer Zeit an ihn gesandten
10 letzten Brief nicht geantwortet, obgleich ich ihm die Sache sehr an's Herz gelegt hatte *(...)*. Mehr als ich ihm sagte, kann ich ihm nicht sagen. So fürchte ich denn, daß er sich nicht ergeben wird. Vieles in seinem Manuscripte hat er wohl von der Reinwald. Diese wird die Notizen noch besitzen, und so wären sie auch da zu haben. Manche Punkte, Begebenheiten und Briefe finden
15 sich in den B r i e f e n a n H e r i b e r t v o n D a l b e r g wieder, deren Aufnahme in die sämmtlichen Werke des Vaters wünschenswerth erscheint. Mit Erlaubniß der Familie von Dalberg sind diese Briefe im Jahre 1819 bei Marx in Carlsruhe erschienen. Die Familie Dalberg ist nach den gewöhnlichen Ansichten rechtliche Eigenthümerin jener Briefe und müßte also um die Erlaub-
20 niß angegangen werden, daß jene Briefsammlung in eine Ausgabe der sämmtlichen Schillerschen Werke mit aufgenommen werden dürfte. Die unmittelbaren Erben von Heribert von Dalberg sind der Duc und die Frau von Venningen in Heidelberg. Scheint es wohl räthlich, bei diesen Personen einen unmittelbaren Schritt zu thun? *(...)* Ich passe eine Gelegenheit ab, um Ihnen
25 mehrere B r i e f e d e s V a t e r s a u s d e r B a u e r b a c h e r u n d s p ä t e r e n Z e i t zu senden, von denen Sie vielleicht noch Gebrauch machen können. Auch erwarte ich Gelegenheit, um die Abschriften der Humboldtschen und die v ä t e r l i c h e n B r i e f e a n H u m b o l d t zu senden. Kommt die Gelegenheit nicht bald, so bediene ich mich der Post.
30 Die Exemplare der Goethe-Schillerschen Correspondenz, deren Absendung Sie an Frommann übertragen haben, erwarte ich mit Ungeduld. Sogleich nach deren Ankunft werde ich eines an den General abschicken *(...)*.
Nach Nachricht vom General liegt die Privilegiensache in Oesterreich dem Kaiser vor, und ist eine Entscheidung bald zu erwarten. Der Kaiser von
35 Rußland hat mir ein ähnliches Gesuch abgeschlagen, mit der Eröffnung, daß die Gewährung desselben den in Rußland hinsichtlich des Buchhandels bestehenden Gesetzen widerspreche. Uebrigens hat er sich höchst gnädig ausdrükken lassen. Unser Gesandter v. Schöler hatte die Sache betrieben.
Von mir, verehrteste Tante, kann ich Ihnen nicht viel sagen; ich lebe
40 ziemlich zufrieden, bin sehr gesund, arbeite in meinem Fach ziemlich viel und

mit Lust, und stelle eben das vor, was ich soll. Meine Tochter hat nicht unbedeutend geerbt, so daß ich bald von Freiern umgeben sein werde. Sie ist recht
gescheut, und ich würde sie nur sehr ungern in meinem Hauswesen vermissen.
Meine Frau und sie empfehlen sich Ihrer Güte, so wie ich (. . .).

Ewig Ihr treuer Verehrer Ernst. 5

61. Streicher an Körner

Ewr Hochwolgeborn

wollen erlauben, daß sich ein Mann bei Ihnen einführe,
dessen Hochachtung Sie durch Ihre Freundschaft gegen Schiller erwarben; der
auch hier so glüklich war, Sie und Ihre werthe Familie kennen zu lernen, 10
und dessen Sie sich in so weit wenigstens noch entsinnen werden, als Herr
Reg.Rath Schmidt aus Weimar, mit Ihnen von demselben sprach. Meiner Erinnerung schwebten Sie, so wie die Ihrigen, immer sehr lebhaft vor. Wenn ich
schon Ihren ersten Verlust, der durch die Verhältnisse einer drangvollen Zeit
herbei geführt wurde, auf das innigste bedauerte, so fühlte ich den zweiten 15
um so schmerzlicher, weil dieser das Herz in seinen Tiefen verwunden mußte,
und für diesen Schlag, die Bewunderung der Welt, der Dank des gesamten
Deutschlandes, nicht wie bei dem ersten, einige Tröstung darbot. Nur die
Theilnahme so vieler Tausenden, die Gewisheit, daß die Besten, die Edelsten
Ihren Schmerz theilten, konnte Sie beruhigen, und es ist zu hoffen, daß auch 20
die Mutter, sich nur noch mit sanfter, linder Wehmuth an das was sie verlohren, erinnern wird. Entschuldigen Sie es gütigst, daß ich Ihnen von der Vergangenheit spreche, und erlauben Sie, auf einen Gegenstand überzugehen,
wegen welchem ich mir schon längst Ihren Rath hätte erbitten sollen.

Herr Reg.Rath Schmidt schrieb mir seiner Zeit, daß er Sie, als Frau von 25
Schiller noch lebte, und der große Dichter noch unbegraben war, von meiner
Absicht in Kenntniß setzte, Schiller's merkwürdigste LebensEpoche in den
Jahren 1781 bis 85, im Druk heraus zu geben, um durch den Ertrag, dem Un-
vergeßlichen Manne, ein würdiges Grabmal (n i c h t Denkmal) zu veranstalten. Der eigene Sinn von Mad. Schiller, ließ jedoch keine Hoffnung auf- 30
kommen, daß die Gebeine ihres Gatten, jemals aus der Grube, worinne sie
unbemerkt verwesen mußten, erlößt werden könnten. Laut und scharf rügend
waren die Klagen, die sich in mehreren Zeitschriften dagegen erhoben, und
man war geneigt die dortige Regierung einer Nachläßigkeit anzuklagen,
woran sie doch ganz schuldlos war. Gleich nach dem Tode der Mutter, mel- 35
dete ich dem ältesten Sohne Schiller's, meine Absicht. Mein Brief verfehlte
ihn in Cölln, und erst in Weimar, nachdem am 17ten Sept. 1826 dasjenige geschehen war, was jedes Gefühl empörte, erhielt er ihn, und ersuchte mich in
seiner Antwort, dasjenige was ich von seinem Vater wisse und aufgesetzt
hätte, ihm einsenden zu wollen, weil eine geübte und gewandte Feder, eine 40

vollständige Biographie Schiller's schreiben werde, in welche dann meine
Nachrichten eingeschaltet werden könnten.

Indessen war die erste Abtheilung des Werkchens schon geschrieben. Diejenigen die es hier lasen, fanden die Nachrichten für wichtig genug, um sie der
5 Welt mitzutheilen, und ermunterten mich, sobald als möglich damit ans Licht
zu treten, jedoch in keinem Falle solche einer fremden Hand, als bloße Materialien zu überlassen. Mein Sohn machte vorigen Sommer eine Reise, welche
ihm Gelegenheit gab, HE. Ernst von Schiller in Trier, das Manuscript einzuhändigen. Auch dieser fand es anziehend genug um abgesondert, und für sich
10 allein bestehend zu erscheinen, und ersuchte mich, solches der vollständigen
Ausgabe der Werke seines Vaters, beizugeben. Mad. Reinwald, welche die Gefälligkeit hatte, aus Schiller's Kinderjahren mir vieles wichtige mitzutheilen,
wurde bei Durchlesung der Schrift, zwar auf das schmertzlichste betroffen, als
sie aus der zuverläßigsten Quelle vernahm, wie übel es ihrem Bruder bei sei-
15 ner Flucht ergieng, und auf welche treulose Weise, er von demjenigen (dessen
Schmeichelworte ihn doch eigentlich von Stuttgardt weggelokt hatten) hülfe-
los gelassen wurde; allein auch sie rieth zu einer besondern Herausgabe; und
mit ihr, ertheilten auch in Weimar Herr Reg. Rath Schmidt, Herr Kantzler
von Müller, HE. Geh. Rath Schweitzer; so wie alle, denen davon gesagt
20 wurde, meinem deshalb gefaßten Plane, ihren vollen Beifall. Dieser Plan besteht der Hauptsache nach, in folgendem.

Das Werkchen erscheint gegen Unterzeichnung, und der reine Ertrag desselben, wenn er sich auf 20,000 Ct belauft, soll erstens: dazu verwendet werden, um eine Stiftung zu gründen, damit alle 10 Jahre, die Interessen dieses
25 Kapitales, demjenigen (oder dessen Erben) eingehändiget werden, der während dieser Zeit das beste, Schauspiel, Drama, oder Trauerspiel, dessen Innhalt aus der deutschen Geschichte genommen seyn muß, gedichtet hat. Zwei-
tens: da aber die 10,000 f Interessen des Kapitales, in zehen Jahren wieder
2500 f abwerfen, so werden diese, demjenigen Schriftsteller als Preis zuge-
30 theilt, der in diesem Zeitraum, das beste Werk für die Jugend, oder das Volk,
in dem Sinne geschrieben, wie es Schiller in der Rezension von Bürgers Gedichten, in den Worten: «Welches Unternehmen pp bis «würden sie endlich
selbst von der Vernunft abfordern» angedeutet hat. Diese Preise würden einmal in Stuttgart, als der Hauptstadt von des Dichters Vaterland; das andere-
35 mal in Weimar wo er Unterstützung fand und starb; und das drittemal in
Wien, wo seine hohe, gemüthvolle Dichtung noch am meisten gewürdigt und
empfunden wird, öffentlich und feierlich ertheilt werden. Jedes der genannten Orte würde drei Schiedsrichter ernennen, welche die, des Preises würdig-
sten Stüke, bezeichnen würden.

40 Diß ist das hauptsächlichste von dem, was ich mir hierüber ausgedacht,
und auch HE. Ernst von Schiller mitgetheilt habe. Dieser aber erwiedert mir,
daß ich durch Ausführung dieses Vorsatzes, dem Verkauf der sämtl. Werke

seines Vaters, bedeutenden Schaden zufügen, und vielleicht das ganze Unternehmen gefährden würde. Allein ich habe Frhrn. von Cotta diesen Plan voriges Jahr mündlich mitgetheilt, und weder damals noch seit jener Zeit, irgend einen Wiederspruch von ihm erfahren. Auch scheint die abgesonderte Herausgabe des Briefwechsels von Goethe und Schiller darauf hinzudeuten, daß vorerst, alles bisher noch unbekannte von Schiller, einzeln herausgegeben, und dann erst in späterer Zeit, eine ganz vollständige Ausgabe seiner Werke, veranstaltet werden solle.

Ich glaube nun alles nöthige in Kürtze dargelegt zu haben, und bin daher jezt so frei, Ewr Hochwolgeborn, um Ihre offene, getreue und klar ausgesprochene Meinung zu bitten, ob Sie nemlich glauben können, «daß durch eine abgesonderte Herausgabe von Schillers wichtigster LebensEpoche, nemlich von seiner Geburt an, bis zu dem Jahr 1785, wo er Mannheim verließ, und besonders von der Zeit, von 1781 bis 1785, wo ich, mit Ausnahme einiger Monate, sein steter Gefährte war — der vollständigen Ausgabe von des Dichters Werken, und somit auch dessen Kindern, wirklichen Schaden verursachen könnte?»

Da eigentlich am allermeisten Ihnen die Rettung Schillers zu verdanken ist — da ich dieses in der zweiten Abtheilung umständlich erörtern muß — da Sie bei dem ersten, wohlthätigen Schritte, nicht stehen geblieben sind, sondern den herrlichen bis zu seiner lezten Stunde, mit Ihrer Freundschaft begleitet haben — so gebührt Ihnen in dem, was seine Kinder; vorzüglich aber, was die Erhaltung seines Andenkens, so wie seinen Nachruhm betrift, die erste und entscheidende Stimme. Kann und darf ich auch nicht im Voraus versprechen, mich Ihrem Urtheil unbedingt zu unterwerfen — indem man hier zu lebhaft für den Dichter Preis eingenommen ist, und ihn sogar in der Monarchie allein in Stand zu bringen hofft, — so würde Ihr Ausspruch, wenn er auch diesem Plan entgegen wäre, doch dazu beitragen, Ansichten zu eröffnen, welche diese Sache zu einer endlichen und baldigen Entscheidung führen müßten.

Nachdem nun diese Beichte abgelegt ist, möchte ich wohl noch eine andere Bitte an Sie wagen, obwohl mir von verschiedenen Seiten versichert worden, daß Sie wohl schwerlich dieser willfahren würden, indem Sie schon früher dieselbe einer andern Person, auf das vollständigste gewährt haben.

Ungeachtet es nemlich meine Absicht nicht ist und Nie seyn kann, etwas anders von und über Schiller zu schreiben, als was ich selbst mit ihm erlebt, oder von ihm erfahren, so würde es doch einen sehr wiedrigen Eindruk auf den Leser machen, wenn die Nachrichten über ihn, nicht weiter als bis zu seiner Abreise aus Mannheim reichten, und von da, ganz abgebrochen würden. Es ist unerläßlich ihm bis an sein Ende zu folgen, und, wenn auch noch so kurz, doch das bedeutendste seiner nachherigen Laufbahn anzudeuten. Es wäre mir daher sehr wichtig, noch einiges, was seinen Aufenthalt in Leipzig

und Dresden betrift, zuverläßig zu wissen. Ehe ich aber es wage, die dahin
betreffenden Fragen zu stellen, gestehe ich aufrichtig, daß mir sehr viel daran
liegt, das glükliche Verhältniß welches die Uebersendung der 4 Bildnisse herbei führte und das für den Dichter die entscheidendsten Folgen hatte, in den
5 gehörigen Gesichtspunct zu setzen. Dieses wird zwar auch dann versucht werden, wenn Sie es nicht für gut finden sollten, eine Antwort darüber zu geben,
aber dann um so zuverläßiger geschehen kann, wenn die Bestätigung aus der
ersten Hand kommt. Ihre Bescheidenheit mußte freilich alles dahin einschlagende, mit Stillschweigen übergehen, aber andern, und besonders Ihren Freun-
10 den, muß es sehr unangenehm seyn, den größten Wolthäter des unsterblichen
Dichters, nicht gekannt zu wissen. Um nichts als gerecht zu seyn, bin ich gezwungen die Warheit dessen anzuführen, daß n u r I h n e n , Schiller seine
Rettung zu danken hatte, und daß die Ertheilung des Weimarschen RathsTi-
tels, ohne Nutzen für ihn gewesen seyn würde, wenn er in Mannheim geblie-
15 ben wäre, und Sie ihn nicht mit kräftigstem Beistande unterstützt hätten.
Und nun wollen Sie gütigst die Aufstellung der Fragen erlauben.

1) Hat Schiller, außer dem Vorschuß den Göschen an ihn nach Mannheim
    übermachte, auch noch von andern Freunden Vorschüsse erhalten? (Ich er-
    innere mich, daß ein Wechsel dabei war, den er nur mit Mühe realisieren
20   konnte, und der endlich, durch Zureden anderer, von einem PrivatManne
    eingelößt wurde.)

2) Wohnte Schiller nach seiner Ankunft in Leipzig, in Ihrem Hause, oder
    bei Professor Huber?

3) War das zweite männliche Portrait das Sie nach Mannheim sendeten, das
25   von Prof. Huber?

4) Nahm Schiller für sich allein seinen Aufenthalt in Dresden, oder in Folge
    dessen, weil Sie dahin zogen?

5) Wer machte die erste Anregung, für den Dichter eine Subscription zu er-
    öffnen, als er gefährlich krank war, und sich nur dann dessen Genesung
30   hoffen ließ, wenn er einige Jahre unthätig bleiben könne?

6) Warum eigentlich kam diese Unterstützung des Dichters, v o n d e u t -
    s c h e r S e i t e , nicht zu Stande?

7) Kamen Sie, nachdem er in Jena und Weimar wohnte, noch öfter mit ihm
    zusammen und an welchem Orte?

35 8) Sind die Briefe, welche Sie in seinem Nachlaß anführen, alle an Sie ge-
    schrieben?

Ich glaube mich jeder Frage enthalten zu haben, welche Sie, wegen früherer
Mittheilung an jemand andren nicht gerne beantworten möchten, und zweifle
nicht, daß Sie solche freundlich aufnehmen werden. Da ich nun den Zwek
40 der Herausgabe von Nachrichten über unsern Dichter, genau und wahr angegeben; — da alles was darauf Beziehung hat, gänzlich von einer Neben-
absicht, frei und rein ist; — da nichts anders dadurch erreicht werden solle,

als daß seine schwere Laufbahn, die, eines nicht unwürdigen Nachfolgers
erleichtern solle; — da es auch nicht gleichgültig ist, das Volk für das er lebte
und schrieb, nicht nur zu einer dauernden Anerkennung seines ausserordentlichen Geistes aufzufordern, sondern damit auch zugleich der Dichtkunst einen Rang anzuweisen, den sie schon lange bei andern Nationen, aber leider! 5
bei den hadersüchtigen, nur nach Geld und Titeln strebenden Deutschen,
bisher nicht hatte; — da eine genaue Schilderung seines Lebens, seines himmlischen Gemüthes, der Tiefe und Fülle seiner Empfindung, nur von denen
getreu dargestellt und erwartet werden kann, die ihn im Glük und Unglük
handeln sahen, — so werden Sie dieses Schreiben sowohl, als auch die Fragen 10
mit Nachsicht aufnehmen, und nicht kalt zurükweisen.

Frau Baron von Pereira-Arnstein legt hier einen Brief an Ihre Frau Gemahlin bei. Leider! waren seit mehreren Jahren ihre Augen, sonst immer vom
reinsten Wohlwollen beseelt, so krank, daß sie es nur selten wagen konnte
etwas zu schreiben, oder auch nur zu lesen. 15

Mit der Bitte mich Ihrer Frau Gemahlin bestens empfehlen zu wollen,
verbinde ich auch diese, die Versicherung der ausgezeichnetsten, herzlichsten
Hochachtung genehmigen zu wollen, mit der die Ehre hat zu beharren

Ewr Hochwolgeboren
Gehorsamst ergebenster 20
Wien am 29ten April 1829.   Andreas Streicher

62. Körner an Streicher

Ew. Wohlgebohren
haben mich durch einen Beweis Ihres Andenkens erfreut, der mir sehr werth
war. Ihre Bekanntschaft ist mir im Jahre 1812. in mehr als einer Rücksicht 25
interessant gewesen, und bey Jedem, der von Wien zu mir kam, habe ich
mich nach Ihnen erkundigt

Ihre Idee zu Schillers Biographie Beyträge für die Jahre 1781 bis 85. zu
liefern ist mir erwünscht, und wird gewiß dem Publikum willkommen seyn.
Auch sehe ich nicht ein, wie dieß mit der Biographie, die Frau von Wolzogen 30
schreiben will, collidiren könne. Aber meine dringende Bitte ist, daß Sie mit
1785. schließen, und von meinem und der Meinigen Verhältniße mit S. nichts
erwähnen. Ich verkenne die Triebfeder nicht, aus der Sie über dieß Verhältniß
Auskunft zu haben wünschen, aber haben Sie die Güte sich an meine Stelle zu
setzen und die Folgen zu bedenken, wenn Verbindungen edlerer Art zur Kennt- 35
niß eines gemischten Publikums gelangen, das großentheils aus sehr gemeinen
Seelen besteht. Mancher Herausgeber einer Zeitschrift lauert auf solche Anec-
doten, und freut sich wenn er sie bespötteln oder begeifern kann. Was gewinnt das Publikum dabey wenn es erfährt, daß S's früheste Produkte auf
einige Personen einen begeisternden Eindruck gemacht haben, daß diese sich 40

nicht versagen konnten es gegen ihn auszusprechen, und daß sie wünschten mit ihm zusammen zu leben? Manche Veranlaßungen zu einer Reise von Mannheim nach Leipzig lassen sich denken, und die Bekanntschaft mit dem Buchhändler Göschen erklärt hinlänglich warum S. nachher in Sachsen ver-
5 weilte. Wenn ich etwas beygetragen habe diesen Schritt zu erleichtern, so glaube ich nicht gegen irgend Jemand darüber Rechenschaft geben zu müssen. Noch weniger meyne ich verdient zu haben, dieserhalb in Zeitschriften als ein ruhmrediger Geck an den Pranger gestellt zu werden. Denn von wem könnten Sie solche Nachrichten erhalten haben, als von mir selbst?
10 Ueber die Plane zu Unterstützungen S.'s bey seiner Krankheit, die von Deutschen herrühren, weiß ich Ihnen nichts Bestimmtes anzugeben. Nur er- innere ich mich gehört zu haben, daß damals der Herzog von Weimar und der nachherige Fürst Primas sich sehr lebhaft für S. interessirten.

Ihre Absichten bey der Verwendung des Ertrags Ihrer Schrift sind sehr
15 löblich, und ich wünsche nur, daß Ihre Zwecke möglichst erreicht werden mögen.

Der Frau Baronin von Pereira bitte ich mich bestens zu empfehlen. Es freut mich sehr, daß ihre Gesundheit sich gebessert hat. Meine Frau schreibt ihr nächstens.
20 Mit meiner hiesigen Lage bin ich zufrieden, und meine Gesundheit ist für meine Jahre über mein Erwarten. Meine Frau dankt Ihnen bestens für Ihr Andenken, und hat sich auch seit einigen Jahren, bis auf kleine Uebel ziemlich gut befunden. Leben Sie recht wohl! Mit vollkommenster Hochachtung

Ihr
25 ergebenster
Berlin den 5. May 1829. Körner

63. Christian Friedrich Schmidt an Streicher

Weimar, 13. Sept. 1829.
Ew. Wohlgeboren letzte gefällige Zuschrift, deren Datum ich leider nicht
30 zu bezeichnen weiß, weil sie sich auf eine mir unbegreifliche Weise unter meinen Papieren gelegentlich meines Logiswechsels verloren, würde ich dem- ungeachtet sofort nach dem Empfang so gern als schuldig beantwortet haben, wenn nicht meine Antwort, auch noch so sehr beschleuniget, dennoch im ge- wißen Sinne zu spät gekommen wäre. Lassen Sie mich Ihnen gestehen, daß
35 ich auf den Erfolg Ihrer Mittheilung an HE Staatsrath Körner einigermasen gespannt bin. Aus guter Quelle weiß ich, daß er mit Frau v. Wollzogen, Ihres unsterblichen Freundes Schwägerin, in fortwährender genauer Verbindung steht, etc. etc. Nehmen sie hinzu, daß mein Name gar keine literarische Geltung hat, daß ich, wenn sich HE p Koerner nicht jener mündlichen Un-
40 terredung erinnert, die ich einst mit ihm zu Berlin über das damalige Project

Ihrer Freundespietät gehalten, gar nicht die Ehre habe, von ihm gekannt
zu seyn, und daß ich, wie meine Individualität und Gesinnung nun einmal
ist, überhaupt schon eine Schwierigkeit darin fand, mich urtheilend über ein
Werk zu äussern — zu e r h e b e n — welches ich, wie ich ohne Bescheiden-
heitsaffectation bekenne, zu schaffen nicht vermocht haben würde, so haben   5
Sie in Summa, was mich demnächst auch abgehalten hat, selbst mit HE.
Staatsrath K. in Mittheilung zu treten. Sie werden mir nun nach dieser auf-
richtigen Eröfnung nicht ein so großes Unrecht anthun, mich der Lauheit in
meiner Theilnahme an einer Angelegenheit anzuklagen, die Ihnen, mir und
jedem Verehrer Schillers so nahe liegt. Dagegen schützt mich vielleicht schon,   10
was Ihnen mein guter alter Universitätsfreund, Director Schmidt aus Brünn,
aus unsern Besprechungen über den Gegenstand berichtet haben wird. Es
freut mich in jeder Beziehung, daß Sie diesem werthen Freunde Sich näher
mitgetheilt haben. Er schreibt mir so eben, daß er in der Wiener Zeitschrift
über Literatur, Kunst etc eine vorläufige Anzeige gemacht, und ich habe ihn   15
in diesem Augenblick freundschaftlich aufgefodert, doch eine ähnliche noch in
einem gelesenen norddeutschen Blatte erscheinen zu laßen. Die sicherste Bürgschaft für das Gelingen Ihrer Unternehmung leistet der Titel Ihres Werkes,
wie der eigene, weit und breit bekannte und geachtete Namen des Verfassers.
Die Sache steht schon auf ihren eigenen Füßen, und mit Recht abstrahiren   20
Sie aus den mir bemerkten Gründen auch von jedem Anschließen an die neue
Ausgabe der Schillerschen Werke. Freilich darf Ihnen einerseits in mercantiler
Beziehung ein mehrfaches Correspondiren nicht allzulästig fallen, und andererseits werden Sie nach dem Worte Göthes, wie unser lieber deutscher Buchhandel nun einmal bestellt ist, nicht zu sanguinische Hofnung faßen; vor   25
allen Dingen aber möchten Sie Sich Privilegien gegen den Nachdruck von den
deutschen Regierungen zu erwirken Bedacht nehmen. Ich meine und hoffe,
daß Ihnen letzteres nicht schwer fallen werde, und sehe in Bezug auf das
Großherzogthum Sachsen-Weimar-Eisenag nur Ihrem gefälligen Auftrag
mit näherer Angabe des Titels, der Bändeanzahl, des Verlegers u.s.w. ent-   30
gegen, damit ich hier das erfoderliche freudig besorgen könne. Im K ö n i g -
r e i c h Sachsen werden Sie durch die KK. Gesandtschaft oder sonst geeig-
nete Verbindungen denselben Zwek leicht ereichen können; ausserdem hat
HE. Director Schmidt, in Dresden literarische Verbindungen, wie ich ver-
wandtschaftliche und geschäftliche. Lassen Sie mich nur bald vernehmen,   35
daß Sie im Laufe des nun bald verfloßenen Sommers, wie Sie beabsichtigten,
Ihr Werk vollendet haben, und erfreuen Sie mich zuweilen, darum bitte ich
ganz besonders, mit einer freundschaftlichen Kunde. In der That schmeichelte
ich mir, bis vor Kurzem, Ihnen die schuldige Antwort auf Ihre liebe Zuschrift
mündlich überbringen zu können; unser Lieblingsproject aber, eine Reise   40
nach Wien, scheiterte für diesen Sommer, weil ich bei meinem Collegio, dem
schon mehre Mitglieder fehlten, nicht abkommen konnte. So bleibe denn

die Erfüllung meines Wunsches, Ihre schätzbare Bekanntschaft persönlich zu machen, dem nächsten Jahre vorbehalten. Innmittelst empfehle ich mich in Ihr wohlwollendes Andenken, bitte mir und meiner Frau daßelbe auch bei Ihrem Herrn Sohne zu erneuern, und beharre mit ausgezeichnetster Hoch-
5 achtung

Ew Wohlgeboren

ganz ergebenster

Fr. Schmidt.

64. Caroline von Wolzogen an Christophine Reinwald

10 Jena d. 2ten Juni 30.

Zum Antritt des Jahres, meine theure Freundin, wünsch ich Ihnen Allen Seegen des Himmels. Ich bin mit den Schluß des lezten mit der Zusammenstellung von Schillers Leben zur neuen Ausgabe, waß Cotta verlangte, fertig geworden. Es war mir eine schwere Arbeit die die ganze Vergangenheit u.
15 alles verlohrne Glück in mir aufwühlte — doch konnte ich sie Niemand Fremden überlaßen, u. Gott sei Dank, ich hoffe sie ist gelungen. Von Ihren an Ernst gegebnen Briefen, habe ich viele eingerückt, denn wie innig u. liebend Schiller in seinem Familienleben war, mußte auch bekannt werden. Alles Alles Andre ist noch da, man kann mit der Zeit noch einen Band Briefe dar-
20 aus machen (doch davon muß man jezt Niemand etwas sagen) Streichers Werk habe ich gar nicht gelesen, ich habe nur kurz über ihn gesagt, daß er sich edel in einer drückenden Lage, gegen Schiller genommen. Das Ganze mußte ich groß u. nobel halten, u. alles Zergliedern kleiner LebensNoth das nicht intreßant sein kann, ließ ich weg. Wie schmerzts michs immer wenn ich
25 das Wohlhaben der Kinder jezt bedenke, daß ers nicht selbst genoßen! Doch ihm ist wohl! Sagen Sie mir doch meine Liebe, ob die Herzogin Mutter u. ihr Gefolge etwas von Carolinens Liebesgeschichte in Carlsruhe erfahren haben? Ist dieses, so mögte ich wißen waß sie über den HE. Schlegel denken? Wißen sie nichts, so fragen Sie auch nicht. Ich fürchte die arme Caroline macht einen
30 dummen Streich u. wäre glücklicher wenn sie nicht heirathete. Will sie das aber einmal, so hat sie freilich keine große Wahl denn ihre Zähne machen sie freilich häßlich. Wenn HE. Schlegel nicht etwa nur auf ihr Vermögen spekuliert. Sie hat mir sehr lang nicht geschrieben. Emiliens Krankheit ist sehr traurig, da sie sonst vollkommen glücklich wäre, doch da sie nun schwanger
35 ist macht dies vielleicht eine Crisis.

Leben Sie wohl, liebe Freundin, u. gedenken mein mit Liebe, u. grüßen Alles waß sich mein erinnert. Die Schwenken empfielt sich Ihnen, sie ist leidlich wohl, u. ich sehe, waß ich oft nicht begreife. Mit herzlichster Freundschaft Ihre

40 CWolzogen.

65. Streicher an Marie von Rosthorn

Wien am 17ten Sept. 1832.

Meine theuerste, meine verehrteste Freundin!

Ich habe diesen ganzen Tag in tiefem Nachdenken, in der süßesten, angenehmsten Wehmuth verlebt, und ich weiß diese Stimmung nicht angemesse-   5
ner zu unterhalten, als, indem ich an Sie, an mein liebes Kind schreibe, und
Ihnen die Ursache davon sage.

Es sind heute volle 50 Jahre, als ich dem edelsten Jüngling, dem größten
Dichter Deutschlands, welchen es je hatte und Nie mehr haben wird; zu seiner Flucht aus einer Tirannischen Sclaverei behülflich war, und die Stunde   10
ist nicht mehr ferne, in welcher das gefährliche Wagestück ausgeführt wurde.
Arm an Mitteln; unbeachtet von andern; mit Nichts als ein wenig Talent;
mit einem glühenden Enthusiasmus für alles Große, Edle und Schöne; mit
einem unbeugsamen Willen das auszuführen was ich als recht erkannte; wagte
ich mich auf die trügerische See des Lebens, noch ohne Erfahrung wie ich das   15
Ruder meines Schiffleins führen sollte, aber mit dem festen Vorsatz es lebend
nicht aus der Hand zu lassen. Der Seegen meiner vortreflichen, frommen
Mutter, war der größte Reichthum den ich mitnahm; ihr Gebet die einzige
Stütze, von der sich Hülfe in Noth versprechen ließ. Jetzt, jetzt flossen die
Thränen um ihren einzigen Sohn, ihre einzige Hoffnung, ihren Stolz.   20

Sage doch Niemand daß er jemals warhaft glüklich gewesen, wenn er
nicht arm, nicht in einer gefährlichen Lage war; wenn er den Kummer, den
Schmerz der Eltern nicht mit beweinte; wenn er nicht ihre Thränen sah von
Sorgen ausgepreßt. Wie viel mein theures Kind! wie viel entbehren Sie in Zukunft, daß Sie immer in einer wolhabenden Stellung waren — und will es   25
Gott, auch künftig seyn werden. In herben, bitteren Umständen lernt man
erst was Eltern sind, und welchen Aufopferungen sie sich hingeben! Wenn ich
nun an den zurük denke, der schon auf Erde den Himmlischen zugezählt
werden durfte, wie hoch muß ich es dem Schiksal Dank wissen, daß unter
den vielen Jugendfreunden die er hatte, ich der einzige war, der den Muth   30
hatte den Sprung der Freiheit mit ihm zu wagen, und wenn dieser mislänge,
einer langdauernden Gefangenschaft Trotz zu bieten.

Und wie gütig, wie liebevoll hat mich die Vorsehung geleitet! Auf rauhen,
ungebahnten Pfaden lehrte sie mich den Fuß zu setzen, daß ich nicht strau-
chelte. Sie bewahrte mich, so schwärmerisch auch mein Gefühl war, Nie etwas   35
unmögliches, unausführbares zu verlangen. Sie führte mich, daß ich mir nur
Handlungen des Leichtsinns, der H e f t i g k e i t , aber — und dieß ist der
höchste Grund zur Beruhigung — durchaus keine Niedrigkeit vorwerfen darf.

Und welchen Namenlosen Dank müßte ich erst aussprechen, wenn ich die
Seeligkeiten aufzählen wollte, die mir die Tonkunst gewährte! Die Wonne,   40
die mir durch das, an alles Schöne sich heftende Auge zufloß! Das Götter-

glük, warhaft reine, uneigennützige Freundschaft oder Liebe empfinden und erwiedern zu können! Die Fähigkeit, bei alle diesen hinreißenden Genüssen, dennoch das Wohl der Kinder, der Gattin, das eigene, nie aus den Augen zu verlieren sondern es durchaus als das heiligste, nothwendigste zu achten.

5   Nur mit Ihnen meine innigst verehrte Freundin! darf ich es wagen, von meinen Empfindungen, meinen Rükerinnerungen so unverholen zu sprechen. Ihnen allein darf ich es auch sagen, daß ich sehr glüklich, unaussprechlich glüklich war. Nicht aber mir selbst, nur der angebornen Festigkeit in Lebensverhältnissen; nur dem Instinctartigen Gedanken, daß man in der
10 Freundschaft N i e   f o r d e r n, sondern nur g e b e n dürfe, wenn sie ungestört dauern solle; diesen zwei ganz zufälligen, n i c h t   e r w o r b e n e n Eigenschaften habe ich es beizumessen, daß ich mit Zufriedenheit sagen darf: I c h   w a r   g l ü k l i c h !

   Möchten Sie doch, einst an dieses Ziel gelangt, auch sagen können, daß Zu-
15 neigung, Freundschaft, Liebe; die Genüsse der Kunst; das hochschlagende Herz für alles Schöne und Edle, Ihnen die kostbarsten Genüsse bereiteten. Und möchte dann auch, ein so lebensvoller, blühender und stets sich erneuernder Kranz, von Liebevollen Kindern und Enkeln Sie umgeben, damit alles das belohnt werde, was jezt noch als Vorsatz im Busen ruht und erst später
20 zur That reift.

   Und nun zu Ihrem lezten Briefe vom 14ten Sept.

   Wie leid ist es mir jetzt, daß ich die 8 Seiten Ihnen nicht überschikte sondern sie zernichtete. Gewiß geschah es aber nicht aus den Gründen welche Sie angaben, sondern nur aus Furcht Ihre Gedult zu ermüden. Den Innhalt davon
25 kann ich Ihnen ganz kurz angeben. Da Sie gerade im Bau einer Burg begriffen sind, in welcher Sie mit Ruhe, Heiterkeit und Gleichmuth für immer zu wohnen entschlossen scheinen, so habe ich mir die Freiheit genommen, Ihnen die Ordnung der Sääle und Zimmer vorzuschlagen, und die Einrichtung von jedem, wie auch die Folge in welcher sie besucht werden sollten, angezeigt.
30 Jede Abtheilung enthielt eine Mahnung an das Gemüth, an die Vorsätze die im Tage auszuführen wären, nebstbei die Attribute jeder Eigenschaft.

   Wie alles fertig war, übersah ich den GrundRiß, an dem ich nur diesen Tadel fand, daß es nichts weiter als dieses war. Auch erinnerte ich mich wie vielmal ich ähnliche Gebäude aufgeführt; wie sorgfältig ich mich darinne
35 eingerichtet; wie tapfer ich auf jeden Angriff gefaßt mich machte, und wie oft mich dennoch Heftigkeit oder Leidenschaft aus meinen Verschanzungen jagte. Erst später, nachdem alles zernichtet war, fiel mir bei, den harten, rauhen Mann, auf die gleiche Linie mit einem so zarten, für jeden Eindruk so leicht empfänglichen Wesen als Sie sind, zu setzen, wäre höchst ungereimt:
40 denn wenn bei dem thätigen, raschen Manne der Gelegenheiten viele sind, welche seine Plane, seinen Willen unterbrechen und ihn zur Ungedult reitzen; so ist dagegen ein Mädchen in so zarten Jahren, bei weitem noch nicht in

gleichem Falle. Auch haften Vorstellungen, Erinnerungen in einer so fein ge-
wobenen Natur viel eher und tiefer, als bei dem, aus härterem Stoff geform-
ten Manne.

Sie sehen, daß ich selbst wünschte das, was ich gethan, ungeschehen machen
zu können, und glauben wohl auch, daß es nicht die von Ihnen ausgesprochenen Gründe waren, welche mich dazu veranlaßten. Um lezteres bitte ich um
so dringender, je tiefer es mich schmertzen müßte, wenn Sie auf der Meinung
bestünden, ich hielte Sie einer hohen Vollkommenheit nicht fähig. Doch, das
können Sie um so weniger glauben, je mehr Beweise Sie von mir in Händen
haben, daß ich die seltenen Eigenschaften Ihres reinen Herzens, eben so hoch,
als Ihre reichen, vielfältigen Talente verehre.

An die Tagesordnung reiht sich aber noch etwas an, was besprochen werden
muß, und dieß ist die Reise des Vaters. Ich habe

66. Streicher an Franz Anton Rollett

Wien, am 19. November 1832.

Liebster Freund!

Könnte ich Ihnen einige Flaschen des Trankes aus dem Lethe verschaffen,
so würde ich Ihnen solche augenblicklich senden, damit Sie bis zum neuen
Jahre alles vergäßen, was im vorigen, um die jetzige Zeit, Sie betroffen hat.
Doch Sie sind ein Mann, dessen muthige Entschlossenheit sich einen ähnlichen
Trank bereiten kann.

Um Sie einigermaßen zu zerstreuen, wage ich die Bitte, in dem Jahrgang
Ihrer aufbewahrten Wiener Zeitungen von 1802 nachsehen zu wollen, unter
welchem Tag und mit welchen Ausdrücken unser Freund S c h i l l e r in den
A d e l s s t a n d erhoben worden ist. Suchen Sie vom December an rückwärts,
denn ich erinnere mich, diese Zeitung beiläufig im Herbste gelesen zu haben.
Gerade jetzt bin ich an diesem Zeitpunkt, den ich gerne etwas genauer, als
von Anderen geschehen, angeben möchte. — Sie werden mir durch das Auffinden dieser Erhebungen einen sehr großen Gefallen erweisen und zu Ihrer
vielen Güte auch noch diese fügen.

Bei uns ist Alles so ziemlich wohl. Daß es bei Ihnen besser sei und daß Sie
der lieben Frau und den Kindern alles Schöne von mir sagen möchten,
wünscht herzlich Ihr

A. Streicher.

67. Christian Friedrich Schmidt an Streicher

Weimar, 3. April 1833.

Mein langes Schweigen auf Ew. Wohlgeboren letzten liebenswürdigen Brief,
der so weit zurückdatirt, daß ich es näher zu bezeichnen mich schäme, ward

in der That dadurch veranlaßt, daß ich im ganzen verfloßenen Jahre mich
mit dem Gedanken einer Reise nach Wien ernstlich beschäftigte, und doch an
deßen Ausführung durch die Ungunst der Witterung, und vorzüglich durch
das bedauerliche Verweilen der Cholera in der großen Kaiserstadt fortwäh-
5 rend verhindert wurde. Zwei Gelegenheiten, in der Gesellschaft guter
Freunde die Reise zu machen, lies ich unbenutzt, weil ich den dringenden
Vorstellungen und Protestationen meiner für mich besorgten Frau nachgab,
die sich denn auch in meinem Arzt noch einen Alliirten geworben hatte. Und
so möge die Ausführung meines Lieblingsprojectes, Wien zu besuchen und
10 dabei auch Ihre von mir so sehnlich gewünschte persönliche Bekanntschaft
zu machen, der nächsten Zukunft, wenigstens doch diesem Sommer oder
Herbst vorbehalten bleiben. Die nächste Veranlassung zu diesen Zeilen giebt
mir der Wunsch eines sehr musikliebenden Freundes, des Herrn Regierungs-
rathes Türpen zu Erfurt. Dieser besitzt bereits ein englisches FlügelForte-
15 piano von Broadwood aus dem Nachlaß des Prinzen Louis von Preußen, lies
sich hierzu vor wenig Jahren, auf Empfehlung eines Wiener Bekannten in
Karlsbad, ein Instrument von Ihrem Herrn Schwager, Andreas Stein kommen, ward aber nun wieder ⟨von⟩ meinem Instrument, welches er seit etwa
6. Monaten kennen gelernt, d⟨urch⟩ seinen sonoren reichen und vollen Ton
20 dergestalt eingenommen, daß er ein ähnliches, wenn es ihm nicht zu hoch
käme und noch v o r der Aufnahme hiesiger Gegend in die Preussischen
Zolllinien bei ihm anlangen könnte, anzuschaffen nicht abgeneigt ist, zumal
ich ihm versicherte, daß er im Fall einer Bestellung auf die gleiche Qualität
würde rechnen können. Hinsichtlich des Preises habe ich ihm zwar die mir
25 von Ihnen vor mehrern Jahren mitgetheilte Preisliste, worin ein Patentin-
strument von 6. Octaven in Nußbaum mit 380 fz. Cour. M. angesetzt ist,
vorgelegt, allein zugleich bemerkt, daß diese Preisliste schon mehrere Jahre
alt sey, und so hat er denn mich mit der Bitte beauftragt, von Ihnen nicht
nur über den dermaligen g e n a u e s t e n Preis sondern auch über die Zeit
30 Erkundigung einzuziehen, binnen welcher Sie ein solches Instrument bis Erfurt zuverlässig liefern könnten. Dieses Auftrags entledige ich mich nun mit
desto größerm Vergnügen, als ich selbst eine neuere Preisliste von Ihnen besitzen möchte. Es könnte wohl noch sonst jemand auf den Gedanken kommen, die nur noch auf kurze Zeit bestehende Eingangsfreiheit zu einer ähn-
35 lichen Acquisition benutzen zu wollen. Man muß übrigens die leidenschaft-
liche Liebhaberei des HE. Türpen bewundern, welcher ein Familienvater und
doch nur mäsig vermögend ist. —
    Nicht lebhafter aber werden Sie mich erfreuen können, als wenn Sie mir
bei Gelegenheit dieser geschäftlichen Antwort, um deren gefällige Beschleu-
40 nigung ich bitte, auch sagen werden, daß die dritte und letzte Abtheilung
Ihres mit der Wärme der Jugendliebe unternommenen biographischen Werkes über Ihren unsterblichen Freund innmittelst vollendet sey. Ich glaube und

27 Streicher

hoffe es bei dem Maase von Kraft, welches sich überall in Ihren Worten und
Handeln kund giebt. Alsdann zögern Sie aber auch nicht länger, daßelbe
bald dem literarischen Publicum zu schenken. Ob der Ertrag der vWollzo-
genschen Schrift d i r e c t den Kindern des Verewigten zugefloßen, weiß ich
nicht; so viel aber ist mir und wohl auch schon Ihnen zu Ihrer Freude be-   5
kannt geworden, daß der nun auch verstorbene Cotta, als er einige Jahre vor
seinem Tode die neue Ausgabe der Schillerschen Werke besorgte, den Schillerschen Erben unaufgefodert die ansehnliche Summe von 50/m r. gewährte,
welche ich so nenne, wenigstens in dem Verhältniß zu demjenigen, was er
dem Göthe bei der Ausgabe letzter Hand von dessen doch ungleich umfäng-   10
lichern Werken zugestanden hatte. Freilich hätte G. wenn er nicht eben mit
C o t t a den Vertrag hätte eingehen wollen, von andern Buchhändlern
100/m r. beziehen können. Dem Nachlaß deßelben wächst übrigens noch
sehr viel aus den posthumis zu; 1.) der Fortsetzung seiner Werke, wovon so
eben die erste Lieferung bei Cotta erschienen; 2.) dem Briefwechsel mit Zel-   15
ter, wovon die andere Honorarhälfte des letztern Erben zufließt, und 3.) einer bei dem Regierungscollegio deponirten, die Zustände der gesammten
Litteratur umfaßenden Correspondenz, welche jedoch nach der Verordnung
des defunctus erst 1850. an das Licht treten darf. — Um aber wieder auf
Ihre so höchst interessante Unternehmung zurückzukommen, so erinnere ich   20
mich, daß Sie wohl einst die Frage gestellt, ob das über die Beisetzung in der
Fürstengruft aufgenommene Protokoll mit bekanntgemacht werden dürfe.
Bei einer Behörde habe ich darüber nicht angefragt. Man muß in der Welt
nicht zu viel fragen. Ich will Ihnen auch jetzt nicht gerade affirmativ s⟨olche⟩
Frage beantworten, aber doch bemerken, daß damals die Abschrift des Pro-   25
tokolles — ich weiß nicht, wie Ihnen die Ihrige zugekommen — in mehrern
Händen gewesen, dieses Protokoll auch, so viel ich mich erinnere und wie
Sie sicherlich, im Besitz deßelben, noch viel beßer werden beurtheilen können,
wohl keinen innern materiellen Grund gegen die Bekanntmachung enthalten
⟨wird.⟩ Zum Schluß muß ich aber doch als ein curiosum erwähnen, daß jch in   30
Folge meiner uralten Vorliebe für Beethoven und Shakespeare einen Versuch gemacht habe, ⟨die⟩ beiden mächtigen Geister mit einander zu vermählen.
Ich habe nämlich aus den Schätzen ihrer beiderseitigen Productionen solche
aufzufinden gewußt, welche in ⟨Rück⟩sicht auf Charactere und Gang der
Empfindung vollkommen miteinander h⟨armoniren⟩ und in Parallele stehen,   35
jch habe die Shakespearschen Texte den Beethovenschen Melodieen ver-
deutscht untergelegt, und auf diese Weise sind die 6. Gesänge entstanden,
welche bei Breitkopf & Hertel anonym erscheinen. Was sagen Sie zu dem
tollkühnen Einfall? Ich erwähne ihn für den Fall, daß Ihnen die kleine
Sammlung demnächst einmal zu Gesicht kommen sollte. Jetzt aber bitte und   40
wünsche ich nur noch, daß ich nicht durch ⟨die⟩ Schuld nur allzulangen
Schweigens, die Sie mir großmüthig vergeben wollen, ⟨. . .⟩ in gänzliche Ver-

gessenheit gerathen seyn möge, und daß Sie wie Ihr Herr Sohn, dem ich mich
freundschaftlich empfehle, so frisch und kräftig Sich noch befinden mögen,
als ich mir Sie vorstelle und wünsche. Hochachtungsvollst

Ihr ganz ergebenster
Schmidt,
Geheimer Regierungsrath.

68. Streicher an Christian Friedrich Schmidt

Wien am 12ten April 1833.

Ewr Hochw.

Verehrtestes Schreiben vom 3ten April hat mir eine eben so angenehme
Ueberraschung als große Freude gewährt, indem ich alle Ursache hatte zu
glauben, daß Sie, durch mein vieljähriges Zögern ermüdet, an der ganzen
Schillerschen Sache keinen Antheil mehr nehmen, folglich auch nichts mehr
darüber sagen wollten. Es ist allerdings wahr, daß aller Anschein gegen mich
spricht, und jemand der von meiner vielseitigen Geschäftsthätigkeit nicht
unterrichtet ist, mit vollem Anscheine schließen dürfte, es müsse am Wollen
oder Können fehlen. Allein das erstere war gewiß nicht der Fall, und um das
zweite zu beweisen, fehlte es mir nur an der nöthigen Zeit und Ruhe, die
beide mir auf eine ebenso unerwartet als traurige Art, in vollem Maaße zu
Theil geworden sind. Ewr. Hochwolgeborn erlauben, diese Veranlassung, in
wenige Worte zu pressen.

Am 16ten Jan. dieses Jahres nach zwei Monatlanger Krankheit starb
meine geliebte, geschäzte und geehrte Frau, in Folge dessen ich mich aus meinem bisherigen Geschäfte gänzlich zurükzog, mein Haus zum Bewohnen,
alle Vorräthe, Maschinen, Werkzeuge dem einzigen Sohne zum Gebrauch
überließ, und nun die wenigen Tage die mir die Vorsehung noch gönnen mag,
in einer stillen, nicht drängenden Thätigkeit zu verleben Willens bin. Kaum
waren die ersten Wochen des stärksten Schmertzens verflossen, als ich meine,
fast erschöpften Kräfte zusammen faßte, um dasjenige, was ich, zur dritten
Abtheilung gehörig, schon früher gesammelt und aufgesetzt, in völlige Ordnung zu bringen. Völlig über meine Zeit gebietend, werde ich nun nicht mehr
aussetzen, bis die Sache geendiget ist. Je näher ich aber dem Zeitpuncte der
wichtigsten Arbeiten des Dichters komme, je schwieriger wird es, in solchen
Worten von ihm zu sprechen, die seiner, von Tag zu Tag wachsenden Größe,
würdig sind. Früher, als noch von dem Jüngling, von dem anfangenden Dramatiker die Rede war, konnte die Feder rascher vorwärts schreiten. Jetzt
steht der vollendete Mann, der große — und wenn man die Gräntzen von
dem, was eigentlich Dichtkunst genannt werden dürfte, recht scharf ziehen
will, — der größte, ja der einzige Dichter den Deutschland jemalen aufzuweisen hatte, mir vor dem Gedächtniß, und seine koloßale Majestät müßte

27*

mich gänzlich zurükschrecken, wenn sein reines Gefühl, sein edles Gemüth, seine bezaubernde Sprache, nicht auch den liebenswürdigsten Schriftsteller beurkundete.

Der Zweck dieser kleinen Schrift bleibt unverrükt derselbige, nemlich damit einen großen DichterPreis zu stiften, der seinen Nahmen führen soll.　　5

Eine Art Grausamkeit wäre es, wenn die Bekanntmachung des Protokolls, dessen einfache Sprache rührender ist, als die geschmükteste Beschreibung, mir verweigert werden sollte. Da es durch viele Hände gegangen so ist der Mitthäter nicht zu errathen. Und wäre dieß auch, so kann es Nie sträflich erscheinen, etwas Löbliches dem Publikum mitzutheilen. Ich werde also nicht　10
weiter deshalb anfragen, und werde ebenfalls die zwei, von jemand mir mitgetheilten Briefe des Herzogs an Schiller um so gewißer mit aufnehmen, als sie dem seltenen Fürsten noch in der spätesten Zeit mehr Ehre machen werden, als ob er eine Schlacht gewonnen hätte. Denn daß er — der Fürst, der Landesherr — den Dichter seinen l i e b e n Freund nannte, beweißt wie　15
hoch er dessen Talente schäzte, und wie sehr Schiller der Achtung eines so hochstehenden Mannes würdig war.

Daß Cotta — dem von deutschen Schriftstellern ein Ehrendenkmal errichtet werden sollte — für die Schillerischen Schriften vielleicht mehr, als für die von Goethe gegeben, ungeachtet leztere zahlreicher und manche noch　20
unbekannt waren, hat wol seinen Grund darinn, daß die Schriften des ersteren zwanzigmal gelesen werden, bis man sich entschließt, die von Goethe, zweimal in die Hand zu nehmen. Die spätere Zeit wird sich noch stärker hierüber aussprechen.

Sehr Recht hatte Ihre Frau Gemahlin, so wie auch Ihr Arzt, Sie während-　25
dem die Cholera hier herrschte, von einer Reise abzuhalten. So furchtlos wir auch waren, und obwol die meisten Aerzte endlich so glüklich waren, die meisten so damit befallen wurden, zu retten; so bleibt es doch immer eine schlimme Krankheit, die um so gefährlicher ist, weil sie nicht immer aus gleichen Ursachen entsteht.　　30

Es würde mich unendlich freuen, einen so hoch verehrten Mann wie Sie mir schon so lange sind, einmal Persönlich kennen zu lernen. Zu einer Reise nach Wien, und besonders in der schönen Jahreszeit, sollte es wol keiner Aufmunterung bedürfen, denn es gibt hier der Kunst und Naturschäze so viele, daß die Erinnerung an deren Genuß, wohl ein ganzes Leben ausdauert.　35
Würde ich nicht zu weit, beinahe 25 Minuten, von der Stadt wohnen, so würde ich mit größtem Vergnügen meine Zimmer mit Ihnen theilen. Allein Sie wären dann aus dem Mittelpuncte dessen entfernt, was den Reisenden am meisten intressirt und könnten das wenigste mit Bequemlichkeit genießen. Ich darf Sie wol bitten den Zeitpunct Ihrer Ankunft mir gefälligst bald kund zu　40
geben, damit ich meinen Aufenthalt im Bade darnach bestimmen kann. Mit vielem Danke, daß Sie der Anfrage eines Pf. wegen sich unterzogen — Mit

der Bitte Ihrer Frau Gemahlin mich bestens empfehlen zu wollen und in der
Hoffnung bald Persönlich die Versicherung meiner Hochachtung bezeugen zu
können, habe ich die Ehre zu beharren Ewr Hochwol. erg.

A. Streicher

5 *69. Johann Baptist Streicher (und Sophie Pauer-Streicher) an Georg von
Cotta*

Herrn Baron Cotta von Cottendorf
Ew. Hochwohlgeboren!
Wir erlauben uns, Ihnen beyliegende kleine Schrift zu gefälliger Durchsicht
10 zuzusenden. Sie betrifft eine der bedeutensten Epochen in Schillers Leben,
nämlich deßen Flucht von Stuttgart, und Aufenthalt zu Mannheim in den
Jahren 1782 bis 1785, worüber in allen Lebensbeschreibungen Schillers nur
kurze, oder so irrige Angaben geschehen, daß der Leser sich mehr mit Vermuthungen als Thatsachen unterhalten findet.
15   Dieß bewog unsern seligen Vater, welcher ein genauer Jugendfreund Schillers, und bey deßen Flucht aus Stuttgart selbst befördernder Theilnahme war,
den häufig deßhalb an ihn ergangenen Aufforderungen nachzukommen, und
über jenen Zeitpunkt Aufklärungen zu geben, welche den zahlreichen Verehrern des unsterblichen Dichters nur höchst interessant seyn dürften.
20   Sowohl die Herausgabe, als die hiermit verbundene Absicht, durch den Ertrag der Schrift einen, das Andenken Schillers ehrenden Zweck zu erreichen,
wurde durch das, vor zwey Jahren erfolgte Ableben unseres Vaters vereitelt,
und die Ausführung dieses Vorhabens erst neuerlich durch die Aufforderung
des Schiller-Vereines bey uns angeregt, indem durch Zuwendung des Ertrages
25 der Schrift an den gedachten Verein, wir ganz in dem Sinne des Verfaßers zu
handeln hoffen können.
       Da es nun Ew. Hochwohlgeborn bey Ihren ausgebreiteten Verlagsgeschäf-
ten am leichtesten werden dürfte, die Brochüre auf eine für den Schiller-Ver-
ein vortheilhafte Weise, entweder für sich bestehend, oder als Zugabe bey
30 einer neuen Auflage der Schillerschen Werke zu benützen, so bitten wir Sie,
uns gütigst Ihre Ansicht hierüber mittheilen, und im günstigen Falle das Honorar bestimmen zu wollen, welches hierdurch dem erwähnten Vereine, zugewendet werden könnte.
       Ein paßendes kurzes Vorwort, Veranlaßung und Zweck der Schrift betref-
35 fend, würden wir uns nachzutragen vorbehalten, da solches sich nach Art des
Erscheinens richten müßte.
       Sollten Ew. Hochwohlgeborn das Schriftchen für eigene Rechnung zu ge-
brauchen nicht für geeignet halten, so bitten wir Sie, es einstweilen zu unserer weiteren Verfügung bey sich liegen lassen zu wollen, und es mit der
40 guten Absicht zu entschuldigen, wenn wir Ihnen mit unserer Anfrage vielleicht beschwerlich gefallen sind.

Ihrer gefälligen Erwiederung möglichst bald entgegensehend, zeichnen mit
wahrer Hochachtung

Ew Hochwohlgeborn
ergebenste

Wien 6 Juli 1835.   J. B. Streicher   5
und Sophie Streicher verehl. Pauer

70. *Johann Baptist Streicher (und Sophie Pauer-Streicher) an Georg von Cotta*

Ew Hochwohlgeborn

Geehrtes vom 12. d Mts ist mir s. Z. richtig zugekommen, und Ihre Bereit-   10
willigkeit auf unseren Vorschlag einzugehen, konnte meine Schwester und
mich nur mit wahrer Freude erfüllen.

Daß Ew. Hochwolgeborn sich mit Schillers Söhnen darüber in Einverneh-
men setzen wollen, finden wir unter den uns mitgetheilten Verhältnißen
ganz natürlich, und erklären uns mit allen Schritten einverstanden, welche   15
Sie zur Erreichung unseres Zweckes nöthig finden sollten

Übrigens zweifle ich um so weniger an der Einwilligung der Herren von
Schiller, als das Schriftchen durchaus Nichts enthält was nicht zu allgemeiner
Kenntniß kommen dürfte, und Herr Ernst von Schiller größtentheils damit
schon bekannt ist.   20

Ihren weiteren gefälligen Nachrichten entgegensehend zeichnet mit wahrer
Hochachtung

Ew Hochwolgeboren
ergebenster Diener

Wien 23ten Aug 1835.   J. B Streicher   25
Fr Sophie Streicher verehlichte
Pauer.

71. *Ernst von Schiller an Georg von Cotta*

Köln d. 3ten September 1835.

Innigstverehrter Freund   30

Du bist sehr gütig, daß Du auf mein mehrfaches Schreiben nicht zürnest,
würdest es aber auch gern entschuldigen, wenn Du mich Dir theils mit auf
gerichtliche Termine wartenden Arbeiten momentan belastet, und theils zweimal sehr krank gedacht hättest; ich bin sogar noch krank und erst heut aus
dem Bette; das ich jedoch diesmal nur vier Tage gehütet habe.   35

Chronologisch zu antworten, kann ich Dir von dem Referendarius Har-
dung, der Dir das Manuscript einer Uebersetzung von Bentham anbot, nur
die unter seinen Bekannten allgemeine Meinung referiren, daß er ein sehr
gebildeter und fleißiger junger Mann sey, der sich auch mit Sprachstudien

viel beschäftigt habe. Selbst kenne ich ihn nicht; er war früher in Düsseldorf, wo sein Vater Rath des ehemaligen Appellationshofs gewesen ist, und nachher in Berlin als Geheimer OberRevisionsrath starb; woraus ich nur folgern will, daß er eine feine Erziehung genossen haben kann, nämlich der
5 Sohn. Er gilt für einen tüchtigen Menschen. Sein Oheim ist Geheimer Regierungs- und Landrath im Koblenzer Regierungsbezirke zu Mayen.

Das mir heut durch Deine Güte zugegangene Manuscript «Schillers Flucht von Stuttgardt und sein Aufenthalt in Mannheim» ist von dem Instrumentenkünstler Andreas Streicher in Wien, der glaube ich vor einigen Jahren ge-
10 storben ist.

Es sind von unsrer Seite schon früher Demarchen gemacht worden, dieses Werk den sämtlichen Werken einverleiben zu dürfen, natürlich gegen ein Honorar an Streicher, und hat so wohl Hofräthin Rheinwald, von der auch die Randbemerkungen herrühren, als auch ich darüber mehrfach an Herrn
15 A. Streicher geschrieben. Er schien aber das Werk selbstständig herausgeben zu wollen, und hat daher die Vereinigung in einem sehr schönen Briefe an mich abgelehnt.

Da nun aber er, oder seine Erben das Manuscript Dir selbst angeboten haben, so ist einer meiner Hauptzwecke, nämlich der, daß es in Eueren Verlag
20 komme, erfüllt.

Was das Werk selbst betrifft, was ich, da Du sehr eilest, nur in den mir wichtigsten Perioden durchgelesen habe, so habe ich paginis 103 und 104 des ersten Theiles Blätter mit Bemerkungen eingelegt, welche Streichers allenfalls beherzigen möchten.
25 Auch ist pag. 136 ibidem in einem Briefe an Dalberg eine Äußerung über Schwaben enthalten, die eine gleiche Bemerkung wie ad 104 verdiente, wenn die Äußerung selbst nicht in einem B r i e f e enthalten und dadurch wahrscheinlich schon anderwärts dem Publikum bekant geworden wäre. Ich bin übrigens weit entfernt die Wahrheit der ad 104 und 136 geäußerten Ansich-
30 ten Streichers u. meines Vaters zu bestreiten, indem in der hülflosen Zeit meines Vaters auch späterhin in Würtemberg nur Dein seeliger verehrungswürdiger Vater etwas für ihn gethan hat, der aber gewiß jene Äußerungen nicht übel nehmen würde, eben so wenig wie Du, der Du gleiche Verdienste um uns hast. Ferner stelle ich anheim, ob nicht auf dem Titel selbst das Wort
35 F l u c h t in **Entfernung** zu übersetzen seyn dürfte? ein unmaßgeblicher Vorschlag den ich übrigens den Erben Streicher nicht aufdringen will; übrigens wirst D u meinen Wunsch leicht begreifen und wahrscheinlich theilen.

Ich bin daher der Meinung, daß die angegebene Aenderung der erwähnten drei Ausdrücke bei Streichers in Vorschlag gebracht, und wenn der Vor-
40 schlag verworfen werden sollte, Du dennoch und jedenfalls das Dir angebotene Manuscript in Verlag nähmest.

Ich beantworte daher Deine Frage mit J a .

Was die Freiexemplare der neuen Ausgabe betrifft, so ist deren Anzahl
nach Analogie der frühern Verträge auf 15 Exemplare bestimmt gewesen,
und zwar auf feinem Papier; ich unterstelle, daß nur e i n e feine Sorte
Papier verwendet wird und in diesem Falle wünsche ich deren Vertheilung
auf folgende Weise 5

3 Exempl. an Karl nach Rottweil
4. Exemplare an mich in Cöln.
3 Exemplare an Caroline vSchiller in Rudolstadt.
3 Exemplare an Emilie vSchiller in Bonland bei Würzburg.
1 Exemplar an Generalleutnant vWolzogen in Frankfurth 10
1 Exemplar an GeheimeRäthin v. Wolzogen in Jena.
15.

Sollte aber eine Verschiedenheit in den Papieren seyn, so würde ad 1. 2.
3. 4. jedem ein Exemplar des b e s t e n und die andern je zwei Exemplare,
als zusammen 9 des d a r a u f f o l g e n d e n Papiers und ad 5. 6. wieder 15
Exemplare des b e s t e n Papieres abzugeben seyn, was gleich von Euch
aus an die Addressaten abgesendet werden könnte, NB. durch Buchhändlerge-
legenheit.

Mehr kann ich lieber Freund heut wegen Krankheit, nicht schreiben; es
wird aber auch wohl einstweilen genug seyn; ich konnte Dir trotz meiner 20
Schwäche die Rationes Decicendi nicht ersparen, weil sie mir als Juristen in's
Blut übergegangen sind.

Ueber den Eingang der Wechsel schreibe ich nächstens der Buchhandlung,
übrigens s i n d sie alle eingegangen, Du kanst ihr daher selber sagen.

Nun leb wohl theuerster Georg; in der jetzt weniger Arbeitsreichen Zeit 25
schreibe ich Dir mehr.

Meine Damen empfehlen sich Euch zu Gnaden, so wie auch ich und bleibe
ich selbst mit aller Liebe Dein

treuer Freund
Schiller 30

PScr.
Sollte es nicht einmal eine Speculation für uns seyn u n s e r e e i g e n e
Correspondenz zu edieren? Ein großes Publikum dürfte ihr nicht zu ver-
sprechen seyn

72. Georg von Cotta an Johann Baptist Streicher 35

d. 16/X. 1835.
Ew. Wohlgeboren
in Betreff, von Schillers Flucht, endlich einmal eine definitive Antwort geben
zu können, sehe ich mich durch ein Schreiben meines Jugendfreundes Ernst
vSchiller aus Cölln von 4 dss. zu meiner Freude in Stand gesetzt. 40

Wollen Sie seine Wünsche bey der Edition dieser Schrift berücksichtigen, weßhalb ich Ihnen leider das Manuscript wieder zuschicken muß, so ist die JGCotta'sche Buchhandlung bereit dasselbe sogleich zu drucken.

Das Honorar, welches Sie dafür verlangen werden kann dann jede Be-
5 stimmung erhalten die Sie der VerlagsBuchhandlung vorschreiben werden. Sie schlägt 1 Louisdôr pr Bogen vor. In Erwartung baldiger Zurücksendung des Manuscriptes, nebst der Verheißenen erst ausgearbeitenden Vorrede, habe ich die Ehre hochachtungsvoll zu beharren p. p. p.

73. *Johann Baptist Streicher (und Sophie Pauer-Streicher) an Georg von*
10 *Cotta*

Ew Hochwohlgeborn!

Die auf unsere Anfrage von 8 Juli v. J gefälligst ertheilte Antwort «Schillers Flucht» betreffend, haben wir s. Z. richtig erhalten. Seitdem wurde das Manuscript vorschriftmäßig der hiesigen Censur übergeben, und n u n erst
15 setzt uns das endlich erhaltene Imprimatur in den Stand, den Faden der bisher dadurch unterbrochen gewesenen Verhandlung wieder aufzunehmen.

Herrn von Schillers Wünschen gerne nachkommend, sind die angedeuteten kleinen Abänderungen mit Ausnahme des Wortes «Flucht» welches immer bezeichnender als: Entfernung seyn dürfte, vorgenommen, und um jedem
20 Bedenken wegen des Titels zu begegnen, in der Vorrede hierüber einige rechtfertigende Worte gesagt worden.

Rücksichtlich des vorgeschlagenen Honorars erlauben wir uns die Bemerkung, daß eine hiesige Buchhandlung in Erwägung des bedeutenden Absatzes welche diese Brochüre verspricht, einen viel höheren Gesammtbetrag ange-
25 boten hat, als muthmaßlich 1 Louisdor per Bogen ergeben möchte

Da die ausgesprochene Absicht, dem Schillervereine gedachten Betrag zuzuwenden, es uns zur besonderen Verpflichtung macht, jedes höhere Angeboth mehr zu berücksichtigen, als es wohl sonst der Fall wäre, so ersuchen wir Ew Hochwohlgeborn, uns das Ihnen möglich Höchste Honorar anzugeben,
30 um welches Sie das Manuscript an sich zu bringen für gut finden werden.

Hoffend, das Ihr Anspruch unseren Wünschen gemäß ausfalle, haben wir die Ehre mit ausgezeichnetster Hochachtung zu verharren

Ew Hochwohlgeborn
ergebenste
35
J. B. Streicher und
Wien 30 Merz 1836   Sophie Streicher verehlichte Pauer.

Sr Hochwohlgeborn Freyherrn Cotta von Cottendorf in Stuttgart.

74. *Johann Baptist Streicher (und Sophie Pauer-Streicher) an Georg von Cotta*

Ew Hochwohlgeborn!

Ihrem Wunsche gemäß habe ich die Ehre Sie zu benachrichtigen daß die Gerold'sche Buchhandlung hier, für «Schillers Flucht» 40 Stck Dukaten in Gold   5
zu geben bereit ist, und sich nicht ungeneigt gezeigt hat, selbst diese Summe
vielleicht noch zu erhöhen, beyfügend,: daß sie indeßen nicht glaube in den
Besitz der Brochüre gelangen zu können, da die Cotta'sche Buchhandlung bey
weitem mehr Mittel besitze, das Schriftchen zu verbreiten und zu benützen,
daher sich schwer mit ihr concuriren laße.   10

In Ew Hochwohlgeborn verehrlichem Schreiben vom 10 v Mts finde ich
dieselbe Ansicht mit Recht ausgesprochen, und hierin mag die angedeutete
Hoffnung daß es der Cotta'schen Buchhandlung genehm seyn möchte, ihr
ursprünglich angebotenes Honorar zu erhöhen, ihre Entschuldigung finden.

Wir wollen indeßen die Herausgabe des Schriftchens nicht länger verzö-   15
gern, und überlaßen es ganz dem Ermeßen der Cotta'schen Buchhandlung,
ob der wahrscheinliche, von mir durchaus nicht zu beurtheilende Erfolg es ihr
erlaubt, mehr als HE Gerold hier, (nämlich 40# in Gold) zu biethen.

Hoffend, hierdurch das letzte Hinderniß geebnet zu haben, sehe ich mit
Vergnügen Ihrer weiteren gütigen Bestimmung entgegen, und zeichne mit   20
wahrhafter Hochachtung

	Ew Hochwohlgeborn	
	ganz ergebenster	
Wien 2ten May 1836.	J. B. Streicher	
	und	25
	Soph. Streicher verehl.	
	Pauer.	

75. *Cottasche Buchhandlung an Johann Baptist Streicher*

E. W.
                                                                              30
geehrtes an FhrrvCotta gerichtetes aber uns geltendes Schreiben beehren
wir uns hiemit in seiner Behinderung zu beantworten, indem wir erklären,
daß wir bereit sind, 40 Ducaten für das fragliche Verlagsrecht der «Flucht
Schiller's» zu entrichten.

Sind E. W. einverstanden so wollen Sie uns also nur das Manuscript   35
übersenden, und uns näher bezeichnen an wen wir dieses Honorar sr. Zeit
auszahlen lassen sollen.

Hochachtungsvollst

S. 13/V 36

76. Johann Baptist Streicher (und Sophie Pauer-Streicher) an die Cottasche Buchhandlung

Wien 6 Juni 1836.

Mit Ihrem Geehrten vom 13ten May völlig einverstanden, haben wir das
5 Vergnügen, Ihnen hiermit das Manuscript «Schillers Flucht» zu unbe-
schränktem Gebrauche zu übersenden.

Das uns dafür zugesagte Honorar von 40 Stck. Dukaten in Gold, belieben
Sie in Begleitung der hier mitfolgenden Einlage, gefälligst an Herrn Hofrath Reinbeck, Vorstand des Vereines für Schillers Denkmal in Stuttgart,
10 gelangen zu laßen.

Einige Frey-Exemplare des Schriftchens uns zu erbitten, haben wir vergeßen; wir stellen es daher Ihrer Güte anheim, ob Sie uns welche zukommen laßen wollen, um einige unserm sel. Vater nahe gestandenen Freunde
damit erfreuen zu können.

15 Wir ersuchen Sie, Freyherrn von Cotta unsere ganz besondere Hochachtung ausdrücken zu wollen. Er wird es durch die nicht gewöhnliche Veranlaßung gewiß freundlich entschuldigen, wenn wir in unserer Angelegenheit nicht den ganz richtigen Weg eingeschlagen, und ihn persönlich vielleicht damit belästiget haben sollten.

20   Mit achtungsvoller Ergebenheit zeichnen
                                J. B Streicher
                                     und
                         Sophie Streicher verehlichte
                                   Pauer.

25 *77. Emilie von Gleichen-Rußwurm an Johann Baptist Streicher*

Greifenstein ob Bonnland den 2 Dec. 1859.
Verehrtester Herr!

Herzlichen Dank für Ihre Worte vom 18 Nov. welche ich von Stuttgart
zurückkehrend, hier fand — u. wie erfreute es mein Herz den l ä n g s t
30 e r s e h n t e n Brief meines Vaters an den Ihrigen in der Presse gedruckt
zu finden. Ich besitze den Brief auf welchen die Antwort Schillers erfolgte,
u. war immer ganz traurig, wenn ich ihn durchlas, daß die Antwort nie
veröffentlicht erschien — nun ist es geschehen u. mein geliebter Vater von
dem Vorwurf der Undankbarkeit gereinigt. Ihres Vaters Brief sende ich in-
35 liegend in treuer Abschrift mit, bitte Sie, ihn in die Presse in meinem
Namen einrücken zu lassen, welcher es gewiß ein sehr willkommener Beitrag sein wird. Nach meinem Tod sollen Sie das O r i g i n a l erhalten,
als ein theures Andenken für Ihre Familie. Jezt kann ich mich nicht davon
trennen. Meine Freude, mein Entzücken, daß Ihres Vaters treue Freund-

schaft für Schiller jezt so öffentlich anerkannt wird, daß Sie diese Satisfaction erleben, verstehen Sie, als der Sohn Andreas Streichers. Mit welcher
Rührung, mit welcher Dankbarkeit las ich die F l u c h t , wünschte immer,
Ihnen einmal im Leben begegnen zu können. Wie viel habe ich mit Palleske
über Ihren Vater gesprochen, welcher ihn so richtig aufgefaßt, u. wie freue   5
ich mich, daß das köstliche « S c h i l l e r b u c h » auch seiner so rühmend
gedenkt.

Die Fluth der Schillerfeier-Einsendungen ist so groß, so erfreuend u.
intressant für mich, daß ich im Moment ganz damit beschäftigt bin, Ihnen
nur diese wenigen Worte sagen kann, mein flüchtiges Wort zu verzeihen   10
bitte. Die Presse schicken Sie mir wenn der Brief eingerückt ist, verehrtester Herr, u. empfangen die Versicherung meiner wahren Hochachtung

Ihre ergebene
Emilie von Gleichen-Rußwurm
geb. von Schiller

Literaturverzeichnis

1. *Schiller's Flucht von Stuttgart und Aufenthalt in Mannheim von 1782 bis 1785, Stuttgart und Augsburg: Cotta 1836.*

2. *Schillers Flucht von Stuttgart und Aufenthalt in Mannheim von 1782 bis 1785, in: Schillers Persönlichkeit. Urtheile der Zeitgenossen und Documente, 1. Th., gesammelt von Max Hecker, Weimar: Gesellschaft der Bibliophilen 1904, S. 168—292 (und Anmerkungen S. 308 f.) — nicht vollständig.*

3. *Schillers Flucht von Stuttgart und Aufenthalt in Mannheim von 1782 bis 1785, neu hg. von Hans Hofmann, Berlin: Behr 1905 (= Deutsche Literaturdenkmale des 18. und 19. Jahrhunderts 134).*

3a. *Reprographischer Nachdruck Nendeln/Liechtenstein 1968.*

4. *Andreas Streicher, Schillers Flucht. Mit Briefen Streichers und Auszügen aus der Autobiographie Hovens neu hg., 1. und 2. Aufl. Berlin: Pan-Verlag (1905) (= Das Museum, Herausgeber Hans Landsberg, Bd. 1).*

5. *Andreas Streicher, Schillers Flucht von Stuttgart und Aufenthalt in Mannheim von 1782—1785, hg. und mit einer Einleitung versehen von J. Wychgram, Leipzig: Reclam (1905) (= Universal-Bibliothek 4652/53).*

6. *Andreas Streicher, Schillers Flucht von Stuttgart und Aufenthalt in Mannheim 1782 bis 1785. Neue Ausg., Stuttgart und Berlin: Cotta ⟨1907⟩ (= Cotta'sche Handbibliothek 143).*

7. *Andreas Streicher, Schillers Flucht von Stuttgart und Aufenthalt in Mannheim von 1782—1785, mit einer Einleitung von Karl Pintschovius, Halle a. S.: Otto Hendel (1909) (= Bibliothek der Gesamtliteratur des In- und Auslandes 2176/77).*

8. *Andreas Streicher, Schillers Flucht von Stuttgart und Aufenthalt in Mannheim von 1782 bis 1785, eingeleitet und erläutert von Georg Witkowski, Hamburg-Großborstel: Verlag der Deutschen Dichter-Gedächtnis-Stiftung 1912 (= Hausbücherei der Deutschen Dichter-Gedächtnis-Stiftung 46) — nicht vollständig.*

9. *Andreas Streicher, Flucht mit Schiller (hg. von Hubert Schiel), München: Münchner Buchverlag ⟨zwischen 1940 und 1950⟩ (= Münchner Lesebogen N. F. 62) — Auszug.*

10. *Andreas Streicher, Schillers Flucht, neu hg. von Paul Raabe, Stuttgart: Steinkopf (1959).*

11. *Andreas Streicher, Schillers Flucht von Stuttgart und Aufenthalt in Mannheim von 1782 bis 1785, hg. von Paul Rabe, Stuttgart: Reclam (1968) (= Universal-Bibliothek 4652—54).*

Schlußkapitel

12. *Das unbekannte Schlußkapitel von Andreas Streichers Schillerbuch, mitgeteilt von Reinhard Buchwald, in: Festschrift für Eduard Castle, Wien 1955, S. 137—155*.*

Von Streicher benutzte Werke

13. *J.⟨acob⟩ K.⟨hünl⟩ S.⟨eelsorger⟩, Biographie Schiller's und Anleitung zur Critic seiner Werke, Wien und Leipzig 1810.*

14. *⟨Christian Gottfried⟩ Körner, Nachrichten von Schiller's Leben, in: Friedrich Schillers sämmtliche Werke, Wien 1816/17, Bd. 20, S. I-LXXVIII.*

15. *Friedrich Schillers Briefe an den Freiherrn Heribert von Dalberg in den Jahren 1781 bis 1785. Ein Beitrag zu Schillers Lebens- und Bildungs-Geschichte (hg. von M. Marx), Carlsruhe und Baden 1819.*

16. *Heinrich Doering, Friedrich von Schillers Leben. Aus theils gedruckten, theils ungedruckten Nachrichten, nebst gedrängter Uebersicht seiner poetischen Werke, Weimar 1822 (= Gallerie Weimarischer Schriftsteller, hg. von H. D., 1. Th.).*

17. *Briefwechsel zwischen Schiller und Goethe in den Jahren 1794 bis 1805, Stuttgart und Tübingen 1828/29.*

18. *(Caroline von Wolzogen), Schillers Leben, verfaßt aus Erinnerungen der Familie, seinen eignen Briefen und den Nachrichten seines Freundes Körner, Stuttgart und Tübingen 1830.*

---

* *Vgl. 190.*

Die Karlsschule

19. ⟨*August Friedrich Batz*⟩, *Beschreibung der Hohen Karls-Schule zu Stuttgart,* ⟨*Stuttgart*⟩ *1783.*

20. *Carl Burney, Tagebuch seiner Musikalischen Reisen, 2. Bd., Hamburg 1773, S. 76—83: Ludewigsburg.*

21. *Otto Güntter, Zu Schillers Jugendjahren, Schwäbischer Schillerverein. 7. Rechenschaftsbericht, 1903, S. 70—94.*

22. *Otto Güntter, Aus der Militärakademie, in: Marbacher Schillerbuch 3, hg. von O. G., Berlin 1909 (= Veröffentlichungen des Schwäbischen Schillervereins 3), S. 51—53.*

23. *Otto Güntter, Zu Schillers Jugendjahren, Schwäbischer Schillerverein. 15. Rechenschaftsbericht, 1911, S. 95—114.*

24. *Otto Güntter, Schiller in der Karlsschule. Rede bei der Feier von Schillers Geburtstag 1912 im k. Hoftheater zu Stuttgart, Stuttgart o. J. (= Sonderabdruck aus dem Schwäbischen Almanach 1913).*

25. *G. Hauber, Lehrer, Lehrpläne und Lehrfächer an der Karlsschule, Progr. Stuttgart 1898, S. 1—58.*

26. *Hohe Carlsschule, Hauptstaatsarchiv Stuttgart A 272/273.*

27. *Karl Hossinger, Die Hohe Carlsschule zu Stuttgart. Sklavenplantage oder einmalige, epochale Erziehungsanstalt? Weimar 1960.*

28. *Franz Joseph Graf Kinsky, Beschreibung der Stuttgardischen Militär-Academie (1777), Chronik des Wiener Goethe-Vereins 19, 1905, Nr. 4, S. 33—40.*

29. *Julius Klaiber, Der Unterricht in der ehemaligen Hohen Karlsschule in Stuttgart, Progr. Stuttgart 1873.*

30. *Otto R. von Lutterotti, Joseph Anton Koch 1768—1839, Berlin 1940 (= Denkmäler deutscher Kunst ⟨20⟩), S. 4—13: Die Hohe Karlsschule 1785—1791.*

31. *Albert Moll, Die medicinische Fakultät der Carlsakademie in Stuttgart. Eine historische Studie bei Schiller's hundertjähriger Geburtsfeier, Stuttgart 1859.*

32. *Ernst Müller, Aus dem Stammbuch eines Karlsschülers, Schwäbischer Schillerverein. 7. Rechenschaftsbericht, 1903, S. 52—58.*

33. *Bertold Pfeiffer, Schiller in der Karlsschule, in: Marbacher Schiller-buch. Zur hundertsten Wiederkehr von Schillers Todestag hg. vom Schwäbischen Schillerverein, ⟨Bd. 1⟩, (2. Aufl.) Stuttgart und Berlin 1905 (= Veröffentlichungen des Schwäbischen Schillervereins 1), S. 213—235.*

34. *(⟨Georg Friedrich⟩ von Scharffenstein), Jugenderinnerungen eines Zöglings der hohen Karlsschule in Beziehung auf Schiller, Morgenblatt 1837, Nr. 56—58, S. 221f., 226f., 230—232 (wieder abgedruckt in Lit., S. 147—160).*

35. *Gert Ueding, Das Bildungsziel der Hohen Karlsschule, in: G. Ue., Schillers Rhetorik. Idealistische Wirkungsästhetik und rhetorische Tradition, Tübingen 1971 (= Studien zur deutschen Literatur 27), S. 20—25.*

36. *Robert Uhland, Geschichte der Hohen Karlsschule in Stuttgart, Stuttgart 1953.*

37. *Heinrich Wagner, Geschichte der Hohen Carls-Schule, Würzburg 1856 bis 1858.*

38. *Gustav Wais, Die Schiller-Stadt Stuttgart. Eine Darstellung der Schiller-Stätten in Stuttgart, Stuttgart (1955).*

39. *Württembergisches Landesmuseum Stuttgart, Ausstellung ‹Die Hohe Carlsschule›, (Stuttgart) 1959.*

Über Streicher und sonstige Literatur zu Schiller

40. *Theodor Bolte, Die Musikerfamilien Stein und Streicher, Wien 1917.*

41. *(Eduard Castle), Mitteilungen aus der Bibliothek des Wiener Goethe-Vereins. I. Andreas Streichers Bemühungen um ein würdiges Grabmal für Schiller, Chronik des Wiener Goethe-Vereins 57, 1953, S. 12—27.*

42. *Otto Clemen, Andreas Streicher in Wien, Neues Beethoven-Jb. 4, 1930, S. 107—117.*

43. *Dietrich Germann, Andreas Streicher und sein Schillerbuch. Über den Nachlaß von Schillers Freund und Fluchtgefährten, Weimarer Beiträge 14, 1968, S. 1051—1059.*

44. *Schillers Werke. Nationalausgabe, Bd. 42: Schillers Gespräche, unter Mitwirkung von Lieselotte Blumenthal hg. von Dietrich Germann und Eberhard Haufe, Weimar 1967.*

45. *Julius Hartmann, Schillers Jugendfreunde, Stuttgart und Berlin 1904, S. 299—305: Andreas Streicher.*

46. *Max Hecker, Schillers Tod und Bestattung. Nach den Zeugnissen der Zeit im Auftrag der Goethe-Gesellschaft dargestellt, Leipzig 1935.*

47. *Schillers Persönlichkeit. Urtheile der Zeitgenossen und Documente, 1. Th., gesammelt von Max Hecker, Weimar 1904; 2. Th., gesammelt von Julius Petersen, Weimar 1908; 3. Th., gesammelt von Julius Petersen, Weimar 1909.*

48. *Hoffmann von Fallersleben, Schiller und Streicher, in: H. v. F., Findlinge. Zur Geschichte deutscher Sprache und Dichtung, Bd. 1, Leipzig 1860, S. 419—425.*

49. *Biographie des Doctor Friedrich Wilhelm von Hoven, Nürnberg 1840 (besonders S. 44, 45, 54—58).*

50. *Wilhelm Lütge, Andreas und Nannette Streicher, Der Bär. Jahrbuch von Breitkopf & Härtel 1927, S. 53—69.*

51. *F. M., Johann Andreas Streicher's Leben und Wirken, Allgemeine musikalische Zeitung 36, 1834, Sp. 101—107.*

52. *Herbert Meyer, Schillers Flucht. In Selbstzeugnissen, zeitgenössischen Berichten und Bildern dargestellt, Mannheim (1959) (= Meyers Bildbändchen N.F. 16/17).*

53. *Ernst Müller, Der Herzog und das Genie. Friedrich Schillers Jugendjahre (Stuttgart 1955), S. 222—229.*

54. *Briefe Galls an Andreas und Nannette Streicher, hg. und mit Anmerkungen versehen von Max Neuburger, Archiv für Geschichte der Medizin 10, 1917, S. 3—70.*

55. *Norbert Oellers, Schiller. Geschichte seiner Wirkung bis zu Goethes Tod. 1805—1832, Bonn 1967 (= Bonner Arbeiten zur deutschen Literatur 15).*

56. *Johann Friedrich Reichard, Vetraute Briefe geschrieben auf einer Reise nach Wien und den Oesterreichischen Staaten zu Ende des Jahres 1808 und zu Anfang 1809, 1. Bd., Amsterdam 1810.*

57. *Hermann Rollett, Neue Beiträge zur Chronik der Stadt Baden bei Wien, 4. Th., Baden bei Wien 1893, S. 75—82: Badener Begegnungen. VIII. Andreas Streicher.*

58. *Hermann Rollett, Schillers Jugendfreund Andreas Streicher. Ein Erinnerungsblatt, Chronik des Wiener Goethe-Vereins 59, 1955, S. 96—99 (zuerst in: H. R., Begegnungen. Erinnerungsblätter, Wien 1903, S. 21—28).*

59. *Schillers Sohn Ernst. Eine Briefsammlung mit Einleitung von Karl Schmidt, Paderborn 1893.*

60. *Julius Schwabe, Schiller's Beerdigung und die Aufsuchung und Beisetzung seiner Gebeine (1805, 1826, 1827). Nach Actenstücken und authentischen Mittheilungen aus dem Nachlasse des Hofraths und ehemaligen Bürgermeisters von Weimar Carl Leberecht Schwabe, Leipzig 1852.*

61. *Beethoven Letters in America. Fac-similes with Commentary by O. G. Sonneck, New York (1927), S. 181—190: Johann Andreas Streicher.*

62. *Bilder aus der Schillerzeit. Mit ungedruckten Briefen an Schiller, hg. von Ludwig Speidel und Hugo Wittmann, Berlin und Stuttgart o. J., S. 17—31: Andreas Streicher.*

63. *Reinhold Steig, Schillers Graubündner Affäre, Euphorion 12, 1905, S. 233—262.*

64. *Karl Stenzel, Herzog Karl Eugen und Schillers Flucht. Neue Zeugnisse aus den Papieren des Generals von Augé, Stuttgart 1936 (= Veröffentlichungen des Archivs der Stadt Stuttgart 1).*

65. *Uta Streicher, Andreas Streicher und sein Buch ‹Schillers Flucht von Stuttgart und Aufenthalt in Mannheim 1782—1785›, Wien 1965 (ungedruckte Staatsexamensarbeit).*

66. *Ferdinand Vetter, Schiller und die Graubündner (1782/83), Archiv für Litteraturgeschichte 12, 1884, S. 404—448.*

67. *Richard Weltrich, Friedrich Schiller. Geschichte seines Lebens und Charakteristik seiner Werke. Unter kritischem Nachweis der biographischen Quellen, Stuttgart 1899.*

68. *Richard Weltrich, Schiller auf der Flucht, hg. von Julius Petersen, Stuttgart und Berlin 1923.*

REGISTER

besorgt von Sabine Wolf

I. Register der Werke und Pläne Schillers

II. Personenregister

Verbindlichen Dank

dem Streicher-Archiv Krumpendorf am Wörthersee, dem Goethe- und Schiller-Archiv Weimar, dem Schiller-Nationalmuseum Marbach am Neckar, der Österreichischen Nationalbibliothek Wien und der Wiener Stadtbibliothek für die Erlaubnis zum Abdruck der Handschriften;
Herrn Dr. Otto Mittelstaedt für sein anhaltendes Interesse an dem Projekt und für seine Führung bei einer fast schon abenteuerlichen Suche nach einigen Handschriften;
Herrn Professor Dr. Friedrich Beißner, Herrn Dr. Dietrich Germann, Herrn Museumsdirektor Dr. Herbert Meyer, Herrn Stadtarchivdirektor Dr. Günter von Roden, Herrn Dr. Werner Volke und Herrn Dr. Michael Wegner für manche Auskünfte und kritische Stellungnahmen;
Herrn Gerhard Rieger für die umsichtige technische Betreuung der Ausgabe;
meinen Mitarbeitern, vor allem Herrn Werner Brändle, für die Hilfe bei der Schlußredaktion des Registers;
und besonders Fräulein Sabine Wolf sowie meiner Frau für viele Hilfe.

Herbert Kraft

INHALT

Das größte Lexikon des 20. Jahrhunderts in deutscher Sprache

Meyers Enzyklopädisches Lexikon in 25 Bänden

1 Atlasband und 1 Nachtragsband

Rund 250 000 Stichwörter und etwa 100 von den Autoren signierte enzyklopädische Sonderbeiträge auf etwa 22 000 Seiten. 26 000 Abbildungen, transparente Schautafeln und Karten im Text, davon 6700 farbig. 360 farbige Kartenseiten, davon 100 Stadtpläne. Lexikon-Großformat 15,7 x 24,7 cm (Atlasband: Großformat 25,5 x 37,5 cm).

Die 10 überzeugenden Punkte dieses Lexikons:

1. Das größte deutsche Lexikon
Mit seinen 25 Bänden ist es das größte deutsche Lexikon unserer Zeit.

2. Das Lexikon mit der großen Tradition
Auch das größte vollendete deutschsprachige Lexikon des 19. Jahrhunderts war ein „MEYER".

3. Das Lexikon mit der modernen Konzeption
Der „GROSSE MEYER" entspricht dem Informationsbedürfnis der 70er und 80er Jahre unseres Jahrhunderts.

4. Das Lexikon mit den enzyklopädischen Sonderbeiträgen
In etwa 100 signierten Sonderbeiträgen nehmen prominente Wissenschaftler Stellung zu aktuellen Themen unserer Zeit.

5. Das Lexikon mit dem neuartigen Nachtragssystem
Ein neues Nachtragssystem garantiert dem Besitzer Aktualität während der gesamten Erscheinungszeit und viele Jahre darüber hinaus.

6. Das Lexikon mit dem Vorauslexikon
Das 8bändige Vorauslexikon überbrückt den Zeitraum bis zur Fertigstellung des Werkes.

7. Das Lexikon mit der klassischen Ausstattung
Burgunderroter Halbledereinband mit Goldprägung und Goldschnitt.

8. Das Lexikon mit dem großen Weltatlas
Zusammen mit den thematischen Karten des Lexikons wird der Atlas das größte Kartenwerk in deutscher Sprache sein.

9. Das Lexikon für den gesamten deutschen Sprachraum
Auf die Belange der Schweiz und Österreichs wird in allen Bereichen besonderer Wert gelegt.

10. Das Lexikon mit den Hinweisen auf den wissenschaftlichen Film.
In Zusammenarbeit mit dem Institut für den wissenschaftlichen Film, Göttingen, bringt der „GROSSE MEYER" Hinweise auf die über 3000 Filme der Encyclopaedia Cinematographica.

I/1

Bibliographisches Institut
Mannheim/Wien/Zürich